Für Karen
in Liebe von uns beiden

Inhalt

Dritter Teil:
Informationskriege in der Wirtschaft

Vierter Teil: Macht in der Flex-Firma

Fünfter Teil: Machtbeben in der Politik

Sechster Teil: Machtbeben planetar

Ein persönliches Wort zuvor

Machtbeben ist der Höhepunkt fünfundzwanzigjährigen Bemühens um ein Verständnis des rasanten Wandels, der uns dem 21. Jahrhundert zutreibt. Es bildet den dritten und letzten Band einer Trilogie, die *Der Zukunftsschock* eröffnete, sich über *Die Zukunftschance* fortsetzte und jetzt vollendet wird.

Läßt sich auch jedes der drei Bücher als eigenständiges Werk lesen, so bilden sie doch ein geschlossenes Ganzes. Ihr zentrales Anliegen ist der Wandel: Was widerfährt den Menschen, wenn aus ihrer gesamten Gesellschaft unvermittelt etwas Neues und Unerwartetes wird? *Machtbeben* führt die früheren Analysen fort und konzentriert sich darauf, wie ein neues Machtsystem auftaucht und das der industriellen Vergangenheit ablöst.

Bei der Beschreibung des rasenden Strukturwandels unserer Tage bestreichen uns die Medien mit einem Streufeuer ungereimter Informationen. Experten begraben uns unter wahren Bergen engstirnig spezialisierter Monographien. Volkstümliche Kaffeesatzleser warten mit endlosen Listen unzusammenhängender Tendenzen auf, geben uns aber keinerlei Modell zur Hand, an dem sich ablesen ließe, wie sie miteinander zusammenhängen oder welche Gegenkräfte es geben könnte. Als Folge von alledem erscheint uns der Wandel anarchisch, wird er gar zum Tollhaus.

Im Gegensatz dazu geht diese Trilogie von der Prämisse aus, daß der temporeiche Wandel von heute keineswegs so chaotisch oder ziellos ist, wie man uns glauben macht. Sie behauptet, daß sich hinter den Schlagzeilen nicht nur eine deutliche Struktur verbirgt, sondern diese auch von klar erkennbaren Kräften gestaltet wird. Haben wir diese erst erkannt, sind wir nicht mehr dazu verurteilt, uns rein zufällig mal mit diesem, mal mit jenem Aspekt herumzuschlagen, sondern können sie strategisch angehen.

Wollen wir indes die großen Veränderungen von heute begreifen und strategisch denken, dann brauchen wir mehr als bloße

Bruchstücke, Blinklichter, Begleitlisten. Wir müssen das Beziehungsgeflecht zwischen den verschiedenen Aspekten ausfindig machen. So bemüht sich, wie seine beiden Vorläufer, auch *Machtbeben* um eine klare, umfassende Synthese - ein Gesamtbild der neuen Zivilisation, die sich über den Erdball auszubreiten beginnt.

Sodann richtet es das Visier auf die Konfliktherde von morgen, wenn die neue Zivilisation den verhockten Kräften der alten den Platz streitig zu machen sucht. *Machtbeben* wagt zu behaupten, die bisherigen Firmenaufkäufe und -umschichtungen seien nichts als die ersten Salven weitaus größerer, völlig neuartiger Schlachten in der Wirtschaftswelt. Wichtiger noch: Es hält die jüngsten Aufbrüche in Osteuropa und der Sowjetunion für bloße Scharmützel im Vergleich zum bevorstehenden, globalen Machtkampf. Auch die Rivalität zwischen Amerika, Europa und Japan hat noch ganz und gar nicht ihre volle Schärfe erreicht.

Kurzum: In *Machtbeben* geht es um das aufgrollende Machtringen, das uns erst noch bevorsteht, wenn die industrielle Zivilisation ihre beherrschende Weltrolle verliert und sich neue Mächte über dem Erdball zu türmen beginnen.

Für mich ist *Machtbeben* der Höhepunkt einer faszinierenden Reise. Zuvor jedoch ist ein persönliches Wort angebracht. Habe ich doch diese Reise nicht alleine gemacht. Diese ganze Trilogie hatte seit ihrer Entstehung und bis zur Vollendung einen ungenannten Mitverfasser. Sie ist das Gemeinschaftswerk zweier Geister, auch wenn ich allein die tatsächliche Niederschrift vorgenommen und Lob und Kritik für uns beide entgegengenommen habe.

Mein Mitverfasser - viele wissen es - ist meine Herzensfreundin, Gemahlin und Partnerin, meine Liebe seit 40 Jahren: Heidi Toffler. Wie fehlerhaft diese Trilogie auch sein mag: Sie wäre noch unendlich viel fehlerhafter ohne Heidis skeptische Intelligenz, geistige Einsicht, spitzem Korrekturstift und überhaupt ihr treffendes Urteilsvermögen über Ideen und Leute. Nicht nur beim polierenden Nachbearbeiten hat sie mitgewirkt, sondern beim Herausarbeiten der fundamentalen Modellvorstellungen, auf denen diese Werke erbaut sind.

Gab es in der Intensität ihrer Mitwirkung aufgrund anderer Verpflichtungen auch gelegentlich Schwankungen, so verlangten diese Bücher doch Reisen, Forschungen, Interviews mit Hunderten Leuten rund um die Welt, sorgfältige Organisation und schließlich Formulierungskunst, an die sich dann noch endlose Aktualisierungen und Überarbeitungen anschlossen, und in all diesen Phasen war Heidi immer dabei.

Dennoch beschlossen wir, teils aus privaten, teils gesellschaftlichen, teils wirtschaftlichen Gründen (die in den vergangenen zwei Jahrzehnten auch immer wieder anders gelagert waren), nur den tatsächlichen Skribenten zu erwähnen.

Aus Integrität, Bescheidenheit und Liebe weigert sich Heidi auch jetzt, ihren Namen für einen Buchumschlag herzugeben, und diese Gründe sind ihr genug, freilich nicht mir. Diesen Mangel kann ich nur mit der persönlichen, einleitenden Bemerkung beheben: Diese Trilogie ist nicht nur die meinige, sondern genausosehr die ihre.

Alle drei Bücher umfassen eine einzige Lebensspanne, den Zeitabschnitt, der etwa Mitte der fünfziger Jahre einsetzt und runde 75 Jahre später endet, um 2025 also. Diese Zeitspanne läßt sich als Angelpunkt der Geschichte bezeichnen, als Ära, in der die Schornstein-Zivilisation, die jahrhundertelang die Erde beherrschte, nach welterschütternden Machtkämpfen schließlich von einer anderen abgelöst wird.

Doch befaßten sich die drei Bücher auch alle mit derselben Zeitspanne, so bediente sich jedes von ihnen einer anderen Linse, mit der es unter die Oberfläche der Wirklichkeit zu dringen versuchte, und diesen Unterschied zu kennen, mag dem Leser nützlich sein.

So behandelt *Der Zukunftsschock* den *Prozeß* des Wandels: wie sich Veränderung auf Menschen und Organisationen auswirkt. *Die Zukunftschance* konzentriert sich auf die *Richtung*, die der Wandel einnimmt: wohin er uns führt. *Machtbeben* befaßt sich mit der *Lenkung* des anstehenden Wandels: wer ihn wie gestaltet.

Der Zukunftsschock (womit wir die Desorientierung und Belastung meinten, wenn zu viele Veränderungen in zu kurzer Zeit verkraftet werden müssen) führte aus, die Beschleunigung der Geschichte habe, völlig unabhängig von ihrer Richtung, ihre ganz eigenen Konsequenzen. Die schiere Steigerung des Tempos der Ereignisse und Verkürzung der Reaktionszeiten erzeugten eine Wirkung ohne Rücksicht darauf, ob die Veränderungen nun »gut« oder »schlecht« seien.

Er vertrat auch die Auffassung, Einzelpersonen, Organisationen, ja sogar Völker und Staaten könnten mit zu umfangreichen und geballt auftretenden Veränderungen überlastet werden, woraus sich Desorientierung und Unfähigkeit zu vernünftiger Anpassung ergäben. Kurzum: Sie könnten am Zukunftsschock leiden.

Entgegen der damals gängigen Meinung erklärte *Der Zukunftsschock*, die Kernfamilie werde bald »zersplittern«. Auch die genetische Revolution, die Ausbreitung der Wegwerfgesellschaft und die jetzt vielleicht endlich einsetzende Erziehungsrevolution warf er bereits als Schatten voraus.

In den USA erstmals 1970 und danach in der ganzen Welt veröffentlicht, traf das Buch einen bloßliegenden Nerv, wurde zu allseitiger Überraschung zum internationalen Bestseller und trat wahre Kommentar-Lawinen los. In der sozialwissenschaftlichen Literatur wurde es, jedenfalls nach Meinung des Institute for Scientific Information, zu einem der meistzitierten Werke. Der Begriff »Zukunftsschock« ging in die Alltagssprache ein, tauchte in vielen Wörterbüchern auf und findet sich bis heute immer wieder in Schlagzeilen.

Die Zukunftschance, die sich 1980 anschloß, hatte einen anderen Schwerpunkt. Sie beschrieb die neuesten, revolutionären Veränderungen in Technik und Gesellschaft, stellte sie in eine historische Perspektive und skizzierte die daraus möglicherweise entspringende Zukunft.

Die Agrarrevolution vor 10 000 Jahren wurde als »erste Welle« des Wandels in der Menschheitsgeschichte, die industrielle Revolution als »zweite Welle« bezeichnet, und davon ausgehend galten die Mitte der fünfziger Jahre einsetzenden, großen technischen und sozialen Veränderungen als »dritte Welle«, als Anfang der neuen Zivilisation der Nach-Schornsteinzeit.

In dem Buch hieß es unter anderem, auf der Grundlage von Computern, Elektronik, Information, Biotechnik und dergleichen – den »neuen Feldherrnhügeln« der Wirtschaft – entstünden völlig neue Industrien. Es deutete auf Neuartiges wie flexible Produktion, Marktnischen, Ausweitung der Teilzeitarbeit und Entmassung der Medien hin. Es umschrieb die neue Verschmelzung von Produzent und Konsument mit dem Begriff »Prosument«. Es erörterte die bevorstehende Rückverlagerung gewisser Arbeiten in die Wohnung sowie weitere Veränderungen in der Politik und im System der Nationalstaaten.

Die Zukunftschance war in einigen Ländern verboten, wurde in anderen zum Bestseller und galt den Reformintellektuellen in China eine Zeitlang als »Bibel«. Hatte man dem Buch zunächst die Verbreitung westlicher »geistiger Verschmutzung« vorgeworfen, so wurde es später freigegeben und in riesigen Mengen als Bestseller im volkreichsten Staat der Welt verbreitet, und seine Auflage wurde nur noch von Deng Xiaopings Reden übertroffen. Der damalige Ministerpräsident Zhao Ziyang berief Konferenzen über das Buch ein und legte den politisch Verantwortlichen eindringlich seine Lektüre nahe.

Als in Polen eine durchaus rechtmäßig gekürzte Fassung erschien, erregten sich die Studenten und Anhänger der Solidarität so sehr über die Kürzungen, daß sie eine »Untergrund«-Fassung herausbrachten und auch Broschüren mit den fehlenden Kapiteln verteilten. Wie schon *Der Zukunftsschock* veranlaßte auch *Die Zukunftschance* viele Leser zur Tat mit der Folge, daß neue Erzeugnisse, Formen, Symphonien, sogar Skulpturen entstanden.

Zwanzig Jahre nach *Der Zukunftsschock* und zehn Jahre nach *Die Zukunftschance* ist nun auch *Machtbeben* endlich fertig. Es nimmt den Faden seiner Vorläufer auf und wendet sich der entscheidend gewandelten Rolle des Wissens im Verhältnis zur Macht zu. Es legt eine neue Theorie gesellschaftlicher Macht vor und versucht, in die bevorstehenden Verwerfungen in Wirtschaft, Politik und Weltangelegenheiten Einblick zu nehmen.

Daß Zukunft nicht »wißbar« im Sinne exakter Vorhersage ist, bedarf wohl kaum der Erwähnung. Das Leben steckt voller überrealistischer Überraschungen. Selbst die scheinbar »härtesten« Modelle und Daten beruhen nur allzuoft auf »weichen« Prämissen, zumal, wenn es um Menschliches geht. Schon das Thema dieser Bücher – der temporeiche Wandel – verurteilt ihre Details zum Überholtwerden. Statistiken ändern sich. Neue Techniken treten an die Stelle älterer. Staatsmänner steigen auf und treten ab. Dennoch: Bei unserem Eintreten in die Terra incognita von morgen ist es immer noch besser, eine allgemeine und unvollständige, der Revision und Korrektur unterliegende Karte in der Hand zu haben als überhaupt keine.

Ist nun jedes der Bücher der Trilogie auf einem anderen, aber mit den übrigen vereinbaren Modell erbaut, so stützen sie sich doch alle auf Dokumentationen, Forschungen und Berichterstattungen unterschiedlichster Bereiche und Länder. So haben wir beispielsweise beim Schreiben dieses Buches versucht, die Macht auf dem Zenit und in den Tiefen der Gesellschaft zu erforschen.

Wir hatten Gelegenheit, uns stundenlang mit Michail Gorbatschow, Ronald Reagan, George Bush, mehreren japanischen Ministerpräsidenten sowie anderen zu unterhalten, die von den meisten Menschen zu den »Mächtigsten« dieser Erde gezählt werden.

Am anderen Ende des Spektrums besuchte einer von uns oder auch wir beide Squatter in einer südamerikanischen »Elendsstadt« und weibliche Häftlinge, die zu lebenslangem Gefängnis verurteilt sind – beides also Gruppen, die man für die »machtlosesten« auf Erden hält.

Zudem besprachen wir uns mit Bankiers, Gewerkschaftsführern, Firmenchefs, Computer-Experten, Generälen, Nobelpreisträgern, Ölmagnaten, Journalisten und den Chefs der größten Weltfirmen.

Wir kamen mit dem Stabspersonal zusammen, das die Entscheidungen im Weißen Haus, im Palais de l'Elysée und im japanischen Ministerpräsidentenamt vorprägt, ja sogar in den Moskauer ZK-Büros der KPdSU. Dort wurde ein Gespräch mit Anatoli Lukjanow (damals im ZK, später zweithöchster Mann der UdSSR gleich nach Gorbatschow) durch die unerwartete Einberufung einer Sitzung des Politbüros unterbrochen.

Einmal fand ich mich in einer kalifornischen Kleinstadt umgeben von Büchern in einem sonnenhellen Raum. Hätte man mich mit verbundenen Augen in das Zimmer geführt, wäre mir wohl nie in den Sinn gekommen, die intelligente junge Frau in T-Shirt und Jeans, die mir am Eichentisch der Bibliothek gegenübersaß, sei eine Mörderin. Oder sie sei wegen Beteiligung an einem scheußlichen Sexualverbrechen verurteilt worden. Oder wir befänden uns in einem Gefängnis - einem Ort, an dem die Realitäten der Macht ganz ungeniert zutage liegen. Durch sie begriff ich, daß auch Strafgefangene alles andere als »machtlos« sind. Manche wissen Information mit der ganzen raffinierten Manipulationslust Richelieus an Ludwig XIII. Hof zu Machtzwecken zu gebrauchen, und das paßt haargenau zum Thema dieses Buches (dieses Erlebnis veranlaßte meine Frau und mich, zweimal ein Seminar ausschließlich für Mörder abzuhalten, und wir haben dabei eine Menge gelernt).

Erlebnisse und Erfahrungen wie diese als Ergänzung zu umfassender Lektüre und Analyse schriftlicher Quellen aus aller Welt ließen die Entstehung von *Machtbeben* zu einer unvergeßlichen Bereicherung unseres Lebens werden.

Möge der Leser *Machtbeben* so nützlich, erfrischend und bereichernd finden, wie man es der *Zukunftschance* und dem *Zukunftsschock* nachsagt. Die umfassende, vor einem Vierteljahrhundert begonnene Synthese hat jetzt ihren Abschluß gefunden.

Alvin Toffler

Erster Teil

Das neue Wesen der Macht

Die Macht kommt aus den Gewehrläufen
– *Mao Zedong*

Geld redet
– *Anonym*

Wissen ist Macht
– *Francis Bacon*

I

Die Ära des Machtbebens

Dies ist ein Buch über die Macht an der Schwelle zum 21. Jahrhundert. Es befaßt sich mit Gewalt, Reichtum und Wissen und deren Rolle in unserem Leben. Es dreht sich um die neuen Wege zur Macht, die sich in einer Welt im Umbruch auftun.

Hängt der Macht ihres Mißbrauchs wegen auch ein schlechter Geruch an, so ist sie an sich doch weder gut noch schlecht. Sie ist aus keinem zwischenmenschlichen Verhältnis wegzudenken und beeinflußt alles, von unseren Sexualbeziehungen bis zu den Berufen, die wir ausüben, den Autos, die wir fahren, dem Fernsehen, das wir betrachten, den Hoffnungen, denen wir anhängen. Wir sind allemal mehr Produkt der Macht, als die meisten von uns gewahr sind.

Von allen Aspekten unseres Lebens ist und bleibt die Macht der am wenigsten begriffene und der am meisten bedeutsame - zumal für uns Heutige.

Weil jetzt die Ära des Machtbebens anbricht. Wir leben in einer Zeit, in der die gesamte Machtstruktur, die die Welt bislang zusammenhielt, in Stücke geht. Eine radikal andere Machtstruktur bricht sich Bahn. Und dies geschieht auf allen Ebenen der menschlichen Gesellschaft.

Im Büro, im Supermarkt, in der Bank, in der Managersuite, in unseren Kirchen, Krankenhäusern und Wohnungen zerbröckeln die alten Machtstrukturen nach höchst eigenartigen Mustern. Von Berkeley bis Rom und Taipeh gärt es an den Universitäten, treibt der Explosion zu. Ethnische und rassische Unruhen breiten sich beängstigend aus.

In der Wirtschaftswelt erleben wir, wie Firmengiganten auseinandergezerrt und neu zusammengefügt, ihre einstigen Bosse oft ebenso wie Tausende Mitarbeiter abgehalftert werden. Mag auch ein »Goldfallschirm« oder eine handfeste Abfindung die Bruchlandung eines Topmanagers abfedern, so sind doch die Attribute der Macht futsch – der Firmenjet, die Chefkarosse, die Konferenzen im luxuriösen Golfhotel und vor allem: die kitzelnde Erregung, wie schiere Machtausübung sie verursacht.

Doch nicht allein in den Chefetagen der Konzerne verschiebt sich die Macht. Auch der Bürovorsteher und der Vorarbeiter müssen entdecken, daß die Angestellten und Arbeiter Befehle nicht mehr blindlings entgegennehmen. Sie stellen Fragen und verlangen Antworten. Ähnliches widerfährt den Offizieren von ihrer Truppe, den Polizeichefs von ihren Polizisten, mehr und mehr auch den Lehrern von ihren Schülern.

Dieses Aufbrechen der altgewohnten Autorität und Macht in Wirtschaft und Alltag beschleunigt sich in eben dem Augenblick, da auch die globalen Machtstrukturen zu splittern beginnen.

Seit Ende des Zweiten Weltkriegs schritten zwei Supermächte wie Kolosse über die Erde. Jede hatte ihre Verbündeten, Satelliten und Claque. Jede bot der anderen Paroli, Rakete um Rakete, Panzer um Panzer, Spion um Spion. Heute ist dieses Gegeneinanderaufwiegen zu Ende.

Schon bilden sich infolgedessen »schwarze Löcher« im Weltsystem: große, saugstarke Machtvakuen in Osteuropa zum Beispiel, die vielleicht ganze Staaten und Völker in seltsam neue oder auch uralte Allianzen und Kollisionen reißen werden. Die Macht verschiebt sich in so atemberaubendem Tempo, daß die Mächtigen der Welt, anstatt die Ereignisse zu ordnen, von ihnen mitgeschwemmt werden.

Es besteht starker Anlaß zu glauben, daß die Kräfte, die jetzt die Macht auf allen Ebenen des Menschensystems erschüttern, in den allernächsten Jahren noch stärker, alles durchdringender werden.

Dieser massiven Neugestaltung der Machtverhältnisse, der Verwerfung tektonischer Platten vor einem Erdbeben vergleichbar, wird eines der seltensten Ereignisse der Menschheitsgeschichte entspringen: eine Revolution des innersten Wesens der Macht.

Ein Machtbeben ist mehr als bloßes Übertragen von Macht, es ist gleichbedeutend mit einer Verwandlung der Macht als solcher.

Das Ende der Imperien

Die ganze Welt hielt den Atem an, als 1989 ein halbhundertjähriges Imperium sowjetischer Macht in Osteuropa plötzlich aus den Fugen ging. In verzweifelter Suche nach westlicher Technologie als Energiespritze für ihre Rostgürtel-Wirtschaft stürzte sich sogar die Sowjetunion selbst in einen fast chaotischen Wandel.

Langsamer und weniger aufsehenerregend ging es jedoch auch mit der anderen Supermacht relativ bergab. Über den Verlust der globalen Macht seitens Amerikas ist so viel geschrieben worden, daß es hier keiner Wiederholung bedarf. Noch auffälliger jedoch waren die zahlreichen Machtverluste seiner einstmals beherrschenden Institutionen im Innern.

Vor zwanzig Jahren galt General Motors als größte Fabrik der Welt, war strahlendes Vorbild aller Manager, in Washington politisches Machtzentrum sondergleichen. Heute, so meint ein hohes Tier bei GM, »laufen wir ums nackte Leben«. Eine Zerschlagung von GM ist in den nächsten Jahren alles andere als ausgeschlossen.

Vor zwanzig Jahren gab es für IBM kaum eine Konkurrenz und in den USA wahrscheinlich mehr Computer als in der übrigen Welt zusammen. Heute hat sich die Computermacht rasant in der ganzen Welt eingenistet, ist der Anteil der USA zusammengeschrumpft und weht IBM der steife Konkurrenzwind von Firmen wie NEC, Hitachi und Fujitsu in Japan, der Bull-Gruppe in Frankreich, der ICL in England und vieler anderer ins Gesicht. Schon reden Industrie-Beobachter von der Nach-IBM-Ära.

Das alles ist keineswegs nur das Ergebnis ausländischer Konkurrenz. Vor zwanzig Jahren waren drei Fernsehgesellschaften – ABC, CBS und NBC – die Herren der amerikanischen Ätherwellen. Für sie gab es überhaupt keine ausländische Konkurrenz. Dennoch schrumpfen sie heute so schnell, daß ihr schieres Überleben in Frage steht.

Vor zwanzig Jahren, um ein ganz anderes Beispiel zu nehmen, waren die Ärzte in den Vereinigten Staaten Götter im weißen Kittel. Ihr Wort galt den Patienten zumeist als Gesetz. Die Ärzte beherrschten praktisch das gesamte amerikanische Gesundheitssystem. Ihre politische Durchschlagskraft war ungeheuer.

Heute hingegen stehen die amerikanischen Ärzte unter Belagerung. Patienten geben Widerworte. Sie strengen Prozesse wegen falscher Behandlung an. Krankenschwestern fordern mehr Verantwortung und Respekt. Die Pharmahersteller haben ihre Ehrfurcht abgelegt. Und Versicherungsgesellschaften, organisierte Vorsorgegruppen und die Regierung beherrschen jetzt das amerikanische Gesundheitssystem - nicht mehr die Ärzte.

Querbeet also mußten einige der mächtigsten Institutionen und Berufsstände im mächtigsten Land der Welt zusehen, wie ihre Vorherrschaft in eben den 20 Jahren zerbrach, in denen Amerikas Macht nach außen im Verhältnis zu anderen Staaten sank.

Diese gewaltigen Erschütterungen in der Machtverteilung sind keineswegs lediglich eine Krankheit der alternden Supermächte, sondern ein Blick auf andere belehrt uns sofort eines Besseren.

Während Amerikas Wirtschaftsmacht fadenscheinig wurde, stieg die Japans ins unermeßliche. Doch auch der Erfolg kann bedeutsame Machtverschiebungen auslösen. Genau wie in den Vereinigten Staaten verloren auch Japans mächtigste Industrien der zweiten, der Rostgürtel-Welle an Bedeutung in dem Maße, als die Industrien der dritten Welle zum Höhenflug ansetzten. Zwar nahm Japans wirtschaftliche Kraft insgesamt zu, aber die dafür vielleicht an erster Stelle verantwortlichen beiden Institutionen mußten mit ansehen, wie ihre eigene Macht dahinschmolz. Die erste war die regierende Liberaldemokratische Partei, die zweite das Ministerium für Internationalen Handel und Industrie (MITI), dem man nachsagt, es sei das Gehirn des japanischen Wirtschaftswunders.

Heute befindet sich die LDP auf ungewohntem Rückzug, ihre ältlichen Chefs in den Fängen von Finanz- und Sexskandalen. Zum ersten Mal sieht sie sich erzürnten und zunehmend aktiven weiblichen Wählern, Verbrauchern, Steuerzahlern und Bauern gegenüber, deren Unterstützung sie einst genoß. Um die seit 1955 in ihren Händen befindliche Macht zu behalten, wird sie ihre Basis von den ländlichen auf die städtischen Wähler verlagern und sich mit einer viel heterogeneren Bevölkerung herumschlagen müssen als je zuvor. Denn gleichwie alle High-Tech-Staaten wird auch Japan zu einer entmassten Gesellschaft, in der viel mehr

Akteure die politische Bühne betreten. Ob die LDP diesen langfristigen Kurswechsel schaffen wird, ist noch die Frage. Keine Frage aber ist, daß sich erhebliche Macht von der LDP wegverlagert hat.

Was nun das MITI anbelangt, so reden selbst heute noch viele amerikanische Akademiker und Politiker auf die USA ein, sie sollten sich der Planung à la MITI zuwenden. Indessen ist mittlerweile das MITI selbst ins Gedränge gekommen. Einst tanzten die größten Firmen Japans nach der Pfeife der MITI-Bürokraten und hielten sich nolens volens an deren »Leitlinien«. Heute welkt die MITI-Macht schnell dahin, nachdem die Firmen selbst stark und damit aufmüpfig geworden sind. Nach außen bleibt Japan wirtschaftlich mächtig, ist indessen zu Hause politisch schwach. Ungeheures wirtschaftliches Gewicht balanciert auf schütterer politischer Basis.

Selbst die Flaggschiffe der japanischen Geldmacht, die Bank von Japan und das Finanzministerium, die Japan einst furchtlos durch das schnelle Wachstum, den Ölschock, den Börsenkrach und den Aufstieg des Yen steuerten, geraten hilflos ins Schlingern vor den turbulenten Kräften des Marktes, die die Wirtschaft destabilisieren.

Noch aufsehenerregendere Machtverschiebungen zerwühlen das Antlitz Westeuropas. So ist Macht von London, Paris und Rom abgewandert, als die deutsche Wirtschaft allen andern den Rang ablief. Heute, da Ost- und Westdeutschland nach und nach ihre Wirtschaft verschmelzen, fürchtet ganz Europa erneut eine deutsche Beherrschung des Kontinents.

Zum Schutze davor suchen Frankreich und andere westeuropäische Staaten mit Ausnahme Englands hastig ihr Heil in der politischen wie wirtschaftlichen Integration der Europäischen Gemeinschaft. Doch je mehr ihnen das gelingt, desto mehr nationale Macht fließt in die Adern der Brüsseler Gemeinschaft, die immer größere Souveränitätsstücke an sich reißt.

So sind die Staaten Westeuropas gefangen zwischen Bonn oder Berlin auf der einen und Brüssel auf der anderen Seite, wozu noch kommt, daß bei Schaffung einer gesamteuropäischen Währung und Zentralbank durch die EG die eine höchstwahrscheinlich von der D-Mark und die andere von der Bundesbank dominiert sein wird. Auch hier verlagert sich die Macht rasant von ihren etablierten Zentren weg.

Die Aufzählung derartiger internationaler und innenpolitischer Machtverschiebungen ließe sich beliebig verlängern. Für eine so kurze Friedenszeit sind sie ein eindrucksvolles Arsenal.

Natürlich ist zu allen Zeiten eine gewisse Machtverschiebung normal. Doch selten nur geht ein ganzes, weltumspannendes Macht*system* so haltlos aus den Fugen. Noch seltener in der Geschichte ist der Fall eingetreten, daß sich sämtliche Regeln des Machtspiels gleichzeitig ändern und das Wesen der Macht als solches eine Revolution erfährt.

Genau dies aber geschieht heute. Die Macht, die uns als Individuen und Nationen weitgehend definiert, erlebt selbst eine Umdefinition.

Der Gott im weißen Kittel

Einen Anhaltspunkt zu dieser Umdefinition erhaschen wir, wenn wir uns die obige Liste scheinbarer Einzelveränderungen einmal näher ansehen. Dabei stellen wir nämlich fest, daß sie ganz und gar nicht so zufällig sind, wie sie sich ausnehmen. Sei es nun Japans meteorhafter Aufstieg, der bedrückende Abstieg von General Motors oder der Fall des amerikanischen Arztes in Ungnade – ein roter Faden verbindet sie alle.

Nehmen wir die durchlöcherte Macht des Gottes im weißen Kittel.

In der Blütezeit der Ärzteherrschaft in Amerika war das medizinische Wissen ausschließlich Sache der Mediziner. Rezepte wurden in Lateinisch geschrieben, womit der Berufsstand über eine Art Geheimcode verfügte, der den meisten Patienten verschlossen blieb. Medizinische Fachzeitschriften und Texte blieben dem Fachmann vorbehalten. Zu den Ärztekongressen hatte kein Laie Zugang. Die Ärzteschaft bestimmte die Lehrpläne und die Zulassungen zur medizinischen Fakultät.

Man vergleiche dies mit der heutigen Lage, wo die Patienten erstaunlichen Zugang zu medizinischem Wissen haben. Mit nicht mehr als einem Personalcomputer und einem Modem kann jeder von seinem Wohnzimmer aus auf Datenbanken wie Index Medicus zugreifen und sich wissenschaftliche Abhandlungen über alle Themen beschaffen, von der Addinsonschen Krankheit bis zur Zygomyocose, und sich über eine konkrete Erkrankung oder Behandlung umfassender informieren, als der Durchschnittsdoktor überhaupt zu lesen vermag.

Auch das 2354seitige Kompendium mit Namen *Ärztehandbuch* kann jedermann problemlos erwerben. Einmal wöchentlich kann jeder Fernsehabonnent über ein Kabelprogramm zwölf Stunden lang hochfachliche Fernsehsendungen ansehen, die der ärztlichen Fortbildung dienen. Vielen dieser Sendungen geht zwar ein Vorspann voraus: »Ein Teil der gezeigten Materialien ist möglicherweise nicht für den allgemeinen Zuschauerkreis geeignet.« Aber darüber befindet der Zuschauer selbst.

Während der übrigen Woche vergeht in Amerika kaum eine Nachrichtensendung, die nicht mindestens einen medizinischen Fall oder Abschnitt enthält. Donnerstag abends senden neuerdings 300 Stationen eine Videofassung des *Journal of the American Medical Association.* Die Presse berichtet von Fällen ärztlicher Fehlbehandlung. Billige Taschenbuchausgaben informieren den Durchschnittsleser, auf welche Nebenwirkungen eines Medikaments er achten soll, welche Medikamente nicht nebeneinander eingenommen werden dürfen und mit welcher Diät er seinen Cholesterinspiegel heben oder senken kann. Größere medizinische Durchbrüche, selbst wenn sie zuerst in Ärztefachblättern veröffentlicht werden, erscheinen noch am selben Abend in der Tagesschau, fast noch ehe der Arzt sein Abonnementsexemplar aus dem Briefkasten hat holen können.

Kurzum: Das Wissensmonopol der Ärzteschaft ist komplett gebrochen. Der Arzt ist kein Gott mehr.

Der entthronte Doktor ist indes nur ein winziges Beispiel eines weitaus breiteren Prozesses, der das gesamte Verhältnis von Wissen und Macht in den High-Tech-Staaten verändert.

Auch in vielen anderen Bereichen rinnt den Spezialisten das Wissen durch die Finger und erreicht den Normalbürger. Desgleichen gewinnen in Großfirmen die Angestellten Zugang zu einem

Wissen, das vordem der Geschäftsleitung vorbehalten war. Und mit der Umverteilung des Wissens wird auch die auf ihm beruhende Macht umverteilt.

Im Geschoßhagel der Zukunft

Indessen verursachen Wissensveränderungen in einem noch viel umfassenderen Sinne gewaltige Machtverschiebungen oder tragen zu ihnen bei. Das wirtschaftlich wichtigste Faktum unserer Zeit ist das Auftauchen eines neuen Systems der Wertschöpfung, die nun nicht mehr auf Muskelkraft, sondern auf Geist beruht. In einer fortgeschrittenen Wirtschaft, schreibt der Historiker Mark Poster von der Universität Kalifornien (Irvine), bestehe Arbeit nicht mehr darin, daß man »Sachen« bearbeite, sondern darin, daß »Männer und Frauen auf andere Männer und Frauen ... oder Menschen auf Informationen und Informationen auf Menschen einwirken«.

Der tiefere Grund für die Probleme von General Motors ebenso wie für den Aufstieg Japans liegt eben darin: Information oder Wissen ist an die Stelle roher Muskelkraft getreten. Denn während GM noch meinte, die Erde sei flach, erkundete Japan ihre Ränder und fand, daß dies nicht stimmte.

Schon 1970, als die amerikanischen Wirtschaftsmagnaten ihre Schornsteinwelt noch für sicher hielten, standen die japanischen Geschäftsleute, ja sogar die allgemeine Öffentlichkeit im Geschoßhagel der Bücher, Zeitungsartikel und Fernsehprogramme, die die Ankunft des »Informationszeitalters« verkündeten und aufs 21. Jahrhundert zielten. Wurde das Schlagwort vom Ende des Industrialismus in den USA mit einem Schulterzucken beiseite gelegt, so machten die japanischen Verantwortungsträger in Wirtschaft, Politik und Medien es sich begierig zu eigen. Sie kamen zu dem Schluß, im 21. Jahrhundert sei das Wissen der Schlüssel zum Wirtschaftswachstum.

So überrascht es nicht, daß die USA zwar früher mit dem Aufstellen von Computern begannen, Japan aber schneller bei der Hand war, wenn es darum ging, die Wissenstechnologien der dritten Welle an die Stelle der schieren Muskelkraft-Technik der vergangenen zweiten Welle zu setzen.

Roboter hielten ihren Einzug. Hochmoderne, ganz auf Computer und Information abgestellte Fertigungsverfahren brachten Erzeugnisse hervor, deren Qualität auf den Weltmärkten kaum zu schlagen war. Überdies unternahm Japan in der Erkenntnis, daß seinen alten Schlot-Industrien das Aus drohte, die notwendigen Schritte, um den Übergang zu den neuen zu erleichtern und zugleich die unausweichlichen Stöße dieser Strategie abzufedern. Der Kontrast zu General Motors (und überhaupt zur amerikanischen Politik) hätte deutlicher nicht sein können.

Bei näherer Betrachtung vieler anderer Machtverschiebungen stellt sich heraus, daß auch in diesen Fällen die Rolle des Wissens - das neue Wertschöpfungssystem - der Verursacher war.

Die Ausbreitung dieser neuen Wissens-Wirtschaft ist wahrlich die neue Explosivkraft, die die fortgeschrittenen Volkswirtschaften in bittere, weltweite Konkurrenz trieb, den sozialistischen Staaten ihre hoffnungslose Veraltung vor Augen führte, viele »Entwicklungsländer« zwang, ihre traditionellen Wirtschaftsstrategien zum alten Eisen zu werfen, und sie ist es, die heute die persönlichen und öffentlichen Machtverhältnisse von Grund auf umstülpt.

Churchill hat einmal weitsichtig bemerkt: »Die Reiche der Zukunft sind Reiche des Geistes.« Inzwischen hat sich das bewahrheitet. Noch nicht begriffen wurde das Ausmaß, in dem sich rohe Elementarkraft - auf der Ebene des einzelnen ebenso wie ganzer Imperien - in den vor uns liegenden Jahrzehnten infolge der neuen Rolle des »Geistes« verändern wird.

Schäbiger Landadel

Die Ausbreitung eines revolutionär neuen Wertschöpfungssystems geht nicht ohne persönliche, politische und internationale Konflikte ab. Verändert sich die Art und Weise, wie Reichtum entsteht, so kommt es sofort zur Kollision mit allen angestammten Interessen, deren Macht aus dem vorherigen Wertschöpfungssystem entsprang. Böse Konflikte brechen aus, denn jede Seite kämpft um die Zukunftsherrschaft.

Eben dieser Konflikt, der sich auf die Welt ausbreitet, erklärt die jetzige Machterschütterung. Um sich ein Bild von dem zu machen, was uns möglicherweise bevorsteht, sollten wir einen kurzen Blick zurück auf den letzten Globalkonflikt dieser Art tun.

Vor dreihundert Jahren schuf die industrielle Revolution ebenfalls ein neues Wertschöpfungssystem. Wo einst Felder bestellt wurden, ragten jetzt Schlote in den Himmel. Fabriken schossen wie Pilze aus dem Boden. Diese »dunklen satanischen Mühlen« führten eine völlig neue Daseinsart mit sich - und ein neues Machtsystem.

Aus Bauern, die der praktischen Leibeigenschaft auf dem Lande entrannen, wurden Stadtarbeiter, die privaten oder öffentlichen Arbeitgebern unterstellt waren. Damit ging auch eine Veränderung der Machtverhältnisse zu Hause einher. Aus Bauernfamilien, die zu mehreren Generationen unter einem Dach wohnten und allesamt von einem bärtigen Patriarchen regiert waren, wurden auseinandergerissene Kleinfamilien, die ihre Älteren bald aussonderten oder zumindest deren Ansehen und Einfluß reduzierten. Die Familie als Institution verlor in dem Maße an gesellschaftlicher Macht, als viele ihrer Funktionen auf andere Einrichtungen übergingen - z.B. die Erziehung auf die Schule.

Früher oder später schlossen sich, wo immer Dampfmaschine und Schornstein sich einfanden, große politische Veränderungen an. Monarchien brachen zusammen oder schrumpften zur bloßen Touristenattraktion. Neue politische Formen tauchten auf.

Einst mächtige Landbesitzer, die den nötigen Verstand und Weitblick besaßen, zogen in die Stadt und ritten auf der Woge der industriellen Expansion, ihre Söhne wurden Börsenmakler oder Industriekapitäne. Der größte Teil der Bodenbesitzer, die an ihrem ländlichen Dasein festhielten, fand sich als schäbiger Landadel wieder, ihre Herrschaftssitze wurden schließlich zu Museen oder Sammelbüchsen-Löwenparks.

Auf der anderen Seite jedoch entstanden neue Eliten: Firmenhäuptlinge, Bürokraten, Zeitungsmoguln. Mit der Massenerzeugung, Massenverteilung, Massenerziehung und Massenkommunikation gingen Massendemokratien oder aber sich »demokratisch« schimpfende Massendiktaturen einher.

Desgleichen standen diesen inneren Veränderungen ebenbürtige, gigantische Verschiebungen der Globalmacht gegenüber, als die Industrienationen einen Großteil der übrigen Welt kolonisierten, eroberten oder beherrschten und damit eine Weltmacht-Hierarchie schufen, die teilweise noch heute fortbesteht.

Kurzum: Das Auftauchen eines neuen Wertschöpfungssystems unterhöhlte jeden Pfeiler des alten Systems und verwandelte letztlich das gesamte Familienleben, die Wirtschaft, die Politik, den Nationalstaat und schließlich die globale Machtstruktur selbst.

Die um die Beherrschung der Zukunft kämpften, bedienten sich der Gewalt, des Reichtums und des Wissens. Heute ist eine ähnliche, freilich noch viel schnellere Umwälzung in Gang gekommen. Was wir neuerdings an Veränderungen im Geschäftsleben, in der Wirtschaft, in der Politik und auf weltweiter Ebene erleben, sind lediglich die ersten Scharmützel weit größerer Machtkämpfe, die noch bevorstehen. Denn wir stehen an der Schwelle zum tiefgreifendsten Machtbeben der Menschheitsgeschichte.

II

Gewalt, Geld und Geist

Azurblauer Himmel. Ferne Berge. Pferdegeklapper. Ein einsamer Reiter kommt ins Bild, rückt näher, die Sporen blinken in der Sonne . . .

Wer je als Kind im dunklen Kino sich von Cowboy-Filmen in Bann schlagen ließ, der weiß, daß vom Lauf eines Trommelrevolvers Macht ausgeht. In Film um Hollywoodfilm reitet ein einsamer Cowboy aus dem Nichts daher, duelliert sich mit dem Schurken, steckt seinen Revolver ins Halfter zurück und reitet wieder in die dunstige Ferne. Gewalt, so lernten wir Kinder, bedeutet Macht.

Eine Nebenfigur in vielen dieser Filme jedoch war ein gutgekleideter Fettwanst hinter einem großen Holzschreibtisch. Auch dieser kraftlose und gierige Typ übte Macht aus. Er finanzierte die Eisenbahn oder die landräuberischen Viehzüchter oder andere Bösewichter. Stellte der Cowboy die Macht der Gewalt dar, so war dieser - der Bankertyp - das Sinnbild der Macht des Geldes.

In vielen Wildwestfilmen gab es noch eine dritte wichtige Gestalt - den kreuzzüglerischen Zeitungsredakteur, den Lehrer, den Pfarrer oder die gebildete Frau aus dem »Osten«. In einer Welt von Rauhbeinen, die erst schießen und dann fragen, stellte diese Figur nicht nur das moralisch Gute im Kampf mit dem Bösen dar, sondern auch die Macht der Bildung und des Wissens um die Welt draußen. Siegte nun auch diese Person oft am Ende, dann meist deshalb, weil sie mit dem revolverschwingenden Helden im Bunde war oder weil ihr ein Glücksfall zugute kam, sie im Fluß Gold fand oder unerwartet ein Vermögen erbte.

Wissen ist Macht, hatten wir von Francis Bacon gelernt. Damit aber im Wildwestfilm das Wissen siegen konnte, mußte es sich in der Regel mit der Gewalt oder dem Geld verbünden.

Natürlich sind im Alltag Geld, Geist und Gewalt nicht die einzigen Quellen der Macht, und natürlich ist Macht weder gut noch schlecht an sich. Vielmehr ist sie eine Dimension praktisch aller zwischenmenschlichen Beziehungen. Tatsächlich ist sie das Gegenstück zur Sehnsucht, und da es unendlich vielerlei menschliche Sehnsüchte gibt, ist alles, was das Sehnen eines andern zu erfüllen vermag, eine potentielle Quelle von Macht. Der Dealer, der ein »Fix« verweigern kann, hat Macht über den Fixer. Braucht ein Politiker Wählerstimmen, dann haben die Wähler Macht.

Doch unter den zahllosen Möglichkeiten erweisen sich die drei im Wildwestfilm symbolisierten Machtquellen - Gewalt, Reichtum und Wissen - als die herausragendsten. Gewalt beispielsweise braucht noch nicht einmal angewendet zu werden; die Drohung mit ihr reicht oft genug aus, um Gehorsam zu erzwingen. Gewaltandrohung kann auch hinter dem Gesetz lauern (wir verwenden den Begriff »Gewalt« im übertragenen und nicht bloß wörtlichen Sinne, so daß nicht nur der physische Zwang gemeint ist).

Nicht nur der Film, auch uralte Mythen unterstreichen, daß Gewalt, Reichtum und Wissen die hervorragendsten Quellen gesellschaftlicher Macht sind. So spricht die japanische Legende von *sanshu no jingi*, den drei geweihten Gegenständen, die die große Sonnenkönigin Amaterasu-omi-kami besitze und die bis heute die kaiserliche Macht symbolisieren: Schwert, Juwelen und Spiegel.

Schwert und Juwelen als Machtsymbol bedürfen keiner Erläuterung, etwas mehr schon der Spiegel. Doch auch der Spiegel, in dem Amaterasu-omi-kami ihr eigenes Antlitz erblickte, mithin zum Selbstwissen durchstieß, ist ein Zeichen von Macht. Er wurde zum Symbol ihrer Göttlichkeit, aber es ist durchaus zulässig, ihn auch für ein Symbol der Vorstellungskraft, des Bewußtseins und Wissens zu halten.

Überdies bilden Schwert/Gewalt, Juwel/Geld und Spiegel/Geist zusammen ein wechselwirksames Ganzes. Unter bestimmten Voraussetzungen läßt sich jedes von ihnen in die beiden anderen verwandeln. Ein Schießeisen kann Geld einbringen oder einem Opfer geheime Informationen entreißen. Mit Geld kann man Information - oder auch ein Schießeisen kaufen. Wissen kann dazu genutzt werden, um entweder den Geldbestand zu erhöhen (davon weiß Ivan Boesky ein Liedchen zu singen) oder die verfügbare Gewalt zu erhöhen (aus diesem Grund stahl Klaus Fuchs Atomgeheimnisse).

Mehr noch: Alle drei können fast auf allen Ebenen des gesellschaftlichen Lebens eingesetzt werden, vom trauten Heim bis zur politischen Arena.

Im trauten Heim kann ein Elternteil dem Kind eine Ohrfeige versetzen (Gewalt), das Taschengeld kürzen oder einen Dollar zusätzlich springen lassen (Geld) oder – und dies ist die wirksamste Art – die Wertvorstellungen des Kindes so gestalten, daß das Kind zu gehorchen *wünscht.* In der Politik kann die Regierung den Dissidenten einsperren oder foltern, ihre Kritiker finanziell bestrafen und ihre Anhänger belohnen, und sie kann die Wahrheit manipulieren, um Zustimmung zu erlangen.

Wie Maschinenwerkzeuge, die weitere Maschinen herstellen, verleihen Gewalt, Reichtum oder Wissen, richtig genutzt, Zugang zu vielen weiteren, vielgestaltigeren Machtquellen. So sind denn, welcher anderen Machtmittel sich eine herrschende Elite oder Einzelpersonen in ihrem privaten Beziehungsgeflecht auch bedienen mögen, letztlich immer Gewalt, Reichtum und Wissen die Hebel der Macht. Sie bilden die Machttriade.

Sicher sind nicht alle Machtverschiebungen oder -verlagerungen die Folge des Einsatzes dieser Machtmittel. Der Machtbesitz wechselt auch aufgrund vieler Naturereignisse. Die schwarze Pest, die im 14. Jahrhundert Europa verheerte, trug die Mächtigen ebenso zu Grabe wie die Machtlosen und hinterließ viele Lücken in den überlebenden Eliten.

Auch der Zufall spielt in den Gesellschaften bei der Machtverteilung eine Rolle. Sobald wir uns aber auf bewußtes menschliches Handeln konzentrieren und uns fragen, woher es denn kommt, daß sich Menschen und ganze Gesellschaften den Wünschen der »Mächtigen« beugen, dann finden wir uns wieder im Angesicht der Dreiheit von Gewalt, Geld und Geist.

Im Sinne einer möglichst eindeutigen Aussage wollen wir in diesem Buch Macht stets als bewußte Machtausübung über Menschen begreifen. Diese Definition schließt Machtanwendung gegen die Natur oder Sachen aus, ist aber dennoch weit genug angelegt, so daß sie die Macht mit umfaßt, die ausgeübt wird von einer Mutter, damit ihr Kind nicht vor ein heranbrausendes Auto läuft, oder von IBM, um ihre Gewinne zu steigern, oder von Diktatoren wie Marcos oder Noriega, um ihre Familie oder Parteigänger zu bereichern, oder von der katholischen Kirche, wenn sie politischen Widerstand gegen die Empfängnisverhütung zu mobilisieren sucht, oder von den chinesischen Militärs, die einen Studentenaufstand niederschlagen.

In ihrer nacktesten Form bedeutet Macht den Einsatz von Gewalt, Geld und Geist (im weitesten Sinne), damit sich Menschen auf eine bestimmte Weise verhalten.

Richten wir unser Visier auf diese Dreiheit und definieren wir Macht so, dann können wir Macht auf völlig neue Weise analysieren und erkennen vielleicht klarer als bisher, wie denn Macht genau ausgeübt wird, um unser Verhalten von der Wiege bis zur Bahre zu steuern. Erst wenn wir das verstanden haben, können wir jene überlebten Machtstrukturen herausarbeiten und verwandeln, die unsere Zukunft bedrohen.

Macht hoher Güte

Gemeinhin geht man, jedenfalls in der westlichen Kultur, davon aus, Macht sei eine Frage der Quantität. Doch obwohl fraglos die einen weniger, die anderen mehr Macht besitzen, geht diese Betrachtungsweise genau an dem heute vielleicht wichtigsten Faktor vorbei: der *Qualität* der Macht.

Macht gibt es in unterschiedlichen Graden, und ganz gewiß ist die Oktanzahl mancher Machtausübung recht niedrig. In den schweren Auseinandersetzungen, die bald unsere Schulen, Krankenhäuser, Geschäfte, Gewerkschaften und Regierungen in helle Aufregung versetzen werden, gewinnen jene, die die »Qualität« verstehen, einen strategischen Vorteil.

Niemand bezweifelt, daß Macht - in Form des Springmessers oder der Atomrakete - grausige Ergebnisse zeitigen kann. Der Schatten der gesetzlich verankerten Gewalt steht hinter jeder Regierungshandlung, und letztlich setzt jede Regierung ihren Willen mit Soldaten und Polizei durch. Diese allgegenwärtige und notwendige Drohung mit der Amtsgewalt in der Gesellschaft hält das System überhaupt erst in Gang, macht normale Geschäftsabschlüsse verläßlich, drängt das Verbrechen zurück, bildet das Instrumentarium für die friedliche Beilegung von Streitfällen. In diesem paradoxen Sinne ist der Alltag gewaltlos, *weil* es die verhüllte Gewaltdrohung gibt.

Generell jedoch gehen mit der Gewalt wichtige Nachteile einher. Sie verführt uns dazu, Keulen mit uns herumzutragen oder einen Rüstungswettlauf vom Zaun zu brechen, der die Risiken rundum vervielfacht. Selbst wenn sie »funktioniert«, erzeugt sie Widerstand. Ihre Opfer oder Überlebenden warten nur auf die Chance zum »Heimzahlen«.

Hauptschwäche roher Gewalt aber ist ihre schiere Unbeweglichkeit. Sie kann nur zur Bestrafung genutzt werden. Kurzum: Sie ist Macht minderer Güte.

Reichtum hingegen ist ein viel besseres Machtinstrument. Eine dicke Brieftasche ist unglaublich vielfältiger. Anstatt bloß zu drohen oder zu strafen, erlaubt sie feinabgestufte Belohnungen verschiedenster Art - Zahlungen und Vorteile in bar oder in natura. Reichtum kann positiv oder negativ eingesetzt werden, ist mithin viel schmiegsamer als Gewalt. Reichtum erzeugt Macht mittlerer Güte.

Macht höchster Güte jedoch ergibt sich aus der Anwendung von Wissen. In einem noch zur Batista-Zeit in Kuba gedrehten Film spielt Sean Connery einen britischen Söldner. In einer bedenkenswerten Szene sagt der Militärchef des Tyrannen: »Major, nennen Sie mir Ihre Lieblingswaffe, und ich werde sie Ihnen beschaffen.« Darauf Connery: »Denkvermögen«.

Macht hoher Güte ist kein einfaches Dreinschlagen. Sie ist nicht nur die Fähigkeit, sich durchzusetzen, andere nach dem eigenen Willen handeln zu lassen, obwohl sie anderes vorzögen. Macht hoher Güte setzt viel mehr voraus. Sie setzt Effizienz voraus: Einsatz der geringsten Machtmittel zur Zielerreichung. Wissen kann oft dazu genutzt werden, daß die Gegenseite *gerne* tut, was man von ihr will, ja, daß sie meint, selbst auf die Idee gekommen zu sein.

Unter den drei Urquellen gesellschaftlicher Herrschaft ist also

Wissen die schmiegsamste, biegsamste, erzeugt sie das, was Pentagongrößen »den größten Knall für die wenigsten Peseten« nennen. Mit ihm läßt sich strafen, belohnen, überreden, ja verwandeln. Es kann einen Feind in einen Verbündeten wandeln. Und zur Krönung: Mit dem rechten Wissen lassen sich unangenehme Situationen von vornherein vermeiden, so daß man weder Gewalt noch Reichtum überhaupt braucht.

Desgleichen dient Wissen als Mehrer von Reichtum und Gewalt. Mit ihm läßt sich der verfügbare Reichtum oder die greifbare Gewalt steigern oder umgekehrt der Aufwand zur Erreichung eines bestimmten Zweckes senken. In beiden Fällen steigt die Effizienz, braucht man für den »Showdown« weniger Machtchips einzusetzen.

Natürlich verfügen jene über die größte Macht, die alle diese drei Instrumente gekonnt zu kombinieren verstehen und abwechselnd Bestrafung anzudrohen, mit Belohnung zu winken, zu überreden und Intelligenz zu nutzen wissen. Der wirklich geschickte Machtspieler weiß intuitiv - oder hat gelernt -, wie er seine Machtressourcen nutzt und wechselwirken läßt.

Um nun in einem Machtkonflikt - sei es eine Verhandlung, sei es ein Krieg - die verschiedenen Akteure einordnen zu können, ist die Überlegung hilfreich, wer zu welchen dieser Grundinstrumente der Macht Zugang hat.

Wissen, Gewalt und Reichtum - und das Verhältnis zwischen ihnen - bestimmen die Macht in der Gesellschaft. Francis Bacon stellte Wissen mit Macht gleich, aber über dessen Qualität oder seine entscheidenden Verknüpfungen mit den anderen Hauptquellen gesellschaftlicher Macht schwieg er sich aus. Bislang konnte ja auch kein Mensch die revolutionären Veränderungen im Beziehungsgeflecht zwischen den dreien vorhersehen.

Eine Million Inferenzen

Durch die heutige Nach-Bacon-Welt geht eine Revolution. Kein Genie der Vergangenheit, nicht Sun-Tzu, nicht Macchiavelli, noch auch Bacon selbst, konnte das heutige, das tiefgreifendste Machtbeben ausdenken - jenes erstaunliche Ausmaß, in dem Gewalt und Reichtum selbst vom Wissen abhängig werden.

Militärische Macht war bis vor kurzem im wesentlichen eine Verlängerung der geistlosen Faust. Heute hingegen beruht sie fast völlig auf »tiefgefrorenem Geist« - auf dem in Waffen und Überwachungstechniken eingelagerten Wissen. Vom Satelliten bis zum U-Boot sind die modernen Waffen aus informationsgeladenen elektronischen Bauteilen erbaut. Der Jäger von heute ist ein fliegender Computer. Selbst »dumme« Waffen werden heute mit Hilfe supergescheiter Computer oder elektronischer Chips hergestellt.

Um nur ein Beispiel zu nennen: Die Militärs benutzen computerisiertes Wissen - sogenannte »Expertensysteme« - für die Raketenabwehr. Da Raketen mit der Schallgeschwindigkeit von etwa 300 Meter/Sekunde dahinrasen, müssen wirksame Abwehrsysteme in 10 Millisekunden reagieren. Expertensysteme können jedoch bis zu 10 000, ja 100 000 Regeln aufnehmen, die zuvor von hochspezialisierten Menschen erarbeitet worden sind. Diese Regeln muß der Computer absuchen, abwägen und verknüpfen und gelangt dann zu der Entscheidung, wie er auf die Bedrohung reagiert. So hat sich laut der Zeitschrift *Defense Science* die Defense Advanced Research Projects Agency des Pentagon (DARPA) als langfristiges Ziel vorgenommen, ein System auszuarbeiten, das »eine Million logische Inferenzen« pro Sekunde herstellen kann. Logik, Inferenz, Epistemologie - kurzum: Denkarbeit von Mensch und Maschine - heißen heute die Voraussetzungen für militärische Macht.

Auch im Geschäftsleben ist die Feststellung, Reichtum sei immer mehr eine Funktion des Denkvermögens, nachgerade zur Binsenweisheit geworden. Die moderne Wirtschaft käme keine 30 Sekunden mehr ohne Computer aus, und die neue Komplexität der Erzeugung, die Integration vieler unterschiedlicher (und ständig sich ändernder) Techniken, die Entmassung der Märkte schreiten in Siebenmeilenstiefeln voran und verlangen immer mehr hochqualitative Information, damit das System weiterhin Reichtum erzeugt. Zudem befinden wir uns erst am Anfang dieses »Informationalisierungsprozesses«. Unsere besten Computer und CAD/CAM-Systeme sind primitives Steinzeitalter.

So erweist sich denn das Wissen nicht nur als Quelle höchstklassiger Macht, sondern auch als wichtigstes Bauelement von Gewalt und Reichtum. Anders gesagt: Aus dem Wissen als bloßer Zutat zu Geld- und Muskelmacht ist Wissen zum Wesen der Macht geworden. Es ist letztlich *der* Machtausdehner par excellence. Darin liegt der Schlüssel zum vor uns liegenden Machtbeben, und das erklärt, warum der Kampf um die Herrschaft über Wissen und Kommunikationsmittel auf der ganzen Welt zu toben beginnt.

Fakten, Lügen und Wahrheit

Wissen und Kommunikationssysteme sind weder antiseptisch noch machtneutral. Praktisch jedes »Faktum« im wirtschaftlichen, politischen und tagtäglichen menschlichen Leben leitet sich ab von anderen »Fakten« oder Vorgaben, die bewußt oder unbewußt von der vorher existierenden Machtstruktur geschaffen worden sind. Somit hat jedes Faktum eine Machtgeschichte und, wenn man so will, eine Machtzukunft - eine große oder kleine Auswirkung auf die künftige Machtverteilung.

Desgleichen sind »Nichtfakten« und umstrittene Fakten Folge und Waffe im Machtkonflikt der Gesellschaft. Falsche Fakten und Lügen sind genauso wie »wahre« Fakten, wissenschaftliche »Gesetze« und religiöse »Wahrheiten« allesamt Munition im ununterbrochenen Machtspiel und bilden ihrerseits eine Art Wissen in dem hier gebrauchten Sinne.

Natürlich gibt es mindestens ebenso viele Definition von Wissen, wie es Menschen gibt, die sich als Wissende empfinden. Schlimmer wird es freilich, wenn Worte wie »Zeichen«, »Symbole« oder »Bildsprache« hochfachliche Bedeutungen erlangen. Und die Verwirrung wird noch größer, wenn wir entdecken, daß die berühmte Definition des Begriffes »Information« durch Claude Shannon und Warren Weaver, die die Informationswissenschaft begründen halfen, zwar noch zu technischen Zwecken als nützlich empfunden wird, zur semantischen Bedeutung oder dem Informations»gehalt« aber nichts mehr besagen soll.

Auf den folgenden Seiten bedeuten »Daten« mehr oder weniger unzusammenhängende »Fakten«; »Information« bezieht sich auf Daten, die kategorisiert und klassifiziert oder auf andere Weise eingeordnet sind; und »Wissen« bedeutet zu allgemeingültigeren Feststellungen weiter verfeinerte Information. Um langweiligen Wiederholungen zu entgehen, werden hin und wieder alle drei Begriffe austauschbar verwendet.

Der Einfachheit halber und um diesem definitorischen Treibsand zu entrinnen (auch wenn die strikte Wissenschaftlichkeit darunter leiden mag), erhält der Begriff »Wissen« auf den folgenden Seiten eine erweiterte Bedeutung. Er umfaßt und subsumiert Information, Daten, Bilder und Bildsprache ebenso wie Einstellungen, Wertvorstellungen und andere Symbolprodukte der Gesellschaft, seien sie nun »wahr«, »annähernd« oder sogar »falsch«.

Alle diese Begriffe werden heute wie eh und je von Machtmenschen benutzt oder manipuliert. Dasselbe gilt für die Medien hinsichtlich der Weitergabe von Wissen, für die Kommunikationsmittel, die ihrerseits die sie durchfließenden Botschaften gestalten. In dem Begriff »Wissen« soll das alles umschlossen sein.

Der demokratische Unterschied

Neben seiner großen Schmiegsamkeit eignen dem Wissen weitere wichtige Merkmale, die es fundamental von niedrigeren Machtquellen der Welt von morgen unterscheiden.

So ist Gewalt praktisch immer endlich. Es gibt eine Grenze, über die hinaus wir bei der Anwendung von Gewalt eben das zerstören, was wir einzunehmen oder zu verteidigen gedenken. Dasselbe gilt für den Reichtum. Mit Geld läßt sich nicht alles kaufen, und irgendwann wird auch die dickste Brieftasche leer.

Nicht so beim Wissen. Immer können wir mehr Wissen erzeugen.

Der griechische Philosoph Zeno von Elea bemerkte, wenn ein Wanderer jeden Tag die Hälfte des Restweges zu seinem Ziel gehe, werde er es niemals erreichen, weil immer noch eine Resthälfte zu gehen bleibt. Ebenso werden wir wohl niemals das endgültige Wissen über alles erlangen, und dennoch können wir dem Verständnis des untersuchten Phänomens immer noch einen Schritt näher kommen. Wissen ist, jedenfalls prinzipiell, endlos erweiterbar.

Wissen unterscheidet sich auch deshalb inhärent von Muskelkraft und Geld, weil nämlich in der Regel, während ich eine Kanone benutze, Sie nicht zur gleichen Zeit dieselbe Kanone benutzen können. Wenn Sie einen Dollar einsetzen, kann ich denselben Dollar nicht zur selben Zeit einsetzen.

Hingegen können wir beide dasselbe Wissen entweder für- oder gegeneinander einsetzen und dabei vielleicht zugleich noch mehr Wissen erzeugen. Im Unterschied zu Kugeln und Kopeken wird Wissen als solches nicht verbraucht. Schon das zeigt uns, daß die Regeln des Wissen-Macht-Spiels völlig anders sind als die Rezepte derer, die ihren Willen mit Gewalt oder Geld durchzusetzen suchen.

Zu guter Letzt indes steht ein noch ausschlaggebenderer Unterschied zwischen Gewalt und Reichtum auf der einen und Wissen auf der anderen Seite auf unserer rasanten Fahrt ins sogenannte Informationszeitalter: Per definitionem sind Gewalt und Reichtum das Eigentum der Starken und der Reichen. Der wahrhaft revolutionäre Wesenszug des Wissens liegt darin, daß auch die Schwachen und die Armen sich seiner bemächtigen können.

Wissen ist die demokratischste aller Machtquellen.

Womit es ständig die Mächtigen bedroht, selbst wenn sie es zur Vergrößerung ihrer eigenen Macht einsetzen. Das erklärt auch, warum alle Machtgewaltigen, vom Patriarchen in der Familie bis zum Präsidenten eines Konzerns oder Staates, die Menge, die Qualität und die Verteilung des Wissens innerhalb seines Herrschaftsbereichs unter Kontrolle zu halten wünschen.

Das Konzept der Machttriade hat eine bemerkenswerte Ironie der Geschichte zur Folge.

Seit mindestens 300 Jahren galt der grundlegendste politische Kampf aller Industrienationen der Verteilung des Reichtums: Wer bekommt was? Begriffe wie »links« und »rechts«, »kapitalistisch« und »sozialistisch« drehten sich um diese fundamentale Frage.

Doch trotz der riesigen Fehlverteilung des Reichtums in einer schmerzlich in Reich und Arm geteilten Welt erweist sich, daß verglichen mit den beiden anderen Quellen weltlicher Macht der Reichtum die am *wenigsten* schlecht verteilte war und ist. Welche Abgründe auch die Reichen von den Armen trennen mögen, ein noch viel unergründlicherer Schlund trennt die Bewaffneten von den Waffenlosen und die Unwissenden von den Gebildeten.

Heute, in den schnell sich wandelnden reichen Nationen, wird trotz aller Ungleichheiten in Einkommen und Reichtum der kommende Machtkampf mehr und mehr zu einem Kampf um die Verteilung von Wissen und den Zugang zu Wissen werden.

Darum können wir uns weder vor Machtmißbrauch schützen noch die bessere, demokratischere Gesellschaft schaffen, die die Technologien von morgen verheißen - es sei denn, wir begriffen, wie und zu wem Wissen fließt.

Wissensbeherrschung ist die Crux des weltweiten Machtkampfes von morgen in jeder menschlichen Institution.

In den nächsten Kapiteln wollen wir darstellen, wie diese Veränderungen des Wesens der Macht das Beziehungsgeflecht in der Geschäftswelt revolutionieren. Von der Kapitalumwandlung zum wachsenden Konflikt zwischen »Hochstirn«- und »Niedrigstirn«-Unternehmen, vom elektronischen Supermarkt zum Wiederauftauchen der Familienbetriebe und überraschender neuer Organisationsformen werden wir den neuen Kurs der Macht nachvollziehen. Diesen tiefen Veränderungen in Geschäftsleben und Wirtschaft stehen erhebliche Veränderungen in der Politik, in den Medien und in der weltweiten Spionage-Industrie zur Seite. Schließlich werden wir sehen, wie sich das gewaltige, armausrenkende Machtbeben auf die verarmten Nationen, die verbleibenden sozialistischen Staaten und auf die Zukunft Amerikas, Europas und Japans auswirkt. Denn das Machtbeben von heute läßt keinen ungeschoren.

Zweiter Teil

Das Leben in der Supersymbolwirtschaft

III

Jenseits von Glitz

Geschäft ist Ware und Geld. Man kann sich aber kaum noch des Verdachts erwehren, daß es nachgerade zu einer Art Volkstheater avanciert: mit Helden, Schurken, dramatischen Entwicklungen und - Stars.

Die Namen von Wirtschaftsmagnaten werden in den Medien nicht weniger gehandelt als die Berühmtheiten von Hollywood. Von Publizisten belagert, mit allen Wassern der Selbstdarstellung gewaschen, sind Gestalten wie Donald Trump oder Lee Iacocca zu fleischgewordenen Symbolen wirtschaftlicher Macht geworden, bevölkern die Comics, werfen (mit Hilfe ihrer Ghostwriter) Bestseller auf den Markt. Beide wurden sogar als mögliche Präsidentschaftskandidaten gehandelt (ließen sich vielleicht als solche handeln). Die Geschäftswelt ist ins Glanzzeitalter eingetreten.

Gewiß gab es auch früher Stars des Geschäftslebens, aber das Wesen des Starseins hat sich gewandelt. Der neue Rauschgoldglanz des Geschäftslebens ist nur oberflächliche Facette einer neuen Wirtschaft, in der die Information (von der wissenschaftlichen Forschung bis hin zur knalligen Reklame) eine wachsende Rolle spielt. Wir erleben den Anbruch eines völlig neuen Wertschöpfungssystems, mit dem drastische Machtverschiebungen einhergehen.

Dieses neue Wertschöpfungssystem ist voll und ganz auf die sofortige Verbreitung von Daten, Ideen, Symbolen und Symbolismen angewiesen. Eine Supersymbolwirtschaft im wahrsten Sinne des Wortes.

Sie krempelt alles um. Im Gegensatz zu dem, was manche allzugestrige immer noch meinen, ist sie nicht etwa ein Zeichen der »Entindustrialisierung«, »Aushöhlung« oder des wirtschaftlichen Zerfalls, sondern ein Sprung in Richtung auf ein revolutionär neues Produktionssystem. Mit diesem System tun wir einen Riesenschritt weg von der Massenproduktion und hin zur steigenden

Personalisierung, weg von der Massenvermarktung und -verteilung und hin zu Marktnischen und Mikrovermarktung, weg von den monolithischen Konzernen und hin zu neuen Organisationsformen, weg vom Nationalstaat und hin zu Handlungsräumen, die lokal und global zugleich sind, weg vom Proletariat und hin zum neuen »Kognitariat«.

Der Zusammenprall der dieses neue Wertschöpfungssystem fördernden Kräfte und der Verteidiger des alten Schornsteinsystems bildet den beherrschenden Wirtschaftskonflikt unserer Tage, dessen historische Bedeutung den Konflikt zwischen Kapitalismus und Kommunismus oder zwischen den USA, Europa und Japan in den Schatten stellt.

Auf dem Weg von der schlot- zur computergestützten Wirtschaft ergeben sich massive Machtverlagerungen, und das erklärt weitgehend die Woge der finanziellen und industriellen Strukturveränderungen der Firmenwelt, die neue Chefgestalten hochschwemmt, während sich die Firmen verzweifelt den neuen Zwängen anzupassen suchen. Firmenübernahmen, -raids, -aufkäufe, -ausverkäufe, -rückkäufe machten in den achtziger Jahren Schlagzeilen, und sie betrafen nicht nur amerikanische, sondern auch viele ausländische Firmen, trotz rechtlicher und anderer Einschränkungen für »unfreundliche« Übernahmen in Ländern wie Westdeutschland, Italien oder Holland.

Natürlich wäre es übertrieben, wollte man alle Kesseltreibereien an Wall Street und alles Herumtrampeln in den Firmen rund um die Erde als unmittelbare Bekundungen dieses Schubs in ein neues Wirtschaftszeitalter bezeichnen. Steuererwägungen, die Integration Europas, die finanzielle Liberalisierung, aber auch ganz einfach altmodische Geldgier und andere Faktoren spielen ebenfalls hinein. So stehen Leute wie Trump oder Iacocca im Grunde eher für die Vergangenheit, als daß sie die Herolde neuer Zeiten wären. Es stempelt einen nicht unbedingt zum Revolutionär des Geschäftslebens, wenn man wie Iacocca im wesentlichen dadurch berühmt wurde, daß man einen maroden Autohersteller durch gekonntes Lobbying in Washington aus der Klemme holte oder wenn man seinen Namen an glasblitzende Wolkenkratzer und Spielkasinos heftet.

Revolutionszeiten lassen jedoch allerlei seltsame Blüten ins Kraut schießen, gebären allerlei Getier: Atavisten und Exzentriker, Publicity-Süchtige, Heilige und Schelme, neben Visionären und echten Revolutionären.

Aus all dem Rummel der Refinanzierungen und Reorganisierungen schält sich ein Grundmuster heraus. Wir erleben einen Strukturwandel der Wirtschaft und die ersten Machtverlagerungen vom »Schlotgeld« zum »Supersymbolgeld«, wie wir es einmal nennen wollen; weiter unten gehen wir näher darauf ein.

Dieser großflächige Strukturwandel geht unausweichlich einher mit dem Voranschreiten des neuen Wertschöpfungssystems, das seinerseits vom Konkurrenzdruck getrieben wird. Wer die Übernahmesucht der letzten Jahre lediglich als Ausdruck egoistischer Geldgier begreift, geht an ihrer größeren Dimension vorbei.

Dennoch hat die neue Wirtschaft jene reich belohnt, die ihre Ankunft als erste erahnten. Zur Schornsteinzeit standen Autohersteller, Stahlbarone, Eisenbahnmagnaten, Ölmoguln und Finanzkapitäne an der Spitze der Liste der Reichen, kurzum jene, die ihren Reichtum der Organisation billiger Arbeitskräfte und Rohstoffe und der Herstellung von Hardware verdankten.

Demgegenüber enthält die jüngste Liste der 10 reichsten Milliardäre Amerikas in *Forbes Magazine* nicht weniger als sieben, die ihr Vermögen mit Medien, Kommunikation und Computern gemacht haben: Software und Dienstleistungen also anstelle von Hardware und Fertigung. Sie vertreten das, was die Japaner als neue »Softnomics« bezeichnen.

Indessen ist der krampfhafte Anfall der Fusionen, Übernahmen, Raubkäufe und des Neumischens der Finanzkarten nur ein Aspekt des Übergangs zur neuen Wirtschaft. Noch während sie Raiders abzuwehren oder Aufkäufe zu tätigen trachten, bemühen sich die Firmen Hals über Kopf, mit einer infotechnologischen Revolution, einer Umstrukturierung der Märkte und zahllosen anderen Veränderungen Schritt zu halten. Alles zusammen bewirkt eine erdbebengleiche Erschütterung der Geschäftswelt, die seit der industriellen Revolution ihresgleichen nicht hat.

Bei einer so tiefreichenden Strukturverschiebung bleiben Angst und Kampf nicht aus. Wie schon zu Beginn der industriellen Revolution bangen Millionen Menschen um ihre Zukunft, fühlen ihr Einkommen bedroht, befürchten einen Hinfall ihrer Arbeitsweisen, das Zerbröckeln ihrer Macht.

Investoren, Manager und Arbeiter geraten unterschiedslos in Konflikt und Verwirrung. Seltsame Bündnisse entstehen. Neue Judoformen werden erfunden. Einst übten Gewerkschaften mit Streik oder Streikdrohung Macht aus. Heute beschränken sie sich nicht mehr darauf, sondern ziehen Investmentbanker, Juristen und Steuerexperten, kurzum: Leute mit Spezialwissen zu Rate in der Hoffnung, im Umstrukturierungshandel mitmischen zu können, anstatt ihm zum Opfer zu fallen. Der Manager, der einem Übernahme-Überfall zuvorzukommen oder seine Firma loszukaufen trachtet, ist ebenso wie der Investor, der aus solchen Umwälzungen Gewinn zu schöpfen hofft, mehr und mehr auf rechtzeitige, präzise Informationen angewiesen. In den Machtkämpfen, die mit dem Entstehen der Supersymbolwirtschaft einhergehen, ist Wissen eine entscheidende Waffe.

Dasselbe gilt für die Einwirkung auf die Medien, um das wirkliche (oder vermeintliche) Wissen anderer prägen zu können. Die blitzgescheite Persönlichkeit, die leichter Hand mit Symbolen jongliert, ist hier Trumpf. Inbegriff des Unternehmers in Frankreich ist Bernard Tapie, der Privatunternehmen mit einem Jahreseinkommen von einer Milliarde Dollar geschaffen zu haben behauptet. Er hat seine eigene Fernsehsendung. In England bricht Richard Branson, Gründer der Virgin-Gruppe, Schnellbootrekorde und genießt nach *Fortune* »eine Berühmtheit, wie sie einst Rockstars und Königen vorbehalten war«.

Wie das alte System nun wankt, werden seine gesichtslosen Managerbürokraten von einer Guerilla-Armee aus risikofrohen Investoren, Promotern, Organisatoren und Managern einfach weggeblasen, die zumeist unbürokratische Individualisten sind, allesamt Könner in der Kunst der (gelegentlich illegalen) Informationsbeschaffung und Kontrolle ihrer Verbreitung.

Die Aufkunft des neuen, supersymbolischen Wertschöpfungssystems verlagert nicht nur die Machtzentren, sondern verändert auch den Machtstil. Man vergleiche einmal das Temperament etwa eines John DeButts, des langsamen, feierlichen Mannes, der in den siebziger Jahren die American Telephone and Telegraph Company vor ihrer Zerschlagung leitete, mit dem William McGowans, der dem AT&T-Monopol den Garaus machte und ihm mit der MCI Communications Corp. Konkurrenz schuf. Dieser ungeduldige und rücksichtslose Sohn eines Eisenbahngewerkschafters hatte als Hausierer mit Krokodilgeldbeuteln angefangen, stieg zum Geldbeschaffer für Hollywood-Produzenten wie Mike Todd und George Skouras bei der Herstellung der Stereofassung von *Oklahoma* auf, gründete dann eine kleine Firma für Verteidigungsbauten, bis er sich schließlich auf AT&T einschoß.

Oder man vergleiche den vorsichtigen »Geschäfts-Staatsmann«, der ein, zwei Jahrzehnte General Electric leitete, mit Jack Welch, der den Riesen zerschlug und völlig neu zusammensetzte, was ihm den Spitznamen »Neutronen-Jack« eintrug.

Dem Stilwandel liegen veränderte Erfordernisse zugrunde. Denn die Umstrukturierung von Firmen und ganzen Industrien, damit sie in der Supersymbolwirtschaft bestehen können, ist keine Sache für stirnkrause, auf Anstand bedachte, erbsenzählende Bürokraten. Es ist die Sache des Individualisten, des Radikalen, des Rücksichtslosen, ja des Exzentrikers – gewissermaßen der Wirtschafts-Kommandos, die jeden Strandflecken zu erstürmen bereit sind, um Macht zu erlangen.

Man hat die Risiko-Unternehmer und Geschäftemacher von heute mit den »Räuberbaronen« verglichen, die die Schornstein-Wirtschaft schufen. Tatsächlich erinnert unser Glitzerzeitalter ans sogenannte Goldene Zeitalter gleich nach dem amerikanischen Bürgerkrieg. Auch damals folgte dem Sieg der aufkommenden Kräfte des sich industrialisierenden Nordens über die Agrar-Sklaverei eine grundlegende Neustrukturierung der Wirtschaft. Es war eine Zeit zügellosen Verbrauchs, politischer Korruption, wilder Verschwendungssucht, des Finanzbetrugs und der Spekulation, bevölkert von überlebensgroßen Akteuren wie »Commodore« Vanderbilt, »Diamond Jim« Brady und »Bet a Million«

Gates. Diese von Gewerkschaftsfeindlichkeit und Armenverachtung geprägte Zeit führte zum entscheidenden Durchbruch der Wirtschaftsentwicklung, die Amerika ins moderne Industriezeitalter katapultierte.

Ist die neue Rasse von heute eher Freibeuter als Federfuchser, so könnte man sie auch »Elektronen-Piraten« nennen. Ihre Macht beruht auf ausgeklügelten Daten, Informationen und Know-how und nicht bloß auf Geldsäcken.

Der kalifornische Finanzmann Robert I. Weingarten beschreibt die Firmenübernahme so: »Erst schreibt man sich seine Kriterien in einen Computerbildschirm. Dann sucht man sich die Zielfirma aus, indem man diese Kriterien so lange gegen verschiedene Datenbanken abgleicht, bis man ein Ziel ausmacht. Und als letztes? Als letztes beruft man eine Pressekonferenz ein. Beim Computer fängt man an, bei den Medien landet man.

Zwischendurch versammelt man ein ganzes Rudel von Wissensexperten (Steueranwälte, Stellvertreterkriegs-Strategen, Mathematikmodell-Autoren, Investitionsberater und PR-Fachleute), die ebenfalls weitgehend auf Computer, Vervielfältigungsapparate, Fernmeldeverbindungen und die Medien zurückgreifen.

Um heutzutage ein Geschäft zu machen, ist man sehr oft mehr von dem Wissen als von den Dollars abhängig, die man auf den Tisch legen kann. Ab einer bestimmten Ebene läßt sich das Geld leichter zusammenkratzen als das einschlägige Know-how. Wissen ist der eigentliche Machthebel.«

Da Firmenübernahmen und Umstrukturierungen bestehende Macht herausfordern, erzeugen sie dramatische Spannung und mithin Helden und Schurken. Namen wie Carl Icahn und T. Boone Pickens kennt fast jedes Kind. Regelrechte Fehden brechen aus. Steve Jobs, Mitbegründer von Apple und einst Wunderkind der amerikanischen Industrie, wirft nach einem Firmen-Staatsstreich von John Sculley das Handtuch, obwohl er einen Löwenanteil der Aktien hält. Iacocca hält an seiner Vendetta gegen Henry Ford II. fest. Roger Smith von General Motors wird zum Gespött in dem Film *Roger & Me*, und in der Öffentlichkeit macht ihn Ross Perot fertig, der Computermillionär, dessen Firma Smith aufgekauft hat. Die Liste wird täglich länger.

Wer meint, Firmenübernahmen seien typisch amerikanisch, Folge mangelnder Ordnung an Wall Street, muß sich eines Besseren belehren lassen. In England ringt Roland »Tiny« Rowland erbittert um die Herrschaft über das Kaufhaus Harrods, und der stiernackig draufgängerische Finanzmann Sir James Goldsmith startet einen 21-Milliarden-Dollar-Raid gegen BAT Industries PLC. Olivettichef Carlo de Benedetti legt sich mit Gianni Agnelli von Fiat und »il Salotto buono« an, dem engen Kreis der etablierten Industriemacht in Italien, und schockiert ganz Europa mit einem plötzlichen Angriff auf die Brüsseler Société Générale de Belgique, die ein Drittel der gesamten belgischen Volkswirtschaft beherrscht.

Groupe Bull, die französische Computerfirma, liebäugelt mit dem Computerteil von Zenit in den USA. Groupe Victoire lacht sich Deutschlands zweitgrößten Versicherer, die Colonia Versicherung AG an, während die Dresdner Bank die französische Banque Internationale de Placement aufkauft.

In Spanien, wo Drama und Melodram oft Hand in Hand gehen, erlebte die Öffentlichkeit das, was die *Financial Times* als das »vermutlich fesselndste und letztlich geschmackloseste Spektakel seit Jahrzehnten« bezeichnete, einen explosiven Zusammenprall zwischen »los beautiful people« und »los successful people« – zwischen altem und neuem Geld.

Im Kampfgewoge um die drei größten Banken der Nation und ihre Industrie-Imperien wurde Alberto Cortina und sein Vetter Alberto Alcocer aufgeboten gegen Mario Conde, einen brillanten Jesuitenschüler und Rechtsanwalt, der sich die Banco Español de Credito anverleibte und sie mit der Banco Central zu fusionieren versucht hat, ihrerseits schon größte Bank des Landes. Das Getümmel fand Eingang in die Regenbogenpresse, als sich einer von »los Albertos« in eine 28jährige Marquesa verliebte, die in einem Nachtclub im Minirock mit nichts drunter fotografiert worden war.

Die große Fusion, vom spanischen Ministerpräsidenten schon als »wirtschaftliches Jahrhundertereignis« gepriesen, endete schließlich als großer Scherbenhaufen, so daß Conde in seiner Bank ums Überleben ringt.

Ist das alles auch gefundenes Fressen für die Medienmühlen, so zeigt doch die Internationalität des Phänomens, daß es um mehr geht als bloßes Glitzertum, schiere Gier oder lokales Ordnungsversagen. Wie wir sehen werden, tut sich tatsächlich Ernstliches. Die Macht verschiebt sich an hundert Fronten gleichzeitig. Ja, das Wesen der Macht - das Gemisch aus Gewalt, Reichtum und Wissen - verändert sich an diesem Übergang zur Supersymbolwirtschaft.

Dale Carnegie und Attila der Hunnenkönig

Wen wollte es überraschen, daß selbst kluge Cheffiguren nicht mehr weiterwissen. Manche suchen Zuflucht in der Lektüre alberner Leitfäden mit Titeln wie *Attilas Führungsgeheimnisse.* Andere vertiefen sich in mystische Abhandlungen. Dritte belegen Dale-Carnegie-Kurse »Wie beeinflusse ich Menschen?« oder hokken in Seminaren über Verhandlungsstrategien, als sei Macht nichts anderes als eine Frage der Psychologie oder des taktischen Manövrierens.

Wieder andere beweinen still vor sich hin das Vorhandensein von Macht in ihren Firmen, klagen, das Machtspiel sei schlecht für die Leute ganz unten, lenke sinnlos vom Gewinnstreben ab. Sie verweisen auf die unnötige Verschwendung von Energie in persönlichen Machtgeplänkeln und das Auftauchen unnützer Leute auf den Gehaltslisten machthungriger Imperienbauer. Die Verwirrung wird vollkommen, wenn viele der trickreichsten Machtjongleure glattweg jeglichen Machtbesitz abstreiten.

Die allgemeine Ratlosigkeit ist verständlich. So stellen Befürworter der freien Marktwirtschaft wie Milton Friedman die Wirtschaft gerne als unpersönliche Angebots- und Nachfragemaschine dar und würdigen die Rolle der Macht in der Wert- und Gewinnschöpfung keines Gedankens. Oder sie behaupten ohne mit der Wimper zu zucken, sämtliche Machtkämpfe wögen einander auf und ließen mithin die Wirtschaft ungeschoren.

Diese Tendenz, die Bedeutung der Macht im Gewinnstreben völlig zu übersehen, ist keineswegs auf konservative Ideologen beschränkt. Zu den einflußreichsten Standardwerken an Amerikas Universitäten gehört *Economics* von Paul A. Samuelson und William D. Nordhaus. Das Register zu seiner neuesten Ausgabe umfaßt 28 Seiten in fast unleserlichem Kleindruck. Der Begriff »Macht« taucht darin überhaupt nicht auf.

(Eine rühmliche Ausnahme zu dieser Blindheit oder Fastblindheit gegenüber der Macht unter den gängigen amerikanischen Volkswirtschaftlern bildet J. K. Galbraith, der - mag man nun seinen übrigen Auffassungen huldigen oder nicht - beständig den Machtfaktor in die Wirtschaftsgleichung einzuführen versucht.)

Radikale Wirtschaftler reden lang und breit etwa von der unzulässigen Macht, mit der die Wirtschaft die Verbraucher gängele oder Monopole und Oligopole die Preise bestimmten. Sie ziehen gegen Lobbies und Wahlkampfgelder vom Leder und wettern gegen die wenig feinen Methoden, mit denen sich Firmeninteressen manchmal gegen Regelungen für Gesundheit und Sicherheit der Arbeiter, Umwelt, progressive Besteuerung und dergleichen zur Wehr setzen.

Doch im tieferen Sinne mißverstehen (und unterschätzen) selbst machtbeschränkungsbesessene Aktivisten die Rolle der Macht in der Wirtschaft und scheinen nicht zu begreifen, daß die Macht als solche eine aufsehenerregende Veränderung durchläuft. Oft geistert durch ihre Kritik der uneingestandene Gedanke, Macht sei der Produktion und dem Profit irgendwie artfremd. Oder der Machtmißbrauch wirtschaftlicher Unternehmen sei ein kapitalistisches Phänomen.

Eine nähere Betrachtung der jetzt im Gange befindlichen Machtverschiebung zeigt uns jedoch, daß Macht Bestandteil alles Wirtschaftlichen ist. Nicht nur der übermäßige oder auf schlechte Weise erlangte Gewinn, sondern Gewinn als solcher wird zum Teil (manchmal zum Großteil) mehr durch Macht als durch Tüchtigkeit bestimmt (selbst die untüchtigste Firma kann Gewinne erzielen, wenn sie die Macht besitzt, den Arbeitern, Zulieferern, Verteilern oder Kunden ihre Bedingungen aufzuzwingen). Bei praktisch jedem Schritt ist Macht ein unausschließbarer Teil des Produktionsprozesses, und das gilt für sämtliche Wirtschaftssysteme, seien sie nun kapitalistisch, sozialistisch oder was immer.

Selbst in normalen Zeiten setzt die Produktion ein häufiges Zusammenfügen und Aufbrechen von Machtverhältnissen oder ihre ständige Anpassung voraus. Doch unsere Zeit ist nicht »normal«. Erhöhte Konkurrenz und beschleunigter Wandel verlangen unablässige Innovation. Jeder Innovationsversuch löst Widerstände und neue Machtkonflikte aus. In der revolutionären Umwelt von heute, in der verschiedene Wertschöpfungssysteme aufeinanderprallen, genügen kleinere Anpassungen längst nicht mehr. Die Machtkonflikte werden immer intensiver, und da die Firmen immer interdependenter werden, findet eine Machtverlagerung in der einen Firma häufig genug tobenden Widerhall andernorts.

Je tiefer wir in eine stark wissensbasierte Globalkonkurrenzwirtschaft eindringen, desto mehr eskalieren diese Konflikte und Auseinandersetzungen mit der Folge, daß der Machtfaktor in der Wirtschaft immer schwerer wiegt, nicht nur für den einzelnen, sondern für jeden Wirtschaftszweig als Ganzes, woraus sich Machtverschiebungen ergeben, die oft mehr auf die Gewinnhöhe einwirken als billige Arbeitskräfte, neue Techniken oder rationale Kalkulation.

Von der Schlacht um die Budgetzuweisung bis hin zum bürokratischen Imperien-Bauen werden die Geschäftsorganisationen immer mehr von Machtzwängen getrieben. Wie sich die Konflikte um Promotion und Personalausweitung, um die Umdislozierung von Fabriken, die Einführung neuer Maschinen oder Produkte, die Transfer-Preisgestaltung, die Berichtspflichten, die Kostenüberwachung und die Definition der Buchführungsbedingungen mehren, entstehen auch jeweils neue Machtkämpfe und -verlagerungen.

Die Geheimmission des Firmenberaters

Die italienische Psychologin Mara Selvini Palazzoli, deren Gruppe sich dem Studium großer Organisationen widmet, erzählt von zwei Männern, die gemeinsam mehrere Fabriken besaßen. Der Firmenpräsident heuerte einen Psychologen als Berater an, der die Leistungsfähigkeit steigern sollte. Unter Hinweis auf die schlechte Arbeitsmoral forderte er den Berater auf, in umfassenden Befragungen herauszufinden, warum die Arbeiterschaft von Wut und Neid geplagt erscheine.

Der Vizepräsident und Mitinhaber (30 Prozent Anteil gegenüber 70 Prozent des Präsidenten) stand dem Vorhaben skeptisch gegenüber. Achselzuckend meinte er, die Berufung eines Beraters sei »halt auch so eine Mode«.

Die Analyse der Palazzoli-Gruppe förderte ein ganzes Schlangennest fehlgelaufener Machtverhältnisse zutage. Dem Namen nach sollte der Berater die Leistungsfähigkeit verbessern. In Wahrheit lautete seine Aufgabe ganz anders. Präsident und Vizepräsident bekriegten sich aufs Messer, und der Präsident suchte einen Verbündeten.

Palazzoli schreibt: »Insgeheim ging es dem Präsidenten darum, mit Hilfe des Psychologen die ganze Firma in seine Gewalt zu bekommen, einschließlich der Herstellungs- und Verkaufsabteilung [die weitgehend dem Vizepräsidenten und Firmenpartner unterstanden] . . . Der Vizepräsident wiederum wollte sich als dem Partner überlegen darstellen und den Nachweis führen, daß seine Autorität auf größerer Fachkenntnis [sprich: Wissen] und größerem persönlichen Durchsetzvermögen beruhe . . .«

Dieser Fall ist typisch. Tatsächlich operiert jedes Geschäft, sei es nun groß oder klein, in einem »Machtfeld«, in dem die drei Grundinstrumente der Macht - Gewalt, Reichtum und Wissen - fortlaufend in gegenseitiger Kombination eingesetzt werden, um die Machtverhältnisse anzupassen oder zu revolutionieren.

Doch der obige Fall beschreibt lediglich den »normalen« Machtkonflikt. In den nächsten Jahrzehnten, in denen die beiden großen Wertschöpfungssysteme heftig aufeinanderprallen, sich die Globalisierung ausdehnt und der Spieleinsatz unaufhörlich steigt, werden sich solche normale Auseinandersetzungen inmitten viel größerer, destabilisierenderer Machtkämpfe vollziehen, als wir je gesehen haben.

Das heißt nicht, Macht sei das einzige Ziel oder ein Kuchen fester Größe, um dessen Aufteilung sich Firmen und einzelne streiten; es heißt auch nicht, gegenseitig ausgewogene Verhältnisse seien unmöglich oder sogenannte »Nur-Gewinner«-Abmachungen (bei denen beide Seiten gewinnen) seien ausgeschlossen oder alle zwischenmenschlichen Beziehungen reduzierten sich zwangsläufig auf einen »Machtnexus« anstelle von Marx' berühmtem »Geldnexus«.

Es weist jedoch deutlich darauf hin, daß die gewaltige Machtverschiebung, die uns bevorsteht, die heutigen Firmenübernahmen und Erschütterungen als vergleichsweise harmlos erscheinen lassen und alle Aspekte des Wirtschaftslebens, von den Mitarbeiterbeziehungen und der Macht verschiedener Funktionseinheiten wie Marketing, Technik und Finanzen bis hin zum Machtgeflecht zwischen Herstellern und Verkäufern, Investoren und Managern, in Mitleidenschaft ziehen wird.

Dieser Wandel wird von Männern und Frauen vollzogen werden. Die Werkzeuge des Wandels indes werden Gewalt, Reichtum und Wissen samt der Dinge sein, in die sie umgesetzt werden. Denn innerhalb der Geschäftswelt wie draußen in der weiten Welt bleiben Gewalt, Reichtum und Wissen gleichwie das uralte Schwert, Juwel und der Spiegel der Sonnengöttin Amaterasu-omi-kami die primären Werkzeuge der Macht. Wer ihren Wandel nicht begreift, hat schon die Fahrkarte ins wirtschaftliche Nirwana gelöst.

Wäre das alles, dann stünde den Geschäftsleuten eine Zeit anstrengendsten persönlichen und organisatorischen Drucks bevor. Aber das ist nicht alles. Denn ein Machtbeben im vollen Wortsinne ist mehr als das bloße Verlagern von Macht. Es ist eine plötzliche, einschneidende Verwandlung des Wesens der Macht, des Gemischs aus Wissen, Reichtum und Gewalt.

Wollen wir für die demnächst drohenden, einschneidenden Veränderungen gewappnet sein, müssen wir also die Rolle aller drei Faktoren näher betrachten. Und ehe wir ermessen können, was mit der auf Reichtum und Wissen beruhenden Macht geschieht, müssen wir uns völlig unvoreingenommen die Rolle der Gewalt im Geschäftsleben ansehen.

IV

Gewalt: Die Yakuza-Komponente

Eine Berühmtheit. Ein Star der Geschäftswelt. Seine Eheschließungen füllen die Klatschspalten. Sein Name verbreitet Furcht und Faszination in der Finanzwelt. Der Mittvierziger gibt sich keck, abwechselnd charmant und cholerisch. Er ist eine Leseratte, verbringt den Sonntagnachmittag oft damit, auf der Suche nach einem Buchladen unerkannt im Rollkragenpulli über die Upper East Side von Manhattan zu wandern. Er hat sich an den mächtigsten Firmenhäuptlingen gerieben, Schlagzeilen gemacht und ein persönliches Vermögen gescheffelt, das man auf fast eine halbe Milliarde Dollar schätzt.

Er ist auch ein Gesetzesbrecher. Dabei handelte es sich nicht um irgendeinen windigen Börsenschwindel oder ein Schreibtischverbrechen, sondern um das Macho-Gesetz par excellence: das Gewaltverbot.

So geht seine Geschichte in Stichworten:

»Als in einem Rechenzentrum meiner Firma in der Nachbarstadt die Flammen aus den Fenstern schlugen, kamen unsere Detektive zu dem Schluß, das Feuer sei von einem vergrätzten Angestellten gelegt worden. Blöderweise gab's für eine Gerichtsverhandlung nicht genug Beweise, und die Ortskripo hatte keine Lust, den Fall aufzugreifen. Und wenn: Die Sache hätte sich endlos hingezogen. Also steckten wir einem anderen Angestellten ein Tonbandgerät in die Tasche und schickten ihn in eine Bar, wo er sich neben den Kerl plazierte, den wir im Verdacht hatten. Er gab's zu, gab sogar an damit. Daraufhin fackelte ich nicht lange. Unsere Sicherheitsleute knöpften sich den Kerl vor und drohten, ihm die Knochen zu brechen, wenn er nicht seinen Job an den Nagel hänge und schleunigst Leine ziehe!

War das gesetzwidrig? Sicher. Würde ich es noch mal tun? Wetten! Im nächsten Feuer konnten ein paar Mitarbeiter hopsgehen. Soll ich vielleicht auf die Bullen und die Gerichte warten?«

Diese Geschichte führt uns vor Augen, daß es in jeder Gesellschaft so etwas wie ein »sekundäres Vollstreckungssystem« gibt, das an den Rändern der formalen, offiziellen Rechtsvollstreckung wirkt. Sie zeigt uns aber auch, daß unter der glatten Oberfläche des Wirtschaftslebens Dinge passieren, über die wir ungern sprechen.

Nur selten denken wir über die Gewalt als Geschäftskomponente nach. Der größte Teil der Billionen Transaktionen, die Tag für Tag getätigt werden, sind so allen Gewaltverdachts bar, sind an der Oberfläche so friedlich, daß wir kaum mal den Deckel anheben und schauen, was da unten kocht.

Dennoch wirken auch im Geschäftsleben dieselben drei Machtquellen wie im Familienleben, im öffentlichen Leben oder in jeder gesellschaftlichen Institution, und sosehr wir es gern anders hätten, ist Gewalt seit jeher Bestandteil der Wirtschaft.

Blut und blütenweißes Geld

Gewalt wird zur Wertschöpfung benutzt, seitdem der erste Steinzeitkrieger ein Kleintier mit dem Faustkeil erschlug.

Vor dem Schöpfen stand das Sammeln.

Vielleicht ist das eine Marotte, aber *Roget's Thesaurus*, der 26 Zeilen Synonyme für »Borgen« und 29 Zeilen für »Leihen« auflistet, widmet den Alternativbezeichnungen von »Nehmen« nicht weniger als 157 Zeilen - darunter »erbeuten«, »kolonisieren«, »erobern« und »kidnappen«, ganz zu schweigen von »vergewaltigen«, »schanghaien« und »gewaltsam entführen«.

Die Revolution von Ackerbau und Viehzucht, die vor rund 10 000 Jahren einsetzte, war ein dramatischer Wechsel vom Jagen und Sammeln zum Schöpfen von Reichtum. Aber selbst die Landwirtschaft stak Hals über Kopf in der Gewalt.

Knute und Keule, Messer und Peitsche gehörten nicht weniger dazu als Sichel, Sense oder Spaten.

Vor der Schornsteinrevolution, als unsere Urahnen noch Sklavenfeldarbeit taten, war die ganze Welt so unterentwickelt wie heute die kapitalärmsten Länder. Es gab keine »entwickelten« Volkswirtschaften, die man um Milliardenanleihen oder Entwicklungshilfe angehen konnte. Woher also kamen die ersten Vermögen, mit denen die ersten Schlotindustrien finanziert wurden?

Zu einem erheblichen Teil entstammten sie mittel- oder unmittelbar der Plünderung und Piraterie, der Peitsche des Sklaventreibers, der Landeroberung, dem Straßenraub, der Beutelschneiderei, der Terrorisierung des Bauern durch den Grundherrn, der Zwangsarbeit der Indianer in Gold- und Silberminen, den riesigen Ländereien, mit denen dankbare Monarchen ihre Krieger und Generäle belohnten.

Dieser blutrote Reichtum wurde auf dem Weg vom Vater zum Sohn und Enkel im Laufe der Generationen rosa und schließlich blütenweiß. Am Ende finanzierte er die ersten Gießereien, Webereien, Schiffahrtslinien und Uhrenfabriken, die Ende des 17. und Anfang des 18. Jahrhunderts entstanden.

Auch in diesen ersten Fabriken und Mühlen spielte die Gewalt weiterhin mit: Kinder wurden an die Maschinen gekettet und geschlagen, Bergarbeiterinnen brutalisiert und vergewaltigt und Männer mit Keulenschlägen zur Resignation getrieben.

Von »Seks« und »Goons«

Gewalt hat als Mittel zum Reichtum mit dem Ende der Dampfmaschinenära keineswegs aufgehört. Noch im 20. Jahrhundert wurde Gewalt höchst großmaßstäblich praktiziert.

In den berüchtigten Lagern der Sowjetunion, z.B. Workuta, dienten Millionen »Seks« und andere Sträflinge als spottbillige Holz- und Bergarbeiter. Nach dem Sowjetwirtschaftler Wassili Seljunin wurde auf diese Weise zunächst die politische Opposition gegen die Revolution von 1917 gebrochen, doch später wurde es zum »Mittel zur Lösung rein wirtschaftlicher Aufgaben«. Im Zweiten Weltkrieg produzierten Hitlers Fabriken unter Einsatz von Sklavenarbeitern aus ganz Europa Waffen, Munition, Chemikalien – und Leichen. Und die brutale Behandlung der schwarzen Mehrheit in Südafrika war eine Form der Beherrschung der Arbeitskräfte mit Hilfe von Polizeihunden, Knüppeln und Tränengas.

Die Geschichte der Gewerkschaftsbewegung in den USA und

an vielen anderen Orten birst geradezu von repressiver Gewalt bis hin zum gelegentlichen Terrorismus. Von den Molly Maguires, die um 1870 die Kohlenfelder Pennsylvanias zu organisieren suchten, zu den Knights of Labor, vom Haymarket-Blutbad von 1886 bei Beginn der Kampagne für den Achtstundentag bis hin zum großen Textilstreik in Gastonia, Nordkarolina, im Jahre 1929 und dem Memorial-Day-Massaker von 1937 bei Republic Steel in Chicago haben Arbeitgeber und Polizei das Zustandekommen von Gewerkschaften zu verhindern versucht.

Noch Ende der dreißiger Jahre heuerten Firmen in Amerika bewaffnete Schläger an, um Streiks zu brechen oder Gewerkschaftsorganisatoren und ihre Anhänger einzuschüchtern. Harry Bennett und seine berüchtigten Schlägertrupps, die »goon squads«, wurden schon routinemäßig hergeholt, um die Leute niederzuknüppeln, wenn die Fordarbeiter Lohnerhöhungen verlangten oder mit dem gewerkschaftlichen Zusammenschluß drohten. Nicht selten half die Mafia den Arbeitgebern, mit militanten Arbeitern »fertig zu werden«. Heute gibt es in Südkorea bei vielen Firmen »Save-the-Company«-Trupps, die Streiks und Gewerkschaftsbildung zu verhindern haben. In der Motorola-Fabrik in Seoul ist die Gewalt so angestiegen, daß sich zwei Arbeiter aus Protest gegen die Weigerung der Firma, eine Gewerkschaft anzuerkennen, mit Benzin übergossen und angezündet haben.

Gleich nach dem Krieg riefen japanische Unternehmer die mafiaähnliche Yakuza zu Hilfe, um Gewerkschaftsaktivisten einzuschüchtern. Und noch heute ist in Japan, trotz seiner wirtschaftlichen Blüte, die Yakuza-Komponente nicht völlig von der Bildfläche verschwunden.

In Aktionärsversammlungen japanischer Firmen tauchen zur Bedrohung oder zum Schutz der Betriebsleitung oft im Sold der Yakuza stehende »Sokaiya« auf – spitzbeschuhte Rüpel und Schlägertypen. 1987 kam es in der ersten Aktionärsversammlung nach Privatisierung der japanischen Telegrafen- und Telefonverwaltung NTT zu schweren Unruhen, als ein grellgekleideter Sokaiya einem Vorstandsmitglied vorwarf, er habe seine Sekretärin in den Hintern gezwickt. Daraufhin sprangen ein paar Dutzend weitere auf und veranstalteten ein fürchterliches Palaver. Einer fragte, warum er an den Toiletten Schlange stehen müsse. Als sich ein Mitarbeiter entschuldigte, empörte er sich über das unmögliche Benehmen von NTT-Angestellten. Als das Publikum protestierte, kam er erst recht in Fahrt und faselte von fehlenden Schuldscheinen im Wert mehrerer tausend Dollar und von angezapften Telefonen.

Nachdem die Versammlung diese Störung lange genug ertragen hatte, tauchte plötzlich wie aus dem Nichts eine große Zahl breitbeiniger Männer auf und umstellte den Saal - woraufhin sich die Sokaiya auf französisch empfahlen.

Nicht immer enden die Vorfälle im Geschäftsleben so friedlich, wie Japan feststellen mußte, als der bekannte Investitionsmanager Kazuo Kengaku, dem man Verbindungen zur Yakuza nachsagte, eines Tages in Osaka in Beton eingemauert gefunden wurde. Auch in der Grundstücksspekulation mischt die Yakuza kräftig mit und stellt Schlägertypen bereit, die widersetzliche Bewohner oder kleine Geschäftsleute so lange in Furcht und Schrecken versetzen, bis sie das Feld räumen. Diese Taktik ist so bekannt, daß sie 1989 das Thema für Juzo Itamis Film *A Taxing Woman's Return* abgab.

Ebenfalls um wertvollen Grundbesitz ging es neulich in einer Betrugsanklage. Der amerikanische Rechtsanwalt Charles Stevens von Coudert Brothers in Tokio erhielt Drohanrufe, die ihn schließlich veranlaßten, sich einen Baseballschläger auf den Schreibtisch zu legen.

Gelegentlich nimmt die Gewalt in der Geschäfts-Halbwelt bizarre Formen an, zumal im Vergnügungsgeschäft. In Südkorea versuchten einheimische Filmverleiher das Publikum vom Besuch amerikanischer Filme abzuschrecken, indem sie in den Kinos Schlangen aussetzten. Als in Frankreich saudiarabische Investoren gemeinsam mit der Regierung den 100 Millionen teuren Vergnügungspark Mirapolis bauten, streuten Schausteller, die die Konkurrenz befürchteten, Sand ins Getriebe der Berg-und-Tal-Bahnen (der Park erwies sich später aus anderen Gründen als absolute Fehlinvestition).

Desgleichen greifen die japanischen »Sarakin«, wie Kredithaie in der ganzen Welt, manchmal zur physischen »Überredung«, um Anleihenehmer zur Schuldenrückzahlung mit Wucherzinsen zu zwingen, wobei das Geld aus solchen Aktivitäten völlig problemlos in große Banken und andere Finanzinstitute einfließt.

Wie in vielen Ländern wird auch in den USA manchmal Gewalt angewendet, um »Verpfeifern« (Leuten, die auf die fragwürdigen Praktiken ihrer Chefs hinweisen) das Maul zu stopfen.

Dem fiel Karen Silkwood zum Opfer. Sie starb bei einem Autounfall, nachdem sie gegen die Manipulationen ihres Chefs mit Atommaterial protestiert hatte, und noch Jahre später bezweifeln einige Leute, daß es sich wirklich um einen Unfall gehandelt hatte. Sie können einfach nicht glauben, sie sei nicht von ihrer Firma umgelegt worden.

Natürlich wirken alle diese Fälle so drastisch, weil sie in den modernen Volkswirtschaften die Ausnahme bilden. Die tagtägliche Erfahrung des amerikanischen Managers mit dem Bündel Computerausdrucken in der Hand, des japanischen Angestellten an seinem Telefon oder des Verkäufers, der seine Ware auf der Verkaufstheke auslegt, spricht von allem anderen als von Gewalt, so daß deren bloße Erwähnung ihn schon skeptisch dreinblicken läßt.

Doch daß die meisten Geschäftstransaktionen ohne offenkundige Gewalt vor sich gehen, bedeutet noch lange nicht, daß sich die Gewalt in Luft aufgelöst hat.

In Wirklichkeit ist die Gewalt eingedämmt, hat sich in andere Formen geflüchtet und wirkt im verborgenen.

Das Gewaltmonopol

Ein Grund, warum offene Gewalt im Firmen- und Geschäftsleben heute so selten ist, liegt darin, daß sie mehr und mehr »abgegeben« wurde. Die Firmen produzieren nicht selbst Gewalt, sondern erkaufen sie sich als Dienstleistung vom Staat. In allen Industriestaaten ist die staatliche Gewalt an die Stelle der privaten getreten.

Jede Regierung versucht nach ihrer Bildung als erstes, sich mit dem Gewaltmonopol auszustatten. Nur Soldaten und Polizei dürfen rechtmäßig Gewalt ausüben.

In einigen Fällen wird der Staat politisch von den Firmen

beherrscht, womit die Trennlinie zwischen privater und öffentlicher Gewalt hauchdünn wird. Die alte marxistische Vorstellung, wonach der Staat lediglich das »Exekutivkomitee« der herrschenden Machtschichten sei, geht indes an der Binsenwahrheit vorbei, daß Politiker öfter im eigenen Namen als im Namen anderer handeln.

Überdies ging der Marxist davon aus, nur kapitalistische Firmen oder Regierungen übten gegen unbewaffnete Arbeiter Gewalt. Das war vor der Zeit, in der mit Tränengas, Wasserschläuchen und noch gewichtigerem Gerät ausgerüstete kommunistische Polizei Anfang der achtziger Jahre die polnische »Solidarität« niederzuwalzen suchte und China seine Studenten und Arbeiter auf dem Tienanmen-Platz zusammenschoß, womit sie sich allesamt nicht anders verhielten als die Polizei in Pinochets Chile oder jedem x-beliebigen, vehement antikommunistischen Land.

Indem er die Techniken der Gewalt in die eigene geballte Faust nimmt und alle andere Gewalt auszuschalten oder unter Kontrolle zu bringen sucht, reduziert der Staat die selbständige Gewaltanhäufung der Firmen oder anderen Institutionen.

Das Gewehr in der Hinterhand

Ein zweiter Grund, weshalb die unmittelbare und physische Aggression aus dem normalen Geschäftsleben fast verschwunden scheint, besteht darin, daß die Gewalt zu Recht und Gesetz sublimiert worden ist.

Das gesamte Wirtschaftsleben, ob kapitalistisch oder sozialistisch, beruht auf Recht und Gesetz. Jeder Kontrakt, jeder Schuldschein, jede Aktie und jede Schuldverschreibung, jede Hypothek, jeder Tarifvertrag, jede Versicherungspolice, alles Soll und Haben wird letztlich vom Gesetz untermauert.

Und hinter jedem Gesetz, sei es gut oder schlecht, finden wir einen Gewehrlauf. Wie de Gaulle einmal unumwunden sagte: »Das Recht braucht die Gewalt an seiner Seite.« Das Recht ist sublimierte Gewalt.

Bringt eine Firma eine andere zur Anklage, dann verlangt sie von der Regierung die Anwendung der *Kraft* des Gesetzes. Die Regierungsgewehre (verborgen hinter dicken Schichten bürokratischen und richterlichen Getues) sollen dem Gegner in die Rippen gestoßen werden, um ihn zu gewissen Dingen zu zwingen.

So ist es nicht bloßer Zufall, wenn Firmenanwälte in Amerika oft als »Mietrevolver« bezeichnet werden.

Die schiere Häufigkeit der Berufung auf Recht und Gesetz (im Gegensatz zu anderen Formen der Beilegung von Geschäftsstreitigkeiten) zeigt, in welchem Maße Gewalt in der Wirtschaft eine Rolle spielt. Nach diesem Eichmaß steckt die amerikanische Wirtschaft voller Gewalt. Heute gibt es in den USA 5 700 000 Firmen und Geschäfte und 655 000 Rechtsanwälte – auf etwa 9 Unternehmen kommt also ein Anwalt. In den überlasteten Amts- und Landgerichten werden Jahr für Jahr pro Arbeitstag über 1000 Zivilklagen mühsam verhandelt.

Amerikanische Geschäftsleute führen laute Klage über die angeblich unfaire Verquickung von Wirtschaft und Regierung in Japan. Doch wenn es um die Beilegung von Streitfällen geht, dann sind es paradoxerweise die Amerikaner und nicht die Japaner, die vor Gericht ziehen, mithin die Staatsmacht zu ihren Gunsten einzuschalten trachten.

Von der kleinsten Geschäftsverhandlung bis zum Multimilliardenprozeß zwischen Pennzoil und Texaco wegen eines Übernahmeversuchs ist das Recht die Maske der Gewalt und hat somit letzten Endes die potentielle Gewaltanwendung zum Gegenstand.

Auch Wahlgelder von Firmen können als versteckter Versuch gewertet werden, die Regierung dazu zu bringen, im Interesse einer Firma oder Industrie die Pistole aus dem Halfter zu ziehen.

Als in Japan der Vorstandsvorsitzer der Firma Recruit, Hiromasa Ezoe, Riesenmengen von Aktien unterhalb des Marktpreises an Spitzenpolitiker der herrschenden Liberaldemokraten weiterreichte, war dieser Bestechungsversuch so eklatant, daß in Presse und Öffentlichkeit ein Skandal losbrach und Ministerpräsident Noboru Takeshita zurücktreten mußte. In gewissem Sinne ähnelte dieser Skandal dem früheren Fall des Flick-Imperiums in der Bundesrepublik, bei dem die Verantwortlichen Gelder illegal an politische Parteien zahlten.

Die Japaner geben auch über 60 Milliarden Dollar jährlich (mehr als für ihre Autos) in 14 500 grellerleuchteten »Pachinko-Buden« aus, wo sie sich die Zeit mit einem Spiel vertreiben, bei dem eine glänzende Stahlkugel an Hindernissen vorbei in ein tiefer gelegenes Loch geführt werden muß. Die Gewinner erhalten einen Preis, der manchmal auch in Geld umgetauscht werden kann. Wie die Spielbuden in der USA ist auch Pachinko ein Bargeldunternehmen, wie geschaffen für Steuerhinterziehung und Geldwäsche. Verbrecherbanden holen sich dort ihre Schutzgelder, und manchmal befehden sie sich gegenseitig um die Herrschaft über die lukrativsten. Um den Erlaß von Rechtsbestimmungen zu verhindern, die sie zur Offenlegung der Bücher gezwungen hätten, zahlten die Budenbesitzer große Geldsummen an die beiden führenden Parteien.

Wann immer Gelder an Kandidaten oder politische Parteien gehen, muß davon ausgegangen werden, daß eine Gegenleistung erwartet wird. Trotz verschiedentlicher Reformen und Veränderungen der Bestimmungen über Wahlkampfhilfen pumpt jede größere Industrie in Amerika Gelder in eine oder beide Parteien, um sich zumindest eine Anhörung zu einem bestimmten Punkt zu erkaufen, und unablässig werden einfallsreichste Umgehungen der rechtlichen Einschränkungen erfunden: überhöhte Vortragshonorare, Aufkauf ansonsten unverkäuflicher Bücher, Vergabe von Niedrigzinsanleihen.

Schon die bloße Existenz der Regierung ist Anlaß zu indirekten, oft verborgenen und auch unbeabsichtigten Belohnungen und Bestrafungen in der Wirtschaft. Da alles staatliche Handeln letzten Endes von Gewalt getragen wird - Gewehre, Soldaten, Polizei -, ist die Meinung, es gebe eine macht- oder gewaltfreie Wirtschaft, einfach kindisch.

Der letzte und wichtigste Grund aber, warum Firmen, ja Regierungen weniger oft zu offener Gewalt greifen als in der vorindustriellen Zeit, ist, daß sie ein besseres Werkzeug zur Beherrschung der Menschen gefunden haben: Geld.

Daß Macht, ja Gewalt Teil des Geschäftslebens sind und bleiben, sollte uns nicht überraschen. Was uns die Augenbrauen heben lassen sollte, ist vielmehr der bemerkenswerte Wandel in der *Art* der Nutzung von Gewalt.

Kehrte ein Sklaventreiber oder Feudalherr aus der Antike in die Welt von heute zurück, so stellte er überrascht und ungläubig fest, daß wir die Arbeiter weniger schlagen und sie dennoch mehr produzieren. Ein Schiffskapitän käme aus dem Staunen nicht mehr heraus, wenn er sähe, daß die Matrosen nicht mehr wie der letzte Dreck behandelt und zum Dienst gepreßt werden.

Selbst ein Zimmer- oder Bleichergeselle aus dem 18. Jahrhundert hätte seine liebe Not, mit dem Gedanken fertig zu werden, daß er einem frechen Lehrling nicht mehr die Faust aufs Maul hauen darf. Man braucht sich nur einmal William Hogarths Farbstich »Fleiß und Faulheit« anzusehen, der 1796 in England gedruckt wurde: zwei »Lehrlinge.« Einer schafft fleißig an seinem Webstuhl, der andere döst vor sich hin. Von rechts nähert sich wütend der Chef und schwingt den Stock, der gleich auf den Faulen niedersausen wird.

Heute stehen in der modernen Welt Gewohnheit und Recht dieser offenen Gewaltanwendung im Wege. Doch dieses Verkümmern der Gewalt in der Wirtschaft war nicht bloße Folge christlicher Nächstenliebe oder eines sanften Altruismus. Vielmehr verlagerten in der industriellen Revolution die Eliten den Schwerpunkt vom vornehmlichen Einsatz der qualitativ schwachen Macht, wie Gewalt sie erzeugt, zur Macht mittlerer Qualität: Geld.

Mag Geld auch nicht die Sofortwirkung der Faust im Gesicht oder des Revolverlaufs in den Rippen erzielen, so ist es doch – weil zur Belohnung *und* zur Bestrafung einsetzbar – ein sehr viel schmiegsameres, vielseitiges Machtinstrument, zumal wenn dahinter immer noch die Gewalt steht.

Geld konnte nicht früher zum Hauptwerkzeug gesellschaftlicher Machtausübung werden, weil eine riesige Mehrheit gar nicht zum Geldsystem gehörte. Die Bauern und Pächter der vorindustriellen Ära ernährten sich im Grunde selbst, bauten ihre eigenen Unterkünfte und machten sich ihre Kleidung. Erst als die Fabriken an die Stelle der Farmen traten, erzeugten die Menschen nicht mehr ihre eigenen Nahrungsmittel und waren fürs Überleben verzweifelt auf Geld angewiesen. Diese totale Abhängigkeit vom Geldsystem im Unterschied zur Subsistenzwirtschaft hat sämtliche Machtverhältnisse verändert.

Zwar ging die Gewalt, wie wir sahen, deshalb nicht unter. Aber sie veränderte ihre Form und Funktion in dem Maße, als in den drei industriellen Jahrhunderten Geld zum Hauptmotiv der Arbeiterschaft und zum vorrangigen Werkzeug der Gesellschaftsbeherrschung wurde.

Das erklärt, warum die - kapitalistischen wie sozialistischen - Schornsteingesellschaften grabschender und erwerbssüchtiger, geldbesessener wurden als die viel ärmeren vorindustriellen Kulturen. Gewiß reicht die Habgier bis ins Paläozoikum zurück. Dennoch ist durch den Industrialismus das Geld zum wichtigsten Machtwerkzeug geworden.

Kurzum: Der Aufstieg des industriellen Nationalstaates führte zur systematischen Monopolisierung der Gewalt, zur Sublimierung der Gewalt im Gesetz und zur wachsenden Geldabhängigkeit der Bevölkerung. Diese drei Veränderungen haben es den Eliten der industriellen Gesellschaften ermöglicht, sich zur Durchsetzung ihres Willens in der Geschichte immer mehr des Reichtums anstelle der offenen Gewalt zu bedienen.

Das ist die Kernbedeutung des Machtbebens. Nicht bloß Verlagerung von Macht von einer Person oder Gruppe zu einer anderen, sondern ein grundlegender Wandel des Gemischs aus Gewalt, Reichtum und Wissen, das die Eliten zur Wahrung ihrer Herrschaft in Anschlag bringen.

So wie die industrielle Revolution Gewalt zu Recht sublimierte, sublimieren wir heute Geld - ja überhaupt Reichtum - in ein Neues. Und wie in der Schornsteinära das Geld bei der Erlangung oder Erhaltung von Macht in die Hauptrolle schlüpfte, stehen wir heute, am Übergang zum 21. Jahrhundert, an einem weiteren Wendepunkt in der Geschichte der Macht. Wir stehen am Rande eines neuen Machtbebens.

V

Reichtum: Morgan, Milken ... und so weiter

»Ein Mann, der so gewaltige Macht hat wie Sie - haben Sie doch, oder?«

»Ich weiß nicht, Euer Ehren.«

Der das sagte, saß in einem Untersuchungsausschuß des Kongresses am Zeugentisch, ein stiernackiger Bankier mit buschigen Augenbrauen, grimmigem Schnauzer und einem riesigen Zinken. Der Befrager ließ nicht locker: »Sie sind sich überhaupt keiner Macht bewußt?«

»Nein«, kam die sanfte Antwort, »überhaupt nicht.«

Das war 1912. Der Zeuge - dunkler Anzug, Vatermörder, goldene Uhrkette über dem Schmerbauch - herrschte über drei oder vier Riesenbanken, drei Trusts, ebenso viele Versicherungsgesellschaften, zehn Eisenbahnnetze und neben ein paar weiteren Kleinigkeiten noch U.S. Steel, General Electric, AT&T, Western Union und International Harvester.

John Pierpont Morgan war der Urtyp des Finanzmagnaten des Industriezeitalters, leibhaftiges Symbol der Geldmacht an der Jahrhundertwende.

Der Weiberheld, Kirchgänger und Moralapostel lebte in Saus und Braus, hielt seine Geschäftsbesprechungen in damastbespannten und mit Tapisserien aus den Palästen Europas behängten Prunkräumen ab, und in den Schatzkammern gleich nebenan lagen Handschriften von Leonardo da Vinci und Shakespeare. Über seine monumentale Nase sah Morgan auf Juden und andere Minderheiten herab, haßte Gewerkschaften, strafte die Neureichen mit Verachtung und lag mit den anderen »Räuberbaronen« seiner Zeit pausenlos in Fehde.

In einer Zeit knappen Kapitals schon von Geburt an steinreich, war er herrschsüchtig und zänkisch, ließ keine Konkurrenz aufkommen, wobei er manchmal Methoden anwandte, die ihn heute vermutlich hinter Gitter bringen würden.

Morgan häufte Riesensummen auf und schwemmte sie dann in die großen Schornsteinindustrien seiner Zeit - Bessemeröfen, Pullmanwaggons, Edisongeneratoren und allerlei handfeste Naturschätze wie Öl, Nitrate, Kupfer und Stahl.

Er nahm jedoch keineswegs wahllos sich bietende Chancen wahr, sondern plante strategisch und beschleunigte als Mitschöpfer des amerikanischen Schornsteinzeitalters die Verlagerung politischer und wirtschaftlicher Macht von der Landwirtschaft in die Industrie und von der Produktion ins Finanzwesen.

Desgleichen sagte man ihm nach, er habe die Industrie in den USA »morganisiert«, indem er ein hierarchisch geordnetes, finanzgesteuertes System und, wie seine Kritiker sagen, einen »Geldtrust« schuf, der die wichtigsten Kapitalströme im Lande im wesentlichen beherrschte.

Als Morgan lammfromm jegliche Macht bestritt, war das für die Karikaturisten ein gefundenes Fressen. Eine Karikatur zeigt ihn rittlings auf einem Berg Münzgeld sitzend mit der Aufschrift »Herr über 25 000 000 000 Dollar«, eine andere als mürrisch dreinblickenden Kaiser mit Krone, in der einen Hand das Zepter, in der andern den Säckel.

Pius X. nannte ihn einen »großen und frommen Mann«, während ihn das *Boston Commercial Bulletin* als »geld- und machttrunkenen Finanzbullen« bezeichnete, »der Aktienmärkte, Vorstandsmitglieder, Gerichte, Regierungen und ganze Staaten diktiert«.

Morgan konzentrierte Kapital. Aus kleinen Firmen machte er in soliden Schritten immer monopolistischere Konzerne. Er zentralisierte. Die Top-Down-Befehlskette war für ihn unantastbar, die vertikale Integration das leistungsfähigste Instrument. Großserien-Massenproduktion begriff er als fortschrittlichstes System seiner Zeit. Seine Investitionen wurden möglichst »hart« angelegt: in Fabriken, Maschinen, Rohstoffen. Damit war er ein fast vollkommenes Abbild des frühen Schornsteinzeitalters, das er errichten half. Und gleichgültig, ob er sich nun »mächtig fühlte« oder nicht: Seine Herrschaft über Riesensummen eröffnete ihm jedenfalls gewaltige Möglichkeiten, andere zu belohnen oder zu bestrafen und einen großangelegten Wandel zu bewerkstelligen.

Der x-förmige Schreibtisch

Als er zum ersten Mal Schlagzeilen machte, war Michael Milken ein sehr zurückgezogener, arbeitswütiger Mittvierziger mit dem Titel »Senior Vice President« der Investitionsbank Drexel Burnham Lambert, die 1871 u. a. von Morgan ins Leben gerufen worden war. Aber Milken war weit mehr als ein gewöhnlicher »Seniorenvize«: Er war der Erfinder eines völlig neuen Finanzsystems in Amerika. Bald schon sahen viele in ihm den J. P. Morgan unserer Zeit.

In den achtziger Jahren wurde Drexel zu einer der begehrtesten Investitionsfirmen von Wall Street. Da sie ihr aufsehenerregendes Wachstum hauptsächlich Milkens Anstrengungen verdankte, durfte er seine eigene, weitgehend selbständige Firma rund 5000 Kilometer vom Hauptsitz im Osten entfernt aufmachen. Sein Büro lag gegenüber vom Wilshire Hotel in Beverly Hills.

Milken pflegte schon um halb fünf oder fünf Uhr in der Früh ins Büro zu gehen, um noch ein paar Besprechungen abzuhalten, bevor die drei Zeitzonen entfernte New Yorker Börse öffnete. Die aus New York oder Chikago auf der Suche nach Finanzquellen für ihre Firma herbeigeströmten Topmanager kamen brav, wenn auch rotäugig, zu diesen Besprechungen. Der eine wollte eine neue Fabrik bauen, ein anderer in neue Märkte expandieren, ein dritter einen größeren Aufkauf tätigen. Sie kamen, weil sie wußten, daß Milken das Geld für sie auftreiben konnte.

Den lieben langen Tag saß Milken in der Mitte eines riesigen, x-förmigen Schreibtischs, flüsterte nach hier, ruderte nach dort, handelte mit drüben, schrie nach hinten, das Ganze umgeben von wildwütigen Angestellten, die die Telefone und Computerschirme bedienten. Von diesem Schreibtisch aus gestalteten er und seine Leute die moderne Wirtschaft Amerikas völlig neu, wie seinerzeit Morgan.

Wenn wir das Vorgehen der beiden miteinander vergleichen, verstehen wir gleich viel besser, wie sich die Herrschaft über das Kapital und mithin die Geldmacht in der Gesellschaft heute verändert. Beim Persönlichen fängt es an.

Milken versus Morgan

War J. P. Morgan ein dickbäuchiger, wild aussehender und herrschsüchtiger Typ, so ist Milken großgewachsen, schlank, glattrasiert, trägt schwarzgewelltes Haar und sieht aus wie eine verdutzte Taube. Morgan war mit dem sprichwörtlichen Silberlöffel im Babymund geboren worden; der Steuerberatersohn Milken hingegen räumte im Coffeeshop die schmutzigen Löffel ab.

Morgans Leben spielte sich zwischen Wall Street, Manhattan, einer Prachtvilla am Hudson und Palastresidenzen in Europa ab. Milken bewohnt immer noch ein ganz gewöhnliches Backsteinhaus in Encino im wenig schicken »Valley«, gleich vor Los Angeles. Fast immer in der Nähe des Pazifiks, gilt sein Blick mehr und mehr Japan, Mexiko und den Entwicklungsländern im Süden.

Morgan umgab sich mit willfährigen jungen Damen, und wenn er nicht da war, durften sich Frau und Familie nach Lust und Laune langweilen. Milken ist in jeder Beziehung ein häuslicher Typ. Morgan mochte die Juden nicht. Milken ist Jude.

Morgan verachtete die Gewerkschaften; Milken war Finanzberater von Eisenbahn-, Luft- und Schiffahrtsgewerkschaften. Die bloße Vorstellung, die Mitarbeiter könnten Mitbesitzer der Firma sein, wäre Morgan als schierer Kommunismus erschienen. Milken tritt für den Mitbesitz der Arbeiter ein und meint, dieser werde künftig in der amerikanischen Industrie eine große Rolle spielen.

Beide haben gewaltige Macht aufgehäuft, sind pressenotorisch, wurden wegen wirklicher oder angeblicher Missetaten vor Untersuchungsausschüsse geladen. Weitaus wichtiger jedoch ist, daß sie die Machtstruktur in Amerika auf bemerkenswert unterschiedliche Weise verändert haben.

Das Tor aufgestoßen

Als Milken am 4. Juli 1946 das Licht der Welt erblickte, wurde die amerikanische Wirtschaft noch von Riesenfirmen beherrscht, die zumeist in der Morganära entstanden waren: die General Motors und Goodyears, die Burlington Mills und Bethlehem Steels der Welt. Diese Schornsteinfirmen, die sogenannten »Blue Chips«, und ihre Lobbyisten, Wahlkampffinanzierer und Handelsvereinigungen, außerdem Organisationen wie die National Association of Manufacturers, besaßen eine ungeheure politische wie wirtschaftliche Zugkraft. Gemeinsam taten sie manchmal so, als gehöre ihnen das ganze Land.

Verstärkt wurde diese Wirtschaftsmacht noch durch ihren Einfluß auf die Medien vermittels fast grenzenloser Reklamebudgets sowie durch ihre zumindest theoretische Fähigkeit, im Wahlkreis eines ungefügigen Abgeordneten eine Fabrik zuzumachen und die Investitionen und Arbeitsplätze dorthin zu verlagern, wo das politische Klima günstiger war. Oft genug brachten sie die Gewerkschaften ihrer Arbeiter dazu, sie bei einem Lobbyvorhaben zu unterstützen.

Diese »Schornsteinmacht« stand zudem unter dem Schutz einer Finanzindustrie, die den Konkurrenten jedes Aufmucken gegen die Herrschaft der Blue Chips beträchtlich erschwerte. Folglich blieb die Grundstruktur der amerikanischen Industriemacht bis Mitte dieses Jahrhunderts fast unangetastet.

Dann geschah etwas.

Als es 1956 erstmalig in den USA mehr Dienstleistende und Angestellte als Arbeiter gab, ging Milken noch in die Volksschule. Und als seine Karriere als Investmentbanker begann, hatte die Wirtschaft schon den rapiden Übergang zu einem neuen Wertschöpfungssystem angetreten.

Computer, Satelliten, höchst variable Dienstleistungen, Globalisierung: all das schuf ein völlig neues, veränderungsgeschütteltes Geschäftsumfeld. Aber noch stand dem Wandel vor allem die kleinkarierte und von engmaschigen Gesetzesgittern geschützte Finanzindustrie im Wege.

Langfristiges Kapital war bis in die siebziger Jahre für die Blue-Chip-Dinosaurier kein Problem, für innovative und unternehmerische Kleinfirmen jedoch nur sehr schwer erreichbar.

Wall Street war der Finanzvatikan der Welt, und in den USA standen zwei »Kreditwürdigkeitsdienste« – Moody und Standard & Poor – am Tor zum Kapital mit dem Feuerschwert Wache. Diese beiden Privatfirmen vergaben die Risikoraten für Verschuldungen, und nur etwa fünf Prozent der amerikanischen Firmen genossen in ihren Augen »Investitionswürdigkeit«. Damit blieben Tausende Firmen vom langfristigen Verschuldungsmarkt ausgeschlossen oder mußten sich bei Banken und Versicherungsgesellschaften um Anleihen bemühen, anstatt sich an den Investitions-Kapitalmarkt wenden zu können.

Als Student, zuerst an der Universität von Kalifornien in Berkeley und später an der Wharton School der Pennsylvania-Universität, befaßte sich Milken mit der Frage des Investor-Risikos. Er entdeckte, daß viele der von Wall Street ferngehaltenen kleineren Firmen als Schuldenrückzahler gute Bonität besaßen. Nur selten blieben sie mit den Zahlungen im Verzug und waren zudem bereit, eventuellen Aktienerwerbern höhere Zinsen zu zahlen.

Dieser völlig unerwarteten Einsicht entsprangen die als »High Yield« oder »Junk« bekanntgewordenen Papiere, und Milken, der inzwischen als junger Mann bei Drexel eingestiegen war, verkaufte sie mit missionarischem Eifer an Investoren.

Die weiteren Details der Geschichte sind für unsere Zwecke unerheblich. Worauf es ankommt ist, daß Milkens Erfolg auch die kühnsten Erwartungen weit hinter sich ließ mit dem Ergebnis, daß er fast mutterseelenallein die finanzielle Isolierung durchbrach, in der diese Firmen-Zweitschicht bislang gefangen war. Es war wie ein Dammbruch. Kapital strömte in diese Firmen, mit Drexel als Zwischenstation. 1989 erreichte der »Junkbondmarkt« die astronomische Höhe von 180 Milliarden Dollar.

Anstatt also, wie Morgan, einen »Geldtrust« zu schaffen, machte Milken die Finanzen kompetitiver und weniger monopolistisch, stieß damit sozusagen das Tor auf und befreite Tausende Firmen von ihrer Abhängigkeit von Banken und Versicherungen. Sie ließen auch die hochnäsigen Wallstreet-Firmen links liegen, die den Blue Chips zu Willen waren. Milkens Wertpapiere machten es den Managern möglich, sich unmittelbar bei der Öffentlichkeit und bei Geldleihinstitutionen wie Rentenfonds um das Kapital zu bemühen, damit sie neue Fabriken bauen, in Märkte expandieren, Forschung und Entwicklung betreiben – oder auch andere Firmen übernehmen konnten.

Rund 75 Prozent der Junkbonds wurden in aller Stille für Investitionen in neue Technologien oder für die Eröffnung neuer Märkte oder andere unumstrittene Zwecke verwendet. In der Werbung stellte Drexel vor allem die Tatsache heraus, während die Beschäftigung bei den Blue Chips, den einstigen Riesen, nicht mit der Expansion der Wirtschaft Schritt halte, hätten sich in den von Drexel finanzierten kleineren Firmen die Arbeitsplätze überdurchschnittlich vermehrt.

Ein Teil des von Milken beschafften Kapitals ist freilich in hochgehenden Übernahmeschlachten eingesetzt worden.

Diese dramatischen finanziellen Auseinandersetzungen machten Schlagzeilen und hielten die Börse und die ganze Nation in Atem. Die Aktienpreise schnellten in die Höhe, Gerüchte von immer neuen und größeren Übernahmen und Angriffen auf die renommiertesten Firmen des Landes begannen zu wuchern. Abschlüsse wurden getätigt, bei denen von ausgewogenem Investor-Risiko und -Gewinn keine Rede mehr sein konnte. In einer wahren Spekulationsorgie häufte sich Schuldenberg auf Schuldenberg. Taxifahrer und Kellnerinnen redeten kenntnisreich über die letzten Nachrichten und riefen ihre Börsenmakler an, hofften auf schnelle Dollars in dem Getümmel der sich gegenseitig ausbietenden Raiders, die ganze Konzerne aus den Angeln hoben. Weitere Wallstreet-Firmen stiegen in den Junk-Markt ein, die von Milken und Drexel ins Leben gerufene Geldmaschine machte sich selbständig und gebärdete sich wie ein wildgewordener Moloch.

In derart heftigen Verwerfungen mit oft höchst persönlichen Machtkämpfen blieben auch viele Unschuldige auf der Strecke. Firmen wurden »gesundgeschrumpft«, Arbeiter herzlos entlassen, die Reihen der leitenden Angestellten dezimiert. Was Wunder, daß dies einen massiven Gegenangriff auslöste, dessen Hauptzielscheibe Milken war.

Mit der Öffnung der Kapitalschleusen hatte Milken die Strukturen der Schornsteinmacht in Amerika von Grund auf erschüttert. Indem er Drexel Burnham reich werden ließ (und sein eigenes Nest allein 1987 mit atemberaubenden 550 Millionen Dollar aufpolsterte), machte er sich auch zwei überaus mächtige Gruppen zum erbitterten Feind. Zum einen die Wallstreet-Altherren, die bislang den Kapitalzustrom in die amerikanischen Konzerne fest im Griff gehabt hatten; zum anderen die Topmanager der größten Firmen. Beide hatten allen Grund, ihm womöglich den Garaus zu machen. Und beide hatten mächtige Verbündete in Regierung und Medien.

Nachdem zuerst die Presse kein gutes Haar an ihm gelassen, ihn als Verkörperung kapitalistischer Gewinnsucht angeprangert hatte, wurde gegen Milken eine 98-Punkte-Anklage wegen Wertpapierschiebung, Marktmanipulation und »Parking« (illegaler Besitz von Wertpapieren, die dem wegen Insidergeschäften einsitzenden Arbitrageur Ivan Boesky gehörten) erhoben. Unter Androhung von Gesetzesmaßnahmen, wie man sie eher gegen die Mafia als gegen Aktienschieber einsetzt, zwang die Washingtoner Regierung Drexel, die Beziehungen zu Milken zu kappen und Uncle Sam ein sattes Bußgeld von 650 Millionen Dollar zu zahlen.

Da nun einige der schlimmsten Ausverkäufe in sich zusammenbrachen, gerieten die Investoren in Panik und purzelte der Wert der meisten Junkbonds, auch der durchaus seriösen. Es dauerte nicht lange, und Drexel schnappte nach Luft; nach dem 650-Millionen-Bußgeld und mit einem Eigenbestand von einer Milliarde in Junkbonds stand er mit dem Rücken zur Wand. Unter donnerndem Getöse brach Drexel zusammen. Der schon von der Presse gemeuchelte Milken plädierte schließlich in einem komplexen Vergleichsverfahren in sechs Fällen auf schuldig, woraufhin alle übrigen Anklagepunkte fallengelassen wurden.

Für das Land ist indes, wie schon bei Morgan, auch bei Milken nicht so sehr entscheidend, ob er nun gegen Vorschriften verstoßen hat oder nicht, sondern viel mehr, welche Auswirkung er auf das amerikanische Geschäftsleben hatte und hat. Denn gleichwie die Finanzen andere Industrien umstrukturierten, hat Milken die Finanzen umstrukturiert.

Der Konflikt zwischen denen, die wie Morgan den Zugang zum Kapital zuschnüren wollten, damit sie allein ihn hätten, und denen, die wie Milken um eine Ausweitung des Zugangs kämpften, reicht in allen Ländern weit in die Geschichte zurück.

»Der Kampf um die Erneuerung und größere Zugänglichkeit der amerikanischen Kapitalmärkte wogt schon seit langem hin und her«, schreibt Professor Glenn Yago von der New Yorker Staatsuniversität (Stony Brook). »Im 19. Jahrhundert kämpften die Farmer um Kredite mit der Folge, daß die landwirtschaftliche Produktivität stieg. In den dreißiger Jahren lockerte sich der Würgegriff der Kreditgeber um die Kleinunternehmer. Nach dem Zweiten Weltkrieg suchten Arbeiter und Verbraucher um Kredite für Eigenheime und Hochschulbildung nach. Trotz der Widerstände derer, die den allgemeinen Zugang zum Kredit einzuengen suchten, reagierten die Finanzmärkte auf die Nachfrage und gelangte das Land in Blüte.«

Zwar kann maßlose Kreditgewährung eine Inflation auslösen, aber maßlos und maßvoll sind zwei Paar Stiefel. Indem sie den Zugang verbreiterte, durfte Milkens Firma nach den Worten von Connie Bruck, der zu seinen schärfsten Kritikern zählt, »durchaus für sich in Anspruch nehmen, die ›Demokratisierung des Kapitals‹ gefördert zu haben, weshalb ihm auch einige Gewerkschafter und Afro-Amerikaner beisprangen, als er in Bedrängnis war«.

Kurzum: Morgan und Milken veränderten jeweils den amerikanischen Finanzmarkt in entgegengesetzter Richtung.

Monatsbinden und Mietwagen

War Morgan der große Zentralisierer und Konzentrierer, der von der These ausging, das Ganze sei mehr wert als die Summe der Einzelteile, so gingen Milken und die von ihm Finanzierten oft genau von der gegenteiligen Annahme aus. So entstanden in den sechziger und siebziger Jahren gigantische, unhandliche »Konglomerate« ohne erkennbaren Schwerpunkt: auf bürokratischem Management erbaute und blindlings an »Synergie« und schiere Größe glaubende Mammutfirmen. Die Wertpapiere, die Milken verkaufte, finanzierten hingegen Übernahmen, mit denen diese Kolosse aufgesplittert wurden, und schlankere, manövrierfähigere Firmen mit strategischem Schwerpunkt entstanden.

Praktisch alle von Milken finanzierten Übernahmen führten zum Verkauf ganzer Abteilungen oder Einheiten, eben *weil* die Teile mehr wert waren als das Ganze, die »Synergie« kleiner als gedacht.

Ein typischer Fall war die Aufschnürung der Beatrice Companies, eines ungeschlachten Konglomerats, in dem sich zum einstigen Lebensmittel-Stammgeschäft recht wenig logisch Avis-Leihwagen, Coca-Cola-Abfüllung, Playtex-BHs und Tamponherstellung hinzugesellt hatten. Nachdem sie Teile an andere Firmen verkauft hatte, war Beatrice eine viel kleinere Firma, die sich vernünftigerweise im Lebensmittel-, Käse- und Fleischgeschäft tummelte. Die Industriefirma Borg-Warner stieß ihr Finanzgeschäft ab. Revlon verkaufte seine pharmazeutische Einheit sowie weitere Aktivitäten, die mit seiner eigentlichen Zweckbestimmung Kosmetik nichts zu tun hatten.

Milkens verbreiterter Kapitalzugang kam auch der Gründung leistungsfähiger Firmen in den neuen Dienstleistungs- und Informationssektoren zugute, die den Schlüssel jeder modernen Wirtschaft bilden.

Sicher ging es Milken nicht in erster Linie darum. Er finanzierte mindestens genausogern auch Rostindustrien. Da er aber genau in dem Augenblick tätig wurde, als die gesamte Wirtschaft den Übergang aus dem Schornsteinzeitalter antrat, war ihm dieser grundlegende Wandel sicherlich bewußt und gab er ihm in gewissem Sinne die Sporen. So sagte er einmal zur Zeitschrift *Forbes*, ein Großteil der im Gang befindlichen Umstrukturierung hänge mit dem Übergang des Landes aus dem Industriezeitalter zusammen, und fügte hinzu: »In einer Industriegesellschaft ist Kapital rar, aber in der heutigen Informationsgesellschaft gibt es Kapital haufenweise.«

Da Milkens »High-Yield«- oder »Junk«-Papiere weniger den sich mühelos konventionell finanzierenden Blue chips als neueren, weniger etablierten Firmen zugute kamen, ist es nicht überraschend, daß viele seiner Schützlinge im schnell expandierenden Dienstleistungs- und Informationssektor tätig waren, in dem neuere Unternehmen zumeist anzutreffen sind.

So half Milken bei der Reorganisierung oder leitete Kapital in Bereiche wie tragbare Telefone, Kabelfernsehen, Computer, Gesundheitsdienstleistungen, Tagesfürsorge und andere moderne Geschäftszweige, deren wachsende Macht nun eine Herausforderung an die beherrschende Stellung der alten Schlotbarone darstellte.

Kurzum, Morgan wie Milken haben gleichermaßen, wenn auch in fast diametral entgegengesetzter Weise, die etablierten Machtstrukturen ihrer Zeit erschüttert und damit, von Rechtsfragen und -streitigkeiten ganz abgesehen, wahre Schlammsturzbäche auf sich gezogen. Zum Besseren oder Schlimmeren, legal oder illegal, hat jeder von beiden das Finanzgeschäft in einer Weise verändert, die den neuen Nöten der Wirtschaft ihrer Zeit gemäß war.

Die Nach-Wallstreet-Zeit

So drastisch sie damals wirken mochten, waren die von Milken hervorgerufenen Erschütterungen doch nur Teil einer viel größeren Revolution. Denn der heutige Wandel der Kapitalbeherrschung und -kanalisierung - die ja immer noch zu den bedeutendsten Machtquellen der Gesellschaft zählen - geht mit noch tiefer reichenderen Veränderungen der gesamten Wirtschaft Hand in Hand.

In Morgans Tagen und während der ganzen Blütezeit der Wallstreet-Macht war die Massenerzeugung von Millionen identischer Produkte gleichbedeutend mit »modernen Zeiten«. Heute haben wir, genau wie schon 1970 in *Zukunftsschock* und 1980 in *Zukunftschance* vorhergesagt, das Prinzip der Massenproduktion auf den Kopf gestellt.

Computergesteuerte Techniken machen es möglich, Kleinserien höchst personalisierter Waren für Marktnischen zu fahren. Wer gescheit ist, läßt die Produktion langer Warenserien sausen und wendet sich den Kurzserien »höherwertiger« Produkte wie Spezialstähle und chemische Erzeugnisse zu. Laufende Innovation verkürzt inzwischen die Lebensdauer der Produkte immer mehr.

Präzise Parallelen dazu finden wir auch in der Finanzindustrie, die ihre Produktlinien ebenfalls diversifiziert und die Produkt-Lebensspanne verkürzt. Auch sie spuckt einen Strom von Nischenprodukten aus - neuartige Wertpapiere, Hypotheken, Versicherungspolicen, Kreditinstrumente, Gegenseitigkeitsfonds und endlose Umwandlungen und Kombinationen davon. Macht über Kapital strömt jetzt in Firmen, die zur Personalisierung und laufenden Innovation fähig sind.

In dieser neuen Wirtschaft der dritten Welle wird ein Wagen oder Computer vielleicht auf vier Länder verteilt hergestellt und in einem fünften montiert. Auch die Märkte lassen die nationalen Grenzen hinter sich. Die Wirtschaft wird »global«, wie man heute sagt. Wiederum stellen wir als direkte Parallele fest, daß die Finanzdienste - Banken, Versicherungen, Wertpapierbörsen - auf die »Globalisierung« zurasen, um sich ihre Klientel zu erhalten.

Die Wirtschaft der dritten Welle operiert mit Höchstgeschwindigkeit. Um mithalten zu können, investieren die Finanzfirmen Milliarden in neue Technologien. Neue Computer- und Kommunikationsnetze lassen nicht nur die Variierung und Personalisierung bestehender und die Erfindung neuer Produkte zu, sondern sie trimmen auch die Transaktionsgeschwindigkeit auf Spontaneität.

Wie Fabriken der neuen Art von der Stapelverarbeitung auf Rund-um-die-Uhr- oder »Kontinuierlichkeitsfluß«-Operationen umstellen, folgen die Finanzinstitute auf dem Fuße und setzen den 24-Stunden-Dienst an die Stelle der einstigen »Bankstunden«. In den verschiedensten Zeitzonen bilden sich Finanzzentren. Aktien, Wertpapiere, Waren und Währungen werden nonstop gehandelt. Elektronische Netzwerke machen es möglich, fast in Nanosekunden Milliarden zusammen- und auseinanderzuwürfeln.

Das schiere Tempo - die Fähigkeit, Schritt zu halten oder vorne zu bleiben - wirkt auf Gewinn- und Machtverteilung ein. Ein gutes Beispiel für die Zeitschrumpfung ist der Wertstellungsgewinn, den die Banken einst genossen. Seitdem die Computer den Verrechnungsprozeß beschleunigen, schrumpft dieser Bankgewinn und sind die Banken gezwungen, neue Verdienstquellen zu erschließen, womit sie frontal mit anderen Sektoren der Finanzindustrie zusammenprallen.

Je mehr sich die Kapitalmärkte ausdehnen und verzahnen, von Hongkong und Tokio bis Toronto und Paris, desto schneller läuft das Geld. Tempo und Lebhaftigkeit steigen zugleich, die Finanzmacht in der Gesellschaft geht schneller und schneller von Hand zu Hand.

Zusammengenommen ergeben alle diese Veränderungen die tiefste Strukturverwandlung der Weltfinanzen seit den Frühzeiten der Industrieära. Sie spiegeln den Aufstieg eines neuen Wertschöpfungssystems wider, und selbst die mächtigsten Firmen, die einstmals riesige Kapitalströme beherrschten, wirbelt der Sturm wie Streichhölzer herum.

1985 begann Amerikas größte Investitionsbank, Salomon Brothers, mit dem Bau einer eindrucksvollen 455 Millionen Dollar schweren Hauptverwaltung am Columbus Circle von Manhattan. Im Frühjahr 1987 wurde die Salomon-Bank zur Zielscheibe einer möglichen Übernahme; im Oktober mußte sie die Schalter des von ihr 20 Jahre lang beherrschten städtischen Wertpapiergeschäfts schließen; auch die Abteilung für kommerzielle Geschäftspapiere ging zugrunde; 800 der 6500 Angestellten wurden entlassen; der Aktieneinbruch vom Oktober 1987 traf die Firma mit voller Wucht, und im Dezember mußte sie sich mit Schimpf und Schande und 51 Millionen Dollar Verlust aus dem großen Bauvorhaben verabschieden.

Zugleich mit dem Absacken der Gewinne und der eigenen Aktienpreise wurde die Firma von inneren Spaltungen zerrissen. Die eine Richtung wollte an der traditionellen Rolle der Firma als Kapitalbeschaffer für die Blue chips festhalten, die andere versuchte ins High-Yield- oder Junk-Geschäft, dessen Vorreiter Milken gewesen war, einzusteigen und Kredite an Zweitschicht-Unternehmen abzusetzen. Rücktritte und Chaos waren die Folge. »Die Welt hat sich von Grund auf geändert«, klagte der Vorsitzende John Gutfreund niedergeschlagen, »und wir standen abseits. Wir wurden in die moderne Welt regelrecht hineingezerrt.«

Die »moderne Welt« indes ist für die alten Drachen ein ungemütlicher, feindseliger Ort. Nicht nur Einzelpersonen und Firmen, sondern ganze Sektoren der Finanzindustrie sind außer Tritt geraten. Der Zusammenbruch von über 500 Spar- und Darlehenskassen in den USA, der die Regierung veranlaßte, Hunderte Milliarden Dollar in einen Nothilfeplan zu stecken, zeigt die rasante Zunahme der Instabilität. Die für eine einfachere, sanftere Schlotwelt geschaffenen Regierungsstellen erwiesen sich als unfähig, der drohenden Katastrophe rechtzeitig entgegenzusteuern, und gleichzeitig gingen die »Sparbüchseninstitutionen« unter den plötzlichen Schlägen schneller Zinsänderungen in einem Meer der Korruption und Dummheit unter.

Der Zickzackkurs der Macht

Mit der Durchsetzung der Globalwirtschaft wird der Finanzmarkt selbst so riesig, daß in ihm jede Einzelinstitution (Gesellschaft oder Einzelperson) zum Zwerg gerät - sogar Milken. Unheimliche Ströme brechen sich durch das System Bahn und verursachen erdweite Ausbrüche und Störungen.

Seit Anbruch des Industriezeitalters hatte der Schwerpunkt der Geldmacht in Europa gelegen. Als der Zweite Weltkrieg zu Ende ging, hatte er sich eindeutig nach Nordamerika verlagert, genauer: an die Südspitze der Insel Manhattan. Fast drei Jahrzehnte lang blieb die wirtschaftliche Vormachtstellung Amerikas unangefochten. Seither aber rollt das Geld und damit die von ihm ausgehende Macht wie eine wildgewordene Billardkugel in unstetem Zickzackkurs über den Planeten.

Mitte der siebziger Jahre sog scheinbar über Nacht das OPEC-Kartell Milliarden aus Europa, Nordamerika und der übrigen Welt ab und zickte sie nach Nahost. Sofort zackten die Petrodollars auf New Yorker oder Züricher Bankkonten zurück, zickten wieder in Form gigantischer Anleihen nach Argentinien, Mexiko und Brasilien, und schon langten sie wieder in amerikanischen und schweizerischen Banken an. Als der Dollar fiel und die Handelsmuster sich wandelten, zackte das Kapital nach Tokio und zickte zurück in Grundstücke, Staatspapiere und andere Werte in den USA - das alles mit einer Geschwindigkeit, daß den Experten, die das Geschehen zu verstehen suchten, nur noch die Augen übergingen.

Mit jeder solchen Kapitalschwemme geht global und lokal eine entsprechende Umverteilung der Macht einher. Mit dem Zustrom der Ölgelder schmiedeten sich die arabischen Staaten eine riesige Keule für die internationale Politik. In der UNO geriet Israel mehr und mehr in die Isolierung. Die afrikanischen Länder, die dringend Öl brauchten und bei den Arabern um Außenhilfe buhlten, brachen die diplomatischen Beziehungen mit Jerusalem ab. Die Petrodollars gewannen in vielen Teilen der Welt Einfluß auf die Medien. Und in den Hotelhallen in Riad, Abu Dhabi oder Kuwait drängelten sich aktenkofferbewehrte Bittsteller aus aller Welt - Händler, Bankiers, Manager und Konjunkturritter aller Schattierungen -, die schamlos diesen oder jenen fernen Verwandten eines Königshauses um Kontakte und Kontrakte anflehten.

Doch Anfang der achtziger Jahre zerfiel die Einheit der OPEC, die Ölpreise brachen zusammen, der Wahnsinn ebbte ab und mit ihm die politische Macht der Araber. Heute tummelt sich die Bittstellerhorde (oft Vertreter der größten Banken und Unternehmen) in Hotels wie dem Okura oder Imperial in Tokio.

Die wachsende Sprunghaftigkeit des Weltkapitalmarkts bei derart riesigen Umschwüngen, begleitet von Zusammenbrüchen und Erholungen des Aktienmarktes wie die »zwei Oktober« (1987 und 1989) - all das zeugt davon, daß das alte System mehr und mehr aus dem Ruder läuft. Die alten Sicherheitsmechanismen zur Wahrung der Finanzstabilität in einer Welt relativ geschlossener Volkswirtschaften sind so überholt wie die rostig gewordene Welt, zu deren Schutz sie geschaffen wurden.

Globalproduktion und -marketing verlangen den problemlosen Durchfluß des Kapitals durch die Staatsgrenzen. Dies wiederum setzt den Abbau der alten Finanzregelungen und -barrieren der Staaten zum Schutz ihrer Volkswirtschaften voraus. Werden jedoch diese Hindernisse in Japan und Europa Schritt für Schritt gelockert oder beseitigt, so hat das auch negative Folgen.

Es führt zu einem immer größeren Pool des allerorts sofort verfügbaren Kapitals. Wird damit das Finanzsystem auch flexibler und die Überwindung lokaler Krisen leichter, so steigt doch gleichzeitig der Pokereinsatz und damit die Gefahr eines Masseneinsturzes.

Ein modernes Schiff wird mit wasserdichten Schotten erbaut, damit ein Wassereinbruch an einer Stelle nicht gleich den ganzen Rumpf überfluten und das Schiff versenken kann. Liberalisiert man das Kapital so sehr, daß es ungehindert nach allen Seiten fließen kann, dann ist es, als reiße man alle Schotten ein. Zwar ist diese Liberalisierung eine wesentliche Voraussetzung für die Förderung der Wirtschaft, aber Hand in Hand damit geht die Gefahr, daß ein ernstlicher Einbruch in einem Lande sofort auf andere Länder übergreift. Zudem bedroht sie die Macht eines der wichtigsten Wirtschaftsinstitute des Industriezeitalters: der Zentralbank.

Der drohende Kampf um die Globalherrschaft

Noch vor etwa einem Jahrzehnt konnte eine relativ kleine Zahl von Zentralbankiers und Regierungsbeamten den Preis aller Waren, vom dänischen Schinken bis zum Datsun-Auto, entscheidend beeinflussen, indem sie an den Zinsraten hantierten und in fremden Währungsmärkten intervenierten.

Heute fällt ihnen das immer schwerer. Man denke nur an das explosive Wachstum der Devisenmärkte und der ihnen dienstbaren Elektroniknetze.

Noch vor wenigen Jahren konnte die Bank von Japan das Verhältnis von Yen und Dollar beeinflussen, indem sie 16 Milliarden Dollar aus dem Markt nahm oder auf den Markt warf. Heute sind derlei Summen lächerlich geworden. Tag für Tag wechselt allein in London, New York und Tokio eine geschätzte Summe von 200 Milliarden Dollar den Besitzer – pro Woche über eine Billion (kaum 10 Prozent davon gehören zum Welthandel; die restlichen 90 Prozent sind pure Spekulation).

Vor diesem Hintergrund nimmt sich die Rolle der einzelnen

Zentralbank, ja sogar der gemeinsam handelnden Großzentralbanken nachgerade bescheiden aus.

Weil sich die Macht schnell aus der Hand der Zentralbanken und der von ihnen nominell vertretenen Regierungen wegstiehlt, erschallt laut der Ruf nach dringend nötigen, neuen und zentralisierteren Regelungen auf übernationaler Ebene. Auf diese Weise versucht man, das Nach-Schornstein-Finanzsystem im wesentlichen mit den alten Werkzeugen in den Griff zu bekommen.

In Europa plädieren einige Politiker für die Abschaffung der nationalen Währungen und die Errichtung einer einzigen, gesamteuropäischen Zentralbank. Dem Wunsch des früheren französischen Finanzministers Edouard Balladour und des Bundesaußenministers Hans-Dietrich Genscher nach mehr Zentralisierung schließen sich viele französische, belgische und italienische Vertreter an. Auch wenn das noch etwas dauern mag, meint die Wirtschaftlerin Liane Launhardt von der Frankfurter Commerzbank, »werden wir eines Tages einfach eine europäische Zentralbank haben müssen«.

Gegen diesen Supranationalismus führt Premierministerin Margaret Thatcher ein Nachhutgefecht zugunsten der nationalen Souveränität. Aber selbst auf Weltebene zeichnen sich vermehrte Versuche der Gruppe der Sieben ab, u.a. ihre Währungs- und Zinspolitik stärker miteinander abzustimmen. Und Akademiker und einige Finanzexperten sprechen sich bereits für eine »Weltzentralbank« aus.

Setzen sich die Globalisierer durch, dann bedeutet das einen weiteren Machtschwund der bestehenden Zentralbanken, die in der nichtkommunistischen Welt seit Anbruch des Schornsteinzeitalters in Kapitalfragen das Sagen haben.

In den bevorstehenden Jahrzehnten wird es deshalb zwischen den Globalisierern und den Nationalisten zum Titanenkampf um das Wesen neuer Regelinstitutionen für die Weltkapitalmärkte kommen. In diesem Kampf spiegelt sich der Zusammenprall einer todgeweihten industriellen Ordnung mit dem neuen, globalen Wertschöpfungssystem, das sie ersetzen will.

Eine Ironie des Schicksals will indes, daß diese Vorschläge für eine zentralisierte Kontrolle der Finanzen auf höherer Ebene der

Entwicklung der tatsächlichen Produktion und Verteilung direkt zuwiderlaufen, denn letztere werden immer verstreuter, diverser und dezentralisierter. Dies läßt vermuten, daß dieser historische Machtkampf am Ende weder den Nationalisten noch den Globalisten uneingeschränkt recht gibt. Die Geschichte hält ungeahnte Überraschungen parat, und sie könnte uns auch zu einer völligen Umgestaltung und zur Erfindung ganz neuartiger Institutionen zwingen.

Eines indes dürfte auf der Hand liegen. Wenn der Kampf um eine Neugestaltung der Globalfinanzen in den kommenden Jahrzehnten dem Höhepunkt entgegengeht, werden viele der größten Mächte von heute vom Throne stürzen.

Doch auch dieses Beben im Geldmachtgefüge der Welt ist noch nicht die ganze Geschichte. In historischer Dimension wird eine Revolution des Wesens des Reichtums als solchem es zur bloßen Randerscheinung degradieren. Geschieht Seltsames, fast Unheimliches doch dem Gelde selbst (und aller daraus entspringenden Macht).

VI

Wissen: Welt der Symbole

Es war einmal eine Zeit, da war Reichtum ein Element. Man hatte ihn, oder man hatte ihn nicht. Er war kompakt. Er war dinglich. Jedes Kind verstand, daß Reichtum Macht und Macht Reichtum bedeutete.

Alles war einfach, denn beide beruhten auf Grund und Boden.

Grund und Boden war das bedeutsamste Kapital. Grund und Boden war endlich in dem Sinne, daß zur gleichen Zeit immer nur einer ihn haben konnte. Mehr noch: Er war handfest greifbar. Man konnte ihn messen, aufgraben, umgraben, die Beine draufstellen, ihn zwischen den Zehen fühlen und durch die Finger rinnen lassen. Generationen unserer Ahnen besaßen ihn entweder oder hungerten nach ihm im wahrsten Sinne des Wortes.

Als die Schlote in den Himmel zu ragen begannen, veränderte sich das Wesen des Reichtums. Anstatt Grund und Boden wurden nun Maschinen und Material für die industrielle Fertigung zum meistbenötigten Kapital - Schmelzöfen, Webstühle und Fließbänder, Schweißgeräte und Nähmaschinen, Bauxit, Kupfer und Nickel.

Auch dieses Industriekapital war endlich. Benutzte man in einer Eisengießerei einen Schmelzofen, so konnte kein anderer ihn zur gleichen Zeit benutzen.

Das Kapital war weiterhin dinglich. Investierten J. P. Morgan oder ein anderer Bankier in eine Firma, so hielten sie in der Bilanz des Unternehmens Ausschau nach »dinglichen Sicherungen«. Bei der Vergabe einer Anleihe suchte der Bankier nach handfesten, greifbaren Sicherheiten. Hardware.

Doch im Gegensatz zum Grundbesitzer, der mit seinem Reichtum zumeist voll und ganz vertraut war, jeden Hügel, jeden Acker, jede Quelle und jeden Obstgarten kannte, sahen - geschweige denn berührten - nur wenige Investoren des Industriezeitalters je die Maschinen und Grundstoffe, auf denen ihr Reichtum beruhte.

Der Investor erhielt als Gegenleistung ein Stück Papier, eine Aktie oder einen Kapitalanteilschein für den Wertanteil - kurzum: ein Symbol.

Marx sprach von der Entfremdung des Arbeiters von seinem Produkt. Genausogut hätte man auch von der Entfremdung des Investors von der Quelle seines Reichtums sprechen können.

Heute verändert sich das Wesen des Kapitals wiederum, und dies in einem Tempo, das Marx oder auch Morgan den Atem verschlagen hätte.

Im Kopfinnern

Mit dem Anwachsen des Dienstleistungs- und Informationssektors in den modernen Volkswirtschaften, mit der Computersteuerung der Fertigung verändert sich zwangsläufig das Wesen des Reichtums. Geben für Investoren in den zurückgebliebenen Industriesektoren weiterhin die traditionellen dinglichen Aktivposten - Anlagen, Ausrüstung und Materialbestände - den Ausschlag, so sichern Investoren in den fortschrittlichsten, schnellstwachsenden Sektoren ihre Investitionen mit radikal anderen Faktoren.

Kein Mensch kauft eine Apple- oder IBM-Aktie aufgrund des materiellen Anlagevermögens der Firma. Was zählt, sind nicht die Gebäude oder Maschinen, sondern die Leistungsfähigkeit ihres Marketing und ihrer Verkäufer, die Organisationskraft ihrer Leitung und die Ideen in den Köpfen ihrer Mitarbeiter. Das gilt natürlich für alle Wirtschaftssektoren der dritten Welle - für Firmen wie Fujitsu oder NEC in Japan, Siemens in Deutschland, die Groupe Bull in Frankreich, für Digital Equipment, Genentech und Federal Express: Der Symbolanteil setzt sich in atemberaubendem Umfang aus nichts anderem als weiteren Symbolen zusammen.

Die Verlagerung auf diese neue Kapitalform sprengt die Stützpfeiler, auf denen die marxistische Ideologie beruht, ebenso wie jene der klassischen Wirtschaftslehre, die ja beide von der Endlichkeit des traditionellen Kapitals ausgehen. Denn im Gegensatz zu Grund und Boden oder Maschinen, die zur gleichen Zeit immer nur einer benutzen kann, läßt sich Wissen von beliebig vielen Benutzern gleichzeitig anwenden – und, richtig gebraucht, kann es sogar weiteres Wissen erzeugen. Wissen ist seinem Wesen nach unerschöpflich und unausschließlich.

Doch auch das ist nur ein winziger Hinweis auf die gewaltige Revolution des Kapitals. Denn so real auch die Verlagerung zum Wissenskapital ist, desto »unrealer« wird mehr und mehr das Kapital selbst, besteht es doch weitgehend aus nichts anderem mehr als bloßen Symbolen, die weitere Symbole in den Gedächtnissen und Denkapparaten von Menschen und Computern symbolisieren.

So hat sich das Kapital also von seiner handfesten Form zu einer greifbare Dinge symbolisierenden Papierform und von da zu Papieren gewandelt, die Symbole in den Köpfen einer ständig wechselnden Mitarbeiterschaft symbolisieren. Und schließlich zu elektronischen Zeichen, die das Papier symbolisieren.

Wie nun Kapital mehr und mehr auf Ungreiflichem zu ruhen beginnt (ein unbarmherziger Prozeß, den vorläufig noch veraltete Buchhaltungstechniken und Steuervorschriften maskieren), entfernen sich auch die auf den Finanzmärkten gehandelten Instrumente immer weiter von der Greifbarkeit.

In Chikago, London, Sydney, Singapur und Osaka werden Milliarden in Form sogenannter »Derivatinstrumente« gehandelt, Sicherheiten also, die nicht auf dem Aktivbestand einzelner Firmen, sondern auf diversen Marktindizes beruhen. Noch einen Schritt weiter vom »Fundamentalen« entfernt sind Optionen aufgrund dieser Indizes. Und noch weiter, in einer Art Schattenwelt, liegen die »Synthetikwerte«, die vermittels komplexer Transaktionen dem Investor Ergebnisse liefern, die sich aus der Simulation bestimmter Werte, Indizes oder Optionen ergeben.

Wir rasen auf weiter verfeinerte Investitionen zu, die auf Indizes von Indizes von Indizes, Derivaten von Derivaten, weitersynthetisierten Synthetikwerten beruhen.

Das Kapital wird mit Windeseile »supersymbolisch«.

Gleichwie die Kraft der modernen Naturwissenschaften in immer längeren logischen Ketten liegt, wie die Mathematiker immer weiter gesponnene Strukturen errechnen, Theorem auf Theorem setzen und daraus ein Wissenskorpus gewinnen, das noch abstraktere Theoreme ergibt, wie die Adepten der künstlichen Intelligenz und die »knowledge engineers« schwindelerregende Inferenzarchitekturen konstruieren, genauso sind wir dabei, Kapital per progressiver Ableitung zu schöpfen (man kann das auch mit einer endlosen Spiegelflucht vergleichen).

Eine Grabrede aufs Papier

Das allein wäre schon revolutionär. Aber parallele Veränderungen in der Natur des Geldes treiben den Prozeß noch weiter voran.

Denken wir an D-Mark, Dollars, Franken, Yen oder Rubel, dann hören wir Papier knistern. Unseren Ururgroßeltern, kehrten sie auf wundersame Weise noch einmal auf die Welt zurück, erschiene das jedoch höchst seltsam. Nie hätten sie für einen Ballen Tuch oder einen Sack Mais »wertloses« Papier akzeptiert.

Während des ganzen Agrarzeitalters, der Kultur der ersten Welle also, bestand Geld immer aus Material mit Eigenwert. Gold und Silber natürlich, aber auch Salz, Tabak, Korallenstücke, Baumwolltuch, Kupfer und Perlmutt. Eine endlose Liste nützlicher Dinge hat irgendwann einmal als Zahlungsmittel gedient (nur Papier gehörte ironischerweise nicht dazu, weil es vor der Massenalphabetisierung nur begrenzt im Alltag verwendbar war).

Doch bei Anbruch des Industriezeitalters breiteten sich über das Geld seltsame neue Gedanken aus. So sagte 1650 ein Mann namens William Potter in England in einem prophetischen Traktat etwas bislang Unerhörtes, daß nämlich »symbolischer Reichtum an die Stelle realen Reichtums treten« werde.

Vierzig Jahre später, als sich Leute wie Thomas Savery mit ersten Dampfmaschinen beschäftigten, wurde die Idee dann tatsächlich ausprobiert.

Die amerikanischen Kolonisten, denen die Engländer die Prägung von Gold- und Silbermünzen untersagt hatten, waren jedenfalls in der westlichen Welt die ersten, die Geld zu drucken begannen.

Diese Umstellung von Wertgegenständen wie Gold oder Tabak oder Pelzen auf praktisch wertloses Papier setzte seitens der Abnehmer einen riesigen Vertrauenssprung voraus. Denn Papier konnte nur dann Wert haben, wenn man glaubte, daß die anderen es entgegennehmen und dafür Waren liefern würden. Papiergeld beruhte fast ausschließlich auf Vertrauen. Und Papiergeld beherrschte die Industriegesellschaft – die Kultur der zweiten Welle.

Heute, da die fortgeschrittenere Wirtschaft der dritten Welle ins Rampenlicht tritt, droht dem Papiergeld fast totale Veraltung. Inzwischen steht fest, daß Papiergeld ebenso wie Montagebänder und Schornsteine ein Produkt des zu Ende gehenden Industriezeitalters ist. Außer in wirtschaftlich rückständigen Ländern und für völlig nebensächliche Zwecke wird das Papiergeld dasselbe Schicksal ereilen wie vordem die Haifischzahn- und Kupferringwährung.

Designerwährung und Parageld

Es gibt heute in der Welt etwa 187 Millionen Inhaber von Visa-Kreditkarten, die ihre Karte in rund 6,5 Millionen Läden, Tankstellen, Restaurants, Hotels usw. benutzen und damit Tag für Tag Rechnungen in Höhe von 570 Millionen Dollar begleichen. Dabei ist Visa nur eine von vielen Kreditkartenfirmen.

Übermittelt der Gastwirt Ihre Kartennummer an Visa oder American Express, dann schreiben die Computer der Kartenfirma den betreffenden Betrag den Konten des Restaurantinhabers gut, buchen einen Betrag von ihren eigenen Büchern ab und erhöhen den Betrag, den Sie ihr schulden. Das ist aber noch ein recht primitives Kartenspiel.

Mit der sogenannten »intelligenten Karte« führt schon deren Aushändigung an den Kassierer, der sie in ein elektronisches Gerät steckt, zur sofortigen Abbuchung des Rechnungsbetrages von Ihrem Konto. Sie zahlen nicht erst am Monatsende. Ihr Bankkonto zahlt sofort. Das funktioniert wie ein eingereichter Barscheck. Die intelligente Karte, ein Patent des französischen Erfinders Roland Moreno, wird vor allem von den französischen

Banken und der französischen Post- und Telefonverwaltung gefördert. In die Karte, die von der Groupe Bull hergestellt wird, ist ein Mikrochip eingebaut, und sie gilt als praktisch fälschungssicher. Schon jetzt werden rund 61 Millionen davon in Europa und Japan benutzt.

Mit fortschreitender Integration der elektronischen Konten- und Bankverwaltung wird die bargeldlose Kasse der Läden unmittelbar an deren Bank angeschlossen sein. Zugleich mit der Abbuchung beim Kunden wird der Betrag dem Einzelhandelsgeschäft gutgeschrieben und sofort verzinst, womit der Wertstellungsgewinn der Bank auf Null sinkt.

Und anstatt der Begleichung in festen Abständen, z.B. monatlich, werden möglicherweise Mieten, Abbuchungen und derlei regelmäßige Ausgaben Stückchen um Stückchen beglichen werden, womit das Bankkonto (bildlich gesprochen) auf Minutenbasis in winzigen Tröpfchen Blut verliert. Im Gleichschritt mit Entwicklungen im Fertigungssektor führen diese Veränderungen das Finanzsystem immer weiter von der Stapelverarbeitung weg in Richtung auf »continuous flow« und letztlich zum Realtime-Betrieb.

Bei den künftigen, noch intelligenteren Karten können Sie dann, wenn Sie wollen, den Preis für ein Essen oder fürs neue Auto nicht mehr vom Bankkonto abziehen, sondern ihrer Haushypothek hinzufügen oder - theoretisch jedenfalls - gegen den Wert Ihrer Schmucksachen oder Wandmalereien aufrechnen lassen.

Schon zeichnet sich am Horizont die »superintelligente Karte« ab, auch als »elektronische Bank in der Brieftasche« bezeichnet. Die experimentell von Toshiba für Visa International hergestellte Plastikkarte enthält einen Mikrochip, der es dem Besitzer ermöglicht, seine Bankbilanzen und Aktienstände nachzuprüfen, Flüge zu buchen und allerlei Sonstiges zu erledigen.

Die neuen Technologien erlauben auch die dialektische Rückkehr in einen Zustand, wie er vor der industriellen Revolution bestand: das Nebeneinander mehrerer Währungen in ein und derselben Volkswirtschaft. Nicht anders als Frühstücksbeutel und Tausende anderer Werkzeuge des täglichen Lebens wird auch das

Geld immer diversifizierter. Vielleicht nähern wir uns dem Zeitalter der »Designerwährung«.

»So könnte es«, schreibt *The Economist*, »in einem Land neben den offiziellen Banknoten auch noch Privatgeld geben ... In einigen Ländern gibt es das schon - so z.B. die im voraus bezahlte Magnetkarte, deren Wert nach und nach aufgebraucht wird.«

Japan ist Vorreiter dieses Parageldes. Monatlich verkauft die Telefongesellschaft NTT 10 Millionen Karten. Sie zahlen im voraus und telefonieren dann damit. NTT ist begeistert, denn das bringt Vorlaufkapital, also den Verrechnungswert, wie ihn die Banken genossen, ehe die beschleunigte Scheckverrechnung diesen Gewinn schwinden ließ. Bis 1988 hat NTT 330 Millionen Karten zum Gesamtpreis von 214 Milliarden Yen verkauft. Auch für allerlei anderes können die Verbraucher Karten erwerben - beispielsweise für Eisenbahnfahrkarten und Videospiele.

Zahlreiche hochspezielle Sorten von Parageld sind vorstellbar. Das amerikanische Landwirtschaftsministerium arbeitet daran, die an die Armen verteilten Nahrungsmittelmarken durch eine Karte zu ersetzen, die den Wert einer Monatszuteilung und eine Kenn-Nummer des Empfängers enthalten soll. Der Benutzer steckt sie dann am Ausgang im Supermarkt ins Terminal, das die Kenn-Nummer nachprüft und den Einkaufswert vom Restwert der Karte abbucht. Das System soll eine bessere Abrechnung erlauben und gleichzeitig Mißbrauch, Schwarzmarkt und Fälschung verhindern. Von da aus ist es nur noch ein Schritt zu dem, was man die »Grundbedarfskarte« für alle Fürsorgeempfänger nennen könnte, die nur für Nahrungsmittel, Mieten und öffentliche Verkehrsmittel verwendbar wäre.

Ein weiteres Beispiel für Parageld liegt nicht weiter entfernt als die nächste Schul-Cafeteria. Schon jetzt arbeiten 35 amerikanische Schulbezirke mit Prepaid Card Services Inc. in Pearl River an einem Eßkartensystem. Die Eltern zahlen die Woche oder den Monat im voraus, die Kinderkarte wird mit dem Schulcomputer verknüpft, der die laufenden Essensentnahmen verrechnet. (Wenn man die Phantasie etwas weiter treibt, ließe sich eine programmierbare Karte vorstellen, die von den Eltern auf die speziellen Bedürfnisse des Kindes eingestellt würde. So könnte z.B. eine bestimmte Karte keine Getränke zulassen. Leidet ein Kind an einer Milchallergie, wäre die Karte für alle milchhaltigen Nahrungsmittel ungültig, usw.)

Es sind auch in Kinos und Videoläden verwendbare Spezial-Filmkarten für Kinder denkbar, die automatisch für nicht jugendfreie Streifen gesperrt sind. Der Fantasie, bis hin zu »programmierbarem Geld«, sind keine Grenzen gesetzt.

Kurzum: War die Karte einst ein Statussymbol des Arrivierten, wird sie mittlerweile zum allgegenwärtigen Gebrauchsgegenstand. Millionen älterer Amerikaner, die seit Jahren ihren Monatsscheck von der Fürsorge bekamen, bekommen jetzt kein Papier mehr in die Hand, sondern die Regierung schickt einen elektronischen Gutschriftbefehl an die Bank des Empfängers.

Sogar die amerikanischen Regierungsstellen verwenden jetzt Kreditkarten für den Einkauf wie für die Geldaufnahme. Nach den Worten des stellvertretenden Leiters der Haushaltsabteilung des Weißen Hauses ist Uncle Sam »der größte Kreditkartenbenutzer der Welt«.

In all diesen Transaktionen wechselt an keiner Stelle etwas auch nur entfernt dem »Geld« Ähnliches die Hände. Nicht eine Münze, nicht ein Geldschein wird ausgetauscht. »Geld« besteht hier aus nichts anderem als aus einer Kette von Nullen und Einsen, die über Draht, Mikrowelle oder Satellit übermittelt wird.

Das alles ist schon so alltäglich geworden und wird so vertrauensvoll entgegengenommen, daß wir kaum noch dran denken, geschweige denn zweifeln. Im Gegenteil: Mißtrauisch werden wir erst, wenn große Summen Papiergeld über den Tisch gereicht werden. Wir gehen wie selbstverständlich davon aus, daß Barzahlung immer etwas mit Steuerhinterziehung oder Drogenhandel zu tun hat.

Machteinbußen

Derart tiefgreifende Veränderungen des Geldsystems können gar nicht ohne Bedrohung etablierter Institutionen vor sich gehen, die bislang eine außergewöhnliche Machtposition besaßen.

So bedroht der Ersatz des Papiergeldes durch elektronisches Geld beispielsweise unmittelbar die Existenz der Banken in der herkömmlichen Form. Nach Dee Hock, dem früheren Vorstandsvorsitzer von Visa International, wird das »Bankwesen seine Stellung als Hauptbetreiber des Zahlungssystems nicht behalten können«. Bislang besaßen die Banken das von der Regierung garantierte Monopol der Scheckverrechnung. Das elektronische Geld droht dieses System zu ersetzen.

Zur Selbstverteidigung sind einige Banken nunmehr selbst ins Kreditkartengeschäft eingestiegen. Wichtiger noch: Sie haben ihren Einzugsbereich noch durch Bankautomaten ausgeweitet. Geben die Banken Debitkarten aus und stellen sie in Millionen Einzelhandelsgeschäften Terminals auf, dann können sie vielleicht den Angriff der Kreditkartenfirmen abwehren. Da die Debitkarte für den Ladeninhaber eine sofortige Zahlung bedeutet (so daß er nicht warten muß, bis ihm Diners oder American Express oder Visa den Betrag gutschreibt), ist er vielleicht auch nicht mehr geneigt, von jedem Verkauf einen Prozentsatz abzuzweigen.

An einer anderen Front sehen sich die Banken den Angriffen einer Vielzahl von Nichtbanken ausgesetzt. In Japan z.B. behagt es dem Finanzministerium nicht, daß Privatfirmen wie NTT werthaltige Kunststoff-»Noten« - eine Art Währung - ausgeben und außerhalb des Bankensystems und seiner Regeln operieren können. Kann eine Firma für eine Vorauszahlkarte Geld entgegennehmen, so akzepiert sie, genau wie eine Bank, eine »Einlage«. Verwendet der Benutzer die Karte, dann ist das gleichbedeutend mit »Abheben«. Und wenn die Kartenfirma den Verkäufer bezahlt, betreibt sie ein »Zahlungssystem«. All diese Funktionen durften früher nur Banken vollziehen.

Außerdem: Wenn Kartenfirmen den Benutzern nach gemeinsamem Gutdünken ohne Einhaltung der für Banken geltenden Grenzen und Reservevorschriften Kredit gewähren können, läuft die Zentralbank Gefahr, daß ihr die Kontrolle über die Geldpolitik entgleitet. In Südkorea hat sich das Plastikgeld so schnell ausgebreitet, daß die Regierung inflatorische Folgen befürchtet.

Kurzum: Der Aufstieg des elektronischen Geldes in der Weltwirtschaft droht langetablierte Machtverhältnisse zu erschüttern.

Das Auge dieses Zyklons bildet das in der Technik eingelagerte Wissen. Dieser Machtkampf wird den Begriff »Geld« als solchen umdefinieren.

Geld des 21. Jahrhunderts

Natürlich wird das Geld als solches - in metallener oder papierener (oder von Metall gestützter papierener) Form - kaum völlig von der Bildfläche verschwinden. Aber vorbehaltlich eines Atomholocaust oder eines technischen Kataklysmus wird sich elektronisches Geld immer mehr ausbreiten und fast alle Alternativformen ausschalten, eben weil es den Austausch mit Realtime-Verrechnung kombiniert und damit viele der kostspieligen Leistungsmängel des traditionellen Geldsystems beseitigt.

Nehmen wir all das jetzt zusammen, dann zeichnet sich ein recht auffälliges Muster ab. Parallel zum Geld verändert sich der Kapitalbegriff (unter Kapital verstehen wir zur Produktionssteigerung eingesetzten Reichtum), und beide erhalten jedesmal neue Formen, wenn mit der Gesellschaft eine große Verwandlung vor sich geht.

Damit aber wandelt sich auch ihr Wissensgehalt. So lag der Wissensgehalt des aus Metall (oder anderer Dinglichkeit) bestehenden Geldes der Landwirtschaftsära praktisch bei Null. Dieses Geld der ersten Welle war ja nicht nur greifbar und haltbar, sondern auch *voralphabetisch* in dem Sinne, daß sich sein Wert nach dem Gewicht und nicht nach den aufgedruckten Worten bemaß.

Das heutige Geld der zweiten Welle besteht aus bedrucktem Papier mit oder ohne dingliche Stützung. Was gilt, ist der Aufdruck. Geld ist symbolisch, aber immer noch greifbar. Diese Geldform begleitete die Massenalphabetisierung.

Geld der dritten Welle besteht mehr und mehr aus elektronischen Impulsen. Es ist flüchtig . . ., wird sofort transferiert . . ., am Bildschirm überwacht. Es ist im Grunde selbst ein Videophänomen. Blinkend, leuchtend, quer über den Planeten schwirrend, ist »Drittwellengeld« *Information* - die Grundlage von Wissen.

Kapital und Geld entfernen sich immer mehr von materieller Greifbarkeit, verwandeln sich gemeinsam in der Geschichte, bewegen sich in Etappen vom total Greifbaren zum Symbolischen und letztlich heute zum »Supersymbolischen«.

Diese lange Abfolge der Verwandlungen wird begleitet von einer tiefen Glaubensverschiebung, die man fast eine religiöse Bekehrung nennen kann: vom Vertrauen auf dauerhafte und greifbare Dinge wie Gold oder Papier zum Glauben, daß auch die unfaßbarsten, kurzlebigsten elektronischen Blinkzeichen in Waren und Dienstleistungen umgewandelt werden können.

Unser Reichtum ist eine Welt der Symbole. Und dasselbe gilt in bestürzendem Maße für die auf ihm ruhende Macht.

VII

Material-ismo!

Als Ronald Reagan noch im Weißen Haus saß, versammelte sich einmal eine kleine Gruppe im Familieneßzimmer und diskutierte über Amerikas langfristige Zukunft. Neben dem Präsidenten bestand die Gruppe aus acht bekannten Zukunftsforschern, zu denen sich der Vizepräsident und drei Spitzenberater von Reagan gesellten, darunter der neuernannte Stabschef des Präsidenten, Donald Regan.

Die Zusammenkunft war auf Bitte des Weißen Hauses vom Verfasser einberufen worden, der sie mit der Feststellung eröffnete, seien Zukunftsforscher auch in vielen technischen, sozialen und politischen Fragen sehr unterschiedlicher Meinung, so seien sie sich doch einig, daß die Wirtschaft einen tiefgreifenden Wandel durchmache.

Kaum hatte ich das gesagt, da schnippte Donald Regan auch schon abfällig: »Dann meint Ihr also alle, daß wir in Zukunft nur noch einander die Haare schneiden und Hamburgerhälften zusammenklappen? Werden wir denn keine große Industriemacht mehr sein?«

Dem mehr durch seine Enthüllungsmemoiren als durch dienstliche Leistungen bekannt gewordenen Regan wurde zwar später nach einem häßlichen Krach mit der First Lady, Nancy Reagan, der Stuhl vor die Tür gesetzt, aber dies war sein allererster Tag im Amt, und schon warf er den Handschuh auf den wohlgedeckten Tisch.

Präsident und Vizepräsident blickten sich antwortsuchend um. Den Männern am Tisch hatte die Grobheit des unerwarteten Angriffs den Atem verschlagen. Heidi Toffler, Mitverfasserin von *Zukunftsschock*, *Zukunftschance* und auch dieses Buches, griff den Handschuh auf. »Nein, Mr. Regan«, entgegnete sie ruhig, »die Vereinigten Staaten werden auch weiterhin eine große Industriemacht bleiben. Nur der Anteil der Fabrikarbeiter wird kleiner.«

Sie erläuterte den Unterschied zwischen traditionellen Fertigungsmethoden und der Herstellung von Macintosh-Computern und meinte dann, sicherlich gehörten die USA zu den größten Lebensmittelerzeugern der Welt, und trotzdem seien nur zwei Prozent der Beschäftigten in der Landwirtschaft tätig. Im letzten Jahrhundert habe sogar das Agrargewicht der Vereinigten Staaten zu- und nicht abgenommen, je mehr der Anteil der Landarbeiter im Vergleich zu anderen Sektoren schrumpfte. Warum sollte dasselbe nicht auch für die industrielle Fertigung gelten?

Erstaunlicherweise war nach vielem Auf und Ab die Zahl der Beschäftigten in der industriellen Fertigung in den USA 1988 fast genauso hoch wie 1968: knapp mehr als 19 Millionen. Der Anteil der industriellen Fertigung am Nationalprodukt war fast derselbe wie dreißig Jahre zuvor. Aber das alles wurde mit einem geringeren Anteil an der Gesamtbeschäftigtenzahl produziert.

Es steht fest, wohin die Reise geht: Da sowohl die Bevölkerung als auch die Zahl der Arbeitsfähigen in Amerika steigen dürfte und viele amerikanische Hersteller in den achtziger Jahren automatisiert und reorganisiert haben, dürfte der Anteil der Industriearbeiter an der Gesamtbeschäftigtenzahl weiter zurückgehen. Zwar sollen nach einigen Schätzungen in den USA im nächsten Jahrzehnt voraussichtlich 10 000 neue Arbeitsplätze pro Tag entstehen, aber kaum einer in der industriellen Fertigung. Ähnlich sieht es in Europa und Japan aus.

Dennoch hört man sogar heute noch Donald Regans Worte gelegentlich aus dem Munde schlecht geführter amerikanischer Industrien, frustrierter Gewerkschafter, denen die Mitglieder davonlaufen, und von Wirtschaftlern oder Historikern, die die Trommel für die industrielle Fertigung rühren – als ob jemand das Gegenteil behauptete.

Der zählebige Mythos, Amerika werde seine Fertigungsbasis verlieren, hat schon aberwitzige Vorschläge hervorgebracht, beispielsweise den in einer kürzlichen Ausgabe eines Wirtschaftsmagazins, »alle Einfuhren« sollten mit 20 Prozent Zoll belegt und der Kauf amerikanischer Firmen durch Ausländer verboten werden.

Einem Großteil dieser Hysterie liegt der Fehlschluß zugrunde, die Verlagerung von der Handarbeit zur Dienstleistung und geistigen Arbeit sei irgendwie schlecht für die Wirtschaft und ein (nach Arbeitsplätzen gerechnet) kleiner Anteil der industriellen Fertigung »höhle sie aus«. Derlei Vorstellungen erinnern an die französischen Physiokraten des 18. Jahrhunderts, die aus Unfähigkeit, sich eine industrielle Wirtschaft vorzustellen, die Landwirtschaft als allein »produktive« Betätigung priesen.

Die neue Bedeutung der Arbeitslosigkeit

Das Wehklagen ob des »Zerfalls« der industriellen Fertigung geht meist auf eigensüchtige Interessen zurück und von überholten Reichtums-, Produktions- und Arbeitslosigkeitsbegriffen aus.

Schon 1962 legte der Princetoner Wirtschaftswissenschaftler Fritz Machlup in seinem Seminar *Produktion und Verteilung von Wissen in den Vereinigten Staaten* das Fundament für eine wahre Lawine von Statistiken, die den Nachweis erbrachten, daß mittlerweile mehr Arbeitskräfte mit Symbolen als mit Dingen hantieren. Ende der fünfziger und Anfang der sechziger Jahre prognostizierte eine Handvoll amerikanischer und europäischer Zukunftsforscher in Büchern, Artikeln, Besprechungen, Monographien und mindestens einem internen IBM-Papier den Übergang von der Muskel- zur Kopfarbeit bzw. zu Tätigkeiten, die psychologische und menschliche Fachkenntnisse verlangten. Damals wurden diese Frühwarnungen weitgehend als »zu visionär« abgetan.

Seither ist die drastische und unumkehrbare Verlagerung von der Handarbeit zur Dienstleistung und zur supersymbolischen Tätigkeit eine Binsenweisheit geworden. Letztere machen heute in den USA glatte drei Viertel der Beschäftigtenzahl aus. Global schlägt sich der große Übergang darin nieder, daß die Weltausfuhr von Dienstleistungen und »geistigem Eigentum« überraschenderweise mit dem Elektronik- und Autoexport oder der Gesamtausfuhr von Nahrungsmitteln und Brennstoffen gleichgezogen hat.

Weil man die frühen Signale ignorierte, war der Übergang unnötig holprig. Massenentlassungen, Bankrotte und andere Verwerfungen erschütterten die Wirtschaft, als die alten Rostindustrien, die erst spät Computer, Roboter, elektronische Informationssysteme einzuführen begannen und sich zu langsam umstrukturierten, sich plötzlich einer viel leichtfüßigeren Konkurrenz gegenübersahen. Die Schuld für ihr eigenes Versagen schoben viele der ausländischen Konkurrenz, den hohen oder auch niedrigen Zinsen, der Überregulierung und tausend anderen Faktoren in die Schuhe.

Sicher spielten auch diese Dinge zum Teil eine Rolle. Aber nicht weniger zu tadeln war die Arroganz der mächtigsten Schornsteinindustrien - Autofabriken, Stahlhersteller, Werften, Textilfirmen -, die seit langem die Wirtschaft beherrscht hatten. Opfer dieser Kurzsichtigkeit in den Leitungsetagen wurden die Schutzlosesten in der Gesellschaft, die nun am wenigsten etwas für die Rückständigkeit der Industrie konnten: die Arbeiter. Selbst leitenden Angestellten der mittleren Ebene drohte die Geißel der Arbeitslosigkeit mit der Folge, daß ihr Bankkonto und Selbstwertgefühl absackte und oft auch ihre Ehe zerbrach. Washington rührte kaum eine Hand, um die Stöße abzufedern.

Daß die Gesamtbeschäftigtenzahl in der industriellen Fertigung 1988 gleich hoch war wie 1968, bedeutet keineswegs, daß die in der Zwischenzeit entlassenen Arbeiter an ihre alten Arbeitsplätze zurückkehrten. Im Gegenteil, als erst die fortschrittlicheren Technologien installiert waren, brauchten die Industriefirmen auch einen völlig anderen Mitarbeitertypus.

Die alten Fabriken der zweiten Welle brauchten vor allem austauschbare Arbeitskräfte. Die Betriebe der dritten Welle hingegen benötigen vielfältige und sich ständig verändernde Fertigkeiten, und das bedeutet, daß die Mitarbeiter immer weniger austauschbar werden. Womit sich das ganze Arbeitslosigkeitsproblem auf den Kopf stellt.

In den Gesellschaften der zweiten Welle, der Schornsteinzeit also, ließen sich mit einer gehörigen Kapital- oder Kaufkraftspritze die Wirtschaft beleben und Arbeitsplätze schaffen. Hatte man eine Million Arbeitslose, so konnte man im Prinzip durch Stimulierung der Wirtschaft auch für eine Million Arbeitsplätze sorgen. Da die Arbeitsplatzbeschreibungen entweder austauschbar waren oder so wenige spezielle Fertigkeiten verlangten, daß man sie binnen einer Stunde erlernen konnte, konnte praktisch jeder ungelernte Arbeiter fast für jeden Arbeitsplatz angelernt werden. Presto! Und schon löst sich das Problem in Luft auf.

In der Supersymbolwirtschaft von heute ist das anders geworden, und darum erweist sich ein Großteil der Arbeitslosigkeit als unbehebbar und funktionieren weder die Keynesschen noch die monetaristischen Rezepte so recht. Zur Beseitigung der großen Depression drängte John Maynard Keynes, wie wir wissen, die Regierung zum Deficit-spending, damit die Verbraucher wieder Geld in die Tasche bekämen, das sie dann sofort auch wieder ausgäben. Dies wiederum veranlasse die Hersteller zur Expansion ihrer Fertigungsanlagen und zur Einstellung weiterer Arbeiter. Arbeitslosigkeit ade. Die Monetaristen andererseits wollen die Kaufkraft nach Bedarf dadurch erhöhen oder senken, daß man am Zins- oder Geldmengenhahn dreht.

In der Globalwirtschaft von heute indes kann es passieren, daß in die Tasche des Verbrauchers gepumptes Geld ganz einfach ins Ausland abfließt und der Binnenwirtschaft keinen Deut hilft. Kauft ein Amerikaner einen neuen Fernseher oder ein Compact-Disk-Gerät, dann schickt er seine Dollars lediglich nach Japan, Korea, Malaysia oder so. Der Kauf bewirkt nicht zwangsläufig weitere Arbeitsplätze im Lande.

Aber die alten Strategien haben einen noch viel grundlegenderen Fehler: Sie konzentrieren sich immer noch auf den Geld- anstatt den Wissensumlauf. Dabei läßt sich Arbeitslosigkeit nicht mehr durch die bloße Erhöhung der Zahl der Arbeitsplätze senken, weil es nicht mehr um bloße Zahlen geht. Die Arbeitslosigkeit hat vom Quantitativen ins Qualitative gewechselt.

So kann, selbst wenn auf jeden Arbeitslosen zehn Stellenangebote kommen, wenn 10 Millionen offenen Stellen nur 1 Million Arbeitslose gegenüberstehen, diese Million die verfügbaren Arbeiten nur ausführen, wenn sie die Kenntnisse – mithin das Wissen – besitzt, die auf den jeweiligen Arbeitsplatz passen. Diese Kenntnisse und Fertigkeiten sind mittlerweile so vielfältig und verändern sich so schnell, daß sich Arbeitskräfte nicht mehr wie in der Vergangenheit einfach und billig austauschen lassen. Geld und Zahlen lösen das Problem nicht mehr.

Die Arbeitslosen brauchen dringend Geld, damit sie und ihre

Familien überleben können, und eine anständige Fürsorge ist sachlich und moralisch unerläßlich. Eine wirksame Strategie gegen die Arbeitslosigkeit in der Supersymbolwirtschaft muß indes weniger auf die Verteilung von Reichtum und mehr auf die Verbreitung von Wissen setzen.

Da die neuen Arbeitsplätze zudem wohl kaum in dem Bereich zu finden sein werden, den wir gemeinhin als industrielle Fertigung bezeichnen, ist, was wir brauchen, nicht nur eine Frage der mechanischen Fertigkeiten oder auch der Algebra, wie manche Hersteller behaupten, sondern auch ein ganzes Arsenal kultureller und zwischenmenschlicher Kenntnisse. Wir müssen die Menschen in Schule, Lehre und Fortbildung auf eine Tätigkeit etwa in der menschlichen Dienstleistung vorbereiten – beispielsweise für die Pflege der schnell wachsenden Altenbevölkerung, für die Kinderpflege, für Gesundheitsdienstleistungen, persönliche Sicherheit, Ausbildung, Muße und Erholung, Tourismus und dergleichen.

Ebenso werden wir uns angewöhnen müssen, der Dienstleistung im menschlichen Bereich denselben Respekt entgegenzubringen wie einst nur der Handarbeit, anstatt den ganzen Dienstleistungssektor schnöde als »Hamburger-Zusammenklappen« zu schmähen. McDonald's eignet sich nicht als Symbol für einen Tätigkeitsbereich, zu dem von der Lehrtätigkeit bis zur Mitarbeit in der Eheanbahnung oder in einem Röntgenlabor buchstäblich alles gehört.

Mehr noch: Sind, wie oft angeprangert, die Löhne im Dienstleistungssektor niedrig, dann besteht die Lösung nicht darin, daß man den relativen Zerfall der Arbeitsplätze in der industriellen Fertigung beweint, sondern darin, daß die Dienstleistungs-Produktivität gesteigert und neue Formen der Organisation der Arbeitnehmerschaft und der Tarifpartnerschaft erfunden werden. Die ursprünglich vor allem auf die Handwerker- und Arbeiterschaft zugeschneiderten Gewerkschaften müssen völlig umgestülpt oder aber durch Organisationen neuen Stils abgelöst werden, die besser in die supersymbolische Landschaft passen. Um ihre Haut zu retten, dürfen sie Arbeitnehmer nicht länger als Masse sehen, sondern müssen sie als Einzelpersönlichkeiten zu behandeln lernen, und anstatt sich Dingen wie Heimarbeits-Programmen, flexiblen Arbeitszeitregelungen, Job-sharing und dergleichen zu widersetzen, müssen sie sie geradezu fördern.

Kurzum: Der Anbruch der Supersymbolwirtschaft zwingt uns zu komplettem Umdenken des gesamten Arbeitslosigkeitsproblems von Grund auf. Doch wer abgeschmackte Vorstellungen in Frage stellt, fordert damit alle heraus, die von ihnen leben. Das Wertschöpfungssystem der dritten Welle bedroht mithin altetablierte Machtverhältnisse in Firmen, Gewerkschaften und Regierungen.

Das Spektrum der Kopfarbeit

Mit der Supersymbolwirtschaft landet nicht nur unser Arbeitslosigkeits-, sondern auch unser Arbeitsbegriff auf dem Schrotthaufen. Um das und die damit einhergehenden Machtkämpfe begreifen zu können, brauchen wir sogar ein neues Vokabular.

So ist die Einteilung der Wirtschaft in Sektoren wie »Landwirtschaft«, »gewerbliche Produktion« und »Dienstleistungen« heute dem Verstehen eher hinderlich. Die temporeichen Veränderungen verwischen einst saubere Unterscheidungen. Vielleicht würde es Herrn Regan, der sich sorgt, zu viele Amerikaner könnten sich gegenseitig die Haare schneiden müssen, überraschen, wenn er wüßte, daß der Begründer einer der größten europäischen Computerfirmen wiederholt sagte: »Wir sind ein Dienstleistungsbetrieb - genau wie ein Friseurladen!«

Anstatt den alten Klassifikationen nachzuweinen, sollten wir einmal hinters Etikett schauen und uns fragen, was die Leute in diesen Betrieben genau zu tun haben, um Mehrwert zu schaffen. Wir stellen dabei nämlich fest, daß die Arbeit in allen drei Sektoren mehr und mehr aus der Verarbeitung von Symbolen besteht, mithin aus »Kopfarbeit«.

Der Bauer errechnet die Futtermengen jetzt mit dem Computer, der Stahlarbeiter überwacht den Produktionsprozeß am Bildschirm, der Investmentbanker schaltet zur Untersuchung des Finanzmarktes seinen Laptop ein. Dabei ist es herzlich gleichgültig, ob Wirtschaftswissenschaftler diese Tätigkeiten als »landwirtschafts-«, »fertigungs-« oder »dienstleistungsbezogen« bezeichnen.

Selbst die Berufskategorien stimmen nicht mehr. Bezeichnet man jemand als Lagerist, Maschinenschlosser oder Verkäufer, dann sagt dies kaum noch etwas aus. Das Etikett mag bleiben, aber die tatsächliche Verrichtung ändert sich.

Viel sinnvoller ist heute eine Gruppierung der Arbeitskräfte nach der Menge der Symbolverarbeitung oder Kopfarbeit, die bei ihnen anfällt, egal, welches Etikett sie um den Hals tragen oder ob sie in einem Laden arbeiten, einen Lkw steuern, in einer Fabrik, einem Krankenhaus oder Büro sitzen.

An der Spitze des »Spektrums der Kopfarbeit« haben wir den Forscher, Finanzanalytiker, Computerprogrammierer ebenso wie den ganz gewöhnlichen Registrator. Warum fasse ich Registratoren und Wissenschaftler in derselben Gruppe zusammen? Weil sich zwar ihre Funktion unterscheidet und sie auf sehr unterschiedlichen Abstraktionsebenen arbeiten, aber beide - und mit ihnen Millionen - nichts anderes tun, als Information hin- und herzuschieben oder weitere Information zu erzeugen. Ihre Arbeit ist total symbolbezogen.

In der Mitte der Skala finden wir ein breites Band von »Mischjobs«, bei denen der Arbeitende sowohl Dinge als auch Information handhabt. Der Paketbote oder United-Parcel-Service-Fahrer fuhrwerkt mit Kartons und Paketen herum, fährt seinen Kastenwagen, aber bedient gleich nebendran auch den Computer. In weit gediehenen Fabriken ist der Maschinenbediener ein hochgradiger Informationsarbeiter. Der Hotelangestellte, die Krankenschwester und viele andere haben unmittelbar mit Leuten zu tun, aber einen beträchtlichen Teil ihrer Zeit verwenden sie auch darauf, Information einzuholen oder weiterzugeben.

Automechaniker in Fordwerkstätten haben vielleicht noch immer ölverschmierte Hände, aber bald schon werden sie einen Computer von Hewlett Packard mit einem »Expertensystem« benutzen, das ihnen beim Finden des Fehlers hilft und ihnen zugleich Zugang zu 100 MB voll technischer Zeichnungen und Daten auf dem CD-ROM gibt. Das System erfragt sich von ihnen weitere Daten über den zu reparierenden Wagen, läßt sie auch intuitiv die Massen technischen Materials durchblättern, zieht logische Schlüsse und zeigt ihnen dann die zu vollziehenden Reparaturschritte auf.

Sind sie dann »Mechaniker« oder »Kopfarbeiter«?

Nur die rein manuellen Jobs ganz unten auf der Skala verschwinden nach und nach. Gehen aber die Handarbeiter in der Wirtschaft zurück, dann wird das »Proletariat« zur Minderheit und fortschreitend durch ein »Kognitariat« ersetzt. Genauer: Mit Entfaltung der Supersymbolwirtschaft wird *aus* dem Proletariat das Kognitariat.

Die Schlüsselfragen zur Arbeit eines Menschen gelten heute dem Anteil der Informationsverarbeitung an einem Arbeitsplatz, wie routinemäßig und programmierbar die betreffende Arbeit ist, welchen Abstraktionsgrad sie voraussetzt, welchen Zugang der sie Wahrnehmende zu zentralen Datenbank- und Informationssystemen hat und wieviel Selbständigkeit und Verantwortung er genießt.

Das alles als »Aushöhlung« oder verächtlich mit »Hamburgeraufschlitzen« abzutun, ist nachgerade lachhaft. Solche Schlagwörter werten genau den Teil der Wirtschaft ab, der am schnellsten wächst und die meisten Arbeitsplätze schöpft. Sie gehen an der entscheidenden neuen Rolle des Wissens bei der Wertschöpfung vorbei. Und sie verkennen, daß die Verwandlung menschlicher Arbeit in eben der Richtung verläuft, die im vorigen Kapitel mit dem Aufstieg des Supersymbolkapitals und -geldes skizziert wurde. Auf unserer rasanten Fahrt ins 21. Jahrhundert gehört all das zur völligen Umstrukturierung der Gesellschaft.

Niedrige Stirn und hohe Stirn

Derart gewaltige Veränderungen gehen nicht ohne Machtkonflikte ab, und wenn wir wissen wollen, wer dabei voraussichtlich gewinnt oder verliert, sollten wir uns auch Firmen anhand dieser Kopfarbeitsskala ansehen.

Nicht ob eine Firma nominell dem Produktions- oder Dienstleistungssektor angehört, interessiert hier – wen kümmert das schon? –, sondern was die Beschäftigten wirklich tun. So betreibt beispielsweise CSX in der ganzen Osthälfte der USA Eisenbahnen, und zwar in Verbindung mit einer der größten Schiffscontainerfirmen der Welt (CSX befördert Autoteile von Honda nach Amerika). Dennoch empfindet sich CSX mehr und mehr als Informationsbetreiber.

Sagt Alex Mandl von CSX: »Die Informationskomponente unseres Versanddienstes wird unablässig größer. Es genügt nicht, einfach Produkte auszuliefern. Der Kunde will Information. Wo seine Produkte zu welcher Zeit zusammen- und auseinandergebaut werden, wann was wo ist, Preisinformationen, Zollinformationen und vieles andere mehr. Wir sind ein informationsgetriebenes Unternehmen.« Was besagt, daß der Anteil der CSX-Angestellten im mittleren und höheren Kopfarbeitsbereich steigt.

Somit lassen sich Firmen je nach Wissensintensität grob in die Kategorien von »niedriger«, »mittlerer« und »hoher Stirn« teilen. Manche Firmen und Industriezweige müssen zur Wertschöpfung mehr Informationen verarbeiten als andere. Wie der einzelne Mitarbeiter lassen auch sie sich nach Umfang und Komplexität der zu verrichtenden Kopfarbeit auf der Kopfarbeitsskala unterbringen.

Der Psychiater Donald F. Klein, Forschungsleiter des Psychiatrischen Instituts der New Yorker Staatsuniversität, führt diesen Gedanken noch einen Schritt weiter und betont, diese Unterscheidungen schlügen sich im allgemein zu fordernden Intelligenzniveau der Arbeiter nieder. »Glauben Sie wirklich, daß der Durchschnittsangestellte bei Apple nicht intelligenter ist als der Durchschnittsmitarbeiter von McDonald's? Die Firmenspitze bei McDonald's ist vielleicht genauso intelligent wie die von Apple (obwohl ich da meine Zweifel habe), aber der Anteil der Mitarbeiter mit hohem Intelligenzquotienten und großer Symbolfertigkeit unterscheidet sich mit Sicherheit beträchtlich.«

Folgt man diesem Argument, dann sollte es möglich sein, für jede Firma einen Kollektiv-IQ festzulegen. Sind Chrysler-Arbeiter an sich intelligenter (nicht gebildeter, sondern angeboren intelligenter) als die bei Ford oder Toyota? Wie sieht es bei der IQ-

Schichtung zwischen Apple und Compaq oder General Foods und Pillsbury aus? Ad absurdum geführt, könnte man sich eine Neufassung von *Fortune 500* vorstellen - ausgerichtet nach dem Kollektiv-IQ.

Aber erzeugen Hoch-IQ-Firmen zwangsläufig auch mehr Reichtum als Niedrig-IQ-Firmen? Sind sie gewinnträchtiger? Sicher wirken andere Faktoren wie Motivation und Leistungsbereitschaft oder auch die Stärke der Konkurrenz mehr auf den Firmenerfolg ein. Und überhaupt: Wie soll man Intelligenz messen? Vieles spricht dafür, daß die traditionellen IQ-Tests kulturelle Schlagseite haben und zu wenige Aspekte der Intelligenz einbeziehen.

Aber wir brauchen uns gar nicht ins Reich der Fantasie begeben, um festzustellen, daß sich ganz abgesehen vom Intelligenzgrad der einzelnen Mitarbeiter Hochstirnfirmen anders verhalten als weniger wissensabhängige.

In Niedrigstirnfirmen konzentriert sich die Kopfarbeit ganz typisch auf ein paar Spitzenleute und bleibt allen anderen die Muskel- oder gedankenlose Arbeit überlassen. Sie gehen von der Annahme aus, Arbeiter seien dumm, oder jedenfalls sei ihr Wissen für die Produktion ohne Belang.

Selbst im Hochstirnsektor von heute lassen sich Beispiele des »De-skilling« finden: Arbeitsvorgänge werden vereinfacht und auf kleinste Teilstücke reduziert, der Ausstoß Stück für Stück nachgeprüft. Solche Versuche, die von Frederick Taylor für die Fabrik zu Beginn des 20. Jahrhunderts entworfenen Methoden anzuwenden, gehören jedoch in die Welle der niedrigstirnigen Vergangenheit und nicht in die hochstirnige Zukunft. Denn jede Arbeit, die so repetitiv und eintönig ist, daß sie völlig gedankenlos verrichtet werden kann, ist ein idealer Kandidat für den Roboter.

Dagegen werden mit der Ankunft der supersymbolischen Erzeugung alle Firmen gezwungen, neu über die Rolle des Wissens nachzudenken. Die findigsten Firmen im Hochstirnsektor werden das als erstes tun und die Arbeit als solche neu gestalten. Für sie gilt die Hypothese, daß sich Produktivität und Profit pfeilschnell steigern lassen, wenn die gedankenlose Arbeit auf ein Mindestmaß reduziert oder auf fortschrittliche Technik verlagert und das ganze Denkpotential des Mitarbeiters angezapft wird. Ziel ist die besser bezahlte, aber kleinere, intelligentere Mitarbeiterschar.

Selbst mittstirnige Operationen, die noch die physische Handhabung von Dingen verlangen, werden wissensintensiver und klettern auf der Kopfarbeitsskala nach oben.

Bei GenCorp Automotive in Shelbyville, Indiana, entsteht für 65 Millionen Dollar eine blitzblanke Fertigungsstätte, in der demnächst 500 Arbeiter Plastikkarosserieteile für Chevrolets, Pontiacs und Oldsmobiles herstellen werden. Jeder Arbeiter, nicht nur die Vorarbeiter und Angestellten, erhält eine Ausbildung im Wert von 8000 bis 10 000 Dollar. Neben der Erlernung der erforderlichen physischen Arbeiten werden ihnen Problemlösung, Führungsstil, Rollenspiele und Organisationsprozesse nahegebracht. Die Arbeiter sollen in Teams gegliedert werden. Computerunterstützt lernen sie statistische Kontrollmethoden. Jedes Team wird in vielerlei Aufgaben geschult, damit es immer wieder sein Aufgabengebiet wechseln kann und keine Langeweile entsteht. Die Teamchefs erhalten eine ganzjährige Ausbildung, Auslandsreisen inklusive.

GenCorp investiert nicht aus Altruismus so viel Geld. Vielmehr erwartet es, daß sich die Investition durch einen schnellen Start der Fertigungsstätte, bessere Qualität, weniger Auswurf und mehr Ausstoß pro Mitarbeiter bezahlt macht.

Überhaupt sind Hochstirnfirmen keine Wohlfahrtseinrichtungen. Ist die Arbeit in ihnen meist auch weniger körperlich schwer und die Arbeitsumgebung angenehmer als in Niedrigstirnfirmen, so erwarten sie doch in aller Regel *mehr* von ihren Mitarbeitern. Die Angestellten werden ermuntert, nicht nur ihre Gehirnzellen anzustrengen, sondern auch ihre Gefühle, Intuitionen und Fantasie in die Arbeit einzubringen. Weshalb Kritiker à la Marcuse darin eine noch scheußlichere »Ausbeutung« der Mitarbeiter erblicken.

Niedrigstirn-Ideologie

In den Niedrigstirn-Industriewirtschaften bemaß sich Reichtum typischerweise nach dem Güterbesitz. Die Gütererzeugung galt als Rückgrat der Wirtschaft. Umgekehrt wurden symbolische und Dienstleistungstätigkeiten als zwar unvermeidlich, aber doch unproduktiv gebrandmarkt (manchmal gilt das auch heute noch, wenn Wirtschaftler die Routine-Produktivitätsmessungen anwenden, die für die industrielle Fertigung gelten mochten, nicht aber für den per se schwerer zu messenden Dienstleistungssektor).

Die Erzeugung von Dingen - Autos, Radios, Traktoren, Fernseher - galt als »männlich«, war macho, und wurde mit Worten wie »praktisch«, »realistisch« oder »knochenhart« prämiert. Erzeugung von Wissen oder Austausch von Informationen wurde als bloßes »Papierschieben« verächtlich gemacht, galt als windig oder, schlimmer, weibisch.

Dieser Haltung entsprangen vielerlei Betrachtungsweisen. Zum Beispiel: »Produktion« sei die Zusammenfügung von Stoff, Maschine und Muskel ... Der wichtigste Aktivposten einer Firma bestehe aus Dingen ... Das Nationalvermögen entspringe dem Überschuß aus dem Warenhandel ... Dienstleistungshandel sei nur insofern von Bedeutung, als er den Handel mit Waren erleichtere ... Erziehung und Bildung sei reine Verschwendung, soweit sie nicht eng berufsbezogen sei ... Forschung sei affektierter Quatsch ... und die freien Künste nützten dem Geschäftserfolg gar nichts, schadeten eher. Kurzum: Handfest war Trumpf.

Derlei Vorstellungen waren übrigens keineswegs auf die Kapitalistenspießer beschränkt. Sie hatten auch bei den Kommunisten ihre Verehrer. Marxistischen Wirtschaftlern fiel es noch schwerer als anderen, die Hochstirnarbeit in ihr Schema zu bringen, und die Kunst des »real existierenden Sozialismus« erzeugte zu Tausenden Bilder vom glücklichen Arbeiter, der seine Schwarzenegger-Muskeln vor einem Hintergrund aus Zahnrädern, Schornsteinen und Dampflokomotiven spielen ließ. Die Niedrigstirnwirtschaft fand ihren Niederschlag in der Verherrlichung des Proletariats und der Theorie von der »Avantgarde« des Wandels.

Das Ganze verwob sich zu mehr als bloß Einzelmeinungen,

-theorien und -grundhaltungen. Es wurde zu einer selbstnährenden, selbstrechtfertigenden Ideologie, die auf einer Art Macho-Materialismus beruhte – ein kreischendes, triumphierendes »Material-ismo!«

Material-ismo hieß die Ideologie der Massenerzeugung. Kam der Spruch nun aus dem Munde kapitalistischer Wirtschaftskapitäne oder konventioneller Wirtschaftswissenschaftler: Stets versinnbildlichte er nach den abfälligen Worten der *Financial Times* »die Vorstellung vom Primat des materiellen Produkts, Lieblingskind der sowjetischen Planer«. Diese Keule wird eingesetzt im Machtkampf der altetablierten Interessen der Schornsteinwirtschaft mit der schnell wachsenden Supersymbolwirtschaft.

Es gab eine Zeit, als der Material-ismo noch einen Sinn haben mochte. Heute, da der wahre Wert der meisten Erzeugnisse im darin umschlossenen Wissen liegt, ist er rein reaktionär und dumm. Ein Land, das bewußt den Material-ismo betreibt, verurteilt sich selbst dazu, zum Bangladesch des 21. Jahrhunderts zu werden.

Hochstirn-Ideologie

Die Firmen, Institutionen und Völker mit hohem Einsatz in der Supersymbolindustrie haben noch keine geschlossene Gegenargumentation aufgebaut. Aber ein paar grundlegende Vorstellungen brechen sich allmählich Bahn.

Die ersten Grundfragmente dieses neuen Wirtschaftsdenkens lassen sich in den noch unerkannten Schriften von Leuten wie dem verstorbenen Eugen Löbl erspähen, der in elfjähriger kommunistischer Haft in der Tschechoslowakei die marxistischen und westlichen Wirtschaftstheorien neu durchdachte, oder von Henry K. H. Woo aus Hongkong, der »die unerkannten Dimensionen des Reichtums« analysierte, oder Orio Giarini in Genf, der auf seine Analyse der Dienstleistungen der Zukunft die Begriffe von Risiko und Indetermination anwandte, oder des Amerikaners Walter Weisskopf, der über die Rolle der Unausgeglichenheitszustände in der Wirtschaftsentwicklung schrieb.

Heute fragen sich Wissenschaftler, wie sich Systeme in der Turbulenz verhalten, wie aus Chaos Ordnung entsteht und wie Entwicklungssysteme den Sprung auf höhere Vielfaltsebenen tun. Derlei Fragen sind für Geschäft und Wirtschaft hochinteressant. Management-Handbücher sprechen von der »Blüte im Chaos«. Wirtschaftswissenschaftler entdecken Joseph Schumpeters Werk wieder, der die »schöpferische Zerstörung« als notwendige Voraussetzung zum Fortschritt begriff. Im Wirbel der Übernahmen, Abstöße, Reorganisationen, Bankrotte, Firmengründungs-Schnellschüsse, Joint-ventures und Innenumbauten der Organisationsstrukturen gewinnt die gesamte Wirtschaft eine neue Gestalt, die um Lichtjahre diverser, rasanter sich wandelnd und komplexer ist als die alte Schornsteinindustrie.

Dieser »Sprung« auf die höhere Diversitätsebene, dieses Tempo und diese Komplexität verlangen einen entsprechenden Sprung in höhere, ausgeklügeltere Integrationsformen hinein. Dies hinwiederum setzt radikal höhere Wissensverarbeitung voraus.

Ohne diese höhere Koordinierung und die dazu erforderliche Kopfarbeit ist kein Mehrwert mehr möglich, kann die Wirtschaft keinen Reichtum mehr schöpfen.

Wert setzt sich also aus mehr zusammen als dem bloßen Gemisch von Anlagen, Arbeit und Kapital. Alle Anlagen der Welt, alle Arbeit und alles Kapital können den Verbraucherbedürfnissen nicht mehr gerecht werden, wenn sie nicht auf sehr viel höherer Ebene als je zuvor integriert werden. Und damit verändert sich der Wertbegriff an sich.

Kürzlich drückte dies die Pariser Forschergruppe *Promethée* in einem Bericht so aus: »Während des gesamten Produktions-/Bereitstellungsprozesses eines Erzeugnisses oder einer Dienstleistung wird Wert ›entzogen‹. Sogenannte Dienstleistungswirtschaften ... sind nicht dadurch gekennzeichnet, daß Menschen plötzlich ihr Leben mit nichtgreifbarem Verbrauch zu erfüllen trachten, sondern dadurch, daß die ins Wirtschaftliche gehörenden Aktivitäten immer integrierter werden.«

Unter starkem Rückgriff auf Descartes belohnte die Kultur des Industrialismus die Völker und Menschen, die Probleme und Prozesse in immer kleinere Bestandteile zu gliedern vermochten.

Die Anwendung dieser desintegrativen oder analytischen Denkweise auf die Wirtschaft verführte uns zu der Annahme, Produktion sei eine Reihe von unzusammenhängenden Einzelschritten.

Das Aufbringen von Kapital, der Erwerb der Rohstoffe, die Rekrutierung der Arbeiter, das Auslegen von Technologie, Werbung, Verkauf und Verteilung des Produkts - all das wurde als Sequenz oder jeweils isolierter Vorgang begriffen.

Das neue Produktionsmodell in der Supersymbolwirtschaft ist radikal anders. Ausgehend von systematischer oder integrativer Sicht, begreift es die Produktion als zunehmend gleichzeitig und synthetisiert. Die Teilprozesse sind nicht das Ganze, und sie lassen sich nicht voneinander trennen.

Die von den Verkaufs- und Marketingleuten gewonnene Information ist die Grundlage für den Ingenieur, dessen Innovationen von den Finanzleuten verstanden werden müssen, deren Fähigkeit der Kapitalbeschaffung wiederum davon abhängt, wie zufrieden die Kunden sind, und das hängt davon ab, ob die Lkw-Pläne der Firma ordentlich funktionieren, was wiederum zum Teil von der Motivation der Beschäftigten beeinflußt wird, die ihrerseits vom Gehaltszettel plus Selbstwertgefühl abhängt, was seinerseits bedingt wird durch ... und so weiter und so fort.

Zusammengehen statt Zusammenhanglosigkeit, Integration statt Aufsplitterung, Realtime-Gleichzeitigkeit statt sequentieller Stufung: so lauten die Grundregeln des neuen Produktionsschemas.

Wir entdecken allmählich, daß »Produktion« weder in der Fabrik anfängt noch endet. So verlängern die neuesten Modelle wirtschaftlicher Produktion den Prozeß stromaufwärts und -abwärts zugleich, nach vorne in die Nachbetreuung oder den »Support« für das Produkt, wenn es schon längst verkauft ist, wie etwa bei der Autogarantie oder der Betreuung des Computerkäufers. Binnen kurzem wird sich der Produktionsbegriff noch weiter verlängern bis hin zur umweltfreundlichen Entsorgung des abgenutzten Produkts. Die Firmen werden für den sauberen Abraum der Produkte sorgen müssen und deshalb gezwungen sein, ihr Design, ihre Kostenkalkulation, Herstellungsmethoden und vieles mehr anders anzulegen. Dabei werden sie im Verhältnis zur Fertigung immer mehr Dienstleistung erbringen und Mehrwert schaffen. All das wird zur »Produktion« gehören.

Aber auch nach rückwärts werden sie verlängern und Funktionen wie Ausbildung der Beschäftigten, Bereitstellung von Kinderbetreuung und so weiter einbeziehen müssen. Den unglücklichen Muskelarbeiter konnte man noch zu »produzieren« zwingen. Im hochsymbolischen Prozeß produzieren glückliche Mitarbeiter mehr. Folglich setzt Produktivität schon ein, noch ehe der Mitarbeiter am Arbeitsplatz erscheint. Der alten Garde mögen solche Begriffserweiterungen der Produktion wolkig oder unsinnig erscheinen. Der neuen Generation der supersymbolischen Chefs, die systematisch anstatt in isolierten Einzelschritten zu denken gelernt haben, sind sie völlig natürlich.

Kurzum: Produktion wird neu begriffen als viel umfassenderer Prozeß, als die Wirtschaftler und Ideologen der Niedrigstirnwirtschaft je sich vorstellen konnten. Und von nun an wird es bei jedem weiteren Schritt das Wissen und nicht die billige Arbeitskraft, werden es die Symbole und nicht die Rohstoffe sein, die Wert darstellen und Wert mehren.

Diese völlig neue Sicht der Quellen des Mehrwerts steckt voller Konsequenzen. Sie fegt die Theorien der freien Marktwirtschaft ebenso hinweg wie die des Marxismus und auch des Materialismo, der beide beflügelte. So erweisen sich die dem Materialismo gleichermaßen innewohnenden zwei Vorstellungen, Mehrwert entstehe allein aus dem Schweiß des Arbeiters oder sei dem ruhmreichen kapitalistischen Unternehmer zu verdanken, als falsch und politisch wie wirtschaftlich irreführend.

In der neuen Wirtschaft wird Wert gemehrt von der Empfangsdame ebenso wie vom Investmentbanker, der das Kapital beschafft, vom Aufschließer und Verkäufer nicht minder als vom Systemdesigner und Fernmeldespezialisten. Hinzu tritt, bemerkenswerter noch, der Kunde. Wert ist das Ergebnis einer Gesamtanstrengung und nicht nur eines isolierten Schritts im Gesamtprozeß.

Die wachsende Bedeutung der Kopfarbeit wird sich nicht in Luft auflösen, wie viele Schreckgeschichten auch die schlimmen Folgen einer »schwindenden« Fertigungsbasis an die Wand malen oder die »Informationsgesellschaft« ins Lächerliche zu ziehen trachten. Und gleiches gilt für das neue Konzept der Wertschöpfung.

Denn was wir erleben, ist ein mächtig geballter Wandel – die Verwandlung der Produktion und zugleich des Kapitals und des Geldes. Gemeinsam ergeben sie ein revolutionär neues System der Wertschöpfung auf dem Planeten.

VIII

Der letztendliche Ersatz

Wer diese Zeilen überfliegt, besitzt eine bemerkenswerte Fähigkeit: Er kann lesen. Manchmal finden wir es fast unheimlich, daß wir alle Vorfahren hatten, die weder lesen noch schreiben konnten. Keine Dummköpfe oder Ignoranten, sondern eben hoffnungslos Analphabeten.

Schon lesen zu können, war in der Antike eine fantastische Sache. Augustinus schreibt im 5. Jahrhundert, sein Lehrer, der Mailänder Bischof Ambrosius, sei so gebildet gewesen, daß er tatsächlich lesen konnte, ohne die Lippen zu bewegen. Allein dieser erstaunlichen Glanzleistung willen galt er als der größte Kopf der Welt.

Nicht nur weder lesen noch schreiben konnten unsere Vorfahren, sondern sie konnten auch nicht rechnen. Wer rechnen konnte, galt als äußerst gefährlich. Eine ebenfalls Augustinus zugeschriebene Warnung besagt, die Christen sollten sich von Leuten fernhalten, die addieren oder subtrahieren konnten. Offenkundig stünden sie »mit dem Teufel im Bunde, um den Geist zu verdüstern und den Menschen in die Bande der Hölle zu schlagen« - ein Gefühl, das mancher Grundschüler von heute problemlos nachvollziehen mag.

Erst tausend Jahre später finden wir »Rechenmeister«, die Schüler auf eine Tätigkeit als Händler vorbereiten.

Woraus erhellt, daß viele der einfachsten Fertigkeiten, die heute im Geschäftsleben als Selbstverständlichkeit gelten, das Ergebnis einer jahrhunderte-, jahrtausendelangen Kulturhäufung sind. Zum Kulturerbe der Wirtschaftsführer in der ganzen Welt hat neben dem Westen auch Wissen aus China und Indien, von Arabern und phönizischen Händlern beigetragen. Generation um Generation hat diese Fähigkeiten erlernt, angepaßt, weitergegeben und fortschreitend auf dem Ergebnis aufgebaut.

Alle Wirtschaftssysteme sitzen rittlings auf einer »Wissensbasis«. Alle Unternehmen sind von diesem vorgegebenen, sozial konstruierten Gut abhängig. Im Unterschied zu Kapital, Arbeit und Anlagen lassen Wirtschaftler und Manager diese Tatsache bei der Berechnung der zur Produktion benötigten »Inputs« meist außer acht. Und doch ist dieses teils bezahlte, teils gratis genutzte Gut heute das wichtigste von allem.

Nur selten in der Geschichte hat ein Wissenszuwachs alte Zäune durchbrochen. Zu den wichtigsten Durchbrüchen gehört die Erfindung neuer Denk- und Kommunikationswerkzeuge wie das Ideogramm, das Alphabet, und in unserem Jahrhundert der Computer ...

Vor dreißig Jahren galt jeder, der auch nur entfernt einen Computer bedienen konnte, in der Volksmeinung als »mathematischer Zauberer« oder als »Hirnriese«, genau wie der hl. Ambrosius zur Zeit der lesenden Lippen.

Heute erleben wir wieder einen dieser Höhepunkte in der Geschichte, da erneut die gesamte menschliche Wissensstruktur von Veränderungen bebt und alte Barrieren zerbrechen.

Wir kumulieren nicht einfach nur zusätzliche »Fakten« – wie immer auch *diese* aussehen mögen. So wie wir ganze Firmen und Volkswirtschaften umstülpen, strukturieren wir auch die Erzeugung und Verteilung von Wissen und die zu seiner Weiterleitung verwendeten Symbole um.

Was bedeutet das?

Es bedeutet, daß wir neue Wissens-Netzwerke schöpfen, Konzepte völlig neuartig miteinander verknüpfen, erstaunliche Inferenz-Hierarchien konstruieren, neue Theorien, Hypothesen und Bilder mit neuen Voraussetzungen, Sprachen, Kodes und logischen Verbindungen nur so ausspucken.

Unternehmen, Regierungen und Einzelpersonen sammeln und lagern mehr Daten ein als irgendeine frühere Generation in der Geschichte (und legen dabei eine massive, verwirrende Goldmine für künftige Historiker an).

Wichtiger noch: Wir korrelieren Daten auf vielfältigste Weise, setzen sie in Kontext und machen aus ihnen Information, und diese Informationsstücke montieren wir zu immer größeren Modellen und Architekturen des Wissens.

Das alles heißt natürlich nicht, daß die Daten korrekt, die Information wahr, das Wissen weise sind. Es heißt aber, daß sich die Art und Weise, wie wir die Welt sehen, Reichtum schöpfen und Macht ausüben, gewaltig verändert.

Nicht alles an diesem neuen Wissen ist faktenbezogen oder auch nur ausformuliert. Ein Großteil des Wissens im hier benutzten Sinne ist unausgesprochen, besteht aus aufeinandergeschichteten Arbeitsannahmen, fragmentarischen Modellen, nicht bewußt wahrgenommenen Analogien und umfaßt nicht bloß logische und scheinbar emotionslose Informationsdaten, sondern Wertvorstellungen, von den Ergebnissen aus Leidenschaft und Emotion, Fantasie und Intuition ganz zu schweigen.

Das gigantische Beben in der Wissensbasis der Gesellschaft von heute ist es, und nicht bloße Computerei und Finanzmanipulation, das die Ankunft der Supersymbolwirtschaft erklärt.

Die Alchimie der Information

Viele Veränderungen des Wissenssystems der Gesellschaft schlagen sich unmittelbar in Geschäftsvorgängen nieder. Dieses Wissenssystem gehört zum Allesdurchdringendsten in jeder Firma, mehr noch als das Banken-, das politische oder das Energiesystem.

Einmal ganz davon abgesehen, daß ohne Sprache, Kultur, Daten, Information und Know-how überhaupt kein Geschäft aufmachen könnte, gibt es die tiefgründigere Tatsache, daß von allem, was zur Wertschöpfung benötigt wird, gerade diese Dinge die vielseitigsten sind. Tatsächlich kann Wissen (manchmal schon bloße Information und Daten) andere Dinge ersetzen.

Das im Prinzip unerschöpfliche Wissen ist der letztendliche Ersatz.

Schauen wir uns nur die Technik an.

In den meisten Schornsteinfabriken gehörte die Produktänderung zum denkbar teuersten. Man brauchte dazu hochbezahlte Werkzeugmacher und Farbmischer, Modelleure und andere Spezialisten, und das Ganze nahm eine lange Zeit in Anspruch, während der die Maschinen untätig herumstanden und Kapital, Zinsen und Gemeinkosten verschlangen. Deshalb konnte der Stückpreis um so niedriger sein, je größer die Serie war.

Anstelle dieser Großserien erlauben die neuesten, computergesteuerten Herstellungstechniken endlose Variationen. 1972 stellte der holländische Elektronikgigant Philips 100 verschiedene Farbfernsehermodelle her. Heute liegt er schon bei 500. Der japanische Fahrradhersteller Bridgestone vermarktet das nach Kundenwunsch gestaltete »Radac«, Matsushita bietet eine semipersonalisierte Linie von Heizdecken an, und bei der Washington Shoe Co. können sich die Frauen halbpersonalisierte Schuhe – 32 Designs pro Schuhgröße – im Schuhladen per Computer anmessen lassen.

Die neuen Informationstechnologien stellen nicht nur die Massenproduktion auf den Kopf, sondern reduzieren die Diversitätskosten fast auf Null. So ersetzt Wissen die einst kostspielige Veränderung im Produktionsprozeß.

Oder nehmen wir die Materialbearbeitung.

Ein an die Drehbank angeschlossenes gutes Computerprogramm holt aus derselben Stahlplatte mehr Stücke heraus als irgendein menschlicher Bediener. Mit der Miniaturisierung bewirkt das neue Wissen kleinere, leichtere Produkte, die ihrerseits die Lagerhaltungs- und Transportkosten senken. Und im Falle der See- und Schienentransportfirma CSX sahen wir, daß minutengenaue Kontrolle der Sendungen, d. h. bessere Information, weitere Transportkostenersparnisse einbringt.

Neues Wissen führt auch zur Schaffung völlig neuer Materialien, von Flugzeugbauteilen bis hin zu biologischen Substanzen, womit wir in die Lage versetzt werden, den einen Materialtypus durch einen anderen zu ersetzen. Alles – vom Tennisschläger bis zum Düsenaggregat – enthält neue Kunststoffe, Legierungen und komplexe Zusätze. Allied Signal Inc. in Morristown, New Jersey, stellt ein Material namens »Metglas« her, das Eigenschaften von Metall und Glas in sich vereinigt und Transformatoren viel energietüchtiger macht. Neues optisches Material läßt noch viel schnellere Computer erwarten. Neuere Panzerplatten sind aus einer Kombination von Stahl, Keramik und Uran gebaut. Tieferes Wissen gibt uns die Möglichkeit, auf Molekularebene Materialien mit den gewünschten thermischen, elektrischen oder mechanischen Eigenschaften zu entwickeln.

Der einzige Grund, warum wir heute noch riesige Mengen Bauxit, Nickel, Kupfer oder anderer Rohstoffe über den Planeten transportieren, liegt darin, daß uns noch das nötige Wissen fehlt, um vor Ort befindliches Material zu geeigneten Ersatzstoffen zu verarbeiten. Sobald wir dieses Know-how erwerben, ergeben sich weitere drastische Einsparungen von Transportkosten. Wissen also als Ersatz für Material und Transport zugleich.

Dasselbe gilt für die Energie. Nichts illustriert die Ersatzfähigkeit von Wissen deutlicher als der neuliche Durchbruch bei der Entdeckung der Superleitfähigkeit, die zumindest die pro Einheit Nutzenergie zu übermittelnde Energiemenge drastisch reduzieren wird. Nach der American Public Power Association gehen bis zu 15 Prozent der in Amerika generierten Energie auf dem Wege zum Nutzungspunkt verloren, weil Kupferdraht nun mal ein schlechter Leiter ist. Dieser Transmissionsverlust entspricht der Energieerzeugung von 50 Generatorenstationen. Die Superleitfähigkeit kann diesen Verlust drastisch kürzen.

Desgleichen arbeitet Bechtel National Inc. in San Franzisko im Verein mit Ebasco Services Inc. in New York an einer gigantischen »Batterie« in der Größe eines Fußballfeldes. Mit derartigen Speichersystemen lassen sich künftig ganze Kraftwerke einsparen, die nur für die Erzeugung zusätzlicher Energie in Spitzenbelastungszeiten gebraucht werden.

Wissen ersetzt nicht nur Material, Transport und Energie, sondern es spart auch Zeit. Zeit gehört ja zu den wichtigsten Wirtschaftsgütern, auch wenn sie in keiner Bilanz auftaucht. Tatsächlich ist und bleibt Zeit ein verborgener Input. Gerade wenn sich die Veränderung beschleunigt, kann Zeitverkürzung - z.B. schnelle Kommunikation oder schnelle Vermarktung neuer Produkte - den Unterschied zwischen Gewinn und Verlust ausmachen.

Neues Wissen beschleunigt, treibt uns der Realtime-Wirtschaft entgegen und ersetzt Zeitaufwand.

Auch Raum wird vom Wissen eingespart und erobert. Der Transportzweig von GE baut Lokomotiven. Nach Einführung fortschrittlicher Informationsverarbeitung und Kommunikationsverbindungen mit den Zulieferern konnten die Lagerbestände 12mal schneller umgesetzt und zudem 4000 Quadratmeter Lagerraum eingespart werden.

Neben der Produktminiaturisierung und verringerten Lagerhaltung sind weitere Einsparungen möglich. Pro Jahr erscheinen in den USA 1,3 Billionen Dokumente, mit denen man nach einigen Schätzungen den Grand Canyon 107mal »tapezieren« könnte. Fast fünfundneunzig Prozent davon werden auf Papier aufbewahrt. Mit dem Fortschritt der Informationstechnologie einschließlich des Scanning dürfte sich das beträchtlich ändern. Wichtiger noch: Die neue, computergestützte und wissensbasierte Fernmeldetechnik macht es möglich, die Produktion aus den teuren städtischen Zentren hinauszuverlagern und Energie- und Transportkosten weiter zu verringern.

Wissen und Kapital

Es wird so viel von der Ersetzung menschlicher Arbeitskraft durch computergesteuerte Gerätschaften geredet, daß wir darüber oft vergessen, auf welche Weise Wissen auch Kapital ersetzt. Alle genannten Fälle aber schlagen sich auch in finanzieller Ersparnis nieder.

In gewissem Sinne bedroht Wissen auf lange Sicht die Finanzmacht sogar noch mehr als Gewerkschaften oder antikapitalistische Parteien. Denn relativ gesprochen verringert die Informationsrevolution den Kapitalbedarf pro Einheit. Gibt es in einer »kapital-istischen« Wirtschaft irgend etwas, was bedeutsamer wäre?

Vittorio Merloni ist ein 57jähriger italienischer Geschäftsmann, dessen Familie 75 Prozent einer Firma namens Merloni Elettrodomestici gehören. In einem kleinen Nebenraum des Ausbildungszentrums der Banca Nazionale del Lavoro in Rom spricht er über seine Firma und nimmt dabei kein Blatt vor den Mund. Zehn Prozent aller in Europa verkauften Waschmaschinen, Kühlschränke und anderer größerer Haushaltsgeräte werden von Merloni hergestellt. Seine beiden Hauptkonkurrenten sind Electrolux in Schweden und Philips in Holland. Vier turbulente Jahre lang war Merloni Vorsitzender der Confindustria, des italienischen Arbeitgeberverbands.

Merloni führt den neuerlichen Wirtschaftsschub in Italien darauf zurück, daß »wir heute fürs gleiche weniger Kapital brauchen. Das bedeutet, daß ein armes Land mit derselben Kapitalmenge heute viel weiter kommt als das noch vor fünf oder zehn Jahren der Fall war.«

Als Grund dafür nennt er die Tatsache, daß wissensbasierte Techniken den Kapitalbedarf für die Herstellung von Dingen wie Spülmaschinen, Elektroherden und Staubsaugern reduzieren.

Als erstes ersetzt Information kostspielige Vorratshaltung, sagt Merloni, der Computerdesign einsetzt und Daten per Satellit zwischen seinen Fabriken in Italien und Portugal hin- und herschießt.

Indem sie die Reaktion der Fabriken auf den Markt beschleunigt, kleine Serien wirtschaftlich macht, läßt sich durch bessere und schnellere Information die Zahl der Bauteile und Fertigwaren in Lagerhäusern und auf Eisenbahngleisen reduzieren.

Merloni hat seine Bestandskosten um sage und schreibe 60 Prozent gesenkt. Bis vor kurzem benötigten seine Fabriken für 800 000 Ausstoßeinheiten 200 000 Vorhalteeinheiten. Heute erzeugt er mit nur 300 000 Vorhalteeinheiten 3 Millionen pro Jahr. Diese massive Einsparung schreibt er der verbesserten Information zu.

Merloni ist kein Einzelfall. In den USA erwarten die im Freiwilligen Interindustriellen Kommunikations-Standardausschuß (VICS) zusammengeschlossenen Textilhersteller, Kleidermacher und Einzelhändler, daß sie vermittels eines gemeinsam betriebenen Datennetzes Vorhaltekosten in Höhe von rund 12 Milliarden Dollar einsparen können. In Japan will die NHK Spring Co., die für die meisten japanischen Autofabriken Sitze und Federn herstellt, ihre Produktionslinien mit denen ihrer Kunden so vollkommen synchronisieren, daß praktisch überhaupt keine Lagerpuffer mehr nötig sind.

Ein NHK-Mitarbeiter sagt dazu: »Wenn wir dieses System einsetzen können, brauchen wir praktisch nichts mehr vorzuhalten.«

Natürlich hat die Reduzierung der Lagerbestände nicht nur Rückwirkungen auf den Lagerraum und Grundstücksbedarf, sondern auch auf Steuern, Versicherungen und Gemeinkosten. Desgleichen, bemerkt Merloni, könne er Mittel aus London oder Paris in Minutenschnelle nach Mailand oder Madrid verlagern und damit erhebliche Zinsgewinne erzielen. Auch wenn Computer, Software, Information und Kommunikation zunächst teuer seien, bedeute die Gesamtersparnis für seine Firma, daß sie bei gleicher Aktivität mit weniger Kapital als früher auskomme.

Diese Gedanken über das Kapital gehen schnell um die Welt. Nach Dr. Harudo Shimada von der Tokioter Keio Universität erleben wir eine Verlagerung von den Großfirmen weg, die »für ihre Produktion riesige Kapitalmengen und die Ansammlung großen menschlichen Kapitals benötigen«, und hin zu »Flow«-Firmen, wie er sie nennt, die »viel weniger kapitalintensiv sind«.

Wie zum Beweis für diese Verlagerung und für die Bedeutung des Wissens in der Wirtschaft von morgen sind die japanischen Großfirmen jetzt erstmalig dabei, mehr Mittel in Forschung und Entwicklung als in die Kapitalinvestition zu stecken.

Michael Milken, der, was immer man sonst von ihm halten mag, immerhin einiges vom Investment versteht, faßte das in sechs Worten zusammen: »Menschenkapital hat das Dollarkapital ersetzt.«

Wissen ist zum Grundgut des Geschäfts geworden, weil es der letztendliche Ersatz ist.

Bislang sahen wir also, daß in jeder Wirtschaft Produktion und Profit unausweichlich auf die drei Hauptquellen der Macht angewiesen sind: Gewalt, Reichtum und Wissen. Gewalt wandelt sich fortschreitend in Recht. Nun sind Kapital und Geld an der Reihe, sich zu Wissen zu wandeln. Parallel dazu verändert sich die Arbeit und wird mehr und mehr symbolabhängig. Bewegen sich aber Kapital, Geld und Arbeit allesamt in derselben Richtung, dann revolutioniert das die gesamte Wirtschaftsbasis von Grund auf. Sie wird zur Supersymbolwirtschaft, die nach radikal anderen Regeln funktioniert, als sie im Schornsteinzeitalter galten.

Da Wissen den Bedarf an Rohstoffen, Arbeit, Zeit, Raum und Kapital verringert, wird es zur zentralen Hilfsquelle der fortgeschrittenen Wirtschaft. Und damit steigt sein Wert ins unermeßliche. Darum brechen, wie wir jetzt sehen werden, überall »Infokriege« aus – Kämpfe um die Wissensbeherrschung.

Dritter Teil

Informationskriege in der Wirtschaft

IX

Die Schlacht an der Ladenkasse

Vor einiger Zeit hieß es, die Smithsonian Institution in Washington, die zu den anerkanntesten Museen der Welt gehört, denke daran, in New Jersey einen kleinen Imbißwagen zu erwerben und ins Museum in Washington zu stellen, ihn dort vielleicht sogar weiterzubetreiben zur Illustration des Plastikgeschirrs, das eine Zeitlang in Amerika in Mode war. Der Plan wurde allerdings nie verwirklicht.

Bei vielen Amerikanern löst der Imbißwagen am Straßenrand nostalgische Gefühle aus. Viele Hollywoodszenen der dreißiger Jahre wurden in einem Diner gedreht. Hemingways *Tod am Nachmittag* spielt in einem Imbißwagen. So ausgefallen war die Idee des Smithsonian also nicht und reichte einiges über die bloße Erinnerung ans Kunststoffgeschirr hinaus.

Aber wenn das Smithsonian wirklich einmal darstellen möchte, was Amerika der Welt draußen in den fünfziger Jahren, dem Angelpunkt des 20. Jahrhunderts, bedeutete, dann sollte es anstatt eines Imbißwagens einen Supermarkt kaufen und aufstellen.

Der Gang mit dem Einkaufswagen durch den hellerleuchteten Supermarkt gehörte für die meisten amerikanischen Familien zum allwöchentlichen Ritual. In einer Welt des Hungers waren seine glänzenden, prallgefüllten Regale das Symbol des Überflusses. Ein Wunderding des amerikanischen Geschäftslebens, das bald in der ganzen Welt Nachahmung fand.

Heute gibt es den Supermarkt immer noch, aber von der Öffentlichkeit weitgehend unbemerkt ist er zum Schlachtfeld eines der vielen Informationskriege geworden, die heute in der Geschäftswelt toben.

Vom einen Ende Amerikas zum andern herrscht heute ein milliardenschweres Tauziehen zwischen den Großherstellern und einstigen Industriegiganten wie Nabisco, Revlon, Procter & Gamble, General Foods oder Gillette und den bescheidenen Tante-Emma-Läden, die ihre Produkte dem Kunden in die Einkaufstasche stecken. Diese Schlacht, die an der Kasse stattfindet, läßt uns ahnen, wie es in der Supersymbolwirtschaft zugehen wird.

Anfangs des Supermarkts schickten die großen Lebensmittelverarbeiter und -hersteller ihre Vertreter in Scharen durchs Land und in diese Läden, wo sie ihre Nahrungsmittel, Getränke, Putzmittel und so weiter anpriesen. Tagtäglich wurden Abschlüsse zu Tausenden getätigt.

Bei diesem tagtäglichen Feilschen waren die Vertreter im Vorteil. Hinter ihnen standen die Firmenriesen, gegen die nicht einmal die größte Supermarktkette ankam. Jede dieser Megafirmen beherrschte ihren jeweiligen Markt.

So stammten beispielsweise bis zum Ende der siebziger Jahre von zehn in den USA benutzten Rasierklingen sechs von Gillette. Als die französische Firma Bic – als Hersteller von Kugelschreibern und Wegwerf-Feuerzeugen führend in der Welt – mit Wegwerf-Rasierern Gillette auf dessen ureigenstem Terrain herausforderte, reagierte Gillette entsprechend und landete bei 40 bis 50 Prozent des gesamten Wegwerf-Marktes in Amerika. Bic stand mit weniger als 10 Prozent da. Gillette operierte auch im Ausland. Heute hat Gillette in 46 Ländern Niederlassungen und unterhält in 27 Staaten Fertigungsstätten, von Deutschland und Frankreich bis zu den Philippinen.

Erschien der Gillette-Vertreter auf der Bildfläche, dann hörte der Supermarkt brav zu – sonst . . .

Von den fünfziger Jahren bis in die achtziger hinein blieb das Machtgefüge ziemlich dasselbe: Oben saßen die Herstellergiganten, unten die Groß- und Einzelhändler. Ein Grund für diese Herstellermacht war ihre Beherrschung der Information.

In ihrer Glanzzeit gehörten diese Hersteller zu den Riesen der Massenreklame in Amerika. Damit hatten sie es in der Hand, welche Informationen den Verbraucher erreichten.

Besonders einfallsreich ging Gillette vor. Ungeheure Summen gingen in die Rasierklingen- und Rasiercremewerbung in den Fernsehübertragungen von Baseballspielen. Auf den Fernsehbildern der Miss-America-Wahlen prangten seine Parfums.

In der Regel ließ Gillette im Verlauf eines Jahres sechs jeweils von einer Plakataktion begleitete Werbekampagnen vom Stapel. Man nannte das »Pull-through«-Marketing, weil es die Kunden scharenweise in die Läden locken sollte, damit sie im Handumdrehen mal gleich die Regale leeren. Diese Kampagnen waren derart erfolgreich, daß sich kein Supermarkt überhaupt leisten konnte, *keine* Gilletteprodukte zu führen.

Andererseits bedeutete der Erfolg an der Kasse für Gillette wie übrigens auch die anderen Großfirmen, daß es seine eigenen Zulieferungen in Großmengen mit entsprechend niedrigeren Preisen ordern konnte. Durch Abstimmung von Produktion und Verteilung mit den Massenmedien gelang es also den Herstellern im großen und ganzen, allen anderen Mitspielern im Produktionszyklus ihren Willen aufzuzwingen – Farmern, Rohstofflieferanten ebenso wie Einzelhändlern.

Oft konnte der Gillette-Vertreter (nur selten war es eine Frau) dem Einzelhändler diktieren, wie viele Rasierklingen welchen Typs er zu kaufen hatte, wie sie auszulegen waren, wann sie geliefert würden und, nicht selten sogar, was sie zu kosten hatten.

Das war wirtschaftliche Macht in Aktion, und sie konnte nur dank entscheidender Informationsbeherrschung funktionieren. Schließlich sorgte Gillette und nicht der Einzelhändler dafür, daß die Vorteile von Foamy Cream im Fernsehen gepriesen wurden oder der stoppelgesichtige Sportler sich mit einer Gilletteklinge fein machte. Was immer die Welt über diese Produkte wußte, hatte Gillette ihr beigebracht.

Hatte nun Gillette die Information in der Hand, die zum Verbraucher ging, so holte es sich auch Informationen vom Verbraucher. In jeder Phase wußte Gillette einfach mehr als irgendein Einzelhändler, wie wer wann seine Produkte kaufen würde.

Gillette wußte, wann seine Werbung im Fernsehen erschien, wann neue Produkte lanciert werden sollten, wo und zu welchem Preis das Angebot lief, und die Freigabe dieser ganzen Information lag bei Gillette. Kurzum: Gillette und die anderen Hersteller standen *zwischen* dem Händler und dem Kunden und versorgten beide nach eigenem Gutdünken mit Information.

Diese Verfügungsgewalt spielte, auch wenn das weithin übersehen wurde, eine ausschlaggebende Rolle in der Aufrechterhaltung der Herrschaft des Herstellers über den Verkaufsladen. Und sie zahlte sich aus.

Es gab eine Zeit, als sich Campbell Soup nicht mal die Mühe machte, auf den Visitenkarten seiner Vertreter deren Telefonnummer anzugeben. »Anruf zwecklos«, bemerkt dazu ein Vizepräsident der Supermarktkette Grand Union, »sie ließen nie mit sich handeln.«

Genauso wußte der Gillette-Vertreter beim Händlerbesuch präzise, wovon er sprach. Der Einkäufer brauchte nur zuzuhören.

Die »Push-Geld«-Schmiede

Die Waffe, mit der die Einzelhändler die Großhersteller das Fürchten lehrten, ist ein kleines Schwarzweiß-Symbol.

Schon seit Mitte der sechziger Jahre tagt ein kaum beachteter Ausschuß aus Einzelhändlern, Großhändlern und Lebensmittelherstellern mit Firmen wie IBM, National Cash Register und Sweda und bespricht zwei gemeinsame Probleme: lange Schlangen an der Kasse und Buchungsfehler. Ließ sich da nicht etwas mit der Technik bewerkstelligen?

Ließ sich schon, wenn die Produkte irgendwie kodiert werden konnten und diese Kodierung computerlesbar war. Die optische Abtasttechnik steckte noch in den Kinderschuhen, aber die Computerhersteller witterten einen großen neuen Markt und hatten für die Einzelhändler ein offenes Ohr.

Am 3. April 1973 einigte sich das »Symbolauswahl-Komitee«

auf einen Standardcode. Das Ergebnis war der heute gängige »Strichcode« - die leuchtend schwarzen Striche und Nummern auf allem, vom Waschpulver bis zur Kuchen-Fertigmischung, und die schnelle Ausbreitung der optischen Leser.

In den USA ist der Strichcode mit 95 Prozent aller Lebensmittel schon fast universell im Einsatz. Und das System breitet sich rasant auch im Ausland aus. 1988 wurde es in Frankreich schon in 3470 Supermärkten, Feinkostläden und Kaufhäusern benutzt. In der Bundesrepublik waren in mindestens 1500 Lebensmittelgeschäften und fast 200 Kaufhäusern optische Abtaster installiert. Ohne die USA gab es allein von Brasilien bis zur Tschechoslowakei und nach Papua-Neuguinea runde 78 000 Lesegeräte.

In Japan, wo sich die neue Detailhandelstechnik wie ein Flächenfeuer ausdehnte, waren schon 1987 nicht weniger als 47 Prozent aller Supermärkte und 72 Prozent aller Gebrauchsartikelläden damit ausgerüstet.

Der Strichcode beschleunigte indes nicht nur die Abfertigung an der Kasse und verringerte die Buchungsfehler. Er verlagerte Macht.

Der durchschnittliche Supermarkt in Amerika hält heute 22 000 verschiedene Produkte vor, und da fortlaufend neue Produkte zu Tausenden ältere Erzeugnisse ersetzen, hat sich die Macht zum Einzelhändler verlagert, der nun genauestens über alle Lagerbestände Bescheid weiß, gleichzeitig aber auch über Verkaufsquoten, Rentabilität, Werbetiming, Kosten, Preise, Rabatte, Fundstellen, Sonderangebote, Warenfluß usw.

Sagt Pat Collins, Präsident der 127 Ralph's Stores in Kalifornien: »Heute wissen wir über ein Produkt mindestens soviel wie der Hersteller, wenn nicht mehr.« Die Scanner bei Ralph's schütten riesige Datenmengen aus, anhand derer der Verkaufsleiter entscheiden kann, wann er welchen Produkten wieviel Regalplatz zuweisen soll.

Das nun ist eine schwerwiegende Entscheidung für die miteinander konkurrierenden Hersteller, die jetzt an die Tür pochen und um jeden Zoll Regalfläche für ihr Produkt winseln. Herrschte einst der Hersteller den Einzelhändler an, wieviel er abzunehmen habe, so zwingt heute der Einzelhändler den Manager, sogenanntes »Push-Geld« für den Angebotsraum und für besonders attraktive Auslagestellen atemberaubende Summen hinzublättern. Schreibt *USA Today*, diese Veränderungen hätten »zu einem Grabenkrieg geführt, bei dem die Produkthersteller mit den Gemüsehändlern - und untereinander - erbittert um ihren Platz im Supermarkt streiten«.

Der Sieger steht fest - jedenfalls im Augenblick.

So bemerkt Kavin Moody, früher Leiter der Management-Informationssysteme bei Gillette: »Wir wollen unser eigenes Schicksal nicht aus der Hand geben ..., aber der Handel wird immer mächtiger ... Er ist auf günstigere Absprachen aus. Er will bessere Preise und schnürt damit unsere Gewinnmargen ein ... Früher kroch der Käufer vor uns auf den Knien. Jetzt hat er die ausgeklügeltsten Werkzeuge zur Hand.«

Die dem Detailhandel zur Verfügung stehenden Daten werden zum schweren Geschütz, wenn sie vom Computer analysiert werden und man sie anhand unterschiedlicher Variablen an verschiedenen Modellen abgleicht. Mit Hilfe von Modellen zur »direkten Produktgewinnerrechnung« kann der Einkäufer präzise feststellen, welchen Gewinn welches Produkt abwirft. Solche Modelle berücksichtigen beispielsweise als Faktor, wieviel Regalraum eine rechteckige bzw. runde Verpackung einnimmt, welche Farbgebung bei welchen Produkten am besten ankommt usw.

Eine Version dieser Software stellt beispielsweise Procter & Gamble, selbst einer der größten Hersteller, den Einzelhändlern bereit in der Hoffnung, sich mit ihnen verbünden zu können. Mit dieser Software unter dem Arm bieten die P&G-Vertreter dem Einzelhandelsgeschäft Unterstützung bei der Errechnung der Rentabilität an, sofern es seinerseits Verbraucherinformationen an P&G abzutreten gewillt ist.

Detailhändler setzen auch »Selbstmanagement-Software« und »Raumplanungsmodelle« ein für die Entscheidung, welche Waren oder Produktlinien welcher Hersteller sie in ihr Programm aufnehmen und welche sie verwerfen sollen, was besonders herauszustellen ist an entsprechenden Blickfangpunkten und was auf die übrigen Regale verteilt wird. Der Computerausdruck von »Plan-a-Grams« gibt Anhaltspunkte für jedes Regal.

Nachdem sie sich in den Besitz des hauptsächlichen Datenstroms gesetzt haben, der vom Kunden ausgeht, fangen die Einzelhändler jetzt an, kräftig auch auf die an den Kunden gerichtete Information einzuwirken.

Nach Moodys Worten kann »der Einkäufer über das Schicksal eines Sonderangebots entscheiden . . . Er diktiert weitgehend, was der Verbraucher zu Gesicht bekommt.«

Die großen Lebensmittel- und Versandfirmen haben also die Kontrolle über die Information, die ihnen einst Macht vermittelte, an beiden Enden verloren.

Jenseits vom Supermarkt

Die High-Tech-Schlacht um die Informationsbeherrschung, die im Supermarkt ihren Ausgang nahm, hat jetzt auch auf andere Bereiche übergegriffen. Scanner, Laser, Taschencomputer und andere neue Technologien strömen nur so in die Drugstores, Kaufhäuser, Discountläden, Buchhandlungen, Elektrogeschäfte, Eisenwarenhandlungen, Kleidergeschäfte, Feinkosthäuser und Boutiquen aller Art. Auch auf diesen Märkten stehen die Hersteller plötzlich Partnern gegenüber, die viel kühner, selbstsicherer, manchmal schon fast arrogant geworden sind.

»Wenn auf Ihren Produkten kein Strichcode ist, brauchen Sie erst gar nicht zu fragen, denn für Sie haben wir keinen Auftrag« steht auf einem schmucklosen Schild im Einkaufsbüro von Toys ›R‹ Us aus der 313-Store-Kette.

Je mehr sich die Macht verlagert, desto fordernder werden die Einzelhändler. Unter Umgehung der 100 000 unabhängigen Herstellervertreter des Landes geht Wal-Mart (viertgrößte Supermarktkette der USA) direkt auf die Lieferanten zu und verlangt, Gillette solle seine Liefergewohnheiten ändern. Einst viel entgegenkommender, besteht Wal-Mart heute auf 100prozentig präziser Erfüllung sämtlicher Aufträge – bis hin zu Zahl, Größe und Modell des Produkts – und Auslieferung nach seinem Zeitplan und nicht dem des Lieferanten. Wird der Auftrag nicht genau ausgeführt oder zur vorgegebenen Zeit geliefert, dann wird die Zahlung als

Pfand zurückgehalten oder werden »Umschlagkosten« in Rechnung gestellt.

Damit stehen die Hersteller mit dem Rücken zur Wand: Entweder vergrößern sie ihre Lagerbestände, oder sie installieren neue, höherwertige Technologie, um ihren Fabrikausstoß zu entmassen, kleinere Serien zu fahren oder die Umschlagzeiten zu verkürzen. Beides ist kostspielig. Gleichzeitig bestehen die Einzelhändler auf höheren Qualitätsnormen – bis hin zur Güte des Aufdrucks auf der Verpackung.

Diese scheinbare Nebensächlichkeit erlangt kritische Bedeutung, denn ein Großteil der Information, auf der die Macht des Einzelhandels zunehmend beruht, steht jetzt im Strichcode, und wenn der unsauber gedruckt ist, wird er vom Scanner womöglich falsch gelesen. Einige Einzelhändler drohen, den Lieferanten dafür verantwortlich zu machen, wenn ihre Scanner den Strichcode nicht richtig lesen können.

Millionen Kunden stehen wartend an der Registrierkasse, während die Kassiererinnen dieselbe Verpackung immer wieder am elektronischen Scanner vorbeiführen, bis er endlich richtig reagiert. Allzuoft muß die Angestellte schließlich doch noch den Preis per Hand in die Kasse eintippen.

Manche Ladenbesitzer drohen inzwischen, »wenn mein Scanner Ihren Code nicht lesen kann, ist das Ihr Problem. Ich denke nicht daran, meinen Leuten zu sagen, sie sollen es halt mehrfach versuchen und den Kunden warten lassen. Kann's der Scanner nicht lesen und müßten wir den Preis von Hand eintippen, dann legen wir das Produkt dem Kunden unberechnet in die Einkaufstasche. Wir verschenken es und bezahlen es Ihnen auch nicht!«

Noch nie hat jemand den Großfirmen gegenüber eine solche Lippe riskiert. Aber da verfügte auch niemand über die Information, die der Einzelhändler heute besitzt.

Diese Information ist so lebenswichtig, daß einige Hersteller die Einzelhändler sogar dafür bezahlen: entweder direkt oder mit anderen Dienstleistungen oder über Mittlerfirmen, die die Daten den Einzelhändlern ab- und den Herstellern verkaufen.

Die Doppelzahlung

Dieser Wettkampf an der Ladenkasse hat auch für den Kunden – und generell für die Wirtschaft – gewichtige Folgen. Unter anderem sollten wir unsere veralteten Auffassungen von der jeweiligen Rolle von Hersteller und Kunde neu überdenken.

In einer Welt, in der das Geld »informatisiert« und die Information »monetarisiert« sind, zahlt der Kunde beispielsweise jeden Kauf zweimal: einmal mit Geld und ein zweites Mal mit geldwerter Information.

Der Kunde kriegt dafür in der Regel nichts. Er liefert wertvolle Information, um die sich jetzt Einzelhändler, Hersteller, Banken, Kreditkartenfirmen (und viele andere) streiten. In Florida und Kalifornien haben Detailketten schwere Prozesse darum mit Banken angestrengt. Die zentrale Frage der Rechtsanwälte lautet: »Wem gehören die Kundendaten?«

Die gerichtliche Antwort steht noch aus. Aber eines steht fest: Kein Mensch fragt den Kunden.

Theoretisch wird der Kunde für die Lieferung von Daten mit niedrigeren Preisen dank effizienterer Systematik belohnt. Aber es ist noch keineswegs gesagt, daß auch nur ein Bruchteil der Einsparung an ihn weitergegeben wird, und soweit der Kunde die Quelle dieser entscheidenden Informationen darstellt, ist es, als gäbe er dem Einzelhändler ein zinsloses »Informationsdarlehen« und hoffe auf künftige Rückzahlung.

Da für das Design und die Herstellung (sowie Verteilung) von Waren und Dienstleistungen mehr und mehr vom Kunden ausgehende Daten benötigt werden, trägt dieser zunehmend zum Produktionsprozeß selbst bei, sofern er nicht gar Teil davon wird. Der Verbraucher wird damit in gewissem Sinne Koproduzent seiner Einkäufe.

Aber »gehört« diese Information tatsächlich dem Kunden? Oder erhält sie ihren Wert erst nach Sammlung und Verarbeitung?

Es fehlt uns an Worten und schon gar an Gesetzen und Wirtschaftskonzepten für derart ungewohnte Fragen als Folge der Informationskriege. Aber es geht um Milliarden Dollar – und eine stillschweigende Verlagerung wirtschaftlicher und sozialer Macht.

Was ist es, das der Kunde an den Laden, den Hersteller, die Kreditkartenfirma verschenkt?

Nehmen wir das einfachste Beispiel: Eine Mutter kommt von der Arbeit nach Hause, will das Abendessen zubereiten und stellt fest, daß sie keine Margarine mehr hat.

Sie saust zum nächsten Geschäft, schnappt sich vom Regal ein Pfund Fleischmann's ungesalzener Süßmargarine der Firma Nabisco. Sie eilt zur Kasse, wartet, bis sie dran ist, greift sich vom Gestell am Ausgang noch den *TV Guide* und gibt alles der Angestellten, die es mit dem Scanner abstreicht.

Dem Ladencomputer gibt sie folgendes preis: 1. ein von ihr benutztes Produkt; 2. die Marke; 3. die Größe oder Menge; 4. daß sie ungesalzene Margarine der üblichen vorzieht; 5. die Uhrzeit des Einkaufs; 6. was sie bei gleicher Gelegenheit sonst noch mitnimmt, samt Typ, Marke, Größe usw.; 7. den Gesamtrechnungsbetrag; 8. die Zeitschriftensorte, über die eine Annonce sie erreichen kann; 9. Information, wo jetzt wieder Regalplatz frei ist; und mancherlei mehr.

Kauft eine Kundin mehrere Einkaufstüten voller verschiedener Erzeugnisse, dann wird für jedes einzelne diese gesamte Information verfügbar und wird es theoretisch möglich, diese Dinge miteinander in Beziehung zu setzen und daraus ein Einkaufsmuster – gewissermaßen eine Verbrauchs-»Signatur« des einzelnen oder einer ganzen Verbrauchergruppe – zu gewinnen.

Bezahlt der Kunde mit einer Kreditkarte, dann wird natürlich noch viel mehr bekannt. Denn jetzt offenbart der Kunde auch noch 1. den Namen; 2. die Adresse samt Postleitzahl; 3. Kreditinformationen; 4. die Grundlage für den Rückschluß aufs Familieneinkommen; und potentiell noch vieles mehr.

Kombiniert man all das, läßt sich bald ein erstaunlich detailliertes Bild des Lebensstils des Betreffenden konstruieren, bis hin zu Fahrgewohnheiten, Reise-, Unterhaltungs- und Lesepräferenzen, wie oft jemand auswärts zu essen pflegt, wieviel Alkohol er oder sie trinkt, Kondome oder Verhütungsmittel benutzt und welche Wohlfahrtsverbände sie oder er unterstützt.

Marui, eine führende japanische Kaufhauskette, die ihre eigene Kreditkarte ausgibt, benutzt das sogenannte M-Tops-System. Damit kann sich Marui auf Familien einschießen, die gerade umgezogen sind. Das geschieht über die Auswertung von Einkäufen, die normalerweise mit der Einrichtung einer Wohnung zusammenhängen. In der Annahme, daß eine Familie, die Klimageräte oder Küchenmöbel kauft, vielleicht auch an neuen Betten interessiert ist, konnte Marui erstaunlich viele Direktreaktionen auf eine Postanfrage einheimsen.

Lassen wir einen Augenblick die beunruhigenden Rückwirkungen auf die Privatsphäre in der Supersymbolwirtschaft beiseite, so läßt sich ein Großteil dieser Information, gelangt sie erst in die Hände irgendwelcher kommerzieller Unternehmen - Supermarktkette, Bank, Hersteller -, auch verkaufen oder gegen Dienstleistungsrabatt eintauschen. Der Markt dafür ist riesig.

In vielen Ländern versucht man die Nutzung computergespeicherter Informationen jetzt durch »Datenschutzgesetze« zu regeln, aber die Datenbanken laufen bald über, die Möglichkeiten der Verknüpfung wachsen zusehends, und der wirtschaftliche Wert der Information steigt ins unermeßliche.

Doch all das ist erst eine primitive Annäherung an die Zukunft.

Der intelligente Supermarkt

Vielleicht stellt der Verbraucher schon bald im Supermarkt fest, daß er zwischen »elektronischen Regalen« durchwandert. Anstatt der Papierpreisschildchen blinkt am Regalrand eine Flüssigkristallanzeige. Das Bezaubernde an dieser neuen Technologie ist, daß der Laden jetzt den Preis von Tausenden Produkten automatisch und sofort nach den Datenströmen von den Strichcodelesern am Ausgang verändern kann.

Bei schwer verkäuflichen Waren können die Preise absacken, bei den heißen Angeboten in die Höhe schnellen, ein unablässiges Auf und Ab nach Angebot und Nachfrage im Realtime-Tempo. Nach der Schätzung von Telepanel Inc. in Toronto würde ein solches System für die Preisauszeichnung von 8000 bis 12 000 Posten zwischen 150 000 und 200 000 Dollar kosten und sich binnen zwei Jahren bezahlt machen.

Führt man das nur einen kurzen Schritt weiter, dann könnte das elektronische Regal dem Kunden auf Knopfdruck auch Nährwert- und Preisinformationen vermitteln. Und solche Systeme sind nicht nur für Supermärkte gedacht. Nach *Business Week* »planen Drugstore-Ketten, Gebrauchsartikelläden und sogar Kaufhäuser schon jetzt ihre eigene Systemversion«.

Schon zeichnen sich noch intelligentere Regale ab, die nicht mehr nur den Kunden informieren, sondern auch ihm Information abverlangen sollen. Mit verborgenen Sensoren läßt sich beispielsweise ermitteln, wenn ein Kunde mit der Hand ein bestimmtes Regal oder Produkt berührt oder an einer bestimmten Auslage mehr oder weniger Gedränge als erwartet herrscht.

Bald wird der Kunde im Laden kaum noch mit der Wimper zucken oder den Arm bewegen können, ohne dem Ladeninhaber mehr und mehr verwend- oder verkaufbare Daten zu liefern.

Die moralischen und wirtschaftlichen Rückwirkungen all dessen sind von der Geschäftswelt oder den Verbraucheranwälten noch kaum angeritzt (wer die Macht des Verbrauchers zu organisieren gedenkt, sollte sich schleunigst darüber Gedanken machen, noch bevor die Systeme eingerichtet sind). Im Augenblick genügt es, wenn man begreift, daß die Gewinnmargen heute mehr und mehr am Informationsjudo hängen.

Gefahr für die »Shoguns«

Auch in Japan verändern diese Kräfte das Machtverhältnis. Nach Alex Stewart, der eine Arbeit über das japanische Verteilungssystem geschrieben hat, stellen »jetzt die Einzelhändler in der Verteilungsindustrie die dominierende Kraft dar«, weil »die Hersteller für ein Verständnis der Vorgänge auf dem Markt mehr und mehr auf die Einzelhändler angewiesen sind«.

George Fields ist Vorsitzender und Topmanager von ASI Marktforschung (Japan). Nach seinen Worten beschränkt sich in Japan »die Verteilung schon längst nicht mehr darauf, daß man etwas in ein Regal stellt. Sie ist jetzt wesentlich ein Informationssystem.« Überall in der Welt werde die Verteilung »nicht mehr eine Kette von Auslagen, ein Weiterreichen von Waren, sondern ein Informationskettenglied zwischen Hersteller und Verbraucher«.

Was Fields vielleicht aus Höflichkeit verschweigt und den Japanern insbesondere nur ungern über die Lippen geht, ist, daß dieser Wandel auch manchen Industrie-Shogun in Japan entthronen wird. Auch in Japan wird sich die Macht auf die Firmen oder Industriesektoren verlagern, die sich in den Infokriegen am besten zu behaupten wissen.

Doch die Schlacht zwischen Herstellern und Einzelhändlern hat erst begonnen und ist kein bloßer Einfrontenkrieg. In das Tauziehen sind schon viele andere geraten, von den Banken und Computerherstellern bis zu Lkw-Fahrern und Telefongesellschaften.

Eingezwängt zwischen Hersteller und Einzelhändler stehen die Großhändler, Kaufhausmagnaten, Transportfirmen und andere, jeder im Konkurrenzkampf gegen jeden, schwingen sie fortgeschrittene Informations- und Kommunikationstechnologien als Hauptwaffe.

Und was wir bislang sahen, ist nichts als ein Eröffnungs-Scharmützel, wobei auch die Hersteller große Gegenoffensiven vorbereiten, indem sie unter Umgehung der Ladengeschäfte über alternative Kanäle verkaufen (z.B. per Postversand), Computer und Telekommunikation zur Schaffung ihrer eigenen, vertikal integrierten Verteilungssysteme einsetzen, Einzelhandelsgeschäfte aufkaufen und sich mit dem technologischen großen Sprung versuchen, um den Einzelhändlern den Rang abzulaufen.

Aus diesen Technologien strömende Information wird unser gesamtes Produktions- und Verteilungssystem von Grund auf verwandeln, riesige Machtvakuen schaffen, die gierig zu füllen völlig neue Gruppierungen und Institutionen schon behende sich eilen.

X

Extra-Intelligenz

1839 wurde ein völlig verwahrloster Maler, der Zeichenunterricht gab, von einem Schüler gefragt, ob ihm vielleicht eine Zehndollarnote helfen könnte. Der Kunstlehrer, der es auch schon mit »Elektromagnetismus« versucht hatte, erwiderte daraufhin: »Das würde mir halt das Leben retten.«

Samuel F. B. Morse hatte damals bereits gezeigt, daß er chiffrierte Botschaften über einen Elektrodraht schicken konnte. Aber erst vier Jahre später gelang es ihm mit viel Anstrengung, den Kongreß zur Bereitstellung von 30 000 Dollar für den Bau einer Telegrafenleitung zwischen Washington und Baltimore zu bewegen. Bei der Eröffnung dieser ersten Leitung schickte Morse sein historisches Telegramm: »What hath God wrought!« Mit diesen Worten eröffnete Morse das Fernmeldezeitalter und gab damit den Startschuß für die dramatischste kommerzielle Auseinandersetzung des 19. Jahrhunderts. Er leitete einen machtvollen Prozeß ein, der bis heute weitergeht.

Während schon die Schlacht um den Kassenausgang im Supermarkt tobt, zeichnet sich bereits ein weitergehender Konflikt ab, bei dem es um die Kontrolle der elektronischen Schnellstraßen von morgen geht.

Bach, Beethoven und Wang

Da heute das Geschäftsleben so weitgehend vom Einholen und Aussenden von Information abhängt, verknüpfen Firmen in der ganzen Welt ihre Angestellten emsig mit Hilfe elektronischer Netze. Diese Netze bilden die Schlüssel-Infrastruktur des 21. Jahrhunderts, die für den Geschäftserfolg und die Entwicklung der Volkswirtschaften mindestens die Bedeutung hat wie die Eisenbahn zu Morses Zeiten.

Dazu gehören Lokalnetze, »LANs« genannt, die nichts anderes tun, als daß sie die Computer eines Gebäudes oder Gebäudekomplexes aneinanderhängen. Andere Netze legen sich wie Gürtel um den Erdball und verbinden die Citibank-Leute der ganzen Welt miteinander oder helfen Hilton bei der Zimmer- und Hertz bei der Leihwagenreservierung.

Mit jedem »Big Mac« oder »McMuffin«, den McDonald's verkauft, werden elektronische Daten generiert. Mit seinen 9400 Restaurants in 46 Ländern betreibt McDonald's nicht weniger als 20 verschiedene Netze fürs Einsammeln, Zusammenfügen und Verteilen dieser Information. DuPonts Vertreter für medizinische Produkte schließen ihre Laptops ans Electronic-Mail-Netz an, und Sara Lee benutzt seine Netze dazu, L'eggs-Strümpfe in die Regale zu packen. Volvo betreibt rund um die Welt 20 000 Terminals zum Einholen von Marktdaten. Die Ingenieure von DEC tauschen Designinformationen weltweit elektronisch aus.

Allein IBM verbindet 355 000 Bildschirme in der Welt vermittels eines Systems namens VNET, über das 1987 schätzungsweise fünf Billionen Datenzeichen liefen. Allein bei sich sparte IBM mit einem kleinen Teil dieses Systems namens PROFS den Kauf von 7,5 Millionen Briefumschlägen und hat sich ausgerechnet, daß IBM für die Durchführung derselben Arbeit ohne PROFS fast 40 000 Mitarbeiter mehr benötigen würde.

Vernetzung heißt das Zauberwort bis in die kleinsten Unternehmen. Mit rund 50 Millionen PCs allein in den USA macht Wang jetzt im Rundfunk mit seiner Vernetzungstechnik Reklame und quetscht seine »Connectability«-Werbespots sandwichgleich zwischen Bach-Suiten und Beethoven-Symphonien.

Tag für Tag werden die Firmen von ihren elektronischen Netzen abhängiger: beim Rechnungschreiben, Bestellen, Verfolgen der Auftragsdaten; beim Austausch von Designbeschreibungen, Konstruktionszeichnungen und Zeitplänen; ja sogar bei der Fernsteuerung von Produktionslinien. Die vernetzten Informationssysteme, die man zunächst nur als Verwaltungswerkzeuge angesehen hatte, gelten mehr und mehr als strategische Waffen für den Erhalt etablierter Märkte und den Ansturm auf neue.

Der Wettlauf im Bau dieser Netze ist fast so hastig geworden wie im 19. Jahrhundert der Bau der Eisenbahnlinien, als die Staaten begriffen, daß ihr Wohl und Wehe vom Umfang ihres Eisenbahnnetzes abhängen könnte.

Doch noch erkennt kaum jemand die damit einhergehende Machtverschiebung. Um sich das einmal vor Augen zu führen, hilft ein Blick zurück in die Geschehnisse nach Morses erster Telegrafenleitung.

Die Telefonschrulle

Mitte des 19. Jahrhunderts hatten die Morse-Adepten vieltausend Kilometer lange Telegrafenleitungen gezogen. Konkurrenzfirmen schossen aus dem Boden, die Netze wuchsen, und schon setzte der große Wettlauf um die Verbindung zwischen den Großstädten ein. Eine Firma namens Western Union, die ihre Drähte entlang der Bahndämme zog, fing an, kleinere Gesellschaften zu verschlingen. Binnen 11 Jahren reichten ihre Leitungen vom einen Ende Amerikas zum andern und war ihr Kapital von 500 000 auf 41 Millionen Dollar gestiegen – damals eine banksprengende Summe.

Bald belieferte ihre Tochterfirma, die Gold & Stock Telegraph Company, Investoren und Goldspekulanten mit Schnellinformationen und ebnete damit den heutigen Dow Jones' oder Nikkei den Weg.

Zu einer Zeit, als die meisten Mitteilungen noch in Satteltaschen oder Eisenbahnwagen durchs Land reisten, hielt Western Union die fortschrittlichen Kommunikationsmittel mit eisernem Griff.

Wie so oft führte auch hier Erfolg zum Hochmut. Als daher 1876 ein Stimmlehrer namens Alexander Graham Bell ein Patent fürs erste Telefon erlangte, tat Western das als Witz und als Schrulle ab. Als die öffentliche Nachfrage nach dem Telefondienst ins ungeheure stieg, unternahm Western Union alles nur Mögliche, um der neueren Technik den Garaus zu machen oder aber sie für sich zu gewinnen.

Western heuerte Thomas Edison an mit dem Auftrag, Alternativen zur Bell-Technik zu erfinden. Ihre Rechtsanwälte zogen Bell vor Gericht.

»Auf einer anderen Ebene«, schreibt Joseph C. Goulden, Urheber von *Monopoly*, »versperrte Western Union für Bell den Zugang zum Monopol über seine Leitungen entlang der Fernstraßen und Bahndämme. Western Union hatte seine Geräte in jedem größeren Hotel, Bahnhof und Zeitungsbüro des Landes unter Bedingungen aufgestellt, die keine Installation von Telefonen zuließen. In Philadelphia durfte ein Bell-Manager in der ganzen Stadt keine einzige Leitung aufstellen; Bell-Arbeiter wurden aufgrund von Western-beeideten Anklagen ins Gefängnis geworfen. Der politische Einfluß der Telegrafenfirma in Washington sorgte dafür, daß in keinem Büro der Bundesbehörden ein Bell-Telefon aufgestellt werden durfte ...«

Trotz alledem ging Western in die Knie, wurde beiseite geschoben, nicht so sehr von seinen kleineren Gegnern im Telegrafengeschäft, sondern vom unstillbaren Hunger der Geschäftswelt nach besserer Kommunikation. Der Sieger dieses Firmen-Machtringens wurde seinerseits zum größten Privatunternehmen der Welt: die American Telephone & Telegraph Company (AT&T).

Geheimtips und Tippsen

Die Vorteile der Kommunikation - sei es nun der Morse-Telegraf, das Bell-Telefon oder das heutige Datenschnellnetz - sind und bleiben relativ. Wenn keiner sie hat, operieren alle Konkurrenten gewissermaßen im selben, neutralen Transmissionstempo. Aber wenn einer sie hat und der andere nicht, dann steht die Konkurrenzarena kopf. Folglich beeilten sich alle Firmen und machten sich Bells Neuerfindung zu eigen.

Das Telefon seinerseits veränderte praktisch das ganze Geschäftsleben. Mit ihm ließ sich über größere geographische Gebiete operieren. Die Firmenchefs konnten sich jetzt unmittelbar mit Zweigstellenleitern oder Vertretern in fernen Regionalbüros unterhalten und feststellen, was Sache war. Die Verständigung mit Hilfe der Stimme vermittelte durch Intonation, Modulation und Akzentuierung viel mehr Information als das emotionslose Didadidid des Morsealphabets.

Mit dem Telefon wurden die Firmen größer. Zentralverwaltungen wurden effizienter. Vermittlungen und Vermittler hielten in Heerscharen Einzug. Sekretärinnen hörten mit und erfuhren, wann sie besser den Mund hielten. Sie hatten bald raus, wie man Anrufe abfangen und damit teilweise den Zugang zur Macht lenken konnte.

Anfänglich leistete das Telefon auch der Heimlichtuerei Vorschub. Jede Menge Geschäfte ließen sich tätigen, ohne daß ein möglicherweise gefährliches papierenes Beweisstück vorlag. (Später kamen dann die Techniken für das Anzapfen und Mithören, wodurch sich die Waagschalen im endlosen Kampf zwischen den Kennern von Geschäftsgeheimnissen und denen, die sie gerne wüßten, verschoben.)

Noch größer waren die mittelbaren Vorteile dieses beschleunigten Kommunikationssystems. Das Telefon integrierte die sich industrialisierende Wirtschaft. Kapitalmärkte wurden flüssiger, der Kommerz einfacher. Abschlüsse ließen sich schnell tätigen, der Bestätigungsbrief folgte nach.

Das Telefon steigerte das Tempo der Geschäftstätigkeit, womit sich wiederum in den technisch fortgeschritteneren Staaten die Wirtschaftsentwicklung beschleunigte. So könnte man behaupten, das Telefon habe letztendlich auch das internationale Kräfteverhältnis beeinflußt.

Das klingt überzogener, als es in Wirklichkeit ist. Die Macht eines Staates entspringt einer Vielzahl von Quellen, aber der Aufstieg Amerikas zur beherrschenden Weltmacht läßt sich grob an einem Vergleich seines Kommunikationssystems mit dem anderer Staaten ablesen. Noch 1956 stand die Hälfte aller Telefone der Welt in den USA. Heute, da Amerikas relative Herrschaftsposition zu sinken beginnt, ist dieser Anteil auf etwa ein Drittel gesunken.

Wie nun die Wirtschaft mehr und mehr aufs Telefon angewiesen war, wurden auch die Firmen und Regierungsstellen, die Telefone lieferten oder den Telefonverkehr bestimmten, ungeheuer mächtig. In den USA wurde AT&T, auch Bell System oder Ma Bell genannt, zum Hauptlieferanten von Fernmeldesystemen.

Wer einen anständigen Telefondienst gewöhnt ist, der kann sich kaum vorstellen, wie eine Wirtschaft oder ein Unternehmen ohne Telefon geführt werden oder in einem Land funktionieren soll, in dem die Telefongesellschaft (meist die Regierung) sogar den einfachsten Telefondienst versagt oder seine Einrichtung über Jahre verzögert. Diese bürokratische Macht hat politischen Nepotismus und Korruption zur Folge, verlangsamt die Wirtschaftsentwicklung und gibt oft den Ausschlag, welche Unternehmen wachsen dürfen und welche eingehen müssen. Dennoch trifft genau dies noch in vielen der früheren sozialistischen Staaten und Entwicklungsländer zu.

Auch in den technisch fortgeschrittenen Staaten haben jene, die den Telefondienst liefern oder über ihn zu bestimmen haben, das Schicksal ganzer Industriesektoren in der Hand, indem sie ihnen Sonderdienste einräumen oder verweigern, Preisstaffelungen genehmigen oder ablehnen und auf vielfältige andere Weise.

Manchmal schlagen zornige oder enttäuschte Benutzer zurück. Als Probe aufs Exempel nehmen wir die größte Firmen-Umstrukturierung der Geschichte, die gerichtlich angeordnete Aufteilung von AT&T im Jahre 1984.

Seit den vierziger Jahren hatte die US-Regierung vergeblich versucht, AT&T mit der Begründung aufzuschnüren, sie berechne den Kunden zuviel. Staatsanwälte zitierten die Firma vor Gericht, die Prozesse zogen sich endlos hin, aber nichts tat sich. Warnschüsse schlugen am Bug der Firma ein, aber selbst unter demokratischen Regierungen, die sich ganz dem Vorgehen gegen die Trusts verschrieben hatten, konnte nichts den Würgegriff von AT&T um das amerikanische Kommunikationssystem lockern.

Verschoben wurde das Machtverhältnis schließlich durch eine Kombination aus neuer Technologie und dem unwiderstehlichen

Drang der Telefonbenutzer in der Industrie nach mehr und besserer Dienstleistung.

Mit Beginn der sechziger Jahre fingen viele amerikanische Unternehmen an, Computer aufzustellen. Gleichzeitig entstanden in den Labors Satelliten und viele neue Technologien - zum Teil auch in AT&T-Labors. Bald verlangten die Computernutzer in der Wirtschaft nach allerlei neuen Datennetzsystemen. Die Computer sollten sich miteinander unterhalten können. Daß das technisch möglich war, stand außer Frage. Aber die so dringend benötigten verschiedenen Datendienste stellten damals einen zu kleinen Markt dar, als daß Ma Bell Appetit darauf verspüren mochte.

Als geschütztes Monopol hatte die Telefongesellschaft keinerlei Konkurrenz zu befürchten und reagierte deshalb nur langsam auf die neuen Ansprüche. Mit der Verbreitung von Computern und Satelliten brauchten aber immer mehr Firmen eine Verknüpfung und wurde die Verärgerung der Wirtschaft über AT&T immer lauter. IBM, Hauptlieferant von Großrechnern, gingen vermutlich Abschlüsse flöten, bloß weil AT&T auf der Stelle trat, und auch sonst hätte IBM einen Riß im AT&T-Monopol nicht ungern gesehen. Alle diese unzufriedenen Firmen hatten politischen Grips.

Allmählich stieg in Washington der Pegel der Anti-AT&T-Gefühle. Letzten Endes entstand aus der Kombination neuer Technologien mit wachsender Feindseligkeit gegen Ma Bell das politische Klima für den schließlichen Knall. Indem das Gericht AT&T in Stücke brach, öffnete es erstmalig seit den ersten Jahrzehnten dieses Jahrhunderts in den USA das Fernmeldewesen für den Wettbewerb. Hinter der massiven Aufspaltung steckten, mit anderen Worten, nicht nur rechtliche Gründe, sondern auch strukturelle Kräfte.

So wie ein Jahrhundert zuvor eine überwältigende Nachfrage der Wirtschaft nach besserer Kommunikation Western Union in die Knie gezwungen hatte, zerbrach auch AT&T letzten Endes unter dem Ansturm neuer Technologien und einer unbefriedigten Forderung nach neuen Dienstleistungen. Mittlerweile ist das Tempo des technologischen Wandels weißglühend geworden und sind die Firmen mehr denn je zuvor in der Geschichte vom Fernmeldewesen abhängig.

Die Folge ist, daß Luftfahrtgesellschaften, Autohersteller und Ölgesellschaften allesamt in einen Vielfrontenkrieg um die Beherrschung des neuen Kommunikationssystems verwickelt sind. Ja sogar Transportfirmen, Kaufhäuser, Läden, Fabriken - die gesamte Produktions- und Verteilungskette - geraten in den Sog, wie wir gleich sehen werden.

Hinzu kommt: Je mehr sich Geld zu Information und Information zu Geld wandelt, desto mehr reduzieren sich beide auf elektronische Impulse (und werden als solche weitergereicht). Mit dem Fortschreiten dieser historischen Verschmelzung von Fernmeldewesen und Finanzen steigt die in der Herrschaft über die Netze liegende Macht exponentiell.

Das alles erklärt die atemberaubende Kraft, mit der sich Firmen wie Regierungen in den Krieg um die Kontrolle der elektronischen Fernstraßen von morgen werfen. Erstaunlich nur, daß so wenige Topmanager wirklich begriffen haben, worum es hier geht, geschweige denn, welche fantastische Verwandlung das Wesen der Kommunikation in unseren Tagen durchmacht.

Das ichbewußte Netz

Das Telefon oder den Computer auf dem nächstbesten Schreibtisch kann jeder anfassen. Für die Netze, die sie mit der Welt verbinden, gilt das nicht. So bleiben uns zumeist die rasanten Fortschritte verschlossen, die sie zum Nervensystem unserer Gesellschaft machen.

Die Netze, die Morse, Western Union, Bell und andere aufstellten, als sie ihre ersten Drähte zogen, waren unintelligent bis rundweg dumm. Jedes Kind wußte, daß die Gerade der kürzeste Weg zwischen zwei Punkten ist. Also suchten die Ingenieure nach dieser Geraden und wurden die von einer Stadt in die andere gesandten Mitteilungen immer über diesen Weg geschickt.

Mit der Ausweitung dieser Netze der ersten Phase entdeckte man jedoch, daß in der Netzwelt die Gerade nicht zwangsläufig der beste Weg für die Beförderung einer Mitteilung ist. Vielmehr ließen sich mehr Mitteilungen schneller übermitteln, wenn man beispielsweise den Anruf von Tallahassee nach Atlanta nicht immer über dieselbe Strecke sandte, sondern das Netz die anstehenden Anrufe in jeder Teilschiene des Systems zählte und dann den Anruf nach Atlanta auf die verfügbaren Leitungen umlegte, ihn beispielsweise auf den Umweg über New Orleans oder St. Louis leitete, anstatt anstehen zu lassen, weil die kürzeste Gerade nun mal belegt war.

So primitiv das war, war es doch schon ein erster Schritt in Richtung auf »Intelligenz« im System und bedeutete, daß das Netz seine Eigenleistung zu überwachen begann. Damit tat das ganze System den Sprung in seine zweite Entwicklungsphase. Dieser Durchbruch hatte viele weitere, oft herrlich geniale Neuerungen zur Folge, so daß das Telefonnetz schließlich viel mehr über sich selbst erfuhr, seine Bestandteile nachprüfte und Netzzusammenbrüche vorauszuberechnen, ja zu diagnostizieren imstande war.

Es war, als beginne ein bislang toter oder inerter Organismus plötzlich den eigenen Blutdruck, Puls und Atemrhythmus zu messen. Das Netz wurde ichbewußt.

Kreuz und quer über den ganzen Planeten verlegt, die Drähte in Hunderte Millionen Wohnungen erstreckend, ganze Kupferminen von Kabelschlangen unter die Straßen der Städte verlegend, tausendknöpfige Vermittlungen und Transmissionstechniken errichtend, waren diese ständig verfeinerten, verbesserten, erweiterten und intelligenter werdenden Netze der zweiten Phase die wahren Weltwunder des Industriezeitalters.

Da der Durchschnittsbenutzer kaum je etwas davon zu sehen bekam, unterschätzt unsere Kultur hoffnungslos den festgefügten Glanz und die erfinderische Schönheit dieser verborgenen Netze ebenso wie ihre evolutionäre Bedeutung.

Denn während ein Teil der Weltbevölkerung noch immer den einfachsten Telefondienst entbehren muß, arbeiten die Forscher schon hart an einem weiteren revolutionären »Sprung« – der Schaffung noch ausgeklügelterer Netze der »dritten Phase«.

Heute, da Millionen Computer – vom Cray-Giganten zum

Laptop-Zwerg - an sie angeschlossen werden, da unablässig neue Netze entstehen und in immer engerer Dichtmaschigkeit verknüpft werden, braucht man noch mehr Intelligenz oder »Ichbewußtsein«, um das riesige, durchpulsierende Informationsvolumen bewältigen zu können.

Also setzen die Forscher alles daran, den Netzen noch mehr Ichbewußtsein einzuimpfen. Ihr Ziel sind die sogenannten »Neuralnetze«, die nicht nur Mitteilungen weiterleiten und umleiten, sondern aus ihren Erfahrungen lernen, vorausberechnen, wann und wo starker Verkehr herrschen wird, und dann die betroffenen Teile des Netzes nach Bedarf ausweiten oder verengen. Das ist, wie wenn der San Diego Freeway oder die deutsche Autobahn gescheit genug wären, sich selbst zu verbreitern oder zu verengen, je nachdem, wie viele Autos sie im Augenblick erwartet.

Noch ist diese große Anstrengung nicht zu Ende geführt, da taucht schon der nächste Gigantensprung auf. Dabei bewegen wir uns nicht in eine vierte Phase, sondern wir begeben uns überhaupt auf eine andere Intelligenzebene.

Griff in die Mitteilung

Bislang besaßen selbst die intelligentesten Netzwerke, auch die neuen neuralen, nur eine Art innenwirksamer »Intra-Intelligenz«.

Intra-Intelligenz läßt sich mit dem vergleichen, was in unserem Nervensystem die unbewußten Vorgänge im Körper steuert, Herzschlag und Hormonabsonderung beispielsweise - eben die Funktionen, an die wir kaum einen Gedanken verschwenden, die aber lebensnotwendig sind.

Intra-intelligente Netzwerke liefern die Mitteilung exakt so ab, wie sie aufgegeben wurde. Wissenschaftler und Techniker geben sich alle Mühe, damit die Mitteilung rein bleibt, bekämpfen jedes »Rauschen«, das sie verstümmeln oder verändern könnte. Zwar zerhacken oder digitalisieren und paketieren sie sie, um sie von hier nach da zu transportieren. Aber am Empfangsende setzen sie sie wieder genau gleich zusammen. Der Mitteilungsinhalt bleibt unverändert.

Heute versucht man sich an Netzen, die man »extra-intelligent« nennen könnte. Sie begnügen sich nicht mit der reinen Übermittlung der Daten, sondern analysieren und kombinieren sie, packen sie um oder verändern sie sonstwie und schaffen dabei manchmal neue Informationen. Das so massierte und bearbeitete Produkt am andern Ende sieht anders aus als das, was eingegeben wurde, und das besorgt eine im Netzwerk enthaltene Software. Sie heißen VANs: »Value Added Networks« - »Mehrwertdienste«. Sie sind extra-intelligent.

Derzeit zerhacken die meisten VANs lediglich die Mitteilungen, um sie den verschiedenen Medien anzupassen, und fügen sie wieder zusammen. So nimmt beispielsweise der Dienst Atlas 400 in Frankreich Daten aus einem Großrechner entgegen und verpackt sie in eine Form, die beispielsweise von einem PC, einem Fax-Gerät oder einem Videotext-Bildschirm aufgenommen werden kann.

Nicht sehr aufregend, sollte man meinen. Aber die Wertmehrung macht bei der Veränderung der technischen Merkmale einer Mitteilung nicht halt. In Frankreich bietet Minitel, das 5 Millionen Haushalte und Geschäfte verbindet, z. B. Gatrad, Mitrad, Dilo und andere Dienste an, die eine Mitteilung auf Französisch entgegennehmen und in Englisch, Arabisch, Spanisch, Deutsch, Italienisch oder Holländisch abliefern und umgekehrt. Sind die Übersetzungen auch noch holprig, so sind sie doch brauchbar, und bei einigen Diensten sind schon Spezialwörterbücher integriert für Themen wie Raumfahrt, Atomkraft und Politik.

Andere Netze nehmen Daten entgegen, gleichen sie gegen ein Computermodell ab und liefern dem Endbenutzer eine »verbesserte« Mitteilung. Illustrieren wir das anhand eines einfachen, erfundenen Beispiels.

Nehmen wir eine Transportfirma am Pariser Stadtrand, deren Lkws regelmäßig 40 europäische Verteiler mit einem Produkt belieferte. Nun gibt es in den verschiedenen Teilen Europas sehr unterschiedliche Straßenzustände und Wetterlagen, und dasselbe gilt für Wechselkurse, Benzinpreise und dergleichen. Bisher berechnete jeder einzelne Fahrer die beste Route oder ließ sie sich täglich durchtelefonieren.

Man stelle sich nun vor, daß ein unabhängiger VAN-Dienst - ein einziger Träger - nicht nur die Fahrer in ganz Europa mit Weisungen beliefert, sondern auch laufend Informationen über Straßenzustände, Verkehrsdichten, Wetterbedingungen, Wechselkurse und Benzinpreise einholt. Der Pariser Transportunternehmer kann jetzt seine Tagesweisungen ins VAN laden und an seine Fahrer verteilen lassen. Doch bevor die Mitteilungen die Fahrer erreichen, durchlaufen sie das Netzwerkprogramm, das nun die Routen anhand der neuesten Daten so anpaßt, daß die kürzeste Fahrzeit und Fahrstrecke und die geringsten Benzin- und Währungskosten herauskommen.

In einem solchen Fall werden die Anweisungen der Transportfirma auf dem Weg zu den Fahrern verändert und »verbessert«. Der Netzträger hat den Wert der Mitteilung gemehrt, indem er Zusatzinformationen einspeiste, die Mitteilung veränderte und dann erst verteilte.

Das ist aber nur eine der einfachsten Formen eines extraintelligenten Netzes. Je komplexere Dienste es bietet, indem es Daten einholt, integriert und auswertet, automatische Schlußfolgerungen zieht und den Input gegen ausgeklügelte Modelle abgleicht, desto wertvoller wird es.

Kurzum: Wir rechnen mit Netzen, deren »Intelligenz« nicht mehr nur auf eine Veränderung oder Verbesserung des Netzes als solchen abstellt, sondern die auf die Außenwelt einwirken, indem sie die durchlaufenden Mitteilungen mit »Extra-Intelligenz« versehen.

Noch sind die extra-intelligenten Netze fast nur ein Leuchten in den Augen ihrer Erbauer, aber sie stellen einen Evolutionssprung auf eine neue Kommunikationsebene dar. Sie verlangen auch seitens ihrer Benutzer erhebliche Zusatzkenntnisse. Lüde eine Firma ihre Mitteilungen in ein VAN, ohne eingehend zu wissen, von welchen Hypothesen das Programm ausgeht, dann spielt sie eher Blindekuh als knallhartes Geschäft. Die in der Software verborgenen Vorgaben können einen Benutzer teuer zu stehen kommen.

So haben sich ausländische Fluggesellschaften beispielsweise beim amerikanischen Verkehrsministerium darüber beschwert, im elektronischen Netz, das Tausende amerikanischer Reisebüros für die Buchung von Flügen für ihre Kunden verwenden, würden sie diskriminiert. Das Reservierungssystem namens Sabre wird von AMR Corp. betrieben, der auch American Airlines gehört. Dieses System, das die Reservierung für viele Fluggesellschaften erlaubt, enthält ein extra-intelligentes Modell, das dem Reisebüro die geeignetsten, verfügbaren Flüge anzeigt. Gegenstand der Beschwerde waren die in dieses Modell eingebauten Vorgaben.

Sucht eine Reiseberaterin beispielsweise Flüge von Frankfurt nach St. Louis, dann zeigt ihr Bildschirm die Flüge nach Flugdauer geordnet an. Je kürzer der Flug, desto besser. Die Sabre-Software ging jedoch automatisch davon aus, daß Flugzeugwechsel und Transfer von einer Fluggesellschaft zur anderen 90 Minuten in Anspruch nimmt. Da nun viele Auslandsflüge in die USA ein Umsteigen auf eine inneramerikanische Fluglinie mit sich bringen, erhoben die ausländischen Fluggesellschaften den Vorwurf, die verborgenen Vorgaben des Reservierungssystems benachteiligten automatisch Flugzeugwechsel, die weniger als 90 Minuten dauerten. Damit aber stünden sie im Reisebüro schlechter da. Kurzum: Die Extra-Intelligenz war voreingenommen.

Man stelle sich nun nicht bloß eine Handvoll solcher Streitfälle und Netzwerke, sondern Tausende VANs und Zehntausende in sie eingebauter Programme und Modelle vor, welche unablässig Millionen Mitteilungen verändern und manipulieren, die über die ichbewußten elektronischen Fernstraßen durch die Wirtschaft sausen. England brüstet sich schon heute mit 800 VANs, die Bundesrepublik mit 700, und in Japan haben mehr als 500 Firmen beim Postministerium einen VAN-Betrieb angemeldet.

Die VANs werden die heutigen Produktions- und Verteilungskosten um ungezählte Milliarden senken, indem sie rücksichtslos den Papierwust beschneiden, den Lagerbedarf verringern, die Reaktionszeit beschleunigen. Aber die Extra-Intelligenz-Spritze in die wuchernden und verknüpften Netze hat eine noch weiter reichende Bedeutung. Es ist, als pflanze man einem bislang hirnlosen Organismus mit einem Schlag eine Großhirnrinde ein. In Verbindung mit seinem autonomen Nervensystem wird der Organismus dann nicht nur ichbewußt und zur Selbstveränderung fähig, sondern beginnt, unmittelbar in unser Leben einzugreifen, angefangen mit dem Geschäftsleben.

Darum werden Netzwerke in Wirtschaft und Gesellschaft revolutionär neue Rollen annehmen. Und auch wenn unseres Wissens bislang noch niemand Extra-Intelligenz zu bösartigen oder kriminellen Zwecken benutzt hat, steckt doch die Ausbreitung extraintelligenter Netze noch in den Kinderschuhen und sind Regeln und Sicherungsvorkehrungen erst noch zu erfinden.

Wer weiß, was dann kommt? Mit der Schaffung eines extraintelligenten, ichbewußten elektronischen Neuralsystems verändern wir die Regeln der Kultur und nicht nur des Geschäfts.

E-I, wie wir es nennen können, wird atemberaubende Fragen des Verhältnisses zwischen Daten und Information und Wissen, über Sprache, Ethik und in der Software lauernde abstruse Modelle aufwerfen. In die Chefetagen und Gerichtssäle der Zukunft wird es Wiedergutmachungsansprüche, Forderungen auf Behebung von Fehlannahmen und Voreingenommenheiten, Fragen des Schutzes der Intimsphäre und der Fairneß nur so hageln, während sich die Gesellschaft an die Existenz von Extra-Intelligenz anzupassen sucht.

Da die Rückwirkungen der E-I eines Tages weit über reine Geschäftsangelegenheiten hinausgehen werden, sollten sie uns zu eingehenden sozialen, politischen, ja philosophischen Überlegungen veranlassen. Denn in die Gestaltung der elektronischen Infrastruktur für die Supersymbolgesellschaft von morgen fließen Unsummen von Hand- und Geistesarbeit und wissenschaftlicher Fantasie ein, verglichen mit denen alles zum Bau der ägyptischen Pyramiden, der Kathedralen des Mittelalters oder auch zur Errichtung von Stonehenge Erforderliche zur Nebensächlichkeit verblaßt.

Schon erbeben, wie wir gleich sehen werden, die Machtverhältnisse in ganzen Sektoren der sich abzeichnenden neuen Wirtschaft unter den Schlägen der E-I.

XI

Netto-Macht

Japan hat Sorgen. Von außen gesehen scheint es oft wirtschaftlich unschlagbar. Aber von innen betrachtet sieht es anders aus. Es besitzt keine eigenen Energiequellen, baut kaum Nahrungsmittel an und ist für Handelsbeschränkungen höchst anfällig. Es macht sich Sorgen, wenn der Yen fällt und wenn er steigt. Aber der einzelne Japaner macht sich nicht nur wegen der Wirtschaft im allgemeinen Sorgen. Auch seine eigene Zukunft macht ihn besorgt. Also spart er wie wild und kauft sich massenhaft in Versicherungen ein.

Lange Zeit hindurch waren die Versicherungsgiganten die Hauptgewinner aus diesen Ängsten. Heute indes ziehen die Versicherer die Stirn kraus.

Die Regierung öffnet allmählich die Tore, die einst Japans aufdringliche Wertpapiermakler vor der Konkurrenz schützten. Knallharte Weltklassefirmen wie Nomura und Daiwa, die Merrill Lynches und Shearsons von Japan, bereiten sich auf den Einmarsch ins Reservat der Versicherungsindustrie vor.

Damit nicht genug, erschüttern wilde Veränderungen den ganzen Versicherungsbereich. Die Kunden fordern massenhaft neuartige Policen und Finanzleistungen, die die ehrwürdigen Giganten - Nippon Life ist über hundert Jahre alt - nicht ohne weiteres schaffen und bieten können.

Gegenüber derartigen Herausforderungen haben die großen Versicherungsgesellschaften eine elektronische Verteidigungslinie zu legen begonnen. Nippon Life setzt fast eine halbe Milliarde Dollar auf ein neues Informationssystem mit 5000 PCs und 1500 Abteilungsrechnern für seine Nebenstellen, Megamaschinen für Zweigstellen und Hauptverwaltung, dazu optische Lesegeräte und allerlei andere Ausrüstung, die allesamt in einem einzigen Netzwerk verknüpft werden sollen.

Auch der Rivale Dai-Ichi Mutual sucht mit hängender Zunge

Anschluß und baut ein Netz auf, bei dem die Außenvertreter Zentraldatenbanken anwählen, auf Befehle synthetischer Stimmen am Telefon reagieren und Fax-Ausdrucke der für Kunden und Policen benötigten Daten anfordern können. Zur gleichen Zeit sucht sich Meiji Mutual mit seinen 38 000 meist weiblichen Außenvertretern schleunigst mit Kommunikationswerkzeugen zu bewaffnen.

Die Versicherungsgesellschaften stehen indes keineswegs allein auf weiter Flur. Ganz Japan scheint vom Elektronisierungsfieber befallen. Schreibt *Datamation*: »Große Dienstleistungsfirmen installieren Netze mit 5000 oder mehr PCs und Bildschirmen an allen Ecken und Enden Japans.« Und Toshiyuki Nakamura von Meiji meint: »Wenn wir das nicht tun, verlieren wir möglicherweise alles.«

Nakamura hat recht. Mit der Ausbreitung der elektronischen Netze geht eine Machtverschiebung einher. Und das nicht nur in Japan. Auch die USA und Europa verkabeln sich wie nie zuvor. Der elektronische Wettlauf des Jahrhunderts hat eingesetzt.

Die Grobtuchsuche

Man nehme ein paar Jeans. Der Baumwollstoff kommt vielleicht von Burlington Industries. Dieser amerikanische Textilgigant beliefert seine Kunden gratis mit Software, damit sie unmittelbar mit dem Großrechner von Burlington kommunizieren, ihren Grobtuchvorrat elektronisch durchblättern, die gewünschte Gewebeart aussuchen und bestellen können - alles im Sekundentempo.

Hersteller wie Burlington hoffen sich mit solchen Dienstleistungen von den Konkurrenten absetzen, ihren Kunden das Leben erleichtern und sie gleichzeitig so fest in die neuen »elektronischen Datenaustauschsysteme« (EDA) einschnüren zu können, daß es für sie kein Zurück gibt.

Auf niedrigster Ebene machen EDA-Systeme den elektronischen Austausch von Dokumenten möglich: Rechnungen, Spezifikationen, Lagerbestände und so. Beließe man es dabei, dann wäre es so, als nennte man Mozart einen Melodienklempner.

Denn mit der gegenseitigen Verknüpfung von Datenbanken und Elektroniksystemen können Firmen zu sehr engen Partnerschaften verwachsen.

Öffnet also Burlington seine Vorratsdateien für seine Kunden, so erlaubt der Computerhersteller Digital Equipment seinen Zulieferern Einblick in seine Designgeheimnisse. Ordert DEC bestimmte Bauteile, dann kann es dem Lieferanten seine gesamte CAD-Datei elektronisch übermitteln, damit Käufer und Lieferant enger zusammenarbeiten können. Intimität heißt das Ziel.

Die großen Autofirmen weigern sich mittlerweile praktisch, mit jemand, der nicht zur elektronischen Interaktion fähig ist, überhaupt noch in Geschäftsbeziehung zu treten. Ford hat 57 Bauteilfabriken wissen lassen, sie müßten Transportpläne, Materialforderungen, Freigaben und Empfangsbestätigungen von Kunden wie Lieferanten elektronisch austauschen.

Die Vorteile von EDA liegen nicht nur in einer Senkung der Papierarbeit und Vorratshaltung, sondern auch in schnellerer und geschmeidigerer Reaktion auf Kundenbedürfnisse. Zusammengenommen kann das massive Einsparungen bedeuten.

Aber die weltweite Verlagerung auf den elektronischen Austausch bringt auch radikale Veränderungen des Geschäftssystems mit sich. Firmen gruppieren sich gewissermaßen zum »Informations-sharing«. Immer mehr Kommunikation überschreitet - und verwischt manchmal - Organisationsgrenzen.

Ob nun eine japanische Versicherungsgesellschaft oder ein amerikanischer Autohersteller EDA betreibt - immer sind sie zu erheblichen Veränderungen der Buchführungs- und anderen Kontrollsysteme gezwungen.

Mit der Einführung der Elektronik in einer Firma verändern sich die Arbeitsplätze, müssen Menschen versetzt werden, steigt oder fällt das Durchsetzvermögen ganzer Abteilungen. Das gesamte Verhältnis der Firma mit Zulieferern und Kunden gerät ins Wanken.

Derartige Machtverschiebungen bleiben jedoch nicht auf Einzelfirmen beschränkt. Ganze Wirtschaftssektoren bekommen schon die Wucht des EDA zu spüren. Kann EDA doch als Waffe zur Ausmerzung der Mittler und Zwischenhändler dienen.

Die führende japanische Kosmetikfirma Shiseido zum Beispiel schaltet mit ihren Netzwerken die traditionelle Verteilerkette aus. Shiseido-Puder, -Cremes, -Lidschatten, -Lotionen etc. findet man in Japan überall, und jetzt drängen sie auch auf den amerikanischen und europäischen Markt.

Durch Verknüpfung seiner Computer mit denen der Kunden wirft Shiseido die Großhändler und Lagerhäuser aus dem Rennen und beliefert die Verkaufsstellen unmittelbar aus seinem Verteilungszentrum. Wenn Shiseido und andere unmittelbar mit ihren Einzelhändlern »reden« können und die Einzelhändler Zugang zu den Informationen des Hersteller-Computers haben, wer braucht da noch jemand dazwischen?

»Der Großhändler? Weg vom Fenster!« sagt Monroe Greenstein, Fachmann für Einzelhandelsfragen bei der New Yorker Maklerfirma Bear und Stearns. Um diesem Schicksal zu entgehen, wenden sich auch die Großhändler der elektronischen Rüstung zu.

Bekanntestes und mittlerweile klassisches Beispiel eines Großhändlers, der die Offensive ergreift (und sich neue Macht auf dem Markt erobert hat), ist American Hospital Supply, das jetzt zu Baxter Health Care Corp. gehört. Schon 1978 stellte AHS die ersten Bildschirme in Krankenhäusern auf und gestattete ihnen, über ein Netzwerk direkt seine Computer anzuwählen. Für die Krankenhäuser war die Bestellung bei AHS mit bloßem Knopfdruck viel einfacher als bei anderen, weniger fortschrittlichen Lieferanten.

Umgekehrt nutzte AHS das Netzwerk dazu, seinen Kunden allerlei nützliche Informationen über Produkte, Nutzungsanwendungen, Kosten, Vorratshaltung usw. zukommen zu lassen. Da das AHS-System so reaktionsschnell und zuverlässig war, konnten die Krankenhäuser ihre Lagerhaltung reduzieren, was sich in einer beträchtlichen Ersparnis niederschlug. Verhandelte ein Krankenhaus nur noch mit AHS, dann stellte AHS dafür dem Krankenhaus ein komplettes Management-Informationssystem zur Verfügung. Die Bilanzzahlen von AHS schossen in die Höhe.

Der Firmenberater Peter Keen, dessen Untersuchung *Competing in Time* ein Teil dieser Informationen entstammt, beschreibt, wie der Pharma-Großhändler Foremost McKesson die AHS-Strategie auf seine Zwecke anwandte. Die aus Taschengeräten in 15 000 Läden elektronisch in die McKesson-Computer einströmenden Kundenbestellungen werden sofort sortiert und zusammengefaßt. Daraus ergeben sich die Eigenbestellungen von McKesson, die zur vollen Hälfte wiederum sofort und automatisch an die Zulieferer weitergehen.

Mit derlei Hochgeschwindigkeitssystemen können sich AHS, Foremost und viele andere Firmen so bequem im Tagesgeschäft ihrer Kunden einnisten, daß es diese schwer ankäme und einiges kosten würde, wollten sie sich noch woanders umsehen. Als Gegenleistung erbringen die Systeme für die Kunden beträchtliche Einsparungen und sind ihnen generell beim Management behilflich. Die Verhandlungsposition verbessert sich entsprechend.

AHS und McKesson sind aber eine Ausnahme. Die meisten zwischen Herstellern und immer fortschrittlicheren Einzelhändlern eingezwängten Großhändler dürften ins elektronische Gedränge geraten.

Immobilien und Schienen

Mit der Ausweitung der Extra-Intelligenz in der Wirtschaft sind die Lagerfirmen die nächsten Kopfschmerzkandidaten.

Steigende Personalisierung und flexible Herstellung, wie der Computer sie erlaubt, bedeuten unter anderem auch die Verlagerung von wenigen Großbestellungen einförmiger Produkte weg und hin zu vielen Bestellungen diversifizierter Erzeugnisse. Gleichzeitig verstärkt sich mit der Beschleunigung der Geschäftsvorgänge dank elektronischer Vernetzung auch der Druck auf »Just-in-time«-Belieferung von Fabriken und Läden.

Das bedeutet weniger Großtransporte, kürzere Lagerzeiten, schnelleren Umschlag und mehr Drängen nach exakter Information, wo sich jedes gelagerte Stück gerade befindet – weniger Raum, mehr Information.

Damit verringert sich die Durchsetzungskraft des Raum-Anbieters und zwingt einsichtige Lagerhäuser zur Suche nach alternativen Aufgaben. Die einen benutzen Netzwerke und Computer dazu, den Kunden Datensoftware-Dienste, Transportmanagement, Verpackungs-, Sortier-, Inspektions-, Zuschlags- und Montagedienste etc. anzubieten. Andere, wie beispielsweise Sumitomo Warehouse in Japan, diversifizieren angesichts der austrocknenden Lagerfunktion in Richtung auf die Grundstücksentwicklung.

Die Supersymbolwirtschaft und Extra-Intelligenz lassen auch den Transportsektor nicht ungeschoren: Eisenbahnen, Schiffsbelader und Lkw-Firmen. Wie die Lagerhalter suchen auch viele Lkw-Firmen in elektronischen Netzen ihr Heil.

In Japan hat der Run auf die Kleinserienproduktion und der Push in Richtung auf Just-in-time-Belieferung einen gewaltigen Anstieg der Schnell-Lieferung zur Folge. Anstatt der wöchentlichen Großsendung wird der häufigere Kleintransport bevorzugt. Am rasantesten entwickelt sich die Tür-zu-Tür-Belieferung.

Wir erleben also, wie sich alle traditionellen Sektoren des Produktions- und Verteilungssystems der Extra-Intelligenz zuwenden, um entweder zu überleben oder aber offensiv ihre Macht auszubauen.

Mobilisierung für den Elektronikkrieg

Der Elektronikkrieg gewinnt eine völlig neue Größenordnung, wenn ganze Industrien zur Schlacht aufmarschieren.

Es sind weniger einzelne Firmen, sondern industrieweite Gruppen, die gemeinsam vorgehen. Besonders deutlich erkennbar sind solche industrieweite Netze in Japan, wo ihre Formierung vom allgegenwärtigen MITI kräftig gefördert wird. So schwingt MITI über der Ölindustrie die Peitsche, damit sie ein Netz zwischen Raffinerien, Öltankern und Einzelhändlern aufbaut. Industrieweite VANs sind schon in so disparaten Bereichen wie Tiefkühlkost, Brillen und Sportartikel gesichtet worden.

Auch andernorts springen industrieweite Netze ins Leben. In Australien raufen sich zwei konkurrierende VANs, Woolcom und ein von Talman Pty. Ltd. für Wollmakler und -exporteure angebotener Dienst um das große Geschäft und hoffen auf den Anschluß ans internationale Handelsnetz Tradegate und das Export-Clearingsystem EXIT.

In den USA gibt es große Bestrebungen für die Fertigstellung eines Netzes, in dem nicht nur Textilfabrikanten wie Burlington, sondern auch Kleidermacher und Einzelhandelsgiganten wie Wal-Mart und K Mart zusammengefaßt sind. Um diese Bestrebungen anzustacheln, sind sich Top-Geschäftsleute wie Roger Millikin, Vorstandsvorsitzer von Millikin & Co., nicht zu schade, Reden zu halten und Seminare durchzuführen, Kapitalstudien anfertigen zu lassen und überhaupt das Netzwerk-Evangelium zu predigen.

Ein wichtiges Problem in der Industrie sind die langen Reaktionszeiten. Die Mode wechselt schnell, deshalb will die Industrie die Zeit zwischen Auftrag und Lieferung durch ein elektronisches Netz von der Textilfabrik bis zur Ladenkasse von Wochen auf Tage senken. Mit schnellerer Reaktion werden riesige Einsparungen in der Bevorratung möglich.

Der Einzelhändler kann kleinere Stapel bestellen und die schnellverkauften Stücke häufiger nach dem wechselnden Stil und Kundengeschmack auffüllen, anstatt auf Ladenhütern sitzenzubleiben. Milliken nennt als Beispiel ein Kaufhaus, das 25 Prozent mehr Freizeithosen verkaufte und gleichzeitig 25 Prozent weniger Vorrat auf Lager halten mußte. Schon jetzt, da das System erst teilweise funktioniert, zeigen sich drastische Ergebnisse. Die Kampagne setzte 1986 ein. 1989 hatten nach Arthur Anderson & Co. schon mehr als 75 Einzelhändler runde 3,6 Milliarden Dollar in das System »Quick Response« investiert und bereits 9,6 Milliarden Dollar Gewinn gemacht.

Millikin und andere glauben sogar, es ließen sich so viele Milliarden einsparen, daß das System in internationalen Handelskriegen als Waffe dienen könnte. Läßt sich die Effizienz genügend und schnell genug steigern, so lautet das Argument, dann würde die amerikanische Textil- und Kleiderindustrie in die Lage versetzt, mit Billigarbeits-Importen wirksam zu konkurrieren.

Parallel zum Wettlauf von Firmen und ganzen Industriezweigen um eine gute Ausgangsposition für die Zukunft dank spezieller Netze suchen andere Giganten schleunigst globale Vielzwecknetze einzurichten, die Mitteilungen für alle Welt weitertragen sollen. So entsteht ein Schichtkuchen aus elektronischen Netzen: Privatnetze, die in erster Linie für die Mitarbeiter einer bestimmten Firma gedacht sind; EDA-Verknüpfungen zwischen Einzelfirmen und ihren Kunden oder Verkäufern; industrieweite Netze. Obenauf müssen wir jedoch noch die generischen Netze legen, die sogenannten gemeinsamen Träger, die die Netze der niedrigeren Ebenen untereinander verknüpfen und Mitteilungen für jedermann transportieren.

Das Volumen der Mitteilungen und Daten, die jetzt durch dieses Nervensystem sausen, ist so riesig, daß zwischen den Großfirmen, die den gemeinsamen Trägerdienst zu beherrschen suchen, ein noch größerer Kampf tobt. Giganten wie British Telecom, Amerikas AT&T und Japans KDD expandieren schleunigst ihre Kapazitäten und machen den Datenfluß schneller. Noch komplizierter wird die Sache dadurch, daß Großfirmen mit eigenen Globalnetzen Dienstleistungen an Außenseiter verkaufen und den gemeinsamen Trägern Konkurrenz machen. So ringen beispielsweise Toyota und IBM um Geschäftsanteile, die sonst vielleicht an eine der alten Telefongesellschaften gehen. General Electric betreibt ein Netz in 70 Ländern, und Benetton in Italien läßt sich von GE 90 Prozent seiner Mitarbeiter verknüpfen.

Vor unseren Augen entsteht also ein völlig neues Mehrschichtensystem als Wirtschaftsinfrastruktur des 21. Jahrhunderts.

Die Kundenschleife

Mit ihrem Wachstum gehen neue Kämpfe um die Beherrschung von Wissen und Kommunikation einher, und diese Kämpfe werden die Machtverteilung zwischen Menschen, Firmen, Industrien, Sektoren und Ländern von Grund auf umgestalten. Obwohl die »Neuralisierung« der Wirtschaft eben erst begonnen hat, treten tagtäglich neue Akteure in den Kreis der Mitspieler im Machtpoker. Kreditkartenfirmen gehören dazu, die großen japanischen Handelshäuser, Ausrüster und viele andere.

Den entscheidenden Trumpf in diesem System bildet die Plastikkarte in der Brieftasche des Verbrauchers. Ob es nun eine maschinenlesbare Karte, die klassische Kreditkarte oder eine »intelligente« Debitkarte ist: die Karte ist das Bindeglied zwischen Netzwerk und Mensch. Dieses Bindeglied läßt sich im Prinzip fast beliebig erweitern.

Da alle und alles, von Banken und Ölfirmen bis hin zum Tante-Emma-Laden an der Ecke, immer tiefer ins Elektronikzeitalter watet, die Karten selbst immer intelligenter werden, riesige Informationsmengen auf sich tragen und verbreiten, da das Geld selbst supersymbolisch wird und nicht mehr an Metall oder Papier gebunden ist, bildet die Karte das fehlende Glied im auftauchenden Neuralsystem.

Wer immer Herr der Karte ist - die Bank oder ihre Rivalen -, besitzt unschätzbaren Zugang zum Alltag und Wohnzimmer. So erleben wir, wie der Einzelverbraucher mit Macht in die spezialisierten Netze geschoben wird. In Japan bringt die Kreditkartenfirma JCB Co. im Verbund mit NTT Data Communications eine Karte heraus, die die Frauen beim Friseur verwenden können. Sie hofft, binnen zwei Jahren 35 000 Friseure mit 10 Millionen Kartenkunden verbinden zu können.

Der Langzeittraum der Netzwerkbauer der Welt ist eine einzige, integrierte Schleife, die vom Kunden (der den Firmen elektronisch mitteilt, welche Waren oder Dienstleistungen er von ihnen erwartet) über die verbleibenden Reste der Zwischenverteiler zum Hersteller, von da zum Einzelhändler oder elektronischen Homeshopping-Dienst, zum ATM oder Kreditkarten-Zahlungssystem und schließlich wieder ins Wohnzimmer des Verbrauchers reicht.

Jede Firma oder Industriegruppe, die sich zum Herrn über die wichtigen Phasen dieses Zyklus aufschwingen kann, hat entscheidende wirtschaftliche Macht in der Hand, mithin politische Macht. Ob ihr das gelingt, hängt weit weniger von Kapital als vom Hirnschmalz ab - von der in Computer, Software und elektronische Netze eingebetteten Intelligenz.

Wirtschafts-Blitzkriege

Einst rankte sich die Wirtschaftsform, sei es nun die landwirtschaftliche oder industrielle, um dauerhafte Strukturen. An deren Stelle legen wir jetzt die elektronische Basis für eine sich beschleunigende, kaleidoskopische Wirtschaft, die sich unablässig zu neuen Mustern zusammensetzen kann, ohne zu zerfallen. Die Extra-Intelligenz ist Teil der erforderlichen Anpassungstechnik.

Im verwirrenden Fluß des Neuen können Geschäftsleute Extra-Intelligenz zu Überraschungsangriffen auf völlig neuen Territorien nutzen, und das heißt, daß Firmen keineswegs mehr sicher sein können, aus welcher Ecke der nächste Konkurrenzwind blasen wird.

Der klassische Blitzkrieg, von dem in der Netzwerkliteratur viel die Rede ist, war Merrill Lynch' Cash Management Account von 1977: erster Einsatz der Informationstechnologie zu strategischen anstatt rein administrativen Zwecken.

Cash Management Account, kurz CMA genannt, war ein neues Finanzprodukt, das vier früher getrennte Dienste für den Kunden in einem vereinigte - ein Scheckkonto, ein Depositenkonto, eine Kreditkarte und ein Wertpapierkonto. Zwischen diesen vier konnte der Kunde beliebig Geld verschieben. Wertstellungsgewinn gab es keinen, und das Scheckkonto wurde verzinst.

Die Integration dieser zuvor getrennten Produkte in einem einzigen Angebot war nur dank der hochentwickelten Computer- und Netztechnik von Merrill Lynch überhaupt möglich. Binnen 12 Monaten saugte Merrill 5 Milliarden Kundengelder an, und nach den Worten des Anlageberaters Peter Keen flossen 70 Milliarden in die Hände von Merrill Lynch. Keen nennt das einen »Präemptivschlag« gegen die Banken, aus denen die Kunden Riesensummen abriefen, weil ihnen das CMA besser gefiel als das gewöhnliche Scheckkonto. Ein Wertpapierhaus, das keinen Bankregeln unterlag und auch nicht als Bank galt, verwüstete die Banken.

Seither haben viele Banken und andere Finanzinstitute ähnliche Pakete ins Angebot aufgenommen, aber Merrill hatte vor ihnen einen mehrjährigen Vorsprung.

Die seltsamen neuen Gemischmuster der Konkurrenz, in denen sich eine Umstrukturierung der Märkte infolge der Extra-Intelligenz niederschlägt, zeigen sich auch darin, daß Einzelhändler wie die japanische Seibu Saisongruppe ins Finanzgeschäft einsteigen. Eine Seibu-Tochter will auf Bahnhöfen elektronische Geldautomaten aufstellen. British Petroleum errichtete zunächst eine firmeninterne Bank und verkauft nun Bankdienste an Außenstehende.

Extra-intelligente Netze sind ein Grund für den Ruf nach Deregulierung der Industrie und deuten darauf hin, daß sich Regierungsvorschriften als immer weniger wirksam erweisen werden. Denn die bestehenden Regelungen beruhen auf Industriekategorien und -unterscheidungen, die im Zeitalter der Extra-Intelligenz überholt sind. Sollten die Bankvorschriften auf Nichtbanken angewandt werden? Was ist überhaupt heutzutage eine Bank?

Indem sie firmengrenzüberschreitend operieren, es den Firmen möglich machen, in einst fremden Revieren zu wildern, durchbrechen die extra-intelligenten Netzwerke die alten Spezialisierungen, die alten Linien der Arbeitsteilung.

An ihre Stelle treten neue Firmenkonstellationen und -schwärme, die nicht nur durchs Geld, sondern durch gemeinsam genutzte Information eng ineinander verzahnt sind.

Ironischerweise gehen viele der heutigen Pannen und Fehlzündungen - verlegte Rechnungen, Computerfehler, ungenügende Dienstleistung, das Gefühl, daß überhaupt nichts mehr recht funktioniert - auf das Konto dieser drastischen Umstrukturierung der Wirtschaft mit dem Wissen als Schwerpunkt. Die alte Schornsteinwirtschaft zerfällt, an der neuen Supersymbolwirtschaft wird erst noch gebaut, und die elektronische Infrastruktur, auf die sie angewiesen ist, steckt noch in den Kinderschuhen.

Information ist der flüchtigste aller Schätze, und Flüchtigkeit ist das Wahrzeichen einer Wirtschaft, in der Produktion und Verteilung von Nahrungsmitteln, Energie, Waren und Dienstleistungen vom Symbolaustausch abhängt.

Was herauskommt, ist eine Wirtschaft, die viel mehr einem Nervensystem als etwas anderem ähnelt und nach Regeln verläuft, die bislang kein Mensch kohärent formuliert hat.

Ja, der unerhörte Aufstieg der Extra-Intelligenz ruft tiefreichende, manchmal schaudererregende Fragen nach der Gesellschaft als solcher auf, die ganz anders aussehen als die früherer Kommunikationsrevolutionen.

Kommt es zu Info-Monopolen?

Extra-Intelligenz kann ungezählte Milliarden Überschußfett und Unrat aus der Wirtschaft herausquetschen. Potentiell ist sie ein enormer Sprung nach vorn: Denk- und Vorstellungskraft ersetzen nicht nur Kapital, Energie und Naturschätze, sondern auch die schiere manuelle Arbeitskraft.

Doch ob Extra-Intelligenz ein »besseres« Dasein ermöglicht, hängt zum Teil ab von der die Gesamtentwicklung lenkenden gesellschaftlichen und politischen Intelligenz.

Je automatisierter und extra-intelligenter unsere Netzwerke werden, desto mehr verzieht sich die menschliche Entscheidungsfindung aus dem Blickfeld. Und um so abhängiger werden wir von vorprogrammierten Ereignissen, die auf Konzepten und Hypothesen beruhen, die kaum noch jemand versteht und die manchmal nur ungern offengelegt werden.

Nicht mehr lange, und die Macht der Computer setzt zum großen Sprung an, getrieben von der Parallelverarbeitung, künstlichen Intelligenz und anderen Neuerungen, vor denen uns die Augen übergehen. Spracherkennung und automatische Übersetzung werden zweifellos ebenso breite Verwendung finden wie hochauflösende Bildschirme und Konzertklang. Dieselben Netze werden ganz selbstverständlich Sprache, Daten, Bilder und Information in anderer Form transportieren. All das ruft fundamentale philosophische Fragen auf.

Manche befürchten davon eine Monopolisierung des Wissens. »Die Stunde der Wahrheit«, schrieb Professor Frederic Jameson von der Dule University, »wird kommen, wenn Besitz und Verfügungsgewalt über die neuen Informationsbanken mit Macht zurückschlagen werden.« Jameson winkt mit dem Gespenst eines »weltweiten Informations-Privatmonopols«.

Diese Angst ist heute viel zu simplistisch. Es wird nicht darum gehen, ob irgendein privates Giganten-Weltmonopol alle Informationen in der Hand haben wird, was immerhin höchst unwahrscheinlich ist, sondern wer Herr über die dank der Extra-Intelligenz möglich gewordenen, endlosen Konvertierungen und Umkonvertierungen sein wird, da Daten, Information und Wissen durch das Nervensystem der Supersymbolwirtschaft strömen.

Die Wirtschaft und die Gesellschaft als Ganzes werden sich haarsträubenden neuen Problemen von Nutzung und Mißbrauch des Wissens gegenübersehen. Nicht mehr nur Bacons Wahrheit »Wissen ist Macht« wird gelten, sondern die höhere Wahrheit, daß in der Supersymbolwirtschaft das Wissen *vom* Wissen den Ausschlag gibt.

XII

Der Krieg ufert aus

Regenschirme und Autos sind zweierlei. Nicht nur ihrer Größe, Funktion und Kosten wegen. Sondern aus einem ganz anderen Grund, über den wir uns kaum einmal Gedanken machen. Einen Regenschirm kann jemand benutzen, ohne ein anderes Produkt zu kaufen. Ein Auto hingegen nutzt gar nichts ohne Benzin, Öl, Reparaturdienst, Ersatzteile, von Straßen ganz zu schweigen. Der bescheidene Regenschirm ist daher ein struppiger Einzelgänger, der seinen Wert ganz in sich trägt. Das mächtige Auto hingegen ist der Mannschaftsspieler, der ganz auf die anderen angewiesen ist. Dasselbe gilt für die Rasierklinge, den Tonbandrecorder, den Kühlschrank und tausenderlei mehr, die nur in Kombination mit anderen funktionieren. Der Fernseher glotzte dummdreist ins Wohnzimmer, wenn ihm nicht irgendwer von irgendwo Bilder zuschickte. Selbst der nichtssagende Kleiderbügel setzt eine Stange oder einen Aufhänger voraus.

Sie alle sind Teil eines Produktsystems. Eben dieses Systemhafte liegt ihrem wirtschaftlichen Wert zugrunde. Und genau wie der Mannschaftsspieler nach bestimmten vereinbarten Regeln spielen muß, brauchen Systemprodukte Normen. Ein Dreipolstecker nützt wenig, wenn die Steckdose nur zwei Löcher hat.

Dieser Unterschied zwischen in sich geschlossenen Gegenständen und Systemprodukten wirft ein bezeichnendes Licht auf eine Frage, die die Informationskriege von heute nach allen Seiten ausufern läßt. Die Franzosen nennen es die »guerre des normes« – den Normenkrieg. Normenschlachten toben in so unterschiedlichen Industrien wie medizinische Geräte, Industriedampfkessel und Kameras.

Einige der explosivsten – und öffentlichsten – Streitfälle hängen ganz eng mit der Art und Weise zusammen, wie Daten, Information, Wissen, Bilder und Unterhaltung entstehen und verteilt werden.

Der Ausgang dieser wesenhaft weltweiten Schlacht um Dollars und politische Macht wird sich in Millionen Wohnzimmern niederschlagen. Er wird die Machtverteilung unter den Industriegiganten der Welt - Firmen wie IBM, AT&T, Sony und Siemens - erbeben lassen. Und in die Volkswirtschaften hineinwirken.

Nirgends tritt diese Schlacht deutlicher ins Blickfeld als im Dreifrontenkrieg um das Fernsehen der kommenden Jahrzehnte.

Der Halbbillionen-Einsatz

Heute gibt es in der Welt im wesentlichen drei Fernsehnormen: NTSC, PAL und SECAM, jede nur leicht anders, dennoch nicht kompatibel. Deshalb muß ein amerikanisches Programm wie *The Cosby Show*, bevor es im Ausland gezeigt werden kann, erst einmal konvertiert werden. Doch die Bilder von allen drei Systemen sind verschwommen im Vergleich zum hochauflösenden Fernsehen von morgen.

»Hochauflösendes Fernsehen«, kurz HDTV, ist für die heutigen Hausbildschirme das, was der Compact Disc im Verhältnis zu Opas kreischendem Nadelphonograph darstellt.

Hochaufgelöste Fernsehbilder stehen der Güte der besten Großleinwandfilme in nichts nach. Mit HDTV läßt sich ein Computer-Bildschirminhalt so klar und scharf darstellen wie die schönste Druckseite.

Der Kongreßabgeordnete Mel Levine hat in einer Anhörung des Fernmelde-Unterausschusses ausgesagt, trotz des Namens gehe es um viel mehr als bloß ums Fernsehen. Das hochauflösende Fernsehen stelle »eine neue Generation der Verbraucherelektronik dar, die die technische Entwicklung in Dutzenden anderen Bereichen, vom Chip zur Fiberglasoptik, zur Batterie- und Kameratechnik vorantreiben wird«.

Da das hochauflösende Bild so gut ist, könnten sogar die Kinos in der Welt ihre Spielfilme über Satellit anstatt wie heute auf Filmrollen erhalten, womit sich für Satellitenempfänger und anderes Gerät ein weiterer, gewaltiger Markt öffnete.

Alles in allem wird deshalb die Entscheidung, welche HDTV-

Norm(en) genutzt werden soll(en), einen Weltmarkt von geschätzt einer halben Billion Dollar betreffen.

Japanische Ingenieure arbeiten seit fast 20 Jahren am hochauflösenden Fernsehen. Jetzt bereitet sich das HDTV auf den Bühnenauftritt vor. Dann, schreibt Bernard Cassen in *Le Monde diplomatique*, »drohen die Japaner und Amerikaner alle europäischen Fernsehempfänger im Regen stehenzulassen, und sie als einzige werden sie ersetzen können«.

Die Japaner hofften, die Welt würde sich zu einer einzigen HDTV-Norm entschließen. Das hätte die Dinge vereinfacht und viel Geld erspart. Wenn es ihnen gelungen wäre, ihre Norm international durchzusetzen, hätte ihnen aufgrund ihres Vorsprungs der Weg zu einer massiven Expansion der japanischen Verbraucherelektronikindustrie türangelweit offengestanden.

Um dem die Spitze zu nehmen, einigten sich die europäischen Regierungen und Fernsehnetze (meist ist das ein und dasselbe), sich an Sendenormen zu halten, die mit dem japanischen System unvereinbar sind. Damit hoffen sie den europäischen Herstellern die Chance fürs Aufholen zu geben. Dann könnten die Europäer das hochauflösende Fernsehen etappenweise selber einführen.

Hastig schlossen sich 32 europäische Sender, Universitäten und Hersteller im Eureka-95-Projekt zusammen und begannen mit der Entwicklung eines kompletten Systems der Hochauflösung, das von der Studio- und Sendetechnik bis hin zum Empfänger alles umfaßt. Frankreichs Thomson S. A. koordinierte die Teamarbeit an den technischen Normen für die Fernsehproduktion, Westdeutschlands Robert Bosch GmbH konzentrierte sich auf die Studioausrüstung, und Englands Thorn/EMI auf die Fernsehempfänger.

Inzwischen gingen die Europäer auch den Amerikanern um den Bart. Bundespostminister Christian Schwarz-Schilling flog nach Washington und schlug ein klares Bündnis vor mit dem Argument: »Wir dürfen nicht zulassen, daß Japan in der nächsten Normengeneration die Oberhand bekommt . . .«

Mittlerweile machen sich die Japaner Sorgen, die Europäer könnten ihnen einen Markt unter der Nase wegschnappen und mit der europäischen HDTV-Version die Amerikaner und Japaner im eigenen Land angreifen. Deshalb machen die japanischen Hersteller in den USA kräftig Stimmung gegen das europäische System.

Wegen der herrschenden großen Ungewißheit bereiten sich die Japaner in aller Stille als Rückfallposition darauf vor, Fernsehempfänger unterschiedlicher Art für die verschiedenen Teile der Welt zu vermarkten, falls sie die alleinige Norm nicht durchsetzen können.

Wirtschaftliche Panik auch in den USA, wo die ganze HDTV-Debatte in haarspalterischer Technikdebatte, politischem Tauziehen und kommerziellem Hickhack zu versinken droht.

Die drei großen US-Fernsehgesellschaften wollen das hochauflösende Fernsehen verlangsamen. Sie befürworten eine einzige US-Norm, die die jetzigen und die hochauflösenden Impulse nebeneinander übermitteln könne. Demgegenüber argumentieren die amerikanische Kabelindustrie und die Satelliten-Direktsender, diese Einheitsnorm lähme die Erforschung besserer Kabel- und Satellitenübermittlung.

In der Zwischenzeit will der Kongreß sicherstellen, daß die neuen Fernsehgeräte, wenn sie erst mal in die amerikanischen Wohnungen strömen, aus amerikanischen Fabriken stammen. »Im Augenblick«, so der Kongreßabgeordnete Edward J. Markey, »sind die japanischen und europäischen Firmen noch weit voraus . . ., während unsere Haushaltselektronikindustrie am Boden liegt.«

Neben dem Vorwurf des »Techniknationalismus« wird das TV-Tauziehen in den nächsten Jahren noch erbitterter werden. Doch während die Schlacht um die Zukunft des Fernsehens auf Touren kommt, ist schon ein Parallelkampf um die Zukunft des Computers entbrannt.

Strategische Normen

Die heutige Innovation im Sturmschritt zwingt die Hersteller, sich für eine Strategie zu entscheiden: Entweder erfindet man eine Norm und zwingt sie der Industrie auf, oder man fährt huckepack auf der Norm eines andern - oder man landet in einem kommerziellen Sibirien mit recht kleinem Markt und geringer Nutzungsmöglichkeit für die Produkte.

Beherrschende Kraft in der Computerindustrie ist seit dessen Erfindung die IBM. IBM-Verkäufer im Nadelstreifenanzug stellten als erste Großrechner in Regierungsbüros und Großfirmen auf. Fast zwei Jahrzehnte lang sah sich IBM nur einer schwachen und desorganisierten Konkurrenz gegenüber.

Einen beträchtlichen Teil ihres monumentalen Erfolgs verdankt IBM der Tatsache, daß sie schon früh den Standard für das aufstellen - und durchsetzen - konnte, was in einem Computer vor sich geht.

Zunächst zählte die Hardware zum Wichtigsten. Doch nach und nach stellte sich heraus, daß in einem Computersystem die Software das Wichtigste ist. Sogenannte »Anwendungsprogramme« bestanden aus Instruktionsfolgen an die Maschine, Aufgaben wie Buchführung, Textverarbeitung, Drucken, Grafikdarstellung und Kommunikation auszuführen. Aber in jedem Computer steckt auch ein Metaprogramm namens »Betriebssystem«, nach dem sich bestimmt, welche anderen Programme er ausführen kann und welche nicht.

Der Schlüssel zur Beherrschung der Computerindustrie liegt in der Software, ohne die die Maschinen nutz- und sinnlos sind. Der Schlüssel zur Software aber heißt »Betriebssystem«. Und der entscheidende Hebel - der Schlüssel zur Betriebssystemherrschaft - liegt in den Normen, an die es gebunden ist. Die Herrschaft darüber hat IBM zur Computer-Supermacht gemacht.

Aber trotz aller Anstrengungen der IBM sind im Laufe der Zeit andere Betriebssysteme entstanden, angefangen bei Ada, das vom US-Verteidigungsministerium gefördert wird, bis zum ursprünglich von AT&T angebotenen Unix sowie vielen Varianten dazu. Als Apple Mitte der siebziger Jahre die Mikrocomputer-Revolution in Gang setzte, entschied es sich bewußt für nicht-IBM-kompatible Maschinen und ein anderes Betriebssystem.

Heute wogt ein rücksichtsloser, internationaler Kampf zwischen IBM und ihren Hauptkonkurrenten um die Betriebssystemnormen der Zukunft. Der Kampf wird hochtechnisch geführt: Experten streiten sich mit Experten. Aber die Rückwirkungen reichen weit über die Computerindustrie als solche hinaus, und Regierungen sehen darin eine unmittelbare Wirkung auf ihre Wirtschaftspläne von morgen.

Da IBM immer noch das Feld beherrscht und ihre Betriebssysteme Benutzer wie Konkurrenten an der Angel haben, ist in London eine Organisation namens X/Open geschaffen worden, die eine Norm für die Betriebssysteme der Minicomputer, Bildschirmarbeitsplätze und PCs aufstellen soll - eben den neueren Bereichen, in denen IBM am verwundbarsten ist. Zu der ursprünglich von AT&T, Digital Equipment und Siemens errichteten Organisation hat sich mittlerweile auch Fujitsu gesellt, und sie alle fordern eine neue Norm, die »offen« sein soll anstatt eine Barriere gegen Nicht-IBM-Gerät.

Der Druck auf IBM ist so stark geworden, daß sie sich gezwungen sah, der Gruppe ebenfalls beizutreten und sich nolens volens dazu bekannte, künftig »offen« zu sein.

Noch war dieser Rückschlag nicht recht verkraftet, als IBM schon vor einer anderen Herausforderung stand, diesmal seitens Ma Bell bzw. AT&T. Schon in den sechziger Jahren hatten die AT&T-Software-Ingenieure für eigene Zwecke ein Betriebssystem namens Unix entwickelt. Dieses nun besaß gewisse Merkmale, die den Universitäten und kleineren Computerherstellern besonders gefielen. AT&T, das noch nicht ins Computergeschäft eingestiegen war, ließ sie Unix für ein paar Pfennige benutzen. Daraufhin entwickelten sie ihre eigenen Unix-Varianten. Seitdem ist Unix immer populärer geworden, zumal Sun Microsystems auf dem schnellwachsenden PC-Markt Maschinen mit Unix-Basis verkaufte.

In einem geschickten strategischen Zug kaufte sich AT&T prompt bei Sun ein und bildete ein Bündnis mit Xerox, Unisys, Motorola und anderen im Hinblick auf einen einzigen Unix-Standard unter AT&T-Führung.

Angesichts der Gefahr, daß eine Einheitsversion von Unix vor allen anderen auf AT&T-Maschinen lief, wappnete sich IBM mit einem eigenen Bündnis für den Gegenschlag. Diese Gruppe namens Open Software Foundation umfaßt jetzt neben IBM auch DEC, die französische Bull-Gruppe, Siemens und Nixdorf und viele andere. Sie arbeitet an einem eigenen Alternativstandard zu Unix.

Die Schlacht ums Betriebssystem wird begleitet von angriffslüsternen Vollseitenanzeigen im *Wall Street Journal* und in der *Financial Times*. Wieder einmal hängt das Schicksal von Giganten und ganzen Industrien am Ausgang eines Normenkriegs.

Der Hauptstreit

Zu den wichtigsten Merkmalen der Computer gehört heute, daß sie miteinander reden. Computer und Kommunikation sind untrennbar geworden.

Computerhersteller müssen also nicht nur ihr Betriebssystem verteidigen, sondern auch ihren Zugang zu Fernmeldenetzen, soweit sie diese nicht ohnehin beherrschen. Bestimmt das Betriebssystem, was *im* Computer vor sich geht, so regiert die Fernmeldenorm, was *zwischen* Computern geschieht (ganz so einfach ist die Unterscheidung in Wirklichkeit nicht, aber für unsere Zwecke soll sie genügen). Auch hier stehen Firmen und Länder in erbittertem Kampf um die wichtigsten Systeme.

Da viele Daten, Information und Wissen die nationalen Grenzen überschreiten, ist der Informationskrieg um die Fernmeldenetze noch politischer gefärbt als der um Betriebssysteme.

So hat General Motors zum Beispiel im Zuge der Verknüpfung seiner Gesamtproduktion einen eigenen Standard entwickelt, damit seine von unterschiedlichen Herstellern stammenden Maschinen miteinander kommunizieren können. Es nennt diesen Standard MAP (Manufacturing Automation Protocol) und versucht, ihn weltweit bei anderen Herstellern und seinen eigenen Zulieferern durchzusetzen.

Im Gegenzug überredete die Europäische Gemeinschaft 13 Großhersteller einschl. BMW, Olivetti, British Aerospace und Nixdorf zur Übernahme eines Gegenstandards namens CNMA. Wenn europäische Maschinen miteinander tanzen, scheint die EG zu denken, dann jedenfalls nicht nach der Pfeife von General Motors - oder Amerikas.

Dieses Kommunikations-Gerangel in den Fabriken der Welt ist indessen nur die Spitze des Eisbergs im Kampf um die Herrschaft über die extra-intelligenten Netze.

Als die japanischen Firmen ihre Fertigungsstätten und Büros rund um die Erde elektronisch zu verknüpfen begannen, gab es einen wahren Run der Firmen, die ihnen die nötigen Computer und Fernmeldeketten verkaufen wollten. In diesem Bereich ist die amerikanische Technik der japanischen noch voraus, und wieder einmal mischte IBM kräftig mit. Aber das japanische Post- und Fernmeldeministerium erklärte, jedes Netzwerk, das Japan mit der Außenwelt verbinde, müsse einer technischen Norm entsprechen, die ein obskurer UNO-Ausschuß ausgearbeitet hatte. Damit wäre IBM aus dem Rennen gewesen. Nach kräftigem Klinkenputzen in Washington und Tokio und Verhandlungen zwischen den beiden Regierungen gab Japan schließlich nach.

Solange sich das Telefonsystem eines Landes in der Hand einer einzigen Firma oder eines einzigen Ministeriums befand, wurden nationale Normen aufgestellt und danach von der Internationalen Fernmeldeunion über die internationale Norm beschlossen. Alles war ganz einfach ..., bis sich Computer miteinander unterhalten wollten.

Als jedoch die achtziger Jahre anbrachen und die neue Technologie massiv Einzug hielt, benutzten Firmen und Einzelpersonen Maschinen verschiedener Hersteller mit unterschiedlichen Betriebssystemen, fuhren Programme verschiedener Softwarehäuser und versuchten, über ein buntes Gemengsel von Kabeln, Mikrowellen und Satelliten verschiedener Länder Mitteilungen um die Welt zu senden.

Die Folge davon ist der heute vielbeklagte Turm von Babel, und das erklärt den verzweifelten Ruf nach »Connectivity« und »Interoperability«. Wieder einmal ringt IBM mit dem Rest der Welt.

Seit langem schon fördert IBM einen Standard namens System Network Architecture. Das Problem dabei ist, daß per SNA (die meisten, aber nicht alle) IBM-Maschinen mit IBM-Maschinen reden können, es aber für viele Nicht-IBM-Computer ein taubes Ohr hat.

Das *Wall Street Journal* schrieb dazu: »Das Einhaken eines Nicht-SNA-Computers in dieses Netz ist der Alptraum jedes Programmierers. Rivalen, die der Legion IBM-Kunden ihre Computer verkaufen wollen, müssen in ihren Maschinen SNA emulieren.« Diese indirekte Gewalt über den Zugang zur Information mochte noch tragbar gewesen sein, als die meisten Computer tatsächlich IBMs waren, aber nicht mehr heute. Folglich erscholl der Ruf nach Computer-Demokratie.

Computer-Demokratie

Da sie sich mit der IBM-Herrschaft nicht länger abfinden wollten, suchten die Konkurrenten nach einer Waffe, mit der sich Goliath niederstrecken ließ, und sie fanden eine.

Diese mächtige Steinschleuder ist ein Gegenstandard namens OSI (Open System Interconnection), der alle Computerarten frei miteinander verkehren lassen soll. Unter kräftiger Nachhilfe der europäischen Computerhersteller hat OSI die IBM gezwungen, ihre restriktive Politik aufzugeben.

Die Auseinandersetzung kam in Schwung, als sich ein Dutzend europäische Computerhersteller, denen die IBM-Herrschaft ein Dorn im Auge war, auf die unglaublich komplexe Ausarbeitung von Spezifikationen für ein offenes System einigten. Die europäischen Regierungen rochen den Braten und eilten ihnen sofort zu Hilfe.

Als Uncle Sam diese Zusammenrottung merkte, rief er »Faul!« Donald Abelson vom Amt des US-Handelsbeauftragten warf den Europäern Diskriminierung vor und sagte, »Amerika befürchtet . . ., daß wir Gegenstand einer Verschwörung sind«.

Seither hat sich die Anti-IBM-Kampagne ausgeweitet. Unterstützt wurde sie vom EG-Programm für Wissenschaft und Technik, »Esprit«. Ende 1986 beschloß der EG-Ministerrat, eine Untermenge von OSI solle für den Verkauf von Computern an die Gemeinschaftsregierungen als Norm gelten.

IBM reagierte auf diesen Angriff mit einem Angebot, das sich kryptisch »Systemanwendungs-Architektur« (SAA) nannte, die eine SNA-Version einschloß, und gab den Kunden die Wahl zwischen SNA- und OSI-Produkten.

Als nächstes sagte sich IBM angesichts der mächtigen Herausfordererschar ein weiteres Mal: »Wenn du sie nicht schlagen kannst, dann schließe dich ihnen an.« Sie trat also den verschiedenen Gruppierungen bei und schwor auf Pfadfinderehre, künftig den offenen Standard zu unterstützen. Wie schon bei den Betriebssystemen hatten die Kritiker und Konkurrenten der IBM ihre Zweifel an dieser Bekehrung in letzter Minute.

Wie General Motors und viele andere Giganten der Industrieära, baute IBM ihre ökologische Nische bis auf den letzten Zentimeter aus, paßte sich nur allzu bequem ein, und findet sich jetzt in einer zunehmend feindseligen, sich schnell wandelnden Umwelt wieder, in der die schiere Größe, einst ein Vorteil, plötzlich zum Nachteil gerät. Manche mutmaßen, der Kampf um die Fernmeldenormen sei der Anfang der Nach-IBM-Ära.

Oberflächlich betrachtet haben die amerikanischen und ausländischen Rivalen der IBM gewonnen. Man könnte auch sagen, Europa habe gewonnen. Aber der Krieg ist noch nicht zu Ende. Im Normenkrieg gibt es keine endgültigen Siege.

Das Normenparadox

Diesen Machtkämpfen liegt ein verborgenes Paradox zugrunde. Bei immer diversifizierteren Produkten steigt neben der Forderung nach mehr Normen auch der Gegendruck, die Produkte dank multipler Normen vielfältiger zu gestalten (weshalb einige tragbare Fernsehgeräte einen Knopf haben, mit dem der Benutzer zwischen den europäischen Normen PAL und SECAM und der amerikanischen NTSC-Norm hin- und herschalten kann).

Eine weitere Technik in dieser Richtung ist der zunehmend modulare Aufbau der Produkte. Damit verringert sich die Bedeutung der Außennorm. Gleichzeitig vermehrt sich dadurch die Zahl der *im* Produkt eingebetteten »Mikronormen«, die benötigt werden, damit die Bauteile zusammenwirken können.

Doch kaum ist eine Norm fertig (OSI zum Beispiel), schon ist sie durch Neuentwicklungen überholt. Und kaum hat man sich auf Netz- oder Softwarenormen geeinigt, verlagert sich das Kampfgeschehen auf eine höhere und noch komplexere Ebene. Konkurrieren zwei oder mehr Normen miteinander, tauchen auch schon neue Geräte auf, die die Konvertierung von einem System zum andern ermöglichen. Doch mit den Adaptern entsteht auch der Bedarf für Adapternormen. Weshalb heute schon versucht wird, »Normen für Normen« aufzustellen: Erst kürzlich wurde eben zu diesem Zweck im Fernmeldebereich eine Gruppe namens »Information Technology Requirements Council« (Rat für die Anforderungen an die Informationstechnologie) gebildet.

Somit verlagert sich der Kampf um die Beherrschung der Normen von oben nach unten und von unten wieder nach oben. Aber er endet nicht. Denn er ist Teil des größeren und andauernden Krieges um die Beherrschung, Lenkung und Regulierung der Information. Er bildet die Schlüsselfront im Ringen um wissensbasierte Macht und tobt nicht nur im technischen Dickicht von Fernsehen, Computern und Kommunikation, sondern in der nächsten Bierstube, ja in der Küche.

Der Bier-und-Wurst-Reigen

Schon seit langem stellen Industrien und Regierungen Normen auf, um die Sicherheit oder Güte von Produkten und neuerdings auch den Umweltschutz zu gewährleisten. Protektionistische Regierungen benutzen sie aber gerne auch dazu, ausländische Produkte fernzuhalten oder eine Industriepolitik zu fördern. So versperrte Westdeutschland beispielsweise, sehr zum Vergnügen der eigenen Industrie, ausländischen Biermarken den Zugang mit der Begründung, sie verstießen gegen das »Reinheitsgebot«.

Aber schmeckt Bier ohne Wurst? Folglich wurden auch italienische Luncheon-Meat-Dosen und manche anderen Lebensmittel ausgesperrt, die einen geläufigen Zusatz enthielten, der die Gelee-Konsistenz in Schinken- und Cornedbeef-Dosen verbesserte.

Ein ganzer Verhandlungsreigen und schließlich die Drohung der Europäischen Gemeinschaft mit gerichtlichen Schritten waren vonnöten, um die Deutschen in die Knie zu zwingen. So überrascht es mittlerweile nicht mehr, daß GATT eine weitere Norm aufgestellt hat - diesmal zu dem Zweck, den Einsatz von Normen für unfaire Handelspraktiken einzuschränken.

Aber jenseits der Konkurrenzzwecke und des Einsatzes als Waffe in den ruppigen Handelskriegen von heute gibt es noch einen tieferen Grund, warum der Normenkrieg so hitzig wird.

In einem provozierenden Artikel behauptet der Franzose Philippe Messine, Normenkämpfe würden sich zwangsläufig vervielfachen, weil in fortgeschrittenen Volkswirtschaften der Anteil der Systemprodukte im Verhältnis zu in sich geschlossenen Erzeugnissen immer mehr zunehme, womit die Norm »im Zentrum der großen Industrieschlachten« stehe.

Diese Einsicht wird noch dadurch betont, daß computergestützte Fertigung zu einer ungeheuren Variationsbeschleunigung der Produkte führt, und das bedeutet, daß die Systeme immer mehr Produkte in einem Ganzen, einer »Gestalt«, verknüpfen müssen, was wiederum erklärt, warum Normen zwangsläufig aus dem Boden schießen.

Damit verstehen wir auch Messines Bemerkung besser, die neuen Systemprodukte enthielten immer mehr »einen gewichtigen nicht-materiellen Bestandteil, graue Zellen . . .«. Denn mit der Herstellung vieler Waren in kleinen, auf Marktsegmente oder -nischen zielenden Serien steigt die zur Wirtschaftskoordinierung erforderliche Informationsmenge, so daß der gesamte Produktions- und Verteilungszyklus immer wissensabhängiger wird.

Mit dem Fortschreiten von Wissenschaft und Technik schlägt sich aber auch in den technischen Normen unser vertieftes Wissen nieder. Die zur Normenmessung benutzten Tests und Techniken werden immer präziser, die Toleranzen immer enger. In die Normen fließt immer mehr Information und zunehmend tieferes Wissen ein.

Wie nun kompetitive Innovationen mehr neue Produkte auf den Markt werfen, die neue Verbraucherbedürfnisse erfüllen (und gleichzeitig schaffen), treibt der Ruf nach Normen schließlich seinerseits die Forschung voran.

So steht zu erwarten, daß sich die Normenschlacht an allen

Fronten - der wissenschaftlichen, politischen, wirtschaftlichen und technischen Front - immer mehr und in dem Maße verdichtet, in dem das neue Wertschöpfungssystem der verblassenden Schornsteinwelt der Vergangenheit den Platz streitig macht.

Wer aus den sich ausweitenden Normenkriegen als Sieger hervorgeht, hält in der schnell auf uns zukommenden Welt von morgen ungeheure Macht erster Güte in der Hand.

XIII
Gedankenpolizei der Manager

Tom Varnum ist 48 Jahre alt und immer noch mit der ersten Frau verheiratet. Er arbeitet fast 60 Stunden in der Woche und bezieht dafür ein Jahresgehalt von 162 000 Dollar. Er besitzt auch ein paar Aktien und eine Zusatz-Lebensversicherung, fliegt aber Touristen- oder Busineßklasse. Er ist seit über zehn Jahren in der Firma und seit fast fünf Jahren in seinem jetzigen Job. Gleich unterhalb der Leitungsetage träumt er davon, eines Tages Topmanager zu werden, weiß aber, daß seine Chancen recht dünn sind. Inzwischen will er wenigstens dem Leiter der Finanzabteilung gleichgestellt werden.

Das Problem ist: Tom ist Spezialist, und seine Vorgesetzten meinen, er verstehe von der allgemeinen Betriebsführung nicht genug. Also fühlt er sich in der Falle seiner Spezialkenntnisse und beneidet die Kollegen, die ihr Fachwissen Fachwissen sein ließen und sich ins Getümmel des Topmanagements warfen: Leute wie Art Ryan, jetzt Vizevorsitzender der Chase Manhattan Bank, oder Ed Schefer, Vizepräsident und Gruppenboß bei General Foods USA, oder Josephine Johnson, geschäftsführende Vizepräsidentin bei Equicor, einem Gemeinschaftsunternehmen von Equitable Life und Hospital Corporation of America.

Tom hat Biß, ist gescheit, immer tadellos frisiert und sprachlich gepflegt, verfällt jedoch leicht in einen zungenbrecherischen Jargon, dem seine Mitarbeiter und Chefs kaum folgen können, weshalb er als »Fachidiot« gilt.

Sind Ryan, Schefer und Johnson echte Leute, die als Computerspezialisten anfingen und dann von den Informationsdiensten, »IS« genannt, ab- und ins Management hinaufwanderten, ist Tom eine fiktive Gestalt, deren Merkmale nach einer kürzlichen Umschau denen einer zunehmend bockigen und aufmüpfigen Gruppe von Führungsleuten entsprechen, »Chief Information Officers« genannt. In den USA verwenden heute über 200 Großfirmen den

Titel »Chief Information Officer« oder ähnlich. Noch vor relativ kurzer Zeit gab es das nicht. Die Worte wechseln, aber in vielen Firmen ist der CIO ein oder zwei Stufen höher angesiedelt als Begriffe wie »Leiter der Datenverarbeitung«, »Vizepräsident für Informationssysteme« oder »Leiter der Management-Informationssysteme«.

CIOs sind also die Männer (bislang gibt es da nur wenige Frauen), die die heutigen Riesenbudgets der Firmen für Computer, Datenverarbeitung und Informationsdienste ausgeben. Deshalb stehen sie mitten in den Infokriegen.

Kampfebenen

Wer eine CIO-Gruppe in einer Besprechung belauscht, wird mit ziemlicher Sicherheit schon bald die Standardklagen hören. Das Topmanagement verstehe sie nicht. Die Bosse sähen in ihnen nur kostspielige Geldverschwender, wo sie doch meinen, wirksame High-Tech-Informationsdienste könnten die Kosten senken und Gewinne erwirtschaften. Die Bosse wüßten in Sachen Computer und Kommunikation zu wenig Bescheid (»Ignoranten« wäre richtiger), um intelligente Entscheidungen treffen zu können. Und um zu lernen, fehle ihnen die Geduld. Tatsächlich hat denn auch nur jeder 13. CIO unmittelbares Vortragsrecht beim Firmenchef.

Doch wenn die CIOs auch meckern, sind sie doch alles andere als ohnmächtig. Mit der Ausbreitung der Supersymbolwirtschaft schnellen die Ausgaben für Wissensverarbeitung in die Höhe. Nur ein Teil davon wird auf Computer und entsprechende Informationssysteme verwandt. Aber der Teil ist gewaltig.

Nach *Datamation* erreichten 1988 die Verkäufe der 100 größten Informationstechnologiefirmen der Welt die Spitzenmarke von 243 Milliarden Dollar. Eine konservative Schätzung läßt im nächsten Jahrzehnt einen Anstieg auf 500 Milliarden erwarten. Wer da mitmischt, steht nicht gerade nackt da. Selten nur erwähnen die CIOs indessen, daß sie auch Information zuteilen - Quelle der Macht für andere und nicht nur beiläufig auch für sie selbst.

Sobald eine Firma Megadollars für Informationstechnik auswirft, kommt es zu schweren Kämpfen um einen Anteil am Kuchen. Aber neben den üblichen Graben- und Geldkämpfen finden sich die CIOs stracks im Zentrum des Ringens um Information als solche. Wer kriegt welche Informationen? Wer hat Zugang zu den Hauptdaten? Wer kann zu diesen Datenbanken etwas *hinzufügen*? Welche Hypothesen sind in die Rechenprozeduren eingebaut? Welcher Abteilung »gehören« welche Daten? Wichtiger noch: Wer diktiert die in die Software eingebetteten Arbeitsannahmen oder Modelle? Die Auseinandersetzungen über derlei Fragen scheinen zwar technischer Art zu sein, berühren aber eindeutig das Geld, den Status und die Macht einzelner und ganzer Firmen.

Und diese Auseinandersetzungen eskalieren. Indem der CIO und seine Mannen Informationsflüsse umleiten, erschüttern sie bestehende Machtverhältnisse. Um die teuren neuen Computer und Netze wirksam nutzen zu können, müssen die meisten Firmen umorganisieren. So geraten größere Umstrukturierungen in Bewegung, und das setzt einiges Machtgerangel in der ganzen Firma in Gang.

Es dauert nicht lange, da entdeckt das Management, nicht zuletzt angespornt vom CIO, daß es bei der Informationstechnologie nicht bloß um weniger Papierarbeit oder schnellere Dienstleistung geht. Sie läßt sich auch strategisch zur Eroberung neuer Märkte, Schaffung neuer Produkte und zum Einstieg in völlig neue Bereiche einsetzen. Oben sahen wir, wie Citibank den Reisevertretern in den USA Software verkauft oder Seino Transport in Japan Lkw-Firmen mit Software versieht. Solche Einbrüche in neue Geschäftszweige verändern nach und nach die Gestalt und Aufgabe der Organisation. Das aber löst noch gefährlichere Machtkämpfe in der Leitungsetage aus.

Damit die Sache noch komplizierter wird, steckt mit der Verschmelzung der Computer und der Wucherung von Netzwerken eine neue Machtgruppe den Kopf ins Managerzelt: die Fernmeldemanager und ihre Stäbe, die oft genug den IS-Leuten den Rang abzulaufen trachten. Soll die Kommunikation den Informationssystemen untergeordnet werden, oder soll sie unabhängig sein?

CIOs stehen also im Fadenkreuz vieler Streitigkeiten, die zum Teil Revolutionen auf höchster Ebene auslösen.

Eben dies geschah vor ein paar Jahren bei Merrill Lynch, der bekanntesten amerikanischen Wertpapierfirma, deren Infobudget atemberaubend ist.

1976 erreichten die Gesamteinkünfte von Merrill Lynch nach 91 Geschäftsjahren die magische Milliardengrenze. Zehn Jahre später waren Information und Informationstechnologie so wichtig geworden, daß DuWayne Peterson, Leiter von Systems Operations und Telekommunikation bei Merrill, allein für sich über einen Jahresetat von 800 Millionen verfügte - und das war nur ein Teil der Gesamtausgaben für Informationsdienste und -systeme.

Merrill Lynch bestand wesentlich aus zwei Teilen. Die Kapitalmarktleute schufen »Produkte«: Spezialfonds, Wechsel, Aktien und Wertpapiere - eine verwirrende Vielfalt von Investmentartikeln. Sie verfügten auch über das von der Firma aufgebrachte Kapital. Die Detailleute hingegen - rund 11 000 Wertpapiermakler in 500 Zweigstellen - brachten die Produkte an den Mann.

Diese beiden Seiten des Hauses waren fast wie zwei verschiedene politische Parteien oder Stämme. Jede hatte ihre eigene Kultur, ihre Häuptlinge und Bedürfnisse. Jede stellte andere Anforderungen an Merrills Informationssysteme.

Gerald Ely, Vizepräsident bei Merrill, sagt dazu: »Auf der Kapitalmarktseite ist alles Realtime . . . Alles passiert jetzt: Gewinn und Verlust, Vorratshaltung, Preise . . . Alles muß dasein, sofort, jetzt gleich . . . Ich hatte gemeint, auf der Detailseite gehe es schlimm zu. Als ich zur Kapitalmarktseite überwechselte, war es, als käme ich in eine völlig neue Welt . . . mit anderen Leuten, anderen Grundeinstellungen. Auch das Rechenzentrum funktioniert da natürlich anders. Die Programmierer und ihre Chefs sind andere Leute. Die Talente, die sie brauchen, die intime Geschäftskenntnis, das Verständnis für die Produkte, die Integration von Produkt und Technik - so intensiv habe ich das noch nie erlebt.«

Was Wunder also, daß es zwischen den beiden Seiten des Hauses in allen Fugen krachte und beide ganz unterschiedliche Dinge aus dem Riesenbudget für Informationsdienst und -technik haben wollten. Die Kapitalmarktseite verlangte unablässig umfangreiche, genauestens analysierte und aufpolierte Sofortdaten, während die Detailseite weniger verfeinerte und komplexe Transaktionsdaten haben wollte.

Eine ähnliche Spannung herrscht in vielen anderen Großfinanzfirmen. So investieren die hauptsächlich mit der Beschaffung und Bereitstellung von Kapital beschäftigten – die Salomon Brothers, First Bostons, Morgan Stanleys und Goldmans, die Sachses – in der Regel kräftiger in Informations- und Kommunikationssysteme als hauptsächlich aufs Detailgeschäft orientierte Firmen wie Merrill, Shearson oder Hutton.

Bei Merrill endete der Zusammenprall zwischen den beiden Seiten des Hauses in einer politischen Königsschlacht und dem Weggang des Topmanagers, dem man eine Kapitalmarktlastigkeit nachsagte.

War das Informationsbudget im Falle Merrill auch nicht der ausschlaggebende Faktor, so dürfte es doch in dem Maße immer zentralere Bedeutung erlangen, in dem Computer und Kommunikation eine Veränderung der Strategien und Aufgabenstellungen auf höchster Ebene bewirken.

Strategischer Rückzug

Exakt illustriert wurde dies durch die Bank of America, als sie eine strategische Ausweitung ihres Trustgeschäfts beschloß.

1982 besaß die Bank of America Aktivposten in der Höhe von 122 Milliarden Dollar, beschäftigte 82 000 Mitarbeiter in 1200 Zweigstellen und Niederlassungen von Sacramento bis Singapur. Die Trustabteilung allein handhabte Gelder im Wert von 38 Milliarden für rund 800 Großinvestoren und Pensionsfonds. Zu ihren Trustkunden zählten die Walt Disney Company, AT&T, Kaiser Aluminium und weitere Industrieschwergewichte. Aber die Bank war technologisch in Rückstand geraten. Zu diesem Zeitpunkt beschloß sie den Ausbau ihres Brückenkopfs im Trustgeschäft in Konkurrenz zu Bankers Trust, State Street of Boston und anderen Finanzgiganten der Ostküste.

Der Chef der Trustabteilung der Bank of America, Clyde R.

Claus, erkannte sofort, daß er ein hochleistungsfähiges Computersystem brauchte. Das alte System war trotz einer kürzlichen 6-Millionen-Schönheitsoperation hoffnungslos unzureichend.

Die Tage der sprichwörtlichen »Witwen und Waisen«, die zaghaft in der Trustabteilung vorsprachen mit der Bitte, doch für sie das Geld anzulegen, und sich mit kurzangebundenen Halbjahres- oder Jahresberichten zufriedengaben, waren längst vorbei. Trustkunden waren jetzt viel ausgekochter. Manche besaßen Riesenkonten. Sie wollten sehr detaillierte Informationen. Die großen hatten eigene, mächtige Computer, Fernmeldenetze und feinabgestimmte Software für Finanzanalyse und wollten vielschichtige und immer allerneueste Daten.

Claus und die Informationssystemabteilung heuerten also Berater und Fachleute an, die ihnen das fortschrittlichste System im Trustbereich aufbauen sollten. Rund dreieinhalb Millionen Programmierzeilen wurden geschrieben. Die Angestellten wurden in dreizehntausend Ausbildungsstunden auf die Handhabung des neuen Informationssystems getrimmt.

Trotz dieser gewaltigen Anstrengung blieb das neue System immer noch hinter den Terminwünschen zurück. Das Projekt wurde von endlosen Störungen geplagt. Schlimmer noch: Auch das bisherige System fiel immer weiter zurück. Die Kunden murrten. Der Druck wuchs.

1986 ging bei der Redaktion des internen Informationsbriefes *Turtle Talk* ein anonymes Schreiben ein, in dem Claus vor der Inbetriebnahme des neuen Systems gewarnt wurde. Es sei, so der Schreiber, noch nicht betriebsbereit. Wenn Claus das anders sehe, dann, weil ihm jemand »Sand in die Augen« gestreut habe.

Claus aber konnte nicht warten. Schon hingen die Kundenauszüge drei Monate zurück. Alles war so gründlich danebengegangen, daß die BofA-Angestellten den Kunden im »Ehrenwort«-System riesige Summen auszahlten, weil sie die zur Kontenprüfung erforderlichen Unterlagen nicht fanden. Krise reihte sich an Krise. Schlacht reihte sich an Schlacht. Aufstände im Topmanagement, Hakenschlagen in der Firmenpolitik, Entlassungen, Versetzungen – das alles beutelte die Trustabteilung. 1988 brach das ganze Projekt zusammen, waren 80 Millionen Dollar in den Sand gesetzt. Bank of America zog sich mit Schimpf und Schande aus dem Trustgeschäft zurück.

Kompletter Zusammenbruch. In den folgenden Monaten rollten die Köpfe durch die teppichbespannten Flure. Raus flog Claus. Raus flogen auch mehrere weitere Chefs. (Raus auch flogen 320 der 400 Angestellten des für die Software und Systemgestaltung angeheuerten Subunternehmers.)

Raus aber gingen auch die Kunden - und nahmen dabei Werte in Höhe von rund 4 Milliarden mit. Raus flogen Teile der Trustabteilung, von der zuvor ein Stück an Wells Fargo verkauft, ein anderes an State Street of Boston abgegeben worden war, eben die Firma, die die Bank of America hatte herausfordern wollen.

Es war eine Neuauflage von Napoleons Rückzug aus Moskau.

Systemexperten, ob sie nun CIO oder anders heißen, stehen in den Infokriegen in vorderster Front, können von allen Seiten angeschossen werden. Ein kurzer Blick auf ihren Aufstieg, Fall und Wiederaufstieg vermittelt uns klare Einsichten in die Frage, wie sich Macht verschiebt, wenn die Informationsbeherrschung den Inhaber wechselt.

Die Ära des Gigantenhirns

Als die Computer vor drei Jahrzehnten in den Büros der Konzerne Einzug hielten, war die Presse voll der Spekulation über das kommende »Gigantenhirn«. Dieses elektronische Megahirn würde sämtliche Informationen enthalten, die man zur Leitung einer Firma brauchte. (Dieses anfängliche Wahngebilde einer totalen, allesumfassenden Datenbank und -entscheidung hatte in der Sowjetunion eine noch größere Version zur Folge. Dort meinte man, ein paar elektronische Riesengehirne in den Händen der Planungsbehörde Gosplan könnten nicht bloß ein Einzelunternehmen, sondern die ganze Volkswirtschaft steuern.)

Ein für allemal träte Ordnung an die Stelle der Informationsunordnung und des Chaos. Schluß mit der Schlamperei. Schluß mit den überbordenden Aktenschränken. Schluß mit den verlegten Aufzeichnungen. Schluß mit der Unsicherheit.

Dieser Großmannswahn unterschätzte die höhere Vielfalt und Komplexität einer Supersymbolwirtschaft gewaltig. Großspurig setzte er sich über die Rolle von Zufall, Intuition und Kreativität hinweg. Mehr noch: Er ging davon aus, daß die Leute in den Leitungsetagen genau wußten, welche Information die unter ihnen in der Hierarchie Arbeitenden brauchten und welche nicht.

Den Titel des Chief Information Officer gab es damals in amerikanischen Unternehmen noch nicht, aber es gab eine kleine Schar von »Datenpriestern«: die Datenverarbeiter. Da sonst keiner das »Gigantenhirn« zu irgend etwas bewegen konnte, »gehörten« diesen paar Fachleuten die Großrechner der Firmen, und jeder, der Information verarbeitet haben wollte, mußte zu ihnen kommen. Die Datenpriester genossen die Segnungen eines Informationsmonopols.

Dann kamen die Mikros.

Schreibtischcomputer wirbelten Ende der siebziger Jahre nur so herein. Da sie sofort spürten, daß diese billigen neuen Maschinen ihre Macht aushöhlen würden, verlegten sich viele Datenfachleute mit aller Kraft darauf, die neuen Maschinen draußen zu halten. Die Datenpriester rümpften verächtlich die Nase über die begrenzten Speicher- und sonstigen Kapazitäten der Mikrocomputer. Sie bekämpften die Bereitstellung von Mitteln dafür.

Aber ebenso wie ein etabliertes Monopol, Western Union, im 19. Jahrhundert den Amerikanern nicht das Telefon hatte verwehren können, schwemmte auch der große Informationshunger der Geschäftswelt den Widerstand der Datenfachleute beiseite. Bald machten Tausende Firmenchefs mit den Datenpriestern kurzen Prozeß, kauften ihre eigenen Maschinen und Programme und fingen an, sie miteinander zu vernetzen.

Es lag auf der Hand, daß die Unternehmen verstreute Computerpower und nicht bloß ein paar zentrale Großrechner benötigten. Der »Gigantenhirn«-Wahn war tot, dahin die Macht der Datenpriester. Heute liegt in vielen Firmen mehr als die Hälfte der Datenverarbeitung außerhalb des Rechenzentrums, und nach den Worten eines leitenden Managers von Deloitte & Touche haben die Computerfachleute »noch ganze Welten zu verlieren«.

Nicht länger klopften die leitenden Angestellten zaghaft an die

Tür der Datenverarbeiter und bettelten um ein paar Minuten Rechnerzeit. Viele hatten sich der Herrschaft der Datenpriester entzogen und verfügten jetzt über umfangreiche Abteilungsmittel zur Beschaffung von Computern.

Die Datenpriester ähnelten jetzt den Ärzten, die ihr Gottesgnadentum in dem Maße verloren, als mehr und mehr medizinisches Wissen den Laien verfügbar wurde. Anstatt Computer-Analphabeten an der Nase herumführen zu können, sahen sich die DV-Fachleute jetzt einer großen Zahl von »Endbenutzern« gegenüber, denen die Grundbegriffe des Computerwesens geläufig waren, die Computerzeitschriften lasen, für ihre Kinder zu Hause Maschinen kauften und sich nicht mehr von jemand, der was von RAM und ROM murmelte, ins Bockshorn jagen ließen.

Die Mikro-Revolution hat die Computerinformation entmonopolisiert und die Priester der Macht beraubt.

Bald aber folgte der Mikro-Revolution die »Connectivity«-Revolution, und wieder verschob sich die Macht.

Wie bei Revolutionen die Regel, ging es auch bei der Mikro-Revolution drunter und drüber. Einzelpersonen und ihre Abteilungen kauften Hals über Kopf irgendwelche Maschinen, Software und Dienstleistungen; das elektronische Durcheinander war perfekt. Solange diese Dinge allein für sich standen, machte das nicht viel aus. Aber als die Einzelarbeitsplätze sich untereinander, mit den Großrechnern und der Außenwelt unterhalten sollten, zeigten sich alle Nachteile der ungebremsten Freiheit.

Computerfachleute warnten ihre Chefs mit Grabesstimme. Die Computer-Demokratie konnte sogar eine Einschränkung der Macht der Leitung selbst zur Folge haben. Wie sollte jemand verantwortlich ein Unternehmen leiten, wenn sich das gesamte computerisierte Informationsprogramm dem Zugriff entzog? Unterschiedliche Maschinen, Programme, Datenbanken, bei denen jeder gerade »machte, was er wollte«, beschwor das Gespenst der Büroanarchie herauf. Es mußte unbedingt etwas unternommen werden.

In jeder Revolution gibt es eine Zeit des Sturms und Drangs, an die sich eine Phase der Konsolidierung anschließt. Die DV-Leute begannen mit Unterstützung der Leitung die Revolution zu institutionalisieren und gewannen bei gleicher Gelegenheit einen Teil ihres früheren Einflusses zurück.

Um bei den Computern und der Kommunikation Ordnung zu schaffen, erhielten die neuen CIOs weit mehr Verfügungsgewalt über Mittel und mehr Verantwortung als je zuvor. Man hieß sie die Systeme integrieren, miteinander verknüpfen und gewissermaßen die »elektronischen Verkehrsregeln« aufstellen. Waren sie zunächst die Hüter der zentralisierten Information gewesen und war ihnen dann eine Zeitlang die Kontrolle über das System entglitten, so tauchten die neuen Informationsleute mit den CIOs an ihrer Spitze jetzt als Datenpolizei wieder auf, die neue Regeln durchsetzte, deren Gesamtheit das Informationssystem einer Firma ausmachte.

Diese Regeln erstrecken sich auf technische Normen und Gerätearten, entscheiden jedoch auch über den Zugang zu Zentraldatenbanken, über Prioritäten und manches andere. Mit dem letzten Dreh an der Schraube singen jetzt paradoxerweise viele CIOs das Loblied der einst so verachteten Mikro-Computer.

Die Gründe liegen auf der Hand. Mikros sind nicht mehr die Schwächlinge von einst. Zusammen mit den Minis und den Bildschirmarbeitsplätzen sind sie jetzt so mächtig, daß sie einen Großteil der Aufgaben des Großrechners übernehmen können. Folglich fordern viele CIOs das »Downsizing« und die Dezentralisierung.

»Der Trend zum Downsizing ist phänomenal«, schreibt Theodore Klein von Boston Systems Group Inc. »Neulich war ich bei einer Konferenz von 60 Management-Information-Chefs, und praktisch jeder betrieb es in irgendeiner Form.« Nach der Fachzeitschrift *CIO* »gelangt mit dem Downsizing die Verfügungsgewalt in die Hände der Leiter der Arbeitseinheiten«. Aber diese Verfügungsgewalt unterliegt jetzt klaren, von Computer-Fachleuten aufgestellten Regeln. Tatsächlich versuchen viele CIOs mit Unterstützung der Leitungsetage die Kommandogewalt unter der Flagge des »Netzmanagements« wieder zu zentralisieren.

Bill Gassman, Marketing-Spezialist von DEC, sagt dazu: »Netzmanagement ist keine technische, sondern eine politische Frage.« Derselben Ansicht sind andere, die nach den Worten von *Datamation* der Meinung sind, »hinter den Argumenten für ein zentralisiertes Netzmanagement verbirgt sich oft die Absicht gewisser Leute aus dem Management-Informationssystem-Sektor, die in den letzten Jahren verlorene persönliche Machtstellung wiederzuerringen«.

Kurzum: Toben außerhalb der Unternehmen ganze Infokriege, die Einzelhändler und Hersteller oder Industriezweige, ja ganze Staaten aufeinanderhetzen, so sind auch Info-Kleinkriege innerhalb der Firmen im Gang.

Die CIOs und ihre Mannen werden gewollt oder ungewollt zu Infokriegern. Denn egal, ob sie ihr Geschäft so verstehen oder nicht, ihre weithin unerkannte Aufgabe besteht in der Umverteilung der Macht (wobei sie verständlicherweise ihr eigenes Machtsüppchen gleich mitkochen).

Als Gemisch aus Straßenbaumeistern und Verkehrspolizei auf den schnell wachsenden elektronischen Fernstraßen sind sie, auch wenn sie die Vorstellung abscheulich finden mögen, die »Gedankenpolizei der Manager«.

Die Ethik der Information

Dafür erhalten sie ihren Sold. Ihre Arbeit ist schwer und anstrengend. Tatsächlich ist kaum vorstellbar, welch komplexe Regeln der Aufbau und die Integration eines umfassenden Informationssystems verlangen, das die Information den Bedarfsträgern zukommen läßt, Mißbrauch, Sabotage und unzulässige Eingriffe in die Privatsphäre verhindert, den Zugang der Angestellten, Kunden und Zulieferer zu verschiedenen Netzwerken und Datenbanken ordnet, ihnen Prioritäten zuteilt, zahllose Detailberichte produziert, Benutzern die Personalisierung ihrer Software erlaubt, Dutzende anderer Anforderungen erfüllt, all dies im Rahmen der verfügbaren Mittel tut - und dies immer und immer wieder von neuem, wenn neue Technologien, Konkurrenten und Produkte auf den Plan treten.

Die Aufstellung von Regeln zur Lenkung eines solchen Systems verlangt ein so hochgradiges Fachwissen, daß die CIOs und ihre Mitarbeiter darob oft die menschlichen Rückwirkungen ihrer

Entscheidungen übersehen. Ist es doch eine politische Frage, wer wozu Zugang hat. Die Intimsphäre ist eine politische Frage. Ein System so gestalten, daß es die eine Abteilung besser bedient als eine andere, ist eine politische Frage. Selbst die Prioritätenzuweisung ist eine politische Frage, weil eine Arbeitseinheit länger auf ihre Informationen warten muß als eine andere. Die Ausstattung der Kostenstellen ist immer eine Machtfrage.

Sobald wir also von der Informationspolizei sprechen, erhebt sich eine ganze Reihe beunruhigender »parapolitischer« Fragen.

Zwei Angestellte befehden sich persönlich. Der eine erfährt das passende Kennwort, schleicht sich in die Personaldaten ein und fügt der Akte seines Gegners schädliche Daten hinzu. Das alles kommt erst ans Licht, wenn das Opfer die Firma bereits verlassen hat und zu einer anderen gegangen ist, wo nun die Entdeckung nachteiliger Informationen zur Entlassung führt. Was geschieht? Wer ist verantwortlich? Die erste Firma?

Werden die Beförderungschancen eines Mitarbeiters unzulässig gemindert, wenn er keinen Zugang zu einer wichtigen Datenbasis hat oder ihn verliert?

Man braucht nicht viel Fantasie, um derlei Fragestellungen beliebig zu vermehren. In Ermangelung einer umfassenden öffentlichen Politik bleibt es den Privatfirmen überlassen, sich die persönlichen und politischen Auswirkungen der für ihr Informationssystem maßgeblichen Regeln auszudenken. Aber darf man denn solche Fragen angesichts ihres Menschenrechtsgehalts ganz und gar den Privatunternehmen überlassen? Und, falls ja, wer soll in einem Unternehmen die Regeln aufstellen? Der Chief Information Officer?

Wir stehen hier auf ungewohntem, sehr dünnem Eis. Nur wenige besitzen viel Erfahrung mit den ethischen, rechtlichen – und letztlich politischen – Fragen, die sich daraus ergeben, daß der Strom der Geschäftsinformation nun mal kanalisiert werden muß. Das Topmanagement delegiert das gewöhnlich. Aber an wen?

Sollte die Macht über das Aufstellen der Regeln aufgeteilt werden? Mit wem? Sollten firmeneigene »Informationsräte« oder gar »gesetzgebende Körperschaften« errichtet werden, die die Gesetze über die Informationsrechte, -verantwortlichkeiten und

-zugangsberechtigungen verfassen? Sollten die Gewerkschaften bei dieser Entscheidungsfindung mitsprechen? Brauchen wir »Informationsethiker« zur Definition einer neuen »Informationsmoral«?

Werden die informationsregulierenden Regeln in der Industrie die öffentliche Haltung gegenüber der Informationsfreiheit in der Gesellschaft beeinflussen? Gewöhnen sie uns gar an Zensur und Geheimniskrämerei? Brauchen wir vielleicht überhaupt ein Gesetz über die elektronischen Informationsrechte?

Eine jede einzelne dieser Fragen ist ein Machtproblem, und die Entscheidungen über sie werden im Unternehmen und schließlich überhaupt in der Gesellschaft die Machtkonstellationen verschieben.

Die Paradoxbombe

Je turbulenter, labiler und unausgewogener die Geschäftsumwelt von morgen wird, desto unabsehbarer werden die Bedürfnisse der Benutzer.

Schneller Wandel bedeutet auch immer Zufall. Bedeutet Ungewißheit. Bedeutet Konkurrenz aus der am wenigsten erwarteten Ecke. Bedeutet zusammensackende Großprojekte und erfolgspralle Kleinvorhaben. Er bedeutet neue Technologien, neuartige Fertigkeiten und Mitarbeiter und nie dagewesene Wirtschaftsbedingungen.

Das alles verschlimmert sich weiter, wenn die Konkurrenz scharf ist und oft genug aus Ländern oder Kulturen kommt, die so ganz anders aussehen als die, für die die Aktivität gedacht war.

Wie soll in einer solchen Welt selbst der gescheiteste CIO präzise im voraus bestimmen, wer welche Information brauchen wird? Oder wie lange?

In der Hochturbulenzzone von heute setzt das Überleben des Unternehmens einen ständigen Strom innovativer Waren oder Dienstleistungen voraus. Kreativität verlangt eine Art Firmen-Glasnost – Offenheit für Vorstellungskraft, Toleranz für Versager, Platz für Individualität und für die Gabe, durch Zufall glückliche und unerwartete Entdeckungen zu machen, wie sie in der Geschichte viele schöpferische Erfindungen und Entdeckungen hervorgebracht hat, vom Nylon und Latexanstrich bis hin zum NutraSweet Fettersatz.

So besteht also ein tiefer Widerspruch zwischen einerseits der Notwendigkeit, die Information sorgfältig zu kanalisieren und aufs genaueste zu kontrollieren, und andererseits dem Innovationsbedürfnis.

Je sicherer und verläßlicher ein Informationssystem ist, je geschützter, vordefinierter, vorstrukturierter und überwachter, desto mehr wird es die Kreativität hemmen und die Einfallskanäle verstopfen.

So erfahren wir denn, daß die Informationskriege, die jetzt in der Welt draußen toben, vom Supermarkt-Scanner bis zu den Fernsehnormen und zum Techno-Nationalismus, ihr Ebenbild auch in den Unternehmen haben.

Im Geschäft von morgen wird die Macht denen zuströmen, die die besten Informationen über die Grenzen der Information haben. Doch vorher werden die jetzt sich zuspitzenden Infokriege das Geschäft überhaupt umstülpen. Wie das geschehen wird, erfahren wir, wenn wir diese entscheidende Hilfsquelle - Wissen - näher betrachten, denn das Trachten nach Wissen wird die bestehenden Mächte von New York bis Tokio, von Moskau bis Montevideo in den Grundfesten erschüttern.

XIV

Der totale Informationskrieg

Als Reaktion auf die jetzt in der Weltwirtschaft tobenden Infokriege bildet sich ein neuer Geschäftsbegriff heraus. Da das Wissen in der Wertschöpfung einen immer zentraleren Platz einnimmt, wird das Unternehmen allmählich zur Wissensstätte.

Wir sprechen von Wertmehrung durch Informationsverdichtung. Wir sprechen von einer Verbesserung des menschlichen Faktors in einer Firma. Und wir stecken nachgerade unsere Nase in Dinge, die uns nichts angehen. In der Liebe und im Infokrieg ist, scheint's, alles erlaubt.

Am 25. April 1985 klingelte in den Büros von Texas Instruments in Dallas das Telefon. Eine Stimme mit fremdem Akzent bat um einen Termin bei einem Mitarbeiter der Wertpapierabteilung. Der syrische Elektrotechniker Sam Kuzbary, der vorher schon einmal bei Texas Instruments gearbeitet hatte, dann aber aus Sicherheitsgründen entlassen worden war, bat in den USA um politisches Asyl. Es hieß, der CIA habe ihm aus Syrien herausgeholfen, wo er bei den syrischen Militärs tätig gewesen sei. Kuzbary hatte immer eine Pistole im Handschuhfach. Jetzt, sagte er, melde er sich bei Texas Instruments zurück und hätte gerne seinen alten Job wieder. Er besitze wertvolle Informationen über wichtige Geheimnisse, die bei TI gestohlen worden seien.

Ergebnis dieses Anrufs war, daß die Polizei von Dallas in aller Herrgottsfrühe in einer kleinen High-Tech-Firma namens Voice Control Systems Inc. die Büros durchsuchte; sie war ursprünglich von einem Grundstücksmakler gegründet worden, der schließlich wegen Drogenhandels hinter Gittern landete. Jetzt gehörte sie einer anderen Investmentgruppe und beschäftigte, wie sich herausstellte, unter der Leitung eines ehemaligen Präsidenten von U.S. Telephone zahlreiche frühere Forscher von Texas Instruments, u.a. auch Kuzbary.

Die Polizei fand 7985 Dateikopien, die von den Computern des

TI-Forschungsprojekts über Spracherkennung stammten. Die großen Computerhersteller, darunter IBM und Texas Instruments, versuchen sich in der Erkennung menschlicher Sprache durch den Computer gegenseitig den Rang abzulaufen (grundsätzlich geht das bereits, ist aber noch sehr begrenzt und kostspielig). Wer diesen Wettlauf gewinnt, wird fabelhafte Gewinne einstreichen können. Michael Dertouzos, Leiter der Abteilung für Computerwissenschaft am Massachusetts Institute of Technology, meinte damals: »Wer den gordischen Knoten durchschlägt und die Maschine das gesprochene Wort verstehen lehrt, wird Herr der Informationsrevolution sein.«

Hatten sich die Ingenieure und Techniker, die von TI abgesprungen und zu VCS gegangen waren, wirklich des Diebstahls von Forschungsergebnissen im Wert von 20 Millionen Dollar schuldig gemacht, wie TI behauptete?

Im anschließenden Prozeß waren die Ankläger Ted Steinke und Jane Jackson der Meinung, daß ein Verbrechen vorliege. Die Verteidiger Tom Schalk und Gary Leonard hingegen wiesen darauf hin, auf dem gestohlenen Material hätten nirgends die Worte »TI - Geheim« gestanden, wie es für Geheimmaterial vorgeschrieben sei. Mehr noch: Dem Labor, in dem an diesem Problem gearbeitet wurde, stand Dr. George Doddington vor, ein brillanter Eigenbrötler, der sein Labor häufig »frei und offen« genannt und argumentiert hatte, ein großer Durchbruch werde nur möglich, wenn sich Forscher aus verschiedenen Firmen und Universitäten zusammentäten. Hinzu komme, daß VCS offenbar das TI-Material überhaupt nicht benutzt habe.

Schalk hielt den Geschworenen vor, während seiner ganzen Tätigkeit bei TI habe er das Material nie für geheim gehalten. Leonard sagte, er habe seine geleistete Forschungsarbeit lediglich zur persönlichen Erinnerung mitgenommen, und eine Anschriftenliste von TI habe er nur kopiert, weil sie die Adressen der Leute in seiner Sonntagsschule enthalten habe.

Dem allem hielt der Anklagevertreter Steinke entgegen: »Eines steht jedenfalls fest. Sie haben diese Programme mitgenommen, ohne irgend jemand ein Sterbenswörtchen zu sagen.«

Die Geschworenen in Dallas (ein paar davon weinten, als das

Urteil verlesen wurde) befanden die Männer schuldig. Sie wurden zu Geldstrafen verurteilt, erhielten dann aber Bewährung. Beide gingen in Berufung und setzten sich anschließend sofort wieder daran, den Computer hören zu lehren.

Schienenrost und Liebeslaute

Ob die Industriespionage zunimmt, ist schwer zu sagen, denn nach den Worten von Brian Hollstein vom Ausschuß für Informationsschutz bei der amerikanischen Gesellschaft für industrielle Sicherheit »... ist es mit der Industriespionage etwa so wie mit Geschlechtskrankheiten. Man hat sie vielleicht, aber man spricht nicht davon.« Andererseits werden immer mehr Prozesse gegen Informationsdiebe und -piraten angestrengt.

Hollstein hat mehr als sonstwer über den Wert von Informationen nachgedacht. »Viele Unternehmen«, sagte er vor ein paar Jahren, »haben immer noch nicht begriffen ... Für sie geht es immer noch um die Bewegung von Menschen und Material«, als befänden sie sich noch im Schornsteinzeitalter. »Folglich wird völlig übersehen, daß Information gleich Wert ist.«

Das ändert sich allerdings rasant. Viele Firmen sind angesichts der Infokriege zu dem Schluß gekommen, sie müßten mehr über die Pläne, Produkte und Profite ihrer Gegner wissen. Daher der dramatische Anstieg des »Wettbewerbs-Nachrichtenwesens« (WN).

Gescheite Unternehmer haben natürlich immer auf ihre Konkurrenten geschielt, aber heute ist Gegnerwissen Zündstoff in den Infokriegen.

Das liegt an mehreren Faktoren. Die Geschwindigkeit, mit der heute ein Außenseiter in einen Markt eindringen kann, die langen Vorlaufzeiten in der Forschung (im Gegensatz zu den verkürzten Produktlaufzeiten) und der härtere Wettbewerb tragen allesamt zur vielgerühmten systematisierten und professionalisierten Industriespionage bei.

Ständige Innovation bedeutet, daß mehr Mittel in neue Produkte gesteckt werden, die teilweise hohe Forschungssummen verschlingen. »Der Entwurf eines Chips kann Hunderte Laborjahre und Millionen Dollar kosten. Kopiert man einfach die Konkurrenz, so ist das billiger und schneller«, schreibt John D. Halamka in *Silicon Valley* und erklärt damit, warum heutzutage die Unternehmen in der Konstruktion den umgekehrten Weg einschlagen, nämlich ein rivalisierendes Produkt auseinandernehmen, um in seine Geheimnisse einzudringen. Xerox tut das mit Konkurrenzkopierern. Ganze Firmen tun das.

Ein weiterer Faktor, der das Wettbewerbs-Nachrichtenwesen fördert, ist die verbreitete Reorganisation der strategischen Planung. Einst war sie höchst zentralisiert auf Stabspersonal, das dem Topmanagement zuarbeitete, aber jetzt wird sie auf die Ebene der Arbeitseinheiten verlagert und oft von Praktikern ausgeübt, die unerbittliche Konkurrenz gewöhnt sind. Wenn man weiß, was der Konkurrent vorhat, so bedeutet das einen sofortigen taktischen Vorteil, läßt sich aber möglicherweise auch strategisch nutzen.

Das alles erklärt mit, warum heute 80 Prozent der 1000 größten amerikanischen Unternehmen Spürhunde beschäftigen und allein die Society of Competitor Intelligence Professionals sich damit brüstet, ihr gehörten Mitglieder aus mindestens 6 Ländern und 300 Firmen an. Sie haben alle Hände voll zu tun.

Vor dem Einstieg in die Billighotelkette Fairfield Inn, berichtet *Fortune*, habe Marriott ein Schnüfflerteam in fast 400 Konkurrenzhotels geschickt, das feststellen sollte, was für Seifen und Handtücher dort bereitgestellt wurden, wie gut der Empfang auf Sonderwünsche reagierte und ob die Liebeslaute im Nebenzimmer zu hören waren (die Liebestöne wurden von einer Marriott-Agentin simuliert und im Zimmer nebenan von einer anderen abgehört).

Desgleichen heuerte Marriott Kopfjäger an, die die Regionalmanager rivalisierender Ketten interviewen (und aushorchen) und herausfinden sollten, wieviel sie verdienten, welche Fortbildung sie erhalten hatten und ob sie glücklich seien.

Als Sheller-Globe Corporations, die Fahrerkabinen für Schwerlaster herstellt, eine neue Fahrerkabine auflegen wollte, befragte sie ganz systematisch die potentiellen Kunden nach ihren Erfahrungen mit Rivalenerzeugnissen, aufgeschlüsselt nach Brennstoffverbrauch pro Kilometer, Bequemlichkeit, Sichtverhältnissen, Steuergängigkeit, Sitzqualität, Leichtigkeit des Zugriffs zu den Steuerknöpfen und Dauerhaftigkeit. Aus dieser Information wurde dann das zu übertreffende Produktprofil gewonnen.

Wie beim wirklichen Spion steht auch beim Wirtschaftsagenten am Anfang eine sorgfältige Durchsicht der »offenen Quellen«. Er sucht Gewerbezeitschriften, Firmenbriefe und die Gemeinpresse nach Hinweisen auf die Absichten der Konkurrenzfirma ab. Er liest Reden, Stellenangebote, schreibt sich in Tagungen und Seminare ein. Er interviewt ehemalige Mitarbeiter, die oft nur allzu begierig auf die Gelegenheit springen.

Aber die Schnüffler, die zum Teil eigens angeworben werden, haben auf der Suche nach Hinweisen auf Kapazitäten auch schon Konkurrenzfirmen mit dem Hubschrauber überflogen, Abfalleimer nach weggeworfenen Notizzetteln durchgestöbert und durchaus auch aggressivere Methoden angewandt. Schon der Blick ins interne Telefonverzeichnis des Rivalen kann Einblick in die genaue Organisation verschaffen, von der aus sich das Budget errechnen läßt. Eine japanische Firma schickte Sachverständige zur Begutachtung der Eisenbahnschienen, die aus dem Fabrikgelände eines amerikanischen Konkurrenten herausführten. Die Dicke der Rostschicht gab Aufschluß über die Produktion der Anlage.

Gelegentlich verwanzen Übereifrige die Hotelzimmer oder Büros, in denen Vertreter des Rivalen mit jemand verhandeln. Noch weniger pingelig sind die fürs Verteidigungsministerium tätigen Unternehmer, die schon »consultants« angeheuert haben, um im voraus zu erfahren, zu welchem Preis ihre Konkurrenten bei einer Pentagon-Ausschreibung anboten, damit sie sie unterbieten konnten. Diese »Berater« sollen schon Militärs bestochen haben, um an die Informationen heranzukommen.

Natürlich bezeichnen die Berufs-WN-Agenten das Wettbewerbs-Nachrichtenwesen als legalen Informationserwerb. Aber eine neuerliche Übersicht deutet doch darauf hin, daß die leitenden Leute der Meinung sind, so richtig funktioniere das nur mit echter Wirtschaftsspionage.

Die Erhitzung der Infokriege von heute ist auf die wachsende Erkenntnis zurückzuführen, daß in der neuen Wirtschaft Wissen zwar eine zentrale Rolle spielt, aber auch allen für andere Ressourcen geltenden Regeln eine lange Nase macht. So ist es, beispielsweise, unerschöpflich. Wie wir den Wert von Stahlkesseln oder Tuchballen mehren, wissen wir. Aber den Wert einer guten Idee zu verbessern, ist viel problematischer. Es fehlen uns die Buchführungs- und Managementtheorien, um mit der supersymbolischen Realität fertig zu werden.

Wir wissen noch nicht, wie wir mit einer Ressource umgehen sollen, die zwar verkäuflich ist, zum Großteil aber (oft gratis) von den Kunden stammt. Oder auch, nolens volens, von den Konkurrenten. Noch auch haben wir verstanden, wie es ein Unternehmen als Ganzes mit der Wissensverbesserung hält.

Inners und Outers

Die Infokriege werfen auf das Unternehmen und die dort betriebene Arbeit ein neues Licht.

Lassen wir alle konventionellen Arbeitsplatzbeschreibungen einen Augenblick beiseite, alle Rangbezeichnungen, alle Abteilungsfunktionen. Betrachten wir vielmehr die Firma als solche als Bienenstock der Wissensverarbeitung.

In den alten Schornsteintagen galt die These, die Arbeiter wüßten kaum etwas von Bedeutung und die erforderlichen Informationen oder Einsichten ließen sich von der Leitung oder einem winzigen Mitarbeiterstab gewinnen. Der Anteil der an der Wissensverarbeitung Beteiligten an der Belegschaft war verschwindend klein.

Heute hingegen stellen wir fest, daß ein Großteil der Vorgänge in einer Firma dazu dient, den ständig zerfallenden Wissensbestand nachzufüllen, neues Zusatzwissen zu erarbeiten und einfache Daten zu Information und Wissen aufzumöbeln. Zu diesem Zweck »importieren«, »exportieren« und »transferieren« Angestellte unablässig Daten und Information.

Einige Angestellte sind im wesentlichen Importeure. Diese »Out-In«-Leute sammeln Information außerhalb der Firma und liefern sie bei ihren Kollegen drinnen ab. So sind beispielsweise

Marktforscher »Out-Inners«. Sie untersuchen die Verbraucherpräferenzen draußen und mehren Wert, indem sie die Ergebnisse interpretieren und anschließend der Firma neue, höherrangige Information liefern.

Bei Public-Relations-Leuten ist es genau umgekehrt. Sie verkaufen die Firma in der Außenwelt, indem sie Innen-Informationen sammeln und sie nach draußen streuen oder exportieren. Das sind dann die In-Outers.

Dann gibt es noch die In-Inners, die Buchführungsleute beispielsweise, die den größten Teil ihrer Informationen innerhalb der Firma gewinnen und auch weiterleiten.

Gute Verkäufer fungieren als Relais. Sie verbreiten Information, sammeln sie aber auch draußen ein und berichten sie an die Firma.

Diese Funktionen beziehen sich auf die Daten-, Informations- und Wissens*flüsse.* Dazwischen gibt es dann Funktionen, die mit der Verbesserung der Daten-, Informations- und Wissens*bestände* zu tun haben.

Einige Kopfarbeiter sind schöpferisch tätig, erfinden neue, überraschende Ideenkonstellationen oder setzen alte Ideen auf neue Weise wieder in Gang; andere »redigieren« neue Ideen, indem sie sie gegen strategische Erfordernisse oder praktische Überlegungen abgleichen und die unpassenden dann abstreichen.

In Wirklichkeit tun wir alle irgendwann alle diese Dinge. Bildet sich bei gewissen Funktionen auch dieser oder jener Schwerpunkt heraus, so lassen sich in den hergebrachten Arbeitsplatzbeschreibungen und Managementhandbüchern weder diese Unterscheidungen noch auch ihre Machtimplikationen hinreichend finden.

Fast bei jedem Schritt dieser Wissensverarbeitung kriegen Menschen und Organisationen mehr oder weniger Fett ab. Damit aber werden Konflikte – winzige, manchmal höchst persönliche Infokriege – etwa über Fragen ausgefochten, wer zu einer Sitzung eingeladen wird und wer nicht, wessen Name auf einer Mitteilung erscheint, wer unmittelbar an den Vorgesetzten berichtet und wer seinen Bericht im Vorzimmer abgeben muß, und so weiter und so fort. Diese Organisationsschlachten – »Mikro-Infokriege« – sind nichts Neues. Sie gehören zum Betriebsalltag. Neue Bedeutung aber erlangen sie mit der Ausweitung der Supersymbolwirtschaft.

Da der Mehrwert einer geschickten Wissensverarbeitung im neuen Wertschöpfungssystem ausschlaggebende Bedeutung erlangt, werden die Buchhalter des 21. Jahrhunderts Mittel und Wege finden, wie sich der wirtschaftliche Nettomehrwert der verschiedenen Informationsaktivitäten berechnen läßt. Die Leistungsbewertung der Mitarbeiter und Arbeitseinheiten dürfte dann ihren Beitrag zur Wissenvermehrung berücksichtigen.

Heute darf der Geologe, der ein großes Ölvorkommen findet, mit einer kräftigen Belohnung rechnen, hat er doch die Reserven der Gesellschaft gemehrt. Morgen, wenn Wissen als wichtigste aller Ressourcen Anerkennung gefunden hat, könnte die Angestellten-Entlohnung sehr wohl, mindestens teilweise, vom Erfolg des einzelnen bei der Wertmehrung der Wissensreserven abhängen. Umgekehrt müssen wir mit noch ausgekochteren Machtkämpfen um die Oberhand bei den Wissensposten und den sie generierenden Prozessen rechnen.

Holistische Spionage

Schon melden sich die ersten Anzeichen einer Veränderung der Managementhypothesen über die Funktionen der Belegschaft. So wird vom Angestellten mehr und mehr erwartet, daß er nicht nur die Wissensbestände der Firma im allgemeinen mehrt, sondern auch ihr Wettbewerbs-Nachrichtenarsenal.

Nach Mindy Kotler, Präsidentin von Search Associates, einer Firma, die sowohl für amerikanische als auch für japanische Firmen Wettbewerbs-Nachrichtengewinnung betreibt, sehen die Japaner dieses Nachrichtenwesen viel holistischer als die Amerikaner. Für höhere Angestellte in Japan gilt die Informationsgewinnung als Routinebestandteil ihrer Arbeit, sagt sie, »aber wenn man einen typischen Harvard-Betriebswirt fragt, dann verweist er auf den Bibliothekar«.

Diese enge Auslegung verschwindet jedoch allmählich. General Mills erwartet von jedem Mitarbeiter, daß er sich an der

Wettbewerbs-Nachrichtengewinnung beteiligt. Sogar die Boten sollen, wenn sie Material holen, den Verkäufer fragen, was die Konkurrenzfirmen so kaufen und tun.

Telefongesellschaften in den USA veranstalten Seminare und verteilen Broschüren für ihre leitenden Leute, in denen die Methoden und Vorteile der Wettbewerbs-Nachrichtengewinnung geschildert werden. Bayer läßt sogar seinen leitenden Leuten vom WN-Stab beibringen, wie wichtig diese Form der Informationsgewinnung ist. General Electric baut das WN unmittelbar in seine strategische Planung ein.

Treiben wir das zum Äußersten, dann landen wir bei der Vorstellung, ein Unternehmen sei alles in allem eine riesige Info-Kriegsmaschine.

Der 75prozentige Fehler

Die Wirtschaftspresse hat sich zwar oberflächlich mit der Frage der zunehmenden Industriespionage beschäftigt, aber das Verhältnis zwischen WN und der Ausbreitung der Informationssysteme und dem Prestigezuwachs des CIO noch kaum erwähnt.

Und doch liegt der Zusammenhang recht deutlich zutage.

Die Vorstellung, daß der Spionagezweig einer Firma den Chief Information Officer um Mitwirkung bei der Informationsgewinnung über einen Konkurrenten bittet, stellt sich fast von selbst ein. Immer mehr ist der CIO nicht mehr nur für die Informationssysteme innerhalb der Firma verantwortlich, sondern auch für elektronische Verbindungen mit den Datenbanken anderer Unternehmen. Das bedeutet, daß er Systeme handhabt, die mindestens in gewissem Maße in den elektronischen Bereich von Zulieferern, Kunden und anderen eindringen, und daß überhaupt Informationen von oder über Konkurrenten nur noch eine elektronische Synapte sind.

Über ein Jahr lang gelang es drei westdeutschen Computerspionen, sich Zugang zu Daten über Atomwaffen und die Strategische Verteidigungsinitiative SDI zu verschaffen, indem sie in 430 Computer eindrangen. Beliebig räuberten sie in über 30 davon, die in einem Netz der Defense Advanced Research Projects Agency des Pentagons verknüpft waren. Sie flogen erst auf, als Clifford Stoll, ehemaliger Hippie und Computersystem-Manager im Lawrence-Berkeley-Labor, eine 75prozentige Diskrepanz zwischen zwei Dateibeständen entdeckte.

Viele Firmennetze sind noch höchst anfällig für Eindringversuche entschlossener Diebe oder Spione, zu denen auch vergrätzte aktive oder ehemalige Mitarbeiter gehören können, die sich ein Konkurrent anlacht.

Nach *Spektrum*, der Fachzeitschrift des Institute of Electrical and Electronics Engineers, können »Mitarbeiter der meisten lokalen Netzwerke an ihre PCs ein Modem anschließen und damit neue Zugänge zum System aufbauen, von denen der Systemverwalter nicht die leiseste Ahnung hat«.

Wenn Kunden elektronischen Zugang zu den Lagerbestandsdateien eines Herstellers haben, Zulieferer in die Geheimnisse der Designvorhaben ihrer Kunden eindringen, wird die Informationsableitung zum Konkurrenten trotz aller Zugangsbeschränkungen und Kennworte zu einer sehr realen Möglichkeit.

Außerdem kann der Zugang direkt oder auch über Mittelsleute erfolgen - einschließlich Mittelsleuten, die völlig ahnungslos sind. Der CIA-Jargon unterscheidet nach »wissenden« und nichtsahnenden Informanten. Auch Industriespione können sich über ahnungslose Dritte Zugang zu Informationen verschaffen, die in den Infokriegen als Munition dienen können.

Sind beispielsweise zwei Einzelhandelsketten wie Wal-Mart und K Mart elektronisch an die Computer desselben Lieferanten angeschlossen, wie lange dauert es dann, bis eine übereifrige WN-Einheit oder einer aus der anschwellenden Horde der WN-Consultants auf die Idee kommt, die ID-Nummern und Kennworte des Hersteller-Großrechners aufzubrechen oder die Fernmeldeleitungen anzuzapfen und die Datenbanken durchzustöbern? Wenn schon ein Forschungsnetzwerk des US-Verteidigungsministeriums vom sowjetischen Nachrichtendienst kompromittiert werden konnte, der nur ein paar Mitarbeiter mit PC aufzubieten brauchte, die von ihrem Wohnzimmer in der Bundesrepublik aus operierten, wie sicher sind da noch die kommerziellen Netze und

Firmendatenbanken, auf die unsere heutige Wirtschaft angewiesen ist?

Das gewählte Beispiel ist übrigens rein hypothetisch und insinuiert keineswegs, Wal-Mart oder K Mart hätten derlei getan oder auch nur vor. Aber es gibt mittlerweile Tausende elektronische Datentauschsysteme, und neue Technologien eröffnen atemberaubende Möglichkeiten der zulässigen wie unzulässigen Datengewinnung.

Man braucht nicht viel Fantasie, um sich eine WN-Firma vorzustellen, die im Haus gegenüber eines großen Ladens Gerätschaften installiert und die Signale der optischen Lesegeräte anzapft und damit einen Konkurrenten oder Hersteller mit reichhaltigem Realtime-Material beliefert. Wie das Beispiel der Amerikanischen Botschaft in Moskau zeigt, kann eine Firma schon mit der heutigen Technik buchstäblich jeden Brief einer Chefsekretärin beim Firmenrivalen mitschreiben lassen.

Aber der totale Informationskrieg macht vielleicht bei der bloß passiven Informationsgewinnung nicht halt. Die Versuchung, sich auf »kommerzielle Kommandounternehmen« einzulassen, ist groß. Joseph Coates von J. F. Coates Inc. sah schon den Tag kommen, an dem ein schwergeplagter Konkurrent den Computer seines Rivalen mit falschen Bestellungen füttert, so daß dieser die falschen Modelle überproduziert und die unmittelbar konkurrenzwirksamen vernachlässigt.

Die Video-, Optik- und Akkustikrevolutionen stoßen auch das Tor zur zwischenmenschlichen Spionage und Einmischung auf. Vielleicht läßt sich mit der Sprachsynthese die Stimme eines Managers »fälschen« und zu falschen Telefonanweisungen an einen Untergebenen mißbrauchen. Der Vorstellung sind keine Grenzen gesetzt.

All das hatte natürlich einen Wettlauf um Abwehrtechniken zur Folge. Einige Netzwerke setzen mittlerweile voraus, daß der Benutzer eine Magnetkarte bereithält, die im Wechselgespräch mit den Fragen des Computers ein einmaliges Kennwort generiert. Andere Systeme nehmen zu Fingerabdrücken oder Körpersprache Zuflucht, um den Benutzer zu identifizieren, bevor er Zugang erhält. Ein System schießt dem Kandidaten einen Niedrigvolt-

Infrarotstrahl ins Auge und tastet zur Identifizierung das einmalige Blutgefäßmuster der Netzhaut ab. Ein anderes identifiziert den Benutzer nach dem Rhythmus seiner Tastenanschläge.

Da sie sehr teuer ist, bleibt die hochentwickelte Kodierung heute noch auf die Verteidigungsindustrie und Finanzinstitute beschränkt - auf die elektronische Geldüberweisung bei Banken zum Beispiel. Aber General Motors verschlüsselt bereits die Information im elektronischen Datenaustausch mit dem Spielzeughersteller, Mattel kodiert gewisse Daten, die in den Computer eines Kunden geladen oder auch physisch transportiert werden.

Das Hin und Her zwischen Offensive und Defensive sind Ausdruck des Infokrieges.

So stehen wir auf allen Ebenen des Geschäftslebens - auf der Ebene der Global-Fernseh- und Fernmeldenormen, auf der Ebene der Registrierkasse am Ladenausgang, beim Geldautomaten und bei der Kreditkarte, in den extra-intelligenten elektronischen Netzwerken, auf der Ebene des Wettbewerbs-Nachrichtenwesens und der Abwehr - mitten im Infokrieg und ringen die Infokrieger um die Oberhand über die entscheidende Ressource dieser Ära des Machtbebens.

Vierter Teil

Macht in der Flex-Firma

XV

Krach in der Sofaecke

Der Krieg um die wirtschaftliche Vorherrschaft im 21. Jahrhundert hat schon begonnen. Die taktischen Waffen in diesem weltweiten Machtkampf sind im wesentlichen die alten. Täglich machen sie Schlagzeilen: Währungsmanipulation, protektionistische Handelspraktiken, Finanzregelungen usw. Aber gleichwie beim militärischen Kräftemessen sind die wahrhaft strategischen Waffen von heute vom Wissen geprägt.

Was für jedes Land auf Dauer zählt, sind die Produkte der Kopfarbeit: wissenschaftliche und technische Forschung, Ausbildung der Arbeitskräfte, ausgereifte Software, gekonnteres Management, fortgeschrittene Kommunikation, elektronisches Finanzwesen. So heißen die Quellen der Macht von morgen, und unter diesen strategischen Waffen gibt es keine wichtigere als die überlegene Organisation, schon gar die des Wissens.

Darum vor allem geht es, wie wir gleich sehen werden, beim heutigen Angriff auf die Bürokratie.

Die Bürokratie-Sprenger

Alle Welt verabscheut den Bürokraten.

Lange Zeit pflegten die Geschäftsleute den Mythos, Bürokratie sei eine reine Regierungskrankheit. Beamte galten als faule, sauertöpfische Parasiten, denen der dynamische, produktive, kundenbeflissene Geschäftsmann gegenüberstand. Und doch ist in der Wirtschaft die Bürokratie nicht weniger verbreitet als im öffentlichen Sektor. In Wahrheit sind viele Großunternehmen der Welt genauso arthritisch und arrogant wie ein sowjetisches Ministerium.

Neue Organisationswege sind gefragt. In der Sowjetunion und in Osteuropa steht die politische Führung mit ihrer eigenen Bürokratie auf dem Kriegsfuß. Andere Regierungen verkaufen öffentliche Unternehmen, experimentieren mit Dingen wie Verdienstlohn und anderen Neuerungen im Beamtenreich.

Doch am weitesten gediehen ist der Drang nach neuen Organisationsmustern in der Wirtschaft. Es vergeht kaum ein Tag, an dem nicht ein neuer Artikel, ein weiteres Buch oder eine Rede die alte Top-Down-Pyramide aufs Korn nimmt. Managementgurus veröffentlichen Fallstudien von Firmen, die mit neuen Organisationsvorstellungen experimentieren, von der »Untergrundforschung« bei Toshiba bis zur antihierarchischen Struktur bei Tandem Computers. Manager lassen sich sagen, sie sollten sich »Chaos« zunutze machen, und tausenderlei Formeln und Finten werden in so schneller Folge ausprobiert und wieder fallengelassen, wie neue Schlagwörter auftauchen und verschwinden.

Natürlich erwartet kein Mensch, daß die bürokratische Organisationsform völlig von der Bildfläche verschwindet. Zu irgendwelchen Zwecken wird es sie immer geben. Aber man geht heute davon aus, daß Firmen, die an den alten, bürokratischen Strukturen der Schornsteinzeit festhalten, im Konkurrenzfeuer verschmoren werden.

In den Schornsteingesellschaften wird Macht, selbst wenn sie letztlich in der Hand charismatischer und sogar bürokratiefeindlicher Chefs liegt, doch in aller Regel in ihrem Namen von Bürokraten ausgeübt. Polizei, Armee, Unternehmen, Krankenhaus, Schulen – sie alle sind bürokratisch organisiert, welcher Stil oder welche Persönlichkeit auch die Spitzenleute auszeichnen mag.

Die Revolte gegen die Bürokratie ist im Grunde ein Angriff auf die vorherrschende Form der Schornsteinmacht. Sie fällt zeitlich zusammen mit dem Übergang in die Supersymbolwirtschaft des 21. Jahrhunderts und erklärt, warum die Schöpfer »nachbürokratischer« Organisationen die wahren Revolutionäre sind, ob sie nun in Wirtschaft, Regierung oder ziviler Gesellschaft residieren.

Zahllose Sofaecken

Jede Bürokratie weist zwei Schlüsselmerkmale auf, die man als »Sofaecken« und »Kanäle« bezeichnen kann. Aus diesem Grunde ruht die Alltagsmacht, die Routineherrschaft, in den Händen von zwei Typen - dem Spezialisten und dem Manager.

Spezialisten gewinnen ihre Macht aus der Beherrschung der Information in den Sofaecken. Manager verdanken die ihre der Herrschaft über den Informationsfluß durch die Kanäle. Dieses Machtsystem, Rückgrat der Bürokratie, gerät jetzt in den Unternehmen unter Feuer.

Wenn wir an Bürokratie denken, denken wir an eine Personalstruktur. Bürokratie ist aber auch eine bestimmte Wissensstruktur. Eine fein säuberlich in Funktionsabteilungen wie Markt, Region oder Produkt gegliederte Firma ist letztlich eine Sammlung von Sofaecken, in denen Fachinformationen und persönliche Erfahrung lagern. Konstruktionsdaten gehen zu den Konstrukteuren, Verkaufsdaten zu den Verkaufsleuten.

Bis zur Ankunft des Computers war es dieses »Sofaeckentum«, das das Wissen zur Wertschöpfung organisierte. Und das Bezaubernde an dem System lag darin, daß es endlos erweiterbar schien. Theoretisch konnte es eine Unzahl von Sofaecken geben.

In der Praxis indes entdecken Unternehmen und Regierungen heute, daß diese Form der Spezialisierung klare Grenzen hat. Zuerst sichtbar wurden sie im öffentlichen Sektor, als sich Regierungsstellen zu Monstern auswuchsen, von denen es kein Zurück gab. Hören wir nur das Lamento von John F. Lehman Jr., bis vor kurzem noch US-Staatssekretär für Marinefragen. Im Pentagon, so klagte Lehman seinen Kollegen, hatten sich so viele spezialisierte Sofaeinheiten gebildet, daß es »mir oder irgend jemand an diesem Tisch unmöglich ist, das System auch nur annähernd zu beschreiben, mit und in dem wir operieren müssen«.

Als sich Privatfirmen zu Gargantuas auswuchsen, stießen sie bald an die Grenzen organisatorischer Spezialisierung.

Heute bricht in einem Unternehmen nach dem andern das Sofaeckensystem unter seiner eigenen Last zusammen. Daran ist nicht nur die schiere Größe schuld.

Wie wir das Industriezeitalter hinter uns lassen, wird unsere Gesellschaft immer vielgestaltiger. Die alte Schornsteinwirtschaft diente einer Massengesellschaft. Die Supersymbolwirtschaft dient einer entmassten Gesellschaft. Alles wird zusehends heterogener, vom Lebensstil und den Produkten bis zu den Technologien und Medien.

Diese neue Vielfalt bedeutet mehr Vielschichtigkeit, und das hat zur Folge, daß die Wirtschaft mehr und mehr Daten, Informationen und Know-how benötigt, um noch funktionieren zu können. So werden Riesenmengen dieses Stoffs in mehr und mehr Sofaecken gestopft – die sich mithin über alles Begreifen hinaus vervielfachen und zu bersten drohen.

Zudem treten heute die Veränderungen viel schneller ein, als eine Bürokratie zu bewältigen vermag. Kaum bewegt sich der Yen in Tokio nach oben, schnellen auch schon Ein- und Verkauf in Zürich und London in die Höhe. Eine Fernseh-Pressekonferenz aus Teheran löst eine sofortige Reaktion in Washington aus. Eine improvisierte Bemerkung eines Politikers über Steuern läßt Investoren und Chefbuchhalter augenblicklich eine Übernahme neu überdenken.

Eben diese Beschleunigung des Wandels macht unser Wissen – von Technologie, Märkten, Lieferanten, Verteilern, Währungen, Zinsen, Verbraucherpräferenzen und allen anderen Geschäftsvariablen – zur leichtverderblichen Ware.

Der gesamte Daten-, Fertigkeits- und Wissensbestand einer Firma gerät so in einen Zustand unablässiger Verderbnis und Erneuerung, und schneller und schneller dreht sich das Rad. Dies wiederum bedeutet, daß ein Teil der alten Säcke und Sofaecken, in die das Wissen gestopft wurde, in Stücke geht. Der eine platzt aus den Nähten, die andere wird nutz- und sinnlos, weil die darin enthaltene Information überholt und nichts mehr wert ist. Auch das Verhältnis zwischen all diesen Abteilungen, Zweigen und Einheiten verändert sich ständig.

Kurzum: Das für das Jahr 1 entworfene Sofaeckensystem paßt nicht mehr ins Jahr 2. Zu leicht läßt sich die in einem Computer erfaßte Information umbauen und umsortieren. Die Datei braucht nur in ein anderes Unterverzeichnis kopiert zu werden. Man versuche das mal mit den Sofaecken! Da Menschen und Budgets das Schema ausmachen, verursacht jeder Versuch einer Umstrukturierung explosive Machtkämpfe. Je schneller sich die Dinge in der Außenwelt wandeln, desto mehr kracht der organisatorische Rahmen der Bürokratie in allen Fugen, desto mehr Reibereien und Grabenkämpfe gibt es.

Wirklich ernst wird es jedoch, wenn die Turbulenz auf dem Markt, in der Wirtschaft oder Gesellschaft die Firma vor völlig neue Probleme stellt oder ihr ganz neue Chancen bietet. Plötzlich sehen sich die Entscheidungsträger einer Situation gegenüber, für die es keine Sofaeckeninformation gibt. Je höher die Veränderungsrate in der Wirtschaft - und sie beschleunigt sich täglich -, desto mehr bizarre, nie dagewesene oder einmalige Situationen tauchen auf. Und dafür ist das Sofaeckensystem praktisch wertlos.

Am 3. Dezember 1984 rieb sich die Leitung von Union Carbide die Augen bei der Entdeckung, daß aus ihrer Pestizidfabrik im indischen Bhopal eine Giftwolke entwichen war und den schlimmsten Einzelunfall in der Industriegeschichte ausgelöst hatte.

Der Katastrophe fielen über 3000 Tote und 200 000 Verletzte zum Opfer. Es mußte sofort und nicht im üblichen Schneckenverfahren entschieden werden. Sofaecken und Kanäle waren passé.

Nicht weniger einmalige, wenngleich weniger katastrophale Ereignisse hageln auf die Firmenbosse nieder. In Japan müssen die Manager der Schokoladenfabrik Morinaga erfahren, ein mysteriöser Mörder vergifte ihre Produkte. Guinness in England ereilt ein Aktienskandal. Pennzoil und Texaco schliddern in einen titanenhaften Rechtsstreit hinein. Die Manville Corporation muß aufgrund von Prozessen wegen der Asbestbelastung ihrer Arbeiter Bankrott erklären. CBS wehrt sich gegen einen blitzkriegartigen Raid von Ted Turner. United Airlines sieht sich einem unerhörten Aufkaufversuch der eigenen Piloten gegenüber, der dann in sich zusammenfällt und in Wall Street einen Crash verursacht. Derlei und viele andere, kleinere, unbemerkt gebliebene Ereignisse stürzen die Manager in Situationen, auf die sie oder ihre Bürokratien nicht im geringsten vorbereitet sind.

Tritt eine Situation auf, die sich nicht ohne weiteres einer bestimmten Sofaecke zuteilen läßt, dann werden Bürokraten ungemütlich. Sie machen sich Besitzstände, Geld, Leute - und Information streitig. Unglaubliche Energien und Emotionen brechen sich Bahn. Doch anstatt das Problem zu lösen, löst sich dieses ganze Gezänk in Sturm und Drang auf. Schlimmer noch: Diese brudermörderischen Kämpfe führen zu irrationalem Verhalten der Firma. Anstatt der Vernunft gibt jetzt die als Faktor immer präsente Macht den Ausschlag bei den Entscheidungen.

»Kamelefanten« und heiße Kartoffeln

Tritt so ein richtiger Sonderfall ein, der überhaupt nicht in den gewohnten Trott paßt, geht die Firma als erstes mal unter Deck. So steckte man beispielsweise den Kopf in den Sand, als die ersten ausländischen Autos in Amerika auftauchten. Für die ersten kleinen Opel und Citroën 2 CV auf den amerikanischen Straßen Ende der fünfziger Jahre hatten die Detroiter Bürokraten nur ein verächtliches Achselzucken übrig. Noch als sich die Volkswagenströme in die Staaten zu ergießen begannen, zogen die bürokratischen Autogiganten es vor, das Undenkbare nicht zu denken. In ihren Unternehmen gab es keine Organisationseinheiten für die Bekämpfung ausländischer Konkurrenz, keine Sofaecken mit der nötigen Information.

Bleibt einer Bürokratie keine andere Wahl mehr, als sich mit einem Problem zu befassen, das in keine Sofaecke paßt, dann geht sie recht stereotyp vor. Nach längerem Hin und Her kommt unausweichlich der Vorschlag, eine neue Einheit zu schaffen (meist unter Leitung des Vorschlagenden). Sofort weiß jeder, was daraus ohne weiteres werden kann: ein budgetfressender Rivale der bestehenden Einheiten. Das will niemand, also gibt es einen Kompromiß, nämlich den traditionellen bürokratischen »Kamelefanten«, den Arbeitsstab oder die Task Force - weder Fisch noch Fleisch. In Washington wimmelt es nur so davon. Desgleichen in den großen Firmen.

Diese neue Organisationseinheit, eine Kreuzung aus dem langsamen, schwerfüßigen Trott des Elefanten und dem Intelligenzquotienten des Kamels, ist faktisch eine neue Sofaecke, in der allerdings in der Regel eher untergeordnete Leute sitzen, die von ihren ständigen Abteilungen weniger dazu abgestellt werden, daß das Problem gelöst wird, als aufzupassen, daß die neue Einheit nicht an Zuständigkeiten und Geldtiteln herumzuschnippeln beginnt.

Manchmal wird das neue Problem sofort als heiße Kartoffel ausgemacht, an der sich keiner die Finger verbrennen will. Entweder fliegt sie einem dummen und unerfahrenen Jungen in den Schoß, oder sie schmort vor sich hin, und schon wächst sich wieder ein Problem langsam zur Krise aus.

Angesichts dieser wilden Grabenkämpfe beschließt der Boß wütend, »unbürokratisch vorzugehen«. Dazu ernennt er einen »Zaren«, dem angeblich alle beteiligten Stellen zuarbeiten sollen. Da ihm aber die zur Problemlösung nötigen Informationen fehlen, findet sich der Zar zu guter Letzt wieder inmitten der Sofaecken wieder.

Jetzt befindet der Chef, daß der Frontalangriff auf die unteren Büroetagen nicht weiterhilft. Also versucht er's mit einer anderen Standardlösung, indem er das Problem in aller Stille einem »Nothelfer« in seinem persönlichen Stab anvertraut, anstatt zu warten, bis die langsame, widerwillige Bürokratenmaschinerie etwas unternimmt. Dieser Versuch, die zuständigen Abteilungen zu überspielen, bringt sie noch mehr in Rage, worauf die beleidigten Einheiten alles daransetzen, damit der Nothelfer baden geht.

So ähnlich erging es Ronald Reagan, als er Mitarbeiter des Nationalen Sicherheitsrats, der ja traditionell keine operative Einheit ist, mit Funktionen betraute, die üblicherweise den Bürokraten im Außen- oder Verteidigungsministerium oder im CIA anvertraut sind. Der daraus resultierende Versuch, in der Hoffnung auf Freilassung amerikanischer Geiseln mit den »Gemäßigten« in Iran anzubandeln, schlug ihm geradewegs ins Gesicht. (Hinterher gelangte die Tower-Kommission, die das Irangate-Fiasco untersuchte, zu dem feierlichen Schluß, der Skandal wäre vermieden worden, hätte das Weiße Haus »das System benutzt«, d. h. sich auf die übliche Bürokratie anstatt den Stab des Weißen Hauses verlassen. Unerwähnt blieb dabei, ob die Bürokratien, die ja bisher weder die Freigabe der Geiseln auf dem Verhandlungswege erreicht noch ihre Befreiung mit militärischer Gewalt erreicht hatten, wirklich mehr Erfolg gehabt hätten.)

Ähnliche Machtspiele gehen auch *innerhalb* jeder Abteilung vor sich, wo die Untereinheiten einander ebenfalls Geld, Personal und Wissen streitig machen. Man sollte meinen, daß die Grabenkämpfe wenigstens im schlimmsten Krisenfalle aufhören. Aber genau das Gegenteil geschieht, wenn die Chefköpfe schon auf dem Henkerblock liegen. Oft genug treten im politischen und sogar militärischen Leben bei einer Krise eher die schlimmsten als die besten Seiten einer Organisation in Vorschein.

Man braucht nur einmal die Geschichte der Rivalität zwischen Heer, Marine und Luftwaffe im schlimmsten Kampfgetümmel nachzulesen, oder auch der mörderischen Kämpfe zwischen rivalisierenden englischen Geheimdiensten und Kommandounternehmen im Zweiten Weltkrieg, um zu ahnen, welchen Fanatismus rein bürokratische Schlachten hervorrufen können - schon gar in Krisenzeiten. Die Unternehmen sind gegen diese zerstörerischen Kampfspiele und den Fanatismus alles andere als gefeit. Denn die Vorstellung von der »rationalen« Bürokratie sind ganz einfach falsch. Macht, nicht Vernunft, heißt der Motor der klassischen Pyramiden, mit denen die Geschäftslandschaft übersät ist.

So bedeutet die Hoffnung auf den Ersatz der Bürokratie mehr als das bloße Hin- und Herschieben von Leuten, die Ausschaltung »fetter«, wuchernder Einheiten unter »Gruppen-Vizepräsidenten«, mehr auch als die Aufteilung der Firma in zahlreiche »Profitzentren«. Jeder ernsthafte Versuch einer Umstrukturierung eines Unternehmens oder einer Regierung muß sich unmittelbar an die Organisation des Wissens und mithin des ganzen, darauf beruhenden Machtsystems wagen. Denn das Sofaeckensystem befindet sich in der Krise.

Verstopfte Kanäle

Je mehr sich der Wandel beschleunigt, um so mehr verschärft sich diese »Sofaeckenkrise« durch den parallelen Zusammenbruch der Kommunikations-»Kanäle«.

Gewitzte Geschäftsleute wissen seit jeher, daß ein Unternehmen nur Erfolg haben kann, wenn seine Teile zusammenarbeiten. Die irresten Abschlüsse der Vertreter nützen nichts, wenn die Herstellung nicht rechtzeitig liefern kann, die Anzeigen können noch so wunderhübsch sein, aber wenn die Preispolitik nicht stimmt, die Konstrukteure keine Ahnung haben, was sich auf dem Markt absetzen läßt, wenn alle Buchhalter nur Bücher und alle Anwälte nur Rechtstexte ansehen und nicht auf Unternehmensfragen achten: in keinem dieser Fälle kann die Firma erfolgreich sein.

Gewitzte Geschäftsleute wissen aber auch, daß die Leute der einen Abteilung oder Organisationseinheit ganz selten mit ihren Kollegen in der anderen sprechen. Genau aus dieser mangelhaften Querkommunikation beziehen ja die Manager der mittleren Ebene ihre Macht. Wieder ist es die Beherrschung der Information, die den Ausschlag gibt.

Manager der mittleren Ebene koordinieren die Arbeit mehrerer ihnen unterstellter Einheiten, holen von den Fachleuten, die letztere leiten, Berichte ein. Manchmal erhält ein solcher Manager Informationen von einem Untergebenen und gibt sie wieder auf der anderen Seite nach unten, dient also als formales Bindeglied zwischen Sofaecken. Ein andermal gibt er Informationen seitlich an andere Manager derselben Ebene weiter. Seine Hauptaufgabe aber besteht darin, disparate Informationen einzusammeln, die die Spezialisten in Teilstücke aufgesplittert haben, sie zu einem Gesamtbild zusammenzufügen und dann über einen Kanal auf die nächsthöhere Ebene der Machtpyramide zu schicken.

Anders gesagt: In jeder Bürokratie wird das Wissen horizontal aufgespalten und vertikal wieder zusammengesetzt. Das ergab eine eindeutige informationskontrollierende Machtstruktur: Die Sofaecken gehörten den Spezialisten, die Kanäle den Managern.

Dieses System funktionierte tadellos, solange der Geschäftsgang gemächlich war. Heute aber ist die Veränderung so schnell und die nötige Information so komplex, daß auch die Kanäle, genau wie die Sofaecken, überlaufen, mit (oft fehlgeleiteten) Mitteilungen verstopft sind.

Deswegen treten mehr und mehr leitende Angestellte aus den »Kanälen« heraus, umgehen das System, enthalten ihren Chefs und Kollegen Informationen vor, geben sie inoffiziell schräg weiter, kommunizieren »auf dem kleinen Dienstweg«, fahren »zweigleisig« (auf einer formalen und einer informellen Schiene), schaffen Verwirrung und heizen die Bruderkriege, die heute selbst die bestgeführten Bürokratien verwüsten, nur noch mehr auf.

Ein Grund, warum die japanischen Konzerne bislang mit dem Zusammenbruch der Bürokratie besser fertig geworden sind, wurde bislang völlig übersehen. Es gibt dort ein Backup-System, das es in amerikanischen und europäischen Firmen nicht gibt.

Verlassen sich die westlichen Firmen auf Sofaecken und Kanäle, so werden diese in Japan noch überlagert von dem sogenannten »Dokikai«-System. Es handelt sich dabei um eine andere Spielart der klassischen Bürokratie, die aber letztere erheblich effizienter macht.

In einer großen japanischen Firma bleiben die gleichzeitig eingestellten Mitarbeiter – ein »Jahrgang« oder eine »Kohorte« sozusagen – während ihrer ganzen Angestelltenzeit miteinander in Kontakt und steigen im Laufe der Zeit immer höher auf. Nach einiger Zeit sind die Mitglieder eines Dokikai über die verschiedensten Funktionen, Regionen und Sektionen der Firma verstreut. Einige sind schneller, andere langsamer aufgestiegen.

Diese Bruderschaft aber klebt zusammen, trifft sich abends, konsumiert viel Bier und Sake und – das ist das Entscheidende – tauscht außerhalb der formalen Hierarchiekanäle Informationen zwischen den verschiedensten Sofaecken aus.

Über diese Dokikai werden im Gegensatz zur offiziellen Parteilinie die »realen« oder »wahren« Fakten einer Situation weitergetragen. In der Dokikai-Runde reden die Männer (der Alkohol tut ein übriges) miteinander *honto* (lassen ihren wirklichen Gefühlen freien Lauf) anstatt *tatemae* (nur sagen, was erwartet wird).

Das oberflächliche Bild vom glattfunktionierenden, effizienten, konsensgetragenen und konfliktfreien japanischen Unternehmen ist völlig falsch. Nichts ist weiter von der Wahrheit entfernt. Aber die Informationsmatrix - das über die Bürokratie geworfene Dokikai-Netz - sorgt dafür, daß Know-how und Know-who auch dann durch das Unternehmen fließt, wenn die formalen Kanäle und Sofaecken überlastet sind. Damit ist die japanische Firma im Informationsvorteil.

Das reicht aber nicht mehr fürs Überleben, und auch dieses System bricht zusammen. Also rennen die Firmen wie wild um elektronische Alternativen zur alten, bürokratischen Kommunikation, und damit gehen fundamentale Reorganisationen einher, nicht nur in Japan, sondern auch in den USA, Europa und allen fortgeschrittenen Volkswirtschaften.

Was wir also erleben, ist eine gärende Krise im Herzen der Bürokratie. Der schnelle Wandel überfordert nicht nur ihre Sofaecken und Kanäle, sondern legt Hand an die grundlegendste Hypothese, auf der sie erbaut ist - die Meinung nämlich, man könne im vorhinein festlegen, wer im Betrieb was wissen müsse. Diese Hypothese geht von der Vorstellung aus, Organisationen seien im wesentlichen Maschinen, die in einer geordneten Umgebung arbeiten.

Heute müssen wir lernen, daß Organisationen keine Maschinen sind, sondern aus Menschen bestehen, und daß in einem turbulenten Umfeld voll revolutionärer Umkehrungen, Überraschungen und Konkurrenzstacheln nicht mehr im voraus festgelegt werden kann, was der einzelne wissen muß.

Frei fließendes Wissen

In Kapitel XIII sahen wir, wie die Firmen die Information zu ordnen versuchen, indem sie computerisierte Management-Informationssysteme (MIS) einrichten. Wie sich herausstellt, sollen diese zum Teil das alte System dadurch aufmöbeln, daß man Computer und Kommunikationsverknüpfungen lediglich zur Erweiterung der Sofaecken und der Kapazität der Kanäle benutzt. Andere sind wahrhaft revolutionär gedacht. Sie versuchen, das

Sofaecken-/Kanälesystem überhaupt durch frei fließende Information abzulösen.

Um die volle Bedeutung dieser Entwicklung und die damit einhergehende Machtverschiebung ermessen zu können, sollte man sich die bemerkenswerten (wenngleich weithin unbemerkten) Parallelen zwischen der Bürokratie und unseren ersten Computern vor Augen führen.

Die ersten, datenpriestergehegten Großrechner unterstützten die in Wirtschaft und Verwaltung vorhandenen Bürokratien. Das ist der Grund, warum die Öffentlichkeit sie anfänglich verabscheute und fürchtete. Der Normalbürger spürte, daß diese Monster nur ein weiteres Machtinstrument waren, das vielleicht gegen ihn eingesetzt würde. Sogar die Daten, die sie enthielten, ähnelten den Bürokratien, denen sie dienten.

In der Anfangszeit wurden Computer in der Wirtschaft vor allem für Routineaufgaben wie etwa die Besoldung eingesetzt. Der Datensatz des Herrn Jemand bestand aus »Feldern«, wie es der Computerfachmann nennt. So stand vielleicht sein Name im ersten, seine Anschrift im zweiten, sein Titel im dritten, sein Grundgehalt im vierten Feld, und so weiter.

Die Anschrift eines jeden Mitarbeiters wurde immer im zweiten, das Grundgehalt immer im vierten »Datenfeld« eingetragen.

Auf diese Weise gingen alle Einträge in die Besoldungsdatei immer an im voraus bestimmte Plätze, genauso also, wie in einer Bürokratie die Information immer an vordefinierte Abteilungen und Sofaecken adressiert wurde.

Außerdem waren die ersten Datensysteme weitgehend hierarchisch aufgebaut, wiederum entsprechend den Bürokratien, für die sie gedacht waren. Die Information wurde hierarchisch im Computergedächtnis abgelegt, und sogar die Hardware konzentrierte Computerpower an der Spitze der Unternehmenspyramide. Die Denkleistung lag in der Zentraleinheit, die Maschinen an der Basis hatten keine Intelligenz. Im Fachjargon heißen sie denn auch folgerichtig »dumme Terminals«.

Der Mikro-Computer revolutionierte das alles. Erstmalig plazierte er Intelligenz auf Tausenden Schreibtischen, verteilte Datenbasen und Verarbeitungspower. Das brachte zwar eine Erschütterung, aber keine ernsthafte Bedrohung der bürokratischen Organisation. Der Grund lag darin, daß es jetzt zwar sehr viele Datenbanken anstelle der vorherigen Riesenzentralbank gab, das in ihnen gespeicherte Wissen aber immer noch in starre, vorbezeichnete Sofaecken gestopft wurde.

Heute indes stehen wir an der Schwelle zu einer weiteren Revolution der Informationsorganisation der Computerdaten.

Sogenannte »relationale« Datenbanken lassen es zu, daß der Benutzer Felder hinzufügt oder abzieht und neu miteinander verknüpft. Sagt Martin Templeman, Vizepräsident von SPC Software Services, das Finanzfirmen mit Software versorgt: »Unter Berücksichtigung aller Dimensionen des Wandels gelangten wir an der Front zu der Erkenntnis, daß ein hierarchisches Beziehungsgeflecht zwischen den Daten eine Katastrophe wäre.« Die neuen Datenbanken mußten »neue Relationen zulassen«.

Diese Systeme sind heute allerdings noch so umfangreich, daß sie nicht ohne weiteres auf Mikro-Computern laufen können.

Der nächste Schritt war dann die kürzliche Einführung der Multimedia- oder »Hypermedien«-Datenbanken, die nicht mehr nur Text, sondern auch Grafik, Musik, Sprache und andere Töne speichern können. Wichtiger noch: Hypermedien kombinieren Datenbanken und Programme so, daß sie für den Benutzer viel flexibler einsetzbar sind als frühere Datenbanksysteme.

Selbst in den relationalen Datenbanken ließen sich die Daten nur auf bestimmte, im voraus festgelegte Art und Weise kombinieren. Die Hypermedien vervielfachen diese Möglichkeiten um ein Gewaltiges. Ursprünglich befand sich die Information in den Datenbanken in einer Baumstruktur; um also von einem Blatt an einem Zweig zu einem Blatt an einem anderen Zweig zu gelangen, mußte man zunächst zum Stamm zurück. »Hypersysteme« sind wie ein Spinnennetz angelegt, so daß man kontextuell leicht von einem Informationsstück zum andern gelangen kann.

Endziel der Hypermedien-Pioniere – der Heilige Gral liegt allerdings noch recht fern – ist ein System, bei dem Information in fast beliebiger Weise gesammelt, konfiguriert und dargestellt werden kann. Ziel ist die Information in »freier Form« und die »frei fließende« Information.

Ein beeindruckendes Beispiel des Genres (die von Apple bekannt gewordene »Hypercard«) wurde erstmalig von seinem Urheber Bill Atkinson auf einer Computerschau in Boston vorgeführt. Das Publikum war hingerissen.

Als erstes erschien auf dem Bildschirm das Bild eines Cowboys. Als Atkinson auf dessen Hut zeigte, erschienen weitere Hüte auf dem Bildschirm, darunter auch die Mütze auf dem Kopf eines Baseballspielers. Als Atkinson auf die Baseballmütze zeigte, erschienen weitere Bilder, die mit Baseball zu tun hatten, nacheinander auf dem Bildschirm. Er konnte der Datenbank Informationen entlocken und sie auf verschiedenste Weise zu Mustern formen.

Das unterschied sich so sehr von früheren Datenbanksystemen, daß man den Eindruck hatte, der Computer sei zur freien Assoziation fähig – etwa wie ein Mensch.

Durch Querverbindung zwischen konventionellen Kategorien und Quereinstiege in unterschiedliche Datensammlungen macht Hypermedia es beispielsweise möglich, daß eine Designerin beim Entwurf eines neuen Produkts ganz natürlich und fantasievoll durch sämtliches Speicherwissen wandert.

So kann sie zum Beispiel augenblicklich von technischen Daten auf Bilddarstellungen früherer Produkte umschalten, von da zu chemischen Kurzabhandlungen, zur Biographie berühmter Wissenschaftler, zu Videoclips der diskutierenden Marketingmannschaft, zu den Öl-Spotpreisen oder zu Auflistungen der Bestandteile und Accessoires für das neue Produkt, plus der neuesten Untersuchung der politischen Risiken in den Ländern, aus denen die Rohstoffe zu beschaffen sein werden.

Hypermedia erweitert nicht nur die schiere Menge des zugänglichen Wissens gewaltig, sondern läßt auch eine »Schichtung« der Information in der Weise zu, daß der Benutzer als erstes die abstrakteste oder am wenigsten abstrakteste Form abfragen und sich dann stufenweise über die Abstraktionsleiter bewegen kann. Alternativ kann es auch innovative Ideen generieren, indem Daten auf neuartige Weise gegeneinander abgeglichen werden.

Konventionelle Datenbanken taugen dann zur Informationseinholung, wenn man genau weiß, was man will. »Hyper«-Systeme sind für die Suche geeignet, wenn man nicht sicher ist. Die Ford-Autowerke entwickeln derzeit für den Automechaniker das »Reparaturboxen-Diagnosesystem«, das er durchstöbern kann, um festzustellen, was an einem Wagen kaputt ist.

Die US-Umweltschutzbehörde stellt eine »Hypertext«-Datenbank zur Verfügung, in der Firmen die höchst komplexen Sicherheitsbestimmungen nachschlagen können, die auf die rund 2 Millionen ins Erdreich eingelassenen Öltanks anwendbar sind. Die Cornell-Universität setzt ein »Hyper«-System ein, in dem ihre Medizinstudenten des vierten Semesters interaktiv Patterns abfragen können. Die Universität von Toledo entwickelt einen auf »Hypertext« beruhenden Kurs in spanischer Literatur.

Noch ist es ein langer Weg, bis wir unterschiedliche Daten und Informationen in einen Topf werfen und dann völlig frei von irgendwelchen Programmierer-Vorgaben nach den geeigneten Stücken suchen können. Selbst in »Hyper«-Systemen ist der Benutzer bei seinen Querverbindungen noch von der Vorausprogrammierung abhängig. Auf die freie (oder wenigstens freiere) Informationsspeicherung und -handhabung bewegen wir uns in winzigen Schritten zu.

Bürokratien mit ihren komplett vorbestimmten Sofaecken und Kanälen stehen der spontanen Entdeckung und Innovation im Wege. Die neuen Systeme hingegen, die neben der systematischen auch die intuitive Suche erlauben, stoßen das Tor auf für eben den Zufallsfund, wie Innovation ihn braucht.

Das bewirkt atemberaubende neue Freiheit.

Bedeutsam daran ist, daß wir uns jetzt auf mächtige Formen der Wissensverarbeitung zubewegen, die radikal antibürokratisch sind.

Anstelle von ein bißchen Bürokratie in einer Maschine, in der alles sequentiell, hierarchisch und vorbestimmt vor sich geht, sind wir auf dem Wege zur freien, offenen Information. Und anstelle des einen Großrechners oder der paar Riesenprozessoren mit enormer Kapazität benutzen die Firmen heute PCs zu Tausenden, die binnen kurzem diese Kapazität erreicht haben werden.

Diese Form der Informationsspeicherung und -verarbeitung ist Vorläuferin einer Revolution unseres Denkens, Analysierens, Synthetisierens und Ausdrückens und ein Sprung nach vorn in der organisatorischen Kreativität. Sie bedeutet aber schließlich auch ein Aufbrechen der starren kleinen Informationsmonopole, wie sie die Überspezialisierung in der bürokratischen Firma bewirkt hat. Und das ist eine schmerzliche Machtverschiebung auf Kosten der Inhaber dieser Monopole.

Doch auch das ist noch längst nicht die ganze Geschichte. Denn zu diesen wahrlich revolutionären Formen der Speicherung und Nutzung des Wissens müssen wir jetzt die nicht-hierarchischen Netze hinzunehmen, die kreuz und quer durch die Unternehmen laufen, Abteilungsgrenzen niederwalzen und die Benutzer nicht nur zwischen den Spezialabteilungen, sondern auch die Hierarchie hinauf und hinunter verknüpfen.

Ein junger Mitarbeiter ganz unten auf der Leiter kann jetzt unmittelbar mit dem Topmann verkehren, der am selben Problem arbeitet, und - beachtenswert - der Topmanager kann per Knopfdruck jeden Angestellten ganz unten ansprechen, und gemeinsam können sie Bilder aufrufen, einen Vorschlag ausarbeiten, eine Zeichnung studieren oder ein Spreadsheet analysieren - alles ohne Einschaltung des Managers der mittleren Ebene.

Was Wunder, daß die Zahl der Manager der mittleren Ebene in den letzten Jahren so sprunghaft zurückging?

Holen die neuen Formen der Informationsspeicherung zum Schlag gegen die Spezialisierung aus, so wird auch die Hierarchie von den neuen Kommunikationsformen außer Gefecht gesetzt. Beiden Quellen bürokratischer Macht, den Sofaecken und den Kanälen, weht ein scharfer Wind entgegen.

Wissen ist Macht ist Wissen

So erhaschen wir denn einen Blick auf die grundlegendsten und doch immer wieder vernachlässigten Beziehungen zwischen Wissen und Macht in der Gesellschaft, das Band zwischen dem, wie die Menschen ihre Konzepte und wie sie ihre Institutionen organisieren. Auf die kürzeste Formel gebracht, bestimmt sich aus der Wissensorganisation häufig die Menschenorganisation - und umgekehrt.

Als das Wissen noch spezialisiert und hierarchisch begriffen wurde, waren auch die Unternehmen spezialisiert und hierarchisch angelegt.

Schlägt sich eine bürokratische Wissensorganisation konkret in Institutionen des realen Lebens nieder - Unternehmen, Schulen oder Regierungen -, dann verfestigen politischer Druck, Budgetzuteilungen und andere Kräfte die Sofaecken und Kanäle. Womit auch die Wissensorganisation festfriert, zum Schaden der Umdenkprozesse, die zur radikalen Entdeckung führen.

Heute verlangt der rasante Wandel ebenso schnelle Entscheidungen, aber Machtkämpfe lähmen notorisch die Bürokratien. Wettbewerb erfordert unablässige Innovation, aber die bürokratische Macht erstickt die Kreativität. Das neue Geschäftsumfeld braucht Intuition ebenso wie sorgfältige Analyse, aber Bürokratien haben mit Intuition nichts im Sinn und ersetzen sie durch mechanische, idiotensichere Regeln.

Die Bürokratie wird ebensowenig von der Bildfläche verschwinden wie der Staat. Aber die Umwelt, die die Bürokratien zur Blüte trieb, ja sogar zu hocheffizienten Maschinen machte, verändert sich so schnell und radikal, daß sie die Funktionen, für die sie erfunden wurden, nicht mehr erfüllen können.

Da die heutige Wirtschaftsumwelt unter Überraschungen, Aufbrüchen, Umschwüngen und allgemeiner Turbulenz ächzt und stöhnt, weiß kein Mensch genau und im vorhinein zu sagen, wer in einer Institution welche Information brauchen wird. Folglich erreicht die Information, die der leitende Angestellte und der Arbeiter für gute Arbeit, schon gar für Innovation und Arbeitsverbesserung benötigt, die Manager und Angestellten an der Front über die alten Amtskanäle auf keinen Fall mehr.

Darum sind Millionen intelligente, fleißige Mitarbeiter zu der Feststellung gezwungen, sie könnten nur noch ihre Aufgabe erfüllen, neue Märkte eröffnen, neue Produkte schöpfen, bessere Technik entwerfen, die Kunden besser behandeln oder die Gewinne steigern, wenn sie ohne die Regeln umgingen und formale Verfahren brächen. Wie viele Angestellte müssen heute beide Augen zudrücken, wenn formale Verfahren nicht eingehalten werden, und dies nur, damit eine Aufgabe erfüllt werden kann? Um Macher zu sein, alte Zöpfe abzuschneiden, das Beste herauszuholen, müssen sie die Bürokratie zum alten Eisen werfen.

So fängt die Information an, aus den formalen Kanälen überzusprudeln in all die informellen Netzwerke, Klatsch-und-Tratsch-Systeme und Gerüchteküchen, die der Bürokratie von Herzen zuwider sind. Gleichzeitig geben Großunternehmen Milliarden für den Bau elektronischer Alternativen zum alten Kommunikationsschema aus. Das alles aber hat enorme Veränderungen der vorhandenen Organisation zur Bedingung, der Art und Weise, wie Menschen eingestuft und gruppiert sind.

Aus all diesen Gründen werden wir in den kommenden Jahren ein wahres *tsunami*, eine Springflut der Restrukturierung, erleben, neben der sich die jüngste Welle der Firmenerschütterungen wie ein lächelndes Murmeln im Wasserglas ausnehmen wird. Spezialisten wie Manager werden ihre etablierte Macht bedroht sehen, wenn die Sofaecken wegschwimmen und die Kanäle versiegen. Ein Machtbeben wird durch die Unternehmen und ganze Industrien gehen.

Denn wenn wir die Beziehungen zwischen Wissen und Produktion verändern, erschüttern wir das wirtschaftliche und politische Leben von Grund auf.

Deswegen stehen wir an der Schwelle zum mächtigsten Machtbeben der Wirtschaftsgeschichte. Schon sind die ersten Anzeichen erkennbar, da neuartige Organisationen ringsumher aus dem Boden schießen. Nennen wir sie die »Flex-Firmen« der Zukunft.

XVI

Die Flex-Firma

Nehmen wir Geschäftshelden von heute, Leute wie Sergio Rossi. Rossi ist weder ein gespreizter Bürokrat noch ein Industriebonze, der in einem gläsernen Wolkenkratzer thront. Sondern er arbeitet von seinem Haus im ostitalienischen Val Vibrata aus mit drei Angestellten, die mit High-Tech-Maschinen für New Yorker Kaufhäuser Qualitätstaschen und Briefmappen herstellen.

Nicht weit entfernt treffen wir Mario D'Eustachio an, der Euroflex vorsteht; die 200 Mitarbeiter dieses Unternehmens machen Koffer für das Großkaufhaus Macy's. Euroflex ist ein Familienunternehmen: Frau Pia D'Eustachio kümmert sich um den Verkauf, Sohn Tito wacht über die Finanzen, Tochter Tiziana entwirft die Koffer, und Neffe Paolo überwacht die Produktion.

Das sind, nach *The Christian Science Monitor*, nur zwei von insgesamt 1650 Kleinunternehmen in dem Tal, die im Durchschnitt nur 15 Mitarbeiter haben, gemeinsam aber pro Jahr Kleidung, Lederwaren und Möbel im Wert von über einer Milliarde Dollar absetzen. Und Val Vibrata ist nur eine kleine Region; es gehört zu dem Teil Italiens, den man neuerdings das Dritte Italien nennt.

Italien Numero Uno ist der landwirtschaftliche Süden. Italien Numero Due der industrielle Norden. Italien Numero Tre setzt sich aus ländlichen und halbländlichen Regionen wie Val Vibrata zusammen, in denen kleine High-Tech-Unternehmen, Familienbetriebe zumeist, ihren Beitrag zum sogenannten »italienischen Wunder« leisten.

Ähnliches findet man in den kleineren Städten. So kann sich beispielsweise Modena mit 16 000 Arbeitsplätzen in der Strickwarenindustrie brüsten. Während die Arbeiterzahlen in Firmen mit einer Belegschaft von mehr als 50 seit 1971 gewaltig geschrumpft sind, stieg die Beschäftigung in Unternehmen mit nur 5 oder noch weniger Mitarbeitern. Zumeist sind es Familienbetriebe.

Auch anderswo entdeckt man die Vorteile des Familienbetriebs. In den USA, so *Nation's Business*, »kommen Familienbetriebe, nachdem sie jahrelang als Schmalspurunternehmen gehandelt worden waren, jetzt ganz groß raus«. François M. de Visscher will seine Finanzfirma Smith Barney zur »ersten Investmentbank für Familienbetriebe« machen, und vom Management- bis zum Eheberater beeilt sich jedermann, dem »Fam-Firmen-Sektor« Dienstleistungen zu verkaufen.

Die kleinsten Familienbetriebe kennen fast keine Titel und Formalitäten; in den größeren gehen Formlosigkeit unter den Familienmitgliedern an der Spitze und Förmlichkeit und bürokratische Organisation weiter unten Hand in Hand.

Daß klein immer auch schön sei oder eine fortschrittliche Wirtschaft auch ohne sehr große Unternehmen auskommen könne, zumal die Globalwirtschaft immer weiter zusammenwächst, ist eine etwas zu oberflächliche Behauptung. Die italienischen Wirtschaftler zum Beispiel befürchten, die dynamischen Kleinfirmen ihres Landes könnten sich im integrierten Euromarkt schwertun, und die EG, die schon seit langem die schiere Größe favorisiert, befürwortet Fusionen großen Stils und drängt die Kleinbetriebe zum Zusammenschluß und zur Bildung von Konsortien. Nun mögen Konsortien ja noch hingehen, aber die Größen-Verliebtheit der EG kann sich sehr wohl als kurzsichtig erweisen, weil sie die Gebote der Supersymbolwirtschaft außer acht läßt.

So zeigt sich immer deutlicher, daß die Firmengiganten, die das Rückgrat der Schornsteinindustrie bildeten, für das rasante Geschäftsgeschehen von heute zu langsam und schwerfällig sind. In den USA geht nicht nur der größte Teil der 20 Millionen neuer Arbeitsplätze seit 1977 auf das Konto der Kleinbetriebe, sondern sie leisteten auch den Löwenanteil der Innovation. Schlimmer noch: Nach einer Untersuchung der 1000 größten Firmen durch *Business Week* sieht es mit den Gewinnen bei den Giganten gar nicht sehr rosig aus: »Auf der Basis der Grundkapitalverzinsung gehören die Größtunternehmen nur in vier von 67 Industrien zu den gewinnreichsten ... In gut über der Hälfte der Fälle gelingt es den größten Unternehmen noch nicht einmal, die durchschnittliche interne Renditerate der betreffenden Industrie zu erreichen.«

In vielen Bereichen schwindet die einst größenbedingte Ersparnis in dem Maße, als neue Technologien eine billige Personalisierung ermöglichen, die erforderlichen Lagerbestände reduzieren und wenig kapitalintensiv sind. Nach dem früheren Planungschef von Westinghouse, Donald Povejsil, »sind die meisten klassischen Gründe für Größe inzwischen ziemlich wertlos, kontraproduktiv oder irreführend«.

Kleinbetriebe haben heute in Wall Street Zugang zu riesigen Kapitalsummen. Information steht ihnen bereitwillig offen. Und sie können sie leichter nutzen, weil sie weniger bürokratisch sind.

Zudem holen die wirtschaftlichen Nachteile der Größe viele aufgeblähte Giganten allmählich ein. In der Wirtschaft von morgen sind Großfirmen mehr als früher auf einen gewaltigen Unterbau aus winzigen, aber hocheffizienten und geschmeidigen Zulieferern angewiesen. Darunter wird es viele Familienbetriebe geben.

Damit, daß heute der Klein- und Familienbetrieb wieder fröhliche Urständ feiert, geht eine Ideologie, eine Ethik und ein von Grund auf unbürokratisches Informationswesen einher.

In einer Familie versteht man alles. Demgegenüber beruht die Bürokratie auf der Voraussetzung, daß keiner etwas versteht (weshalb alles ausführlich in einem Betriebshandbuch dargestellt werden und der Angestellte »nach Buch« arbeiten muß). Je mehr sich von selbst »versteht«, desto weniger braucht man zu reden oder auf Memoblocks mitzuteilen. Je mehr Wissen oder Information jeder intus hat, desto weniger Sofaecken und Kanäle braucht man.

In einer bürokratisch angelegten Firma bestimmen sich Status und Löhnung ganz offenkundig danach, »was man weiß«, ganz so, als sei »wen man kennt« ohne Bedeutung. In Wirklichkeit ist es aber schon wichtig, »wen man kennt«, und es wird immer wichtiger, je höher man steigt. Wen man kennt – danach bemißt sich Zugang zu entscheidendem Wissen, Wissen nämlich, wer wem noch eine Gunst schuldet und auf wen man sich verlassen kann (gleichbedeutend mit der Frage, wie zuverlässig eine Information ist).

Im Familienbetrieb führt keiner den andern an der Nase herum. Man weiß viel zuviel voneinander, und natürlich hilft man dem Sohn oder der Tochter aus einer Patsche. In der bürokratischen

Firma spricht man dann gleich von »Nepotismus«, und das gilt als Verstoß gegen das angeblich geltende Meritensystem.

In der Familie regieren in der Liebe wie im Krach Subjektivität, Intuition und Leidenschaft. In einer Bürokratie sollen Entscheidungen unpersönlich und objektiv sein, obwohl, wie wir sahen, brudermörderisches Machtstreben bei wichtigen Entscheidungen oft mehr den Ausschlag gibt als die kühle, klare Rationalität, von der die Lehrbücher faseln.

Schließlich fällt es trotz aller formaler Hierarchie und Titel in einer Bürokratie oft schwer, zu wissen, wer eigentlich das Sagen hat. Im Familienbetrieb weiß jedes Kind, daß Titel und Förmlichkeiten nicht zählen. Das Sagen hat der Patriarch, gelegentlich die Matriarchin. Und tritt er oder sie von der Bühne ab, dann wird die Macht in der Regel einem sorgfältig ausgesuchten Verwandten übertragen. Kurzum: Wo immer im Geschäftsleben Familienbande eine Rolle spielen, kehren sich die bürokratischen Werte und Regeln um und damit auch die Machtstrukturen.

Das ist insoweit wichtig, weil der heutige Wiederaufstieg der Familienbetriebe kein vorübergehendes Phänomen ist. Wir treten in eine »nachbürokratische« Ära ein, in der der Familienbetrieb nur eine von vielen Alternativen zur Bürokratie und der von ihr verkörperten Macht darstellt.

Das Ende der Spritzgebäck-Firma

Kinder, die in einer High-Tech-Welt aufwachsen, kommen nur selten noch in Berührung mit einer Gebäckteigspritze. Dieses einfache Küchenutensil hat am einen Ende einen Stopfen und am andern eine Spritzform. Drückt man den Backteig durch, dann kommt unten eine Plätzchenform heraus. Man kann viele Plätzchen herauspressen, die alle dieselbe Form haben. Für die ältere Generation war die Gebäckteigspritze das Sinnbild der Einförmigkeit.

Das jetzt allmählich dahinschwindende, große Zeitalter der Massenproduktion erzeugte nicht nur einförmige Produkte, sondern auch plätzchenförmige Firmen.

Man betrachte ein x-beliebiges Organisationsschaubild. Höchstwahrscheinlich besteht es aus Geraden, die hübsche kleine Kästchen miteinander verbinden, die allesamt gleich aussehen. Nur selten sieht man ein Organigramm, das für die verschiedenen Firmeneinheiten unterschiedliche Formen benutzt - eine Spirale etwa für eine schnellwachsende Abteilung, oder ein Gitternetz als Hinweis, daß die Abteilung mit vielen anderen verknüpft ist, oder einen Schnörkel als Symbol einer Einheit, deren Leistung auf und ab geht.

Das Organisationsschaubild ist ebenso standardisiert wie die Produkte des Unternehmens und seine Bürokratie.

Heute jedoch, da das Nischenmarketing an die Stelle des Massenmarketing tritt und die personalisierte Produktion die Massenherstellung in die Rumpelkammer verweist, ist logischerweise zu erwarten, daß sich auch die Firmenstruktur bald »entmassen« wird. Anders gesagt: Die Tage der Spritzgebäckfirmen sind gezählt. Und dasselbe gilt für die spritzgebäckförmigen Machtstrukturen der Konzerne.

In *Zukunftschance* sprachen wir von Innovationen wie flexiblen Arbeitszeiten, flexiblen Randgewinnen und anderen »Flex«-Dingen, die allmählich den Arbeiter als Einzelperson nehmen und gleichzeitig der Firma größere Flexibilität verleihen. Inzwischen sind diese Vorstellungen so sehr zum Gemeinplatz geworden, daß *Newsweek* einen Artikel mit der Schlagzeile »Blick in die ›Flex‹-Zukunft« überschreibt.

Was die Unternehmen jedoch noch nicht begriffen haben, ist, daß die Flexibilität noch viel tiefer gehen, bis ins Strukturgerüst reichen muß. An die Stelle der starren, einförmigen Struktur der Firma muß eine Vielzahl organisatorischer Arrangements treten. Das Aufbrechen großer Konzerne in dezentrale Einheiten ist nur ein widerwilliges Schrittchen in dieser Richtung. Der nächste Schritt wird für viele Unternehmen in der Schaffung der ausgereiften Flex-Firma bestehen.

Die Entkolonisierung der Wirtschaft

In jedem Konzern von heute stecken verborgene »Kolonien«, deren Bewohner sich genauso verhalten wie kolonisierte Bevölkerungen andernorts: in Gegenwart der herrschenden Elite gehorsam bis hin zu servil, in deren Abwesenheit geringschätzig bis grollend.

Wir alle haben irgendwann erlebt, wie ein angeblich »Großkopfeter« in Anwesenheit seines Bosses die eigenen Gedanken hinunterschluckte, zu idiotischen Vorstellungen beifällig nickte, über dumme Witze lachte, den Vorgesetzten sogar in Kleidung, Gehabe und Sportarten nachahmte.

Denken und Fühlen dieser Untergebenen wird unterdrückt. Die meisten Konzerne brauchen dringendst »Glasnost« – die freie Meinungsäußerung.

Unter der glatten Oberfläche männlicher Kameradschaftlichkeit und scheinbaren Gleichheitsgetues, jedenfalls in den USA, tummelt sich immer noch die »Bwana«- oder »Sahib«-Mentalität. Aber der Kolonialismus im Geschäftsleben geht noch tiefer.

Bürokratie ist ja im Grunde eine Art Imperialismus, der die verborgenen »Kolonien« eines Unternehmens dirigiert.

Diese »Kolonien« sind die zahllosen inoffiziellen, unterdrückten oder im Untergrund beheimateten Gruppen, die in jeder großen Firma dafür sorgen, daß es auch dann weitergeht, wenn die formale Organisation im Wege steht. Jede dieser Gruppen verbindet ein einmaliges, verdecktes Wissen, das sich außerhalb der formalen Sofaecken-Struktur angesammelt hat.

In jeder dieser Kolonien gibt es eine Führung, ein spezielles Kommunikationssystem und eine informelle Machtstruktur, die kaum einmal der formalen Hierarchie entsprechen.

Der Kampf um die Umgestaltung der Geschäftswelt im Sinne nachbürokratischer Gesichtspunkte ist zum Teil ein Kampf um die Entkolonisierung des Unternehmens, um die Befreiung dieser unterdrückten Gruppen. Man könnte sogar sagen, jeder Konzern stehe heute vor allem vor der Frage, wie er die explosiven Innovativkräfte dieser verdeckten Kolonien freisetzen kann.

Tanz auf dem Tisch

Als Sears, Roebuck & Company, die größte amerikanische Versandfirma, vor kurzem eine große Reorganisation ihrer Verkaufsgruppe ankündigte, sagte der Gruppenchef und Topmanager Michael Bozic, das sei nötig, »weil wir in vielen unterschiedlichen Geschäftszweigen mitmischen ... und uns dabei bisher im wesentlichen mit einer einzigen Organisationsform begnügten«. Kritiker sahen darin das Eingeständnis, daß die Firma schwerfällig und wettbewerbsunfähig geworden war.

Aber selbst Topmanager, die spüren, daß sie die Zügel lockern müssen, wenn sie die Energien ihrer Mitarbeiter freisetzen wollen, unterschätzen hoffnungslos, wie weit sie gehen müssen, um den Würgegriff der Bürokratie zu brechen.

Dutzende, wenn nicht Hunderte Firmen haben sich in zahlreiche »Profitzentren« unterteilt, die sich - so hoffen sie - wie lauter kleine, marktorientierte Unternehmen verhalten werden. Sogar gewisse Stabsbereiche sind mittlerweile in Profitzentren umgetauft worden und müssen sich selbst finanzieren (und ihre Daseinsberechtigung beweisen), indem sie ihre Dienstleistungen innerhalb des Konzerns verkaufen. Aber was nützt die Aufteilung eines Konzerns in »Profitzentren«, wenn diese alle nur eine Spritzgebäck-Miniaturausgabe der Mutterfirma darstellen, eine Minibürokratie in der Megabürokratie?

Was jetzt einsetzt, ist eine viel tiefere und revolutionärere Verlagerung, die das Wesen der Macht im Geschäftsleben betrifft.

Für die meisten Amerikaner ist Organisation weiterhin eine »Maschine«, deren Teile verengt oder erweitert, »frisiert« und geölt werden können. So die bürokratische Metapher. Demgegenüber machen sich viele Japaner schon jetzt eine nachbürokratische Metapher zu eigen: Der Konzern, sagen sie, ist ein »lebendiges Geschöpf«.

Das bedeutet unter anderem, daß er geboren wird, heranreift, alt wird und stirbt oder in neuer Form wiedergeboren wird. Das japanische Wort für Geburt heißt »sogyo«, und viele Firmen reden heute von einer zweiten oder dritten neuen »sogyo«.

Genau in diesem Augenblick des Neugeborenwerdens fällt die

Entscheidung über Erfolg oder Versagen auf Dauer. Denn wird die neugeborene Firma wieder nach bürokratischen Gesichtspunkten organisiert wie vordem die alte, dann dürfte ihr zweites Leben kurz und unglücklich werden. Erlaubt man ihr hingegen in diesem Augenblick, in andere Richtungen auszuschreiten und sich die geeignetste Organisationsform zu geben, dann stehen die Zeichen für eine Anpassung an die neue, innovationsreiche Umwelt schon viel günstiger.

Das Flex-Konzept bedeutet nicht etwa Strukturlosigkeit; es bedeutet vielmehr, daß eine Firma mit ihrer Neugeburt nicht länger ein Maulesel ist, sondern ein Team, das sich aus einem Tiger, einer Piranhaschule, einem oder zwei Maultierchen und, wer weiß, vielleicht noch einem Schwarm informationssaugender Bienen zusammensetzt. Das Bild dient der Verdeutlichung. Das Unternehmen von morgen mag innerhalb eines einzigen Rahmens viele Formate beherbergen. Gewissermaßen eine Arche Noah.

Zum besseren Verständnis des Flex-Konzepts sollten wir uns daran erinnern, daß die Bürokratie nur eine von fast zahllosen Spielarten der Organisation von Menschen und Einrichtungen ist. Tatsächlich steht uns ein ungeheures Repertoire von Organisationsformen zur Auswahl – von der Jazz-Combo bis zum Spionagenetz, vom Stamm und Clan und Ältestenrat bis hin zu Klöstern und Fußballmannschaften. Jede hat ihre Stärken und Schwächen. Jede sammelt und verteilt Information und Macht auf ihre ureigen einmalige Weise.

So läßt sich ein Unternehmen denken, das eine mönchische Einheit enthält, die Software schreibt; eine Forschergruppe nach dem Bild einer Improvisations-Combo; ein sauber geordnetes Spionagenetz mit »Need-to-know«-Regeln, das streng legal vorgeht, Fusions- und Akquisitionschancen auskundschaftet; eine Vertreterschaft, die als hochmotivierter »Stamm« mit eigenen Kriegsliedern und Mitgliedschaftsritualen organisiert ist (der Verfasser hat an einer Vertretertagung eines Konzerns teilgenommen, wo die Stammesgestalt durchaus schon sichtbar und die Mitglieder derart von ihrer Arbeit begeistert waren, daß sie buchstäblich auf den Tischen tanzten).

Dieses Neubegreifen einer Firma als Kollektion höchst unterschiedlicher, oft antibürokratischer Organisationsformen ist Ausdruck dessen, was es heute schon in einigen Unternehmen in halbverdeckter oder embryonischer Form gibt. Viele Betriebe werden sich allein deswegen auf dieses Freiformmodell zubewegen müssen, damit sie in der entmassten Wirtschaft von morgen bestehen können.

Wir brauchen den Begriff »Flex-Firma«, weil es, jedenfalls im Englischen, keinen handlichen Begriff zur Beschreibung eines solchen Gebildes gibt. Der französische Wirtschaftler verwendet das zungenbrecherische Wort »polyzellular« dafür. Andere nennen es »neural« oder nervensystemartig anstatt maschinenhaft. Wieder andere bezeichnen die Geschäftsorganisation der Zukunft als ein »Netzwerk«.

Obwohl alle diese Worte bestimmte Facetten der neuen Realität beschreiben, paßt doch keines von ihnen so ganz, denn die heraufdämmernde Geschäftsform von morgen umfaßt das alles zusammen und noch mehr. Sie mag polyzellulare oder neurale Elemente *einschließen.* Sie mag vernetzt sein (oder auch nicht). Sie wird aber auch gründlich bürokratisch verbleibende Einheiten umfassen müssen, weil gewisse Funktionen bürokratisch auszuüben sind.

Ein entscheidendes Merkmal der nachbürokratischen Firma liegt darin, daß ihre Teile nicht eng präspezifiziert sind, weil sich Information nicht in eine altmodische Datenbank zwängen läßt.

Vielmehr müssen die Einheiten einer Flex-Firma je nach Bedarf voneinander und aus der Außenwelt Information, Leute und Geld absaugen dürfen. Sie können in angrenzenden Räumen oder Kontinente voneinander entfernt angesiedelt sein. Ihre Funktionen können sich teilweise überschneiden wie die Information in einer Hypermedien-Datenbank; bei anderen Gelegenheiten und zu anderen Zwecken werden ihre Funktionen logisch, geographisch oder finanziell unterteilt sein. Einige nehmen von der Hauptverwaltung bereitgestellte Zentraldienstleistungen laufend in Anspruch, andere nur ganz gelegentlich.

Dies wiederum verlangt freieren, schnelleren Informationsfluß. Das setzt Kreuz-, Auf-und-ab- und Querkanäle voraus: Nervengänge, die die Kästchen im Organisationsdiagramm sprengen, damit Menschen Gedanken, Daten, Formeln, Hinweise, Einsichten, Fakten, Strategien, Geflüster und Gesten austauschen können - und das Lächeln, das für Leistung so wesentlich ist.

»Verbindet man die richtigen Leute mit der richtigen Information, so ergibt sich automatisch eine Zusatzwertschöpfung«, sagt der bei Hewlett-Packard fürs Büromarketing zuständige Charles Jepson und fährt fort: »Information ist der Katalysator für den Wandel auf allen Ebenen. Deswegen ist ihre Macht so furcht- und ehrfurchtgebietend.«

Fam-Firmen der Zukunft

Zu den verdrängten Betriebsformen, die am härtesten um ihre Befreiung aus der alten Managerbürokratie kämpfen, gehört der Mama-und-Papa-Betrieb, für den Leute wie die Rossis und D'Eustachios in Italien stehen.

Es gab eine Zeit, da waren alle Betriebe praktisch kleine Familienbetriebe. Im wesentlichen erst im 19. Jahrhundert wuchsen sie sich mit der Firmenvergrößerung zu den professionell geführten Bürokratien aus.

Heute vervielfachen sich, wie wir sahen, die kleinen Familieneinheiten wieder. Daneben aber erleben wir auch das schnelle Anwachsen der Bande zwischen den Mama-und-Papa-Betrieben und den Großfirmen mit ihrer finanziellen und promoterischen Schlagkraft. Der nächste logische Schritt wäre die Existenz von Familienunternehmen als angesehene, mächtige Einheit *innerhalb* der Konzerne.

Die meisten Konzerne reden von der »Familie« zynisch herablassend. Der nadelgestreifte Vorstandsvorsitzer lächelt uns aus den Seiten des Jahresberichts entgegen und versichert uns in seiner ghostwriterverfaßten Rede, alle Welt in der Firma, vom Vorsitzenden bis zum Pförtner, sei Mitglied »einer großen Familie«.

Und doch steht nichts den Familienorganisationsformen, ja dem Familienleben feindseliger im Wege als die typische Firmenbürokratie. Daher das weitverbreitete Konzernverbot einer gleichzeitigen Beschäftigung von Mann und Frau.

Diese Regeln, die vor Günstlingswirtschaft und Ausbeutung schützen sollen, brechen in den Vereinigten Staaten in dem Maße ein, als die Zahl hochqualifizierter Frauen in der Belegschaft zunimmt und es den Firmen schwerfällt, den einen Ehepartner zu versetzen, wenn der andere vor Ort einen guten Arbeitsplatz hat.

Wir dürfen damit rechnen, daß künftig Ehepaare *als* Ehepaare eingestellt werden. Binnen kurzem werden wir vermutlich erleben, daß ein Ehepaar als Team einem Profitzentrum vorsteht, das es wie ein Familienunternehmen leiten darf, ja soll.

Ähnliches ergäbe sich, würden Betriebe wie D'Eustachios Euroflex hinzuerworben. Wäre es dann etwa sinnvoll, die Familienmannschaft zu zerschlagen, die den Betrieb überhaupt zum Erfolg geführt hat? Der gescheite Erwerber würde sich geradezu die Finger danach lecken, die Familienform intakt zu halten.

Der manchmal über den grünen Klee gelobte Familien-ismus hält für den Topmanager manche Herausforderung parat.

Eine hochmotivierte Mannschaft aus Mann und Frau kann zur furchtgebietenden politischen Kraft in der Firma werden. Die Sublimierung der Emotionsäußerung - eine Konzernverhaltensnorm - könnte sehr wohl den Schreien, Tränen und irrationalen Verhaltensweisen Platz machen, die oft mit dem Familienleben einhergehen.

Männerbeherrschte Unternehmen müssen vielleicht Raum geben für weibliche Manager, denen ihre Männer oder andere Verwandte den Rücken stärken. Wie läßt sich in diesem System sicherstellen, daß wichtige Aufgaben nicht dem tumben Sohn übertragen werden? Wie ist die Nachfolgefrage zu regeln? Keines dieser Probleme ist ohne weiteres zu lösen.

Andererseits besitzen Fam-Firmen große Vorteile. Im Gegensatz zu bürokratischen Großfirmen sind sie zur schnellen Entscheidung fähig. Oft sind sie bereit, waghalsige Unternehmerrisiken einzugehen. Familienbetriebe können sich schneller wandeln, besser an neue Markterfordernisse anpassen. Im beständigen Beieinander bis hin zum Kopfkissengeplauder fließt schnelle und reichhaltige Kommunikation, die sich oft mit einem vielsagenden Brummen oder einer Grimasse begnügen kann. Familienmitglieder haben in aller Regel ein ausgeprägtes »Unser-Geschäft«-

Empfinden, sind hoch motiviert, streng loyal und haben übermenschliche Arbeitszeiten.

Aus all diesen Gründen dürfen wir erwarten, daß sich Familienbetriebe inner- wie außerhalb der gewiefteren Konzerne ausbreiten.

Der pakistanische Managementexperte Syed Mumtaz Saeed hat scharfsichtig bemerkt, daß »die Entmenschlichung der Industrieära im Westen die Folge der Verbannung der Familie in eine rein gesellschaftliche und nicht-wirtschaftliche Ecke war. Betriebsleiter und Arbeiter der heutigen Zeit sind physisch zwischen Arbeitsplatz und Wohnort und psychisch zwischen Familie und Betrieb hin- und hergerissen, . . . und dieser Konflikt spielt bei den Motivations-, Moral- und Produktivitätsproblemen in der modernen westlichen Gesellschaft eine zentrale Rolle.«

Saeed rät den Ländern der dritten Welt, sie sollten die bürokratische Unpersönlichkeit und westliche Familienfeindlichkeit ablehnen und dafür eine Wirtschaft aufbauen, die sich geradewegs auf die Familie stützt.

Er befürwortet die Beibehaltung des klassischen Paternalismus, der nicht nur in den meisten westlichen Konzernen vom Tisch gewischt wurde, sondern sogar in Japan zurückgeht. Das ist aber etwas ganz anderes als die Flex-Firma, in der zumindest theoretisch ein durch und durch paternalistisches Profitzentrum neben vielen anderen, ganz und gar nicht paternalistischen Zentren denkbar ist, wo die eine Einheit wie ein Marinezeltlager, eine andere wie eine Kommune geführt wird. Beim bevorstehenden Übergang zu vielfältigen Organisationsformen wird der Konzern-»Antikolonialismus« zur Befreiung des Familienbetriebs im Rahmen der Flex-Firma führen.

Als nächstes indes werden wir sehen, daß der Familienbetrieb nur ein Tupfer auf einer ganzen Palette farbenfroher Unternehmensformate ist, vor denen in den kommenden Jahren den Managerbürokraten die Macht-Felle davonschwimmen werden.

XVII

Stammeshäuptlinge und Konzernkommissare

Alle zehn Jahre erleben die Vereinigten Staaten eine Invasion.

Vor kurzem schwärmte eine vierhunderttausendköpfige Armee von 12 Brückenköpfen her aus und überzog das Land mit einem Sechswochenfeldzug. Danach verschwand die Armee wieder und löste sich mitsamt der Logistik, Fernmeldeeinrichtungen und Computerausrüstung, die ihre Einheiten während des Feldzugs zusammengehalten hatten, spurlos in der Gesellschaft auf.

Die Pläne für diesen Massenfeldzug werden zwar selten genauer untersucht, hätten aber vielen amerikanischen Unternehmen Beträchtliches zu sagen. Ist es doch Ziel dieser »Armee«, die Einzelheiten auszuforschen, auf denen Millionen von Geschäftsentscheidungen beruhen. Überdies könnte so mancher Firmenchef allein aus der Art, in der dieser Feldzug organisiert ist, einiges lernen.

Die Rede ist natürlich vom amerikanischen Volkszählungsamt, dessen jüngste Zehnjahresaktion ein bezeichnendes Licht auf die künftige Unternehmensform namens »Flex-Firma« warf. Je mehr sich die post-Schornsteinwirtschaft diversifiziert, werden sich auch die Unternehmen neue und verschiedenartigere Geschäftsformate einfallen lassen müssen.

Das ist kein rein theoretisches Gedankenspiel. Es geht vielmehr ums Überleben. Der Kybernetiker W. Ross Ashby prägte schon vor vielen Jahren zur Beschreibung der Überlebensvoraussetzungen aller Systeme den Begriff »Mindestvielfalt«. Den Unternehmen von heute geht ganz einfach die Mindestvielfalt ab, die sie fürs 21. Jahrhundert brauchen.

Auf der Suche nach schmiegsameren Vorgehensweisen werden sie vieles aufdecken (oder wiederentdecken), was vom bürokratischen Management heute übersehen, unterdrückt, mißverstanden oder mißbraucht wird. Sie werden sich nach allen Seiten nach Ideen umsehen: in anderen Unternehmungen ebenso wie in nichtwirtschaftlichen Einrichtungen wie Regierungen, politischen Parteien, Universitäten, in der Armee – und in Volkszählungsämtern.

Hier eine bunte Sammlung ihrer Funde.

Die atmende Organisation

Diese Organisation bläht sich in regelmäßigem Rhythmus auf und zieht sich wieder zusammen. Ein gutes Beispiel ist das amerikanische Volkszählungsamt, das alle zehn Jahre auf gewaltige Größe anschwillt und dann wieder zusammenschrumpft, die nächste Zehnjahreszählung vorbereitet und wieder anschwillt.

Mit einem festen Stab von 7000 Leuten unterhält es 12 übers ganze Land verstreute Regionalbüros. Für die Volkszählung jedoch stellt es für jedes Regionalbüro ein paralleles Zentrum auf. In diesen 12 »Schattenzentren« werden über 1,2 Millionen Anwärter gemustert, um die 400 000 Mann auszuwählen, die dann ausschwärmen und an jeder amerikanischen Wohnungstür anklopfen. Die Lebensdauer dieser Schattenzentren beträgt ein bis eineinhalb Jahre, dann werden sie wieder aufgelöst. Der Stab schrumpft wieder auf 7000. Dann setzt die Planung für die nächste Zehnjahreskampagne wieder ein.

Die erfolgreiche Durchführung der Operation verdient eine Manager-Goldmedaille. Manchem Firmenchef ginge sie über die Hutschnur. Dennoch werden nicht wenige Firmen feststellen, daß ihre eigenen Probleme zwar kleiner, aber doch nicht völlig anders sind. Denn auch in vielen Industrien gibt es »atmende Organisationen«.

Wir treffen sie in Firmen an, die sich für den jährlichen Modellwechsel aufblähen und dann wieder zusammenschrumpfen, im Einzelhandel, wenn er Zusatzpersonal fürs Weihnachtsgeschäft anheuert und im Januar wieder entläßt, und in schnell improvisierten Zeitmannschaften für Filmaufnahmen und Fernsehproduktionen.

Überall schnellen heute im Geschäftsleben Formate wie der Arbeitsstab oder die Projektmannschaft empor, Beispiele der in *Zukunftsschock* genannten »Adhocratie«. Das sind aber nur Zusatzvarianten der atmenden Organisation. Die echten »Atmer« weiten sich und schrumpfen wiederholt, während ein Projektteam üblicherweise nur eine bestimmte Aufgabe erfüllt, mithin nur einmal wächst und schrumpft und sich dann wieder auflöst. Sozusagen eine »Ein-Atemzug«-Organisation.

Atmende Organisationen haben einen einmaligen Informations- und Kommunikationsbedarf. Für die Volksbefragung von 1990 sind die Schattenzentren des Volkszählungsamtes beispielsweise in einem 80 Millionen Dollar schweren, temporären Computer- und Fernmeldenetz verknüpft, das anschließend wieder beiseite gelegt wird oder sauber gefaltet in der permanenten Organisation verschwindet.

Die für atmende Unternehmen oder Einheiten Verantwortlichen stellen oft fest, daß auch ihre Macht genauso »atmet«. Die Geldquellen versiegen, wenn die Einheit schrumpft. Mitarbeiter verschwinden. Das verfügbare Wissen und Talent verringert sich. Gleichzeitig erweitert sich bei weiter schrumpfender Einheit die Macht der Rivalen. In einer atmenden Machtstruktur kann der Leiter eines Großprojekts am einen Tag ein 700pfündiger Gorilla und am nächsten ein Rhesusäffchen sein.

Überdies geht es bei der Atmung nicht nur um den Umfang. Manche Unternehmen atmen zwischen Zentralisierung und Dezentralisierung hin und her. Mit jedem Atemzug verändern sich die Informations- und Kommunikationsstrukturen - und auch dabei ist Macht im Spiel. Die Beschleunigung und wachsende Unberechenbarkeit des Wandels deutet auf schnelleres Atmen in den nächsten Jahren hin.

Die janusgesichtige Organisation

Ein weiteres Format, das sich in vielen Flex-Firmen durchsetzen dürfte, ist die komplett janusgesichtige Einheit, die je nach den Umständen in zwei verschiedenen Modi operieren kann. Die atmende Organisation verändert sich von Zeit zu Zeit in Größe und Organisationsform. Die Janus-Organisation behält vielleicht ihre Größe bei, wechselt aber je nach Bedarf von der hierarchischen zur nichthierarchischen Befehlsführung.

Ein hervorragendes Beispiel ist die berühmte britische militärische Sondereinheit Special Air Service, kurz SAS. Diese für den Einsatz gegen Terroristen, die Geiselbefreiung und andere Missionen, die Überraschung und Täuschung voraussetzen, aufgestellte Einheit arbeitet nach zwei diametral entgegengesetzten Modi. Auf dem Exerzierplatz ist sie blitzeblank und blind gehorsam. Brüllende Feldwebel bestimmen den Ton. Rangordnung und Hierarchie werden brutal eingehalten.

Im Einsatz jedoch wird von denselben Leuten ein völlig anderes Verhalten erwartet. Die SAS-Männer kämpfen in winzigsten Einheiten, sind oft völlig von der Basis abgeschnitten und ohne einen einzigen Offizier. Es gibt einen Einheitskommandeur, der aber vielleicht gar keinen formalen Rang hat und wahrscheinlich nur als »Boss« angesprochen wird. Die Männer, die auf dem Exerzierplatz lachhafterweise mit »Sir« angesprochen werden, heißen jetzt einfach »Mister« oder werden gleich beim Familiennamen genannt. Derselbe Feldwebel, der einen Mannschaftsgrad wegen unordentlicher Kleidung anschnauzte, hört sich jetzt wortlos Witze über die »Exerzierplatzhengste« an. Im Feuerhagel treten andere Grundregeln an die Stelle von Rang, Hierarchie und Privilegien.

Oberst David Stirling, der die Gründung des SAS vorschlug, wies darauf hin, bei den Fallschirmjägern oder Kommandotruppen bestehe die kleinste Einheit aus acht bis zehn Mann mit einem Unteroffizier an der Spitze, der das Denken für die Einheit besorge. Stirling bestand auf etwas, was es in der Militärgeschichte noch nie gegeben hatte: dem 4-Mann-Kampfmodul.

Beim SAS, schrieb Stirling, »wurde jeder der vier Männer in allen allgemeinen, hochgradigen SAS-Aktivitäten geschult, und zudem erhielt jeder noch eine Zusatz-Einzelausbildung je nach persönlicher Eignung. Bei einem - oft in absoluter Dunkelheit ausgeführten - Einsatz schöpft jeder SAS-Mann in jedem Modul seine volle, persönliche Lageerkenntnis und Urteilskraft bis zum letzten aus.«

Tatsächlich bestand Stirling auf der Zahl vier, um das Entstehen einer orthodoxen Führung unter allen Umständen zu verhindern. Die Gefahr, daß jeder auf eigene Faust vorgeht, wird dadurch eingedämmt, daß höchst motivierte Mannschaftsspieler ausgesucht werden. Das Ergebnis ist eine Organisation, die als »einmalige militärische Demokratie« bezeichnet worden ist, »in der der einzelne seine vorherige Klassenzugehörigkeit und sogar seine Identität gegen die Mitgliedschaft in einer Kaste aufgibt, die die Bindekraft einer Familie besitzt«. Diese intensive Ausbildung und dieses Engagement machen es möglich, daß dieselbe Einheit sowohl im autoritären wie auch im demokratischen Modus funktionieren kann, wie es die Umstände gerade erfordern.

Auch im Geschäftsleben werden in Normal- und in Krisenzeiten unterschiedliche Verhaltensweisen verlangt. Viele Firmen richten jetzt schon Krisenstäbe, Eventualfallpläne und Rückfallpositionen ein. Aber nur wenige bilden ihre Mitarbeiter darin aus, in zwei entgegengesetzten Modi zu operieren.

Derzeit wird Krisenmanagement so begriffen, daß ein »Schatten«-Management in Reserve gehalten wird, das im Notfall die Macht übernehmen soll. Damit es das kann, ist es sehr auf Zugang zu Informationen und auf Kommunikation angewiesen. Southern California Edison zum Beispiel, Betreiber des Atomenergie-Reaktors von San Onofre, hat zur Verbindung seines Krisenzentrums mit den Feldeinheiten ein komplexes Not-Informationssystem mit Fernfühlern, Ton- und Bildübertragung eingerichtet.

Je weiter wir in die erratisch mit technologischen Durchbrüchen und Katastrophen durchsetzte wirtschaftliche und politische Turbulenzzone vorrücken, müssen wir damit rechnen, daß Krise auf Krise folgt - alles, vom terroristischen Anschlag und Produktausfall bis zur internationalen Krise. Die Exxon-Ölpest, der Zusammenbruch der Continental Illinois Bank, die Welle der Anleihe- und Sparkatastrophen, der Bankrott der A. H. Robins Company nach der Entdeckung der Gesundheitsgefährdung der von ihr hergestellten intra-uterinen Empfängnisverhütung Dalkon Shield sind erst der Anfang einer kommenden Krisenvielfalt.

Mit jeder gehen unheimliche Machtverlagerungen einher, wenn Sündenböcke gesucht, neue Chefs bestellt, andere diskreditiert und davongejagt werden. Indem in einer Zeit revolutionären Wandels die Krisenwahrscheinlichkeit steigt, werden wir immer häufiger erleben, daß sich Krisenstäbe und janusgesichtige Organisationen in der Geschäftswelt ausbreiten und regulärer Bestandteil der Flex-Firma von morgen werden.

Die Schachbrett-Organisation

In Österreich verständigten sich nach dem Zweiten Weltkrieg die beiden wichtigsten politischen Parteien auf den sogenannten Proporz, wonach bei jedem ersten Platz, den die eine Partei gewann, der zweite an die andere Partei gehen sollte, und das von oben an bis unten aus. Dieses Proporzsystem hatte zur Folge, daß in allen Schlüsselpositionen in Staatsbetrieben, Banken, Versicherungsgesellschaften und sogar in Schulen und Universitäten die sozialistischen »Roten« mit konservativen »Schwarzen« abwechselten.

Ähnliches finden wir heute zum Beispiel in der japanischen Bank in Kalifornien, wo auf allen Hierarchie-Ebenen abwechselnd Japaner und Amerikaner sitzen, damit Tokio auch mit Sicherheit einen Informationsfluß aus japanischen Augen erhält, und zwar nicht nur von der Spitze her, sondern aus den verschiedensten Ebenen. Die Macht an der Spitze wird durch einen konstanten Einsichtsstrom aus vielen Schichten zugleich verstärkt. Manche ins Globalgeschäft einsteigende Firmen werden zweifellos die österreichische oder japanische Methode ausprobieren.

Die Kommissar-Organisation

Die Einheiten der Sowjetarmee haben nicht nur ihre militärischen Befehlshaber, sondern auch ihre Polit-Führungsoffiziere. So wie die militärischen Befehlshaber über den militärischen Befehlsstrang nach oben berichten, erstatten die Politoffiziere der KP Rapport. Es ging darum, die Armee der Partei unterstellt zu halten. Auch im Geschäftswesen finden wir oft von oben erwählte »Kommissare«, die in nachgeordnete Einheiten gesetzt werden, wo sie das Geschehen im Auge behalten und auf getrennten Kanälen anstatt über die Normalhierarchie nach oben berichten sollen.

Hier haben wir im Gegensatz zur strengen Einkanaligkeit der Bürokratie den Doppel-Informationskanal. Das läßt auch ahnen, wie sehr die Leitung der Information über den Normalkanal mißtraut.

Mit der Beschleunigung des Wandels und dem Zerfall der Berechenbarkeit werden immer mehr Topmanager »Kommissare« einsetzen, um im verzweifelten Bemühen, die Fäden in der Hand zu behalten, der Bürokratie ein Schnippchen zu schlagen.

Die Büro-Baron-Organisation

Das beste Beispiel einer noch heute lebendigen Feudalorganisation findet sich in der Universität, wo jede Fakultät eine Baronie darstellt, die Professoren hierarchisch rangieren und über die Sklavenschaft der Assistenten herrschen. Dieses Feudalüberbleibsel steht seinerseits im Rahmen (und oft im Krieg mit) der bürokratischen Verwaltungsstruktur der Universität. Ein anderes Beispiel ist der amerikanische Kongreß, wo 535 »Barone« einen riesigen bürokratischen Stab befehligen.

Eine ähnliche Kombination aus industrieller Bürokraten- und feudaler Baronenherrschaft findet sich in den Rechnungsprüfungsfirmen der Big Eight, in großen Rechtsanwaltsfirmen, Maklerhäusern und beim Militär, wo jede Teilstreitkraft - Heer, Marine, Luftwaffe - ein auf Selbständigkeit bedachtes Lehen darstellt. Die belehnten Generäle und Admiräle haben oft mehr wirkliche Macht als höherrangige Stabsoffiziere, die keine Truppen befehligen.

In den Büro-Baronien befehden die Barone sich gegenseitig, und oft verbünden sie sich, um die Zentralgewalt zu schwächen. Derlei Feudalelemente findet man auch noch in der Wirtschaft, zusammen mit Überresten des Vasallentums.

George Masters ist ein ergrauter Ingenieur, der für mehrere amerikanische Elektronikhersteller gearbeitet hat und heute Philip Ames, Konzernchef einer der größten Computerfirmen der Welt, als Verwaltungsassistent dient. Wer in den Personalakten nachspürt, stellt fest, daß Masters kurz nach Ames auftauchte. Und stöbert man weiter, dann stellt man fest, das sich dasselbe auch in der Firma zutrug, in der beide vorher tätig waren. Und in der davor.

Die trinkfesten Kumpel und Arbeitskameraden Masters und Ames halten zusammen wie Pech und Schwefel. Ihre Frauen machen gemeinsam Urlaub. Tatsächlich arbeiten Masters und Ames (die Gestalten sind echt, die Namen erfunden) seit über 15 Jahren zusammen; auf Ames' Weg in immer höhere Positionen folgte stets Masters ihm auf den Spuren.

Dieser Vorgang, ob man ihn nun als »den Karren an einen Star klinken« oder als »Ritt auf den Rockschößen« bezeichnet, läßt sich fast in jeder großen Firma finden. Da sich damit der Kommunikationsbedarf erheblich vermindert (die beiden kennen einander in- und auswendig und können sogar die Reaktion des jeweils andern vorwegnehmen), ist dieses Verfahren für gewisse Zwecke höchst hilfreich, auch wenn es gegen die formalen Personalregeln verstößt, die ja »objektive« Auswahl verlangen.

Die Psychologie des »Vasallentums« ist äußerst vielschichtig und reicht vom Mentorverhältnis bis zum Austausch finanzieller, sexueller und sonstiger Gunsterweise. Im Grunde jedoch ist es ein feudales und subjektives anstatt bürokratisches und unpersönliches System.

Ähnlich kompliziert sind die Machtverhältnisse. Auf der einen Ebene ist der »Vasall« oder Untergebene vom »Herrn« oder Vorgesetzten abhängig, weil der im Organisationsdiagramm höher rangiert. Aber der Kerl an der Spitze kann geradezu vollständig von seinem Underling abhängig sein, dessen inoffizielle Hauptaufgabe darin bestehen mag, die Schwächen des Chefs vor den Augen der andern zu verbergen. Das kann etwas so Gewöhnliches sein wie, daß er für den Chef einspringt, wenn der besoffen ist. Es kann so Ungewöhnliches sein wie, daß er ihm vorliest oder dergleichen, weil der Boß, zur völligen Unkenntnis der Firma, ein Analphabet ist.

Mit der Hinfälligkeit der Bürokratie und der Verstopfung ihrer Kanäle und Sofaecken dürften sich andere neofeudale Formen und Praktiken ausbreiten und ihren Platz in der Flex-Firma finden.

Die Stinktier-Organisation

Hier wird einem Team ein nur grob definiertes Problem oder Ziel übertragen, es erhält Mittel zugeteilt und darf außerhalb der gewohnten Firmenregeln operieren. Die Stinktier-Gruppe hält sich also weder an Sofaecken noch an offizielle Kanäle.

Ungeheure Energien werden freigesetzt, der Informationsaustausch außerhalb der üblichen Kanäle verläuft rasant. Die Team-Mitglieder gehen ganz in ihrer Arbeit auf und ziehen alle an einem Strang, und so werden oft höchst vielschichtige Projekte in Rekordzeit fertiggestellt.

Hirotaka Takeuchi und Ikujiro Nonaka von der Hitosubashi-Universität in Japan schreiben in ihrem Artikel »The New Product Development Game«, als Honda ein Auto für junge Leute konstruieren wollte, sei ein Team (Durchschnittsalter 27) zusammengestellt und losgelassen worden. Einer der jungen Ingenieure sagte: »Unglaublich ..., welche Freiheit uns die Firma ließ, ganz nach unserem Gutdünken vorzugehen.«

Als die Nippon Electric Company (NEC) den PC 8000 entwikkelte, übergab sie das Projekt einer Gruppe früherer Mikroprozessor-Verkäufer, die noch nie etwas mit PCs zu tun gehabt hatten. Hören wir den Projektleiter: »Die Firmenleitung gab uns grünes Licht und machte lediglich zur Auflage, daß wir das Produkt alleine entwickeln und auch selber für die Herstellung, den Verkauf und die Wartung sorgen.«

Der IBM-PC, der zum Industriestandard avancierte, wurde von einer fast völlig autonomen Gruppe in Boca Raton in Florida entwickelt. Abgesehen von vierteljährlichen Überprüfungen durch die Hauptverwaltung in Armonk durfte das Team ganz nach eigenem Gutdünken verfahren. Nicht einmal in der Zulieferung von außen brauchte es sich an die Konzernpolitik zu halten. Ähnliche Beispiele findet man bei Apple, Hewlett-Packard, Xerox und anderen High-Tech-Firmen.

Das Stinktier-Format ist von Grund auf antibürokratisch.

Takeuchi und Nonaka beschreiben es so: »Ein Projektteam organisiert sich selbst, weil es im Zustand der ›Null-Information‹ anfängt, wo alles vorige Wissen nicht gilt. Es kocht im eigenen Saft und schafft eine eigene, dynamische Ordnung. Das Projektteam ähnelt einer Firmenneugründung: Es wird initiativ, geht Risiken ein und entwickelt sich nach eigenen Gesetzmäßigkeiten.«

In erfolgreichen Stinktiergruppen bildet sich auch eine eigene Führung heraus, die auf Wissen und Können anstatt bloßer Rangordnung beruht. Diese neugeformten Führungsgestalten geraten oft frontal mit den formalen Chefs aneinander, die die Bürokratie zum Start und zur Überwachung der Stinktiereinheit einsetzt.

Auch selbststartende Teams oder Gruppen tauchen allmählich auf. Sie werden nicht von oben eingesetzt, sondern bilden sich meist aufgrund eines elektronischen Netzes heraus. Diese »Informationstrauben« sind noch hierarchiefeindlicher als die Stinktiergruppen.

Sie entstehen, wenn sich stark an einem gemeinsamen Problem interessierte Leute elektronisch finden und über die Abteilungsgrenzen hinweg ohne Rücksicht auf geographische Lage oder Rangfragen Information auszutauschen beginnen.

Solange die Mannschaft im Einklang mit der sehr allgemeinen Zielsetzung der Firma bleibt, darf sie sich ihre eigenen Ziele setzen, oft auf dem Wege über demokratischen Meinungsaustausch.

So halten beispielsweise in der technischen Managementgruppe von David Stone bei Digital Equipment überall in der Welt ansässige Leute eine elektronische »Konferenz« ab, in die jeder seine Grobvorstellungen einbringt.

»Ich fordere dann jeden auf«, sagt Stone, »sich dazu zu äußern, zu sagen, ob er das auch glaubt, ob die Vorstellungen in den Rahmen passen und welche Unterstützung vom Vorschlagenden zu erwarten ist. Nach eineinhalbmonatiger Diskussion schreibt jeder anhand dieses Inputs seine Zielvorstellungen um, so daß eine gemeinsame Zielvorgabe der Mannschaft entsteht.«

Der zutiefst antibürokratische Prozeß kann natürlich nur in einer Atmosphäre funktionieren, die dem einzelnen sehr große Selbständigkeit läßt. Eine schöpferische Kettenreaktion kann die Folge sein. Deshalb gibt es solche Gruppen vor allem dort, wo die kompetitive Innovation am weitesten gediehen ist. Mit der Ausbreitung elektronischer Netze, die Flex-Firmen miteinander verknüpfen, wird es zunehmend solche selbststartende Einheiten geben, sogar über Firmengrenzen hinweg.

Die ausgeprägte Vielfalt der Flex-Firma verlangt einen neuen Führungsstil, der dem Managerbürokraten völlig fremd ist.

Die Leitungsebene wird sehr viel weniger homogen sein. Anstelle der gleichaussehenden (und gleichdenkenden), zentralgegossenen Leitungspersonen wird die Machtgruppe in der Flex-Firma heterogen, individualistisch, antibürokratisch, ungeduldig und eigenwillig und als Gruppe wahrscheinlich viel kreativer sein als die bürokratischen Ausschüsse von heute.

Anstelle klarer Autoritätslinien bietet die Flex-Firma ein viel komplexeres, flüchtigeres und unschärferes Bild. Der Topmanager wird es mit etwas zu tun haben, was sich aus heutiger bürokratischer Sicht wie ein buntes Gemisch von Stammeshäuptlingen, Kommissaren, selbstsüchtigen Divas, gescheiten wie wichtigtuerischen Baronen, Claque-Führern, wortkargen Technokraten, heiligen Evangelisten und Patriarchen und Matriarchinnen der Fam-Firmen ausnimmt.

So brauchen atmende Organisationen beispielsweise Führungsgestalten, die kleine Einheiten ebenso führen können wie große, oder sie benötigen ein wohlgeordnetes Sukzessionssystem, bei dem jeweils das Kommando an die Leute abgegeben wird, die die besten Voraussetzungen für die gerade anstehende Phase mitbringen.

In Firmen, die nach dem Schachbrett- oder Kommissarprinzip angelegt sind, stehen zwei Kommunikationskanäle miteinander in Konkurrenz. Beim Schachbrettprinzip landen beide beim Topmanager. Beim Kommissarprinzip enden sie an verschiedenen Stellen - einmal beim Topmanager, einmal vielleicht im Aufsichtsrat.

Alles, was den Informationsfluß betrifft, verteilt auch immer die Macht neu. In den Baronen-Organisationen muß der Topmanager unablässig mit den Baronen verhandeln, sie gegeneinander ausspielen, sonst ist er bald weg vom Fenster.

Unter solchen Bedingungen dürfte die Führung erheblich weniger unpersönlich und scheinwissenschaftlich und sehr viel mehr auf intuitives Gespür, Einfühlungsvermögen, aber auch List,

Mumm und jede Menge altmodische Emotionalität angewiesen sein. Die Flex-Firma ist viel »politischer« in dem Sinne, daß die Handhabung unterschiedlicher Wählerschaften politischen Instinkt voraussetzt. Politisch insofern, als bewußte Anwendung von Macht politisch ist.

Macht - die gesetzesgestützte Herrschaft über das Geld und die Information des Unternehmens - verlagert sich von den Inhabern rechtmäßiger, formaler Positionen zu denen, die dank ihres Wissens und gewissen psychologischen und politischen Geschicks natürliche Autorität genießen.

Es gibt kein Allheilmittel

Ein letztes Wort zur Netzorganisation. Darüber ist in den letzten Jahren so viel geredet und gefaselt worden, und sie ist so allgemein definiert, daß Vorsicht geboten ist. Viele halten die Netzorganisation für ein Allheilmittel.

Gesellschaft und Wirtschaft sind von Netzen aller Art durchwoben. Gewöhnlich verstehen wir darunter die informellen Durchlässe, durch die Information und Einfluß fließt. Feministinnen klagen oft darüber, Managerinnen würden durch »Altherrennetze« am Fortkommen gehindert. Ehemalige Soldaten haben ihre eigenen Kontaktnetze, und dasselbe gilt für frühere Polizisten oder FBI-Agenten, die nach der Pensionierung häufig in die Sicherheitsdienste von Firmen treten.

Homosexuelle haben Netze, die gerade in der Mode-Industrie und bei den Innenausstattern besonders stark sind. Ethnische Minderheiten haben starke Netze: die Auslandschinesen in ganz Südostasien, die Juden in Europa und Amerika, die Westinder in England. Eigene Verbindungsnetze werden überhaupt von Umsiedlern jeglicher Art gepflegt - von den New Yorkern in Texas, von der sogenannten Georgia-Mafia in Washington zur Zeit Jimmy Carters, den Ukrainern, die mit Leonid Breschnew in Moskau Einzug hielten.

Kurzum: In praktisch allen vielschichtigen Gesellschaften entstehen formlose Netze aller Art. Hinzu treten die förmlichen

Netze der Freimaurer zum Beispiel, der Mormonen oder der Mitglieder des katholischen Opus Dei.

Lange Zeit ignorierten die Wirtschaftswissenschaftler und -theoretiker die Rolle und Struktur solcher Netze. Heute sind sie als potentielles Modell für die Konzernstruktur in aller Munde.

Dieses neuerliche Interesse geht auf tiefgreifende gesellschaftliche Veränderungen zurück. Da ist einmal der bereits erwähnte Zusammenbruch der formalen Kommunikation in den Firmen. Sind die bürokratischen Kanäle und Sofaecken erst verstopft und können die heutzutage zur Wertschöpfung benötigte Kommunikationsdichte und Informationsmasse nicht mehr verkraften, dann gelangt die »richtige Information« nicht mehr wie früher zur »richtigen Person« und greifen die Mitarbeiter als Ersatz zu den informellen Netzen.

Desgleichen zwingt die Entmassung der Wirtschaft die Firmen und Arbeitseinheiten zum Wechselspiel mit mehr und anderen Partnern als früher. Das bedeutet mehr elektronischen Kontakt mit Fremden. Erzählt uns aber ein Fremder etwas, woher sollen wir dann wissen, ob es auch stimmt? Skeptische Manager prüfen und ergänzen die Information, die sie aus den formalen Kanälen erhalten, möglichst mit Hilfe ihrer persönlichen Netze - mit Leuten, die sie seit Jahren kennen und mit denen sie schon lange zusammenarbeiten.

Da schließlich immer mehr Geschäftsprobleme disziplinübersteigende Informationen voraussetzen und das zusammengebrochene Sofaecken- und Kanalsystem im Wege steht, verlassen sich Mitarbeiter häufig auf Freunde und Bekannte in einem Netz, das viele Abteilungen und Einheiten umspannt.

Diesen formalen wie informellen Netzen ist manches gemeinsam. Sie verlaufen eher horizontal als vertikal, und das bedeutet, daß sie eine flache oder gar keine Hierarchie haben. Sie sind anpassungsfähig, können problemlos nach Bedarf umgebaut werden. Führung beruht darin eher auf Persönlichkeit und Fachkenntnis als auf gesellschaftlichem oder organisatorischem Rang. Und die Macht läßt sich in ihnen öfter und einfacher verlagern als in einer Bürokratie und wandert vom einen zum andern, wann immer eine neue Situation neues Können verlangt.

Aufgrund all dessen ist der Begriff der Netzorganisation bei Akademikern und Praktikern populär geworden. Corning Inc., das in vier Sektoren tätig ist (Fernmeldewesen, Haushaltswaren, Material und Laborwissenschaften), bezeichnet sich selbst als »Globalnetz«.

Sein Vorstandsvorsitzer James R. Houghton sagt: »Ein Netz ist eine verzahnte Unternehmensstruktur mit vielerlei Eigentumsstrukturen. Innerhalb jedes Sektors gibt es unterschiedliche Geschäftsstrukturen, die von der traditionellen Linientrennung bis zu völlig eigenständigen Tochtergesellschaften und Verbünden mit anderen Firmen reichen ...

Ein Netz ist egalitär. Es gibt keine Muttergesellschaft. Ein Konzernstab ist nicht so wichtig oder sogar weniger wichtig als eine Liniengruppe. Und die Zugehörigkeit zu einem Joint-venture ist ebenso wichtig wie die Tätigkeit im Zentrum des Netzes.«

Netze können ungeheuer nützlich, geschmeidig und unbürokratisch sein. Aber die neuerliche Netzbegeisterung übersieht oft elementare Unterschiede.

In den siebziger Jahren untersuchte einer der ersten und fähigsten Wissenschaftler, die sich mit Netzorganisation beschäftigen, der damals beim Verband der Internationalen Organisationen in Brüssel tätige Anthony Judge, die Dichte und Reaktionszeiten von Personennetzen, die Netzstrukturen und ihre gesellschaftlichen Funktionen sowie den Grad ihrer Verbindungsstärke. Ebenso verglich er zwischenmenschliche Netze mit leblosen Netzen wie Pipelines, Stromnetzen, Eisenbahnen und Handelsnetzen für Devisen, Gebrauchswaren und dergleichen. Judge entwickelte ein zwar wenig bekanntes, aber sehr nützliches Vokabular für Netzwerke.

Brillant glich er globale Netze gegen globale Probleme ab und zeigte in einem großen Werk, wie Ideen- oder Problemnetze zusammenhängen, wie Organisationsnetze sich überschneiden und welches Verhältnis zwischen Ideen und Organisationen besteht.

In jüngerer Zeit hat Netmap International, eine Tochter von KPMG Peat Marwick, eine Methode zur Bestimmung der verdeckten Kommunikationsnetze in so unterschiedlichen Gebilden wie der Republikanischen Partei und einem von Malaysia bis Schweden für Firmen und Regierungen tätigen Rechnungsprüfergiganten erarbeitet. Sagt Netmap-Vizepräsident Leslie J. Berkes: »Organisationen werden tagtäglich von ihren Mitgliedern neu gestaltet, damit die anstehende Aufgabe erfüllt werden kann. So sieht die wirkliche Struktur aus: informelle Organisation, ja Anti-Organisation ... Das ist die wichtigste Organisation.« Und er stellt die Frage: »Wenn man diese Organisation nicht näher bestimmen und ihren Veränderungen auf den Fersen bleiben kann, wie soll man sie dann lenken? Also begnügt man sich damit, an der formalen Organisation mit Titeln, Hierarchien und Organigrammen herumzufummeln.«

Dieses Aufspüren kann tiefe Einsichten in bestehende Organisationen vermitteln, aber die blinde Lobhudelei auf Netze und die Meinung, sie seien *die* Grundform der Zukunft, hält sie für genauso einförmig wie die Bürokratie, wenn auch vielleicht auf höherer, etwas loserer Ebene.

Wie jede menschliche Organisation hat das Netz nicht nur Vorteile, sondern auch Grenzen. Die Netzorganisation eignet sich hervorragend für die Terrorismusbekämpfung oder den dezentralen Guerillakrieg, aber schon erheblich weniger für die Verfügungsgewalt über strategische Atomwaffen, wo völlige Handlungsfreiheit der örtlichen Befehlshaber gewiß das letzte wäre, was wir wollen. Die Flex-Firma ist ein weiter gespanntes Konzept und muß die formale wie die informelle Organisation umschließen, die bürokratische und die vernetzten Unterorganisationen. Sie verlangt noch mehr Vielfalt.

Die Grenzen der Beeinflußbarkeit

Doch selbst für eine Flex-Firma gibt es in der Vielfalt Grenzen, die sie nicht überschreiten kann.

Die Ausbreitung des »Profitzentrums«, mit der einst monolithische Konzerne in halbautonome, unabhängig rechnende Einheiten aufgegliedert worden sind, deren jede für ihren Betrieb und ihre Gewinne und Verluste verantwortlich ist, könnte nur ein erster Schritt in Richtung auf die schließlich völlige Auflösung des Konzerns sein, der zu einem Netz oder Konsortium absolut unabhängiger Subunternehmer oder freier Unternehmer zerstöbe. In diesem Modell ist dann jeder Arbeiter ein Freiberufler, der sich zur Erledigung einer bestimmten Arbeit frei mit anderen Freiberuflern zusammentut.

Aber kein Gesellschaftsprozeß geht endlos weiter, und der Tag der totalen Individualisierung der Arbeit, jener Endtraum des inbrünstigen Freimarkters, ist noch sehr weit entfernt. Vielmehr können wir damit rechnen, daß die Profitzentren kleiner und vielfältiger werden, ohne sich gleich in Millionen Einmannfirmen zu zersplittern.

Schließlich gibt es so etwas wie eine Grenzvielfalt, die eine Organisation vertragen und eine Managermannschaft noch managen kann. Wir reden also nicht etwa dem Argument das Wort, die Unternehmen sollten die organisatorischen Spielarten aufs letzte maximalisieren, sondern die Unternehmen von heute müßten auf ihrer Flucht vor der Leichenstarre der Bürokratie viel mehr unterschiedliche Optionen als früher erkunden, kurzum: ihre »Kolonien« befreien und sogar neue Organisationsformate erfinden.

Dabei bewegen sie sich – und wir uns – von der Vorstellung der Organisation als Maschine, deren jede Aktion berechenbar und determiniert ist, zu einem eher biologischen Organisationsprinzip. Lebende Systeme sind nur teilweise determiniert, nur manchmal vorberechenbar.

Darum neigen die neuen elektronischen Netzwerke mehr der neuralen als der vorgeplanten Architektur zu. Darum auch sagt der schon oben zitierte David Stone: »Man weiß nicht im voraus, wie der Verkehr laufen wird. Unterbricht man eine Verbindung zwischen zwei Punkten, so wird er (vorausgesetzt, daß beide Punkte noch mit dem Netz verbunden sind) seinen eigenen Weg suchen. Wir glauben, daß sich der Wert der Kommunikation zwischen zwei Einzelpersonen mehr aus ihrem Wissen als aus ihrem Platz in der Hierarchie bestimmt.«

Genau wie die neue Hypermedien-Datenbank Wissen in äußerst vielfältiger Weise variiert darstellen läßt, deutet auch das Konzept der Flex-Firma auf Unternehmensformen hin, die sich auf tausenderlei Weise den Winkeln und Schnörkeln des rasanten Wandels der Zukunft anzupassen vermögen.

Doch ohne grundlegende Veränderungen des Machtverhältnisses zwischen Chefs und Untergebenen kann die erst schemenhaft erkennbare Flex-Firma der Zukunft nicht funktionieren. Auch diese Veränderungen sind, wie wir als nächstes sehen werden, schon unterwegs. Denn die Macht bebt in der Werkstatt wie in der Leitungsetage.

XVIII

Der autonome Arbeitnehmer

In den Jahren unserer Tätigkeit als Fabrik- und Gießereiarbeiter standen wir auch einige Zeit an einem Auto-Montageband. Bis heute, über ein Dritteljahrhundert später, haben wir nicht vergessen, wie uns zumute war - vor allem unter dem scheußlichen Beschleunigungsdruck. Tag für Tag rannten wir Arbeiter beim ersten Klingelzeichen des Schichtbeginns an unsere ewig sich wiederholende Arbeit und versuchten verzweifelt, mit den Karosserien Schritt zu halten, die im unerbittlichen Tempo an uns vorbeirasselten. Ständig versuchte die Firma, das Fließband zu beschleunigen.

Immer wieder machte sich die ohnmächtige Wut in der Fabrikhalle in einem gespenstisch wortlosen Jammerschrei aus Hunderten Arbeiterkehlen Luft, der von Halle zu Halle ging, zum schrillen, ohrenbetäubenden Lärm anschwoll und dann im Rasseln und Schnauben der Maschinen versank.

Wie die Autos an uns vorbeisausten, sollten wir sie für die Lackierung herrichten, Zacken und Zähne ebenhämmern und sie glattschmirgeln. Aber die Karkassen flogen so schnell vorbei, daß wir keine saubere Arbeit zu leisten vermochten. Gleich anschließend fuhren sie an Inspektoren vorbei, die die nachzuarbeitenden Mängelstellen weiß umkreideten. Acht oder zehn Stunden pro Tag an diesem Ding machten unsere Ohren für jeden Appell an »Qualitätsarbeit« taub.

Irgendwo gab es »Manager« - Männer mit weißem Hemd und Krawatte. Aber mit ihnen kamen wir fast nie in Berührung.

Die Macht bezogen diese Weißbehemdeten nicht nur daraus, daß wir die Lohntüte brauchten, sondern auch aus ihrem überlegenen Wissen um die Fabrik, ihre Produktionsziele, -verfahren und -pläne. Wir hingegen wußten kaum etwas von unserer Arbeit, außer den paar vorprogrammierten Handgriffen, die dazu nötig waren. Abgesehen von den Ermahnungen, fleißiger zu arbeiten, hörten wir vom Unternehmen fast nichts. Wir erfuhren als letzte, wenn eine Werkstatt oder Fabrik geschlossen wurde. Nichts sagte man uns über die demnächst einzuführenden neuen Produkte oder Maschinen.

Man erwartete von uns, daß wir blindlings glaubten, unsere Vorgesetzten wüßten schon, was sie tun (wie der Abstieg der amerikanischen Automobilindustrie vermuten läßt, stimmte das nicht). Wir hatten pünktlich zur Stelle zu sein, zu arbeiten, unsere Muskeln spielen zu lassen und den Mund zu halten. Trotz einer starken Gewerkschaft fühlten wir uns machtlos. Ein gesichtsloses »Die« hatte uns in der Gewalt. »Die« waren die Männer im weißen Hemd. Direktoren. Während der Schicht waren wir Bürger eines totalitären Staates.

Diese Erlebnisse kommen uns in den Sinn, wenn wir fast täglich von den jetzt entstehenden neuen Werkhallen lesen. Denn die Macht verschiebt sich am Arbeitsplatz, und nie mehr werden die Dinge sein wie zuvor.

Der Kopf wird entsperrt

General Electric stellt in Salisbury, North Carolina, Stromverteilungsgerät her. Die Fabrik ist ein Modell, das GE in 300 weiteren Werksanlagen nachahmen will. Brach in der Vergangenheit ein Stück Ausrüstung zusammen, hatte ein Bediener wie Bob Hedenskog seinem Vorarbeiter Bescheid zu sagen und auf Hilfe zu warten. Heute trifft Hedenskog selbst die nötigen Entscheidungen. Er ruft den GE-Ingenieur in Plainville, Connecticut, an, bittet um Rat und veranlaßt in eigener Verantwortung die Reparatur. Auf eigene Initiative hat er vermutlich benötigte Ersatzteile im Wert von 40 000 Dollar bestellt. Er gehört zu einer Gruppe von rund 75 Mitarbeitern, die in selbstgewählten Komitees Produktions-, Zeitplanungs- und sogar gewisse Personalentscheidungen treffen. Gemeinsam haben sie die Zahl der Arbeitsstunden pro Produktionseinheit um zwei Drittel verringert und die Lieferzeit für den Kunden auf ein glattes Zehntel reduziert.

Bei Einführung dieses Systems gingen einige Arbeiter weg, weil sie die zusätzliche Verantwortung nicht übernehmen wollten. Aber die Personalwechselrate ist von 15 Prozent im ersten Jahr der Einführung des neuen Systems auf 6 Prozent im vierten Betriebsjahr gefallen.

Ähnliche Geschichten strömen aus allen Teilen der High-Tech-Welt herbei. Ford Australien hat seinen EA Falcon mit einem innovativen Arbeitssystem gebaut, das nach der *Financial Times* »der traditionellen westlichen Gütegewährleistung widerspricht, wonach die Leitung den Ausstoß von Arbeitern nachprüft, die minutiöse Weisungen der Ingenieure befolgen«.

Ford kam zu dem Schluß, wenn man Mängel zuerst entdecke und danach beseitige, leiste man im Grunde keine Arbeit. Nur wenn man den Arbeitern Ermessensspielraum gebe, also ihnen nicht mehr jede Handbewegung vorschreibe, könne man dem Ziel der Null-Mängel nahekommen. Und das, so der Artikel, bedeute »die Zurkenntnisnahme der Macht der Bediener bis in den letzten Werkstattwinkel«.

Anstatt unablässig dieselbe Handbewegung zu wiederholen, wird den Arbeitern in der Diamond-Star-Fabrik von Chrysler-Mitsubishi in Normal, Illinois, schon vor der Einstellung gesagt, sie würden verschiedene Aufgaben wahrzunehmen haben. Von ihnen allen werde erwartet, daß sie Ideen zur Verbesserung der Produktion beisteuerten, und in diesem Zusammenhang müßten sie bereit sein, konstruktive Kritik zu üben und zu ertragen.

In der Mazda-Autofabrik in Flat Rock, Michigan, erhalten ganz gewöhnliche Fabrikarbeiter eine dreiwöchige Ausbildung, auch in Psychologie. Eine kleine Gruppe von Neuankömmlingen erhält sechs Minuten Zeit, in der sie 25 Ideen für die Verbesserung eines gewöhnlichen Garten-Badebeckens aushecken soll, und in nur zwei weiteren Minuten soll sie 30 weitere Anregungen vorbringen. Mazdas Ausbildungschef: »Wir wollen die Leute lockern und entsperren.« Nach diesen drei Wochen verbringen die Arbeiter weitere Wochen mit mehr arbeitsbezogener Fortbildung. Für die Einstellung und Ausbildung jedes Durchschnitts-Mitarbeiters gibt Mazda rund 13 000 Dollar aus.

Diese immer selbstverständlicher werdenden Berichte unterstreichen die geradezu historische Wandlung von der »Manufaktur« zur »Mendifaktur« von heute, den fortschreitenden Ersatz der Muskeln durch Hirn im Wertschöpfungsprozeß. Aber daß die Arbeiter in den Einzelheiten ihrer Arbeit mehr Mitspracherecht erhalten, ist erst die Spitze eines Eisbergs.

Der geistlose Landmann

Um diese Machtverschiebung in die rechte Perspektive zu setzen, sollten wir die Frühgeschichte der Industrierevolution in England und Westeuropa nachlesen und die Klagen der ersten Mitarbeiter über die Geistlosigkeit, Unzuverlässigkeit, Betrunkenheit und Ignoranz der Landleute, aus denen sich die ersten Fabrikarbeiter rekrutierten.

Jede Gesellschaft hat ihre eigene Arbeitsdisziplin, ihr eigenes »Regiment«. Vom Arbeiter wird erwartet, daß er gewissen, oft unausgesprochenen Regeln gehorcht. Seine Leistung am Arbeitsplatz wird überwacht, überprüft, und eine Machtstruktur setzt die Einhaltung der Regeln durch. In der ersten Welle, der Agrargesellschaft, schufteten die meisten Bauern endlos und hatten kaum das nackte Leben. Diese in Familien-Produktionsteams organisierte Agrararbeiterschaft folgte dem Ordnungsprinzip der Jahreszeiten, des Sonnenauf- und -untergangs.

Schwänzte ein Landarbeiter, oder war er faul, dann disziplinierten ihn seine eigenen Angehörigen. Sie mochten ihn keines Blickes mehr würdigen, schlagen oder seine Ration kürzen. Die Familie selbst war die dominierende Institution in der Gesellschaft und setzte, von Ausnahmen abgesehen, ihr eigenes Regiment durch. Ihre Herrschaft über das einzelne Familienmitglied wurde noch durch den gesellschaftlichen Druck der Dorfbewohner verstärkt.

Örtliche Eliten hielten die Macht über Leben und Tod der Bauernschaft in der Hand. Die Tradition zwang zu bestimmten sozialen, sexuellen und religiösen Verhaltensweisen. Bauersleute litten oft grausam unter Hunger und Armut. Und doch schien ihr Arbeitsalltag weniger minutiös eingeengt als der der kleinen, aber wachsenden Industriearbeiterschaft.

Das Landarbeiter-Regiment galt jahrtausendelang, und bis noch vor einem oder zwei Jahrhunderten kannte die überwältigende Mehrheit der Menschen nichts anderes und hielt es für das *einzig* logische und ewig gültige Organisationsprinzip der Arbeit.

Die neuen Ketten

Mit den ersten Fabriken tauchte ein völlig anderes Arbeitsregiment auf, berührte zunächst nur einen winzigen Bruchteil der Bevölkerung, breitete sich dann aber mit dem Rückgang der Landarbeit und dem Vordringen der Industriearbeit immer weiter aus.

Der städtische Industriearbeiter in einer Gesellschaft der zweiten Welle mochte in der großen, summenden Anonymität der städtischen Slums mehr soziale Freiheit genießen. In der Fabrik aber war das Leben noch enger reglementiert.

Rohe Technik war etwas für Analphabeten - und das waren ja unsere Vorfahren zumeist. Sie diente der schieren Vervielfachung der Muskelkraft und war daher schwerfällig, starr und kapitalintensiv. Vor der Erfindung der kleinen Elektromotoren standen die Maschinen alle typischerweise in einer Reihe und wurden von Treibriemen angetrieben, die das Tempo der ganzen Fabrik bestimmten. Später kamen die mechanischen Fließbänder, die ganze Arbeiterheere zur synchronen Bewegung verurteilten, sie ans Produktionssystem ketteten.

Kein Zufall, daß der französische Ausdruck für das Montageband »chaine« heißt oder daß jeder, vom Handarbeiter bis zum obersten Chef, in einer »Befehlskette« steht.

Die Arbeit wurde »entgeistigt«, verdummt, standardisiert, in einfachste Bewegungen zerlegt. Und mit der Ausbreitung der Angestelltenarbeit wurden auch die Büros entsprechend organisiert. Da sie nicht mit einem Montageband verzurrt waren, konnten sich die Büroangestellten physisch etwas freier bewegen. Aber Ziel der Firmenleitung war auch im Büro eine Leistungssteigerung durch menschen- (eher: unmenschen-)mögliche Annäherung an die Fabrik.

Die Schornsteinfabriken wurden wegen der Entmenschlichung

der Arbeiter schwer angegriffen. Aber selbst die radikalsten Denker der damaligen Zeit hielten sie für »fortschrittlich« und »wissenschaftlich«.

Weniger oft war die Rede von der Veränderung der Polizeifunktion. Anstatt der Überwachung der Arbeit durch die Familie und ihres Leistungsdrucks entstand eine neue Machtstruktur, das hierarchische Management, das die neuen Regeln durchzusetzen hatte.

Dieses neue Arbeitsregiment der zweiten Welle rief zunächst den erbitterten Widerstand der Arbeitgeber hervor, die das alte Agrarsystem beibehalten und in die Fabrik transplantieren wollten. Da seit langem die Familien gemeinsam den Schweiß auf den Feldern vergossen hatten, heuerten die ersten Fabrikherren ganze Familien auf einmal an. Doch dieses in der Landwirtschaft seit 10 000 Jahren bewährte System erwies sich in der Fabrik als total wertlos.

Ältere Menschen konnten nicht mit den Maschinen Schritt halten. Kinder mußten geprügelt und oft angekettet werden, weil sie sonst zum Spielen wegliefen. Familien kamen zu unterschiedlichen Zeiten in die Fabrik und schlenderten herein, wie sie es von den Feldern her gewohnt waren. Der Versuch, in der neuen technischen Umgebung Familienproduktionsmannschaften beizubehalten, war zum Scheitern verurteilt, und das Schornsteinregiment setzte sich durch.

Die Lektion war klar: An einer Dampfmaschine oder einem Webstuhl ließ sich die Arbeit nicht so organisieren wie die mit der Hacke und dem Ochsengespann. Die neue technische Umwelt verlangte eine andere Sorte Disziplin – und eine andere Machtstruktur für die Überwachung und Durchsetzung.

Das elektronische Proletariat

Mit der Entwicklung der Supersymbolwirtschaft tritt heute wieder einmal ein neues Arbeitsregiment an die Stelle eines alten.

In den noch verbliebenen Schornsteinfabriken und -büros sind die Bedingungen heute weitgehend noch die der letzten Jahrzehnte. Überall in der Welt, und schon gar in den Schwellenländern, sind weiterhin Hunderte Millionen Arbeiter an die Industriedisziplin der zweiten Welle gekettet.

Und genau wie in der Vergangenheit sehen wir auch heute Arbeitgeber, die die Revolution nicht begriffen haben, die sie doch rings umgibt. Sie führen Computer und andere Technologien der dritten Welle ein, wollen es aber bei den Arbeitsregeln und Machtverhältnissen der zweiten Welle von gestern belassen.

In dem Versuch, ihre Mitarbeiter zu »elektronischen *proles*« zu machen, wie George Orwell gesagt haben könnte, zählen sie Tastenanschläge, Bildschirmpausen und hören Angestelltentelefonate ab. Sie versuchen, die winzigsten Details des Arbeitsprozesses im Griff zu halten. Diese für die Industriearbeit charakteristischen Methoden treten besonders deutlich bei der Verarbeitung von Versicherungsformblättern und Routine-Datenauflistungen anderer Geschäftszweige zutage, lassen sich aber auch auf die Arbeit auf höherer Ebene übertragen.

Nach einem Bericht des Technologie-Bewertungsausschusses des amerikanischen Kongresses werden diese Methoden »mehr und mehr auf höherwertige Fach- und Führungspositionen angewandt. Die Arbeit des Warenmaklers, Computerprogrammierers und Bankangestellten ... eignet sich durchaus für die Überwachung.«

Zweifelhaft ist indes, wie lange sich derlei Methoden bezahlt machen, denn die Arbeitsregeln der Vergangenheit stehen in glattem Widerspruch zu den Möglichkeiten der neuen Technik. Wo immer wir radikal neue Technik in einem alten Arbeitssystem antreffen, besteht die Wahrscheinlichkeit, daß die Technik fehlangewandt und ihr wirklicher Nutzen vergeudet wird. Die Geschichte hat wiederholt gezeigt, daß wahrhaft fortgeschrittene Technologien wahrhaft fortgeschrittene Arbeitsmethoden und -organisation voraussetzen.

Arbeitgeber, die heute noch glauben, sie benötigten elektronische *proles*, ähneln verflixt den reaktionären Eisengießerei- und Textilherren, die meinten, sie könnten die neuen, dampfgetriebenen Fabriken mit den Methoden fürs Ochsengespann betreiben. Entweder besannen sie sich schnell eines anderen, oder aber sie wurden von gescheiteren Konkurrenten aus dem Feld geschlagen, die gemerkt hatten, wie sie den Arbeitsprozeß gestalten und ein Arbeitsregiment aufstellen mußten, das der fortschrittlichsten Technik ihrer Zeit gemäß war.

Heute wird in Tausenden Arbeitsstätten, von der Autofabrik bis zum Büro, von einsichtigen Firmen das neue Regiment erprobt, ja bis zum letzten genutzt. Sein Hauptmerkmal ist die veränderte Einstellung zu Wissen und Macht zugleich.

Die Arbeitswelt von morgen

Die Veränderungen der Arbeitswelt von heute sind nicht etwa das Ergebnis eines treuherzigen Altruismus, sondern die Folge der für Wertschöpfung benötigten, viel umfangreicheren Information und Kommunikation.

In der Vergangenheit waren die meisten Firmen noch ganz klein und konnte der Unternehmer praktisch alles wissen, was er zu wissen brauchte. Doch mit größeren Unternehmen und komplizierterer Technologie konnte eine Einzelperson unmöglich noch das gesamte Wissen beherrschen. Bald wurden Spezialisten und Manager herbeigerufen, und damit entstanden die charakteristischen Sektionen und Ebenen der Bürokratie. Die Wissenslast mußte über ganze Leitungsbereiche verteilt werden.

Heute geht ähnliches vor sich. Brauchten früher die Eigentümer ihre Manager als Wissensträger, so sind jetzt die Manager fürs Wissen mehr und mehr auf ihre Angestellten angewiesen.

Die im Schornsteinzeitalter übliche Unterteilung in »Kopf-« und »Handarbeiter« gilt nicht mehr. Nach Teruya Nagao, Professor für Informations- und Entscheidungswissenschaften an der Universität Tsukuba, »eignet sich die Trennung von Denken und Tun vielleicht noch für eine konstante Technik, ist aber im rasanten technologischen Wandel nicht mehr zu halten«.

Da die Technologien komplizierter sind und schneller veralten als in der Vergangenheit, müssen die Arbeiter mehr wissen, was neben oder vor ihnen vor sich geht. So steht in einer Annonce von General Motors die stolze Feststellung zu lesen, die Arbeiter wirkten bei der Fabrikbeleuchtung mit, wählten selbst das Sandpapier und die Werkzeuge aus und lernten sogar, »wie die Fabrik funktioniert, was die Dinge kosten, wie die Kunden auf ihre Arbeit reagieren«. Bei der computerintegrierten Herstellung müssen die Arbeiter nach den Worten von David Hewett, Firmenberater bei United Research Co., »nicht nur wissen, wie eine bestimmte Maschine, sondern auch, wie die Fabrik funktioniert«.

Die Wissens- und wichtiger noch: die Entscheidungslast wird umverteilt. In einem endlosen Kreislauf des Lernens, Umlernens und Neulernens müssen die Mitarbeiter sich neue Techniken aneignen, neuen Organisationsformen anpassen, neue Ideen entwickeln.

Infolgedessen sind »unterwürfige Scheuklappen-Regelbefolger keine guten Arbeiter«, stellt Nagao in der schon genannten Sony-Untersuchung fest. Tatsächlich müßten in der heutigen Welt des rasanten Wandels auch die Regeln häufiger als in der Vergangenheit geändert und die Mitarbeiter dazu angespornt werden, solche Änderungen selbst vorzuschlagen.

Der Mitarbeiter, der selbst neue Regeln aufstellen hilft, versteht auch, warum sie nötig sind und wie sie sich ins Gesamtbild einfügen, und damit wendet er sie auch intelligenter an. »Nur wenn Regelungen von der Mehrheit der Belegschaft getragen werden, besteht auch die Chance, daß sie eingehalten werden«, sagt Reinhard Mohn von der Bertelsmann A.G.

Fordert man die Arbeiterschaft jedoch zur Mitwirkung an den Regeln auf, dann beteiligt man sie an der Macht, die einst den Chefs vorbehalten war. Diese Machtverlagerung paßt nicht allen Managern ohne weiteres in den Kram.

Wie die politische Demokratie kann auch die Demokratie am Arbeitsplatz nicht zur Blüte reifen, wenn die Bevölkerung unwissend ist. Umgekehrt scheint eine Population um so mehr Demokratie zu fordern, je gebildeter sie ist. Je mehr sich die fortgeschrittene Technik ausbreitet, desto mehr verlieren ungelernte oder schlecht ausgebildete Arbeitskräfte in den scharf kalkulierenden Unternehmen ihren Arbeitsplatz. Zurück bleibt eine gebildetere Mannschaft, die sich nicht auf die traditionelle, autoritäre Art, der Mitdenken ein Greuel ist, führen läßt. Mitdenken,

Fragen und Infragestellen gehören mehr und mehr zur Mitarbeit aller.

Lowell S. Bain leitet die neue Fertigungsstätte von GenCorp Automotive in Shelbyville, Indiana. Er beschreibt die Rolle des Managers so: »Der Druck geht hier von der Belegschaft selbst aus, die das Management herausfordert und kein Diktat und keine Autorität annimmt. Hier stellen die Leute Zielvorgaben in Frage. Bloß weil du zum Management gehörst, sind deine Ideen noch lange nicht unantastbar.«

Es zeichnet sich also ein ganz klares Muster ab. Die Macht am Arbeitsplatz verlagert sich nicht aufgrund eines krausen Wohltätigkeitsfimmels, sondern weil das neue Wertschöpfungssystem es einfach verlangt.

Die nicht auswechselbare Person

Ein weiterer Hauptfaktor, der die Macht am Arbeitsplatz verschiebt, hat mit der Auswechselbarkeit zu tun. Eine der wichtigsten Neuerungen der industriellen Revolution beruhte auf dem Konzept der austauschbaren Teile. Aber auch Arbeiter galten als austauschbar.

Ein nicht unbeträchtlicher Teil der Machtlosigkeit der industriellen Arbeiterklasse kommt genau daher. Solange eine Arbeit nur wenig Fertigkeit verlangte und Arbeiter in ein paar Minuten auf eine mechanische Aufgabe gedrillt werden konnten, war ein Arbeiter so gut wie der andere. Herrschte Arbeitskräfte-Überschuß, konnten die Löhne in sich zusammensacken und hatten selbst gewerkschaftlich organisierte Arbeiter nur wenig Durchsetzvermögen.

Gewöhnlich stand schon ein »Reserveheer von Arbeitslosen« bereit, einzuspringen. Hingegen können heute die Arbeitslosen nur dann in die Bresche springen, wenn sie zufällig zur passenden Zeit das passende Können mitbringen.

Überdies werden mit steigendem Wissensgehalt die Arbeitsplätze auch immer individueller, mithin weniger austauschbar. Nach James P. Ware, Vizepräsident von Index Group Inc., sind

»Wissensarbeiter immer weniger ersetzbar. Jeder Wissensarbeiter setzt die Instrumente anders ein. Der eine Ingenieur benutzt den Computer auf diese, der andere auf jene Weise. Der eine Marktanalytiker analysiert so, der andere anders.«

Scheidet ein Mitarbeiter aus, dann muß die Firma entweder einen mit entsprechenden Fähigkeiten finden, und das wird mathematisch immer schwerer (und kostspieliger), je mehr die Fertigkeitsvielfalt steigt, oder sie muß einen neuen Mitarbeiter ausbilden, was ebenso Geld kostet. Infolgedessen steigen die Kosten für die Ersetzung jedes einzelnen, und sein Durchsetzvermögen steigt entsprechend.

Sagt der Chef eines gigantischen Projektteams in der Verteidigungsindustrie: »Vor Jahren konnte jeder dasselbe tun. Das ist jetzt anders. Wenn wir heute jemand verlieren, dauert es ein halbes Jahr, bis wir jemand so weit ausgebildet haben, daß er unser System versteht.« In der Teamarbeit setzt zudem »der Verlust eines einzigen das ganze Team matt«.

Unter dem Strich bleibt übrig, daß die Unternehmer weniger, aber besser bezahlte Mitarbeiter suchen als in der Vergangenheit und in den schnellwachsenden Spitzenindustrien das alte, autoritäre Befehlssystem allmählich aus der Mode kommt und durch einen neuen, gleichberechtigteren oder kollegialen Führungsstil ersetzt wird.

Historisch gesehen ist das eine beträchtliche Machtverlagerung am Arbeitsplatz.

Die zwei Gebote

Die neue Arbeitswelt wird nicht alle Spuren der alten beseitigen. Es wird noch lange dauern, bis die letzte Schwitzwerkstatt verschwindet. Aber zwei Gebote sorgen dafür, daß die Ausbreitung der neuen Arbeitswelt nicht mehr aufzuhalten ist.

Da ist zum ersten das »Innovationsgebot«. Heute ist kein Marktanteil mehr sicher, keine Produktlebensspanne unendlich. Nicht nur bei den Computern und in der Kleidung, sondern überall, von der Versicherungspolice bis zur medizinischen Behandlung und zu den Ferienreisen, reißt sich die Konkurrenz ganze Nischen und Stücke etablierter Unternehmen mit der Waffe der Innovation unter den Nagel. Firmen schrumpfen und gehen ein, wenn sie nicht einen endlosen Strom neuer Produkte auf den Markt werfen können.

Freie Arbeiter aber sind kreativer als eng in ein totalitäres Umfeld eingeschnürte. David Stone, Vizepräsident von DEC für Internationale Konstruktion, formuliert das so: »Wer aufpaßt, wie jemand anderer aufpaßt, was einer tut, der bringt nicht viel.« So wirkt sich also der Zwang zur Innovation zugunsten der Selbständigkeit des Arbeiters aus.

Das bringt auch ein völlig anderes Machtverhältnis zwischen Arbeitgeber und Arbeitnehmer mit sich. Es bedeutet zum einen, daß der intelligente Fehler toleriert werden muß. Um eine einzige gute Idee einzuheimsen, müssen ganze Wagenladungen schlechter Ideen hochgebracht und frei erörtert werden. Und das setzt voraus, daß man keine Angst mehr hat.

Angst ist *der* Ideenkiller. Angst, sich lächerlich zu machen, bestraft zu werden oder den Job zu verlieren, erstickt die Innovation im Keim. Das Schornstein-Management betrachtete die erbarmungslose Ausmerzung von Fehlern als hehrste Aufgabe. Innovation dagegen setzt für den Erfolg experimentelles Versagen geradezu voraus.

Von Tom Watson bei IBM wird eine möglicherweise apokryphe Geschichte erzählt. Ein leitender Mitarbeiter fragt ihn, ob ein anderer leitender Mitarbeiter gefeuert werden soll, der ein 5-Millionen-Projekt in den Sand gesetzt hat. »Rausschmeißen?« soll Watson gesagt haben, »wo ich gerade erst sein Lehrgeld bezahlt habe ...« Ob wahr oder unwahr - diese Geschichte zeigt eine Einstellung zur Arbeit, die der im industriellen System geltenden diametral entgegengesetzt ist, und sie unterstreicht ein weiteres Mal die Bedeutung des Lernens.

Zu einer neuen Arbeitswelt drängt auch das zweite, das »Schnelligkeitsgebot«. Fortschrittliche Wirtschaften leben von der Beschleunigung. Innovation allein reicht also nicht. Die neuen Produkte müssen schnell auf den Markt, noch bevor der Konkurrent da ist oder das Produkt kopiert.

Dieser Tempodruck verschiebt ebenfalls Macht, denn er höhlt die starre, bürokratische Befehlskette aus.

Nicht nur die neuen elektronischen Netze lassen oft die Aufwärts-, Abwärts- und Querkommunikation und damit ein Überspringen hierarchischer Ebenen zu, sondern ähnliches geschieht auch im persönlichen Gegenüber.

In der Vergangenheit kam einer, der ein Problem oder eine neue Idee »über den Kopf« des Vorgesetzten hinweg vortrug, in ziemliche Bedrängnis. Aber die Beschleunigung zwingt die Mitarbeiter geradezu zur Umgehung der Hierarchie. Also ermuntert man sie, Rangüberlegungen wenn nötig beiseite zu lassen. In der Hauptverwaltung von Brother Industries in Nagoya gehört das zum guten Ton. Ein Personalchef von BI sagt dazu: »Wäre ein Manager der mittleren Ebene beleidigt, weil ein Untergebener ungefragt über seinen Kopf hinweggeht, dann würde er sofort oben wie unten Respekt verlieren.«

Beschleunigung und Innovation stellen die Machthierarchien der Schornsteinvergangenheit auf den Kopf und bahnen der neuen Arbeitswelt den Weg.

Das Zugangsverlangen

Aus all diesen Gründen wird sich die neue Arbeitswelt in den Hauptsektoren der Wirtschaft durchsetzen. Je autonomer die Belegschaft ständig wird, desto mehr Zugang zu Information wird sie verlangen.

Im Schornsteinzeitalter erstickte das Verlangen nach humaner Behandlung der Mitarbeiter unter der Wirklichkeit der rohen Technik, die sich dann bezahlt machte, wenn die Arbeiter unwissend (und machtlos) waren.

Heute verlangen die Mitarbeiter immer mehr Zugang zu Information, weil sie sonst keine vernünftige Arbeit erbringen können. So erleben wir eine Umverteilung von Wissen (und Macht), die die neuen Marktbedingungen und die Technologie als solche erzwingen.

»Wenn Computerprogramme das Können emulieren, das lange

Zeit hindurch die Manager auszeichnete, dann können Mitarbeiter auf niedrigerer Ebene Aufgaben wahrnehmen, die einst den leitenden Angestellten vorbehalten waren«, berichtet die *New York Times* und zitiert den früheren Vizepräsidenten von Procter & Gamble, Charles Eberle, mit den Worten: »Plötzlich gerät die Information in die Hände der Leute, die die Maschinen bedienen; sie ist nicht mehr den Leuten vorbehalten, die zwei oder drei Reihen höher in der Hierarchie stehen.

Die Vorarbeiter erkennen die Macht dieser Information erst, wenn sie in die Hand der Arbeiter gelangt. Dann gehen sie auf die Barrikaden.«

Sicher taugt nicht jeder Arbeiter ohne weiteres für einen Arbeitsplatz, der Initiative, volle Mitwirkung und Teilverantwortung verlangt. Noch auch können sich alle Manager mit der Arbeit neuen Stils anfreunden. Aber je kleiner die Arbeitseinheiten werden und je höher ihr Bildungsgrad steigt, desto größer wird der Druck von unten werden. Das Ergebnis ist eine fundamentale Machtverlagerung.

Es ist nicht das erste Mal seit Anbruch des Industriezeitalters, daß sich Manager einem anderen Modell der zwischenmenschlichen Beziehungen am Arbeitsplatz gegenübersehen. Die alten Taylor-Vorstellungen, die den Arbeiter zum Wurmfortsatz der Maschinen stempelten, wurden viele Jahre lang von einer »Braver-Kerl«-Schule mit dem Argument bekämpft, eine humanere Behandlung der Arbeitnehmer werde letztlich auch mehr Leistung zeitigen.

Die neue Arbeitswelt, die sich die Manager mehr und mehr zu eigen machen, ist indes noch radikaler. Um es mit Teruya Nagaos Worten zu sagen: »Diese Idee übersteigt die Hypothesen des Human-Relations-Modells bei weitem, das die Arbeitnehmer sich wichtig vorkommen läßt. Jetzt wird anerkannt, daß sie wahrhaftig wichtig sind.«

Nun liegt sicherlich die überragende Macht mehr noch als bei irgendeinem einzelnen beim Arbeitskräftemarkt. Ein Mangel oder Überschuß bestimmter Fähig- und Fertigkeiten bestimmt die Außengrenzen der neuen Autonomie. Viele Programmierer oder Raumfahrttechniker mußten feststellen, daß sie genauso wie Lochkartenstampfer oder Montagebandsteher ganz einfach fallengelassen werden können, während sich ihre Chefs »goldene Fallschirme« anpassen lassen. Die arbeitslos gewordenen erleiden einen verheerenden persönlichen und kollektiven Machtverlust, aber das wäre Thema eines ganz anderen Buches.

Für unsere Zwecke wichtig ist jedoch, wie sich die Dinge ändern für jene, die *in* der Belegschaft sind. Und in diesem Rahmen vollzieht sich ein geradezu historischer Wandel.

In der Schornsteinzeit besaß kein einzelner Arbeitnehmer im Kampf mit der Firma irgendwelche erhebliche Macht. Nur wenn das Arbeiterkollektiv als Masse mit der Verweigerung seiner Muskelkraft drohte, konnte es eine widerstrebende Leitung zur Lohn- oder Statusaufbesserung bewegen. Nur kollektives Handeln konnte die Produktion verlangsamen oder stoppen, denn jeder einzelne war problemlos austausch- und mithin ersetzbar. Das war die Basis für die Bildung von Gewerkschaften.

Wenn heute die Gewerkschaften mit ihrer traditionellen Betonung von »Solidarität« und »Einheit« ihre Mitglieder und Macht in fast allen technisch modernen Gesellschaften verlieren, dann eben weil die Arbeitnehmer nicht mehr so austauschbar sind wie ehedem.

In der Welt von morgen braucht es keine Arbeitermassen mehr, um die Produktion eines Unternehmens lahmzulegen oder auf andere Weise zu schädigen. Ein in ein Programm eingeschleuster Computervirus, eine subtile Verzerrung der Informationen einer Datenbank, das Durchsickernlassen von Information an einen Konkurrenten – das alles sind nur die offenkundigsten aus einem ganzen Arsenal von Methoden, die dem Wütenden, dem Verantwortungslosen oder auch dem zu Recht Erbosten zur Verfügung stehen.

Der »Informationsstreik« der Zukunft könnte durchaus ein Einmannunternehmen sein. Und kein Gesetz, kein noch so cleveres Programm und keine Sicherheitsvorkehrung kann davor völlig schützen. Der beste Schutz dürfte immer noch der soziale Druck der anderen Mitarbeiter sein. Oder auch das einfache Gefühl, daß man würdig und gerecht behandelt wird.

Viel wichtiger noch ist aber der Zug zur Nicht-Austauschbarkeit.

Mit sich differenzierender Arbeit wird die Verhandlungsposition derer, die über entscheidende Fertigkeiten verfügen, immer stärker. Jetzt können einzelne und nicht mehr nur organisierte Gruppen Durchsetzvermögen erhalten.

Die marxistischen Revolutionäre waren der Meinung, die Macht fließe denen zu, denen die »Produktionsmittel« gehörten. Marx stellte den Fabrikarbeiter dem früheren Handwerker gegenüber, dem seine Werkzeuge noch gehörten, und behauptete, die Arbeiter blieben machtlos, bis sie der kapitalistischen Klasse die Produktionsmittel abnähmen.

Heute erleben wir das nächste Machtbeben am Arbeitsplatz. Es gehört zu den großen Ironien der Geschichte, daß nun ein neuer Typus des autonomen Arbeitnehmers sich abzeichnet, dem die »Produktionsmittel« tatsächlich gehören. Diese neuen Produktionsmittel liegen jedoch nicht mehr im Werkzeugkasten des Handwerkers noch auch im massigen Maschinenpark der Schornsteinzeit. Vielmehr schwirren sie im Hirnkasten des Mitarbeiters umher, in dem die Gesellschaft die wichtigste Einzelquelle künftigen Reichtums und kommender Macht findet.

XIX

Das Machtmosaik

1985 erwarb Amerikas größter Automobilhersteller, General Motors, die Mehrheit von Hughes Aircraft, dem von jenem menschenscheuen, exzentrischen Milliardär Howard Hughes gegründeten Unternehmen. GM blätterte 4,7 Milliarden Dollar auf den Tisch - die größte Summe, die bis dato für den Erwerb eines Konzerns gezahlt worden war.

Anfang der achtziger Jahre hatte eine Fusionsmanie eingesetzt, die vierte seit 1900, und in Amerika nahm die Zahl der Zusammenschlüsse Jahr für Jahr zu; 1988 war ein Rekord von 3487 Übernahmen und Fusionen mit der astronomischen Gesamtsumme von 227 Milliarden Dollar erreicht. 1989 brach die Übernahme von RJR-Nabisco für 25 Milliarden Dollar wiederum alle Rekorde.

Kurzum: Die Maximalhöhe der Fusionen hatte sich binnen vier Jahren mehr als verfünffacht. Selbst unter Berücksichtigung der Inflationsrate war dieser Größenanstieg kolossal.

Bei den 20 größten Zusammenschlüssen, die alle zwischen 1985 und 1989 geschahen, ging es meist um amerikanische Firmenhochzeiten. Demgegenüber vergeht heute fast kein Tag ohne Schlagzeilen über grenzüberschreitende »Mischehen«. Bridgestone aus Japan erwirbt Firestone Tire & Rubber. Sara Lee sackt die niederländische Firma Akzo ein. Cadbury Schweppes (England) verschlingt Frankreichs Chocolat Poulain. Der französische Verlagskonzern Hachette kauft den Amerikaner Grolier auf. Sony schnappt sich Columbia Pictures.

»Der ungewöhnliche Anstieg der Übernahmetätigkeit zeigt keine Anzeichen der Ermüdung«, schreibt die *Financial Times*. »Der allgemeine Aufbruch in die Reorganisation der Schlüsselindustrien scheint sich eher noch beschleunigen zu wollen . . ., mittlerweile mit Faktoren als treibender Kraft, die weit über die Aktienfraß-Aktionen hinausreichen, die den amerikanischen Fusionsboom ursprünglich auslösten.«

Daraus erhellt, daß zwar die ersten Fusionen zunächst der schnellen Bereicherung durch Finanz- oder Steuermachenschaften dienten, andere aber strategischer Art waren. Da Europa der völligen Wirtschaftsintegration zustrebte, fusionierten viele seiner größten Unternehmen in der Hoffnung, sich den gesamteuropäischen Markt zunutze machen und den Angriffen der japanischen und amerikanischen Giganten zuvorkommen zu können. Amerikanische und japanische Werber gingen in Europa auf Brautschau.

Manche Konzerne dachten in noch weiteren Zusammenhängen und rüsteten zum Einsatz auf dem gesamten »Dreieckmarkt« Europa, Amerika und Japan. Ein paar träumten sogar schon von der Eroberung des Weltmarkts.

Diese fieberhafte Aktivität verursachte schwere Besorgnis wegen der Konzentration wirtschaftlicher Macht in wenigen Händen. Politiker und Gewerkschaften nahmen die »Deal-Manie« aufs Korn. Finanzleute verglichen sie mit dem Heißhunger der Haie.

Betrachtet man nur die finanzielle Größenordnung, dann könnte man meinen, die Wirtschaftsmacht der Zukunft werde schließlich in die Hand einiger weniger hierarchischer Riesenmonolithen gelangen, die den im Kino gezeigten nicht unähnlich sind.

Aber diese Betrachtungsweise ist viel zu einfach.

Zunächst stimmt es nicht, daß alle diese Megakonzerne beisammenbleiben werden. Schon früher folgte einer Fusionsmanie wenige Jahre später ein Abstoßrennen auf dem Fuße. Die Scheidungswelle rollt schon. Manchmal löst sich der erwartete Markt in Luft auf. Manchmal kommt es zu Zusammenstößen fusionierter Kulturen. Manchmal war die Grundstrategie von vorneherein falsch. Schon oben sahen wir ja, daß viele der neueren Aufkäufe mit der Absicht getätigt wurden, gleich wieder abzustoßen, so daß nach einer gigantischen Fusion verschiedene Einheiten vom Kern weggeschleudert werden und am Ende der Konzern gegenüber vorher eher kleiner als größer dasteht.

Zweitens stellen wir fest, daß zwischen der Finanzwelt und der »wirklichen« Wirtschaft, in der Waren und Dienstleistungen hergestellt und verteilt werden, eine immer größere Lücke klafft. Zwei Aktienmarkteinbrüche Ende der achtziger Jahre, bei denen einem die Augen übergingen, haben gezeigt, daß die Finanzmärkte zumindest vorübergehend durchaus einmal zusammenbrechen können, ohne die größeren Wirtschaftsfunktionen erheblich zu beeinträchtigen. Denn das Kapital als solches spielt bei der wirtschaftlichen Wertschöpfung eher eine weniger wichtige Rolle.

Drittens bedeutet mehr Menge nicht zwangsläufig auch mehr Macht. Viele Giganten besitzen zwar potentiell gewaltige Machtquellen, können sie aber nicht wirksam ausnutzen. Wie die Vereinigten Staaten in Vietnam und die Sowjets in Afghanistan erfahren mußten, ist schiere Größe noch keine Siegesgarantie.

Um jedoch in Erfahrung zu bringen, wie sich Macht in einer Industrie oder Wirtschaft verteilen wird, dürfen wir nicht bloß auf die Strukturen, sondern müssen auch auf die *Verhältnisse* blicken. Und dabei entdecken wir ein überraschendes Paradox.

Parallel zum Anschwellen (oder Aufblähen) der Größe gewisser Firmen verläuft eine mächtige Gegenbewegung, die Großunternehmen in immer kleinere Einheiten unterteilt und gleichzeitig der Ausbreitung von Kleinunternehmen den Weg ebnet. Machtkonzentration ist also nur die halbe Geschichte. Anstelle eines Einheitsmusters erleben wir, wie zwei diametral entgegengesetzte Tendenzen in einer neuen Synthese aufgehen.

Als Ergebnis der explosiv neuen Rolle des Wissens in der Wirtschaft taucht eine neuartige Machtstruktur auf: das Machtmosaik.

Von den Monolithen zum Mosaik

In den achtziger Jahren, als die Fusionsmanie im Zenit stand, »entdeckte« die Geschäftswelt das »Profitzentrum«.

Begeistert unterteilten sich die Firmen in viele Kleineinheiten, deren jede sich wie ein unabhängiges Unternehmen verhalten sollte. Damit bewegten sich die größten Konzerne von der monolithischen Struktur auf ein Mosaik aus Dutzenden, ja Hunderten unabhängig rechnenden Firmen zu.

Auch wenn nur wenige Manager das begriffen, hatte diese Umstrukturierung doch ihren Ursprung in einem Wandel des Wissenssystems.

Die Idee, in ein und derselben Firma getrennte Profitzentren einzurichten, war ganz und gar nichts Neues. Nur stand ihr in der Vor-Computer-Zeit im Wege, daß damit ein erheblicher Machtverlust des Topmanagements einherging.

Noch als der Großrechner seinen ersten Einzug gehalten hatte, konnten Konzerne nur schwerlich die Operationen einer Vielzahl getrennt rechnender »Zentren« verfolgen. Erst mit dem Massenauftritt der Personal-Computer wurde der Profitzentrums-Idee ernstliche Erwägung in den Direktorenzimmern zuteil. Aber noch mußte eine weitere Voraussetzung geschaffen werden. Die Mikro-Computer mußten mit den Großrechnern vernetzt werden. Erst als dies in den achtziger Jahren einsetzte, fing das Profitzentrums-Konzept richtig Feuer.

Als erstes verlagerte sich mit den zahlreichen Mikro-Computer-Insellösungen die Macht nach unten. Mit diesen neuen Werkzeugen bewaffnet, kam Führungspersonal der unteren Etagen, ja sogar der Durchschnittsangestellte auf den Geschmack ungewohnter Macht und Autonomie. Als dann die Mikro-Computer an die zentralen Großrechner angeschlossen wurden, konnte auch das Spitzenmanagement den Schlüsselparametern einer Unzahl von Kleineinheiten auf der Spur bleiben. Es wurde möglich, den Einheiten beträchtlichen Spielraum einzuräumen, sie aber gleichzeitig finanziell unter Kontrolle zu halten.

Die Informationsrevolution verbreiterte mithin die Kluft zwischen Finanzen und Geschäftsbetrieb, so daß eine Finanzkonzentration mit einer erheblichen Entflechtung der Betriebsvollmachten Hand in Hand ging.

Heute sind die meisten Profitzentren noch Spiegelbilder der Mutterfirma, Ableger der Mutterbürokratie. Je weiter wir uns jedoch auf die Flex-Firma zubewegen, desto mehr werden sie sich organisatorisch diversifizieren und sich zu neuartigen Mosaikgebilden zusammenwürfeln.

In der Kirche S. Appolinare Nuovo in Ravenna zeigt eine Mosaikwand eine Heiligenprozession. An ihrer Statt stelle man sich ein kinetisches Mosaik vor, das nun nicht mehr aus einer flachen, festen Wand, sondern aus vielen wechselnden, sich ineinander verschiebenden, überlappenden, miteinander verbundenen Paneelen besteht, deren Farben und Formen sich unablässig vermengen, miteinander kontrastieren, changieren.

In Parallele zur neuen Art der Organisation des in Datenbanken gespeicherten Wissens schält sich hier allmählich die künftige Form des Unternehmens, ja der Wirtschaft heraus. Anstelle der von ein paar Zentralstellen beherrschten, machtkonzentrierenden Hierarchie bewegen wir uns auf eine vieldimensionale, mosaikhafte Form der Macht zu.

Hackebeil-Management

Das Wesen der Hierarchie im Unternehmen ändert sich. Denn neben der Einrichtung der Profitzentren erlebten die achtziger Jahre die sogenannte »Hierarchie-Verflachung«, auch als Massaker der mittleren Führungsschichten bekannt. Wie die Schwerpunktverlagerung in die Profitzentren war auch dieser Wandel verursacht durch die Notwendigkeit, das Wissenssystem im Geschäftsleben wieder in den Griff zu bekommen.

Wie nun die Firmen ihre mittlere Führungsschicht dezimierten, stimmte der Chor der Manager, Akademiker und Wirtschaftler, der einst aus voller Brust »Größer ist besser« sang, ein anderes Lied an. Plötzlich entdeckte er die »Unwirtschaftlichkeit« der Größe.

Diese »Unwirtschaftlichkeit« ist hauptsächlich die Folge des Zusammenbruchs des alten Wissenssystems – der bürokratischen Informationszuteilung an Sofaecken und Kanäle.

Ein Großteil der Arbeit der mittleren Leitungsebene in der Industrie bestand, wie schon oben erwähnt, im Einsammeln von Informationen bei den Untergebenen mit anschließendem Zusammenfügen und Weitergeben an die Vorgesetzten. Mit zunehmender Schnelligkeit und Komplexität der Operationen verstopften die Sofaecken und Kanäle und brach das gesamte Berichtssystem allmählich zusammen.

Ärger und Mißverständnisse waren die Folge. Widersprüchliche Aussagen machten die Kunden verrückt. Immer mehr Leute brachen aus dem kafkaesken System aus. Die Geschäftskosten schnellten empor. Immer hektischere Mitarbeiter leisteten immer weniger. Die Motivation sackte ab.

Nur wenige Chefs verstanden, was los war. Man zeige einem Chef ein defektes Teil oder eine kaputte Maschine in der Werkhalle, und er weiß, was zu tun ist. Man zeige ihm ein veraltetes, untüchtig gewordenes Wissenssystem, und er hat keine Ahnung, wovon die Rede ist.

Fest stand, daß die Firmenleitung nicht mehr abwarten konnte, bis das Wissen von unten Schritt für Schritt zusammengefügt wurde und mühsam den Weg nach oben erklomm. Außerdem verstreute sich so viel Information außerhalb der Sofaecken und lief außerhalb der formellen Kanäle um und bewegte sich so vieles im Sturmschritt von Computer zu Computer, daß die mittlere Führungsschicht zunehmend nicht mehr als nötige Hilfe für schnelle Entscheidungen, sondern als Flaschenhals empfunden wurde.

Unter dem Druck der Konkurrenz und der Übernahmedrohungen suchten dieselben Manager, die bisher ungerührt der Veraltung der Wissensinfrastruktur zugesehen hatten, verzweifelt nach Mitteln und Wegen zur Kostensenkung.

Die erste Reaktion bestand meist darin, daß man die Kosten durch Fabrikschließungen und Entlassung der Arbeiter zu senken suchte und darüber vergaß, daß man genau damit dem Wissenssystem der Firma schadete.

Der auf die Erforschung der Belegschaftsreduzierung spezialisierte Professor Harold Oaklander von der Pace-Universität weist darauf hin, daß viele Entlassungen »aus Kostengründen« eben deshalb das Gegenteil erreichen.

Wo aufgrund von Tarifverträgen zuerst die jüngeren Arbeitnehmer entlassen werden müssen, ergebe sich eine ganze Kaskade von Arbeitsplatzveränderungen. Für jeden tatsächlich Entlassenen würden drei oder vier andere in niedrigerwertige Arbeitsplätze eingewiesen, für die ihnen das nötige Wissen fehle. Wohletablierte Verbindungen brächen zusammen. Ergebnis sei anstatt der erwarteten Steigerung ein weiterer Rückgang der Produktivität.

Doch ungerührt schießen sich die Spitzenleute als nächstes auf die Heere der mittleren Führungsschicht ein, die sie sich im Laufe der Jahre zugelegt haben, um der Informationslawine zu steuern.

Amerikanische Firmenchefs, die die Belegschaft ohne Rücksicht auf die sozialen Folgen oder Verständnis der Konsequenzen für die Wissensstruktur dezimieren, gelten als Leute, die »unnötige Fettpolster« abbauen. (Nicht so in Japan, wo man Entlassungen als Versagen begreift. Auch in verschiedenen Teilen Europas gilt das nicht, wo die Gewerkschaften mit im Vorstand sitzen und erst überzeugt werden müssen, daß alle anderen Möglichkeiten erschöpft sind.)

Diese Hackebeil-Entlassungen der mittleren Managementschicht sind ein später, meist unbewußter Versuch, die Informationsstruktur des Unternehmens neu zu gestalten und die Kommunikation zu beschleunigen.

Es zeigt sich, daß viele der unkreativen Aufgaben des mittleren Managements heutzutage schneller und besser durch Computer und Fernmeldenetze erledigt werden können (IBM schätzt beispielsweise, daß sich schon mit einem Teil seines PROFS-Netzes Arbeiten erledigen lassen, die ansonsten rund 39 000 Angestellte und Manager der mittleren Ebene verlangen würden).

Mit den tagtäglich zur Aufstellung gelangenden neuen Netzen fließt die Information nach allen Seiten, durchstößt die Ebenen, achtet nicht auf Rang und Namen. Was immer also die Führungsspitze zu tun *gemeint* haben mag, ist doch ein Ergebnis der Kürzungen, daß sich die Informationsinfrastruktur der Firma - und mit ihr das Machtgefüge - verändert hat.

Wenn wir Profitzentren einrichten, die Hierarchie verflachen und vom Großrechner zum vernetzten PC übergehen, dann machen wir damit die Macht im Unternehmen weniger monolithisch und mehr »mosaikisch«.

Binnen-Monopole

Noch weiter aufs Mosaik zu treibt uns die Informationsrevolution, indem sie die Firmen gewissermaßen zum Einkaufen ausschickt. Anstatt mehr Arbeitsarten im eigenen Hause zu verrichten und sich »vertikal zu integrieren«, verlagern viele Unternehmen Arbeiten an Zulieferer, so daß sie ihre Größe noch mehr einschränken können.

Traditionell koordinierte man die Produktion so wie John D. Rockefeller zur Jahrhundertwende bei Standard Oil: Man versuchte jeden Schritt im Produktions-Verteilungszyklus in der Hand zu behalten und selber zu vollziehen. Vor seiner Aufteilung durch die amerikanische Regierung im Jahre 1911 pumpte Standard das eigene Öl, transportierte es in eigenen Pipelines und Tankern, krackte es in eigenen Raffinerien und verkaufte es über ein eigenes Verteilernetz.

Oder, um ein anderes Beispiel zu nennen: Als Ernest T. Weir in den dreißiger Jahren National Steel zum rentabelsten amerikanischen Stahlhersteller ausbaute, fing er mit einer halbzerfallenen Zinnfabrik an. Von Anfang an wußte er, daß er auf »komplette Integration« aus war. Zum Schluß verfügte National Steel über seine eigenen Eisenerzquellen, baute selbst seine Kohle ab und betrieb ein eigenes Transportsystem. Weir galt als Organisationsgenie der amerikanischen Industrie.

In diesen Konzernen legte in jeder Phase eine monolithische Hierarchie die Produktionspläne und Bevorratung fest, rang um interne Transferpreise, entschied alles zentral. Command Management reinsten Wassers – sowjetischen Planbürokraten bestens bekannt.

Demgegenüber überläßt Pan American World Airways heute die Belegung des gesamten Frachtraums seiner Transkontinentalflüge anderen. General Motors und Ford kündigen an, sie wollten ihre »Fremdvergabe« auf 55 Prozent steigern. Ein Artikel in *Management Today*, Fachzeitschrift der amerikanischen Management-Vereinigung, trägt die Überschrift »Vertikale Integration der Multis überholt«. Sogar große Regierungsstellen vergeben mehr und mehr Dinge an private Unternehmer.

Die Alternative zur vertikalen Integration erlaubt eine kompetitive Produktionskoordinierung. In diesem System müssen Firmen das Recht auf Durchführung der einzelnen Etappen der Produktion und Verteilung aushandeln. Entscheidungen werden dezentralisiert. Die Festlegung und Überwachung von Spezifikationen und das Einholen und Mitteilen der für die Verhandlungen erforderlichen Informationen kostet allerdings viel Zeit, Energie und Geld.

Für jede Methode gibt es Für und Wider. Ein Vorteil, wenn man die Dinge selber macht, besteht in der Nachschubkontrolle. So blieb IBM bei einer kürzlichen, weltweiten Verknappung der D-Ram-Halbleiterchips ungeschoren, weil sie sie selbst herstellte.

Aber heute schnellen die Kosten der vertikalen Integration in Form von Geld und zusätzlichem Personal gewaltig in die Höhe, während die Kosten der Sammlung von Marktinformationen und die Verhandlungskosten in sich zusammensacken – hauptsächlich dank der elektronischen Vernetzung und Informationsrevolution.

Besser noch: Das Unternehmen, das von vielen Zulieferern kauft, kann sich einen technischen Durchbruch zunutze machen, ohne die Technik als solche kaufen, seine Mitarbeiter umschulen und tausenderlei Veränderungen in Verfahren, Verwaltung und Organisation vornehmen zu müssen. Es schiebt gewissermaßen einen Großteil der Anpassungskosten zur Tür hinaus. Die Eigenherstellung hingegen führt zu gefährlicher Erstarrung.

Oft auch ist sie teurer. Zwingt man ihn nicht zum Wettbewerb mit außenstehenden Lieferanten, dann wird der Lieferant im eigenen Hause zu einem »Binnen-Monopol«, das den Kunden im selben Hause höhere Preise aufzwingen kann.

Um sich dieses Monopol zu erhalten, horten die Selbstversorger ihr Wissen und machen es jedem schwer, ihre Leistung objektiv gegen außenstehende Konkurrenten abzugleichen. Diese Gewalt über die technischen und buchführungsmäßigen Informationen erschwert ein Zerschlagen des Binnen-Monopols erheblich.

Aber auch diese Wissensmonopole höhlt die Informationstechnologie zusehends aus.

In einer kürzlichen Untersuchung des Massachusetts Institute of Technology bei Firmen wie Xerox und General Electric wird darauf hingewiesen, daß »computergestützte Lagerhaltungs-Kontrollsysteme und andere Formen der elektronischen Integration es ermöglichen, einige der Vorteile« der vertikalen Integration auch dann beizubehalten, wenn Arbeiten nach außen vergeben werden.

Die geringen Kosten pro Computer-Informationseinheit verbessern auch die Position kleiner Außenlieferanten, so daß Waren und Dienstleistungen immer weniger von einem einzigen Monolithen, sondern von einem ganzen Firmenmosaik geliefert werden können. Dem Mosaik der Profitzentren innerhalb des Unternehmens entspricht also auch ein größeres Mosaik draußen.

Im Bauch des Walfisches

Dieselben Wirkkräfte erklären die derzeitige, überraschende Explosion von Kleinunternehmen, die uns noch weiter von der monolithischen Wirtschaft entfernt.

Kleine und mittlere Betriebe sind neuerdings die Stars der Beschäftigung, Innovation und Wirtschaftsdynamik. Der Kleinunternehmer ist der neue Held (oft die Heldin) der Wirtschaft.

In Frankreich, berichtet die *Financial Times*, »ist die Förderung der Großunternehmen durch Programme abgelöst worden, die eher den Kleinbetrieben zugute kommen«. England stellt subventionierte Beratungsdienste für die Steigerung der Organisationstüchtigkeit kleiner Unternehmen bereit. In den USA nennt die Zeitschrift *INC.*, die die Aktivität der 100 erfolgreichsten Kleinunternehmen untersucht, eine Jahresdurchschnitts-Wachstumsrate von 5 Prozent, die »ans Unbegreifliche grenzt und so hoch ist, daß wir uns nur wundern und die betroffenen Firmen nur staunen können«. Anstelle einer von wenigen monolithischen Giganten beherrschten Wirtschaft entsteht also eine Supersymbolwirtschaft aus lauter kleinen Operativeinheiten, von denen manche aus Buchführungs- und Finanzgründen in Großunternehmen unterkommen mögen. Eine Boutiquen- anstatt einer Walfischwirtschaft (auch wenn sich einige Boutiquen im Bauch eines Walfischs aufhalten mögen).

Die vielgestaltige Multi-Mosaik-Wirtschaft verlangt völlig neue Koordinationsformen, und das erklärt die unablässigen Aufsplitterungen und Neubildungen von strategischen Allianzen und anderen Neuerscheinungen.

Kenichi Ohmae, der brillante Kopf des Tokioter McKinsey-Büros, hat auf die Zunahme der Dreiecks-Joint-ventures aufmerksam gemacht, in denen Firmen oder Firmenteile aus Japan, USA und Europa zusammengehen. Diese »trilateralen Konsortien«, schreibt er, »entstehen in fast allen Spitzenbereichen der Industrie, einschließlich der Biotechnik, Computer, Roboter, Halbleiter, Düsenaggregate, Kernkraft, Karbonfiber und anderer neuer Materialien«. Das sind Herstellungs-Mosaiks, und sie ziehen die Geschäftsgrenzen auf eine Art und Weise neu, die auch die Staatsgrenzen nicht unberührt lassen dürfte.

In Italien spricht der Olivetti-Vizepräsident für die Konzern-Wirtschaftsforschung, Bruno Lamborghini, von einer »Unternehmensvernetzung« aufgrund von »Allianzen, Partnerschaften, Absprachen, Zusammenarbeit in Forschung und Technik«. Olivetti allein ist Mitglied von 50 derartigen Arrangements.

Die Wettbewerbsfähigkeit wird nach Lamborghini »nicht mehr nur von den internen Ressourcen«, sondern vom Beziehungsgeflecht mit außenstehenden Einheiten abhängig sein. Wie die Datenbanken wird auch der Erfolg zunehmend »relational«.

Und bezeichnenderweise sind die neuen Produktionsrelationen nicht fest, starr oder vorausbestimmt – wie vordem die Namen und Anschriften in einer altmodischen Datenbank. Sie sind so flüssig und formfrei wie Multimedien. So spiegelt sich in der neuen Mosaik-Organisation der Unternehmen und Wirtschaft allmählich die Veränderung der Organisation des Wissens als solchem.

Um das Machtgefüge in der Geschäftswelt von morgen zu begreifen, legen wir die Fantasievorstellungen von der totalen Konzentration, der von wenigen Megafirmen beherrschten Welt, besser zum alten Eisen. Denken wir lieber über Machtmosaiken nach.

Relationaler Reichtum

In der geschäftigen Stadt Atlanta in Georgia beschäftigt das größte Einzelunternehmen rund 37 000 Mitarbeiter. Die Gesamt-Lohntüte dieser Stütze der Wirtschaft enthält im Jahr über 1,5 Milliarden Dollar. Seine Anlagen bedecken 205 000 Quadratmeter.

Dieses Riesendienstleistungsunternehmen ist jedoch weder eine Firma noch ein Konzern. Es ist der Flughafen von Atlanta.

Es ist ein Riesenmosaik aus Dutzenden getrennter Organisationen - von den Luftfahrtgesellschaften über die Proviantierer, Frachtunternehmen und Autovermieter zu Regierungsstellen wie der Bundesluftfahrtbehörde, dem Postamt und Zoll. Die Beschäftigten gehören den verschiedensten Gewerkschaften an, vom Pilotenverband bis zu den Mechanikern und Stauern.

Daß der Flughafen von Atlanta Wert schöpft, bezweifeln weder die Hotelbesitzer noch die Restaurants, Grundstückseigner oder Autohändler in der Stadt, ganz zu schweigen von den 56 000 weiteren Beschäftigten in Atlanta, deren Arbeitsplätze mittelbar vom Flughafenbetrieb ausgehen.

Von diesem Reichtum entfällt auf die einzelnen Firmen oder Stellen wenig. Vielmehr ist der diesem Meta-Mosaik entspringende Reichtum eine Funktion eines Beziehungsgeflechts: der Verzahnung und Koordinierung zwischen ihnen allen. Wie die moderne Datenbank ist der Flughafen Atlanta »relational«.

Waren nun Beziehungsgeflechte seit jeher ein wichtiger Teil der Wertschöpfung (das Konzept der Arbeitsteilung ist typischer Ausdruck davon), so steigt ihre Bedeutung in dem Maße, als die Zahl und Vielfalt der »Mitspieler« im Mosaik steigt.

Erhöht sich diese Zahl arithmetisch, so verdichtet sich das Beziehungsgeflecht geometrisch. Außerdem kann es einfach nicht mehr auf einem einzigen Befehlsstrang beruhen, bei dem ein Teilnehmer den anderen ihr Verhalten diktiert. Der Interdependenz wegen sind die Mitspieler immer mehr auf expliziten oder impliziten Konsens angewiesen, der die Interessen der vielen berücksichtigt.

Wie nun das Wissen als solches »relational« organisiert wird – also ständig umkonfiguriert werden kann –, so muß auch die

Organisation hyperflexibel werden. Deshalb ist eine Wirtschaft aus kleinen, wechselwirkenden Firmen, die sich vorübergehend zum Mosaik formen, anpassungsfähiger und letztlich produktiver als eine aus wenigen Monolithen zusammengesetzte.

Macht im Mosaik

Noch vor einer Generation hatte das Geschäftsmosaik eine andere Struktur. Es war in der Regel pyramidal oder speichenradförmig. Um einen Konzern lag ein Ring von Zulieferern und Verteilern. Der Riese beherrschte die anderen Firmen in seinem Dunstkreis, Händler und Zulieferer waren im wesentlichen Satelliten. Auch Kunden und Gewerkschaften waren schwach im Vergleich zum Jumbo-Unternehmen.

Daß Großfirmen auch heute noch gewaltige Durchschlagskraft besitzen, bedarf keiner Erwähnung. Aber das ändert sich allmählich.

Zunächst einmal verkaufen die Zulieferer heute nicht mehr bloß Waren und Dienstleistungen. Sie liefern auch entscheidende Informationen und saugen ihrerseits wieder Informationen aus den Datenbanken ihres Auftraggebers. Sie »partnern« mit ihren Kunden, wie das neuerdings heißt.

Apple-Chef John Sculley sagt: »Wir bedienen uns eines unabhängigen Netzes dritter Geschäftspartner: eigenständige Softwarehäuser, Hersteller von peripherem Gerät, Zwischen- und Einzelhändler ... Einige Kritiker behaupten fälschlicherweise, dies habe den ›Hohlkonzern‹ hervorgebracht, eine verwundbare Muschel, deren Bestand von Außenfirmen abhänge.«

Dieser Meinung hält Sculley entgegen, dank dieser mosaikartigen Vorkehrungen könne Apple selbst schlank, rank und anpassungsfähig sein; zumal in Krisenzeiten seien es die »Partner«, die Apple weiterhülfen. »Für jeden Dollar Einkommen in der Katalysator-Firma generiert die Außen-Infrastruktur bis zu drei oder vier zusätzliche Dollar im Verkauf... Noch viel wichtiger ist, daß sich Wandel und Chaos damit in Geschäftschancen ummünzen lassen.«

In der Vergangenheit haben sich die Firmen oft mit vollmundigem Partnerschaftsgerede zufriedengegeben. Heute werden sie geradezu in die Partnerschaft hineingeworfen.

Spüren wir den Informationsmustern in einem Machtmosaik nach, dann gibt uns das Aufschluß darüber, wo Macht und Produktivität wirklich angesiedelt sind. So sind vielleicht die Kommunikationsflüsse am dichtesten zwischen einem bestimmten Teilelieferanten und einem bestimmten Hersteller (genauer: zwischen je einer bestimmten Einheit beim einen und beim andern). Der Versand auf der einen Seite und die Entgegennahme auf der andern bilden in Wirklichkeit eine organische Einheit - eine Schlüsselbeziehung. Daß sich aus buchtechnischen Gründen das eine bei A und das andere bei B niederschlägt, wird immer realitätsferner. Tatsächlich können die Mitarbeiter beider Einheiten mehr gemeinsame Interessen an dieser Beziehung haben und sich ihr verbundener fühlen als ihrer eigenen Firma.

Matsushita in Japan hat den Partnerprozeß als »hohe Produktivität durch Gesamtwissens-Einsatz« formalisiert.

Schon im Konstruktionsstadium eines neuen Produkts setzt sich Matsushita mit den Subunternehmern zusammen und bittet sie um Mitwirkung bei der Optimierung, damit Fristen verkürzt und die Produkte schneller vermarktet werden können.

Kozaburo Sikata, der Vorsitzende von Kyoei-kai, des Verbandes der Subunternehmen von Matsushita, ist der Meinung, das werde übliche Praxis werden. Matsushita teilt diese früher geheimgehaltene Information nicht etwa aus Herzensgüte mit anderen, sondern weil der Konkurrenzkampf es verlangt. Und man darf sicher sein, daß – so groß Matsushita auch sein mag – die Chefs sorgfältig hinhören, was die 324 Zulieferer sagen.

Außerdem sind die Zulieferer heute nicht bloß wie Speichen mit der Nabe elektronisch mit dem Großbetrieb verbunden, sondern zunehmend auch untereinander, weshalb sie sich notfalls viel leichter zusammentun und Druck auf die Großfirma ausüben können.

Auch aus einem anderen Grund setzt sich das neue Geschäftsmosaik nicht mehr zwangsläufig aus Herrschern und Knechten zusammen. Angesichts der Aufteilung des monolithischen Konzerns in Profitzentren haben es viele Lieferanten oder Kundenfirmen in den Verhandlungen nicht mehr mit der geballten Kraft des Giganten zu tun. Die einst so wichtige Größe der Stammfirma spielt eine immer geringere Rolle.

Je mehr sich die Macht vom Monolithen ins Mosaik verlagert, desto weniger hat man noch davon auszugehen, die Giganten beherrschten das Mosaik, dem sie zugehörten.

Der Riese steht auch seinerseits unter dem Druck der Kunden, die sich immer häufiger zu »Benutzerräten« zusammenschließen. Nach außen hin beschäftigen sich diese Gruppen mit dem Austausch technischer Daten. In Wirklichkeit sind sie eine neue Form der Verbraucherlobby.

Die sich schnell ausbreitenden, mit hochrangigem rechtlichem, technischem und anderem Fachwissen gerüsteten Benutzer-Organisationen bilden eine Gegenkraft und können die Hersteller, ungeachtet deren Größe, oft zur Befriedigung ihrer Wünsche zwingen.

Besonders aktiv sind derlei Gruppen im Computerbereich, wo sich zum Beispiel die VAX- und Lotus-Softwarebenutzer zusammengeschlossen haben. Die IBM-Kunden sind in vielen Gruppen organisiert, die wiederum in einem internationalen Rat zusammenfließen, dem Vertreter von rund 10 000 Firmen angehören, darunter einige der größten der Welt. Die IBM brüstet sich jetzt damit, sie höre auf den Kunden. Sollte sie auch, sonst ...

In diesen Gruppen können Kunden, Konkurrenten und Joint-venture-Betreiber gleichzeitig sitzen. Das Geschäftsleben wird geradezu verwirrend poly-relational.

Die Vorstellung, ein paar monolithische Riesen würden die Wirtschaft der Zukunft befehligen, ist, kurz gesagt, einfältig.

Jenseits der Konzerne

Diese noch weitgehend unerkannten Veränderungen zwingen uns auch, das Wesen der Firmen zu überdenken. Ergibt sich ein Großteil des Mehrwerts aus den *Beziehungen* im Mosaiksystem, dann entspringt der Produktionswert und der Eigenwert der Firma teilweise ihrer unablässig wechselnden Position in der Supersymbolwirtschaft.

Buchhalter und Manager, die den Mehrwert zu quantifizieren und bestimmten Subsidiareinheiten oder Profitzentren zuzuweisen versuchen, müssen willkürliche, oft recht subjektive Urteile fällen, denn die konventionelle Buchführung läßt ja in aller Regel die wertschöpferische Bedeutung des »Organisationskapitals« und alle diese komplexen, changierenden Beziehungen außer acht. Buchführungskategorien wie »Goodwill« werden dem nur grob und höchst unvollkommen gerecht.

Management-Theoretiker reden inzwischen mit großer Verspätung vom »Organisationskapital«. Aber es gibt auch so etwas wie »Positionskapital«: den strategischen Ort der Firma im Gesamtgeflecht der Mosaiks und Meta-Mosaiks.

In jedem Industriezweig ist eine entscheidende Position in einem dieser wertschöpfenden Systeme gleichbedeutend mit Geld auf der Bank - oder Macht in der Tasche. Wer da ausgefroren oder an die Peripherie gedrängt wird, dem droht Schlimmes.

All dies deutet darauf hin, daß in der kapitalistischen Welt oder generell in den fortgeschrittenen Volkswirtschaften der Großkonzern oder Firmenriese nicht mehr zwangsläufig die zentrale Einrichtung zur Erzeugung materiellen Reichtums ist.

Wir erleben die Scheidung des Großkonzerns von den materiellen Schlüsselprozessen der Wertschöpfung. Diese werden von Klein- und Mittelbetrieben oder den Untereinheiten namens Profitzentren vollzogen. Wenn ein so großer Teil der »handgreiflichen« Arbeit in diesen Einheiten getan wird, geht es bei der Funktion der Konzernleitung immer weniger um Produktion und immer mehr um die Festlegung sehr allgemeiner strategischer Leitlinien, die Kapitalorganisation und -buchführung, die Regelung von Streitfällen und das Lobbying, und um den Ersatz aller Produktionsfaktoren durch Information.

Dieses Delegieren oder Abgeben vieler Funktionen des Großkonzerns, einst zentrales Produktionsinstitut der Wirtschaft, hat ein historisches Vorbild.

Die industrielle Revolution entriß der traditionellen Familie - jener anderen Schlüsselinstitution der Gesellschaft - viele ihrer früheren Funktionen. Die Erziehung wurde in die Schulen, die Altenfürsorge auf den Staat, die Arbeit in die Fabrik verlagert, und so weiter. Ähnlich wird heute, da viele seiner früheren Funktionen von kleinen, hochinformationsgerüsteten Einheiten wahrgenommen werden können, der Firmenriese eines Teils seiner traditionellen Raison d'être beraubt.

Die Familie verschwand nach der industriellen Revolution dennoch nicht von der Bildfläche. Sie wurde nur kleiner, übernahm begrenztere Verantwortung und verlor gegenüber anderen Gesellschaftsinstitutionen einen Großteil ihrer Macht.

Eben dies geschieht den Großkonzernen am Ausgang des geschäftsungetüm-beherrschten Schornsteinzeitalters.

Kurzum: Mögen sich die Großkonzerne auch weiter ausdehnen, so schrumpft doch ihre institutionelle Bedeutung.

Noch ist es zu früh, als daß irgend jemand die jetzt rasant auftauchenden Machtmosaiks und das langfristige Schicksal des Konzerns verstünde. Eines aber steht fest: Die Meinung, eine winzige Handvoll Riesenkonzerne werde die Wirtschaft von morgen beherrschen, ist eine Witzbuchkarikatur der Wirklichkeit.

Coda: Das neue Wertschöpfungssystem

Vor kurzem führte Wendy's International, dessen 3700 Schnellrestaurants sich von den USA bis Japan und von Griechenland bis Guam erstrecken, für eilige Autofahrer im Drive-In den »Express Pak« ein. Inhalt: Hamburger, Frites und Coke. Aber anstatt jedes Teil einzeln zu bestellen, brauchte der Kunde nur »Express Pak« zu murmeln. Die Bedienung sollte beschleunigt werden. Sagt ein Wendy-Sprecher: »Vielleicht reden wir nur drei Sekunden lang. Aber der Kumulativeffekt kann erheblich sein.«

Diese scheinbar belanglose Neuerung sagt uns eine ganze Menge über die Zukunft der Macht. Denn das Tempo des Austauschs völlig bedeutungsloser Information steht im Zusammenhang mit einem völlig neuen Wertschöpfungssystem. Und das steht hinter der wichtigsten Machtverschiebung unserer Tage.

Der neue Wirtschafts-Metabolismus

An sich ist natürlich die Frage, wie schnell Wendy's Hamburger verkauft, nicht gerade weltbewegend. Aber zum Wichtigsten, was man über ein System, zumal über ein Wirtschaftssystem, wissen muß, gehört seine »Stempeluhr-Zeit«: sein Funktionstempo.

Vom Kreislaufsystem des menschlichen Körpers bis zum Wertschöpfungssystem der Gesellschaft kann jedes System nur mit einem bestimmten Tempo funktionieren. Ist es zu langsam, dann bricht das System zusammen; geht es zu schnell, so fliegt es auseinander. Alle Systeme bestehen aus Subsystemen, die ihrerseits ebenfalls nur innerhalb gewisser Tempogrenzen funktionieren. Das Tempo des Gesamtsystems läßt sich als Durchschnittswert der Wechselraten in den verschiedenen Teilen vorstellen.

Jede Volkswirtschaft und jedes Wertschöpfungssystem hat ihr oder sein charakteristisches Tempo, gewissermaßen eine einmalige metabolische Rate.

Das Tempo eines Wertschöpfungssystems läßt sich auf vielerlei Weise messen: nach Maschinenprozessen, Geschäftstransaktionen, Kommunikationsströmen, nach der Geschwindigkeit, in der Laborerkenntnisse in kommerzielle Produkte umgesetzt werden, der Länge der zu bestimmten Entscheidungen benötigten Zeit, den Vorlaufzeiten für die Auslieferung u. a. m.

Vergleichen wir das Gesamttempo des Wertschöpfungssystems der ersten, der Agrarwelle, mit dem der zweiten oder Industriewelle, dann stellt sich heraus, daß die Schornsteinwirtschaft schneller verläuft als die traditionelle Agrarwirtschaft. Wo immer die industrielle Revolution geschah, schaltete sie für die Wirtschaftsprozesse in einen höheren Gang.

Im selben Sinne operiert das auf diesen Seiten dargestellte neue Wertschöpfungssystem in einem Tempo, das noch vor ein, zwei Generationen unvorstellbar gewesen wäre. Der heutige Wirtschafts-Metabolismus hätte in früheren Zeiten das System zum Erliegen gebracht. Ein neuer »Heterojunction«-Mikrochip mit seiner Schaltzeit von zwei Billionstel Sekunden veranschaulicht den neuen Rhythmus.

Im 1970 veröffentlichten *Zukunftsschock* stellten wir fest, die Beschleunigung des Wandels werde die Gesellschaft umstülpen, und zeigten, was passiert, wenn das Tempo die Anpassungsfähigkeit eines Systems übersteigt. Wir wiesen auf die Eigendynamik der Beschleunigung hin, die von der Art der jeweiligen Änderung völlig unabhängig ist. Dahinter verbirgt sich eine wirtschaftliche Einsicht, die weit über das »Zeit-ist-Geld«-Klischee hinausreicht. Dem Beschleunigungseffekt liegt eine mächtige neue Wirtschafts-Gesetzmäßigkeit zugrunde.

Dieses Gesetz läßt sich ganz einfach ausdrücken: Beschleunigt sich das Tempo der Wirtschaftstätigkeit, dann ist jede Zeiteinheit *mehr* Geld wert.

Dieses machtvolle Gesetz hat tiefgreifende Rückwirkungen nicht nur auf einzelne Firmen, sondern auf ganze Volkswirtschaften und für die globalen Beziehungen *zwischen* ihnen. Es sagt insbesondere etwas aus über das Verhältnis zwischen Arm und Reich in der Welt.

Es hagelt Bitten

Kehren wir aus den Höhen der Wirtschaftstheorie in die praktische Wirklichkeit des Alltags zurück, so erkennen wir, daß die Manager von Wendy's mit der Beschleunigung ihres Geschäftsablaufs dem Kunden entgegenkommen, der eine Sofortreaktion erwartet. Er will schnelle Bedienung und Produkte, die ihm Zeit sparen. Denn in der Kultur, die sich, undeutlich noch, abzeichnet, wird Zeit als solche zum wertvollen Produkt.

Darüber hinaus kommt es in unserer zunehmend kompetitiven Weltwirtschaft entscheidend darauf an, daß Produkte schnell auf den Markt gelangen. Die erstaunliche Geschwindigkeit, mit der Fax-Geräte oder Funksprechanlagen und andere elektronische Verbrauchergeräte den Markt überschwemmen, überrascht Hersteller und Kunden gleichermaßen.

In kleinen Stückzahlen gibt es Faksimile-Maschinen schon seit Jahrzehnten. Bereits 1961 führten die Xerox-Forschungslabors die sogenannte LDX-Maschine (fürs Xerokopieren über weite Entfernungen) vor, die im wesentlichen das tat, was die heutigen Fax-Geräte tun.

Ihrer Ausbreitung stand mehreres im Wege. Der Postdienst funktionierte recht gut, während die Telefonsysteme noch ziemlich rückständig und Ferngespräche kostspielig waren.

Plötzlich, Ende der achtziger Jahre, kam mehreres zusammen. Fax-Geräte ließen sich zu niedrigen Kosten herstellen. Die Fernmeldetechnik verbesserte sich ungemein. AT&T wurde zerschlagen, womit in Amerika die Fernsprechgebühren zurückgingen. Inzwischen verfielen die Postdienste (verlangsamten ihre Laufzeiten genau zu dem Zeitpunkt, in dem die Wirtschaft sie verkürzte). Zudem steigerte der Beschleunigungseffekt den wirtschaftlichen Wert jeder mit dem Fax-Gerät potentiell einsparbaren Sekunde. Zusammengenommen eröffneten diese konvergierenden Faktoren einen Markt, der sich explosiv entwickelte.

Im Frühjahr 1988 hagelte es bei den Amerikanern fast über Nacht Telefonanrufe von Freunden und Geschäftspartnern mit der Bitte, doch ein Fax-Gerät aufzustellen. Binnen weniger Monate schnurrten und piepten in ganz Amerika millionenfach Faxe.

Unter den heutigen Wettbewerbsbedingungen ist das Tempo der Produktneuerung so rasant, daß, noch ehe das eine Produkt recht lanciert ist, schon die nächste, bessere Generation vor der Tür steht. Da hat man vor kurzem einen PC mit einer 20MB-Platte gekauft - soll man jetzt 40, 70 ... oder nur grade weitere 20 hinzukaufen angesichts der Tatsache, daß demnächst die ROM-Bildplatte zur Verfügung stehen wird? (Bis diese Zeilen in Druck gehen, mögen diese Zahlen schon wieder primitiv aussehen.)

Nach Art der Raumfahrt oder des Atomkriegs sprechen heute die Marketingleute vom »Startfenster« - jener allzu kurzen Zeitspanne, nach der ein neues Produkt schon wieder alt aussieht, weil noch bessere Modelle ihm Konkurrenz machen.

Dieser Beschleunigungsdruck führt zu neuen Produktionsmethoden. Eine Möglichkeit, schneller zu werden, besteht darin, daß man gleichzeitig tut, was man nacheinander zu tun pflegte. Daher der neue Begriff von der »Simultankonstruktion«.

In der Vergangenheit wurde ein neues Produkt zunächst einmal konstruiert, danach erst wurden die Herstellungsmethoden entworfen. Heute, sagt David W. Clark, Vizepräsident für Konstruktion bei Jervis B. Webb, die Materialhandhabungsgerät herstellt, »wird der Herstellungsprozeß gleichzeitig mit dem Entwurf des Endprodukts ausgeheckt«.

»S.E.« (»Simultaneous Engineering« - »Simultankonstruktion«) verlangt unerhörte Präzision und Koordinierung. Hören wir Jerry Robertson von Automation Technology Products: »Das S.E.-Konzept gibt es seit etwa 15 Jahren.« Aber erst in jüngster Zeit sei es »infolge der Fortschritte bei der Mächtigkeit der Computer und Datenbanken« erstmalig durchführbar geworden.

Ein weiterer Beschleunigungsschritt besteht darin, daß man Teile wegläßt oder umgestaltet, die Produkte aus weniger Teilen bestehen oder modularisiert werden. Das verlangt noch feinere Toleranzen und höherwertige Information und besseres Wissen. So hat IBM ein Bauteil des 4270-Druckers umkonstruiert und damit nicht nur die Herstellungskosten pro Einheit von 5,95 auf

1,81 Dollar, sondern auch die Herstellungszeit von drei Minuten auf Sekunden gesenkt. Wie bei Wendy's zählt jede Sekunde.

Ebenso beschleunigend wirkt die Einführung der »Just-in-time«-Lieferung von Bauteilen, in der die Japaner führend sind. Anstatt daß die Zulieferer lange Serien laufen lassen und das betreffende Teil in großen Zeitabständen als umfangreiche Stapel liefern, werden in kurzen Abständen kleine Stückzahlen genau dann angeliefert, wenn sie für die Montage benötigt werden. Damit verkürzt sich die Produktionszeit und schrumpft das erforderliche Bevorratungs-Kapital. Rolls-Royce in England weiß beispielsweise zu berichten, mit dem »Just-in-time«-System hätten sich die Vorlaufzeiten und Lagerkosten um 75 Prozent reduzieren lassen.

Schnelle Reaktionsfähigkeit auf die Kundennachfrage ist zum kritischen Faktor der Unterscheidung zwischen den Waren und Dienstleistungen des einen Herstellers im Vergleich zu einem anderen geworden. Reisebüros, Banken, Finanzdienste, Schnellrestaurants wetteifern miteinander im Anbieten von sofortiger Information und Kundenbefriedigung.

In der Vergangenheit suchten die Arbeitgeber die Produktion durch »Antreiben« der Arbeiter zu beschleunigen. Ein großer Beitrag zur Vermenschlichung seitens der alten Gewerkschaften war ihr Kampf um Einschränkung dieses Vorantreibens. Noch ist die Schlacht in Tausenden rückständiger Fabriken und Büros nicht gewonnen.

Im neuen Wertschöpfungssystem schrumpft der Anteil der »handgreiflichen« Arbeitskosten an den Gesamtkosten immer mehr und wird Tempo nicht durch den Schweiß der Arbeitskräfte, sondern durch intelligente Reorganisation und hochmodernen elektronischen Informationsaustausch gesteigert. Wissen tritt an die Stelle von Schweiß, und das ganze System kommt auf Touren.

Im Juni 1986 richtete Motorola Inc. ein 24köpfiges Team unter dem Decknamen »Team Bandit« ein und stellte ihm eine scheinbar unerfüllbare Aufgabe. Es sollte einen neuen »Radiopager« [ein »Piepser«, der beispielsweise dem Arzt in der Klinik nicht nur mitteilt, daß, sondern auch von wem er angerufen wurde] konstruieren sowie die zur Produktion nötige computerintegrierte

Fertigungsanlage der Weltklasse entwerfen. Die Fertigungsanlage mußte absolute Spitzenqualität aufweisen, anders gesagt, die Wahrscheinlichkeit des Ausstoßes perfekter Geräte wurde auf 99,9997 Prozent angesetzt. Entwicklungsfrist: 18 Monate.

Heute fertigt die Anlage in Boynton Beach, Florida, personalisierte Radiopagers in Produktionsläufen bis herunter zur Einzelstückherstellung. 27 Roboter leisten die physische Arbeit. Von den 40 Mitarbeitern berührt nur ein einziger das Produkt. Die Operation »Team Bandit« gelang - 17 Tage vor Ablauf der Frist.

Selbst die Automobilindustrie - im Vergleich zur Kamera- oder Elektronikindustrie ein langsamer Dinosaurier - versucht krampfhaft, die Zeitspannen zu verkürzen.

Der Erfolg der japanischen Autoindustrie ist zum Teil darauf zurückzuführen, daß die japanischen Hersteller ein völlig neues Modell in der Hälfte der Zeit konstruieren und einführen können, die die Europäer oder Amerikaner dafür benötigen.

Bei Toyota, das Joseph L. Bower und Thomas M. Hout in der *Harvard Business Review* als »Schnellzyklusunternehmen« bezeichnen, führt eine Kombination aus Simultankonstruktion, modernen Informationssystemen, selbstorganisierenden Teams und frühem Informationsaustausch mit den Zulieferern nach Hout und Bower zu »einem immer schnelleren Entwicklungszyklus, häufiger Einführung neuer Produkte und unablässigem Fluß größerer und kleinerer Neuerungen bei den vorhandenen Modellen«.

Ähnlich das von ihnen genannte Beispiel einer Bank, die die Zeit für die Entscheidung über eine Anleihe von mehreren Tagen auf 30 Minuten verkürzt hat, indem sie die nötige Information einer Gruppe von Anleihefachleuten gleichzeitig vorlegte, anstatt sie wie bisher üblich vom einen zum anderen Fachmann weiterzuschleusen.

So augenwischend sich diese Beispiele ausnehmen mögen, schlägt sich in ihnen doch eine deutlich empfundene Wirklichkeit nieder, und Firmen - oder auch Volkswirtschaften -, die vor dem Beschleunigungseffekt die Augen verschließen, tun dies auf eigene Gefahr.

Ergebnis ist ein radikal neues Wirtschaftssystem mit viel höherem Tempo als irgendwann zuvor.

Ein paar Striche dieses neuen Wertschöpfungssystems haben wir schon auf den vorstehenden Seiten gezeichnet. Nunmehr können wir alle Teile in einen zusammenhängenden Rahmen setzen. Damit erhellt, wie revolutionär diese neue Wertschöpfung wahrhaftig ist und wie sehr sie sich von früheren unterscheidet.

1. Das neue, beschleunigte Wertschöpfungssystem ist immer mehr auf den Austausch von Daten, Information und Wissen angewiesen. Es ist »supersymbolisch«. Ohne Wissensaustausch keine Wertschöpfung.

2. Das neue System geht von der Massenproduktion zur geschmeidigen, personalisierten oder »entmassten« Fertigung über. Aufgrund der neuen Informationstechnologien kann es kurze Serien hochvariierter, ja personalisierter Produkte zu Kosten herstellen, die sich denen der Massenproduktion annähern.

3. Die konventionellen Produktionsfaktoren - Grundbesitz, Anlagen, Arbeit, Rohstoffe und Kapital - verlieren in dem Maße an Bedeutung, als Symbolwissen an ihre Stelle tritt.

4. Anstatt Hart- oder Papiergeld wird elektronische Information zum wahren Austauschmedium. Das Kapital wird äußerst flüssig, so daß riesige Mengen davon über Nacht zusammengezogen und ausgestreut werden können. Trotz der gewaltigen Konzentrationen von heute vervielfacht sich die Zahl der Kapitalquellen.

5. Waren und Dienstleistungen werden modular zusammengesetzt, und dies verlangt die Vermehrung und ständige Überarbeitung von Normen. Damit entbrennt der Krieg um die Beherrschung der Information, auf der die Normen beruhen.

6. An die Stelle schwerfälliger Bürokratien treten kleine (entmasste) Arbeitseinheiten, vorübergehende oder »adhocratische« Teams, immer komplexere Geschäftsbündnisse und Konsortien. Zur Beschleunigung der Entscheidungsfindung wird die Hierarchie verflacht oder überhaupt abgeschafft. Frei fließende Informationssysteme ersetzen die bürokratische Wissensorganisation.

7. Zahl und Vielfalt der Organisationseinheiten steigen. Je mehr solcher Einheiten es gibt, desto mehr Transaktionen verlaufen

zwischen ihnen und um so mehr Information muß generiert und kommuniziert werden.

8. Die Arbeiter werden immer weniger austauschbar. Der Industriearbeiter nannte nur wenige Produktionswerkzeuge sein eigen. Heute sind die Symbole im Kopf des Arbeiters die mächtigsten Wertschöpfungswerkzeuge. Deshalb besitzen die Arbeiter kritische, oft unersetzliche Teile der »Produktionsmittel«.

9. Nicht mehr der Arbeiter, Finanzmann oder Manager ist der Held des Geschehens, sondern der Neuerer (inner- oder außerhalb eines Konzerns), der Vorstellungs- und Tatkraft in sich vereinigt.

10. Wertschöpfung wird zunehmend als Rundverkehr begriffen, bei dem die Abfälle zu Inputs im nächsten Produktionszyklus aufbereitet werden. Dies setzt Computer-Monitoring und immer umfangreicheres wissenschaftliches und umweltverträgliches Wissen voraus.

11. Hersteller und Verbraucher, zwischen die die industrielle Revolution eine Scheidewand gezogen hatte, werden im Wertschöpfungszyklus wiedervereinigt, wobei der Kunde nicht nur Geld, sondern für den Produktionsprozeß ebenso wichtige Markt- und Konstruktionsinformation beisteuert. Käufer und Lieferant benutzen gemeinsam Daten, Information und Wissen. Eines Tages werden die Kunden vielleicht auch per Knopfdruck ferngesteuerte Produktionsprozesse in Gang setzen. Konsument und Produzent verschmelzen zum »Prosumenten«.

12. Das neue Wertschöpfungssystem ist lokal und global zugleich. Machtvolle Mikro-Technologien machen es möglich, künftig vor Ort zu tun, was früher wirtschaftlich nur im nationalen Rahmen getan werden konnte. Gleichzeitig werden viele Funktionen die Staatsgrenzen überschreiten und die Tätigkeit in vielen Staaten in einer einzigen Produktivanstrengung integrieren.

Diese zwölf Elemente der Tempowirtschaft sind miteinander verzahnt und verstärken gemeinsam die Rolle von Daten, Information und Wissen in der gesamten Wirtschaft. Sie umschreiben das revolutionär neue High-Tech-Wertschöpfungssystem. Indem sich die Teile dieses Systems zu einem Ganzen fügen, ballen sie sich zum Sprengstoff unter den einstigen Machtstrukturen des Wertschöpfungssystems des Industriezeitalters.

Das hier skizzierte neue Wertschöpfungssystem erklärt unter anderem die ungeheuren Umbrüche auf dem ganzen Planeten als ahnungsvolles Schaudern vor dem Zusammenprall von Wertschöpfungssystemen unerhörter Größenordnung.

Fünfter Teil

Machtbeben in der Politik

XX

Jahrzehnte der Entscheidung

In Bluefield, West Virginia, weinte am 9. November 1989 eine Lehrerin vor Freude. Millionen in der ganzen Welt jubelten mit ihr. Wie gebannt saßen sie an ihren Fernsehern und sahen die Berliner Mauer fallen. Eine ganze Generation lang waren die Ostdeutschen eingesperrt gewesen, zum Krüppel geschlagen oder erschossen worden, nur weil sie über diese 50 Kilometer lange Mauer ausbrechen wollten. Jetzt strömten sie durch sie hindurch nach Westdeutschland mit leuchtenden Augen; vom Jubel bis zum Kulturschock stand alles in den Gesichtern geschrieben. Bald machten sich die Preßlufthämmer ans Werk. Und heute sind Stücke dieser Mauer, die einst Berlin und ganz Deutschland in zwei Teile zerschnitt, nur noch Erinnerungen aus Stein und Zement, die auf zahllosen Kaminsimsen verstauben.

Als gewissermaßen betonkonkretes Wahrzeichen des Endes der von den Sowjets verhängten Totalitarismen in ganz Mittel- und Osteuropa löste der Sturz der Mauer allüberall im Westen Hochstimmung aus. Intellektuelle und Politiker stimmten gemeinsam eine Ode an die Freude an, die einem Beethoven Ehre gemacht hätte. Sie sangen im Chor, mit dem gestrandeten Marxismus sei nunmehr die Demokratie angebrochen. Die Ideologie war kläglich am Ende.

Nüchternere Beobachter stellten unruhige Fragen. Und wenn sich nun die dramatische Befreiung in der Sowjetunion und Osteuropa nur als Irrlicht der Geschichte erwies? Wenn alter Hader unter den Völkern aufbräche, Staaten zerbrächen, militärische Rückschläge einsetzten oder Wirtschaftsreformen sich als flüchtig erwiesen? Wenn anderenorts der religiöse Fanatismus neu aufflammte? Ja, wenn Japan und die westlichen Demokratien selbst in neue, demokratiezerschlagende Krisen gerieten? War die Zukunft der Demokratie wirklich so sicher?

Die meisten Festtagsredner äußerten sich statisch, so als sei

Demokratie ein ein für allemal feststehendes Gebilde und nicht ein sich unablässig wandelnder Prozeß, dem nun seine inneren Krisen ins Haus standen. In Wahrheit ist die Demokratie selbst an dem angelangt, was der Physik-Nobelpreisträger Ilya Prigogin den »Scheideweg« nennt: den Augenblick, wo sich ein System entweder auf eine höhere Organisationsebene schwingt oder aber überhaupt zerfällt.

Um die Chancen und die seltsamen neuen Bedrohungen der Demokratie zugleich zu begreifen, müssen wir auf Politik und Regierung einen völlig neuen Blick werfen.

Dynastien und Demokratien

In jedem System, sei es nun demokratisch oder nicht, muß zwischen der Art, wie Menschen Werte schöpfen, und der, wie sie sich regieren, eine gewisse Kongruenz bestehen. Sind das politische und das wirtschaftliche System völlig ungleich, so wird das eine schließlich das andere zerstören.

Erst zweimal haben wir Menschen bisher in unserer Geschichte eine vollkommen neue Art der Wertschöpfung erfunden. Jedesmal erfanden wir auch die dazu passenden, neuen Regierungsformen.

Mit der Ausbreitung der Landwirtschaft gingen die Stammesgruppen, Jägerbanden und andere soziale und politische Einrichtungen zugrunde und trat an ihre Stelle der Stadtstaat, das dynastische Königreich, die Feudalherrschaft. Die industrielle Revolution wiederum machte vielen von ihnen den Garaus. Mit der Massenproduktion, dem Massenverbrauch und den Massenmedien erstand in vielen Ländern das Gegenstück: die Massendemokratie.

Aber die Massendemokratie traf auf erbitterten Widerstand. Die alten Feudalagrar-Kräfte - der Landadel, die hierarchische Kirche und ihre geistigen und kulturellen Verfechter - wehrten sich, rotteten sich zusammen und bekämpften den entstehenden Industrialismus und die ihn oft begleitende Massendemokratie.

In allen Schornsteingesellschaften tobte der zentrale politische Kampf nicht etwa, wie viele meinen, zwischen links und rechts.

Er fand zwischen den Bewunderern der Agrarwelle und ihrer Werte zum einen und den Kräften des industriellen »Modernismus« zum andern statt.

Derartige Machtkämpfe werden häufig unter anderen Bannern ausgetragen, dem des Nationalismus zum Beispiel oder der Religion oder der Bürgerrechte. Immer nehmen sie allerlei Formen an und wüten in allen Institutionen der Gesellschaft. Sie verlaufen quer durch Familien, Verwandtschaftsbeziehungen, Schulen, Berufszweige, Künstlergilden und durch die Politik. Heute wird dieser immer noch tobende Konflikt von einem weiteren überschattet: vom Kampf einer postmodernen Zivilisation der Dritten Welle gegen Modernismus und Traditionalismus zugleich.

Wenn es denn wahr ist, daß eine neue, wissensbasierte Wirtschaft an die Stelle der Schlotproduktion tritt, dann müssen wir gewärtigen, daß ein historischer Kampf unsere politischen Institutionen neugestalten und in Einklang mit der revolutionär neuen Wirtschaft bringen wird.

Schon sehen sich alle Industriegesellschaften konvergierenden Krisen gegenüber, Krisen ihrer grundlegendsten Systeme - der Städtesysteme, der Gesundheitssysteme, der Wohlfahrtssysteme, der Transportsysteme, der ökologischen Systeme. Schornsteinpolitiker nehmen sich weiterhin eine Krise nach der anderen vor und setzen nur andere Spielarten der alten Abhilfen ein. Aber vielleicht nutzen sie alle nichts, weil die bestehenden Institutionen für die Massengesellschaft konstruiert wurden.

Überdies bombardiert uns die aufsteigende Wirtschaft mit total neuen Problemen und Krisen, die alle hergebrachten Hypothesen und Allianzen des Zeitalters der Massendemokratie über den Haufen werfen.

Wechsel der Ebenen

Die Zeit der Massendemokratie war auch die Zeit gewaltiger Machtballungen auf der Ebene des Nationalstaats. In dieser Ballung spiegelten sich die Massenproduktionstechnik und der staatenweite Markt wider.

Nehmen wir einen Laib Brot.

Ursprünglich kamen Backwaren aus der Bäckerei am Ort. Aber mit der Industrialisierung wurde der Bäcker an der Ecke weggeschwemmt vom Supermarkt, der in den USA seine Backwaren von Backriesen wie Nabisco bezog. Erstaunlicherweise haben neuerdings viele Supermärkte in Amerika zusätzlich zum Verkauf großer Marken wieder damit begonnen, an Ort und Stelle zu backen. Damit schließt sich der Kreis, allerdings mit viel neuerer Technik.

Fotos schickte man einst nach Rochester, New York, wo sie bei Kodak zentral verarbeitet wurden; heute kann man an jeder Straßenecke Filme entwickeln und Abzüge herstellen lassen. Drucksachen, deren Herstellung früher hohe Investitionen und große Maschinen voraussetzte, lassen sich jetzt in der Nachbarschaft bei guten Kopierläden machen. Die neue Technik macht die Lokalproduktion wieder wettbewerbsfähig.

Parallel dazu verlagert die moderne Wirtschaft andere Produktionsformen auf die globale Ebene. Autos, Computer und vieles andere werden nicht mehr nur in einem einzigen Lande gebaut, sondern beziehen Bauteile aus vielen Ländern und werden in wieder einem anderen montiert.

Diese Scherenbewegung, die die Produktion einmal nach oben, einmal nach unten verlagert, findet auch in der Politik statt. Sie erklärt den Drang nach politischer Dezentralisierung in allen High-Tech-Nationen, von Japan und den USA bis quer durch Europa, und den gleichzeitigen Versuch, die Macht in supranationale Ebenen zu schieben.

Zum bedeutendsten Versuch in dieser Beziehung zählt die Dezentralisierung der Macht in der Europäischen Gemeinschaft durch Schaffung des europäischen Binnenmarktes mit einer einzigen Währung und einer einzigen Zentralbank.

Sogar in der EG, die sich dampfwalzengleich um Einebnung der nationalen Unterschiede und Zentralisierung der wirtschaftlichen Entscheidungsvollmachten bemüht, nutzen verschiedene Regionen diesen Angriff von oben zu einem Gegenangriff von unten. »Der einheitliche europäische Binnenmarkt«, schreibt Jean Chemain, Leiter der Behörde für Wirtschaftsentwicklung des Gebiets von Lyon, »bietet uns eine großartige Chance, die Pariser

Zentralisierung zu brechen.« Tatsächlich schließt sich das ganze Rhône-Alpen-Gebiet, zu dem Lyon gehört, mit nichtfranzösischen Regionen wie Katalonien, Lombardei und Baden-Württemberg im Verfolg gemeinsamer Interessen zusammen.

Mit Ausbreitung der Supersymbolwirtschaft werden sich radikale Machtverlagerungen auf lokaler, regionaler, nationaler und globaler Ebene vollziehen. Die »Ebenenpolitik« dürfte die Wähler in vier verschiedene Gruppen spalten: in »Globalisten«, »Nationalisten«, »Regionalisten« und »Lokalisten«. Jede wird ihre Identität (und ihre wirtschaftlichen Interessen) mit Klauen und Zähnen verteidigen. Jede Gruppe wird, je nach Eigeninteresse, ihre finanziellen und industriellen Anhänger finden, jede aber auch begabte Künstler, Schriftsteller und Intellektuelle anziehen, die ihr die passenden ideologischen Begründungen liefern.

Mehr noch: Entgegen der hergebrachten Meinung werden die Regional- und Lokaleinheiten keineswegs einförmiger, sondern eher noch vielfältiger werden. »Es ist grundfalsch, wenn Sie die USA als einheitliches Gebilde ansehen. Verschiedene Teile unterscheiden sich voneinander wie Tag und Nacht«, sagt James Crupi, Präsident des International Leadership Center mit Hauptsitz in Dallas.

Man braucht ja nicht gleich so weit zu gehen wie Crupi, der meint: »Die USA sind dabei, sich zu einer Nation von Stadtstaaten zu entwickeln.« Aber bei näherem Zusehen deuten die Statistiken für die achtziger Jahre schon auf zunehmende Unterschiede zwischen den beiden Küsten, dem Mittleren Westen und dem Ölflekken, zwischen den großen Stadtzentren und den Vororten hin. Ob man sie nun an Neubauten, Wachstumsraten, Beschäftigungshöhen, Investitionen oder den sozialen Bedingungen mißt: Diese Unterschiede dürften eher noch ausgeprägter als geringer werden unter dem Einfluß einer neuen Wirtschaft, die der Homogenisierung der Schornsteinzeit zuwiderläuft.

Mit immer ausgeprägterem kulturellem, technischem und politischem Eigencharakter der Gemeinden und Regionen fällt es den Regierungen zusehends schwerer, die Volkswirtschaften noch mit den traditionellen Instrumenten wie Zentralbankregelungen, Besteuerung und Finanzkontrollen zu handhaben. Die Hebung oder

Senkung der Zinsen oder Einführung eines neuen Steuersatzes wird in den verschiedenen Teilen desselben Landes radikal anders wirken.

Klaffen diese Disparitäten immer weiter auseinander, dann können sie sehr wohl auch extremistische Bewegungen in Gang setzen, die mehr regionale und lokale Eigenständigkeit bis hin zur Sezession fordern.

Schon jetzt empfinden sich in fast allen Staaten bestimmte Regionen als wirtschaftlich von den Zentralbehörden vernachlässigt. Förmliche Pläne und Zusagen für den Abbau regionaler Unterschiede haben wenig Wirkung gezeitigt, wie Ihnen jeder Glasgower sagen wird (das neuere Anwachsen der Abtrünnigenbewegung in Schottland hat, nach Presseberichten zu schließen, der Queen jedenfalls soviel Kopfschmerzen bereitet, daß sie sich im vertrauten Kreis besorgt zeigte, das Vereinigte Königreich könne auseinanderbrechen).

Neben und zusätzlich zu diesen wirtschaftlichen Ungleichheiten gibt es seit langem schwelende sezessionistische Sprach- oder Volkszellen etwa in Südtirol, der Bretagne, im Elsaß, in Flandern und Katalonien. Ein vereinigtes Westeuropa wird hohe lokale, regionale und nationale Eigenständigkeit belassen – oder aber alle diese Bewegungen mit eiserner Faust zerschlagen müssen.

In Mitteleuropa, solange dort die Habsburger regierten, wurden Feindseligkeiten zwischen den deutschen, italienischen, polnischen, magyarischen, slowakischen und österreichischen Untertanen (nur mit Mühe) von der Zentralgewalt unterdrückt. Als die Habsburgmacht nach dem Ersten Weltkrieg zerbrach, gingen sich diese Gruppen gegenseitig wütend an die Gurgel. Der Zusammenbruch der sowjetischen Macht über Mitteleuropa wird die schon jetzt bittere Feindschaft der Völkerschaften noch verschärfen. Bereits jetzt sehen wir, wie sich der Konflikt mit der ungarischen Minderheit in Rumänien und mit den Türken in Bulgarien zuspitzt.

Weiter nach Süden könnte Jugoslawien im Streit zwischen Serben, Albanern, Kroaten und anderen Nationalitäten zerbrechen. Dabei sind die gigantischen Zentrifugalkräfte noch gar nicht berücksichtigt, die die Sowjetunion selbst splittern lassen könnten.

Die Schornsteinzeit war das große Zeitalter des Nationalstaates, der über kleine Gemeinden, Stadtstaaten, Regionen und Provinzen Zentralgewalt erlangte. Diese Konsolidierung bescherte den nationalen Hauptstädten ungeheure Staatsgewalt. Der Abstieg des Schornsteinzeitalters wird mit der Verlagerung des Machtschwerpunkts bis ins Mark reichende Ressentiments freisetzen, riesige und emotionsgeschwellte Wellen auslösen. Er wird eine Unzahl extremistischer und terroristischer Gruppen auf den Plan rufen, denen die Demokratie nur als störendes Hindernis erscheint, das es beiseite zu räumen gilt, wenn es ihren fanatischen Leidenschaften im Wege steht.

Erdweite Politik

In der Massendemokratie stand auf dem Etikett von Völkern, Parteien und Zielsetzungen in aller Regel »Links« oder »Rechts«. Die Fragestellungen waren meist »innen-« oder »außen-«politisch. Sie paßten in einen sauberen Rahmen.

Im neuen Wertschöpfungssystem sind diese Etikettierungen (und die damit verbundenen Koalitionen) weitgehend überholt. Umweltkatastrophen sind weder »links« noch »rechts«, und oft sind sie innen- *wie* außenpolitisch.

Viele der schlimmsten Umweltprobleme - von der Luftverschmutzung bis zum Giftmüll - sind Nebenprodukte der alten, industriellen Wertschöpfungsmethoden. Das neue System hingegen, das materielle Ressourcen durch Wissen ersetzt, die Produktion eher verstreut als konzentriert, Energie immer wirksamer nutzt und schon den Weg weist zu dramatischen Fortschritten beim Recycling, läßt auf eine Kombination von sauberer Umwelt und wirtschaftlichem Fortschritt hoffen.

Allerdings ist es unwahrscheinlich, daß die nächsten zwei Jahrzehnte ohne Tschernobyls, Bhopals und Alaska-Ölkatastrophen – jenen Erbsünden der Schornsteinzeit - vorbeigehen werden. Diese werden wieder erbitterten Streit um neue Technologien und ihre möglichen Konsequenzen auslösen. In jedem Lande (und wahrlich, dem ganzen Lande) werden bestimmte gesellschaftliche

Gruppen voneinander »ökologischen Schadenersatz« einfordern und sich um die Zuteilung von Reinigungskosten zanken. Andere werden »ökologische Erpressungsgelder« oder »Lösegelder« verlangen als Gegenleistung dazu, daß sie sich gewisser Handlungen enthalten, die radioaktive Niederschläge, sauren Regen, Klimaveränderungen, Giftmüll und andere gefährliche Produkte über die Grenzen der Nachbarn jagen.

Werden die fortgeschrittenen Volkswirtschaften letztendlich den Brasiliens und Indiens der Welt »ökologische Wohlfahrtszahlungen« leisten, damit sie die Regenwälder, Dschungel und anderen Umweltschätze nicht beseitigen? Wie steht es mit Naturkatastrophen in einer neu-vernetzten Weltwirtschaft? Ein Erdbeben in Tokio kann jetzt Wall Street ins Chaos stürzen. Soll Wall Street zum Tokioter Erdbeben-Programm beitragen? Sind das nun »linke« oder »rechte« Fragen? Innenpolitische oder internationale?

Der Versuch, dieser Probleme politisch Herr zu werden, wird nicht nur die alten Allianzen zerschlagen, sondern noch mehr Eiferer ausbrüten: Weltverbesserer, denen die Umweltbedürfnisse (die sie natürlich selbst bestimmen) allen Nettigkeiten der Demokratie vorgehen.

Eine ethnische Explosion

Mit der Entfaltung der Supersymbolwirtschaft gehen Bevölkerungsverschiebungen und wahre Völkerwanderungen einher. Die schon immer heftig umstrittene Einwanderungspolitik wird vor einem Hintergrund ausgefochten werden, den atavistischer Nationalismus und Ethnizismus prägen wird, und das nicht nur irgendwo fern in Armenien und Aserbeidschan, Albanien oder Serbien, sondern in New York und Nagoya, Liverpool und Lyon.

In den industriellen Massengesellschaften kleidete sich der Rassismus in aller Regel in die Form einer Mehrheit, die eine Minderheit verfolgte. Diese Form sozialer Pathologie bedroht weiterhin die Demokratie. »Weiße Straßenjohler, nazibewundernde Skinheads«, schreibt Morris Dees vom Southern Poverty Law Center, »sind auf dem besten Wege, sich zu heimischen Terroristen zu mausern.«

Das neue Wertschöpfungssystem bringt jedoch wirtschaftliche Entmassung und viel größere soziale Diversität mit sich. So werden die Regierungen der Zukunft neben dem traditionellen Konflikt zwischen Mehrheit und Minderheiten auch mit offenem Krieg *zwischen* rivalisierenden Minderheitengruppen fertig werden müssen, wie es beispielsweise schon in Miami zu Zusammenstößen zwischen kubanischen und haitischen Einwanderern und andernorts in den USA zwischen Schwarzen und Hispaniern gekommen ist. In Los Angeles kämpfen Mexiko-Amerikaner um Arbeitsplätze in der Hand von Kuba-Amerikanern. Im Reichenstadtteil Great Neck auf Long Island bei New York City steigt die Spannung zwischen in Amerika geborenen und aus dem Iran eingewanderten Juden, die sich weigern, ihre gewohnte Lebensweise aufzugeben. Schwarze Kampfgruppen verkaufen antisemitische Schallplatten. Koreanische Ladenbesitzer stoßen im Stadtinnern mit Schwarzen zusammen.

Unter der Wucht des neuen Produktionssystems erhebt sich von allen Seiten Widerstand gegen den »Schmelztiegel«. Rassische, ethnische und politische Gruppen bestehen stolz darauf, anders sein und bleiben zu dürfen. Assimilierung hieß das Ideal der Industriegesellschaft, im Einklang mit deren Bedürfnis einer homogenen Arbeiterschaft. Das neue Ideal heißt Diversität, im Einklang mit der Heterogenität des neuen Wertschöpfungssystems.

In einer Atmosphäre der Feindseligkeit werden die Regierungen vielleicht gewissen Gruppen nachgeben müssen, die auf die Erhaltung ihrer kulturellen Identität pochen - von den Türken in Deutschland oder Koreanern, Filipinos und Südseeinsulanern in Japan bis zu den Nordafrikanern in Frankreich. Gleichzeitig werden die Regierungen auch zwischen ihnen vermitteln müssen.

Das wird immer schwerer fallen, weil das Ideal der Homogenität (etwa in Japan) oder des »Schmelztiegels« (in den USA) immer mehr dem Ideal der »Salatschüssel« Platz macht, in der verschiedene Zutaten ihre Identität beibehalten und dennoch zum Gesamtgeschmack beitragen.

Los Angeles mit seiner Koreatown, seinen vietnamesischen Vorstädten, seiner umfangreichen Chicano-Bevölkerung, seinen rund 75 ethnisch orientierten Veröffentlichungen, von seinen Juden, Schwarzen, Japanern und Chinesen und seiner großen iranischen Bevölkerung ganz zu schweigen, liefert uns ein Beispiel der neuen Diversität. Aber das Salatschüssel-Ideal bedeutet, daß die Regierungen neue rechtliche und soziale Instrumente brauchen, die ihnen heute noch fehlen, wenn sie in immer komplexeren, möglicherweise gewalttätigen Streitigkeiten schiedsrichtern sollen. Wieder erhebt sich die Gefahr eines demokratiefeindlichen Extremismus und der potentiellen Gewalt.

Mosaik-Demokratie

Die Massendemokratie setzt Massen voraus. Sie beruht auf Massenbewegungen, Massenparteien und Massenmedien. Doch was geschieht, wenn sich die Massengesellschaft zu entmassen beginnt, wenn Bewegungen, Parteien und Medien splittern? In welchem Sinne können wir auf unserem Weg zu einer auf nichtaustauschbaren Arbeitskräften beruhenden Wirtschaft überhaupt noch von »Massen« sprechen?

Wenn die Technik die Personalisierung von Erzeugnissen zuläßt, die Märkte sich in Nischen aufgliedern, die Medien sich vervielfachen und immer kleineren Zuhörerscharen dienen, wenn selbst die Familienstruktur und die Kultur immer heterogener werden – wie sollte da die Politik weiterhin von der Existenz homogener Massen ausgehen?

All diese Veränderungen – der ansteigende Lokalpatriotismus, der Widerstand gegen die Globalisierung, der ökologische Aktivismus, das verstärkte ethnische und rassische Bewußtsein – sind der Niederschlag der steigenden gesellschaftlichen Vielfalt der fortgeschrittenen Wirtschaften. Sie verkünden das Ende der Massengesellschaft.

Doch mit der Entmassung vervielfachen sich auch die Bedürfnisse der Menschen und mithin ihre politischen Forderungen. Wie die Marktforscher in der Wirtschaft mehr und mehr unterschiedliche Segmente und »Mikro-Märkte« für Produkte entdekken, in denen sich die zunehmende Variabilität der Lebenszuschnitte spiegelt, so werden die Politiker aus ihren Wahlkreisen mit immer unterschiedlicheren Forderungen bombardiert.

Mögen noch Massenbewegungen den Platz des himmlischen Friedens in Beijing oder den Wenzelsplatz in Prag füllen: In den High-Tech-Staaten sind sie zwar immer noch ein Faktor, aber sie zersplittern mehr und mehr. Der Massenkonsens ist (außer in ein paar wenigen, weit oben rangierenden Fragen) immer schwerer anzutreffen.

Erstes Ergebnis des Aufbruchs der Massengesellschaft ist folglich ein gewaltiger Sprung nach oben auf der Komplexitätsskala der Politik. Eine Wahl zu gewinnen, war für die großen Führergestalten des Industriezeitalters relativ einfach. 1932 konnte Franklin D. Roosevelt ein halbes Dutzend Gruppen - die Arbeiter in der Stadt, die armen Bauern, die im Ausland Geborenen, die Intellektuellen - hinter sich scharen. Damit hatte die Demokratische Partei für ein Dritteljahrhundert in Washington das Heft in der Hand.

Heute muß ein amerikanischer Präsidentschaftskandidat eine Koalition nicht aus vier oder sechs großen Blöcken, sondern aus Hunderten Gruppierungen schmieden, deren jede ihre eigene Tagesordnung hat, sich unablässig wandelt, oft nur ein paar Monate oder Wochen existiert (das, und nicht nur die Fernsehwerbung, erklärt den Kostenanstieg der amerikanischen Wahlen).

Was hier entsteht, ist nicht mehr eine Massendemokratie, sondern eine hochbeladene, schnell zickzackende »Mosaik-Demokratie«, die dem Entstehen des Mosaiks in der Wirtschaft entspricht und nach ganz eigenen Regeln funktioniert. Damit sind wir gezwungen, selbst die grundlegendsten Demokratie-Hypothesen neu zu bestimmen.

Massendemokratien sind im wesentlichen für den Massen-Input empfänglich: Massenbewegungen, Massenparteien, Massenmedien. Sie wissen noch nicht mit einem Mosaik umzugehen. Damit sind sie doppelt verwundbar für »Angelpunkt-Minderheiten«, wie wir sie einmal nennen wollen.

Wissenschaftler, die Turbulenzen, Instabilität und Chaos in Natur und Gesellschaft erforschen, wissen, daß sich dasselbe System – ganz gleich, ob ein chemisches oder ein Land – unterschiedlich verhält, je nachdem, ob es sich im Gleichgewichtszustand befindet oder nicht. Treibt man irgendein System, ein Verdauungssystem, ein Computersystem, ein städtisches Verkehrssystem oder ein politisches System über einen bestimmten Punkt hinaus, so verletzt es seine traditionellen Regeln und verhält sich bizarr.

Wird das Umfeld zu turbulent, dann werden die Systeme unlinear und bieten sich winzigen Grüppchen gewaltige Chancen. Tatsächlich bewegen wir uns schnell auf eine neue Phase der Politik zu, die sich zur »Chancenzeit« für die Angelpunkt-Minderheiten auswachsen könnte.

Mit der Entmassung der Politik zersplittern unter den Augen der Politiker ihre einstmals wenigen, einigermaßen berechenbaren Wählerschaften in zahllose kleine, temporäre, einthematische Grüppchen, die unablässig und in schneller Folge Allianzen bilden, auflösen, neu bilden.

Jede dieser Allianzen, wenn sie sich nur zur rechten Zeit an einer strategischen Kreuzung befindet, kann gewaltige Durchschlagskraft entfalten. 1919 stand ein Eisenbahnmechaniker namens Anton Drexler an der Spitze einer winzigen politischen Gruppe in München, die so klein war, daß sie nicht mehr darstellte als ein Randgrüppchen am Rande der Randgruppen. Zu ihrer ersten öffentlichen Veranstaltung kamen bare 111 Zuhörer. Der Redner des Abends sprach eine halbe Stunde. Sein Name war Adolf Hitler.

Der Erklärungen für Hitlers Aufstieg gibt es viele. Eine indessen findet sich in der neuen Wissenschaft von den nichtausgeglichenen Systemen. Diese lehrt uns, daß in Augenblicken extremer Labilität etwa der Art, wie sie im damaligen Deutschland herrschte, dreierlei passiert. Der schiere Zufall spielt eine übergroße Rolle. Der Druck von außen hat mehr Gewicht. Und in der positiven Rückkoppelung wächst sich der Schneeball zur Lawine aus.

Ein Beispiel der Schneeballwirkung in unseren Tagen liefern

die Medien. Mit der Kamera in der Hand kann ein Reporter selbst die winzigste Gruppe politischer Spinner oder Terroristen dem Bewußtsein der ganzen Wellt aufprägen, ihr unendlich mehr Bedeutung geben, als sie selbst je aufbringen könnte. Geschieht das, dann wird die Gruppe zur »Nachricht« und kümmern sich auch andere Medien um sie, was wiederum noch mehr Nachrichten verursacht. Eine »positive Rückkoppelungsschleife« ist in Gang gesetzt.

Auch auf andere Weise kann ein Schneeballeffekt entstehen. In einer global verbundenen Wirtschaft kann ein ausländisches politisches oder kommerzielles Interesse Geld und Ressourcen in eine winzige Gruppe pumpen, die plötzlich explosionsartig anschwillt und damit weitere Ressourcen anzieht.

Zufall, äußere Hilfe und der Schneeballeffekt können uns verstehen helfen, warum in der ganzen Geschichte der Massendemokratie in Zeiten des Aufruhrs extremistische Kultbewegungen, revolutionäre Kabalen, Juntas und Verschwörungen aufblühten und eine vordem bedeutungslose Gruppe plötzlich zum »Angelpunkt« wurde. Der Unterschied in der Mosaik-Demokratie liegt darin, daß in der Vergangenheit eine Mehrheit manchmal noch gefährliche Extremisten im Zaum halten oder überwältigen konnte. Doch wie, wenn es keine vernünftige Mehrheit gibt?

Natürlich gibt es auch gute Angelpunkt-Minderheiten. Doch oft genug sind sie Gift für die Demokratie. Sie sind verschiedenster Art. Die P-2-Freimaurerloge in Italien versuchte, die Macht im Lande an sich zu reißen. Die jüdische Verteidigungsliga trachtet mit Unterstützung amerikanischer Bürger nach der Macht in Israel. Teilweise schwer bewaffnete, nazieske Gruppen speien ihren Juden- und Rassenhaß und träumen davon, Washington zu erobern. Einige ihrer Mitglieder haben sich mit dem FBI Revolverschlachten geliefert. Eine afro-amerikanische Gruppe in den USA, an der Spitze ein Hitlerbewunderer, sah ihre Reihen anschwellen mit Hilfe einer zinslosen 5-Millionen-Dollar-Anleihe von Libyens Gaddafi. Zu diesem Hexenbrei füge man noch die größenwahnsinnige LaRouchite-Bewegung hinzu, deren »Nachrichtentätigkeit«, Zweigstellen und Frontgruppen von den USA bis in die Bundesrepublik und nach Mexiko reichen.

Nach Dr. William Tafoya, dem hervorragenden Zukunftsforscher des FBI, werden mit zunehmender sozialer Unruhe im nächsten Jahrzehnt in den USA Haßgruppen nur so aus dem Boden schießen. Sie werden die amerikanischen Polizeistellen zu infiltrieren suchen, um Terrorakte leichter verüben zu können. »Wäre ich ein Rassist, welch besseren Platz gäbe es da für mein geheimes Vorhaben als das Versteck hinter einem Abzeichen?« fragt Tafoya.

Als Brutstätten der sozialen Unruhe nennt Tafoya Arbeitslosigkeit, Obdachlosigkeit und Analphabetentum, und er hat einen Katalog der zunehmenden Häufigkeit rassistischer Verbrechen, Aufstände und Schlägereien aufgestellt und mahnend darauf hingewiesen, der Rahmen für soziale Gerechtigkeit sei mittlerweile nichts als ein »Haufen trockenen Strohs«, der nur auf den Funken warte.

Die sozialen Bedingungen im Lande selbst sind aber nicht alles. Auswanderergruppen wie die Türken in Schweden oder die Sikhs in Kanada tragen ihre politischen Leidenschaften und ihr Unrechtsempfinden vom »alten« Land ins neue. In der Vergangenheit waren Auswanderer weitgehend von ihrer Heimat abgeschnitten. Heute behält dank augenblicklicher Kommunikation und Düsenflugzeug die alte Kultur ihren Würgegriff bei und erhält ihre politischen Bewegungen auch im Ausland am Leben. Auch diese Gruppen wollen Macht ergreifen, zwar nicht im Gastland, aber zu Hause, und verursachen komplexe, angespannte internationale Beziehungen.

Sind sie in Normalzeiten unbedeutend, so erreichen solche Gruppen immer dann eine »Startphase«, wenn der kulturelle und soziale Boden reif und die großen politischen Parteien gelähmt oder so gleichauf sind, daß ein winziger Koalitionspartner das Zünglein an der Waage spielen kann.

Eine gesunde Demokratie sollte die weitestgespannte Vielfalt ertragen, und die Existenz solcher Grüppchen ist alles andere als ungewöhnlich oder besonders furchterregend – solange sich das politische System im Gleichgewicht befindet. Doch tut es das?

Schon leben wir in einer Welt kaum gezähmter Fanatismen. Gruppen versuchen, ihr totalitäres Dogma nicht mehr nur einem

Staat, sondern der ganzen Welt aufzuzwingen. Ayatollahs stacheln zum Mord auf, verlangen die Tötung des Schriftstellers Salman Rushdie, dessen Worte sie beleidigten. Abtreibungsgegner sprengen Kliniken. Separatistenbewegungen verteidigen ihre nationale Identität mit Autobomben und hinterlassen eine Spur aus Blut und Leid. Und religio-politischen Terroristen macht es überhaupt nichts aus, wenn sie eine Handgranate in ein Café werfen oder eine 747 abschießen, als wären mit dem Tod einer Sekretärin auf Urlaub oder eines Vertreters mit der Tasche voller Prospekte bei Allah Punkte zu sammeln.

Aufgrund eines altmodischen Fortschrittsbegriffs glauben viele im Westen, die fanatischen, irrationalen, haßsäenden Ideologien würden sich fortstehlen, wenn die Gesellschaft »zivilisierter« werde. Es gebe keinen verträumteren Fehlschluß als diesen, meint Professor Yehezkel Dror von der Hebräischen Universität in Jerusalem. Dieser international anerkannte Analytiker und Futurologe behauptet, »konfessionelle Auseinandersetzungen, ›heilige Kriege‹, Kreuzzügler und martyriumsuchende Krieger« gehörten ganz und gar nicht der Vergangenheit an. Sie lassen für die Zukunft Schlimmes ahnen.

In seiner Untersuchung der »hochgradig aggressiven Ideologien« beschäftigt er sich mit der internationalen Bedrohung, die sie darstellen. Doch den Demokratien droht das auch von innen, denn mit dem Aufgehen von Kultur und Wirtschaft in der neuen Wirtschaft und dem Entstehen neuer, emotionsgeladener Probleme eskalieren die von Angelpunkt-Minderheiten und globalen Fanatismen ausgehenden Gefahren Hand in Hand.

Das Entstehen einer neuartigen, bislang unbekannten Wirtschaft, die vielen bedrohlich erscheint, rapide Veränderungen in Arbeit, Lebensstil und Gewohnheiten fordert, läßt riesige zukunftsgeschreckte Populationen mit zuckender Tollkühnheit reagieren. Sie reißt Klüfte auf, die Fanatiker eilends zu schließen trachten. Sie gibt all den gefährlichen Minderheiten Waffen in die Hand, die nur der Krise leben und hoffen, sich dann auf die nationale oder globale Bühne werfen und uns alle in ein neues finsteres Zeitalter führen zu können.

Anstelle des vielbesungenen »Endes der Ideologien« kann es

sehr wohl geschehen, daß eine Unzahl neuer Ideologien aus dem Boden schießen, deren jede ihre Anhänger mit einer Scheuklappen-Realitätssicht ausstattet. Anstelle der berühmten »tausend Punkte des Lichts« unseres Präsidenten Bush könnten wir uns auch »tausend Feuern des Zorns« gegenübersehen.

Während wir eifrig das vorgebliche Ende der Ideologien, der Geschichte und des Kalten Krieges feiern, stehen wir womöglich vor dem Ende der Demokratie, wie wir sie kannten – der Massendemokratie. Die fortgeschrittene Wirtschaft mit ihren Computern, ihrer Information, ihrem Wissen und ihrer tiefreichenden Kommunikation stellt alle traditionellen Wehren der Demokratie in Frage, fordert uns auf, sie nach den Kategorien des 21. Jahrhunderts umzuschreiben.

Dazu brauchen wir eine klarere Vorstellung, wie das System funktioniert und wie sich zu verändern es schon begonnen hat.

XXI
Die unsichtbare Partei

Kurz nachdem Ronald Reagan zum Präsidenten gewählt worden war, lud Lee Atwater, einer seiner wichtigsten Mitarbeiter (später dann nacheinander George Bushs Wahlkampfmanager und Vorsitzender des Nationalausschusses der Republikaner) ein paar Freunde zum Mittagessen ins Weiße Haus ein. Sein Freimut an diesem Tisch war bemerkenswert.

»In den nächsten Monaten wird viel von der Reagan-Revolution gesprochen werden«, sagte er. »Die Schlagzeilen werden voll sein von den ungeheuren Veränderungen, die Reagan vornehmen will. Glauben Sie das doch nicht.

Natürlich will Reagan 'ne Menge verändern. Aber er wird's einfach nicht können. Jimmy Carter drehte das ›System‹ um 5° in die eine Richtung. Wenn wir uns hier sehr anstrengen und sehr viel Glück haben, kann es Reagan vielleicht um 5° in die andere verschieben. So steht es in Wirklichkeit um die Reagan-Revolution.«

Obwohl sich also die Medien auf die einzelnen Politiker konzentrieren, geht doch aus Atwaters Feststellungen hervor, wie sehr sogar der populärste Mann ganz oben Gefangener des »Systems« ist. Dieses System ist natürlich nicht der Kapitalismus oder der Sozialismus, sondern ganz einfach die Bürokratie. Denn Bürokratie ist in allen Schornsteinstaaten die vorherrschende Form der Macht.

Den Regierungsalltag bestimmen nicht die demokratisch gewählten Vertreter, sondern im wesentlichen die Bürokraten, sie treffen die überwältigende Mehrheit der Entscheidungen, die man in der Öffentlichkeit den Präsidenten und Ministerpräsidenten zuschreibt.

»Alle japanischen Politiker«, schreibt Yoshi Tsurumi, Leiter der Pacific Basin Center Foundation, »sind für die Ausarbeitung und Durchsetzung von Gesetzesvorlagen absolut auf die Bürokraten angewiesen. Ihre ›Debatten‹ über Gesetzentwürfe sind Kabuki-Aufführungen nach Textbüchern, die die Bürokratenelite jedes Ministeriums geschrieben hat.«

Ähnliches gilt mit gewissen Schwankungen für die Beamtenschaft Frankreichs, Englands, Deutschlands und anderer gemeinhin als demokratisch gerühmter Staaten. In schöner Regelmäßigkeit schimpfen die Politiker, wie schwer sie es mit ihrer Bürokratie hätten, die einfach nicht tue, wie sie wollten. Im Grunde ist es völlig gleichgültig, wie viele Parteien in einer Wahl gegeneinander auftreten und wer die meisten Stimmen bekommt: Eine Partei gewinnt immer: die unsichtbare Partei der Bürokratie.

Das Ministerium des 21. Jahrhunderts

Die revolutionär neue Wirtschaft wird nicht nur das Geschäftsleben umkrempeln, sondern auch Regierung und Verwaltung, und zwar durch Veränderung des Grundverhältnisses zwischen Politikern und Bürokraten und durch drastische Umstrukturierung der Bürokratie als solcher.

Die Machtverschiebung *zwischen* den diversen Bürokratien hat schon eingesetzt.

Ein typisches Beispiel dafür ist die Gewichtszunahme des japanischen Ministeriums für das Post- und Fernmeldewesen (MPT). Seit 1949 nimmt es drei Grundfunktionen wahr: den Postdienst und, wie auch viele europäische Postverwaltungen, die Führung von Versicherungs- und Sparkonten (ursprünglich sollten damit vor allem die Menschen in ferner gelegenen Landstrichen bedient werden, um die sich die Banken und Versicherungen kaum kümmerten). Im machtbewußten Tokio zählte das Teishin-sho, wie das Postministerium damals hieß, zu den unwichtigeren Ministerien.

Das heutige MPT hingegen ist ein Riese und wird oft als »Ministerium des 21. Jahrhunderts« gehandelt. Diesen neuen Status erlangte es 1985, als ihm – vermutlich nach einer wahren Diadochenschlacht, einem »nawabari-arasoi« – die Zuständigkeit für die Entwicklung der gesamten japanischen Fernmeldeindustrie, von

Rundfunk und Fernsehen bis zur Datenübertragung, zugeschlagen wurde.

Damit vereinigt es in sich Finanzaufgaben (die immer mehr auf ein fortgeschrittenes Fernmeldewesen angewiesen sind) und die Fernmeldefunktionen selbst. Eine strategischere Kreuzung kann man sich gar nicht denken.

Das *Journal of Japanese Trade and Industry* schreibt dazu: »Eine hochmoderne, informationsorientierte Gesellschaft, in der dank eines guten Fernmeldewesens die Information glatt zirkuliert, ist kein geschlossenes Ganzes. Wo Information fließt, fließen auch Menschen, Waren und Geld. Wird wie bei der Reklame über ein Produkt Information verbreitet, dann gehen die Leute hin und kaufen es. Der Informationsfluß wird begleitet von einem ›physischen‹ und einem ›Geld-Fluß‹. Von allen Ministerien hat allein das MPT ein Interesse an allen drei Phänomenen.«

Andere Regierungen unterteilen die Funktionen ihrer Ministerien natürlich anders, aber man braucht kein Sterndeuter zu sein, um zu wissen, daß sich die Macht den Einrichtungen zuwenden wird, die in der Supersymbolwirtschaft über die Information das Sagen haben und die Zuständigkeit für expandierende Funktionen erlangen werden.

Erziehung und Bildung werden für die wirtschaftliche Leistungsfähigkeit immer wichtiger, Forschung und Entwicklung nehmen an Bedeutung zu, Umweltprobleme erhalten ständig mehr Gewicht - also werden für diese Bereiche zuständige Regierungsämter schlagkräftiger werden als andere, denen die unwesentlicheren Funktionen zufallen.

Doch diese inter-bürokratischen Machtverschiebungen sind nur der kleinere Teil der Geschichte.

Das globale Zauberwort

Nachdem die Regierungen ein halbes Jahrhundert lang mehr und mehr Aufgaben übernahmen, setzt jetzt mit dem Aufkommen der Supersymbolwirtschaft eine wahrhaft bemerkenswerte Entwicklung ein.

In den fortgeschrittenen Volkswirtschaften haben Staatsmänner so unterschiedlicher Couleur wie der Republikaner Ronald Reagan und der Sozialist François Mitterrand damit angefangen, ganz systematisch bisherige Regierungsaufgaben abzustoßen. Ähnliches unternahmen Carlos Salinas de Gortari in Mexiko, Saddam Hussein im Irak, Dutzende anderer in der Welt, vor allem aber die Reformer in ganz Osteuropa, die nun plötzlich die Entstaatlichung regierungseigener Unternehmen und die Vergabe gewisser Funktionen nach außen forderten. »Privatisierung« war plötzlich das Zauberwort in aller Munde.

Weithin hält man das für einen Triumph des Kapitalismus über den Sozialismus. Aber dieser Privatisierungsdrang läßt sich nicht einfach als »kapitalistische« oder »reaktionäre« Politik abtun. Der Widerstand gegen die Privatisierung und derlei Dinge ist nicht etwa »fortschrittlich«. In ihm wehrt sich, ob man das nun eingesteht oder nicht, die nichtgewählte Unsichtbare Partei, die massive Macht über das Leben der Bürger ausübt, und zwar völlig gleichgültig, ob die betreffende Regierung nun »liberal« oder »konservativ« ist, »rechts« oder »links« steht, »kommunistisch« oder »kapitalistisch« heißt.

Nur wenige haben die heimliche Parallele zwischen dem Privatisierungsschub im öffentlichen Sektor und der heutigen Umstrukturierung des Geschäftslebens im privaten Sektor erkannt.

Oben sahen wir bereits, wie sich Großunternehmen in kleine Profitzentren unterteilen, ihre Pyramiden verflachen und formfreie Informationssysteme einsetzen, die die bürokratischen Sofaecken und Kanäle durchbrechen.

Kaum jemand scheint berücksichtigt zu haben, welch hoffnungsloser und allseits schädlicher organisatorischer Kuddelmuddel entstünde, wenn wir die Struktur der Wirtschaft ändern, Regierung und Verwaltung aber unangetastet ließen. Die fortgeschrittene Wirtschaft verlangt ein unablässiges Wechselspiel zwischen den beiden. So müssen Regierung und Wirtschaft wie Langverheiratete schließlich ein paar Wesenszüge voneinander übernehmen. Wird die eine umstrukturiert, sind auch in der anderen entsprechende Veränderungen zu erwarten.

Die Kämpfer entledigen sich der Kleider

Als Allen Murray 1986 die Leitung von Mobil Corporation übernahm, war sie Amerikas drittgrößtes Unternehmen. Wie andere Ölkonzerne hatte Mobil in den frühen achtziger Jahren kräftig zu diversifizieren begonnen. Es hatte den Einzelhandelsgiganten Montgomery Ward und die Versandfirma Container Corporation gekauft.

Kaum saß Murray auf seinem Sessel, schwang er die Axt. Binnen nicht einmal zweier Jahre hatte er Aktien im Wert von 4,6 Milliarden Dollar verkauft, einschließlich Montgomery Ward und Container Corporation. »Wir haben uns bei Mobil wieder aufs Eigentliche besonnen«, erklärte Murray. »Wir sind jetzt in dem Geschäft tätig, von dem wir etwas verstehen.« Ölfachleute waren, wie sich herausstellte, nicht gerade Verkaufskanonen für Frauenkleider oder Pappkartons.

Dasselbe Infragestellen von Funktionen greift nun auch in der Regierung Platz. Was man im Geschäftsleben »Divestitur« nennt, bezeichnen Politiker in aller Welt heute als »Privatisierung«.

So beschloß die japanische Regierung, sie brauche sich nicht notwendigerweise um die Eisenbahnen zu kümmern. Als sie ihre Absicht bekanntgab, die japanischen Staatsbahnen zu verkaufen, streikten die Arbeitnehmer. In einer koordinierten Sabotagekampage, die man weitgehend der radikalen Gruppe Chukaku-ha zuschrieb, wurden in sieben Regionen an 24 Stellen Signaleinrichtungen beschädigt und der Verkehr im Großraum Tokio lahmgelegt. In einem Bahnhof brach Feuer aus. Die Eisenbahnergewerkschaft schrie Sabotage. Etwa 10 Millionen Pendler saßen fest. Trotzdem wurde der Plan verwirklicht und befinden sich die Bahnstränge jetzt in privater Hand.

Desgleichen beschloß die japanische Regierung, sie brauche nicht im Telefongeschäft tätig zu sein. Japans größter Arbeitgeber Nippon Telephone and Telegraph (rund 290 000 Arbeitsplätze) wurde verkauft. Kaum war NTT von der öffentlichen in die private Hand gelangt, stieg es rapide zu einem der vorübergehend höchstbewerteten Konzerne der Welt auf.

Ähnliche Schlagzeilen gibt es auch außerhalb Japans: Argentinien privatisiert 30 Betriebe, die Bundesrepublik verkauft Volkswagen, Frankreich stößt das Verteidigungsunternehmen Matra und weitere Riesen in Staatseigentum ab, darunter St-Gobain, Paribas, die Compagnie générale d'Electricité, ja sogar die Werbefirma Havas.

England verkauft Aktien von British Aerospace und British Telecom; Heathrow, Gatwick und andere Flughäfen werden von der einst regierungseigenen, jetzt privatisierten BAA betrieben, und auch die früheren Busdienste der öffentlichen Hand sind jetzt privat. Kanada verkauft den in öffentlicher Hand befindlichen Anteil an Air Canada.

Insgesamt gesehen sind die bisherigen Privatisierungen nur ein Flohstich in einen Dinosaurierhintern, und auch die eben privatisierten Firmen ließen sich im Falle eines plötzlichen Sinneswandels der politischen Fortuna oder eines weltweiten Wirtschaftszusammenbruchs wieder verstaatlichen.

Dennoch hat ein tiefes Umdenken eingesetzt, ist ein erster, nervöser Schritt auf dem Wege der Entschlackung und Umstrukturierung der Regierungen in einer Art und Weise getan worden, die entsprechenden organisatorischen Veränderungen in der Privatwirtschaft nicht unähnlich ist.

Das heißt noch lange nicht, die Privatisierung sei das Allheilmittel, als das sie von Margaret Thatcher und den Puristen des freien Marktes gepriesen wird. Oft hat sie auch viele Nachteile. Aber zu einer Zeit, da sich alle Regierungen einem kaleidoskopischen, verwirrenden Umfeld gegenübersehen, trägt die Privatisierung dazu bei, daß sich die politische Führung auf strategische Prioritäten konzentrieren kann, anstatt Steuergelder auf den Hokuspokus abträglicher Nebenbeschäftigungen zu verschleudern.

Wichtiger noch: Die Reaktionszeit verkürzt sich in beiden Bereichen, dem abgestoßenen wie dem beibehaltenen. Die Regierungen können mit dem rasanten Lebens- und Geschäftsrhythmus der Symbolwirtschaft wieder Tritt fassen.

Aber nicht allein durch Privatisierung versuchen die Regierungen bewußt oder unbewußt mit der neuen Wirklichkeit fertig zu werden.

Oben sahen wir, daß von den Autoherstellern bis zu den Luftfahrtgesellschaften viele Konzerne krampfhaft den Grad der »vertikalen Integration« einzudämmen suchen, bei der man alles selber macht, anstatt es an Zulieferer abzugeben.

Eindeutig überprüfen viele Regierungen ihre »Selbermachen-oder-kaufen«-Entscheidungen und stellen sich die Frage, ob sie denn tatsächlich Labors und Waschsalons und Tausende anderer Aufgaben selber betreiben oder lieber an andere abgeben sollten. Allmählich dämmert ihnen, daß sie Dienstleistungen sicherzustellen, nicht aber zwangsläufig auch selber bereitzustellen haben.

Ob sich die konkrete Funktion zur Ausübung durch Private besonders eignet oder nicht: Der Drang dorthin ist ein Spiegelbild der Neubewertung der vertikalen Integration in der Wirtschaft.

Desgleichen fangen die Regierungen - genau wie die Wirtschaft - an, ihre Hierarchien zu umgehen, und damit die Macht der Bürokratie. »Es gibt heute in Washington weniger Hierarchien als zu Roosevelts Zeiten«, sagt der Politologe Samuel Popkin von der California-Universität in San Diego. Es gibt »weniger Chefs, mit denen der Präsident eine Absprache treffen und von denen er erwarten kann, daß sie sie dann in ihrer Dienststelle oder ihrem Ausschuß durchsetzen«.

Die Macht hat sich von den alten Hierarchen wegverlagert, und daraus entstand ein viel verschwommeneres, verwirrenderes System mit ständig wechselnden Machtzentren.

Auch die neuen Kommunikationstechnologien höhlen die Hierarchien aus, weil man letztere völlig links liegen lassen kann. »Tritt irgendwo in der Welt eine Krise ein«, stellt Popkins Kollege Samuel Kernell fest, »kann das Weiße Haus sofort mit den Leuten vor Ort in Verbindung treten. Diese Sofortverbindung von Personen und Kommandeuren vor Ort mit dem Präsidenten durchbricht die traditionellen Informationskanäle und Befehlsstränge.« Kernell fügt hinzu: »Spezialisten, die noch nicht die allerneuesten Informationen besitzen, können dem Präsidenten nicht helfen.«

Doch trotz dieser Veränderungen stauen sich mit wachsender

Komplexität, schnellerem Wandel und ewig nachhinkender Bürokratie immer mehr Probleme auf, die die Bürokratien einfach nicht in den Griff bekommen können.

Geheimmannschaften und Klempner

Unter normalen Umständen besteht ein Großteil der Arbeit etwa eines amerikanischen Präsidenten oder japanischen Ministerpräsidenten darin, zwischen verschiedenen (ihnen von der jeweiligen Bürokratie vorgelegten) Möglichkeiten zu wählen, und zwar in Fragen, die sie nur oberflächlich verstehen, und auch dann nur, wenn sich die verschiedenen Teile ihrer Bürokratie nicht einigen konnten.

Natürlich gibt es Entscheidungen, die nur die Spitze treffen kann: Schnellbeschlüsse, die nicht warten können, bis die Mühlen der Bürokratie zu Ende gemahlen haben; Scheideweg-Entscheidungen; Entscheidung über Krieg und Frieden; Entscheidungen, die höchste Geheimhaltung verlangen. Diese sind nicht programmierbar, der Chef muß sie gewissermaßen aus hohlem Bauch treffen. Aber in »Normalzeiten« sind sie relativ selten.

Treten wir jedoch in eine Revolutionszeit ein und prallt ein neues Wertschöpfungssystem mit den Machtstrukturen eines alten zusammen, dann ist nichts mehr »normal«. Jeden Tag machen neue, unvorhersehbare Krisen oder Durchbrüche Schlagzeilen. Die inneren und die internationalen Angelegenheiten sind destabilisiert. Die Ereignisse beschleunigen sich so sehr, daß man kaum noch die Übersicht behalten kann.

Unter derartigen Bedingungen bricht selbst die beste Bürokratie zusammen und brüten ernste Probleme ausgewachsene Krisen aus. So ist das »Obdachlosenproblem« in den USA beispielsweise nicht bloß ein Problem unzureichenden Wohnungsbaus, sondern die Folge einer Mehrzahl verzahnter Probleme: Alkoholismus, Drogenmißbrauch, Arbeitslosigkeit, Geisteskrankheiten, hohe Grundstückspreise. Jedes fällt in die Zuständigkeit einer anderen Bürokratie, keine kann allein mit dem Problem fertig werden, aber keine will Haushaltsmittel, Autorität oder Zuständigkeit an eine andere abgeben. Nicht nur die Menschen sind obdachlos - das Problem ist es nicht minder.

Schon der Drogenmißbrauch verlangt ein gleichzeitiges, integriertes Vorgehen vieler Bürokratien - der Polizei, der Gesundheitsbehörden, der Schulen, des Außenministeriums, des Bankwesens, des Verkehrswesens und so weiter. Aber es ist fast unmöglich, sie alle zu abgestimmtem Vorgehen zu veranlassen.

In solcher Umgebung haben die Politiker die Chance, ihren eigenen Bürokraten die Macht aus der Hand zu reißen. Umgekehrt sind Politiker, wenn sie merken, daß sich ein Problem zur Krise auswächst, leicht geneigt, extreme Entscheidungen zu treffen; sie setzen allerlei Arbeitsstäbe ein: »Zaren«, »Klempnergruppen« und »Geheimmannschaften«, damit etwas geschieht.

Frustrierte Politiker blicken mit Verachtung auf ihre kleinkarierten Beamten und verlassen sich lieber und immer stärker auf ihre Vertrauten, auf Geheimhaltung, auf informelle Anweisungen und Abmachungen, die die Bürokratie ausschalten und letztlich ins Gegenteil verkehren.

Genau das passierte natürlich im Reaganschen Weißen Haus so katastrophal bei Irangate; ein eigenes »Geheimunternehmen« wurde eingerichtet, das an Iran Waffen verkaufte und die Erlöse an die Contras in Nicaragua weitergab, selbst auf die Gefahr eines Gesetzesbruchs hin.

Ein weniger drastischer Fall geschah, als George Bush das State Department und das Pentagon Mitte 1989 gleichzeitig aufforderte, ihm Vorschläge für die NATO auszuarbeiten. Die üblichen Beamtenhorden der mittleren und höheren Ebene setzten sich hin und kauten an ihren Bleistiftenden. Was dabei letztlich herauskam, war nichts als eine Reihe aufgewärmter, nebensächlicher Vorschläge.

Nun stand Bush unter innen- und außenpolitischem Druck, etwas Dramatisches vorzulegen, etwas, das den neuesten Gorbatschow-Vorschlägen den Zunder wegnahm. Also warf er das Bürokratengekritzel in den Papierkorb, holte ein paar Kabinettsmitglieder und Chefberater herein und verfaßte einen Plan für den Teilabzug amerikanischer Truppen aus Europa. Sofort klatschten ihm die Verbündeten und die amerikanische Öffentlichkeit zu.

Ähnlich ließ Bundeskanzler Helmut Kohl bei der ersten Skizze seiner Zehn Punkte sein Auswärtiges Amt links liegen.

Sobald ein Chef seine Bürokratie auf diese Weise umgeht, erhebt sich düsteres Katastrophengeschrei. Dem folgen meist die ersten Indiskretionen, die die neue Politik unterlaufen sollen.

Dennoch wird es in Zeiten rapiden Wandels, wenn schnelle und fantasievolle Reaktion vonnöten ist, mehr und mehr zum guten Ton, die Ministerien auszuschalten, damit überhaupt etwas geschieht, und dies ist der Grund für die ins Kraut schießenden Ad-hoc- oder informellen Einheiten, mit denen sich die Regierungen neuerdings schmücken und die der förmlichen Bürokratie den Rang ablaufen, sie absausen lassen.

Im Verein mit der Privatisierung und der drohenden Umverteilung der Macht auf die lokale, die regionale und supranationale Ebene deutet all das auf grundlegende Veränderungen von Größe und Gestalt der Regierung von morgen hin. Hier klingt an, daß mit immer tieferem Eindringen in die Supersymbolwirtschaft der Druck ansteigen und die Regierungen, wie vordem schon die Konzerne, zu einem Prozeß der schmerzlichen Neustrukturierung zwingen wird.

Diese Organisations-Agonie wird auch dann eintreten, wenn die Politiker versuchen, ein wildgewordenes, labiles Weltsystem und zugleich die im vorigen Kapitel geschilderten Gefahren im Griff zu behalten, die von unerhörten Umweltkatastrophen bis zu explosivem Völkerhaß und wuchernden Fanatismen reichen.

Wir sehen also einen verschärften Kampf zwischen Politikern und Bürokratien um die Gewalt über das System auf uns zukommen auf unserem gefährlichen Weg von der Massen- zur Mosaik-Demokratie.

XXII
Info-Taktik

Wir leben im Zeitalter der Sofortmedien, werden mit widerstreitenden Bildern, Symbolen und »Fakten« bombardiert. Doch je mehr Daten, Information und Wissen in das Regieren einfließen und je tiefer wir in die »Informationsgesellschaft« eindringen, desto schwieriger wird es für alle, die politische Führung nicht ausgeschlossen, noch zu wissen, was wirklich vor sich geht.

Über die Verzerrung unseres Wirklichkeitsbildes durch Fernsehen und Presse vermittels bewußter Voreingenommenheit, Zensur oder auch durch reinen Zufall ist schon viel Tinte verspritzt worden. Intelligente Bürger zweifeln an der politischen Objektivität der gedruckten wie der elektronischen Medien. Aber die Verzerrung reicht in eine tiefere, bislang wenig erforschte, analysierte und verstandene Schicht.

In der bevorstehenden politischen Krise der High-Tech-Demokratien werden alle – Politiker und Bürokraten, die Militärs, die Konzernlobbys und die anschwellende Woge der Bürgergruppen – »Info-Taktik« einsetzen. Es handelt sich dabei um Machtspiele und -komplotte mit Hilfe der Informationsmanipulation – zumeist lange bevor die Information überhaupt zu den Medien gelangt.

Damit wir die ausgeklügelten Techniken durchschauen können, die die politische Macht der Zukunft gestalten werden, müssen wir die Methoden näher betrachten, die die erfolgreichsten Machtspieler von heute benutzen. Diese »klassischen« Techniken lernt man in keiner Schule. Geschickte Mitspieler im politischen Machtspiel kennen sie intuitiv. Die Regeln sind weder formalisiert noch systematisch erfaßt worden.

Bis dahin bleibt alles Gerede von der »offenen Regierung«, dem »informierten Bürger« oder dem »Informationsanspruch der Öffentlichkeit« reine Rhetorik. Denn diese Info-Taktik stellt einige unserer fundamentalsten demokratischen Hypothesen in Frage.

Beeren-Geheimnisse und gezielte Indiskretion

Am 4. Juli 1967 unterzeichnete Präsident Lyndon B. Johnson im Weißen Haus das Gesetz über die Informationsfreiheit. In seiner anschließenden Rede erklärte er, »die Informationsfreiheit ist so lebenswichtig, daß nicht der Wunsch öffentlicher Verantwortungsträger oder privater Bürger, sondern einzig die nationale Sicherheit über eine Einschränkung bestimmen darf«.

Kaum hatte Johnson geendet, fragte ein Reporter, ob er ein Exemplar dieser Bemerkungen bekommen könne. Es war die erste derartige Bitte noch mitten im strahlenden Glanz der vom neuen Gesetz gewährleisteten Freiheiten. Johnson ließ den Bittsteller im Regen stehen.

Die »Geheimhaltungstaktik« ist die erste und vermutlich älteste Info-Taktik. Heute versieht die amerikanische Regierung pro Jahr rund 20 Millionen Dokumente mit dem Stempel »Geheim«. Zumeist gehören sie in den militärischen und diplomatischen Bereich – oder es handelt sich um Dinge, die den Apparat in Verlegenheit bringen könnten. Doch hält man das für undemokratisch oder gar heuchlerisch, so muß man sich vor Augen halten, daß die meisten anderen Länder noch viel schlimmere Geheimniskrämer sind und alles und jedes, vom Beerenertrag bis zur Bevölkerungsstatistik, zum Staatsgeheimnis erklären. Manche Regierungen sind eindeutig besessen. Praktisch alles, was sie tun, läuft als geheim, wenn sie nicht ausdrücklich anders beschließen.

Geheimniskrämerei gehört zu den vertrauten Werkzeugen repressiver Gewalt und Verderbtheit. Aber Geheimhaltung hat auch ihre Vorzüge. In einer Welt, die von bizarren Generalissimos, drogensüchtigen Politikern und Killertheologen nur so wimmelt, braucht man die Geheimhaltung für die militärische Sicherheit. Überdies ermöglicht es die Geheimhaltung dem Amtsträger, Dinge zu sagen, die er vor einer Fernsehkamera nicht in den Mund nehmen würde – auch Dinge, die gesagt werden müssen. Er kann die Politik seines Chefs kritisieren, ohne ihn öffentlich bloßzustellen. Er kann mit Gegnern Kompromisse aushandeln. Der Politiker und Bürokrat, der weiß, wie und wann er ein Geheimnis einsetzt, beherrscht eine Kardinaltugend seiner Kaste.

Geheimnisse verursachen die zweitverbreitetste Info-Taktik, auch sie ein klassisches Machtwerkzeug: die Taktik der gezielten Indiskretion.

Einige Geheimnisse werden gehütet, andere sickern durch. Geschieht die Indiskretion versehentlich, dann handelt es sich nur um ein schlecht gehütetes Geheimnis. Das treibt Beamte zum Wahnsinn. »Warum«, soll ein CIA-Mitarbeiter einmal gefragt haben, »müssen wir unsere China-Einschätzung an amerikanische Stäbe in Übersee weitergeben, bloß weil sie in Aktion zu treten haben? Sie lassen's auch durchsickern.« Kurzum: Man behält eine Geheiminformation besser bei sich, als daß man sie an den weitergibt, der sie braucht.

Demgegenüber sind »gezielte Indiskretionen« bewußt gezündete und präzisionsgelenkte Informationsraketen.

In Japan haben gezielte Indiskretionen schon großes Aufsehen erregt. Der Recruit-Cosmos-Finanzskandal, über den Ministerpräsident Noboru Takeshita 1989 stolperte, war ein gefundenes Fressen für Indiskretionäre, die Geheiminformationen vom Amt des Chefstaatsanwalts Yusuke Yoshinaga auf die Mühlen der Tagespresse lenkten. »Ich bin sicher«, sagt Takashi Kakuma, der mehrere Bücher über die Bestechung in Japan verfaßt hat, »daß ohne diese Indiskretionen die Untersuchung niedergeschlagen worden wäre.«

Die Reporter erhielten zeitlich sorgfältig abgestimmte Informationsspuren, die nichts anderes waren als graziöse Bewegungen in einem exquisiten Machtballett. Durch Weitergabe gewisser Details an die Presse hinderten die Staatsanwälte Höhergestellte im Justizministerium daran, der Untersuchung den Giftzahn zu ziehen und die feineren Herren der Takeshita-Regierung und der Liberaldemokratischen Partei vor Unbill zu schützen. Ohne diese gezielten Indiskretionen hätte die Regierung vielleicht überlebt.

Auch in Frankreich spielt die Indiskretion seit jeher eine große Rolle in der Politik. In einem Dokument des Weißen Hauses, das die Schwierigkeiten Frankreichs, sich aus den Fängen des Indochinakrieges zu befreien, zum Gegenstand hat, ist zu lesen: »Indiskretionen und Gegenindiskretionen gehörten zur durchaus gewohnten politischen Taktik (*sic*). Selbst streng geheime, kriegswichtige Berichte und Befehle erschienen oft wortwörtlich in politischen Zeitungen und Zeitschriften.«

In London sind Indiskretionen so sehr gang und gäbe, daß nach den Worten des Staatsministers für Handel und Industrie, Geoffrey Pattie, ein Sumpf des Mißtrauens entstanden ist, der jeder Innovation im Wege steht. Jedermann zögere, eine neue Idee auszusprechen, aus lauter Angst, sie werde sofort weitergegeben, um den Urheber der Lächerlichkeit preiszugeben, noch ehe die neue Idee überhaupt in Erwägung gezogen werden konnte.

»Aber wenn keiner mehr denkt (und Denken hat früher oder später lautes Denken zur Folge)«, sagt Pattie, »dann wird überhaupt nicht mehr gedacht und kann keine frühere Überlegung mehr auf einen neueren Stand gebracht werden.«

In Washington, wo gezielte Indiskretionen einer bis heute unbekannten Quelle namens »Deep Throat« Richard Nixon schließlich aus dem Weißen Haus trieben und heute noch an der Tagesordnung sind, ist die »Indiskretophobie« eine weitverbreitete Krankheit. Sagt der frühere Direktor für Kommunikation im Weißen Haus, Dave Gergen: »Vor fünfzehn Jahren nahmen die Berater des Präsidenten in ihren Aufzeichnungen kein Blatt vor den Mund und waren so frei, untereinander ernsthaft anderer Meinung zu sein, auch anderer Meinung als der Präsident. Seit Watergate ist das anders. Schnell lernte man, nie mehr etwas zu Papier zu bringen, was man ungern auf der ersten Seite der *Washington Post* sah... Sag niemals etwas Umstrittenes in einem Gespräch, wenn mehr als eine weitere Person anwesend ist.«

Die ironische Folge davon sei, daß jedesmal, »wenn ein wirklich gleichgültiges Problem auf den Tisch kommt, ein ganzes Heer von Bürokraten sich darüber beugt (*sic*). Aber je wichtiger ein Problem ist, desto weniger Leute befassen sich damit – fast ausschließlich wegen der Indiskretionsangst...«

Natürlich sind dieselben Leute, die andere Indiskreteure geißeln, selbst oft die besten Quellen für gezielte Indiskretionen. Während seiner Tätigkeit als Nationaler Sicherheitsberater im Weißen Haus verlangte Henry Kissinger einmal, daß die Telefone aller seiner Mitarbeiter angezapft werden, um herauszufinden, ob sie störende Informationen an die Presse und den Kongreß weitergaben. Dabei war und ist Kissinger selbst ein Meister der Indiskretion.

Geheimhaltung und gezielte Indiskretion sind indes nur die beiden bekanntesten Info-Taktiken im politischen und bürokratischen Krieg. Vielleicht nicht einmal die wichtigsten.

Die verdeckte Quelle

Alle Daten, alle Informationen und alles weitergegebene Wissen setzen erstens eine Quelle oder einen Absender, zweitens einen Übertragungskanal oder ein Medium, drittens einen Empfänger und viertens natürlich eine Mitteilung voraus.

Nehmen wir den Absender. Kommt ein Brief mit der Post, so wollen wir als erstes gewöhnlich wissen, von wem er kommt. Die Identität des Absenders ist sogar ein ausschlaggebender Teil der Mitteilung. Unter anderem bestimmt sich nach ihm, wieviel Glauben wir der Mitteilung schenken.

Deswegen wird so häufig die Taktik der verdeckten Quelle benutzt. Eine nach außen parteilose Bürgergruppe, die millionenweise Bettelbriefe verschickt, kann in Wirklichkeit insgeheim von einer politischen Partei finanziert und gelenkt werden. Hinter einem politischen Aktionskomitee mit klingendem Namen steckt vielleicht der Lobbyist einer gefräßigen Industrie. Eine patriotisch klingende Organisation kann im Sold eines fremden Landes stehen. KGB wie CIA lassen insgeheim Veröffentlichungen, Gewerkschaften und anderen Einrichtungen in bestimmten Ländern Gelder zukommen, damit sie befreundete Organisationen errichten. Die Taktik der verdeckten Quelle bildet die Grundlage von »Frontgruppen« aller politischer Couleur.

Doch die Maskierung des Mitteilungs-Senders kann vielerlei Formen annehmen - in unterschiedlichsten Dekors, vom Vorstandszimmer bis zur Gefängniszelle.

Eine einsitzende Mörderin hat einmal beschrieben, wie sie einer mißliebigen Aufseherin die Hölle heiß machen kann. Natürlich könne sie sich schriftlich beim Direktor beschweren. Aber wenn die Aufseherin das spitzkriege, mache sie ihr das Leben erst recht zur Hölle. Sie könne sich auch über den Kopf des Direktors hinweg in einem Beschwerdebrief an einen Politiker über brutale Behandlung beklagen und ihn bitten, den Direktor doch zu veranlassen, daß die Aufseherin versetzt werde. Aber das sei noch riskanter.

»Zum Glück«, so ihre bemerkenswerte Feststellung, »sind die Gefängnisse voll von Idealisten. Also bewege ich eine andere Insassin dazu, an meiner Stelle an den Politiker zu schreiben«, und damit die eigentliche Quelle der Mitteilung zu verdecken.

In der ganzen Wirtschaft, Regierung und Verwaltung spielen Funktionäre dieses Spiel in den verschiedensten Spielarten. Wenn ein untergeordneter Mitarbeiter (oft unerlaubt) den Namen eines Vorgesetzten dazu benutzt, sich einen Vorteil zu verschaffen, dann ist das nichts anderes als die Taktik der verdeckten Quelle.

Ein klassischer Trick dieser Taktik beeinflußte kräftig die amerikanische Politik im Vietnamkrieg. Das war 1963, als ein Bericht von Robert MacNamara und General Maxwell Taylor den Präsidenten und die Nation wissen ließ, »es sollte möglich sein«, bis Ende 1965 »den Großteil der amerikanischen Truppen abzuziehen«.

Diese Voraussage wurde gestützt durch angeblich aus Saigon stammende Unterlagen. Was den Lesern des Berichts jedoch vorenthalten wurde, war, daß ein Großteil der mit Saigon datierten Unterlagen in Washington entstanden und dann nach Saigon weitergeleitet worden war, damit Saigon sie wieder nach Washington zurückschicken und den Anschein erwecken konnte, das Material stamme von dort. Die Quelle war verdeckt worden, um den Unterlagen mehr Authentizität zu verleihen.

Eine Sonderklasse der verdeckten Quelle sind wirkliche Fälschungen.

Im bürokratischen Kriegsgeschehen werden sie selten benutzt, aber in internationalen Angelegenheiten sind sie eine bekannte Erscheinung, haben dort doch die seltsamsten Fälschungen gelegentlich den Gang der Geschichte gewendet – etwa das Zimmermann-Telegramm, das die USA mit zum Eintritt in den Ersten Weltkrieg bewegte.

1986 brandmarkte das amerikanische Außenministerium ein

Dokument über eine angebliche »Geheimsitzung« im Pentagon in aller Öffentlichkeit als Fälschung. Darin hatte es geheißen, der damalige Verteidigungsminister Caspar Weinberger habe erklärt, mit der Strategischen Verteidigungsinitiative SDI erhielten »die USA die Möglichkeit, der Sowjetunion mit einem völligen K.-o.-Schlag zu drohen«. Dieses Zitat hätte, wenn es wahr gewesen wäre, den sowjetischen Argumenten gegen das SDI-Programm großen Auftrieb gegeben.

Aber es handelte sich um eine in Westdeutschland (vermutlich von den Sowjets) verbreitete Fälschung als Teil der sowjetischen Anti-SDI-Kampagne. Eine weiteres, gefälschtes SDI-Dokument erschien in der nigerianischen Presse.

Eine neuere, japanerfeindliche Fälschung tauchte in Washington auf, als der Kongreßabgeordnete Tom McMillen im Repräsentantenhaus aufstand und aus einem »internen Memorandum einer hohen japanischen Regierungsstelle« vorlas.

In diesem vorgeblich an den Ministerpräsidenten gerichteten Memorandum forderte dessen »Sonderberater für die politische Koordinierung« zu japanischen Investitionen in den Kongreßwahlkreisen auf, von denen aus man die amerikanische Politik beeinflussen könne.

Nichts hätte besser kalkuliert sein können als das, um die Japan-Drescherei in den USA aufzuheizen. Aber es war kein japanisches Regierungsdokument, sondern eine recht störende Fiktion, die auf Ronald A. Morse zurückging, einen Mitarbeiter am Asienprogramm des Woodrow Wilson Center for Scholars. Morse sagte, er habe es lediglich geschrieben, um einmal dramatisch die Haltung zu illustrieren, die seiner Meinung nach in Japan herrsche. Er behauptete, er habe den Empfängern gesagt, das Dokument sei fingiert.

Meuchelmörder und Untergrundkanäle

Alle Mitteilungen laufen über Kanäle. Aber manche Kanäle sind gleicher als andere.

Jeder Höhergestellte weiß, daß der »Laufzettel«, auf dem steht, wer das Memorandum zu sehen bekommt, ein Machtwerkzeug ist. Hält man jemanden »außen vor«, dann beschneidet man ihm die Flügel. Manchmal passiert dies dem Chef höchstpersönlich.

Als John H. Kelly Botschafter in Beirut war, schickte er Mitteilungen über die CIA-Einrichtungen unmittelbar an den Nationalen Sicherheitsrat im Weißen Haus, anstatt sich des üblichen Befehlsstrangs über das Außenministerium zu bedienen. Das bedeutete, daß er seinen eigenen Chef, Außenminister George P. Shultz, überging.

Wenn er sich in Washington aufhielt, traf sich Kelly auch oftmals mit Oliver North und anderen Mitarbeitern des Nationalen Sicherheitsrats im Zusammenhang mit deren Plänen, durch Waffenverkäufe an Iran Geiseln freizubekommen - Pläne, von denen Shultz abgeraten hatte.

Als Shultz von den Beiruter Vorfällen Wind bekam, war er so wütend, daß er Kelly öffentlich abkanzelte und dem Personal des Außenministeriums strikt untersagte, ohne ausdrückliche Weisung von ihm oder vom Präsidenten über Kanäle außerhalb des State Department zu verkehren. Allerdings dürfte eine solche Weisung der Praxis noch lange nicht wehren. Untergrundkanäle sind für Machtschieber nur allzu nützlich.

Als er von diesem Fall erfuhr, brummte der Kongreßabgeordnete Lee Hamilton, Vorsitzender des Nachrichtenausschusses im Repräsentantenhaus, wütend: »Das habe ich doch noch nie gehört, daß einer einen amerikanischeen Außenminister völlig umgeht.«

Vielleicht hat die Verärgerung sein Gedächtnis vernebelt. Genau der gleiche Fall hatte sich ereignet, als der amerikanische Botschafter in Pakistan insgeheim mit dem Nationalen Sicherheitsrat verkehrte und ebenfalls einen Außenminister umging. Damals war Henry Kissinger (zu jener Zeit noch nationaler Sicherheitsberater) der Untergrundkanalbauer gewesen. Kissinger benutzte den Kanal, um insgeheim Nixons Chinareise vorzubereiten, die dann zur Aufnahme der diplomatischen Beziehungen führte.

Überhaupt war Kissinger ein eifriger Untergrundkanalbenutzer, enthielt Informationen dem Amtsapparat vor, die er selbst in der Hand behalten wollte. Vorgeblich mit Zustimmung des Präsidenten wies er einmal William J. Porter, Botschafter in Südkorea, an, mit ihm unmittelbar zu verkehren und Porters Chef, den damaligen Außenminister William Rogers, zu übergehen.

Aus Porters Tagebuch ist seine Reaktion zu entnehmen: »Da haben wir also den diplomatischen Nixon-Kissinger-Geheimdienst mit Geheimcode und allem Drum und Dran. Wenn der Präsident einverstanden war, in Unkenntnis des Außenministers ein Supernetz von Botschaftern unter seinem Sicherheitsberater aufzubauen, dann geschah in der amerikanischen Geschichte etwas absolut Neues... Ich sagte mir, ich sei nichts als ein kleiner Junge vom Land und müßte mich ducken.«

Als der SALT-Vertrag mit den Sowjets ausgehandelt wurde, stand das amerikanische Team in Genf unter der Leitung von Gerald C. Smith. Aber Kissinger und die Gemeinsamen Stabschefs im Pentagon errichteten ein Privatnetz, über das gewisse Delegationsmitglieder in Unkenntnis von Smith unmittelbar mit ihnen verkehrten.

Kissinger hatte auch seine Geheimkanäle nach Moskau, wieder unter Umgehung des Außenministeriums, schickte Mitteilungen an das Politbüro lieber durch Anatoli Dobrynin anstatt über die entsprechenden Fachleute des State Department oder deren Kollegen im sowjetischen Außenministerium. Nur ein paar wenige Leute in Moskau - im Politbüro, ZK-Sekretariat und im sowjetischen diplomatischen Dienst - wußten überhaupt davon.

Der berühmteste - und vielleicht schicksalhafteste - Fall der Geheimkanaltaktik half den dritten Weltkrieg verhindern.

Es war während der Kubakrise. Formale Botschaften fetzten zwischen Präsident Kennedy und Nikita Chruschtschow hin und her, während die Welt den Atem anhielt. Russische Raketen zielten auf amerikanischen Boden. Kennedy befahl eine Seeblockade. In diesem Augenblick höchster Spannung beauftragte Chruschtschow seinen Washingtoner KGB-Chef Fomin, den Zeitungsmann John Scali anzurufen, den Fomin kannte.

Am vierten Tag der Krise, als die Gefahr jede Minute höher stieg, fragte Fomin Scali, ob er meine, die USA wären bereit von einer Invasion Kubas Abstand zu nehmen, wenn die Sowjets ihre

Raketen und Bomber abzögen. Diese Botschaft, die der Journalist sofort ans Weiße Haus weitergab, wendete die Krise.

Die Doppelkanal-Intrige

Aber selbst diese Spielarten der Geheimkanaltaktik sind noch einfach im Vergleich mit der ausgeklügelten »Doppelkanaltaktik« – der Versendung unterschiedlicher bis widersprüchlicher Botschaften mit dem Ziel, eine Reaktion zu testen, Verwirrung zu stiften oder Konflikt zu säen.

Zweimal während der Verhandlungen über die antiballistischen Raketensysteme benutzten sowohl Kissinger als auch Gromyko einen Geheimtunnel, um ihre üblichen Befehlsstränge zu umgehen. Im Laufe der Verhandlungen hatte Kissinger im Mai 1971 und im April 1972 Anlaß zu argwöhnen, daß die Russen die Doppelkanaltaktik gegen ihn einsetzten.

Jahre später setzte sich der frühere Gromyko-Mitarbeiter Arkadi Schewschtschenko in die USA ab und schrieb in seiner Autobiografie, Kissingers Verdacht sei unzutreffend gewesen. Es habe sich nicht um eine absichtliche Intrige gehandelt, sondern ganz einfach um eine Konfusion, die entstanden sei, weil einer der Sowjets, der es nicht besser wußte, »nach überholten Weisungen aus Moskau gehandelt« habe. Ob das stimmt, ist hier unwichtig. Fest steht, daß Geheim- und Doppelkanaltaktiken nicht selten zur Machtverschiebung eingesetzt werden.

Auf der Empfängerseite

Ungezählte Spiele werden auch auf der Empfängerseite des Kommunikationsprozesses gespielt. Das bekannteste ist die »Zugangstaktik«: Es geht um den Zugang zum Vorgesetzten und mithin um die Manipulation der Information, die dieser bekommt. Chefmanager und graumäusige Sekretärinnen kennen sich darin gleichermaßen aus. Zugangskonflikte sind so alltäglich, daß sie kaum einer weiteren Erläuterung bedürfen.

Als nächstes gibt es die »Wissenmüssen-Taktik«, die sich bei Nachrichtendiensten, Terroristen und politischen Untergrundbewegungen großer Beliebtheit erfreut und vermittels derer Daten, Information und Wissen abgeschottet und sorgfältig von allen ferngehalten werden, die kein gültiges »Wissenmüssen« aufweisen können.

Das genaue Gegenstück dazu ist die »Nichtwissen-wollen-Taktik«. Ein früherer Kabinettssekretär des Weißen Hauses beschreibt sie so: »Sollte ich als Mitarbeiter des Weißen Hauses etwas wissen? Bedeutet es wissen, daß ich etwas tun muß? Kann der, der es mir erzählt, dann zu einem anderen gehen und sagen: ›Das habe ich schon mit dem Weißen Haus besprochen‹? Da könnte ich zwischen zwei anderen, von denen ich nichts weiß und mit denen ich nichts zu tun habe, ganz schön ins Gedränge geraten... Es gab eine ganze Menge, die ich lieber nicht wissen wollte.«

Eine »Nichtwissen-sollen-Taktik« wird häufig von Untergebenen benutzt, die ihren Vorgesetzten schützen und ihm die Möglichkeit geben wollen, sich unwissend zu geben, wenn etwas schiefgeht. Während der Irangate-Untersuchungen machte ein recht treffender Witz dazu in Washington die Runde.

Frage: Wie viele Berater des Weißen Hauses braucht man, um eine elektrische Birne einzuschrauben? Antwort: Überhaupt keinen; sie lassen Reagan lieber im dunkeln.

Im selben Sinne gibt es auch die »Unbedingt-weitergeben-Taktik«, auch als »Mitgehangen-mitgefangen-Taktik« bekannt. Hier sorgt der Machtspieler dafür, daß ein anderer von etwas Kenntnis hat und notfalls mit in die Binsen geht.

Die Spielarten sind mannigfaltig, aber für jedes Spiel mit Quellen, Kanälen und Empfängern gibt es noch eine Vielzahl von Intrigen und Kniffen, die auf die Mitteilung als solche zielen.

Mitteilungsmassagen

Die Massen von Daten, Informationen und Wissen, die Tag für Tag durch die Denkfabriken der Regierung strömen, sind voll einer Unzahl der Täusch- (und Selbsttäusch-)Versuche. Der Platz reicht nicht aus, sie hier darzustellen und zu klassifizieren. Deshalb wollen wir nur ein paar in Stichworten nennen.

– Die Auslassungstaktik. Da Politik so ungeheuer strittig ist, sind politische Mitteilungen noch viel bewußter selektiv als andere. Sie sind mit gähnenden Löchern durchsetzt, weil jemand die Auslassungstaktik angewandt und einschlägige oder gegenindizierende Fakten herausgestrichen hat.

– Die Besser-allgemein-Taktik. Details könnten bürokratischen oder politischen Widerstand hervorrufen; also überspringt man sie mit luftvoller Abstraktion. Diplomatische Kommuniqués platzen vor Beispielen davon – weshalb sie sich auch wie Watte lesen.

– Die Verzögerungstaktik. Hierbei wird die Absendung einer Mitteilung meist so lange hinausgezögert, bis der Empfänger mit ihr nichts mehr anfangen kann. Den Gesetzgebern werden dicke Etatwälzer in den Schoß geworfen, auf die sie binnen weniger Tage reagieren sollen – ohne sie einigermaßen verdauen zu können. Die Redenschreiber im Weißen Haus sind dafür bekannt, daß sie ihre Entwürfe für den Redner so spät wie irgend möglich vorlegen, damit bloß kein anderer mehr Zeit hat, daran herumzumäkeln.

– Die Tröpfchentaktik. Daten, Information und Wissen werden in lauter winzigen Tröpfchen anstatt einem zusammenhängenden Dokument verabreicht. Der Empfänger blickt nicht mehr durch.

– Die Flutwellentaktik. Beklagt sich einer, er werde nicht unterrichtet, dann schickt ihm der geschickte Spieler ganze Wagenladungen Papier, unter dem er erstickt und in all dem Geschreibsel das Wesentliche nicht finden kann.

– Die Dunstschleiertaktik. Ein paar wahre Fakten werden in einen Gerüchtedunstschleier verwoben, so daß sich der Empfänger nicht mehr auskennt.

– Die Rückstoßtaktik. Dabei wird eine falsche Geschichte irgendwo im Ausland plaziert, von wo aus sie den Rückweg antritt und in der heimischen Presse abgedruckt wird. Diese Taktik verwenden Geheimdienste und Propagandastellen. Manchmal allerdings stellt sich der Rückstoß versehentlich ein, oder es scheint jedenfalls so.

Einmal pflanzte der CIA eine Geschichte über die Roten Brigaden in die italienische Presse. Jemand griff den Bericht auf und baute ihn in ein Buch ein, das in Amerika erscheinen sollte; der damalige Außenminister Al Haig las ein Vorausexemplar. Als Haig in einer Pressekonferenz zu der Sache Stellung nahm, wurden seine Bemerkungen gleich in die Endfassung des Buches aufgenommen. Dieser Selbstnährprozeß wird häufiger angewandt, als man denkt.

- Die Taktik der ganz großen Lüge. Diese durch Hitlers Propagandaminister Joseph Goebbels berühmt gewordene Taktik beruht auf der Überlegung, wenn die Lüge nur groß genug sei, werde sie viel leichter geglaubt als eine Reihe von Kleinlügen. In diese Kategorie gehörte der 1987 von Moskau verbreitete Bericht mit der Behauptung, die AIDS-Epidemie sei vom CIA beim Experimentieren mit biologischen Kampfmitteln in Maryland ausgelöst worden. Diese in der ganzen Welt verbreitete Gruselgeschichte lehnen sogar die sowjetischen Wissenschaftler vehement ab.
- Die Umdreh-Taktik. Wenige Beispiele der Manipulation oder Massage von Mitteilungen setzen so viel Chuzpe voraus wie diese Taktik. Bei ihr wird eine Mitteilung einfach genau umgedreht.

Ein Beispiel dafür lieferte vor nicht allzu langer Zeit Israel, als zwischen Ministerpräsident Yitzhak Shamir und Außenminister Shimon Peres die Fetzen flogen. Irgendwann wies Shamir das Außenministerium an, allen Botschaften in der Welt mitzuteilen, Peres besitze keinerlei Vollmacht, die Einberufung einer internationalen Konferenz zur Lösung des arabisch-israelischen Problems zu betreiben.

Die Weisung ging bei Peres' Stab im Außenministerium ein, der sie einfach beiseite legte und dafür Telegramme in alle Welt sandte, die genau das Gegenteil besagten. Als später ein höherer Beamter gefragt wurde, wie das habe passieren können, antwortete er lakonisch: »Wie können Sie so etwas fragen? Hier ist Krieg.«

Angesichts dieser etwas länglichen Liste von Verfahren für das Herumdoktern an den Mitteilungen, die durch die Regierungsbüros fließen, wird jedem klar, daß kaum eine Erklärung, Mitteilung oder ein »Fakt« des politischen Lebens zum Nennwert genommen werden darf. Fast nichts ist machtneutral. Die meisten Daten, Informationen und das meiste Wissen, die in Regierung und Verwaltung umlaufen, sind so stark politisch durchsetzt, daß selbst die Frage Cui bono? - wem nützt es? - (auch wenn wir die Antwort darauf zu kennen glauben) uns immer noch nicht bis zum Grund durchblicken läßt.

Dabei geschieht das alles, noch bevor die Medien die Wirklichkeit nach ihren eigenen Gesichtspunkten erneut ummodeln. Die Medienmassage denaturiert die »Fakten« nur zusätzlich.

Die Auswirkungen dessen, was wir eben sahen, treffen den Kern des Verhältnisses zwischen Demokratie und Wissen. Eine informierte Öffentlichkeit gilt als Voraussetzung für Demokratie. Aber was heißt »informiert«?

Die Beschränkung der Geheimhaltungspraxis der Regierung und der öffentliche Zugang zu Dokumenten sind notwendige Bedingungen jeder Demokratie. Aber das sind nur ein paar schwache, erste Schritte. Denn um diese Dokumente verstehen zu können, müssen wir erst einmal wissen, wie an ihnen auf dem ganzen Weg von Hand zu Hand, Ebene zu Ebene und Dienststelle zu Dienststelle in den Eingeweiden der Regierung hantiert worden ist.

Der volle »Inhalt« irgendeiner Mitteilung erscheint nicht auf dem Blatt oder dem Computerbildschirm. Tatsächlich kann der wichtigste politische Gehalt eines Dokuments nicht im Dokument, sondern in der Geschichte seiner Entstehung und Verarbeitung geschrieben sein.

Noch tiefer erweckt die Allgegenwart dieser gewöhnlichsten Info-Taktiken schwere Zweifel an der etwa noch vorhandenen Vorstellung, Regieren sei eine »rationale« Betätigung oder die Regierenden seien zu »objektiven« Entscheidungen fähig.

Winston Churchill hatte schon recht, wenn er es ablehnte, »gesiebte und verdaute« Nachrichtenanalysen zu lesen, und darauf bestand, daß ihm die »authentischen Dokumente ... in ihrer Originalform« vorgelegt werden, um seine eigenen Schlußfolgerungen ziehen zu können. Aber natürlich ist es für jeden Entscheidungsträger unmöglich, alle Rohdaten, alle Informationen zu lesen und sich auch noch das gesamte, zur Entscheidung nötige Fachwissen anzueignen.

Was wir hier sahen, sind nur ein paar Griffe und Kniffe der Heerscharen von politischen Innenkämpfern und Gripsköpfen in den Hauptstädten der Welt, von Seoul bis Stockholm, von Bonn bis Beijing. Kluge Politiker und Bürokraten wissen im Grunde ihres Herzens, daß in den Machtkämpfen, aus denen das politische Leben besteht, Daten, Information und Wissen fertig geladene und jederzeit abschußbereite gegnerische Waffen sind.

Was die meisten jedoch *nicht* wissen, ist, daß alle diese machiavellistischen Intrigen und Kniffe von heute das reinste Kinderspiel sind. Denn der Kampf um die Macht verändert sich gewaltig, wenn Wissen vom Wissen zur Hauptquelle der Macht wird.

Als nächstes werden wir sehen, daß wir dabei sind, in die Zeit der »Meta-Taktiken« in den Denkfabriken namens Regierung einzutreten, womit sich das gesamte Machtspiel auf eine noch höhere Ebene verlagert.

XXIII

Meta-Taktiken

1989 war das Jahr, in dem eine politische Premiere unbemerkt blieb. In diesem Jahr zog John Sununu als Stabschef ins Weiße Haus ein und avancierte damit vermutlich zum höchstplazierten »Computernik« der Welt. In einer von Mikrochips strotzenden Welt war erstmals ein des Computerlesens und -schreibens Kundiger in eine Spitzenposition der politischen Macht gelangt.

Der gelernte Maschinenbauingenieur hatte am Massachusetts Institute of Technology Forschungsarbeit betrieben und war dort als Tausendsassa bekannt, der jeden Programmfehler auf Anhieb aufspürte und korrigierte und das einer Umwelterklärung zugrundeliegende mathematische Modell aufspießen konnte. Was immer man von seinen politischen Auffassungen halten mag: Das Machtpotential computergespeicherter Information hat er jedenfalls im Griff.

Bevor er nach Washington ging, war Sununu Gouverneur von New Hampshire. Als er für New Hampshire ein elektronisches Steuer- und Finanzkontrollsystem installierte, verlangten die Parlamentsmitglieder Zugang zu den im IBM-Großrechner gespeicherten Daten. Sununu ließ sie ins Leere laufen und erklärte: »Sie kriegen, was wir für richtig halten.«

Nach *Time* schien Sununu »das politische Machtverhälts dadurch verschieben zu wollen, daß er die staatlichen Computer-Finanzdaten eng an sich drückte«.

Zu guter Letzt mußte der Gouverneur dann doch einem Parlamentsbeauftragten ein Kennwort geben, mit dem er zu gewissen (keineswegs allen) umstrittenen Daten Zugang bekam. Obwohl nach dem Urteil eines Staatsgerichts jeder Bürger das Recht hatte, Einsicht in öffentliche Dokumente zu nehmen und sie zu kopieren, blieb Sununu hartnäckig dabei, für Computerdaten gelte dies nicht. Als Gouverneur hatte er die Macht des Wissens vom Wissen voll und ganz begriffen.

Besonders ausgekocht war Sununus Verhalten in New Hampshire keineswegs. Geheimhaltung und Kenntnisverweigerung sind uralte Taktiken. Heute stehen denen, die Daten, Information und Wissen zurückhalten wollen, lediglich neue und potentere - meist computergestützte - Werkzeuge zur Verfügung.

Mit wachsender Abstraktion und Komplexität der Gesellschaft bei Ausbreitung der Supersymbolwirtschaft erleben wir eine Verlagerung des Machtkampfes auf eine höhere und weniger sichtbare Ebene.

Nehmen wir die Computer. Heute verwenden wir Computer zum Bau von Computern. Desgleichen entwickeln wir CASE (computer assisted software engineering), »Meta-Software« sozusagen: Software zur Herstellung von Software. Man kann sich vorstellen, daß künftig CASE wiederum zur Herstellung von Meta-Software verwendet wird in einer Art endloser Weiterverschleifung, in der der Prozeß immer höhere Abstraktionsgrade erreicht.

Ganz ähnlich fanden Anfang der achtziger Jahre die »Spreadsheet«- oder Tabellenprogramme in der Industrie rasche Verbreitung. Mit ihnen konnten Hunderttausende Benutzer wie in einem Hauptbuch problemlos Zahlen in Zeilen und Spalten einsetzen und handhaben. Da sich mit ihnen automatisch anzeigen läßt, wie eine Veränderung eines Postens auf alle anderen wirkt, gewöhnte sich eine ganze Benutzergeneration ans Denken in »Falls«-Kategorien. Was geschähe, falls wir den Preis eines Produkts um 2 Prozent anhöben? Was, falls die Zinsrate um ein halbes Prozent fiele? Was, falls wir das neue Produkt einen Monat früher auf den Markt brächten? Damit gewöhnt sich der Benutzer an, viel gescheitere Falls-Fragen auf viel höherer Ebene zu stellen.

Das neue Wertschöpfungssystem setzt eine geradezu symbolgetränkte Mitarbeiterschar voraus. Die ständige Berieselung mit Daten - Medien, Computern, Papieren, Fax-Maschinen, Telefonen, Filmen, Plakaten, Anzeigen, Memoranden, Gesetzentwürfen, Rechnungen und Tausenden anderen Stimuli und Millionen Leuten, die ihre Zeit damit verbringen, daß sie an Sitzungen teilnehmen, Ideen vortragen, andere zu überzeugen versuchen,

Verhandlungen führen und auf andere Weise Bilder austauschen – läßt die Bevölkerung immer »info-gewitzter« werden.

Wie die Eskimos eine hohe Empfindsamkeit für Veränderungen der Eigenschaften des Schnees entwickeln und Farmer fast intuitiv eine Wetter- und Bodenveränderung erspüren, werden Kopfarbeiter auf diese Informationsumwelt eingestimmt.

Diese fortschreitende Verfeinerung zwingt die Machtträger dazu, nach höherwertigen Instrumenten der Überredungskunst und/oder gesellschaftlichen Verfügungsgewalt Ausschau zu halten.

Satelliten, Videokassetten, Narrow Casting, Nischenidentifizierung, Clusteranalyse, extra-intelligente Netzwerke, Blitzumfragen, Simulation, Mathematikmodelle und andere derartige Technologien werden in den begüterten Staaten zum selbstverständlichen Bestandteil der Politik. Und schon ergeben sich neue Möglichkeiten für die Manipulation der computergespeicherten Information, neben denen sich die hergebrachten Info-Taktiken der Politiker und Bürokraten wie ein grober Klotz ausnehmen.

Parallel zur Veränderung der allgemeinen Bevölkerung beim Übertritt ins neue Wertschöpfungssystem haben wir also die Verfeinerung der Werkzeuge, die Regierung und Verwaltung benutzen, um sich an der Macht zu halten. Darum geht es im Grunde bei den Meta-Taktiken.

Wahrheit versus Macht

Zur Verdeutlichung, was unter »Meta-Taktik« zu verstehen ist, wollen wir ein Beispiel aus dem Geschäftsleben herausgreifen. Um die Solidität und Rentabilität einer Firma einzuschätzen, schaut ein naiver Investor nur auf deren »Schwimmlinie«. Doch in den Worten der Zeitschrift *Fortune* schmecken »Gewinne gleichwie Würste denen am besten, die am wenigsten wissen, was drin ist«. Der kluge Investor schaut sich nicht nur die »Schwimmlinie« an, sondern versucht, dahinter zu blicken, sich Einblick in die sogenannte »Renditequalität« zu verschaffen.

Er schaute sich die Zahlen an, die hinter den Zahlen stecken, die zugrundeliegenden Hypothesen und sogar die Buchführungs- und Computermodelle, anhand derer sie sich errechnen. Analyse auf höherer Ebene also. Ein einfaches Beispiel für das, was wir »Meta-Taktik« nennen.

Wenn schon General Motors seine (sichtbaren) Gewinne eines Jahres um zwei Milliarden erhöhen kann, indem es einfach die Abschreibungszeit verlängert, die Berichtsform über den Pensionsplan verändert, am Wert seiner Bevorratung und der erwarteten Leasingrate dreht, dann bekommt man eine Ahnung, was Regierungen so alles in ihrer Rechnungslegung anstellen können.

Nun »schönen« Regierungen ihre Bücher mindestens seit Erfindung der doppelten Buchführung durch die Venezianer im 14. Jahrhundert. Seit dem Tage Null schönen sie allerlei Daten, Informationen und Wissen nicht nur haushaltsmäßiger oder finanzieller Art. Neu ist nur die Möglichkeit der Schönfärberei mit Hilfe von Computern.

Computer tun auch Gutes. Sie erweitern das für die Entscheidung verfügbare Wissen ungeheuer. Sie verbessern die Leistungsfähigkeit vieler Dienstleistungen. Sie helfen bei der Integration komplexer Prozesse. Dank der Computer-Revolution lassen sich vielerlei Sozialprobleme, von der Arbeitslosigkeit bis zu den steigenden Krankheitskosten und Umweltbedrohungen, auf bisher unerhörte Weise in Modellen erfassen und mithin besser verstehen. Dasselbe Phänomen kann gegen die unterschiedlichsten Modelle abgeglichen werden. Datenbanken nie gekannter Größenordnung lassen sich einrichten, ihre Inhalte aufs ausgesuchteste analysieren.

Wo immer das neue Wertschöpfungssystem Fuß faßt, kommen Regierungen nicht mehr ohne Computer aus, genausowenig wie die Wirtschaft. Sollen sie auch gar nicht. Vor Eintreffen der Computer und anderer fortgeschrittener Informationstechnologien waren die Regierungen nicht demokratischer, sondern undemokratischer.

Aber bei der Politik geht es nicht um Wahrheit, sondern um Macht. Entscheidungen basieren nicht auf »objektiven« Feststellungen oder eingehendem Verständnis, sondern auf dem Widerstreit verschiedener Kräfte, deren jede ihr Eigeninteresse zu wahren sucht. Dieses notwendige (und nützliche) Hauen, Stechen und Parieren im Machtgefecht kann der Computer nicht ausschalten. Er hebt es vielmehr auf eine höhere Ebene.

Politiker und hohe Beamte wissen gar nicht, wie sehr sie mittlerweile auf den Computer angewiesen und mithin verwundbar sind für jene, die ihn zu Machtzwecken zu handhaben verstehen. Das liegt daran, daß die umfangreichste Computerverarbeitung in der Regel auf den unteren Rängen und nicht an der Spitze der Denkhierarchie geschieht. Wir sehen keine Regierungschefs oder Parteivorsitzenden auf Tastaturen klopfen oder in Bildschirme starren. Dennoch treffen die Leute an der Spitze, von der Auswahl eines Kampfflugzeugs bis zur Steuerpolitik, kaum eine Entscheidung, ohne sich auf »Fakten« zu verlassen, die irgendwann von Spezialisten mit Computerhilfe erarbeitet worden sind.

Ob es sich nun um Klinikbetten, Einfuhrkontrollen oder Fleischbeschau handelt: Steht erst ein Problem zur Entscheidung an, so ist es vorher schon in computerverständlich quantifizierten, integrierten, abstrahierten und vorformatierten Kategorien beschrieben worden.

An jedem Punkt dieses Prozesses, vom Aufbau einer Datenbank über die Art der Kategorisierung bis zur Software, die zur Analyse eingesetzt wird, läßt sich die Information auf so subtile und oft unsichtbare Weise manipulieren, daß im Vergleich dazu die bekannten Info-Praktiken wie Geheimhaltung oder Indiskretionen als Waisenknaben erscheinen.

Fügen wir die mit Meta-Taktik erzeugten Verzerrungen noch zu denen hinzu, die Beamte und Politiker mit Hilfe der im vorigen Kapitel beschriebenen, konventionellen »Info-Spiele« bewußt vorgenommen haben, dann gelangen wir zwangsläufig zu diesem Schluß: Politisches Wissen hat, wenn es den Entscheidungsträger erreicht, ein ganzes Labyrinth von Zerrspiegeln durchlaufen. Morgen werden diese Zerrspiegel andere Zerrspiegel zerrwiderspiegeln.

Der gekidnappte Finger

Ein ganzer Berg von internationaler Literatur erzählt gespenstische Computerverbrechergeschichten - Bankschwindel, Spionage, Einschleusung von datenzerstörenden Viren. Filme wie *War Games* dramatisieren die Gefahren unerlaubten Zutritts zu atomwaffenkontrollierenden Computer- und Fernmeldesystemen. Nach einem in Frankreich veröffentlichten Bericht schnappte sich die Mafia einen IBM-Manager und schnitt ihm einen Finger ab, weil sie zum Einbruch in ein Computer-Sicherheitssystem seine Fingerabdrücke brauchte.

Das amerikanische Justizministerium hat ein Dutzend weitere Methoden aufgelistet, die in der Computer-Kriminalität angewandt werden. Sie reichen von der Umlenkung oder Veränderung von Daten bei der Eingabe in den Computer über verdeckte Weisungen in der Software bis zum Anzapfen von Computern. Schlagzeilen über Computer-Viren zeigen, welches Sabotagepotential gegen militärische und politische Kommunikations- und Computersysteme bereitsteht.

Doch kaum jemand hat bis heute einen Gedanken daran verschwendet, wie entsprechende Techniken das ganze politische Leben umstülpen könnten.

1986 stellte Jennifer Kuiper, Mitarbeiterin des Kongreßabgeordneten Ed Zschau, einmal fest, daß ihr Bildschirm plötzlich wegging. Als sie die Maschine neu gestartet hatte, waren 200 Briefe nicht mehr da. Vier Tage später verschwanden Briefe und Adressen hundertweise aus dem Computer des Abgeordneten John McKain. Die Kapitol-Polizei leitete, nachdem sie Bedienungsfehler praktisch ausgeschlossen hatte, eine Untersuchung ein.

In *Information Executive* schreibt der Fachmann J.A. Tujo, da in den amerikanischen Rechtsanwaltsbüros 250 000 Textverarbeitungsmaschinen stünden, könne sich »ein skrupelloser Gegenanwalt durch illegalen Zugang kompromittierendes Material« in seinen Computer kopieren; er brauche dazu nur eine ganz billige elektronische Ausrüstung, die im nächstbesten Radiogeschäft zu haben sei.

Politiker und Beamte dürften jedoch noch verwundbarer sein.

Computer stehen heute tausendweise, viele davon vernetzt, in den Büros des Kongresses, den Wohnungen der Volksvertreter und Lobbyisten und auf den Schreibtischen der Beamten, die von Sojabohnen-Quoten bis zu den Luftsicherheitsnormen buchstäblich alles regulieren. Unerlaubter und geheimer Zugang könnte endlosen Ärger verursachen und auf völlig unerwartete Weise Macht verlagern.

Auch Wahlkampf-Hauptquartiere werden mehr und mehr von Computern bevölkert. So lassen sich neue, praktisch unentdeckbare Spiele sogar in der Wahlurne spielen.

Tschernobyl in der Wahlurne

Im Dezember 1987 fand in Seoul in Südkorea nach 16 Jahren Militärherrschaft eine allgemeine Wahl statt. Die Ergebnisse dieser erbitterten Dreier-Auseinandersetzung wurden schließlich akzeptiert, und das Land ging seiner Wege. Aber kurz darauf entdeckten politische Beobachter gewisse Eigentümlichkeiten an der Wahl.

Der aus den ersten Wahlergebnissen errechnete, prozentuale Vorsprung des Siegers blieb seltsamerweise die ganze Nacht durch und in allen Regionen derselbe. Ein sehr populärer Oppositionskandidat hatte Zweifel an seinem eigenen Sieg in der Provinz Kwangju und sagte, er könne einfach nicht glauben, daß er es auf 94 Prozent der Stimmen gebracht habe. Bestenfalls könnten das 80 Prozent sein. Es wuchs der Verdacht, daß sich jemand nicht an den Wahlurnen, sondern an den Computern zu schaffen gemacht hatte, die die Ergebnisse zusammenrechneten.

Zwar hat sich der Verdacht unseres Wissens nie bestätigt, aber die Seouler Korrespondentin der *Financial Times*, Maggie Ford, sagte unter Berufung auf einen politischen Beobachter in Washington, »es wäre ganz einfach, ein Computermodell eines annehmbaren Wahlergebnisses aufzustellen. Dieses ließe sich auf das Wahlverhalten, regionale, Klassen- und Altersunterschiede und Vorfälle während des Wahlkampfs anpassen. Ein solches Modell könnte die Größe einer Mehrheit zeichnen. . .«

Vermutlich könnte es auch dazu benutzt werden, die Ergebnisse in Schlüsselbezirken so subtil zurechtzuschneidern, daß dabei, ohne eine Spur zu hinterlassen, ein Sieg herauskäme. Das ist dann möglich, wenn sich ein ausgefuchster Programmierer das richtige Kennwort beschafft, den Computer ein paar Prozent Stimmen für den einen Kandidaten einem anderen zuschreiben und dann eine »Falltür« aufspringen läßt, die jede Spur des Vorgangs tilgt.

Das Projekt »Election Watch« des Urban Policy Research Institute kommt, teilweise unter Rückgriff auf die Arbeiten der beiden Princetoner Computerforscher Jon R. Edwards und Howard Ray Strauss, zu dem Schluß: »Der Einsatz der Computer-Stimmzählung seit etwa zwei Jahrzehnten hat ungeahnte Möglichkeiten für Wahlbetrug und Zählfehler geschaffen.«

Viele Wahl-Aufsichtsführende sind anderer Meinung, aber Election Watch findet Zustimmung bei Willis H. Ware von der Rand Corporation. Ware sagt es noch dramatischer; seiner Meinung nach ist die Anfälligkeit der elektronischen Abstimmungssysteme so groß, daß »in irgendeiner Wahl ein Tschernobyl oder Three Mile Island mit der Wahrscheinlichkeit droht, mit der in Kalifornien ein Erdbeben der Stärke 8 auf der Richter-Skala zu gewärtigen ist«.

Spinnen wir diese eingestandenermaßen spekulativen Szenarien noch etwas weiter. Stellen wir uns vor, was passiert, wenn der Computer von Technikern, Programmierern oder System-Integratoren frisiert würde, die für einen Multi arbeiten, der etwa einen bestimmten Senator aus dem Amt gejagt sehen möchte. Oder wenn die elektronische Wahlurne indirekt und insgeheim nicht von einer Partei oder einem Konzern, sondern von einer fremden Macht gesteuert würde. Schon die Addition oder Subtraktion einer winzigen und mithin unbemerkten Zahl von Stimmen in jedem Wahlraum könnte das Wahlergebnis ins Gegenteil verkehren. Kein Mensch würde es vielleicht merken.

Caveat, Kandidat!

Die Verwundbarkeit gilt nicht nur innerhalb des Computers oder am Wahltag, sondern auch in der Art und Weise, wie computergenerierte Daten, Informationen und Wissensbestände benutzt oder mißbraucht werden.

Werden sie mit neuen Informationen konfrontiert, dann tun geschickte Politiker und Beamte genau das, was kluge Leute schon seit jeher tun. Sie wollen mehr über die Quellen und die Verläßlichkeit der Angaben wissen; sie fragen, welche Populationen befragt wurden und wie die Reaktionsraten waren; sie verweisen auf Ungereimtheiten und Lücken; sie stellen allzu glatte Statistiken in Frage; sie schauen genauer in die Maschinenlogik und so weiter.

Noch klügere Machtspieler berücksichtigen auch die Kanäle, über die die Information kam, und lassen sich intuitiv die diversen Interessen durch den Kopf gehen, die unterwegs die Information »massiert« haben könnten.

Die Klügsten - eine Minderheit einer winzigen Minderheit - tun alles dies, stellen aber auch noch die Hypothesen und die darunter liegenden Arbeitsannahmen in Frage.

Fantasiebegabte schließlich - und das sind dann wohl die allerwenigsten - stellen überhaupt den gesamten Bezugsrahmen in Frage.

In allen vier Kategorien findet man auch Leute aus Regierung und Verwaltung. Indes sind sie in allen High-Tech-Staaten derart beansprucht und überlastet, daß ihnen wenn schon nicht das Hirnschmalz, so doch die Zeit und die Aufmerkfähigkeit fehlen, über ein paar Oberflächen-»Fakten« hinauszudenken, anhand derer sie entscheiden sollen. Schlimmer noch: Jede Bürokratie verabscheut das Über-die-Kästchen-Hinausdenken und die Beschäftigung mit Grundvoraussetzungen. Machtspieler machen sich das zunutze.

Als David Stockman als Leiter des Amtes für Rechnungsführung und Haushalt dem Präsidenten und dem Stab im Weißen Haus Haushaltseinsparungen vorschlug, wählte er dazu sehr sorgfältig Programme aus, die nur 12 Prozent des Gesamtetats ausmachten. Bei der Erörterung dieser Einsparungen mit seinen Oberen lieferte er nie irgendwelche Zusammenhänge.

Später plauderte er aus der Schule und schrieb: »Was sie nie begriffen (weil ich es nie klarmachte), war, daß wir uns nur in einer kleinen Etat-Ecke tummelten. Die drei Riesenprogramme, die über die *Hälfte* des Inlandsbudgets ausmachten - Soziale Sicherheit, Versorgung der ehemaligen Soldaten und das Gesundheitsprogramm Medicare -, würdigten wir keines Blickes. Allein diese drei kosten pro Jahr 250 Milliarden Dollar. Die Programme, die wir zusammenstrichen, brachten eine Ersparnis von 25 Milliarden. Der Präsident und seine Leute sahen nur die Spitze des Etat-Eisbergs; über die gewaltige Masse, die unterhalb der Wasserlinie lauerte, fanden sie nichts heraus... Kein Mensch stellte auch nur eine Frage zu dem, was *nicht* behandelt wurde...«

Übersahen sie es absichtlich, hatten sie es zu eilig, oder ließen sie sich einfach von dem statistischen Hexenmeister Stockman blenden? Oder ertranken sie hoffnunglos im Meer der ausgespuckten Computerzahlen?

Heutzutage lohnt es sich kaum noch, eine Rede zu halten, wenn sie nicht mit Computerstatistiken gespickt ist. Aber die Zahlen, die ihnen vorgekaut werden, stellen die meisten Entscheidungsträger kaum je in Frage.

Sidney Jones schlug als Staatssekretär für Handelsfragen einmal die Einrichtung eines Statistischen Beraterstabes für den Präsidenten vor. Vermutlich hätte ein solcher dem Präsidenten sagen können, wie die berühmten »Leichenzählungen« im Vietnamkrieg zurechtmassiert worden waren. Oder warum sich Pentagon und CIA nicht einigen konnten, welche Stärke die sowjetischen Atomversuche wirklich hatten und ob die UdSSR nun gegen den Vertrag über das Verbot von Schwellen-Atomtests verstoßen hatte oder nicht. Oder warum das Handelsministerium einmal hoffnungslos überhöhte BSP-Zahlen zum besten gab, die dann nach unten korrigiert fast schon eine Rezession aufzeigten.

In jedem dieser Fälle waren die Gründe hochtechnisch - aber unvermeidlich auch politisch. Selbst ganz objektiv erscheinende Zahlen sind im Hauen und Stechen des politischen Machtkampfes zurechtgebügelt worden.

Das amerikanische Volkszählungsamt gibt sich redlichere Mühe als sonst eine Dienststelle, seine Definitionen und statistischen Verfahren zu veröffentlichen, damit sich jeder Benutzer seiner Informationen ein eigenes Urteil über die Wertigkeit der Zahlen bilden kann. Doch seine Spitzenfachleute sagen unverhohlen, diese Vorbehalte und Fußnoten würden in Washington praktisch nie zur Kenntnis genommen.

Nach den Worten eines Mitarbeiters »ist es den Politikern und der Presse wurscht. Alles, was sie herausbringen, ist: ›Ich brauche eine Zahl!‹«

Dafür gibt es zwei Gründe. Reine Naivität zum einen. Trotz allem, was wir in der vergangenen Generation von der Flüchtigkeit scheinbar unerschütterlicher Computerdaten erfahren haben, gilt nach den Worten des für Datenverarbeitung und Planung zuständigen Volkszählers »der Computerausdruck immer noch als Evangelium«.

Es gibt jedoch auch einen tieferen Grund. Politische Taktiker sind nicht auf der Suche nach gelehrsamer »Wahrheit« oder auch nur simpler Richtigkeit. Sie sind auf der Suche nach Munition für den Infokrieg. Um einen Gegner wegzublasen, brauchen Daten, Informationen und Wissen weder »richtig« noch »wahr« zu sein.

Datenbanktäuschung

Regierungen verlassen sich zunehmend auf Datenbanken. Ist Sununus Verweigerung des Datenzugangs ein praktisches Beispiel für ganz gewöhnliche Info-Taktiken, so ist das subtile Manipulieren von Datenbanken ein Beispiel für die Meta-Taktik.

Meta-Taktiker greifen die Datenbank nicht dadurch an, daß sie den Zugangshahn auf- oder zudrehen, sondern indem sie bestimmen, was überhaupt hineinkommt und was nicht.

Der in Amerika benutzte Zehnjahresvolkszählungs-Fragebogen muß vom Kongreß gebilligt werden. Sagt ein höherer Volkszähler: »Wir werden immer wieder vom Kongreß unter Druck gesetzt. So ziehen wir beispielsweise eine Stichprobenübersicht über die Farmenfinanzierung. Der Kongreß wies uns an, diese Daten *nicht* einzuholen, weil sie dazu benutzt werden könnten, die Bundeszuschüsse für Farmer zu kürzen.« Desgleichen setzen Firmen aller Industriezweige das Volkszählungsamt unter Druck, bestimmte Fragen zu stellen oder wegzulassen. Beispielsweise ist es gebeten worden, in den Wohnungsabschnitt eine Frage über transportable Häuser aufzunehmen, damit eine Firma ihre Daten bekommt. Da die Zahl der aufzunehmenden Fragen immer begrenzt sein wird, bekämpfen sich die Lobbyisten gegenseitig und setzen das Amt unter schlimmen Druck.

Wie computerisiert und scheinbar »objektiv« sie auch sein mögen, die Datenbanken spiegeln deshalb immer die Wertvorstellungen und Machtverhältnisse der Gesellschaft wider.

Die Kontrolle über das, was in die wuchernden Datenbanken von heute eingeht, ist aber nur die einfachste unter den Meta-Taktiken. Viel subtiler sind da schon die Versuche, auf die Aufteilung und Klassifizierung der Daten Einfluß zu nehmen.

Längst vor der Computerära setzte zu einer Zeit, als sich die Regierung wegen einer Überkonzentration in der Autoindustrie Sorgen machte, General Motors einen Lobbyisten ein, der in einem kaum bekannten Gremium saß: dem Benutzerrat für die Bundesstatistiken. Er sollte darauf achten, daß die Zahlen für die Gesamtindustrie so pauschal zusammengefaßt wurden, daß sie sich nie öffentlich auseinanderdividieren ließen. So sollte der Grad der Wirtschaftskonzentration etwa in der Fragestellung dargestellt werden, welchen Marktanteil »die drei größten« Konzerne hatten, niemals aber der größte allein - General Motors.

Heute werden hochentwickelte Systeme zur Indexierung, Klassifizierung und Kategorisierung der in die Datenbanken einfließenden Daten benutzt. Mit Hilfe derselben Computer lassen sich Daten auf vielerlei unterschiedliche Arten umkategorisieren. Diese heftigen politischen Schlachten drehen sich um immer obskurere, abstraktere, scheinbar technische Fragen.

Wegen der in den Datenbanken verwendeten Indikatoren und ihrer jeweiligen Bedeutung wird es noch viele Machtkämpfe geben. Wenn man wissen will, wie viele Engel auf der Spitze eines Sprengkopfs tanzen können, zählt man dann die Heiligenscheine oder die Harfen? Klinikbetten lassen sich leicht zählen und werden gelegentlich als Indikator für die Leistungsfähigkeit des Gesundheitsdienstes einer Gemeinde herangezogen. Aber wäre nicht die Zahl der Ärzte pro tausend Einwohner ein besserer Maßstab? Und was sagen die beiden Indikatoren über den tatsächlichen Gesundheitszustand der Einwohner aus? In der Bettenzahl schlägt sich anstatt einer wirklich der Gemeinde zugute kommenden Gesundheitsleistung vielleicht eher ein Subventionsprogramm nieder, das Krankenhäuser anhand der Bettenzählung belohnt oder bestraft.

Sollte man, um den wirklichen Gesundheitsbedarf zu erfahren, die Patienten zählen? Die Behandlungsmethoden? Die Lebenserwartung? Die Säuglingssterblichkeit? Die Wahl des Indikators einer Indikatorengruppe bestimmt das Ergebnis erheblich.

Meta-Taktikern ist das WYMIWYG-Prinzip geläufig - What You Measure Is What You Get.

Sachverständigenausschüsse, Regierungs-Spezialistenteams, Lobbyisten und andere ringen oft genug mit derlei Fragen. Sind einige Beteiligte auch nicht gewitzt genug, bohrende Fragen zu stellen oder die tiefere Bedeutung zu erfassen, so sind es doch andere. Dabei kämpfen sie in aller Regel für eigene kommerzielle oder ministerielle Interessen. Die in hochtechnischem Jargon geführten Auseinandersetzungen sind im Grunde hochpolitisch.

Die meisten Sträuße werden unter Ausschluß der Öffentlichkeit und weit unterhalb der höheren Beamten- oder der Kabinettsebene ausgefochten, haben doch letztere meist weder die Zeit noch empfinden sie die Neigung, diese verdeckten Probleme überhaupt zu verstehen. In Ermangelung beider sowie der notwendigen Ausbildung, die sie das Sperrfeuer der Fakten und Pseudofakten selbst durchschauen ließe, sind die Entscheidungsträger nolens volens gezwungen, sich auf Fachleute und Spezialisten zu verlassen.

Die Einbeziehung von immer mehr Variablen sowie der riesige Sprung bei der Datenverarbeitungskapazität, wie sie die Computer erlauben, führen dazu, daß der politische Entscheidungsträger nun anstatt der Informationsunterlastung vor der Informationsüberlastung steht.

Diese Überlastung bedeutet, daß die Interpretation wichtiger wird als die bloße Datensammlung. Daten (unterschiedlicher Güte) gibt es die Menge. Verständnis ist selten. Die Akzentverschiebung zur Dateninterpretation bedeutet aber mehr Verarbeitung auf höherer Ebene der Denk-Hierarchie. Das wiederum verändert das Machtgefüge unter den Fachleuten selbst. Es verlagert auch die Spielwiese des Info-Taktikers auf eine viel höhere, auf die Meta-Ebene.

Ein perfektes Beispiel gehört in den Bereich der neuesten Satelliten-Beobachtungssysteme zur Kontrolle der amerikanisch-sowjetischen Rüstungskontrollvereinbarungen. Die jüngst gestarteten Satelliten verbreiten eine solche Daten-Sintflut (von ihrer Geostation aus können sie Gegenstände entdecken, die nur ein paar Zoll groß sind), daß die sie Interpretierenden darin ertrinken. So sagt der stellvertretende Leiter des Wissenschaftsamtes im Weißen Haus, Thomas Rona: »In der Vergangenheit war das Problem vor allem die Aufspürung von Daten. Heute ist es das Filtern und Interpretieren.«

Das schiere Volumen droht nach einem Bericht der Zeitschrift *Science* »ganze Heerscharen von Analytikern zu überwältigen«, mit der Folge, daß auch die Automatisierung der Interpretationsfunktion gefordert wird.

Das wiederum spornt zur Nutzung künstlicher Intelligenz und anderer Werkzeuge des »knowledge engineering« an. Doch deren Einsatz hebt die Abstraktionshöhe noch weiter an und begräbt die kritischen Arbeitshypothesen des Systems unter noch dickeren Inferenzschichten.

In der Wirtschaft, schreibt *Datamation*, »rechnen die Konzerne mit einer Einbettung des Inferenzpotentials« der Expertensysteme in die vorhandenen Computersysteme. Schon werden in Nordamerika rund 2200 solcher Expertensysteme für alles Erdenkliche betrieben, von der Diagnose schlecht funktionierender Werkzeugmaschinen bis zur Analyse chemischer Abfälle und Auswertung von Versicherungsanträgen. Auch in Regierung und Verwaltung breiten sich die Expertensysteme aus und sind sogar schon vom FBI zur Unterstützung bei der Aufklärung von Serienmorden eingesetzt worden.

Damit verläßt man sich bei der Entscheidungsfindung auf das

Ergebnis komplexer Regeln, die man von Fachleuten aller Art erfragt, dann gewichtet, systematisiert und in Computern ablegt. Es ist damit zu rechnen, daß sich ähnliche Techniken quer durch Regierung und Verwaltung ausbreiten bis hin zum politischen Leben selbst, wo ja die Entscheidungen oft anhand einer Masse komplexer, ungenauer, verzahnter, uneindeutiger Fakten, Ideen, Bilder und Vorschläge und simpler machtlüsterner Täuschung getroffen werden müssen.

Diese Werkzeuge haben jedoch zur Folge, daß die logisch zwingenden Entscheidungen noch weiter »eingebettet« und sozusagen unsichtbar gemacht werden. Paradoxerweise wird dasselbe System, das klärende Information liefert, seinerseits für die meisten Endbenutzer immer undurchsichtiger.

Deshalb braucht man jedoch künstlicher Intelligenz und Expertensystemen nicht aus dem Wege zu gehen. Es deutet aber auf einen tiefgreifenden Prozeß hin, der wichtige Auswirkungen für die Demokratie hat.

In einem einstigen Goldenen Zeitalter war die Politik keineswegs reiner. Von Chinas Lord Shang bis zu den italienischen Borgias haben die Machthaber seit jeher die Wahrheit manipuliert und sich zum Dienst gepreßt. Was sich heute drastisch verändert, ist die Ebene, auf der diese Denkspiele gespielt werden.

Die Welt wird sich in den kommenden Jahrzehnten atemberaubenden neuen Problemen gegenübersehen: Gefahr einer globalen ökologischen Katastrophe, Zerfall langetablierter militärischer Gleichgewichte, wirtschaftliche Erschütterungen, technologische Revolutionen. Jedes verlangt intelligentes politisches Handeln anhand klarer Erkenntnisse der Bedrohungen und Lösungspotentiale.

Doch wie zutreffend sind die Bilder der Wirklichkeit, auf denen die Regierungen ihre Überlebens-Entscheidungen aufbauen? Wie zutreffend können sie sein, wenn die ihnen zugrunde gelegten Daten und Informationen selbst für wiederholte und unsichtbare »Meta-Massagen« anfällig sind?

Als sich Dr. James T. Hansen, Leiter des Goddard-Instituts der NASA für Raumuntersuchungen, auf seine Aussage vor dem Kongreß über den Treibhauseffekt vorbereitete, legte er seinen Text der Dienststelle für Rechnungsführung und Haushalt im Weißen Haus (OMB) zur Billigung vor. Hansen war der festen Überzeugung, daß die Zeit für ein energisches Eingreifen der amerikanischen Regierung gekommen war, um Dürre und andere schwere Auswirkungen der Klimaerwärmung zu verhindern.

Doch als er seinen Text wiederbekam, stellte er fest, daß die Dienststelle einen Absatz hinzugefügt hatte, der an der wissenschaftlichen Erkenntnis der Erwärmung des Planeten Zweifel äußerte und seine Position erheblich aufweichte. Er protestierte, verlor den Kampf und tat dann seine persönliche Auffassung öffentlich in der Presse kund.

Hinter diesem Zusammenprall zwischen der Administration und einem der Spitzenwissenschaftler des öffentlichen Dienstes lag ein wenig beachtetes bürokratisches Tauziehen. Das amerikanische Außenministerium und das Umweltschutzamt wollten beide international im Kampf gegen den Treibhauseffekt die Führung übernehmen. Demgegenüber befürworteten das OMB und das Energieministerium die Verzögerungstaktik.

Als Hansen in die Öffentlichkeit flüchtete, verlangte Senator Al Gore, einer der wenigen Kongreßmitglieder, die sich technologisch auskennen, das OMB solle »über die Grundlage für seine Schlußfolgerungen aussagen. Ich will wissen. . ., welche klimatischen Modelle es benutzt hat. . .«

Die Erwähnung des »Modells« war ein todsicherer Hinweis darauf, daß sich nun die Schlacht auf der meta-taktischen Ebene abspielen werde. Denn immer mehr Regierungsprogramme und -zielsetzungen werden von den tief in komplexen Computermodellen vergrabenen Hypothesen und Subhypothesen geprägt.

Während also Gore im Senat die Modelle in Frage stellte, deren sich die Anhänger der Verzögerungstaktik bedient hatten, focht Sununu im Weißen Haus die Verläßlichkeit der Modelle an, die der Gegenseite Munition geliefert hatten. Schrieb die Zeitschrift

Inside: »Er kennt das wissenschaftliche Schrifttum in- und auswendig und hält die Computermodelle, die eine signifikante Erwärmung vorhersagen, für so primitiv, daß sie für ein energisches Eingreifen keine verläßliche Handhabe bieten.«

Ob es sich nun um die Wirtschaft, um Krankheitskosten, strategische Waffen, Haushaltsdefizite, Giftmüll oder Steuerpolitik handelt: Fast hinter jedem politischen Problem entdecken wir heutzutage ganze Mannschaften von Modellierern und Gegenmodellierern, die das Rohmaterial für derlei politischen Streit liefern.

Ein systematisches Modell kann uns behilflich sein, damit wir uns komplexe Phänome vorstellen können. Es besteht aus einer Liste von Variablen, von denen jede anhand ihrer vermuteten Bedeutung ein bestimmtes Gewicht erhält. Computer erlauben den Bau von Modellen mit sehr viel mehr Variablen, als der bloße Kopf verarbeiten kann. Sie können uns auch untersuchen helfen, was passiert, wenn die Variablen anders gewichtet oder anders verzahnt werden.

Doch wie »hart« das Endergebnis auch aussehen mag: Alle Modelle beruhen letztlich und unausweichlich auf »weichen« Hypothesen. Überdies ist die Entscheidung, wieviel Gewicht welcher Variablen zugewiesen werden soll, häufig »weich«, intuitiv oder willkürlich. Infolgedessen streiten sich in Meta-Taktiken geübte politische »Innenkämpfer« wie wild um Gewichtungen, Variablen und Verzahnungen. Obwohl vielseitiger politischer Druck den Ausgang verkantet oder präjudiziert, kommt das Ergebnis doch gewöhnlich säuberlich in eindrucksvollen, scheinbar neutralen und wertfreien Computerausdrucken verpackt daher.

Modelle werden zur Entwicklung und Bestimmung einer Politik, zur Berechnung der Wirksamkeit eines Programms und zu »Falls«-Fragen benutzt. Aber wie wir aus der kürzlich veröffentlichten Studie über Regierungsmodelle *Data Wars* erfahren, lassen sie sich auch dazu einsetzen, »ein Problem zu verdunkeln oder einer vorherigen politischen Position Glaubwürdigkeit zu verleihen. . ., Entscheidungen hinauszuzögern, einer Entscheidung nur symbolische anstatt wirkliche Aufmerksamkeit zu widmen, die Entscheidungsträger zu verwirren oder zu benebeln«.

Die Autoren kommen zu dem Schluß: »Modelle werden ebensosehr für politische und ideologische Nöte wie für technische [sachgerechte] Zwecke benutzt.« Dies sei zwangsläufig, weil »Computermodelle beeinflussen, ›wer was bekommt‹«.

So hieß es in einer Studie des Wissenschaftsdienstes des Kongresses, die Kürzungen der Sozialprogramme in den achtziger Jahren hätten mindestens 557 000 Amerikaner verarmen lassen. Die Zahl lieferte den Politikern Munition, die gegen die Kürzungen waren. Aber sie beruhte nicht etwa auf einer Zählung der Armen. Vielmehr war die Zahl (wie immer mehr Zahlen in anderen Statistiken) das Ergebnis politisch strittiger Voraussetzungen, die in ein Modell aufgenommen worden waren, das zeigen sollte, was geschehen wäre, wenn die Kürzungen nicht erfolgt wären.

Wie feingesponnen die Meta-Taktiken mit der Ausbreitung von Computern in der Regierung werden, zeigt sich am Beispiel der Auseinandersetzung über Unauffindbare und das, was die Volkszählungstechniker das »Hotdeck-Verfahren zur Mängelbehebung« nennen.

Im November 1988 strengten die Städte New York, Houston, Chicago und Los Angeles gegen das Volkszählungsamt einen Prozeß an; es sollte gezwungen werden, auf andere Weise zu zählen. Menschenrechtsgruppen, die Bürgermeisterkonferenz und andere Organisationen schlossen sich der Klage an.

Bei jeder Volkszählung werden gewisse Gruppen zu niedrig gezählt. Arme, Durchreisende und Obdachlose sind schwerer zu zählen. Ausländer ohne Papiere wollen sich vielleicht nicht zählen lassen. Andere fallen aus anderen Gründen durchs Netz. Unter-Zählung, gleich welcher Ursache, kann schwere politische Folgen haben.

Da Washington Milliarden Steuerdollars in die Städte und Staaten zurückpumpt, können Städte gewisser Bundesmittel verlustig gehen, auf die sie sonst Anspruch hätten. Da sich die Sitze im Repräsentantenhaus nach der Bevölkerungszahl bemessen, können Staaten mit großen Anteilen ungezählter Bevölkerung um vollgültige Vertretung geprellt werden. Das kann sie wiederum eine Menge anderer Vorteile kosten. Unzureichende Information kann somit Macht verlagern.

Zum Ausgleich für eine Unter-Zählung sind die Computer des Volkszählungsamtes jetzt, wenn sie ein Haus entdecken, zu dem keine Daten vorliegen, so programmiert, daß sie davon ausgehen, die der Zählung Entgangenen hätten ähnliche Merkmale wie die in der Umgebung Wohnenden. Die Computer füllen dann die fehlenden Daten auf, als seien sie von den fehlenden Leuten selbst geliefert worden.

Millionen Menschen, deren Existenz angenommen wird, sind also in Wirklichkeit eine Phantombevölkerung, deren Merkmale wir nur erraten können. Das »Hotdeck-Verfahren« ist vielleicht eine bessere Methode als die bisherigen statistischen Methoden, aber wie über alle diese Techniken, läßt sich auch über seine Hypothesen streiten. Aufgrund dieser Hypothesen - woher immer sie die Information hatten - verloren die Wähler in Indiana einen Kongreßsitz, der an Florida ging. Das »Hotdeck-Verfahren« hat politische Macht verlagert.

Alles in allem bildet sich also eine neue Bühne für die politische Auseinandersetzung heraus: der Kampf um die Hypothesen hinter Hypothesen hinter weiteren Hypothesen, wie sie in komplexer Computersoftware Anwendung finden. Es ist eine Auseinandersetzung um Meta-Fragen. Sie kündigt die Aufkunft der Supersymbolwirtschaft an. Diese neue Wirtschaft könnte sich keine Sekunde halten ohne menschlichen Kontakt, Vorstellungskraft, Intuition, Fürsorglichkeit, Mitgefühl, psychologische Empfindsamkeit und all die anderen Qualitäten, die wir immer noch mit Menschen und nicht mit Maschinen verknüpfen. Aber sie setzt eben auch immer komplexeres und abstrakteres Wissen voraus, das auf den Riesenlawinen von Daten und Information beruht - allesamt immer raffinierterer politischer Manipulation ausgesetzt.

Dieser Blick auf die Info-Taktiken und zumal die neuen Meta-Taktiken lehrt uns, daß Gesetze, die der Geheimniskrämerei der Regierungen Schranken setzen, nur die äußerste Hautschicht des Wissenproblems der Demokratie berühren. Ihrem Wesen nach verlangt die neue Wirtschaft den freien Austausch von Ideen, innovativen Theorien und die Infragestellung der Autorität. Und doch: Trotz Glasnost, trotz aller Gesetzgebung über die Freiheit der Information, bei allen Indiskretionen und Schwierigkeiten heutiger Regierungen, noch irgend etwas geheimzuhalten - trotz alledem und noch mehr kann es durchaus so kommen, daß das tatsächliche Vorgehen der Machthaber nicht durchsichtiger, sondern undurchsichtiger wird.

Das ist das »Meta-Geheimnis« der Macht.

XXIV

Ein Markt für Spione

Einer unserer besten Humoristen, Art Buchwald, malte sich einmal eine Zusammenkunft von Spionen im Café Mozart in Ostberlin aus, darunter auch John Le Carrés berühmte Figur George Smiley.

»Will jemand die Verteidigungspläne des Warschauer Pakts für den Nordabschnitt kaufen?« läßt Buchwald Smiley fragen.

»Vergiß es, Smiley«, kommt die Antwort. »Es gibt keinen Markt mehr für Geheimpläne. Der Kalte Krieg ist vorbei und Moskau verschenkt sie jetzt.«

Die Buchwald-Kolumne war wie immer amüsant. Am lautesten gelacht haben dürften allerdings die wirklichen Spione. Denn von allem, was in den nächsten Jahrzehnten Hochkonjunktur haben wird, dürfte die Spionage den größten Boom erleben. Nicht nur wird es weiterhin Spione geben, sondern auf ihr Geschäft wartet eine wahre Revolution.

Mit dem Eintritt der ganzen Gesellschaft in ein neues, wissensbasiertes Wertschöpfungssystem wuchern auch die Informationsfunktionen der Regierungen, und damit wird gestohlenes und Geheimwissen für den, der es braucht, eher mehr als weniger wert werden.

Dies wiederum stellt alle hergebrachten Vorstellungen von Demokratie und Information in Frage. Denn selbst wenn wir verdeckte Aktionen und innenpolitische Überwachungssucht beiseitelassen und uns nur auf die »eigentliche« Arbeit des Spions konzentrieren - Gewinnung und Auswertung von Auslandserkenntnissen -, treffen wir auf ein System, das alles in den Schatten stellt, was wir bisher unter Spionage verstanden.

Ein kurzer Blick zurück soll das verdeutlichen.

Schmetterlinge und Sprengsätze

Spätestens seitdem das ägyptische *Totenbuch* die Spionage als seelengefährdende Sünde bezeichnet hat, sind Spione emsig am Werk. Doch von den Pharaonen bis zum Ende des Zweiten Weltkriegs blieben die Spionagetechniken recht primitiv, und die Spione der Frühzeit waren (insoweit den ersten Naturwissenschaftlern vergleichbar) weitgehend ungelernte Amateure.

In den ersten Jahren unseres Jahrhunderts zog der spätere Begründer der Pfadfinderbewegung, Robert Baden-Powell, als schrulliger Schmetterlingssammler verkleidet durch den Balkan, machte Zeichnungen von Befestigungsanlagen und versteckte sie in der Skizze komplizierter Schmetterlingsflügel (Baden-Powell betonte immer wieder, am meisten bringe der hingebungsvolle Amateur, der das Ausspionieren als Sport betreibe).

Auch der japanische Hauptmann Giichi Tanaka war ein Selfmade-Spion. Nachdem er im japanischen Militärattachéstab in Moskau gedient und Russisch gelernt hatte und angeblich zur russisch-orthodoxen Kirche übergetreten war, trat Tanaka eine gemütliche zweimonatige Rückreise nach Tokio an und kundschaftete die Transsibirische Bahn und das ostchinesische Eisenbahnnetz aus; seine Reisemitbringsel nutzte Tokio zur Planung des japanisch-russischen Krieges von 1905.

Die Spionageliteratur von heute beschäftigt sich immer noch am liebsten mit den tollkühnen Taten unerschrockener Männer, die militärischen Geheimnissen nachjagen. Doch die industrielle Revolution hat den Krieg gründlich verändert. Die Wehrpflichtigen-Massenheere, die Mechanisierung des Transports, das Maschinengewehr, die Massenproduktion von Panzern und Flugzeugen und das Konzept des totalen Krieges – all das waren Produkte der »zweiten Welle« oder des Schornsteinzeitalters. Parallel zur Massenproduktion wuchs das Massenzerstörungspotential, bis es schließlich im amerikanisch-russischen atomaren Patt den Point of no return erreichte.

Der Industrialisierung des Krieges folgte die des Nachrichtenwesens. Im frühen 20. Jahrhundert wurde die Spionage systematischer und bürokratischer, wobei die furchterregende Ochrana des

Zaren, Vorläufer des KGB, die Entwicklung anführte. Spionageschulen wurden errichtet, Spione professionell ausgebildet.

Aber auch ein paar wenige, noch so gut ausgebildete Spione konnten den wachsenden Nachrichtenmarkt nicht mehr befriedigen. So wie das Fabrikfließband den Einzelhandwerker verdrängte, versuchte man es jetzt mit der Massenproduktion nachrichtendienstlicher Erkenntnisse.

Im frühen 20. Jahrhundert verließen sich die Japaner nicht mehr ausschließlich auf eine Handvoll Vollblutspitzel wie Tanaka, sondern auf ein Heer von Spionagefußvolk: Auswanderer, die sich in China oder Sibirien niedergelassen hatten, Köche, Dienstpersonal und Fabrikarbeiter, die alle über ihr Gastland berichteten. Das japanische Nachrichtenwesen folgte dem Fabrikmodell und setzte ungelernte »Spionagearbeiter« zur Massenproduktion von Information ein, woran sich der Bau einer wuchernden Bürokratie anschloß, die den »Fang« zu verarbeiten hatte.

Nach der Oktoberrevolution setzte sich Lenin in Rußland für die »Rabkor«-Idee ein, den »Arbeiterkorrespondenten«. Gewöhnliche Arbeiter sollten den Zeitungen die angeblich revolutionsfeindlichen Saboteure und Verräter melden. Die Idee der Amateurkorrespondenten-Massen wurde auch auf die Auslandsspionage angewandt, und um 1929 gab es in Frankreich rund 3000 »Rabkors«, darunter Arbeiter in staatlichen Rüstungsarsenalen und -betrieben, denen man sagte, sie sollten ihre armseligen Arbeitsbedingungen in der Presse schildern. Aus diesen Berichten ergaben sich gleichzeitig nützliche Einblicke in die Kriegsproduktion, weshalb die aufschlußreichsten Arbeiterbriefe nicht veröffentlicht, sondern nach Moskau weitergeschickt wurden. Auch dies also ein Versuch der Massensammlung im einzelnen niedrigwertigen Nachrichtenmaterials.

Mit der hochgradigen Spionage hingegen wurden sorgfältig ausgebildete Berufsspione betraut. Der in Baku geborene und in Berlin aufgewachsene Richard Sorge gehörte zu den hervorragendsten sowjetischen Agentengestalten in der Geschichte. Sorge hatte seine Jugend in Deutschland verbracht, konnte in die NSDAP eintreten und sich als hitlerbegeisterter Korrespondent der *Frankfurter Zeitung* nach Japan versetzen lassen, womit er in

Tokio bei den deutschen Spitzendiplomaten und den japanischen Regierungsstellen aus und ein ging.

Die Sowjets hatten schreckliche Angst vor einem japanischen Überraschungsangriff auf Sibirien. Sorge sagte ihnen völlig richtig, dazu werde es nie kommen, vielmehr werde Deutschland die Sowjetunion angreifen. 1941 unterrichtete Sorge tatsächlich Moskau im voraus vom bevorstehenden deutschen Überfall auf die UdSSR und wies warnend darauf hin, dazu würden 150 deutsche Divisionen zusammengezogen. Sogar das Datum nannte er: 22. Juni 1941. Aber Stalin wischte die Information vom Tisch.

Als Sorge gerade Moskau vom bevorstehenden Angriff auf Pearl Harbor - wiederum mit exaktem Datum - unterrichten wollte, wurde er geschnappt und später von den Japanern hingerichtet. Später nannte ihn General Douglas MacArthur »ein düsteres Beispiel glänzend erfolgreicher Spionage«. Sorges Karriere unterstrich gewiß deutlich, daß der mutige und einfallsreiche Meisterspion auch weiterhin von großem Wert war.

Aber der Zweite Weltkrieg brachte auch bemerkenswerte Durchbrüche in anderer Beziehung, vom Ver- und Entschlüsselungssystem über das Aufklärungsflugzeug bis hin zu Funk und Radar - lauter Techniken, die die Grundlage für die echte Massenproduktion nachrichtendienstlicher Erkenntnisse legten, darunter auch ganz schwere Brocken.

Die Limousinen des Kreml

Seither haben fantastische technische Fortschritte den Himmel mit Augen und Ohren übersät, die automatisch riesige Erkenntnismassen sammeln. Satelliten, hochmoderne Optik und andere Gerätschaften suchen unablässig die Erde ab. Akustische Sensoren schwenken über die Schiffahrtsstraßen. Abhörstationen, Riesenradars und andere elektronische Lauschgeräte lassen von Australien bis Norwegen keinen Punkt des Planeten aus.

Unter den Sammelbegriff »Techint« (»Technological Intelligence - Nachrichtentechnologie«) fallen heute u.a. »Sigint« (»Signals Intelligence«: Fernmeldewesen, Elektronik und Telemetrie), »Radint« (alle radargesendeten oder -empfangenen Erkenntnisse) sowie »Imaging Intelligence« (Bildnachrichtenwesen: Fotografie, Infrarot u. dergl.). In allen werden die größten und modernsten Computer der Welt eingesetzt. Diese Systeme sind so riesig, teuer und mächtig, daß demgegenüber die »Humint«, die menschengesammelten Nachrichten, verblassen.

William E. Burrows, Urheber einer Untersuchung über Weltraumspionage, faßt das alles so zusammen: »Die Fernaufspürgeräte, mit denen jede Seite die andere und den größten Teil der übrigen Welt überwacht, sind so zahlreich, so vielfach überlappend und weitverstreut, daß kein Großangriff vorbereitet werden kann, ohne gleich mehrfach Alarm auszulösen... Alle Befehle, mit denen Armeen in Marsch gesetzt, Flugzeuge gestartet und Zivilisten zur Schutzsuche veranlaßt werden, müssen relativ schnell über riesige Gebiete mitgeteilt werden, und alles, was kommuniziert wird, kann auch abgefangen werden; alles zur Kriegführung Erforderliche muß bewegt werden, und was bewegt wird, läßt sich auch fotografieren.«

Die großen Mithör-Ohren im Himmel können sämtliche militärischen, diplomatischen und kommerziellen Mitteilungen auffangen, die über Telefon, Fernschreiben, Funk oder dergleichen per Satellit oder Mikrowellen versandt werden. Mit ihnen wurden schon hohe Kreml-Tiere in ihren Limousinen und chinesische Wissenschaftler auf dem Atomstützpunkt Lop Nor abgehört (die Chinesen stellten daraufhin alle Luft-Verbindungen ein und installierten abhörsichere unterirdische Leitungen).

Das alles hat aber auch strenge Grenzen. Trotz ihrer vielgepriesenen »Himmelsspione« mußten die USA schamrot feststellen, daß die Sowjets, die angeblich 239 SS-23-Raketen zerstört haben sollten, davon insgeheim 24 nach Ostdeutschland verlagert hatten. Und das ist nicht der einzige Versager.

Wegen der Fortschritte in der Computerverschlüsselung können immer weniger Codes noch geknackt werden. Ein Teil der Foto-Aufklärung wird durchs Wetter behindert. Der Gegner kann mit Hilfe eigener elektronischer Gegenmaßnahmen das Auffangsystem blenden oder täuschen. Trotzdem: Die fabrikartige Massensammlung von Daten ist weitgehend gelungen.

Natürlich verläuft nicht alle Nachrichtengewinnung über Hochtechnologie oder Trenchcoat-Schnüffler. Riesige Mengen werden aus »offenen Quellen« gewonnen: sorgfältiges Studium der Presse, der Auslandssender und amtlich freigegebener Statistiken sowie Teilnahme an Wissenschafts- oder Wirtschaftskonferenzen. All dies ergibt in Verbindung mit dem Geheimmaterial eine Menge Rohstoff für die Nachrichtenmühle.

Zur Auswertung all dieser aus technischen und menschlichen Quellen gewonnenen Daten ist eine Riesenbürokratie entstanden, die nach dem Prinzip der Arbeitsteilung arbeitet, das in den Fabriken die Produktion in eine Abfolge von Einzelschritten aufteilt. Der Prozeß beginnt damit, daß man die Kundenbedürfnisse feststellt, das Rohmaterial aus offenen und geheimen Quellen beschafft, es übersetzt, entschlüsselt usw., dann analysiert und schließlich in Berichte verpackt, die an die Kunden gehen.

In der Wirtschaft stellen heute viele Unternehmen fest, daß die sequentielle Produktion nicht mehr angemessen ist. Oben sahen wir, daß in der neuen Wirtschaft gewisse Abfolgen ganz wegfallen oder gleichzeitig laufen. Die bürokratische Organisationsform ist zu langsam und schwerfällig. Die Märkte ändern sich schnell. Sogar die Massenproduktion macht bei mehr und mehr Produkten der »flexiblen Produktion« Platz. Für viele Industriezweige hatte dies eine schwere Krise zur Folge.

Was Wunder also, daß auch das Nachrichtenwesen einen kritischen Punkt erreicht hat. Die neuen Informationsgewinnungsmethoden sind so wirksam, saugen so viel computergespeichertes Bildmaterial auf und hören so viele Telefongespräche ab, überschwemmen die Nachrichtendienste mit einer derartigen Flut von Information, daß sie sich nicht mehr vernünftig verarbeiten läßt. Das führt immer häufiger zur »Analyselähmung«. Die richtige Nachricht herauszupicken, korrekt zu analysieren und rechtzeitig beim richtigen Kunden anzulanden, erweist sich als das viel größere Problem als die Nachrichtensammlung als solche.

Daher sieht sich heute, da sich die Welt auf ein neues Wertschöpfungssystem anstelle des Schornsteinsystems zubewegt, spiegelbildlich zur Wirtschaft auch das Nachrichtenwesen einer Umstrukturierungskrise gegenüber.

Man muß sich die Spionage als gigantisches Unternehmen vorstellen. Nicht umsonst hat der CIA den Spitznamen »Die Firma«.

Wie in jedem Industriezweig gibt es auch hier ein paar Giganten und viele Kleinbetriebe. In der globalen Spionage-Industrie beherrschen die amerikanischen Produzenten das Bild. Neben dem CIA gibt es u.a. die Abwehr des Pentagon und vor allem das Amt für Nationale Sicherheit und das Nationale Aufklärungsbüro, die zusammen für den größten Teil der »Techint« zuständig sind. Daneben gibt es bei den verschiedenen Kommandostellen spezielle militärische Nachrichteneinheiten. Weniger bekannt sind die oft mit ausgeliehenen CIA-Leuten besetzten kleinen Nachrichteneinheiten im Außen-, Energie-, Schatz- und Handelsministerium sowie querbeet in der Regierung verstreut. Alle zusammen bilden sie die »Nachrichtengemeinde« der USA.

Die Sowjets setzen ihrerseits zur Gewinnung von Auslandserkenntnissen einen Teil des KGB (der andere Teil nimmt innere Sicherheitsaufgaben wahr) sowie die auf militärische und technologische Spionage spezialisierte GRU ein. Auch die Sowjets verfügen über ein gewaltiges System aus Satelliten, Bodenstationen, Großradars, Aufklärungsflugzeugen und anderen Systemen für die Überwachung der internationalen Kommunikationen und Atomaktivitäten in der ganzen Welt.

Die durch ausgezeichnete analytische Fähigkeiten und die Zahl sowjetischer Wühlmäuse, die sich bei ihnen eingenistet haben, berühmt gewordenen Briten haben ihren Secret Intelligence Service oder MI6 sowie das Gegenstück zur National Security Agency namens »Government Communications Headquarters« oder kurz GCHQ.

Das französische Gegenstück zum CIA ist das DGSE, auch als »la piscine« (»Schwimmbad«) bekannt, ergänzt durch das GCR (»Groupement de Contrôles radio-électriques«). Dieses Unternehmen, das nicht selten mit anderen westlichen Geheimdiensten auf dem Kriegsfuß steht, gewinnt zusehends an Ansehen, trotz seiner »Glanzleistung« beim Greenpeace-Zwischenfall, bei dem die Rainbow Warrior versenkt wurde.

Der berühmte israelische Mossad, auch »The Institute« genannt, und der westdeutsche Bundesnachrichtendienst sind ebenfalls angesehene Nachrichtenproduzenten. Dasselbe gilt für die drei wichtigsten japanischen Dienste. Als erster ist davon das Naicho oder Ausforschungsamt des Kabinetts zu nennen, eine kleine Organisation, die unmittelbar dem Ministerpräsidenten untersteht. Das Naicho vereinnahmt militärische Erkenntnisse, Informationen privater Organisationen oder von Medien wie dem Kyodo News Service und der Jiji Press, und vom Chosa Besshitsu oder »Chobetsu«, der elektronische und Luftaufklärung betreibt und sich im wesentlichen auf Nordkorea, China und die UdSSR konzentriert. (1986 - 84 Jahre nach Giichi Tanakas persönlicher Erkundung der Transsibirischen Eisenbahn - entdeckten die Sowjets einen eigenartigen japanischen Container an der Bahnlinie. Techint war an die Stelle von Humint getreten.)

Kurzum: Praktisch jeder Staat hat zumindest etwas einem Nachrichtendienst Ähnliches und sammelt Auslandserkenntnisse. Alles in allem bilden diese Dienste eine der größten »Dienstleistungs«-Industrien der Welt.

Das Geheimnis-Swapgeschäft

All die verschiedenen »Unternehmen« dieser Industrie sind miteinander durch einen Informationsmarkt verbunden. Ein gewaltiger Teil der Aktivität jeder industriellen Wirtschaft besteht aus dem Verkauf von Waren und Dienstleistungen nicht an »Endbenutzer«, sondern von Geschäftszweig an Geschäftszweig. Ebenso treiben auch Spione seit jeher miteinander Handel.

Edward Gleichen war um die Jahrhundertwende englischer Spion. Als solcher reiste er nach Nordafrika und besichtigte marokkanische Befestigungen, manchmal mit gutmütiger Unterstützung von Ortsansässigen, die, wie er berichtet, »mir Aufnahmewinkel und -hänge ›schießen‹ halfen«. Diese Erkenntnisse wurden später den Franzosen ausgehändigt, die alle Hände voll mit der »Befriedung der Eingeborenen« zu tun hatten. Was die Briten als Gegenleistung bekamen, ist nicht bekannt, aber derlei »Tauschhändel«, wie Adam Smith es genannt haben könnte, werden nicht nur in aller Heimlichkeit betrieben, sondern nehmen auch zu.

Ganz ähnlich wie die heutigen Weltkonzerne gehen Spionagedienste Konsortien und Bündnisse ein. Schon seit 1947 verbindet ein Geheimpakt namens UKUSA Security Agreement die amerikanische NSA, das britische GCHG und ihre kanadischen, australischen und neuseeländischen Partner. Später trat die NATO dem Pakt bei (seit 1986 ist allerdings Neuseeland aus der Geheimnistausch-Abmachung ausgeschlossen, weil es seine Häfen für atomwaffenbestückte amerikanische Schiffe sperrte). Die Beziehungen zwischen den Mitgliedern solcher Konsortien sind oft recht unerfreulich; sie tauschen Informationen und Fehlinformationen aus und werfen sich gegenseitig vor, sie hätten Geheimnisse durchsickern lassen, seien vom Gegner unterwandert oder hielten gewisses Geheimmaterial zurück.

Das zweitgrößte Nachrichtenkonsortium der modernen Welt seit Ende des Zweiten Weltkriegs und bis in die neunziger Jahre wurde natürlich von Moskau aus gesteuert und umfaßte fast alle osteuropäischen Staaten sowie Kuba und Nordvietnam. Wie sie untereinander zusammenhängen, verdeutlicht der Fall des ehemaligen kalifornischen Elektrotechnikers James D. Harper, dessen Frau bei Systems Control, einer im Verteidigungsbereich tätigen Firma arbeitete. Für 250 000 Dollar verkaufte Harper zahlreiche Systems-Control-Dokumente an Zdzislaw Przychodzien, vorgeblich Angestellter des polnischen Ministeriums für Maschinenbau, in Wirklichkeit aber Agent des polnischen SB (Sluzba Bezpieczenstwa).

Die Papiere über die amerikanische ballistische Abwehr wurden schnellstens nach Warschau verfrachtet, dort sortiert, kopiert und dann von Kurieren des sowjetischen KGB abgeholt. Es heißt, der KGB habe häufig Nachrichtendienste der Satellitenstaaten auf ganz bestimmte Aufgaben angesetzt.

Was im Falle Harper geschah, wiederholte sich, als Osteuropa noch unter der Knute der Sowjets stand, mehrfach mit den Diensten aus Ostdeutschland, Bulgarien, Ungarn und Rumänien. Zwar bedienten sich alle diese Dienste auch selbst, aber sie waren doch so organisch mit den Sowjets verbunden, daß sie sogar nach Sturz ihrer kommunistischen Regierungen noch eine Zeitlang die Zusammenarbeit mit den Sowjets fortsetzten.

Natürlich gehören nicht alle Dienste in eines der beiden großen Spionagelager. Und die dazu gehören, treiben nicht nur untereinander Handel. Es gibt viele andere »Geschäftsverbindungen«. Tritt ein neues Regime oder eine andere Partei die Macht an, gehört in vielen Staaten die Auswahl eines »Nachrichten-Großhändlers« zu den ersten, wichtigsten Entscheidungen (die freilich nie öffentlich diskutiert wird).

Ein gutes Beispiel dafür bietet Präsident Raúl Alfonsin, Chef der ersten demokratischen Regierung in Argentinien nach dem Sturz der Militärjunta. 1985 debattierten enge Vertraute in seiner zivilen Regierung das Problem. Als Hauptlieferanten für Argentinien kamen der CIA, die Franzosen, Engländer oder der israelische Mossad in Frage. Nach geltender Vorstellung sollten die argentinischen Spione ihre Lieferanten mit Informationen über bestimmte Länder versorgen; als Gegenleistung erhielt Argentinien einen ganzen Informationsstrom über Länder, die auszuspionieren es sich nicht leisten oder in die es selbst nicht eindringen konnte.

Die Briten schieden wegen des noch frischen Falklandkriegs aus. Der CIA? Er hatte mit dem vorherigen Regime in Buenos Aires in Verbindung gestanden, und überhaupt war es wohl am besten, beide Supermächte wegzulassen. Die Franzosen wurden als Möglichkeit erwogen, doch waren sie zwar in Afrika stark, standen aber in Südamerika, schließlich Hauptinteressengebiet Argentiniens, auf schwachen Füßen. »Das Schlimme ist«, sagte ein argentinischer hoher Beamter, »daß man in Nachrichtendingen nie weiß, mit wem man es zu tun hat.«

Ähnliche Debatten dürften in allen osteuropäischen Ländern vor sich gehen, die ihre Bande zu Moskau gelockert haben und sich jetzt sogar nach neuen Spionagepartnern in Westeuropa und anderswo umsehen.

Selbst in den USA verändern sich, sobald eine neue Regierung ihr Amt antritt, die Praktiken im Nachrichtenaustausch. Südafrika, das keine eigenen Satelliten hat, erhielt von Amerikanern wie Briten Erkenntnisse über die schwarzafrikanischen Staaten in seiner Umgebung. Dazu gehörten auch Informationen über den

Afrikanischen Nationalkongreß, Hauptwiderstandsbewegung der Schwarzen. Präsident Jimmy Carter verbot jeden Nachrichtenaustausch mit Südafrika. Die Reagan-Regierung öffnete den Kanal dann wieder.

Würde die Geschichte der Geheimdienste der Welt einmal offengelegt, dann fände man die seltsamsten Querverbindungen: die Australier, die in Chile unter Anleitung des CIA die Allende-Regierung zu stürzen suchen; die Franzosen in Zusammenarbeit mit Portugiesen und Marokkanern, oder die Rumänen mit der PLO. Die Sowjets haben israelische Luft- und See-Operationen ausgekundschaftet und die Erkenntnisse an Libyen weitergegeben. Die Israelis beliefern die USA. Von allen Querverbindungen die vielleicht erstaunlichste mag 1989 der Amerikabesuch zweier ehemaliger Spitzenfunktionäre des KGB sein, als der ehemalige Vizedirektor Fjodor Sherbak und der Antiterror-Spezialist Valentin Sweshdenkow mit dem früheren CIA-Direktor William Colby und aktiven Beamten ein Abkommen über Informationsaustausch in Drogen- und Terrorismusfragen aushandelten.

Dank derartiger Zickzack-Abmachungen kann sich der eine Staat hinter einem andern verstecken und manches tun, was nach seinen Gesetzen unrechtmäßig oder fragwürdig wäre. Das GCHQ führt beispielsweise eine Liste der Amerikaner, für deren Telefonanrufe sich die NSA interessiert. Mit dem internationalen Geheimnisswap lassen sich sämtliche rechtliche Einschränkungen der Schnüffelei unterlaufen.

Gigantenschatten am Horizont

Wie sich die Geheimdienstwelt der kommenden Supersymbolwirtschaft anpaßt, wird sich auch dieser gefräßige Nachrichtenmarkt drastisch verändern. Er wird neue Produkte verlangen und von neuen Giganten beherrscht werden.

Schon zeichnet sich ein Zusammenbruch oder eine endgültige Schwächung des UKUSA-NATO-Spionagebündnisses ab. Mit dem Rückgang des sowjetischen Einflusses auf Osteuropa und dem zu erwartenden Run der einstigen Juniorpartner der Sowjetunion auf eigene, getrennte Abmachungen mit den westlichen Spionagestellen, mit wachsendem Selbständigkeitsanspruch der Engländer und Westeuropäer gegenüber Amerika, zerbröckelt eine Menge Zement, der bislang das Konsortium zusammenhielt.

Da zudem Japan und Deutschland im Einklang mit ihrer gewaltigen Wirtschaftsstärke eine viel größere diplomatische, politische (und vielleicht militärische) Rolle spielen werden, ist zu erwarten, daß sie auch ihr Nachrichtenwesen ausbauen, was wiederum erhöhte Spionage- und Abwehrtätigkeit bei ihren Nachbarn, Handelspartnern, Verbündeten und Gegnern auslöst. Vielleicht werden die Deutschen und Japaner selber zum Kern neuer Konsortien, an die sich kleinere Mächte anhängen. Erstaunlich wäre es jedenfalls, wenn Bundesnachrichtendienst und Chobetsu ohne beträchtliche Haushaltsaufbesserungen blieben (natürlich verdeckt oder in den Etats anderer Dienststellen versteckt).

In diesen Machtverschiebungen in der Geheimwelt der Nachrichtendienste schlägt sich, um es mit dem Lieblingsschlagwort der Sowjets zu beschreiben, die neue »Korrelation der Kräfte« nieder. Verstärkt sich mit dem neuen Wertschöpfungssystem der Konkurrenzkampf unter den High-Tech-Staaten, so verändern sich auch die Prioritäten der wichtigsten Spionagedienste. Das Hauptinteresse der Spione der Zukunft wird drei Themen gelten: Wirtschaft, Technik und Ökologie.

Militärflugzeuge und Mithörlisten

1975 erhielt ein für die irakische Regierung tätiger Palästinenser einen Auftrag, der an Deutlichkeit nichts zu wünschen übrigließ. Aufgrund der politischen Umorientierung von der Sowjetunion nach Westen war der Irak für 60 Militärflugzeuge zum damaligen Wert von rund 100 Millionen Dollar auf dem Markt. Der Palästinenser, Said K. Aburish, versuchte es mit einer englischen Firma, aber die Regierung wollte die Lieferung von Ersatzteilen nicht garantieren. Folglich wandten sich die Iraker an die Franzosen, die bereit waren, F-1 Mirage zu liefern und die Ersatzteile zu garantieren. Aber die Iraker spürten, daß die Franzosen sie übers Ohr schlugen und zuviel Geld verlangten. Daraufhin erhielt Aburish, wie er sagt, einen Anruf der Iraker: »Lassen Sie alles liegen und stehen und finden Sie heraus, was die Bastarde von anderen Ländern verlangen. Geld spielt keine Rolle; bestechen, kaufen oder wickeln Sie jeden ein, den Sie brauchen...«

Ironischerweise fand er die benötigte Information, jedenfalls nach seiner Lesart, dann in den Archiven des Stockholmer Friedensinstituts, das ja nun nicht gerade ein Freund von Kriegsflugzeug-Händlern ist. Als kurz darauf der damalige französische Ministerpräsident Jacques Chirac Bagdad besuchte, schob ihm der starke Mann Iraks, Saddam Hussein, einen Zettel zu, auf dem die von anderen Ländern geforderten Preise standen. Nach Aburish willigte Chirac »sofort in eine Kürzung des Kaufpreises pro Flugzeug um 1,75 Millionen ein«. Die Flugzeuge flogen noch im ganzen Golfkrieg, der 1988 endete.

Das war traditionelle Wirtschaftsspionage für eine Regierung. Vergleicht man den Erlös (1 750 000 mal 60 Flugzeuge = rund 100 000 000) mit den bescheidenen Bestechungsgeldern, die Aburish angeblich gezahlt hat, dann erhält man eine Vorstellung, welche immensen Gewinnspannen die Wirtschaftsspionage abwirft. Meist handelt es sich um niedrige Einsätze und hohen Gewinn. Aber der Fall Aburish ist nur kleines Gemüse, »Mikro-Spionage« sozusagen.

Man sehe demgegenüber die möglichen Erlöse der »Makro-Spionage«. Als Großbritannien 1973 über den Beitritt zum Gemeinsamen Markt verhandelte, waren seine Unterhändler im Besitz von Informationen anhand abgefangener Mitteilungen der anderen europäischen Länder. Der daraus resultierende Verhandlungsvorteil läßt sich schwer berechnen, aber die irakischen 100 Millionen nehmen sich im Vergleich wie Taschengeld aus. Das war »Makro-Spionage«.

Die National Security Agency und das britische GCHQ führen sogenannte »Überwachungs-« oder »Mithörlisten« von Firmen oder Organisationen, die sie nicht nur routinemäßig überprüfen. Dazu gehören Banken, Ölgesellschaften sowie Handelshäuser, deren Aktivitäten zum Beispiel den Weltmarktpreis von Erdöl oder Getreide ins Rutschen bringen könnten.

Auch die Sowjets achten sehr auf Wirtschaftsdaten. Der frühere NSA-Mitarbeiter Raymond Tate sagt dazu, vermittels ihrer Nachrichtenmöglichkeiten manipuliere »die Sowjetunion seit vielen Jahren eine ganze Menge von Warenmärkten in der Welt«.

Nach Lionel Olmer, dem früheren amerikanischen Handels-Staatssekretär, sind es indes die Japaner, die »das ausgefeilteste und bestorganisierte Wirtschafts-Spionagesystem in der Welt in Form von ›Kundschaftern‹ (das meine ich nicht abschätzig) in ihren Exportbüros unterhalten. Hauptkundschafter ist die JETRO (die japanische Exporthandelsorganisation). Doch auch die japanischen Handelshäuser sind wie der Teufel auf Information aus und überall in der Welt aktiv, von Afrika bis Osteuropa. Inwieweit sie ihre Informationen an die Regierung weitergeben, wissen wir nicht genau, aber vermutlich fast alles.«

Als Olmer noch im Handelsministerium saß, sagte er: »Einmal bemühten wir uns ein ganzes Jahr lang um den Nachweis, daß die Japaner den Wert des Yen insgeheim manipulierten; das war etwa 1983. Handfeste Beweise, daß die Regierung das Auf und Ab des Währungswertes orchestrierte, fanden wir nicht. Aber gewußt hätten wir es schon gern.« Auch das Makro-Spionage.

1988/89 kam es zwischen Japan und Amerika wegen der gemeinsamen Herstellung des FSX-Jägers zu einem größeren Tauziehen. In diesen Verhandlungen wäre es nach Olmer »sehr hilfreich gewesen, wenn unsere Regierung über die wahren Absichten der japanischen Regierung besser Bescheid gewußt hätte... Betrachtete sie das FSX-Vorhaben etwa als Sprungbrett zur Eigenentwicklung einer Passagier-Düsenflugzeugindustrie, die der unsrigen Konkurrenz machen sollte? Wir bekamen nichts als einen Haufen Ungereimtheiten.« Auch hier ging es also nicht um den Verkauf von ein paar Flugzeugen, sondern um das Schicksal einer ganzen Industrie.

Doch das alles sind nur ein paar Eröffnungsgefechte eines Wirtschaftskriegs, der in den vor uns liegenden, entscheidenden Jahrzehnten immer systematischer geführt werden und für die Strategien von Regierung und Wirtschaft immer zentralere Bedeutung erlangen wird.

Mehrere konvergierende Faktoren treiben die führenden Nachrichtenproduzenten der Welt immer tiefer in die Wirtschaftsspionage. Da ist einmal das Ende des Kalten Krieges, das alle größeren Dienste nach neuen Aufgaben zur Rechtfertigung ihrer Etats Ausschau halten läßt. Da ist zum andern die Tatsache, daß das neue Wertschöpfungssystem mehr Industrien zur Globalisierung drängt, so daß sie in steigendem Maße Auslandsinteressen zu bedienen und zu wahren haben. Sie bedrängen die Regierungen mit Bitten um politische Unterstützung und für Einzelfirmen unerreichbare Wirtschaftsinformationen. Dieser Druck wird mit wachsender Globalisierung steigen, egal, ob man nun die Nutzung von Erkenntnissen der öffentlichen Hand zur Erzielung privater Gewinne gutheißt oder nicht.

Hinzu kommt jedoch eine überraschende, oft übersehene Tatsache. Je abhängiger die Unternehmen von Elektronik, vom Ausbau umfangreicher, weltumspannender Netze werden, Daten über die Grenzen hinweg unmittelbar zwischen eigenen und fremden Computern austauschen müssen, um in der Supersymbolwirtschaft bestehen zu können, desto anfälliger wird die gesamte Wirtschaft für die elektronische Durchdringung durch die NSA oder das GCHQ, das Chobetsu und deren sowjetisches Gegenstück. Gewaltige, einst weniger zugängliche Ströme feinstgemahlener Geschäftsdaten sind für Nachrichtendienste ein gefundenes Fressen.

Schließlich wird sich mit höheren Einsätzen im globalen Handelspoker auch die Rivalität der Nachrichtendienste erhitzen, vergleichbar dem Rüstungswettlauf. Erzielt der Spionagedienst eines Landes einen Durchbruch, so werden sofort alle anderen alles daran setzen, es ihm gleichzutun oder ihn zu überholen, und jedesmal geht es um noch mehr.

Wie nie zuvor im zu Ende gehenden Jahrhundert wird die Spionage nicht nur Regierungen dienen, sondern auch für die Unternehmensstrategien zum Dienst gepreßt werden mit dem Argument, mehr Unternehmensmacht bedeute auch mehr Staatsmacht.

Deshalb müssen wir eine noch raffiniertere Überwachung der Ernteergebnisse und Bergbauaktivitäten in bestimmten Zielländern, mehr Mithörversuche in entscheidenden Handelsverhandlungen, mehr Diebstahl von Konstruktionssoftware, mehr Entwendung von Angebotsunterlagen und dergleichen gewärtigen. Das gesamte Arsenal elektronischer Überwachung könnte in den Dienst des Handels gepreßt werden, einschließlich ganzer Heerscharen gutausgebildeter menschlicher Kundschafter, die präzise Antworten auf genau die Fragen beschaffen, auf die Olmer seinerzeit keine Antwort bekommen konnte.

Kryptographie, Ver- und Entschlüsselung wird in dem Maße Hochkonjunktur bekommen, als Firmen und Einzelpersonen ihre Geheimnisse vor scharfen Augen und gespitzten Ohren zu verbergen trachten. Auch das Tor zur Korruption wird weit aufgestoßen werden, der Verkauf regierungseigener Daten an der Hintertür durch aktive oder ehemalige Agenten. In Ermangelung eines wirklich durchsetzbaren Völkerrechts werden sich daran auch erbitterte internationale Auseinandersetzungen entzünden.

Linie X versus James Bond

Wie die militärische bestimmt Wissen immer mehr auch die wirtschaftliche Schlagkraft. Hochtechnologie ist tiefgefrorenes Wissen. Mit Ausbreitung der Supersymbolwirtschaft schnellt der Wert des technischen Vorsprungs in die Höhe.

Im Januar 1985 wurden fast 200 000 Tonnen rumänischen 96-Zoll-Stahls in Nordamerika angelandet und 40 Prozent billiger als vergleichbarer kanadischer Stahl verkauft. Die Geschichte dieser Ladung reicht 13 Jahre zurück, als der rumänische Diktator Nicolae Ceauşescu das Atomprogramm seines Landes der Oberaufsicht seiner Auslandsspionage-Organisation DIE unterstellte.

Nach dem früheren Direktor der DIE, Ion Pacepa, der später in den Westen flüchtete, wurden nachrichtendienstlich geschulte Ingenieure mit falschen Papieren ausgestattet und ins Ausland geschickt, um sich in der Atomindustrie anstellen zu lassen. Nach Pacepa gelang es diesen Techno-Spionen tatsächlich, bei General Electric, Combustion Engineering, deren kanadischen Partnern oder Tochtergesellschaften, aber auch bei Siemens, der Kraftwerke-Union sowie der AEG in Westdeutschland und Ansaldo

Nucleari Impiante in Italien Fuß zu fassen. Bald floß technisches Erkenntnismaterial in Strömen nach Bukarest.

Da er wußte, daß die Kanadier mit dem Verkauf ihres CANDU-Reaktors Schwierigkeiten hatten, ließ Ceauşescu über die DIE durchblicken, er sei vielleicht am Kauf von bis zu 20 CANDUs interessiert. Tatsächlich unterzeichneten am 27. Oktober 1977 die Rumänen ein Abkommen mit den Kanadiern, das den vollständigen Bau von vier Reaktoren durch die Kanadier, den Bau der restlichen mit rumänischer Hilfe vorsah. Daraufhin rollte Kanada für rumänische Atomingenieure, darunter viele DIE-Agenten, den roten Teppich aus.

Das Ergebnis war laut Pacepa, daß die »DIE binnen kurzem zu 75 Prozent über die CANDU-600-Technik, ein modernes Sicherheitssystem für Atomkraftwerke, die Technik und Ausrüstung für die Erzeugung schweren Wassers und die Bau- und Konstruktionspläne von Atomkraftwerken in Kanada, Westdeutschland und Frankreich im Bilde war«.

Aber es kommt noch besser. Es gelang Rumänien, Kanada zur Gewährung einer Milliardenanleihe zu überreden, die zum Teil für Zahlungen an die am Projekt beteiligten kanadischen Firmen dienen sollte, wobei Rumänien zusagte, die restlichen Kosten in Form von Naturalien oder Tauschhandel an Kanada zu begleichen. Im März 1982 ging das Ganze dann sozusagen aus wie das Hornberger Schießen. Immerhin hatte Rumänien inzwischen schon einen Vorschuß von 320 Millionen Dollar eingesackt. Außerdem besaß es bereits den größten Teil der benötigten Technologie. Es brauchte jetzt nur noch nach den Tauschhandelbedingungen Waren an Kanada zu liefern. Das war der Grund, warum der rumänische Stahl in Kanada Eingang fand und das einheimische Erzeugnis unterbot.

Dieses Husarenstück der Rumänen, die den Kanadiern erst technische Erkenntnisse aus der Nase zogen und sie dann wirtschaftlich übers Ohr hauten, ist gar nicht so ungewöhnlich in einer Welt, in der die Forschung immense Gelder verschlingt, neben denen sich die Kosten des Technologiediebstahls wie billiger Plunder ausnehmen.

Tatsächlich lassen sich nach Graf de Marenches, dem früheren französischen Spionagechef, »in jedem Nachrichtendienst, der dieses Namens würdig ist, problemlos Fälle finden, in denen eine einzige Operation den gesamten Jahresetat einspielte. Natürlich erhält der Dienst kein Geld, aber die Industrie des Landes profitiert davon.«

Das - und nicht bloß militärische Erwägungen - erklärt, warum jedes Zentrum neuer Technologie von Spionen nur so wimmelt, warum sich die Sowjets und andere auf Silicon Valley konzentrieren, die Russen sogar drei kalifornische Banken zu kaufen versuchten, von denen eine an viele Silicon-Valley-Unternehmen Kredite vergab. Es ist auch der Grund, warum Japan heute so sehr im Visier steht (nach einem früher dort postierten KGB-Offizier »wurden sogar die speziellen Abhörgeräte, mit denen der KGB-Resident den Funkverkehr zwischen japanischen Polizei-Überwachungsmannschaften mithörte, von den Japanern gestohlen«).

Das rumänische System war ganz dem viel größeren Technologie-Spionageapparat der Sowjetunion abgeguckt, der sogenannten »Linie X« des KGB, der Abteilung T: »T« wie Technik.

1987 wurde in einem auf CIA-Material beruhenden Bericht des amerikanischen Außenministeriums der Vorwurf erhoben, ein Drittel der Mitarbeiter der sowjetischen Industrie- und Handelskammer seien bekannte oder vermutete KGB- oder GRU-Offiziere. »Mit der Wahrnehmung von über 200 Handelsausstellungen und von etwa 100 westlichen Firmendelegationen pro Jahr erhalten sie ungewöhnlich viel Zugang zu importiertem Gerät.« Besondere Aufmerksamkeit widmen die Sowjets den Robotern, der Tiefsee-Technik und der chemischen Industrie.

Da sich wegen knapper harter Währung viele Staaten den legalen Erwerb von Technologie und Know-how nicht leisten können, ist der Drang zum illegalen Erwerb unwiderstehlich. Das läßt demnächst eine Zunahme der technologischen Spionage durch die armen Länder Afrikas, Asiens und Südamerikas erwarten. Können sie die von ihren Ingenieuren, Technikern und Studenten geklauten Erkenntnisse nicht selber nutzen, so können sie sie doch wenigstens weiterverkaufen. Tatsächlich wird der »Weiterverkaufs«-Markt als Aspekt der technischen Spionage oft weit unterschätzt.

Zudem verursacht angesichts der zunehmend zentralen Bedeutung des in technischer Innovation eingebetteten Wissens für die wirtschaftliche, militärische und politische Macht die Technik-Spionage wachsende Reibereien zwischen früheren Verbündeten. Man denke nur an Cocom.

Hinter dieser Abkürzung verbirgt sich der in Paris ansässige Koordinierungsausschuß für den Ost-West-Handel, der von 16 Staaten gebildet wurde, um ein Absickern westlicher Hochtechnologie in den damaligen Ostblock zu verhindern. Cocom wird immer mehr zum Schauplatz von Meinungsverschiedenheiten zwischen den Mitgliedern und droht mittlerweile auseinanderzubrechen. Die Mitglieder finden seine Handelsbeschränkungen immer ärgerlicher und werfen sich gegenseitig vor, sie benutzten sie nur zum eigenen Vorteil.

Auf Initiative der Europäer und Japaner soll jetzt die Liste der Waren, deren Ausfuhr untersagt ist, und der Länder, in die nicht exportiert werden darf, gekürzt werden. Aber als 1983 die USA, treibende Cocom-Kraft, den Vorschlag machte, China aus der Liste zu streichen, erhob sich ein Proteststurm. Nach Professor Takehito Yamamoto von der Shizuoka-Universität befürchteten die westeuropäischen Staaten, »die USA könnten den chinesischen Markt erobern, und widersetzten sich vehement diesem Vorschlag, der denn auch nie das Tageslicht erblickte«.

Kürzlich geriet Japan wegen der Toshiba-Affäre ins Gerede. Es ging um den unrechtmäßigen Verkauf hochmoderner Ausrüstung zum Schleifen von U-Boot-Propellerblättern an die Sowjets durch eine Toshiba-Tochter. Unter starkem amerikanischem Druck verschärfte Japan seine Exportkontrollen, damit sich das nicht wiederholen konnte. Das hatte freilich auch zur Folge, daß es sich damit eines Teils seines Chinamarktes beraubte. So sanken die japanischen Werkzeugmaschinenausfuhren nach China allein im Jahre 1987 um bittere 65,9 Prozent. Wie wütend Japan wurde, als in einer Shanghaier Fabrik dann plötzlich ein Werkbankzentrum von Cincinnati Milacron auftauchte, kann man sich denken.

Derartige Handelskriege drohen Cocom jetzt völlig den Garaus zu machen. Überdies hat die europäische Integration, wie wir sahen, die Schaffung transnationaler oder multinationaler Wirtschaftsgruppen und vielfältige, grenzüberschreitende kommerzielle Bündnisse sowie Joint Ventures zur Folge.

Aus all diesen Gründen wird sich an der Spitze der Ziele von Spionen aus aller Welt die Technik zur Wirtschaft gesellen. Der Spion der Zukunft dürfte immer weniger James Bond ähneln, dessen Hauptkraft in den Fäusten lag, als dem Techniker der Linie X, der gleich nebenan wohnt und nie mehr Gewalt anwendet, als er braucht, um die nächste Seite eines Handbuchs aufzuschlagen oder an seinem Mikro-Computer ein paar Tasten zu drücken.

Die kommenden Öko-Kriege

Als drittes Wachstumsgeschäft für die Spione von morgen läßt sich die Umwelt nennen. Umweltprobleme sind grenzüberschreitend. Die Rheinverschmutzung berührt Holland nicht weniger als Deutschland, der saure Regen macht an Grenzen nicht halt, und die Abholzung des Amazonas-Urwalds bereitet der ganzen Welt Sorge.

Mehr Umweltwissen kann diese Probleme reduzieren helfen, öffnet aber auch den Weg zur raffinierten Manipulation der Umwelt eines Landes durch die Politiker eines anderen. Ein grobes Beispiel bietet die Türkei, die 1989 verkündete, sie werde die Euphratzuflüsse nach Irak und Syrien einen Monat lang sperren. Die irakische Landwirtschaft und die Stromversorgung Syriens gerieten in Gefahr. Die Türken behaupteten, der Grund für die Schließung seien Reparaturen am Atatürk-Damm. Aber Skeptiker meinten, das sei längst nicht die ganze Geschichte.

Entlang der türkischen Südgrenze zu Irak und Syrien befinden sich die Stützpunkte der kurdischen Separatisten der KPW. Immer wieder schleichen sich KPW-Guerillakämpfer in die Türkei ein. Die Türkei verlangte deshalb von Irak und Syrien schärfere Grenzkontrollen, um dieses Eindringen zu verhindern. Aber das half nichts, woraufhin die Türken die Schließung eines Dammes ankündigten. Vier Tage später fielen einem Guerilla-Angriff in einem türkischen Dorf an der irakischen Grenze 28 Tote zum

Opfer. Die türkische Presse forderte Vergeltungsangriffe gegen die Guerilla-Stützpunkte auf syrischem Gebiet.

Ob die Wassersperre nun wirklich die irakische und syrische Regierung zu militärischem Vorgehen gegen die Guerillas anstacheln sollte oder nicht: Jedenfalls hatte sie beträchtliche ökologische Auswirkungen, war gewissermaßen ein Startschuß im Öko-Krieg, der sich in den kommenden Jahrzehnten verschärfen und verfeinern dürfte. Vielleicht setzen eines Tages Staaten genetisch veränderte Insekten gegen einen Gegner ein oder versuchen, das Wetter zu ändern. An diesem Tag wird die Technik-Spionage die Munition im Öko-Krieg liefern.

Positiver gesehen könnten die Nachrichtendienste dank ihrer Satelliten-Fernaufspürsysteme gerade die richtige Stelle für die Überprüfung der Einhaltung von Umweltabkommen sein, so wie sie heute die Einhaltung von Abrüstungsverträgen nachprüfen.

Die Öko-Spionage wird um so mehr Teil der politischen und militärischen Planung werden, als Öko-Kriege wie Öko-Verträge zum Bestandteil des neuen Weltsystems avancieren.

Die Ausbreitung des neuen Wertschöpfungssystems beginnt also eine der bekanntesten Funktionen des Nationalstaates zu verändern: das Auskundschaften von Auslandserkenntnissen. Doch bislang haben wir nur einen ersten Blick auf die Oberfläche getan. Viel mehr liegt noch vor uns.

Die Privatisierung der Spionage

Demnächst wird es zu einer so hochgradigen Verschmelzung der Spionage von Regierung und Privatwirtschaft kommen, daß davor alles verblaßt, was es in der kapitalistischen Wirtschaft je gab.

Schon seit langem treiben Regierungen und Unternehmen Kuhhändel miteinander. Großkonzerne gewähren Regierungsagenten Unterschlupf. So beschäftigte die in San Francisco beheimatete Großbaufirma Bechtel Corporations, deren Bauaufträge in Nahost sich auf hunderte Millionen beziffern, nominell CIA-Agenten. Als Gegenleistung erhielt Bechtel vom CIA kommerziell wertvolle Informationen.

Einmal boten amerikanische Geschäftsleute rund 200 im Ausland stationierten Agenten Unterschlupf, die sie für leitende Angestellte ausgaben. Die Kosten wurden erstattet. Andererseits »erwarten« die USA nicht ohne weiteres von ihren Geschäftsleuten eine nachrichtendienstliche Mitwirkung, im Gegensatz zu anderen Ländern, die davon wie selbstverständlich ausgehen und widerspenstige Unternehmen unter Druck setzen. Nur selten werden leitende amerikanische Geschäftsleute ausgehorcht, auch wenn sie mit führenden fremden Politikern in Kontakt waren.

Die Grenze zwischen öffentlicher und privater Spionage wird sich weiter verwischen. Mit der Ausbreitung der Multis haben viele auch ihre eigenen Spionagenetze aufgebaut, »Para-CIAs« sozusagen. Das gilt für europäische Erdölgesellschaften oder Banken ebenso wie für japanische Handelshäuser oder amerikanische Baufirmen. Man darf davon ausgehen, daß es zwischen diesen »Para-CIAs« und den Geheimdiensten zu Hause oder im Gastland Berührungen gibt.

Zur »Para-Geheimdiensttätigkeit« im Ausland gesellt sich neuerdings die Ausbreitung der in Kapitel XIV beschriebenen »Wettbewerbs-Nachrichtendienste« in der heimischen Industrie. Zwar sollen sie innerhalb des Gesetzesrahmens operieren, doch wenden sie jedenfalls im Ansatz viele nachrichtendienstliche Methoden und Vorgangsweisen an. Die Möglichkeiten für informelle Verbindungen mit den staatlichen Stellen nehmen in dem Maße zu, als diese Firmen ehemalige Spione und Auswerter aus Regierungsdiensten engagieren.

Im Gefolge der jetzt stattfindenden Umstrukturierung der Weltwirtschaft, die vielschichtige, grenzüberschreitende Geschäftsbündnisse nach sich zieht, werden sich diese Inzest-Beziehungen vervielfachen. Vielleicht erfährt die Firma, die mit einer anderen ein »strategisches Bündnis« eingeht, nie etwas davon, daß einiges, was ihr Partner tut, in Wirklichkeit Spionagetätigkeit für eine Regierung ist. Oder vielleicht will sie es wissen – und will, daß die Spione der eigenen Regierung es für sie herausfinden.

Zwangsläufig geraten damit viele einstmals »private« Aktivitäten immer mehr in den öffentlichen Sog, werden politisiert und entzündet sich an ihnen ein ganzes Feuerwerk von Anwürfen, Gegenvorwürfen, Dreckschleudern und brisanten Skandalen.

Eine weitere parallele Veränderung zu den neuerlichen Entwicklungen in der Wirtschaft wird die Verlagerung des Schwerpunkts von der Massenproduktion zur Personalisierung des Nachrichtenwesens sein. Die Verantwortlichen in der Regierung verlangen immer mehr gezielte, detaillierte und präzise Informationen. Das setzt entweder ein personalisiertes Auskundschaften oder mindestens eine personalisierte Auswertung voraus.

Die Deckung dieses Bedarfs - zumal in den Bereichen Wirtschaft, Technik und Umwelt - verlangt auf den Punkt gezielte taktische Informationen über eine solche Unzahl von Dingen, daß nicht einmal die größten Nachrichtenproduzenten wie der CIA noch in der Lage sein werden, die erforderlichen Spezialisten zu rekrutieren, zu unterhalten und zu bezahlen. Also werden die Geheimdienste es machen wie die Firmen: Sie werden mehr Arbeit nach außen vergeben und die vertikale Integration aufgeben.

Spionagedienste vergeben seit jeher in gewissem Umfang Arbeit nach draußen. Sowohl der CIA als auch der französische Geheimdienst haben Gangster und Mafiosi eingesetzt, die unangenehme Arbeit für sie erledigen sollten. Ganze Pseudo-Unternehmen sind dazu schon gegründet worden - so etwa die berühmte »Foreign Excellent Trench Coat Company«, die die Rote Kapelle im Zweiten Weltkrieg bei ihrer Arbeit gegen die Nazis betrieb, oder die »Eigner«-Luftverkehrsgesellschaften des CIA im Vietnamkrieg. Jedenfalls werden Spione bald gezwungen sein, mehr denn je auf eigenständige Außenzulieferer und -ratgeber zuzugreifen.

Die Basis für diese »Außenquellenbenutzung« entsteht bereits mit den Privatkundschafterboutiquen, die überall ins Kraut schießen und sich auf alles und jedes spezialisieren, von der politischen Risikoanalyse bis zur Werkspionage. Die im kalifornischen Long Beach beheimatete »Business Environment Risk Information« hat gelegentlich himmelschreiende Fehler gemacht, soll aber immerhin ihren Klienten im Dezember 1980 die Ermordung von Präsident Anwar Sadat vorhergesagt haben. Zehn Monate später war er tot. Desgleichen prophezeite sie neun Monate im voraus den Einmarsch Iraks nach Iran. Schon 1985, längst vor dem Boom dieses Geschäfts, gab es solche Info-Boutiquen dutzendweise.

Viele beschäftigen ehemalige höhere Beamte oder Nachrichtenleute. Den Vogel schießt Kissinger Associates ab, zu deren Mitarbeitern schon Präsident Bushs Nationaler Sicherheitsberater Brent Scowcroft, Lawrence Eagleburger (Nummer zwei im State Department), der frühere Schatzminister William Simon und natürlich Henry Kissinger selbst, vordem Nationaler Sicherheitsberater und Außenminister, gezählt haben. In solchen Boutiquen gehen einstige Geheimdienstleute aus und ein, darunter auch der ehemalige CIA-Direktor William F. Colby, der nach seinem Ausscheiden seinen eigenen Laden in Washington aufmachte. Sagt Colby: »Das Auswertungsgeschäft sieht dem Nachrichtengeschäft verflixt ähnlich.«

Private Nachrichtendienste geben der sie beschäftigenden Regierung eine »Dementierchance«, können den besten Leuten mehr als nur Beamtengehälter bieten, und außerdem können sie die Nischen-Aufgaben erledigen, für die die großen, bürokratischen Spionageläden sowieso nicht recht taugen.

Wir dürfen uns also auf eine viel engere Vermengung oder Verzahnung des Nachrichtengeschäfts von Wirtschaft und Regierung gefaßt machen.

Die neue Bedeutung des »Adlerauges«

Die dramatischsten Ereignisse in der zunehmenden »Privatisierung« der nachrichtendienstlichen Tätigkeit spielen sich aber nicht auf der Erde, sondern im Weltraum ab. Fünf Staaten - die USA, Frankreich, Japan, Indien und sogar die Sowjetunion - gehen jetzt mit ihren satellitengesammelten Daten hausieren.

Angefangen hat das 1972 mit dem Start des ersten Landsat der NASA für private Nutzung. Jetzt sind es deren zwei - Landsat 4 und 5 -, und ein dritter soll demnächst folgen. Von ihrer Umlaufbahn in 773 Kilometer Höhe schicken die Landsats Daten zur Erde, die routinemäßig für den Bergbau, die Erntevorhersage, Forstoperationen und ähnliches benutzt werden.

Die Landsat-Bilder werden automatisch an rund 15 Länder gesendet, die für jährlich 600 000 Dollar einen ständigen Strom digitalisierter Bilder erhalten. Zum Teil sind sie militärisch bedeutsam. So gehört das amerikanische Verteidigungsministerium zu den Landsat-Datenkäufern. Auch die japanischen Militärs nutzen Landsat, um Ostsibirien im Auge zu behalten. 1984 konnte ein amerikanischer Wissenschaftler, Dr. John Miller von der Universität Alaska, anhand von Landsat-Fotos sowjetische Versuche entdecken, mit denen offenbar erprobt werden sollte, ob sich Atomraketen von U-Booten aus starten lassen, die unter dem arktischen Eis operieren.

Am 21. Februar 1986 starteten die Franzosen den Satelliten SPOT, der Landsat Konkurrenz machen sollte. Seither können Gelehrte, Wissenschaftler und die Öffentlichkeit militärische und industrielle Vorgänge auf der ganzen Erde studieren. Das amerikanische und sowjetische Monopol in der weltraumbasierten Nachrichtentätigkeit war gebrochen.

Sind die SPOT- und Landsat-Bilder auch nicht so scharf wie die den Militärs verfügbaren, so sind sie doch gut genug. Regierungen, die keine eigenen Satelliten haben, sind also ein Markt für die militärischen Erkenntnisse, die von SPOT kommerziell erworben werden können.

Inzwischen kann der Kunde Bilder und Datenstreifen mehrerer Anbieter kaufen, in seine Computer einfüttern, dort miteinander verknüpfen und weiterverarbeiten und Inferenz-Informationen erlangen, die weit über das hinausgehen, was eine einzige Quelle zu liefern vermag.

Es gibt schon eine blühende Industrie, die praktisch ausschließlich Daten von einem oder mehreren Satelliten verarbeitet. Dazu gehört das Environmental Research Institute of Michigan ebenso wie das saudiarabische Center for Remote Sensing in Riad oder das Instituto de Pesquisas Especiais in São Paulo. Umgekehrt schreibt eine Firma namens ERDAS Inc. in Atlanta Software für diese »Mehrwert«-Bildauswerter, von denen es in der Welt 200 gibt.

Das vielleicht beste Beispiel der Entmonopolisierung von Nachrichtenmaterial ist die Arbeit des Stockholmer Space Media Network. Es kauft Daten sowohl von SPOT als auch von Landsat, läßt sie durch seine Computer laufen und erstellt Bilder, die es dann der Weltpresse zur Verfügung stellt. Damit nun auch der Geheimdienstaspekt seiner Arbeit richtig gewürdigt wird, beschreibt ein SMN-Waschzettel dessen Arbeit als Berichterstattung »über alle Teile der Welt, zu denen die normalen Medien nur beschränkten oder gar keinen Zugang haben, d.h. verschlossene Grenzen, kritische Kriegszonen, aktuelle Krisen- oder Katastrophengebiete«.

SMN hat Bilder veröffentlicht, auf denen die sowjetischen Geheimvorbereitungen für ein Weltraumfährenprogramm in Tjuratam, Angaben über einen sowjetischen Riesenlaser, der Teil eines Raketenabwehrsystems sein konnte, eine Abschußrampe für chinesische Raketen in Saudi-Arabien und das pakistanische Atomwaffenprojekt in Kahuta zu sehen waren, und berichtete laufend über die Entwicklung des Golfkrieges.

Die Geisterschrift erscheint nicht an der Wand, sondern im Himmel. Die weltraumgestützte Detektivarbeit wird in dem Maße weiter entmonopolisiert werden, als zusätzliche Satelliten und Computertechnik verfügbar werden. Länder wie Irak und Brasilien stecken bis zur Halskrause in der Satellitenentwicklung. Andere, darunter Ägypten und Argentinien, bauen ihr Raketenabschußpotential aus, und Inscom, ein brasilianisch-chinesisches Joint Venture, will das brasilianische Satelliten-Know-how mit chinesischer Raketentechnik verbinden.

Was einst nur Supermächten und ihren Spionen offenstand, wird jetzt zunehmend auch für kleinere Mächte und – mindestens in gewissem Grade – Privatnutzer und die Medien erschwinglich.

Damit aber werden die Medien selbst zu einem Hauptkonkurrenten für den Nachrichtenlieferanten. Ein früherer hoher Mitarbeiter des Weißen Hauses sagt: »Als ich ankam, glaubte ich noch an den ›Geheimhaltungs-Mythos‹: Was den Stempel ›Geheim‹ trägt, ist besonders wertvoll. Bald stellte ich jedoch fest, daß ich oft etwas las, was ich vorher schon in der *Financial Times* gelesen hatte. Mehr noch: Die Sofortberichterstattung im Fernsehen ist sogar den Spionen normalerweise noch eine Nasenlänge voraus.«

Die fortschreitende Privatisierung und Mediatisierung der nachrichtendienstlichen oder para-nachrichtendienstlichen Tätigkeiten wird die Spionagemeister zu einer Umstrukturierung ihres Vorgehens zwingen, nicht unähnlich dem, was Topmanagern geschieht. Auch die Spionage wird sich dem neuen Wertschöpfungssystem auf dem Planeten anpassen müssen. Aber die Spionage ist mit Problemen konfrontiert, die andere Industrien nicht haben.

Widersprüchlichkeiten im Kern

Unter Informationsknappheit leiden die Nachrichtenkunden - Verwaltung, Regierung und Regierende - gewiß nicht mehr. Sie werden eher davon überschwemmt.

Die Sintflut massenproduzierter Daten und die damit einhergehende Überlastung haben zur Folge, daß das Hauptproblem der Spione nicht mehr im Herankommen an die Daten liegt. Das Problem ist eher, aus der Masse noch Sinn zu machen und die Ergebnisse den Entscheidungsträgern, die sie brauchen, überhaupt vorzulegen.

Damit ist das Spionagegeschäft mehr und mehr auf Expertensysteme und künstliche Intelligenz angewiesen. Aber die Technologie allein kann der Analyse-Lähmung nicht Herr werden. Sie setzt vielmehr eine völlig neue Einstellung zum Wissen voraus.

Da das Bekanntwerden geheimer Informationen verheerende Folgen haben kann, bis hin zum Tod der Informanten, wenden die CIAs und Mini-CIAs der Welt das »Kompartimentierungsprinzip« an. Wer an einem Problem sitzt, erhält kaum einmal Einblick ins Gesamtbild, sondern kriegt immer nur Informationsbruchstücke, die er strikt wissen muß, oft auch ohne die Möglichkeit, die Glaubwürdigkeit der erhaltenen Bruchstücke nachzuprüfen. Theoretisch soll dann die Information auf dem Wege nach oben wieder zusammengestückelt und zusammenhängender werden.

Aber dieser Theorie sind wir schon einmal begegnet: in den bürokratischen Konzernen. Desgleichen haben wir erfahren, daß dieses System bei beschleunigtem Wandel und immer stürmischerer Umwelt zu langsam arbeitet und zu viele Faktoren außer acht läßt.

Das ist nicht von Pappe. Der führende Militärexperte im Senat,

Sam Nunn, hat die Geheimdienste öffentlich gerügt, weil sie hinter den rasanten Ereignissen in Europa herhinkten und dem Kongreß keine Möglichkeit böten, rationale Entscheidungen über den amerikanischen Militärhaushalt zu fällen. Dieses Nachzügeln könnte sich katastrophal auswirken.

Zur Überwindung dieser Probleme geben die modernsten Firmen jetzt ihren Mitarbeitern mehr Zugang zu Informationen, lassen sie frei und ohne Zwang zur Benutzung bestimmter Kanäle kommunizieren und die Hierarchie beliebig umgehen. Diese Neuerungen aber stehen in direktem Gegensatz zur äußersten Geheimhaltung im Spionagegeschäft. Die Spione befinden sich in der Zwickmühle.

Das ist aber nicht die einzige. Denn viele nachrichtendienstliche Erkenntnisse kommen nicht bloß verspätet an, sondern sind für den Bedarf der »Kunden«, der Entscheidungsträger nämlich, überhaupt unerheblich.

Handels-Staatssekretär Lionel Olmer sagt dazu: »Wir brauchen eine solidere Steuerung auf der politischen Ebene, sie darf nicht nur entgegennehmen, sondern muß den Prozeß gestalten.« Überall in der Wirtschaft wird, wie wir sahen, der Kunde in den Konstruktionsprozeß einbezogen, und zur Unterstützung der Hersteller werden Benutzergruppen gebildet. Die Grenze zwischen Herstellung und Verbrauch verwischt sich.

Olmers Vorschlag, die politische Ebene solle den nachrichtendienstlichen Prozeß »gestalten«, ist durchaus logisch. Aber je mehr sie das tut, desto größer ist die Gefahr, daß Präsidenten und Premierminister nur noch erfahren, was sie gerne hören möchten, oder aber die vorgelegten Informationen eng parteipolitisch gebunden sind. Das würde die ohnehin schon von Info- und Meta-Taktikern verbrezelte Information weiter verzerren.

Werden nachrichtendienstliche Erkenntnisse durch den Gegner verdreht, wie es manchmal passiert, wenn Spione »umgedreht« werden, kann das katastrophale Folgen haben. Dasselbe gilt aber auch, wenn die Verdrehung aus politischer Gefallsucht auf der eigenen Seite geschieht.

Die historische Revolution, vor der die Spionageindustrie jetzt steht und die sie über die Massenproduktion hinausführt, wirft sie dem kommenden Wertschöpfungssystem mitten auf den Weg. Wie andere Industrien erhält auch die Nachrichtenindustrie aus den unwahrscheinlichsten Ecken Konkurrenz. Wie andere Industrien muß auch sie neue, laufend wechselnde Allianzen eingehen. Wie andere Industrien muß sie ihre Produkte personalisieren. Wie andere Industrien muß auch sie ihre tiefsten Aufgabestellungen hinterfragen.

»Die offensten Taten eines Menschen«, schrieb Joseph Conrad, »haben ihre geheime Kehrseite.« Auch Demokratien, so offen sie sein mögen, haben eine »geheime Kehrseite«.

Werden die nachrichtendienstlichen Operationen, die jetzt schon für Parlamente und Präsidenten kaum zu durchschauen sind, so in den Alltag der Gesellschaft verzahnt, so dezentralisiert, so mit Geschäfts- und anderen Privatinteressen vermengt, daß eine wirksame Kontrolle unmöglich wird, dann steht die Demokratie in der Tat in tödlicher Gefahr.

Solange umgekehrt Staaten von angriffslüsternen Terroristen, Folterknechten und Totalitaristen oder von Fanatikern beherrscht werden, die mit immer tödlicheren Waffen gerüstet sind, kommen die Demokratien nicht ohne Geheimnisse und Geheimdienste aus.

Wie wir diese Geheimnisse – ja überhaupt das Wissen – handhaben, wird zur zentralen politischen Frage in dieser Ära des Machtbebens.

XXV

Die Info-Tagesordnung

Der Mann mit dem irischen Paß wartete in seinem Hotelzimmer auf ein Zeichen, das nie kam.

Bei dem kaum glaubhaft mit einem Schokoladenkuchen in Form eines Schlüssels bewaffneten Mann handelte es sich, wie die Welt bald erfuhr, um Robert McFarlane, Sicherheitsberater von Präsident Ronald Reagan. Der als Geschenk gedachte Kuchen wurde nie ausgehändigt. Denn McFarlanes Versuch, amerikanische Geiseln zu befreien und iranischen »Gemäßigten« ein Hintertürchen zu öffnen, stand unter einem unguten Stern und explodierte zum Irangate-Skandal, dem schlimmsten Ereignis in den ganzen acht Jahren Reaganscher Präsidentschaft.

Das buntgescheckte Bühnenvölkchen aus Nahost-Waffenhändlern, CIA-Kundschaftern, mysteriösen Ex-Generälen, einem gutaussehenden Marineoffizier und seiner busendrallen Sekretärin in den anschließenden Anhörungen im Kongreß hielt die Fernsehzuschauer der Welt in Atem.

Doch was, zumal außerhalb der USA, vielen Zuschauern entging, war die Crux der ganzen Affäre.

Denn in Wirklichkeit hatte der politische Kampf in Washington herzlich wenig mit Terrorismus, geheimen Bankkonten, iranischen Gemäßigten oder nicaraguanischen Contras zu tun. Vielmehr handelte es sich um eine Abrechnung zwischen dem Weißen Haus und dem aufgebrachten Kongreß in der Frage, wer über die amerikanische Außenpolitik zu bestimmen habe. Dieser Machtkampf entzündete sich an der Weigerung des Weißen Hauses, den Kongreß von seinen verdeckten Aktionen zu unterrichten.

Die Demokraten wollten den Nachweis führen, der Plan sei vom Präsidenten selbst angeordnet worden. Das republikanische Weiße Haus versteifte sich darauf, das Fiasko sei das Werk übereifriger Mitarbeiter gewesen, die ohne Billigung des Präsidenten gehandelt hätten. Darum konzentrierten sich die Untersuchung und die Berichterstattung der Medien weniger auf außenpolitische Fragen als solche und mehr darauf, »wer was wann wußte«. Irangate wurde zum Infokrieg.

Noch heute bietet das Gespinst aus Vergeßlichkeit, durch den Reißwolf gedrehten Dokumenten, Geheimniskrämerei, Indiskretionen und Lügen reichen Einblick in die traditionellen Taktiken der Informationsnutzung und des Informationsmißbrauchs. Wichtiger noch: Der Skandal war ein Vorgeschmack auf die Politik der Zukunft, in der Daten, Information und Wissen mehr denn je politisiert werden. Denn von Spionen und Spionage einmal ganz abgesehen, treibt uns das neue Wertschöpfungssystem geradewegs in das Zeitalter der Info-Politik.

Hunger nach Wissen

Seit jeher beruht die Macht des Staates darauf, daß er Gewalt, Reichtum und Wissen in der Hand hält. Völlig verändert aber hat sich heute das Verhältnis der drei zueinander. Das neue, supersymbolische Wertschöpfungssystem setzt eine ganze Skala informationsbezogener Probleme auf die Tagesordnung.

Sie reichen von der Intimsphäre bis zur Produktpiraterie, von der Fernmeldepolitik bis zur Computersicherheit, von der Erziehung bis zur neuen Rolle der Medien. Und auch das ist erst die Spitze des Eisbergs.

Von der Allgemeinheit kaum bemerkt, weitet sich diese Info-Tagesordnung so schnell aus, daß in den USA im 101. Kongreß über 100 Gesetzentwürfe zu Info-Fragen eingebracht wurden. 26 davon befaßten sich mit der Art der Verbreitung von Daten und Informationen, die auf Kosten der Steuerzahler beschafft worden sind. Heute kann jeder PC- und Modem-Besitzer mehrere regierungseigene Datenbanken anwählen und sich über eine atemberaubende Zahl von Themen informieren. Wie aber soll diese Verbreitung stattfinden? Soll die Regierung Privatfirmen mit der elektronischen Informationsverbreitung gegen Gebühr beauftragen? Viele Bibliothekare, akademische Forscher und Menschenrechtsbefürworter sind der Meinung, regierungseigene Informationen dürften nicht etwa verkauft werden, sondern müßten der Öffentlichkeit kostenlos zugänglich sein. Andererseits behaupten die als Mittler tätigen Privatfirmen, sie stellten zusätzliche Dienstleistungen bereit, die eine Gebühr rechtfertigten.

Aber die Info-Tagesordnung reicht über solche Fragestellungen noch weit hinaus.

Je tiefer wir in die neue Supersymbolwirtschaft geraten, desto hautnaher und deutlicher werden die Info-Probleme. Eine Öffentlichkeit, die sich mehr und mehr mit der Handhabung von Symbolen den Lebensunterhalt verdient, entwickelt auch immer schärfere Antennen für deren machtpolitische Bedeutung. Eines hat sie schon jetzt erreicht: Sie will immer mehr wissen, schon gar von Dingen, die unmittelbar mit ihrem Wohlergehen zu tun haben.

1985 kam eine Übersicht des amerikanischen Amtes für Beschäftigungsstatistik zu der Erkenntnis, über die Hälfte der von Großentlassungen betroffenen 2,2 Millionen Arbeiter hätten weniger als 24 Stunden vorher erfahren, daß sie am nächsten Tag auf der Straße stünden. 1987 drängten die Arbeitnehmerorganisationen auf die Verabschiedung eines Gesetzes, das Großfirmen, die größere Entlassungen planten, dazu zwingen sollte, ihren Arbeitern eine Kündigungsfrist von 60 Tagen einzuräumen und auch die Staats- und Gemeindebehörden zu unterrichten. Die Arbeitgeber wehrten sich gegen den Gesetzentwurf mit dem Argument, die Veröffentlichung einer solchen Information untergrübe die Bemühungen der Firma, eine Fabrik doch noch zu retten. Wer sollte denn da noch in sie investieren oder mit ihr fusionieren oder ihr Aufträge erteilen oder sie refinanzieren, wenn bekannt war, daß Massenentlassungen bevorstünden?

Doch in der Bevölkerung fand das Gesetz immer mehr Anhang. Nach den Worten des Fraktionsvorsitzenden der Demokraten im Senat handelte es sich »nicht um ein Beschäftigten-, sondern um ein Fairneß-Problem«.

1988 tobte die Schlacht in ganz Washington; der Senat war dafür, das Weiße Haus dagegen. Schließlich ging das Gesetz durch, obwohl der Präsident mit dem Veto gedroht hatte. Amerikanische Beschäftigte haben jetzt ein Anrecht auf rechtzeitige Unterrichtung, wenn ihnen wegen Fabrikschließung die Arbeitslosigkeit droht.

Auch über die Zustände außerhalb des Arbeitsplatzes wollen die Amerikaner mehr Informationen. Überall in den USA rufen Umweltgruppen und ganze Gemeinden lautstark nach genauen Angaben von Unternehmen und Regierungsstellen über den Giftmüll und andere Umweltbelastungen.

Vor nicht langer Zeit kam es zu einem Aufschrei der Empörung, als bekannt wurde, daß es in der Atomwaffenfabrik Savannah River bei Aiken in Südkalifornien zwischen 1957 und 1985 mindestens dreißigmal – mehr als einmal pro Jahr also – zu Störfällen gekommen war, die ein Wissenschaftler anschließend als »Reaktorzwischenfälle größter Bedeutung« bezeichnete. Darunter fielen große Austritte von Radioaktivität und das Schmelzen von Brennstäben. Kein einziger Störfall jedoch wurde der örtlichen Bevölkerung oder der allgemeinen Öffentlichkeit mitgeteilt. Und es wurde auch nichts unternommen, als der Wissenschaftler eine interne Aufzeichnung über die »Zwischenfälle« vorlegte. Erst in einer Anhörung im Kongreß kam die Geschichte 1988 ans Licht.

Betreiber der Anlage im Auftrag der Regierung war E.I. Du Pont de Nemours & Co.; ihm wurde Verschleierung der Tatsachen vorgeworfen. Sofort dementierte die Firma und verwies darauf, sie habe die Unfälle routinemäßig dem Energieministerium gemeldet.

An diesem Punkt nahm das Energieministerium den Tadel auf sich. Zu sehr war es von militärischer Geheimhaltung und den Traditionen des Manhattan-Projekts durchdrungen, das im Zweiten Weltkrieg zur Erfindung der Atombombe geführt hatte. Der öffentliche Druck verursachte jedoch einen heftigen Streit zwischen Energieminister John S. Herrington, der höhere Sicherheitsnormen und mehr Offenheit befürwortete, und seinen eigenen Dienststellenleitern, die dagegen waren.

Doch trotz dieser internen Auseinandersetzung wurde ein neues Gesetz verabschiedet, das in den ganzen Vereinigten Staaten eine detaillierte Unterrichtung der Gemeinden über Giftmüll und anderes gefährliches Material vorschrieb, dem sie ausgesetzt sind. »Zum ersten Mal«, schrieb Richard Siegel, dessen Firma die

300 Fabriken bei der Einhaltung des Gesetzes beriet, »wird die Öffentlichkeit erfahren, was aus der Fabrik am anderen Straßenende ausströmt.« Wieder hatte die Öffentlichkeit gesiegt.

Der steigende Druck für mehr Offenheit ist nicht auf Amerika oder landesweite Themen beschränkt.

Im japanischen Osaka haben die Bürger das »Recht-auf-Wissen-Netz Kansai« gebildet, bei Gemeinden und Präfekturen vorgesprochen und Einsicht in bisher vertrauliche Informationen verlangt. Von insgesamt zwölf in den Präfekturen vorgetragenen Verlangen wurden sechs erfüllt, die anderen sofort verweigert. Zu letzteren gehörte auch die Einsicht in das Spesenkonto des Gouverneurs.

Die Stadtverwaltung von Osaka reagierte etwas schlauer, wenn man so will. Als die Gruppe die Unterlagen über den Kauf eines Modigliani-Gemäldes verlangte, das stolz im städtischen Museum für moderne Kunst hängt, sagten die Beamten nicht nein. Sie ließen die Anfrage einfach unbeantwortet. Doch das Verlangen nach Zugang zu Dokumenten der öffentlichen Hand, seien sie landesweiter oder lokaler Natur, wird sich nicht geben.

Das im Verbund mit einer immer mehr computer-, informations- und kommunikationsgestützten Wirtschaft zunehmende Informationsbewußtsein zwingt Regierung und Verwaltung, sich in erhöhtem Maße wissensbezogener Themen wie Geheimhaltung, Zugang der Öffentlichkeit und Intimsphäre anzunehmen.

Seitdem die USA 1966 das Gesetz über die Informationsfreiheit verkündeten und in ihm den Zugang der Bürger zu Regierungsinformationen erweiterten, hat dieses Konzept in allen fortgeschrittenen Volkswirtschaften Schule gemacht: 1970 in Dänemark und Norwegen, 1978 in Frankreich und den Niederlanden, 1982 in Kanada und Australien. Damit ist die Geschichte aber noch nicht zu Ende. Denn eine noch größere Zahl von Provinzen und Städten haben entsprechende Vorschriften verabschiedet - manchmal noch vor dem Staat als solchem. Das geschah schon 1985 in Japan in fünf Präfekturen, fünf Großstädten, zwei Sonderdistrikten und acht Städten.

Im selben Zeitraum kam es auch zu vielen Gesetzen über das Recht auf die Intimsphäre. 1973 wurde in Schweden, 1974 in den

USA ein entsprechendes Gesetz verabschiedet. 1978 schlossen sich Kanada, Dänemark, Frankreich und die Bundesrepublik an, und England war 1984 mit von der Partie. Zahlreiche Staaten errichteten Datenschutzbehörden. Natürlich gehen die einzelnen Länder nach unterschiedlichen Methoden und Bedingungen vor; auch die Wirksamkeit des gesetzlichen Datenschutzes ist unterschiedlich. Aber das Gesamtmuster ist klar: Mit der Entwicklung der Supersymbolwirtschaft wird das Informationsthema politisch immer brisanter.

Terroristenbomben und AIDS-Opfer

Überall herrscht ein Infokrieg zwischen dem Geheimhaltungskult und den Bürgergruppen, die um noch breiteren Zugang kämpfen. Die Grenzen verlaufen quer durch die Parteien, und oft sind diese Kämpfe so vielschichtig, daß sich selbst die Beteiligten nicht mehr auskennen.

Beispielsweise gerät die Forderung nach Offenlegung oft ins Schwimmen, wenn sie mit öffentlich anerkannten Sicherheitsbedürfnissen in Konflikt gerät. Als am 21. Dezember 1988 eine von Terroristen gelegte Bombe im PanAm-Flug 103 über Lockerbie explodierte, verlautete in der Presse, die Behörden seien vorgewarnt gewesen. Die Welt war empört und wollte wissen, warum nicht auch das Publikum informiert worden sei. Ein Großteil der Wut auf die Terroristen richtete sich jetzt gegen die Behörden.

Bald kam es zu einer Untersuchung durch einen Unterausschuß des Repräsentantenhauses. Dieser gab eine lange Liste früherer Sicherheitsmitteilungen der Luftfahrtbehörde an die Fluggesellschaften bekannt. Dieser Bruch der Geheimhaltung erzürnte nun wieder den Transportminister, der den Vorwurf erhob, das Vorgehen des Unterausschusses könne »durch Bekanntgabe von Sicherheitsmethoden Menschenleben gefährden«.

Die Kongreßabgeordnete Cardiss Collins, die den Unterausschuß leitete, ließ sich jedoch nicht einschüchtern und bezeichnete den Warnschuß des Ministers als »irreführend«. Tatsächlich seien durch die Bekanntgabe der Mitteilungen der FAA gefährliche Fehler im gesamten Warnsystem offengelegt worden, was wiederum der Öffentlichkeit zugute komme. Klar war allerdings auch, daß bei 300 Bombendrohungen, die jährlich allein bei den amerikanischen Fluggesellschaften eingehen, die Veröffentlichung jeder Drohung den gesamten Flugverkehr lahmlegen könnte, wodurch es die Terroristen in der Hand hätten, jederzeit um den Preis einer Telefonmünze das ganze System zum Erliegen zu bringen.

Bald kam es zu einem allgemeinen, bis heute andauernden Gerangel zwischen der Exekutive, den Fluggesellschaften, den Ordnungsdienststellen, der Polizei und anderen um die Frage, wie solche Informationen gehandhabt werden sollen.

Im Dezember 1989, gerade ein Jahr nach der Tragödie von Lockerbie, ging bei Northwest Airlines eine Bombendrohung für den Flug 51 von Paris nach Detroit ein. In Erinnerung an die Empörung im Vorjahr beschloß Northwest, die auf den Flug gebuchten Passagiere zu unterrichten. Zunächst wollte sie das am Abfertigungsschalter tun. Als aber eine schwedische Zeitung die Nachricht verbreitete, unterrichtete Northwest die Passagiere im voraus telefonisch und war ihnen beim Umbuchen behilflich, wenn sie das wünschten (was nicht alle taten; der Flug verlief dann ohne Zwischenfälle).

Oft gerät die Informationsoffenheit auch in Konflikt mit dem Schutz der Intimsphäre. Die emotionalsten Info-Probleme wirft AIDS auf. Angesichts der schnellen, hysteriegeladenen Ausbreitung der Epidemie in vielen Ländern kamen ein paar Übereifrige tatsächlich auf die Idee, die Opfer der Krankheit sollten tätowiert und abgesondert werden. Besorgte Eltern versuchten AIDS-infizierten Kindern den Zugang zur Schule zu verwehren. Erziehungsminister William Bennett, der sich damals zum Verfechter harten Durchgreifens machte, forderte Zwangs-AIDS-Tests für bestimmte Gruppen, darunter alle Krankenhauspatienten, Brautpaare, die ihr Aufgebot bestellten, Einwanderer und Gefängnisinsassen. Des weiteren sollten, falls der Test bei einer Person positiv war, automatisch alle Ehe- und ehemaligen Geschlechtspartner informiert werden.

Das rief einen Sturm der Entrüstung bei Gesundheitsbehörden, Rechtsanwälten und Menschenrechtsgruppen hervor, die für Freiwilligkeit der Tests plädierten. Paradoxerweise gehörten viele, die hier für den Schutz der Intimsphäre eintraten, ausgerechnet zu den glühendsten Verfechtern der Informationsoffenheit in anderen Dingen.

Es wurde behauptet, die Tests seien nicht schlüssig. Würden die Testergebnisse veröffentlicht, dann würden die Opfer am Arbeitsplatz und in der Schule diskriminiert und auf andere Weise geschädigt. Außerdem könnten sich, wenn die Tests obligatorisch seien, viele etwaige Krankheitsträger verstecken oder eine medizinische Behandlung verweigern. Der oberste Mediziner des Landes, Generalarzt C. Everett Koop, griff Bennetts Haltung in aller Öffentlichkeit an.

Immer noch ist der AIDS-Test nicht nur in Washington, sondern auch in vielen anderen Hauptstädten sehr umstritten. Die relativen Rechte des einzelnen im Vergleich zu denen der Gemeinschaft und der Widerspruch zwischen Intimsphäre und Offenheit sind bis heute noch völlig ungeklärt.

Noch mehr widersprüchliche Interessen entstehen aus dem derzeitigen Gesetzeswust in Fragen wie Urheberschutz, Patente, Handelsgeheimnisse, kommerzielle Geheimhaltung usw. - lauter Punkte auf der Info-Tagesordnung der Politik. Mit der weiteren Ausbreitung der Supersymbolwirtschaft wird vielleicht eine passende Informationsethik entstehen. Heute fehlt sie noch und werden politische Entscheidungen in einem beunruhigenden moralischen Vakuum getroffen. Es gibt kaum eine Regel, die nicht im Widerspruch zu anderen Regeln steht.

In vielen Teilen der Welt gibt es nicht einmal die elementarste Informationsfreiheit, herrschen kulturelle Repression, brutale Pressezensur und sind die Regierungen geheimhaltungsbesessen. In den High-Tech-Demokratien hingegen, wo die Meinungsfreiheit einigermaßen geschützt ist, befindet sich die Info-Politik auf dem Weg zu einer höheren, subtileren Ebene.

Aber wir stehen erst am Anfang einer Info-Politik. Bislang haben wir uns nur mit einfachen Fragen auseinandergesetzt.

Die neue, globale Rückkoppelung

Da Technik, Umweltprobleme, Finanzen, Fernmeldewesen und die Medien vom Wesen her immer globaler werden, ergeben sich auch neue kulturelle Rückkoppelungen, die die Informationspolitik des einen Landes zur Angelegenheit anderer werden lassen. Die Info-Tagesordnung wird global.

Als von Tschernobyl aus radioaktive Wolken über Teilen Europas erschienen, brach eine Welle der Wut über die sowjetischen Behörden herein, weil sie die Länder zu spät über den voraussichtlichen Weg des Niederschlags informiert hatten. Die Länder bestanden darauf, sie hätten ein *Recht* darauf, die Fakten zu erfahren, und zwar sofort.

Dem zugrunde lag die Vorstellung, kein Staat dürfe die Fakten für sich behalten und es gebe eine ungeschriebene Informationsethik, die die Nationalinteressen übersteige. Bei der nächsten Katastrophe - dem Erdbeben in Armenien - informierten die geläuterten sowjetischen Behörden sofort die gesamte Weltpresse.

Doch dieses ungeschriebene Gesetz wurde nicht allein von der Sowjetunion übertreten. Kurz nach Tschernobyl kritisierte der frühere CIA-Chef, Admiral Stansfield Turner, öffentlich die USA, sie hätten zuwenig Informationen ihrer Beobachtungssatelliten über die Katastrophe freigegeben. Ohne irgendwelche Geheimnisse zu verraten, so Turner, »können wir mit Hilfe unserer Geheimsatelliten die Menschen in aller Welt auf dem laufenden halten«.

Die neuen, die Erde umkreisenden Mittel der Informationsverbreitung erleichtern die Globalisierung, die das neue Wertschöpfungssystem voraussetzt, machen es aber auch immer schwerer, bestimmte Informationen in - oder auch draußen vor - den nationalen Grenzen zu halten.

Das hatte die britische Regierung während der jüngsten *Spycatcher*-Kontroverse übersehen. Als Peter Wright ein Buch mit diesem Titel schrieb, in dem er schwere Vorwürfe gegen frühere Mitarbeiter der englischen Spionageabwehr erhob, versuchte die Thatcher-Regierung die Veröffentlichung zu verbieten. Daraufhin veröffentlichte Wright sein Buch in den USA und anderen Staaten. Der britische Versuch, die Veröffentlichung zu verhindern, machte es zu einem internationalen Bestseller. Das Fernsehen berichtete darüber, Zeitungen brachten Auszüge und sorgten dafür, daß die Informationen, die die britische Regierung verheimlichen wollte, nun erst recht nach England zurückfanden. Diese Rückkoppelung zwang die britische Regierung zu einem Rückzieher, woraufhin das Buch auch in England zum Bestseller wurde.

Die Beeinflussung der politischen Entscheidungen im eigenen Lande über die Auslandsmedien wird ebenfalls immer mehr gang und gäbe. Als die Kohl-Regierung die Beteiligung deutscher Firmen am Bau einer libyschen Chemiewaffenfabrik 80 Kilometer vor Tripolis dementierte, ließen die amerikanischen Geheimdienststellen ihre Satelliten- und Luftaufklärungserkenntnisse an die amerikanischen und europäischen Medien durchsickern. Das veranlaßte den *Stern* zu einer eigenen Recherche, aufgrund derer die Bundesregierung schließlich schamrot eingestehen mußte, daß sie schon die ganze Zeit davon wußte.

Immer häufiger also bildet Information - wer was getan hat, wie welche Kenntnisse erlangt und weitergegeben wurden - den Kern innen- und außenpolitischer Auseinandersetzungen. Der tiefere Grund, warum die Info-Politik eine derartige Bedeutung gewinnt, liegt darin, daß Macht in all ihren Formen immer mehr auf Wissen gründet. Je weitere Kreise das historische Machtbeben zieht, desto dichter wird die Info-Politik sein.

Doch auch das sind wiederum nur erste Vorgeplänkel am Rande einer Erscheinung, die sich zum wichtigsten Infokrieg der nächsten Jahrzehnte auswachsen könnte.

Der Indiana-Jones-Code

In den Touristenvierteln Thailands kann man an jeder Straßenecke Videobänder, Musikbänder und dergleichen zu Spottpreisen erwerben. Dabei handelt es sich um Raubkopien, wie wir sie in der heutigen Welt fast überall finden und bei denen die Künstler, Verlage und Schallplattenfirmen um die ihnen zustehenden Tantiemen betrogen werden.

In Ägypten werfen sogenannte Untergrundverleger massenhaft westliche Bücher in arabischer Sprache unrechtmäßig auf den Markt, ohne den Autoren und Verlagen auch nur einen Pfennig zu zahlen. Nach der in London erscheinenden Monatszeitschrift *Middle East* hat »die Buch-Piraterie im Nahen Osten Proportionen erreicht, die nur noch denen des Fernen Ostens und Pakistans nachstehen«. In Hongkong verhaftete die Polizei 61 Personen nach einer Razzia in 27 Buchläden, in denen die bevorstehende unrechtmäßige Herstellung von 647 Büchern festgestellt wurde. Aber in vielen Ländern ist die Produktpiraterie nicht nur rechtmäßig, sondern wird sogar wegen ihres Exportpotentials gefördert. Neue Technologien machen sie immer billiger und einfacher.

Unter dem Druck der Piraterie, die Mitte der achtziger Jahre die amerikanische Filmindustrie pro Jahr geschätzte 750 Milliarden Dollar kostete, ging Hollywood zum Gegenangriff über. Als *Indiana Jones and the Temple of Doom* in die Kinos kam, enthielt jede Filmkopie verdeckte Codes mit einmaliger Identifizierung, anhand derer der Ursprung illegaler Kopien festgestellt werden konnte. Von da an benutzten viele der großen Filmstudios entsprechende Codes.

Dennoch war noch 1989 zum Beispiel Taiwan die Heimstatt von 1200 sogenannten »Movie-TV«-Logen: kleinen Privatzimmern, in denen Teenager Piraten-Videobänder mit den neuesten amerikanischen Filmen ansehen konnten, sozusagen Mini-Drive-ins. Vor ihnen bildeten sich lange Zuschauerschlangen. Die unrechtmäßigen Vorführungen waren so beliebt, daß die Zuschauerzahlen in den konventionellen Kinos zurückgingen. Schließlich setzte Hollywood ihr Verbot durch die Regierung durch.

Parallel zur Piraterie kam es zu Patentkriegen – der Weigerung verschiedener Länder, für neue pharmazeutische Produkte, die Forscher zu ungeheuren Kosten entwickelt und erprobt hatten, Lizenzen und Tantiemen zu zahlen.

Neben der direkten Piraterie ist auch die Produktfälschung zu einer Weltindustrie geworden; hierbei werden billige Imitationen von Weltmarken auf den Markt gebracht. Letztlich noch wichtiger ist der Diebstahl oder die Raubkopierung von Computerprogrammen nicht etwa durch Einzelpersonen für ihre eigenen Zwecke, sondern in großem Maßstab durch Piratenverteiler in der ganzen Welt. Alle diese Probleme verschärfen sich, weil die neuesten Technologien das Kopieren und den Diebstahl immer leichter machen.

1989 war es wegen des Schutzes geistigen Eigentums (das ja die Grundlage eines Großteils des neuen Wertschöpfungssystems abgibt) schon zu politischen Reibereien zwischen Staaten gekommen. Als geistiges Eigentum - schon der Begriff ist heiß umstritten - gilt das Verfügungsrecht über immaterielle Werte, die durch schöpferische Bemühungen in Wissenschaft, Technik, Kunst, Literatur, Design und generell der Nutzung von Wissen entstanden sind. Je mehr sich die Supersymbolwirtschaft ausbreitet, desto wirtschaftlich wertvoller wird das geistige Eigentum, desto politischer also.

In Washington bliesen mehrere Lobbies mit Unterstützung des amerikanischen Handelsbevollmächtigten zum Kampf und verlangten ein handfestes amerikanisches Vorgehen gegen Thailand, weil dieses Land nicht die Piraterie und Fälschung kreativer US-Produkte unterband. Falls Thailand nicht klein beigebe, sollten die USA Vergeltung üben, also zum Beispiel die Einfuhrzollbefreiung für thailändische Ausfuhren wie Kunstblumen, Ziegel, getrocknete Mungobohnen und Fernmeldeausrüstung aufheben.

Andere US-Behörden - zum Beispiel das Außenministerium und der Nationale Sicherheitsrat - waren dagegen, plädierten für Nachsicht und werteten diplomatische und militärische Sicherheitsinteressen höher als die Belange der Copyright- und Patentinhaber. An seinem letzten Tag als Präsident der Vereinigten Staaten lehnte Ronald Reagan noch schärfere Gegenmaßnahmen ab, machte jedoch die Importzollfreiheit für die genannten thailändischen Produkte rückgängig.

Doch Thailand ist keineswegs der schlimmste Gesetzesbrecher des Urheber- und Patentrechts, wie man es in den fortgeschrittenen Volkswirtschaften versteht, und der relative geringfügige Streit in Washington ist nur eines von vielen Beispielen dessen, was an hundert Fronten zugleich vor sich geht in einer Zeit, da die schöpferischen Produkte in allen High-Tech-Wirtschaften immer zentralere Bedeutung erlangen.

1989 forderten die amerikanischen Copyrightinhaber u.a. aus der Musik-, Computer- und Buchbranche von der Regierung, sie solle gegen 12 Staaten vorgehen, die, wie sie behaupteten, die amerikanische Wirtschaft jährlich 1,3 Milliarden Dollar kosteten. Zu den Zwölfen gehörten Länder wie China, Saudi-Arabien, Indien, Malaysia, Taiwan und die Philippinen.

Der Schutz des geistigen Eigentums, als dessen aktivste Verfechter die USA gelten, macht aber auch der EG und Japan große Sorgen. Die EG hat die Zollbehörden der ganzen Welt aufgefordert, Fälschungsprodukte zu beschlagnahmen und kommerziell operierende Piraten strafrechtlich zu belangen.

Der politische Streit um das geistige Eigentum tobt unter anderem auch im GATT-Rat, wo sich die fortgeschrittenen Wirtschaften dem entschlossenen Widerstand der weniger entwickelten Länder gegenübersehen, deren Vertreter manchmal die Haltung der arabischen Studenten einnehmen, die Raubdrucke kaufen und frech behaupten: »Die westliche Idee vom Copyright ist elitär und arbeitet nur den Verlagen in die Tasche.«

Doch nicht von da droht den High-Tech-Staaten die größte Gefahr. Sie droht eher von der nagenden philosophischen Frage, ob geistiges Eigentum im selben Sinne besessen werden kann wie materielle Werte, und ob nicht der gesamte Eigentumsbegriff neu verstanden werden muß.

Der Zukunftsforscher und frühere Diplomat Harlan Cleveland schrieb »von dem Wahn, etwas nicht mit anderen zu teilen, was man gar nicht besitzen kann«. Cleveland meint: »Ein Unternehmen oder ein Land wird nicht groß durch den Schutz dessen, was es schon weiß, sondern durch den Hinzuerwerb und die Anpassung neuen Wissens von anderen Unternehmen und Ländern. Wie soll ›geistiges Eigentum‹ denn ›geschützt‹ sein? Die Frage trägt den Keim ihrer eigenen Widerlegung in sich; es ist das falsche Prädikat zum falschen Objekt.«

Diese Argumentation wird häufig als Vorwand für eine Weltsicht genutzt, in der alle Information völlig frei und unbehindert sein soll. Sie ist ein Traum, der sich hübsch auf die Forderung der ärmeren Staaten der Erde nach dem Transfer von Wissen und Technologie reimt, der sie vorgeblich aus der wirtschaftlichen

Unterentwicklung reißen soll. Unbeantwortet ist jedoch immer noch die Gegenfrage, die die High-Tech-Staaten stellen: Was würde mit Arm *und* Reich passieren, wenn der technische Innovationsstrom der Welt versiegte? Wenn sich der Piraterie wegen die Riesensummen für die Entwicklung neuer Arzneien für eine pharmazeutische Fabrik nicht mehr lohnten, dann würde sie wohl kaum noch Forschung betreiben. Sicher hat Cleveland insoweit recht, als alle Länder Wissen, Kultur, Kunst und Wissenschaft von außen benötigen. Dann aber muß es ein paar zivilisierte Grundregeln über den Austausch geben, die der weiteren Innovation Vorschub leisten und nicht im Wege stehen.

Es ist schon schwierig genug, in einer in Agrar-, Schornstein- und Nachschornsteinwirtschaften dreigeteilten Welt solche Grundregeln aufzustellen. Fest steht, daß ihre Bedeutung noch wachsen wird. Die Ordnung der immateriellen Werte - Ideen, Kultur, Bilder, Theorien, wissenschaftliche Formeln, Computerprogramme - wird in allen Ländern um so mehr politische Aufmerksamkeit verlangen, je mehr Piraterie, Fälschung, Diebstahl und technologische Spionage die privaten und nationalen Lebensinteressen bedrohen.

Nach den Worten von Abdul A. Said und Luiz R. Simmons in der Untersuchung der Multinationalen, *The New Sovereigns*, »erlebt das Wesen der Macht eine wahrhaft radikale Veränderung. Immer mehr muß sie als Fehlverteilung von Information begriffen werden. Ungleichheit, die man lange Zeit insbesondere mit Einkommensunterschieden gleichsetzte, wird sich auf technologische Faktoren und die politische und wirtschaftliche Beherrschung des Wissens erweitern.«

Im 19. und frühen 20. Jahrhundert zogen Staaten in den Krieg, um sich in den Besitz der Rohstoffe zu setzen, die sie für ihre Schornsteinwirtschaften brauchten. Im 21. Jahrhundert wird Wissen der Rohstoff par excellence sein. Wird es in den Kriegen und sozialen Revolutionen der Zukunft etwa darum gehen? Und wenn ja - welche Rolle werden dann die Medien der Zukunft spielen?

XXVI

Die Image-Macher

Der Drucker Benjamin Day war 23 Jahre alt, als seine unbändige Fantasie den Gang der Mediengeschichte radikal veränderte. Man schrieb das Jahr 1833, und New York war auf 218 000 Einwohner angewachsen. Aber die größte Tageszeitung zählte nur 4500 Abonnenten. Der Arbeiter in der Stadt verdiente durchschnittlich 75 Cents, eine New Yorker Zeitung kostete sechs Cents - da konnten sich nicht viele Leute eine Zeitung leisten. Die Zeitungen wurden auf Handpressen gedruckt, die pro Stunde bestenfalls ein paar Hundert Exemplare schafften.

Day ging ein verrücktes Risiko ein. Am 3. September 1833 brachte er die New Yorker *Sun* heraus und verkaufte sie für einen Penny. Er ließ sie von einer Meute von Zeitungsjungen verkaufen - damals ein Novum. Für vier Dollar die Woche schickte er einen Drucker als Polizeiberichterstatter ins Gerichtsgebäude. Der Begriff »Reporter« war geboren. Binnen vier Monaten hatte die *Sun* die größte Leserschaft in der Stadt. 1835 kaufte Day die neueste technische Erfindung, eine Dampfpresse, und die *Sun* erreichte die unerhörte Auflage von 20 000. Day hatte die Volkspresse erfunden, samt Kriminalgeschichten und allem, was dazugehört.

Etwa zur gleichen Zeit waren auch andere »wilde junge Männer« auf ähnliche Ideen gekommen - Henry Hetherington mit seinem *Twopenny Dispatch* in England, Emile de Girardin mit *La Presse* in Frankreich. Die billige »Penny press« - »pauper press« in England - war mehr als nur ein gutes Geschäft. Sie hatte dauerhafte politische Wirkungen. Neben den ersten Gewerkschaften und den Anfängen der Massenalphabetisierung verhalf sie den ärmeren Schichten zu einem Platz im politischen Leben.

Etwa um die siebziger Jahre des vorigen Jahrhunderts mußten Politiker aller Couleur erstmalig die sogenannte »öffentliche Meinung« in Rechnung stellen. »Es gibt heute«, schrieb ein nachdenklicher Franzose, »keine europäische Regierung mehr, die nicht mit der öffentlichen Meinung rechnet, ihr über ihr Handeln nicht Rechenschaft ablegen und den Nachweis führen zu müssen glaubt, wie sehr ihr Vorgehen dem Nationalinteresse entspricht, oder die Erweiterung ihrer Prärogativen mit dem Volksinteresse rechtfertigen zu sollen meint.«

Eineinhalb Jahrhunderte nach Benjamin Day hatte wieder ein wilder junger Mann eine Idee, mit der er nur bankrott gehen konnte. Als sein Vater Selbstmord verübte, hatte der hochgeschossene, schlaksige, ungeduldige und einfallsreiche Ted Turner eine kleine Ankerfabrik geerbt. Turner baute sie aus, kaufte Rundfunk- und Fernsehstationen und fragte sich, was er als nächstes tun sollte – da fiel ihm etwas Seltsames auf. Überall in den USA schossen Kabelfernsehstationen aus dem Boden, aber sie hielten verzweifelt nach Programmen und Werbeaufträgen Ausschau. Inzwischen aber gab es weit oben im Himmel etwas, das sich »Satellit« nannte.

Turner rechnete zwei und zwei zusammen und machte daraus fünf. Er schoß seinen Programmstrahl von Atlanta aus zu den Satelliten hoch und von dort wieder in die programmhungrigen Kabelstationen runter. Gleichzeitig erfand er den »Einmal-Kauf«-Markt für die Reklamemacher, die keine Lust hatten, bei einer Unzahl kleiner Einzelkabelsysteme Sendezeit zu kaufen. Seine »Superstation« in Atlanta wurde zum Eckstein eines schnellwachsenden Imperiums.

Am 1. Juni 1980 tat Turner den nächsten, noch verrückteren Schritt. Er bildete das Cable News Network, abgekürzt CNN, von Kritikern als »Chicken Noodle Network« verlacht. CNN wurde zur Zielscheibe des Spotts aller Medienauguren, von den Straßenschluchten Manhattans bis zu den Studios in Los Angeles. Für Wall Street stand sein Zusammenbruch fest, vermutlich unter Mitnahme aller anderen Unternehmen. Kein Mensch hatte sich je an ein Nachrichtennetz rund um die Uhr gewagt.

Heute ist CNN die vielleicht einflußreichste Quelle Amerikas für Rundfunk- und Fernsehnachrichten. Im Weißen Haus, im Pentagon, in den fremden Botschaften und in Millionen Wohnungen in ganz Amerika sind ständig Fernsehempfänger auf CNN eingestellt.

Aber Turners wilde Fantasien gingen weit über die Vereinigten Staaten hinaus, und heute wird CNN in 86 Ländern betrieben, ist es das weltumspannendste aller Fernsehnetze und mesmerisiert Ölscheichs in Nahost, europäische Journalisten und lateinamerikanische Politiker mit seiner umfangreichen Berichterstattung aus erster Hand über Ereignisse wie den Mord am ägyptischen Präsidenten Anwar Sadat, die Niederschlagung der Proteste von 1989 auf dem Platz des Himmlischen Friedens oder den amerikanischen Einmarsch in Panama. CNN kommt über den Äther oder über Kabel in Hotelzimmer, Büros, Wohnungen, sogar in die Luxussuiten auf der Queen Elizabeth II.

Zu den weniger bekannten Schätzen von Ted Turner gehört ein Videoband seines Gesprächs unter vier Augen mit Fidel Castro. Im Verlauf der Unterhaltung erwähnt Castro, auch er sehe sich regelmäßig CNN an. Turner ist nie um einen Einfall verlegen, wenn es ums Geschäft geht, fragt also Castro, ob dieser denn bereit wäre, das vor einer Kamera für einen Werbespot zu sagen. Castro zieht an seiner Zigarre und meint dann etwa, »warum nicht?« Der Spot wurde nie gesendet, aber hin und wieder holt Turner ihn raus und zeigt ihn ein paar Freunden.

Turner ist ein Unikum: rauh, witzig, sprunghaft, ein Energiebündel. Ihm gehören ein Tierpark, die Baseballmannschaft Atlanta Braves, das Filmarchiv von MGM - und das größte Maul im amerikanischen Süden.

Der furchtlose Verfechter des freien Unternehmertums ist gleichzeitig in der Friedensbewegung aktiv und organisierte die »Friedensspiele« in Moskau zu einer Zeit, als dazu nicht nur politischer, sondern auch finanzieller Mumm gehörte. Vor kurzem lief über CNN ein Dreißigteiler mit dem Titel *Waging Peace.* Auch in den Umweltprogrammen haben seine Netze die Nase ganz vorn.

Heute gehört Turner zu dem knappen Dutzend Medienbarone, die die Medien noch durchgreifender revolutionieren als seinerzeit Benjamin Day, und unter deren Tritt langfristig in vielen Ländern die Machtverhältnisse erbeben werden.

Mindestens seit 1970 (*Der Zukunftsschock* kündigte damals die bevorstehende Entmassung der Ätherwellen an) gliedert sich die Zuhörer- und Zuschauermasse immer mehr in Teilmengen und Untergruppen mit unterschiedlichem Programm- und Mitteilungsangebot. Parallel dazu expandiert das schiere Nachrichten- und Unterhaltungs-Bildangebot unablässig.

Diese Bild-Explosion hat ihren guten Grund. Natürlich tauschen Menschen seit jeher Symbolbilder der Wirklichkeit aus. Dem dient die Sprache. Darauf baut das Wissen auf. Indessen benötigen unterschiedliche Gesellschaften auch unterschiedlich großen Symbolaustausch. Mit dem Übergang zur wissensbasierten Wirtschaft erhöht sich der Kommunikationsbedarf sprunghaft; die alten Bild-Weitergabesysteme laufen über.

Die fortgeschrittenen Wirtschaften verlangen ausgeprägt symbolfähige Arbeitskräfte. Diese brauchen den schnellen und weithin ungehinderten Zugang zu allen erdenklichen Informationen, die bisher als nicht produktionsrelevant galten. Die Arbeitskräfte müssen sich schnell an wiederholte Veränderungen der Arbeitsmethoden, -organisation und des täglichen Lebens anpassen, ja sie vorwegnehmen können.

Die besten Mitarbeiter sind weltaufgeschlossen, haben ein feines Gespür für neue Ideen und Moden, Kundenpräferenzen, wirtschaftliche und politische Veränderungen, für den Wettbewerbsdruck, kulturelle Verlagerungen und vieles andere, was man früher nur von den Eliten in Leitungsfunktionen erwarten zu sollen meinte.

Dieses weitgespannte Wissen ist nicht allein in der Schule oder in technischen Handbüchern zu erwerben, sondern ergibt sich aus der ständigen Berieselung mit Fernseh-, Zeitungs-, Zeitschriften- und Rundfunknachrichten. Indirekt auch aus der »Unterhaltung«, die oft unabsichtlich Informationen über neue Lebensformen, zwischenmenschliche Beziehungen, soziale Probleme und sogar ausländische Gebräuche und Märkte vermittelt.

Manche Shows, so etwa *Murphy Brown* mit der Schauspielerin Candice Bergen, stellen aktuelle Ereignisse bewußt in dramatischer oder komischer Form dar. Aber auch andere Fernsehshows bringen, manchmal entgegen ihrem Willen, Bilder der Wirklichkeit ins Haus.

Natürlich malt der beabsichtigte Inhalt eines Fernsehspiels, sein dramatischer Knoten oder das Verhalten seiner wichtigsten Akteure, oft ein schiefes Bild der gesellschaftlichen Realität. Aber daneben gibt es in allen Fernsehprogrammen und Werbespots (und natürlich auch in Filmen) eine weitere Schicht, die wir als »nicht gezielten Inhalt« bezeichnen könnten.

Sie besteht aus Hintergrund-Details: Landschaften, Autos, Straßenszenen, Bauten, Telefonen, Anrufbeantwortern, aber auch aus kaum bemerkten Kleinigkeiten wie etwa dem kurzen Geplänkel zwischen der Bedienung und dem Kunden, wenn sich der Held an die Theke setzt. Im Gegensatz zum beabsichtigten Inhalt vermittelt das nicht gezielte Detail oft ein recht zutreffendes Bild der Alltagswirklichkeit. Selbst die langweiligsten Krimis enthalten gängige Moden und Schrullen und spiegeln die populäre Einstellung zu Sex, Religion, Geld und Politik wieder.

Das alles geht nicht spurlos am Zuschauer vorbei. Er nimmt es auf, es wird zum Bestandteil der allgemeinen Informationsbank seines Weltwissens. Somit beeinflußt es, egal, ob positiv oder negativ, das Vorstellungsgepäck, das er an den Arbeitsplatz mitbringt (paradoxerweise wird ein Großteil des Weltbildes des Arbeiters, das die wirtschaftliche Produktivität zunehmend beeinflußt, während der »Mußezeit« aufgesogen). Aus diesem Grunde ist »bloße Unterhaltung« nicht mehr »bloß«.

Kurzum: Die neue Wirtschaft hängt nicht nur sehr eng mit formalem Wissen und technischem Können, sondern auch mit der Volkskultur und dem expandierenden Bild-Markt zusammen. Dieser brodelnde Markt weitet sich nicht nur aus, sondern er strukturiert sich auch um. Neue Kategorien bilden sich heraus. Ob uns das nun gefällt oder nicht: Die alten Grenzen zwischen Show und Politik, Muße und Arbeit, Nachrichten und Unterhaltung knicken ein, und wir stehen ungeschützt inmitten eines Wirbels oft fragmentarischer, kaleidoskopischer Bilder.

Bis vor kurzem wurde dieses Bildmaterial hauptsächlich von den großen Rundfunk- und Fernsehanstalten produziert. Heute schrumpft in den USA, wo die Entmassung am weitesten fortgeschritten ist, deren Macht zusehends zusammen. Wo es vorher praktisch nur ABC, NBC und CBS gab, gibt es jetzt 72 landesweit operierende Einrichtungen aller Art, und ihre Zahl nimmt zu. »Ein neuer Typ, der ›Marktnischen‹ bedient, sind die Kabelnachrichten«, schreibt *The Hollywood Reporter.* Demnächst wird sich ein Komödien-, ein Verbrauchernachrichten-, ein Science-fiction-Netz hinzugesellen. Channel One liefert Programme in die Klassenzimmer, und National College Television versorgt über Satellit die Studenten mit Sonderprogrammen.

1970 schrieben wir in *Zukunftsschock*: »Die Erfindung der elektronischen Bildaufzeichnung, die Ausbreitung des Kabelfernsehens, die Möglichkeit des unmittelbaren Satellitenempfangs ... – all das deutet auf eine gewaltige Programmvielfalt hin.«

Heute sind 57 Prozent der amerikanischen Wohnungen verkabelt; eine vorsichtige Schätzung rechnet mit einem Anstieg auf 67 Prozent noch in diesem Jahrzehnt. Der durchschnittliche Kabelbenutzer kann unter 27, bald 50 Programmen wählen. In einer Kleinstadt wie Rochester in Minnesota kann der Zuschauer unter mehr als vierzig verschiedenen Kanälen eine Unzahl von Material auswählen, vom Black Entertainment Network und spanischsprachigen Programmen bis hin zur medizinischen Spezialausbildung, die für die große Medizinerschar im Umkreis der berühmten Mayo-Klinik ausgestrahlt wird.

Als erstes fraktionierte das Kabel die Massen-Zuschauerschaft. Videokassetten und unmittelbar zu Hause empfängliche Satellitenprogramme splittern die Gruppen in weitere Grüppchen auf. So bietet die Videokassette dem Betrachter die Wahl unter Tausenden von Filmen und Programmen. Und erst neulich schlossen vier Großbetreiber einen Bund, der dem amerikanischen Zuschauer nicht weniger als 108 Kanäle des Normal- und hochauflösenden Fernsehens anbietet, wobei die Signale vom mächtigsten kommerziellen Kommunikationssatelliten der Welt direkt in einen serviettengroßen Schüsselempfänger im Wohnzimmer gestrahlt werden.

Auch die Zahl der auf den drei großen Kanälen unabhängig operierenden Stationen hat sich seit Ende der siebziger Jahre vervierfacht. Viele haben sich zu Syndikaten oder vorübergehenden Gruppierungen zusammengeschlossen, die mit den einstigen Großen in den Haupteinschaltquoten konkurrieren. Die Auswirkung dieser Entmassung auf die einst so mächtigen Großen war nach den Worten von *Newsweek* fast schon »katastrophal«.

Robert Iger, Leiter der U-Abteilung von ABC, meint dazu: »Die Schlüsselbegriffe dabei heißen Auswahl und Alternative. 1980 gab es das alles nicht. Heute haben es die Leute.« Aber genau das wollten die Großen ja vermeiden. CBS, ABC und NBC gehörten der zweiten Welle zu, waren Schornsteingesellschaften, gewohnt, es mit Massen zu tun zu haben und nicht mit heterogenen Mikromärkten, und ihnen fällt die Anpassung an die Nach-Schornsteinwirtschaft der dritten Welle genauso schwer wie General Motors oder Exxon. Die Entscheidung von NBC, sich am Satelliten-Direktempfang zu beteiligen, zeigt, welche Sorgen sich die Netze machen.

Auf die Frage, was aus den Großen Drei werde, antwortete der führende unabhängige Produzent Al Burton: »Es gab auch schon mal drei große Rundfunkprogramme. Heute weiß das kaum noch jemand...«

Die kommende Eurovision

Setzte die Entmassung der Medien auch zuerst in Amerika ein, so holt Europa jetzt auf.

Im Gegensatz zu den USA ist das Rundfunkwesen, schon gar das Fernsehen, in den meisten europäischen Ländern nicht privat, sondern es wird seit vielen Jahren entweder von der Regierung selbst betrieben oder über besondere Anschlußgebühren finanziert. Infolgedessen hatten die Europäer noch weniger eine Programmauswahl als die Amerikaner zur Zeit der Vorherrschaft der großen Sendegesellschaften.

Das ändert sich jetzt beträchtlich. Ein in Luxemburg angesiedeltes Konsortium namens Astra, das zu Eutelsat II und British Satellite Broadcasting (BSB) in Konkurrenz steht, wird demnächst den Europäern rund 32 direkte Sendekanäle zur Verfügung stellen. BSB plant fünf Satelliten-Direktsendedienste, das ebenfalls mitmischende Sky Television sechs.

Sky und BSB bekriegen sich erbarmungslos; jeder versucht dem andern den Rang abzulaufen, jeder gibt Geld haufenweise aus, ohne damit rechnen zu können, daß es sich schnell bezahlt macht. Beide starren wie gebannt auf die Goldgrube, die sich auftun soll, wenn die Vorhersage der größten britischen Werbeagentur Saatchi & Saatchi auch nur teilweise eintritt. Danach wird binnen eines Jahrzehnts mehr als die Hälfte der britischen Wohnzimmer Satellitensendungen direkt aufnehmen können und darf das Satelliten-Fernsehen mit Werbeeinkünften von rund 1,3 Milliarden Dollar rechnen. Der zunächst nur langsam einsetzende Absatz von Schüsselantennen hat rasant zugenommen und beträgt schon jetzt 500 000.

Den britischen Fernsehzuschauern, die sich einst mit zwei BBC-Kanälen zufriedengeben mußten und auch den vierten erst 1982 erhielten, dürften bald rund 15 Satellitenkanäle offenstehen.

In einem politisch explosionsgeladenen Schritt beendete Frankreich 1986 sein Fernseh-Regierungsmonopol, als »La Cinq« (Kanal 5) mit einer goldglitzernden Riesenschau eröffnet wurde, bei der Charles Aznavour das Band durchschnitt. Binnen kurzer Zeit entwickelte sich Frankreich von einem Land mit drei regierungseigenen Programmen zu einem Sechskanal-Land, von denen vier privat sind. Bezahlte Fernsehkanäle wie Canal Plus in Frankreich entstehen jetzt auch in der Schweiz und den Niederlanden.

In Italien sieht sich die staatliche Rundfunk- und Fernsehgesellschaft RAI nun einer Konkurrenz von mindestens vier Gesellschaften ausgesetzt. Rom prunkt mit etwa 25 Fernsehkanälen.

Die Bundesrepublik hat zwei kommerzielle Sender hinzugefügt und ist seit 1985, als der erste private Kabelkanal unter den Klängen von Dvoraks *Symphonie aus der Neuen Welt* in Betrieb ging, eifrig um Verkabelung bemüht. Schon heute sind 6 Millionen westdeutsche Wohnungen verkabelt. Auch Spanien wollte sich nicht lumpen lassen und richtet drei neue Privatsender ein, die den staatlichen Gesellschaften Konkurrenz machen werden.

So schnell verändert sich die Lage, daß diese Zahlen bei Drucklegung bereits wieder überholt sein können. Und kein Mensch weiß, wie viele weitere Kanäle Europa in den nächsten Jahren noch aufmachen und damit den jetzigen Bestand vielleicht verdoppeln oder verdreifachen wird. Dabei ist die bei der Befreiung der Länder Osteuropas vom kommunistischen Joch zu erwartende Rundfunk- und Fernsehexplosion noch gar nicht berücksichtigt. Dort werden sich die Netze wie Schuppen vermehren.

Japan, Pionier des hochauflösenden Fernsehens, hinkt bislang bei der Ausbreitung des Kabelfernsehens und der Vermehrung der Kanäle hinterher. Doch wenn es sich erst dazu entschließt, wird es sie in Treue zu seiner Tradition mit Siebenmeilenstiefeln vollziehen.

Zwei scheinbar widersprüchliche Dinge tun sich also. Finanziell tritt eine Konsolidierung ein. Das tatsächliche Programmangebot hingegen diversifiziert sich immer mehr dank einer schon schwindelerregenden Vielzahl neuer Kanäle und Medien.

Der globale Verkaufsschlager

Das Vorhandensein eines weltweiten Bildmarktes hat einige Unternehmen und Mediengesellschaften zu einer einfachen, linearen Schlußfolgerung veranlaßt. Es ist Zeit zur »Globalisierung«, das heißt, sie wollen auf weltweiter Ebene das wiederholen, was sie zuvor schon auf nationaler Ebene taten.

Diese geradlinige Strategie hat sich aber als Verluststrecke herausgestellt.

Die neue Wertschöpfung setzt die Globalisierung eines beträchtlichen Teils der Produktion und parallel dazu die Entwicklung globaler Verteilernetze voraus. Als sich daher Herstellungs- und Verteilungskonzerne in transnationalen Verbünden zusammenschlossen oder fusionierten, ließen auch die Werbeagenturen nicht lange auf sich warten. So verschlang unter Nutzung des niedrigen Dollarkurses das englische WPP gleich zwei eigenständige amerikanische Giganten: J. Walter Thompson und Ogilvy & Mather. Im Streben nach der Nummer eins in der Welt schluckte Saatchi & Saatchi neben anderen Firmen auch Compton Advertising und Dancer Fitzgerald Sample.

Theoretisch sollten transnationale Werbeagenturen standardisierte Werbung transnationaler Konzerne problemlos in transnationale Netze einspeisen können. Derselbe Werbespot wird dabei in viele Sprachen übersetzt. Presto! Schon klingelt bei der Werbeagentur die Kasse.

Die Grundüberlegung für den »globalen Verkaufsschlager« geht teilweise auf den Harvarder Marketing-Guru Theodore Levitt zurück, der predigte, »die Bedürfnisse und Wünsche der Welt sind unwiderruflich homogenisiert worden«, und der schon die Ankunft »globaler« Produkte und Marken feierte, womit er meinte, bislang national verkaufte Erzeugnisse könnten mit Hilfe derselben Werbung nun auch problemlos in der ganzen Welt abgesetzt werden. Dieselbe Standardisierung industrieller Machart, die früher auf nationaler Ebene stattfand, werde sich jetzt global durchsetzen.

Der Haken an dieser Theorie ist, daß sie zwischen den Regionen und Märkten der Welt kaum noch einen Unterschied macht. Nun befinden sich aber die einen noch im Vor-Massenmarkt-Zustand, andere noch in der Massenmarkt-Phase, und wieder andere erleben bereits die Entmassung einer fortgeschrittenen Wirtschaft. In letzteren aber verlangen die Verbraucher mehr Individualität und Personalität der Produkte, und sie haben mit gewissen homogenisierten Waren und Dienstleistungen nichts mehr im Sinn. Dasselbe Marketing und dieselbe Werbung funktionieren also kaum überall.

Die Levitt-Theorie unterschätzt auch die wirtschaftliche Auswirkung kultureller Präferenzen und Voreingenommenheiten gewaltig, und dies zu einer Zeit, da die Kultur an Bedeutung eher gewinnt als verliert. In einer 1988 für den britischen Industrieverband durchgeführten Studie der Handelsbank Hill Samuel heißt es, selbst ein vereinigtes Europa könne nicht als einförmig angesehen werden. Französische Hausfrauen zögen Waschmaschinen vor, die von oben, britische hingegen solche, die von vorne beschickt würden. Für die Deutschen verlange niedriger Blutdruck kräftige medizinische Behandlung, britische Ärzte hielten das nicht für nötig. Die Franzosen machten sich wegen einer »Herz- und Verdauungsstörung namens ›Spasmophilie‹ große Sorgen, die englische Ärzte nicht einmal kennen«. Sind die Auffassungen in Fragen wie Nahrung, Schönheit, Arbeit, Spiel, Liebe - oder auch Politik - etwa weniger unterschiedlich?

In der Praxis wirkte sich die simplistische Theorie vom »globalen Verkaufsschlager« für die Firmen, die sie anwandten, verheerend aus. Das *Wall Street Journal* nannte die Theorie in einem Aufmacher ein kostspieliges Fiasko. Es beschrieb des langen und breiten die Todesqualen von Parker Pen, als der Konzern die Formel befolgen wollte (er sackte in die roten Zahlen, warf die Verantwortlichen hinaus und mußte schließlich den ganzen Geschäftszweig abstoßen). Der Versuch, eine Hautlotion von Erno Laszlo sowohl den hellhäutigen Australiern als auch den dunkelhäutigen Italienern anzudrehen, schlug - wen wollte das überraschen? - kläglich fehl. Sogar McDonald's paßt sich nationalen Unterschieden an, verkauft in Deutschland Bier, in Frankreich Wein und in Australien sogar schon Hammelpastete. Auf den Philippinen bietet es McSpaghetti an. Ist nun Diversität schon bei Verbraucherwaren nötig, soll sie dann in kultureller Hinsicht oder bei der politischen Ideologie weniger nötig sein? Werden die globalen Medien tatsächlich die Unterschiede zwischen den Völkern einebnen?

In Wirklichkeit entmassen sich, gleichwie Produkte, auch Kulturen immer mehr, von ein paar Ausnahmen abgesehen. Und gerade die Vielzahl und Vielgestaltigkeit der Medien beschleunigt den Prozeß noch. Mit hoher Vielfalt und nicht mit Einförmigkeit werden sich die Vermarkter politischer Kandidaten und Ideen auseinandersetzen müssen. Wenn schon Produkte mit ganz seltenen Ausnahmen Schiffbruch erleiden, wenn sie den Weltmarkt überschwemmen wollen, wie sollte es da Politikern oder politischen Richtungen gelingen?

So könnte das neue, globale Mediensystem, anstatt den Planeten wie die alten Medien der zweiten Welle zu homogenisieren, eher die Diversität vertiefen. Globalisierung ist daher nicht gleichbedeutend mit Homogenität. Anstelle des vom verstorbenen kanadischen Medientheoretiker Marshall McLuhan prophezeiten einzigen Weltdorfes dürften wir eher eine Vielzahl ganz unterschiedlicher Globaldörfer erleben, die zwar alle mit dem neuen Mediensystem vernetzt, aber doch alle nach Kräften um die Beibehaltung oder Stärkung ihrer kulturellen, ethnischen, nationalen oder politischen Individualität bemüht sind.

Die neuen Medienzaren

Tatsächlich schreitet die für die neue Wirtschaft nötige Medienglobalisierung schnell voran.

Als Sony für fünf Milliarden Dollar Columbia Pictures Entertainment aufkaufte und sich damit in den Besitz des größten Filmarchivs Hollywoods mit so hochwertigen Streifen wie *On the Waterfront*, *Lawrence von Arabien* und *Kramer vs. Kramer* und ganz beiläufig von 220 Kinos und 23 000 Fernsehspielen setzte, erschütterte ein Beben die gesamte Unterhaltungsindustrie. Sony bereitete eine große Verkaufskampagne für seine 8mm-Videogeräte vor und wollte mit seiner »Hardware« gleich auch die »Software« liefern können. Aber dieser Geschäftsschlager ist nur einer von vielen, die die Struktur der gesamten Bild-Industrie verändern.

So hat sich Fujisankei Communications Group bei Virgin Music eingekauft. Das britische TV South hat die von Mary Tyler Moore gegründete Fernsehgesellschaft MTM Enterprises aufgekauft. Die deutsche Bertelsmann-Gruppe, die zu den größten Mediengesellschaften zählt, besitzt Eigentumsrechte in über 20 Ländern. Robert Murdoch umspannt drei Kontinente und umfaßt Zeitungen und Zeitschriften, Buch- und Filmverlage und ein Fernsehnetz in den USA.

Eine Nebenerscheinung dabei ist das Entstehen einer buntgemischten Gruppe von Weltmedienzaren, zu deren Pionieren der Australoamerikaner Murdoch gehört.

Dieser Mann, dem man (manchmal zu Unrecht) vorwirft, er entwürdige die ihm gehörenden Zeitungen, schurigele die Gewerkschaften und kenne als Konkurrent keine Gnade, denkt auch langfristig und studiert eingehend die neuesten Technologien. Neben seinen Zeitungen in Australien, Amerika und England hat sich Murdoch höchst sorgfältig ein vertikal integriertes, globales Medien-Imperium zurechtgeschneidert.

Ihm gehört ein beträchtlicher Brocken der 20th Century Fox Broadcasting, die die Rechte an Tausenden von Film- und Fernsehstunden besitzt. In den USA gehören ihm Fox TV und die Zeitschrift *TV Guide.* In Europa war er wegweisend in den Satellitenprogrammen, und er besitzt 90 Prozent von Sky Channel, ein neues Sportprogramm und einen 24-Stunden-Nachrichtenkanal, der sein Material teilweise aus seinen Londoner Zeitungen *The Times* und *The Sunday Times* bezieht. Darüber hinaus teilt er sich je zur Hälfte mit der britischen Firma Amstrad ein Joint Venture zur Produktion billiger Schüsselantennen für den Satelliten-Direktempfang.

Ob diese vertikale Integration letztlich die erhoffte »Synergie« erbringen wird, bleibt abzuwarten. Wie wir sahen, gehen andere Industrien von der vertikalen Integration ab. Aber Murdoch hat jedenfalls der gesamten Veröffentlichungs- und Sende-Industrie neue Kraft eingeflößt.

In England begann Robert Maxwell, ein Bulle von Mann, den man manchmal hinter seinem Rücken als »Sprungfeder-Tschechen«, »Schwarzen Wirbelwind« oder »Captain Bob« apostrophiert, zunächst mit der Veröffentlichung einer winzigen Kette recht obskurer Wissenschaftszeitschriften. Der in der Tschechoslowakei geborene Maxwell diente im Zweiten Weltkrieg als Offizier im britischen Heer und wurde später ins Parlament gewählt.

Von seiner winzigen Gelehrtenbasis aus hat er ein Imperium gebaut, dessen Teile aus vielen Fernsehrechten, einschließlich TF1 in Frankreich, Kanal 10 in Spanien, der Central Television in England, einem Film- und einem MTV-Kanal bestehen. Sein umfangreiches Betätigungsfeld umfaßt Zeitschriften, Zeitungen und den Buchverlag Macmillan in den USA.

In scharfem Gegensatz zu Maxwell und Murdoch ist Reinhard Mohn ein bescheidener, philosophisch veranlagter Mann mit sorgfältig durchdachten Vorstellungen von Management, Mitarbeiterbeteiligung und der sozialen Verantwortung des Besitzes.

Als Kriegsgefangener in Concordia, Kansas, beeindruckte Mohn die amerikanische Demokratie und unter anderem der Book-of-the-Month-Club tief. Er kehrte in das kleine Gütersloh zurück, übernahm den elterlichen Bibelverlag und schickte sich an, die Bertelsmann-Gruppe zur Medienmacht aufzubauen. Neben Buch- und Schallplattenclubs in Deutschland, Spanien, Brasilien, den USA und 18 weiteren Ländern gehören Bertelsmann jetzt die Verlagsgruppe Bantam Doubleday Dell in den USA, der Buchverlag Plaza y Janes in Spanien sowie 37 Zeitschriften in fünf Ländern und Schallplattenmarken wie RCA/Ariola und nicht nur eine Handvoll Rundfunk- und Fernsehrechte.

Der Italiener Silvio Berlusconi, dessen Fernsehstationen 60 Prozent sämtlicher italienischer Werbeeinnahmen abdecken, hat inzwischen die Hand nach Frankreich ausgestreckt, wo er Mitbesitzer von La Cinq ist, nach Deutschland, wo ihm ein gutes Stück von Tele 5 gehört, und nach Moskau, das ihm die Alleinrechte für Sowjetwerbung in Europa übertrug. Berlusconi liebäugelt auch mit Jugoslawien, Spanien und Tunesien.

Die globale Meinungsschmiede

Verlagerung finanzieller Macht über Medien löst immer hitzige Kontroversen aus. Die schiere Größe der heutigen Medien-Imperien ist beängstigend. Langetablierte Sendegesellschaften und andere Medien geraten in Gefahr. Überdies beschwört die Konzentration der Finanzgewalt in den Händen der Murdochs und Berlusconis die Erinnerung an die großen Pressezaren der Vergangenheit wie William Randolph Hearst in den USA oder Lord Northcliffe in England herauf, deren politischer Einfluß ungeheuer war und keineswegs nur Bewunderer hatte.

Der übliche erste Einwand lautet heute, die neuen Globalmedien würden die Welt uniformisieren. Das Versagen der »Globalvermarktungsstategie« läßt diese Angst allerdings übertrieben erscheinen.

Uniformisierend wirkten die Massenmedien vor allem zu einer Zeit, als es nur ein paar Kanäle und Medienarten und mithin eine geringe Auswahl gab. In Zukunft wird es eher umgekehrt aussehen. Egal, ob der Inhalt der einzelnen Programme gut oder schlecht ist: Entscheidend ist zunächst die Diversität als solche. Der Wechsel von einer auswahlschwachen zu einer auswahlstarken Medienumwelt hat nicht nur kulturelle, sondern auch politische Folgen.

Den High-Tech-Regierungen steht eine Zukunft bevor, in der ihr Volk mit vielfältigen, widersprüchlichen, auf eng umgrenzte Adressatengruppen zugeschnittenen wirtschaftlichen, kulturellen und politischen Mitteilungen bombardiert wird und nicht nur mit einer einzigen Mitteilung, die ein paar Mediengiganten unisono verkünden. In der neuen Medienumwelt werden »Massenmobilisierung« und »Beifallsjubel« sehr viel schwerer zu bewerkstelligen sein.

Mehr Medienwahl wirkt als solche demokratiefördernd. Sie macht Politikern, die ihren Anhängern keine Wahl anbieten, das Leben schwer.

Der zweite Vorwurf an die Adresse der neuen Medienzaren gilt ihrer persönlichen politischen Anschauung. Murdoch ist zu konservativ, Maxwell steht der Labour Party zu nahe, Turner ist ein unberechenbarer Einzelgänger. Der eine hat Mitterrand seine Seele verkauft, der andere liegt mit weiß Gott wem im Bett... Wären alle diese Vorwürfe wahr, dann höben sie sich bald gegenseitig auf.

Viel wichtiger als die persönliche politische Meinung und Verbindung sind die allen gemeinsamen Interessen. Natürlich sind sie alle Kapitalisten und operieren in kapitalistischem Rahmen. Insofern können wir davon ausgehen, daß der Geldbeutel sie mehr interessiert als die politische Linie.

Es kommt nicht so sehr darauf an, ob die Medienzaren »linke« oder »rechte« Politik und Politiker bevorzugen. Viel bedeutsamer ist, daß sie alle - durch ihr Handeln mehr als durch ihre Worte - die Ideologie des Globalismus unterstützen. Globalismus oder mindestens Supranationalismus ist ein natürlicher Ausdruck der neuen Wirtschaft, die ja grenzüberschreitend vorgehen muß, und die Verbreitung dieser Weltsicht liegt im ureigensten Interesse der Medienmoguln.

Dieses Eigeninteresse hat jedoch einen Widerpart. Damit ihre Fernseh- und Rundfunkstationen, Zeitungen und Zeitschriften finanziell erfolgreich sind, müssen sie »entmassen«, d.h. nach Nischen Ausschau halten, ganz bestimmtes Material liefern, sehr lokale Belange ansprechen. Das Hauptgebot für die neuen Medien findet vollkommenen Ausdruck in dem Schlagwort »global denken, lokal handeln«.

Die bloße Existenz mächtiger, Kontinente umspannender Medienkommunikation wird jedoch die Machtverhältnisse zwischen der politischen Führung und der Weltgemeinschaft verlagern. Damit verändern die neuen Medienzaren, nicht notwendigerweise bewußt, die Rolle der »Weltmeinung« ganz beträchtlich.

Wie im zu Ende gehenden Jahrhundert die Staatsmänner ihr Handeln vor dem Gericht der nationalen »öffentlichen Meinung« vertreten mußten, werden sie sich morgen einer sehr viel ausgeprägteren »Weltmeinung« stellen müssen. Und wie dank eines Benjamin Day, Henry Hetherington oder Emile de Girardin die ärmeren Schichten ins politische Leben der Völker Eingang fanden, wird das Vorgehen der heutigen Medienzaren weitere Millionen in den globalen Entscheidungsprozeß einführen.

Noch führen heute die Staaten die Weltmeinung an der Nase herum, ohne sich übermäßig an den Konsequenzen zu scheren. Die Weltmeinung hat weder die Opfer von Auschwitz noch das kambodschanische Volk noch in neuerer Zeit die vor Hunger und Unterdrückung in Asien fliehenden »Boat people« gerettet. Auch die Chinesen hinderte sie nicht am Massaker der protestierenden Studenten in Beijing.

Nichtsdestoweniger ist die Welt schon manchmal einem Killerregime in den Arm gefallen. Die Geschichte der Menschenrechte kennt viele Beispiele, in denen weltweite Proteste einem innenpolitischen Häftling Folter und Tod erspart haben. Ohne den Druck der Weltmeinung hätte Anatoli Scharanski wohl kaum die sowjetischen Lager überlebt. Andrej Sacharows Überlebenschancen verbesserten sich, als er den Nobelpreis erhielt und jedes Kind seinen Namen kannte, weil er ständig im Mittelpunkt des Medieninteresses stand.

Sicher wird das globale Mediensystem die Staaten nicht in

fromme Lämmlein verwandeln. Aber es wird teurer, die Weltmeinung vom Tisch zu wischen. In der Welt, wie die Medienzaren sie jetzt bauen, wird alles, was die Leute draußen über einen Staat denken und sagen, drinnen mehr Gewicht erhalten denn je.

Zweifellos werden sich die Regierungen ausgefeiltere Lügen einfallen lassen, um ihren eigensüchtigen Taten den Anstrich des Rationalen zu geben und die zunehmend verflochtenen Medien zu täuschen. Ihre Propaganda zur Welt-Imagepflege wird auf Hochtouren laufen. Aber wenn das mißlingt, dann kann es durchaus sein, daß sie für ein Verhalten, das die übrige Welt stirnrunzelnd mißbilligt, wirtschaftlich empfindlich gestraft werden.

Mag Südafrika auch bestreiten, daß die Sanktionen seiner Wirtschaft geschadet hätten oder sein Paria-Image auch wirtschaftlich nachteilig gewirkt habe - seine Führung weiß es besser. In der Weltmeinung fallen die Würfel im globalen Vorgehen.

Selbst wenn eine erboste Weltmeinung keine formalen Handelssanktionen über ein widerborstiges Regime verhängt, so können doch internationale Organisationen wie die Weltbank seine Anträge auf milliardenschwere Anleihen ablehnen. Privatbanken lassen vielleicht lieber die Finger davon, Auslandsinvestoren und Touristen wenden sich anderen Zielen zu. Schlimmer noch: Unternehmen und Länder, die dennoch mit einem Paria-Staat ins Geschäft zu kommen gewillt sind, haben eine viel stärkere Verhandlungsposition. Das Welt-Image verändert die Verhandlungslage.

Mit wachsender Bedeutung der Weltmeinung, Hand in Hand mit der Ausbreitung der systemverflochtenen Medien, werden raffinierte Machtspieler sie als Waffe benutzen. Da wird es dann nicht mehr nur um die Rettung eines politischen Häftlings oder die Mobilisierung von Soforthilfen für ein Katastrophengebiet gehen, sondern darum, uns wenigstens ein paar Umweltverheerungen zu ersparen, die sonst den blutenden Planeten befallen hätten.

Wenn in Baku Armenier von Aserbeidschanern angegriffen werden, wissen das auch die Armenier in Los Angeles sofort und gehen zur politischen Tat über. Werden in El Salvador Jesuiten von einer Todesschwadron ermordet, dann weiß das die ganze

Welt. Wird in Südafrika ein Gewerkschafter eingesperrt, bleibt das nicht verborgen. An sich sind die neuen Globalmedien im Geschäft, um Gewinne zu machen. Aber nolens volens geben sie auch der grenzüberschreitenden Aktivität einer schwindelerregenden Vielfalt von Aktivisten Auftrieb.

Unbeabsichtigt schmieden Murdoch und Maxwell, Turner und Mohn, Berlusconi und andere Medienzaren ein mächtiges neues Werkzeug und legen es der Weltgemeinschaft in die Hand.

Doch das ist erst der schwache Anfang dessen, was sich jetzt tut. Als nächstes werden wir sehen, daß in der rasant sich verändernden Welt von heute das neue, globale Mediensystem zum Revolutionswerkzeug par excellence geworden ist.

XXVII

Subversive Medien

Am 30. Juni 1988 ging im Amt des Sheriffs von Victorville bei Los Angeles eine Klage ein. Seit 12 Stunden randalierten fünf Mexikaner, bliesen Trompete, tranken Bier und urinierten auf den Rasen. Als sechs Hilfssheriffs ankamen und die Männer zu beruhigen suchten, flogen die Fäuste und Knüppel. Für die Polizisten war das kaum etwas Besonderes. Mit einem Unterschied.

Während sie die Fünf unter Zuhilfenahme von Knüppeln und Schwitzkastengriffen zu beruhigen suchten, hielt ein Nachbar ohne ihr Wissen eine Videokamera zum Fenster hinaus.

Kaum war das Vierminutenband den Latinos in der Gemeinde gezeigt worden, kam es zu schweren Krawallen wegen angeblicher Brutalität der Polizei. Dem folgten Bürgerrechtsproteste und schließlich ein Prozeß gegen die Polizisten, denen unverhältnismäßige Gewaltanwendung vorgehalten wurde. Armando Navarro, geschäftsführender Direktor der örtlichen Bürgerrechtsorganisation »Institut für Soziale Gerechtigkeit«, sagte: »Seit 21 Jahren beschäftige ich mich jetzt mit diesen Dingen, aber eine so klassische Darstellung der Gewalt in lebhaftesten Farben habe ich noch nie gesehen.«

Die Verteidiger der Polizisten wandten ein, das Band entspreche nicht der Wahrheit, denn es zeige nicht, was vor Einschalten der Kamera geschehen sei, als nämlich nach Aussage der Polizisten Gewalt gegen *sie* angewendet worden sei.

Der Fall zog weitere Kreise, als die Person, die den Videofilm aufgenommen hatte, verschwand und ein Vertreter des mexikanischen Konsulats in Los Angeles im Gerichtssaal als Prozeßbeobachter auftrat und sich wegen antimexikanischer Diskriminierung in den USA besorgt zeigte. Zum Schluß entschied ein Bundesgericht gegen die Polizisten und sprach den Mexikanern eine Million Dollar zu.

Die Revolutionäre, die 1989 in der Tschechoslowakei die kommunistische Regierung stürzten, hatten wohl nie von dem Prozeß gegen die »Fünf von Victorville« gehört. Aber in den Straßen von Prag stellten Studenten an den Straßenecken Fernseher auf und zeigten Videobänder, mit welcher Brutalität die tschechischen Behörden regierungsfeindliche Demonstrationen zu unterdrükken versucht hatten. Sie spielten auch Bänder mit Reden des Dramatikers Vaclav Havel ab, der als ehemaliger politischer Häftling zum Präsidenten aufstieg. Auch andernorts, zum Beispiel in Taiwan, hat die politische Opposition Videokameras und Abspielgeräte dazu benutzt, die sogenannte regierungsseitige Gewalt bloßzustellen.

Überall in der Welt werden neue Kommunikationsmedien oder anders genutzte alte dazu verwendet, die Staatsmacht in Frage zu stellen, manchmal zu stürzen. Solidaritäts-Begründer Lech Walesa beschrieb die politischen Umwälzungen in Osteuropa mit den Worten: »Diese Reformen sind ein Ergebnis der Zivilisation: der Computer und des Satellitenfernsehens [und anderer Neuerungen], die Alternativlösungen aufzeigen.«

Der häßliche kleine Mann im Fernsehen

Die dominogleiche Revolutionswelle von 1989 in Osteuropa war eindeutig die Folge von drei konvergierenden Fakten: des langfristigen Versagens des Sozialismus, der den versprochenen wirtschaftlichen Wohlstand nicht zu liefern vermochte; der Ankündigung der Sowjetunion, sie werde nicht mehr militärisch intervenieren, um die kommunistischen Regierungen zu stützen und der Informationslawine, die sich – getragen von den neuen Kommunikationsmitteln – trotz aller gegenteiligen Anstrengungen der Zensoren in die kommunistischen Länder ergoß.

Während der ein Vierteljahrhundert dauernden Diktatur Nicolae Ceauşescus herrschte in Rumänien die härteste aller kommunistischen Zensuren in Osteuropa, der rein gar nichts entging, was in der Presse und vor allem im Fernsehen erschien. Ceauşescu selbst war ein TV-Fan; besonders gern sah er die *Kojak*-Episoden mit Telly Savalas. Aber die Medien-Weltrevolution verstand er trotz seiner Fernseherei nicht und bezahlte das am Weihnachtstag 1989 mit dem Leben.

Hätte sich Ceauşescu mehr Gedanken darüber gemacht, welche Rolle das neue, globale Mediensystem beispielsweise beim Sturz des philippinischen Diktators Ferdinand Marcos spielte, dann hätte er gewußt, daß die Herrschaft über die Medien im eigenen Lande längst nicht mehr ausreicht, um ein Volk in Unkenntnis zu halten, und daß die politischen Ereignisse im Inland zunehmend auf einer Weltbühne vorgespielt werden.

»Was auf den Philippinen geschah«, sagt der Medienexperte Professor William Adams von der George-Washington-Universität, »war ein epischer Schritt auf dem Wege zu einer neuen Revolutionsart: der Revolution vermittels der Medien und Symbole.«

Wegen der historisch engen Bande zwischen den Philippinen und den USA und der amerikanischen Militärstützpunkte im Lande suchten Marcos ebenso wie seine politischen Hauptgegner die Unterstützung der USA. Beide wandten sich an ausländische Journalisten als Partner.

Als die Opposition immer stärker wurde, willigte Marcos 1986 widerstrebend in Wahlen ein. Über den anschließenden Wahlkampf quoll satte Berichterstattung aus amerikanischen Fernsehkameras, die natürlich der dramatische Auftritt der Corazón Aquino, Witwe eines ermordeten Helden, als Herausfordererin des korrupten alten Diktators besonders anzog.

Zunächst unterstützte Präsident Reagan Marcos. Aber mit fortgesetzter amerikanischer Fernsehberichterstattung sahen die Amerikaner, wie Marcos-Gorillas gegen nette, friedliche Demonstranten der Mittelschicht vorgingen, und allmählich änderte sich Reagans Haltung. Der Fernsehkritiker der *Washington Post* schrieb: »Es sah einfach nicht gut aus, als Verbündeter dieses häßlichen kleinen Mannes im Fernsehen zu erscheinen.«

Reagan schickte offiziell ein paar Leute nach Manila, die nach Wahlkorruption und -betrug Ausschau halten sollten. Der von Senator Richard Lugar geleitete Beobachtungstrupp fand massenhaft Beweise für beides und äußerte sich dazu vor dem Fernsehpublikum, noch ehe er offiziell an Reagan berichtete. Diese Äußerungen schadeten Marcos im Wahlkampf noch mehr, und was die

Amerikaner auf ihrer Mattscheibe sahen, floß natürlich sofort in die Philippinen zurück.

Die Fernsehberichterstattung blieb auch im Weißen Haus nicht ohne Wirkung, das letzten Endes eine marcosfeindliche Militärgruppe unterstützte, und also drängte der Verbund von Gewalt und Information Marcos aus dem Amt. Zu guter Letzt fügte sich Marcos ins Unvermeidliche, floh aus dem Land und durfte sich auf Hawaii niederlassen.

Ein politischer Beobachter sagte nachher dazu: »Wäre er wirklich ein großer Tyrann des 20. Jahrhunderts gewesen, dann hätte er die Medien zum Teufel gejagt und die Maschinengewehre sprechen lassen.«

Doch genau das Gegenteil hätte durchaus für Ceauşescu gelten können. Hätte er die Medien eingelassen und die Maschinengewehre nicht sprechen lassen, hätte er vielleicht überlebt. Die ersten Stürze kommunistischer Regimes in den anderen osteuropäischen Ländern im dramatischen Winter 1989 verliefen friedlich. Nur in Rumänien ratterten die Maschinengewehre.

Zu den letzten Taten des Diktators gehörte der Befehl zum Massaker der Demonstranten in Temesvar. Als die Rumänen daraufhin in Massen auf den Straßen von Bukarest demonstrierten, kam es zu Kämpfen zwischen den Militärs und Ceauşescus gefürchteter Sicherheitspolizei »Securitate«. Die Kämpfe hielten tagelang an, die Securitate gab auch dann noch nicht auf, als Ceauşescu samt Frau vor ein Standgericht gestellt und anschließend von einem Exekutionspeloton erschossen worden waren.

Inzwischen hatte sich die Revolution das Studio 4 des »Freien rumänischen Fernsehens« zum Hauptquartier erkoren. Selbst als Heckenschützen und Kommandos das Studio stürmen wollten, ließen die Führer der Opposition, die die Ätherwellen für sich hatten, immer wieder Bilder der Leichen des Diktators und seiner Frau vorspielen. Erst da hörte das Blutvergießen auf.

Kurz darauf erklärte die *New York Times*, an die Stelle seiner Diktatur sei eine »Videokratur« getreten.

Nach dem Sturz der kommunistischen Regimes in ganz Osteuropa frohlockte die *Financial Times*: »Das Medium, in dem George Orwell das Werkzeug der Versklavung erblickte, hat sich als Befreier erwiesen; nicht einmal ein Ceauşescu konnte sein Volk blenden.«

Doch vor lauter Starren aufs Fernsehen geht an vielen Beobachtern die eigentliche Geschichte vorbei. Revolutionär ist nicht das bloße Fernsehen, sondern das kombinierte *Zusammenspiel* vieler verschiedener Technologien.

Millionen Computer, Faxmaschinen, Drucker und Kopierer, VCRs, Videokassetten, hochmoderne Telefone samt Kabel- und Satellitentechnik wirken jetzt zusammen und geben jedes für sich überhaupt keinen Aufschluß. Das Fernsehen ist lediglich ein Teil dieses viel größeren Systems, das an manchen Stellen sogar mit den intelligenten Elektroniknetzen verbunden ist, die die Wirtschafts- und Finanzwelt zum Austausch von Computerdaten benutzt.

Dieses neue, überwölbende Mediensystem ist Ursache des Aufkommens der neuen, wissensbasierten Wirtschaft (und eine Reaktion darauf), und es bedeutet einen Quantensprung in der Art und Weise, wie das Menschengeschlecht Symbole und Bilder benutzt. Kein Teil dieses Riesengewebes ist völlig vom restlichen getrennt. Das aber verleiht ihm eine potentiell subversive Gewalt, nicht nur für die verbleibenden Ceauşescus in der Welt, sondern für alle Machthaber. Das neue Mediensystem beschleunigt das Machtbeben.

Dreierlei Medien

Um ihre Macht zu verstehen, setzt man die heutige Medienrevolution am besten in die historische Perspektive und unterscheidet klar zwischen drei verschiedenen Kommunikationsarten.

Ganz überspitzt können wir sagen, in der Agrargesellschaft der ersten Welle sei die Kommunikation zumeist in sehr kleinen Gruppen von Mund zu Ohr und von Angesicht zu Angesicht übermittelt worden. In einer Welt ohne Zeitungen, Rundfunk oder Fernsehen kann eine Mitteilung nur dann eine Massenhörerschaft erreichen, wenn man eine Menge versammelt. Die Menge war denn auch das erste Massenmedium.

Eine Menge kann dem Herrscher oben eine »Botschaft zusenden«. Im Grunde ist schon der bloße Umfang der Menge eine Botschaft. Aber was immer sonst die Menge mitteilt - sie sendet jedenfalls eine identische Mitteilung an alle Teilnehmer. Diese - potentiell höchst subversive - Botschaft lautet: »Du stehst nicht allein.« Infolgedessen hat in der Geschichte die Menge eine entscheidende Rolle gespielt. Das Problem der Menge oder des Mob als Kommunikationsmedium ist jedoch, daß sie gemeinhin flüchtig sind.

Die Menge war nicht das einzige Massenmedium der Zeit vor der Technik. Im Mittelalter kam im Abendland die katholische Kirche dank ihrer weitreichenden Organisation einem dauerhaften »Massenmedium« am nächsten; sie allein konnte großen Bevölkerungen *über alle Grenzen hinweg* dieselbe Botschaft zukommen lassen. Diese einzigartige Fähigkeit verlieh dem Vatikan ungeheure Macht gegenüber den sich befehdenden Königen und Fürstchen. Sie auch ist der Grund für die zähen Machtkämpfe zwischen Kirche und Staat, die Europa jahrhundertelang ausbluteten.

Das Wertschöpfungssystem der zweiten Welle, das auf der Massen-Fabrikproduktion beruhte, benötigte mehr Fernkommunikation und brachte das Post-, Telegrafen- und Telefonwesen hervor. Aber die neuen Fabriken brauchten auch eine homogene Arbeiterschaft, und so wurden technische Massenmedien erfunden. Zeitungen, Zeitschriften, Kinofilme, Rundfunk und Fernsehen, die ja alle dieselbe Botschaft gleichzeitig Millionen zutragen können, wurden zum hervorragenden Vermassungsinstrument der Industriegesellschaften.

Das neue System der dritten Welle hingegen spiegelt die Bedürfnisse der sich abzeichnenden Wirtschaft der Nach-Massenproduktion wider. Wie die neuesten »flexiblen Fertigungsstätten« personalisiert es seine Bildprodukte und sendet unterschiedliche Bilder, Ideen und Symbole an sehr eng umschriebene Adressatensegmente von Bevölkerung, Märkten, Altersklassen, Berufsständen, Volks- oder Lebensstilgruppen.

Diese neue, hohe Mitteilungs- und Medienvielfalt ist deswegen erforderlich, weil das neue Wertschöpfungssystem eine viel heterogenere Mitarbeiterschar und Bevölkerung voraussetzt. Die in *Zukunftsschock* bereits angedeutete und in *Zukunftschance* vertiefte Entmassung ist damit zum Schlüsselmerkmal des neuen Mediensystems geworden. Doch es hat noch weitere Aspekte.

Mediafusion

Im Gegensatz zu den Medien der zweiten Welle, die jeweils mehr oder weniger unabhängig voneinander operierten, sind die neuen Medien eng ineinander verzahnt und verschmolzen, speisen sich gegenseitig mit Daten, Bildern und Symbolen. An Beispielen dafür ist kein Mangel.

Ein Rundfunk-Call-In, bei dem Zuhörer und Sender übers Telefon verbunden werden, war 1988 Thema des Films *Talk Radio*, der seinerseits wieder über Kabelfernsehen gezeigt und in der gedruckten Presse besprochen und dann, wer weiß? vielleicht wieder auf Rundfunk-Call-Ins diskutiert wird. Oder nehmen Sie den Film *Broadcast News*, der von Nachrichtensprechern handelt. Nachdem er in vielen Kinos gezeigt worden ist, kommt er ins Fernsehen und wird in Zeitungsannoncen bekanntgemacht.

Newsweek beschreibt »das inzwischen ganz gewöhnliche Schauspiel eines Farmers in Iowa, den ein Pressereporter interviewt, der dann von einem Filmfotografen erschossen wird, den eine Fernsehkamera-Mannschaft gerade aufnimmt, und das Ganze spielt dann als Krimi in einer Zeitschrift«. Eine Momentaufnahme eben dieser Szene war in dem *Newsweek*-Bericht abgebildet.

Etwas tiefer haben wir die Zeitungs-Nachrichtenredaktionen, in denen der Fernseher läuft, damit die Redakteure mit den allerletzten Nachrichten Schritt halten können. Viele europäische Amerika-Korrespondenten sehen fern und schreiben ihre Berichte anhand der Bild-Reportagen von CNN. So wird das Medium Fernsehen zur Quelle.

Fernseh-Talkshow-Leute beziehen ihre Ideen und Themen aus den Zeitungen. Sie alle arbeiten mit Fax, Computer, Textverarbeitung, elektronischem Satz, digitalisierten Bildern, elektronischen Netzen, Satelliten und anderen verzahnten Technologien.

Diese dichte gegenseitige Durchdringung macht aus den Einzelmedien ein Gesamtsystem. In Verbindung mit der Globalisierung vermindert sich das Durchsetzvermögen des Einzelmediums oder -kanals, der Einzelveröffentlichung oder einer bestimmten Technologie gegenüber allen anderen. Gleichzeitig vermittelt es den Medien als Ganzem gewaltig mehr Macht, die den ganzen Planeten abdeckt. Nicht die »Videokratie« also ist hier am Werke, sondern die »Mediafusion«.

Täler des Unwissens

Zur Fusion tritt die Diffusion, denn kein Teil der Welt ist heute noch vollkommen von der übrigen Welt abgeschottet. Mitteilungen sickern selbst durch die dichtesten Grenzen.

Trotz Ceauşescus grausamer Zensur konnten viele Rumänen das bulgarische Fernsehen einfangen (viele Bulgaren wiederum zogen das sowjetische Fernsehen dem eigenen vor). Schon vor der Revolution kannten die Rumänen die Namen der Dissidenten und Ceauşescugegner, die mit ihrem Ruf nach Menschenrechten das Gefängnis riskierten. Diese Kenntnis stammte aus vom Ausland nach Rumänien ausgestrahlten Sendungen.

Die meisten Ostdeutschen konnten Westsender empfangen und Dinge erfahren, die ihre kommunistische Regierung lieber unterdrückt hätte. So erfuhren die Ostdeutschen 1989 von den großen Leipziger Demonstrationen. Auf demselben Wege fanden sie heraus, daß Ungarn die Grenzen für die ostdeutschen Flüchtlinge geöffnet hatte und an welchen Stellen sich Risse in der Berliner Mauer auftaten. Außerhalb der Reichweite der westdeutschen Fernsehsender lag nur die Dresdener Region, die deshalb als »Tal des Unwissens« bezeichnet wurde. Aber diese »Täler« werden immer kleiner.

Die grenzüberschreitende »TV-Indiskretion« ist alles andere als neu; dasselbe gilt für die Kurzwellensendungen der Stimme Amerikas, des Radio Freies Europa, der BBC und anderer in die kommunistischen Länder. Während der Demokratieproteste in China vor ihrer Niederschlagung auf dem Platz des Himmlischen

Friedens sendete die Stimme Amerikas täglich elfeinhalb Stunden lang und erreichte geschätzte 100 Millionen chinesische Zuhörer. Die Sendungen enthielten sogar einfache Anweisungen, wie man der Störung der Sendung durch die Regierung ein Schnippchen schlagen konnte.

Geändert hat sich aber die subversive Medienstrategie der Revolutionäre von heute.

Die Medienstrategie der Revolutionäre

Nicht nur Ceauşescu hat nicht begriffen, auf welche strategische Weise die Kommunikationsmittel der ersten, zweiten und dritten Welle manchmal kombiniert oder gegeneinander ins Spiel gebracht werden können.

Ein gutes Beispiel bietet die Religion.

Zu den großen Gewinnern der Revolutionen von 1989 in Osteuropa gehört die von den kommunistischen Regimes lange unterdrückte, aber nie zerstörte katholische Kirche. Oben sahen wir, daß sie selbst schon ein Massenmedium war, lange bevor die Jim Bakkers und Jimmy Swaggerts von heute ins protestantische televangelische Netz einbrachen oder Pat Robertson sich eine so große Fernseh-Anhängerschar aufbaute, daß er als Präsidentschaftskandidat auftreten konnte.

In der heutigen Welt hat die Kirche zum Teil deshalb Macht, weil sie über moralischen Einfluß und wirtschaftliche Mittel verfügt, zum Teil aber auch dank ihrer Eigenschaft als Massenmedium. Sonntag für Sonntag kann sie unzählige Millionen erreichen, so daß daneben selbst die Einschaltquoten für die beliebteste Fernsehsendung kaum in die Waage fallen. Natürlich steht sie auch an den sechs Wochentagen mit ihren Mitgliedern in Verbindung und ergänzt ihre unmittelbare Kommunikation durch Zeitungen, Zeitschriften und andere Mittel.

Solange die katholische Kirche – oder überhaupt eine organisierte Religion – eine gewaltige Herde versammeln und damit die Massen erreichen kann, kann keine Regierung sie ignorieren. Bekanntlich haben Regierungen schon versucht, die Kirche auszurotten (was praktisch unmöglich ist). Andere haben sich an Ersatzreligionen auf der Grundlage des Nationalismus, Marxismus oder dergleichen versucht. Wieder andere schließen Kompromisse und versuchen die Kirche vor ihren Wagen zu spannen.

In totalitären Staaten stellt die Existenz eines nicht vereinnahmten oder nicht unterdrückten Massenmediums in der Hand der Kirche eine ständige Bedrohung dar, denn es besteht immer die Gefahr, daß sich dieser Kanal für den politischen Widersacher auftut. Darum waren die kommunistischen Staaten so grimmig entschlossen, der Kirche den Garaus zu machen oder, als das nicht funktionierte, die Kirche zu kaufen.

Die Erkenntnis, daß organisierte Religion, was immer sie sonst sein mag, auch ein Massenmedium darstellt, erklärt manche neuerliche Machtverschiebung.

Sie erklärt, warum so oft in der Geschichte und in so unterschiedlichen Ländern wie Iran unter dem Schah oder Südkorea unter Chun Doo Hwan wirtschaftlicher Unmut oder andere Unzufriedenheit der Bevölkerung in religiöse Bewegungen umschlagen. In Iran hatte der so ins Religiöse kanalisierte Protest bekanntlich den Sturz des weltlichen Schah-Regimes zur Folge. In Südkorea führte er zu einer dramatischen Zunahme der christlichen, katholischen wie protestantischen, Bevölkerung. In beiden Ländern trat die organisierte Religion an die Stelle einer politischen Opposition oder verschmolz sich mit ihr.

Eine Ironie des Schicksals will es, daß das Medium Kirche um so mehr Chancen als potentieller Träger der Dissidenz erhält, je erfolgreicher einer totalitären Regierung die Zensur und absolute Verfügungsgewalt über alle Medien gelingen. Eventuell bleibt die Kirche überhaupt das letzte Mittel, gegen ein Regime zu opponieren. Aber wenn die Kirche ihren »Kanal« aufmacht und den Mißmut der Bevölkerung von der Kanzel herunter äußert, dann verändert das Medium auch den Inhalt der Botschaft und erhält der Protest, der vielleicht im Hunger oder anderen materiellen Nöten seinen Ursprung hat, ein religiöses Gewand. Das erklärt, warum Bewegungen, die sich am Kampf um Zielsetzungen entzünden, die kaum etwas mit Religion zu tun haben, ganz von selbst in religiöse Kreuzzüge umschlagen.

In Iran verschmolz der Ayatollah Khomeini Klassenwut und nationalistischen Zorn mit religiösem Eifer zu einem. Liebe zu Allah plus Haß auf den Imperialismus plus Antikapitalismus gleich Fanatismus hoch drei, der den Mittleren Osten in ein Pulverfaß verwandelt hat.

Aber Khomeini hat nicht nur diese drei Elemente zu einer einzigen Leidenschaft geschmiedet. Er kombinierte auch die Medien der ersten Welle (Ermahnung durch seine Mullahs an die Gläubigen von Angesicht zu Angesicht) mit der Technik der dritten Welle (Tonbänder mit politischen Mitteilungen, die in die Moscheen eingeschmuggelt, dort abgespielt und auf billigen Tonbandgeräten vervielfältigt wurden).

Im Gegenzug setzte der Schah gegen Khomeini die Medien der zweiten Welle ein: Presse, Rundfunk und Fernsehen. Als es Khomeini gelungen war, den Schah zu stürzen und die Macht im Staate zu übernehmen, nahm er auch von den Steuerhebeln dieser zentralisierten Medien der zweiten Welle Besitz.

Diese Strategie der Benutzung der Medien der ersten und dritten Welle im Kampf gegen die Inhaber der Medien der zweiten Welle ist in den Revolutionsbewegungen gang und gäbe und war während der chinesischen Demokratieproteste 1989 besonders deutlich erkennbar. Die alten Männer in Beijing überkam bei Ceauşescus Sturz in Bukarest sechs Monate nach dem Massaker beim Platz des Himmlischen Friedens das große Zittern; sie hatten die Macht dieser Strategie unterschätzt.

Das Chinasyndrom

Auch in China prallten im Kampf um die Beherrschung der Geister drei Kommunikationsweisen zusammen.

Die Wandzeitungen waren ein traditionelles Protestwerkzeug der ersten Welle in China. Anfang 1989 erschienen erste Anschläge an den Mauern nahe der Beijinger Universität, erhoben schwere Vorwürfe der Korruption, machten sich über die privilegierten Kinder der Parteiführung lustig, forderten mehr Demokratie und verlangten die Absetzung von Li Peng und anderen.

Im Spätfrühling kam dann die andere Kommunikationswaffe der ersten Welle, die Menge, ins Spiel. Studenten der Beijinger Universitäten nutzten die Gedenkfeier für den verstorbenen Reformkommunisten Hu Yaobang als Vorwand und versammelten sich am 22. April auf dem Tienanmen-Platz. Anfänglich waren die Forderungen der Protestierer noch gemäßigt und galten vor allem der Meinungsfreiheit und der Beendigung der Korruption. Als aber die Regierung die Forderungen der Studenten barsch ablehnte, blieben die Demonstranten auf dem Platz und fingen einen Hungerstreik an. Die friedliche Menge wurde immer größer.

Bald schlossen sich ihr Fabrikarbeiter mit Spruchbändern an, auf denen zu lesen stand: »Hier kommen eure älteren Brüder.« Und da sich die Regierung immer noch nicht erweichen ließ, schwoll die Stoßkraft der Bewegung immer weiter an, bis dann auf ihrem Höhepunkt am 18. und 19. Mai über eine Million immer noch friedlicher Teilnehmer aus allen Schichten auf die Straße gingen. Die schiere Größe dieser Menge war an sich schon eine klare Botschaft.

Im selben Zeitraum brach unter den Behörden ein heftiger Streit aus, wie man reagieren solle. Die Regierung unter Li Peng versuchte, die Medien der zweiten Welle - Presse, Rundfunk und Fernsehen - gegen die Protestierenden einzusetzen. Aber die Medien befanden sich weitgehend, einschließlich des Parteiorgans *Volkszeitung*, in der Hand der Partei, an deren Spitze der reformwillige Zhao Ziyang stand.

Im Hin und Her dieses Machtkampfs liefen die Medien der zweiten Welle Zickzackkurs. Hatten Zhaos Anhänger die Oberhand, dann zeigten die *Volkszeitung* und das chinesische Fernsehen Sympathie für die Forderungen der Streikenden. Setzten sich hingegen die Vertreter der harten Linie wieder durch, mußten Nachrichtensprecher, Redakteure und Journalisten Greuelnachrichten über die Streikenden verbreiten; die Medien der zweiten Welle wurden also benutzt, den Mitteilungen der Medien der ersten Welle die Spitze abzubrechen.

Gleichzeitig aber begann ein Kampf um die Herrschaft über die weiter fortgeschrittenen Medien der dritten Welle: Satelliten, Faxmaschinen, handliche Fernsehkameras, Computer, Kopierer und weltweite Kommunikationsnetze.

Die Vertreter der harten Linie standen jetzt vor einem doppelten Problem. Sie mußten nicht nur in den nationalen Medien die Oberhand gewinnen, sondern auch über die ausländische Berichterstattung. Gewissermaßen als Joker wirkten die zahlreichen ausländischen Journalisten und Sendeleute, die zur Berichterstattung über das Gipfeltreffen zwischen Gorbatschow und Deng nach China gekommen waren. Diese Journalisten, die sich weitgehend auf Satelliten, Computer und andere fortgeschrittene Instrumente der dritten Welle stützten, blieben zur Berichterstattung über die Ereignisse auf den Straßen vor Ort.

Besonders wichtig war das Kabelnachrichtennetz CNN, dessen Berichterstattung rund um die Uhr nicht nur ins Weiße Haus und zu Millionen Zuschauern in der ganzen Welt, sondern - nicht minder wichtig - in die Beijinger Hotelzimmer gelangte. Im Toben der politischen Schlacht brachen die chinesischen Funktionäre mal die Satellitenverbindungen zur Außenwelt ab, schalteten sie dann wieder zu und sagten schließlich den ausländischen Berichterstattern, sie sollten die eigenen Fernsehkanäle Chinas verwenden. Die Verwirrung war vollständig.

In Erkenntnis der wachsenden Bedeutung der Weltmeinung versuchten die Verfechter der harten Linie verzweifelt, sämtliche Verbindungen zwischen den Protestierenden und ihren Anhängern außerhalb Chinas zu kappen. Da aber China in jüngerer Zeit umfangreiche Wirtschaftsbeziehungen mit dem Ausland aufgenommen hatte und Studenten zum Studium ins Ausland reisen ließ, erwies sich das als sehr schwierig.

Die Protestierenden zielten mit ihren Mitteilungen oft ganz direkt aufs Auslandspublikum. Geduldig wiederholten sie ihre Forderungen vor den ausländischen Reportern und Fernsehkameras. Sie übersetzten. Sie bemalten Spruchbänder und Mauern mit fremdsprachigen Schlagwörtern, damit die Fernsehzuschauer draußen sie sofort verstehen konnten. »Le 1789 de Chine« hieß der Wahlspruch in Anspielung auf die Französische Revolution. Für die Amerikaner sangen sie »We shall overcome« und vereinnahmten Patrick Henrys Worte »Gebt mir Demokratie oder den

Tod.« Dieser Appell nach draußen wurde durch Sympathiemärsche in Hongkong, Taiwan, Australien und überall in den USA belohnt.

Inzwischen richtete ein chinesischer Student an der Harvard-Universität seine »Hotline« von Beijing nach Boston ein: eine offene Telefonverbindung, über die rund um die Uhr Nachrichten vom Platz des Himmlischen Friedens in sein kleines Wohnzimmer bei Harvard kamen. Von dort aus gingen sie per Telefon, Telefax und Computer an die chinesischen Studenten in ganz Amerika.

Umgekehrt schufen Studenten von Stanford und Berkeley die sogenannte »Nachrichtenbrücke«: Über Faxmaschinen sandten sie an die Streikenden die neuesten Nachrichten der US-Presse. Adressiert wurden sie an Unternehmensbüros in Beijing und anderen Orten in der Hoffnung, daß ein paar freundliche Hände sie an die streikenden Studenten weiterleiten würden. In China gab es rund 30 000 Faxgeräte und rund 3 Millionen Telefonleitungen nach Beijing.

Die chinesischen Studenten in den USA, nicht selten Söhne und Töchter hoher Regierungs- und Parteifunktionäre, schnitten auch Telefoninterviews mit Streikenden mit und gaben die Bänder sofort an die Stimme Amerikas weiter, die sie in ihre Chinasendungen aufnahm. Versuchte die chinesische Führung die Sendungen zu stören, so schaltete die Stimme Amerikas auf andere Frequenzen um.

Dieser weltweite Kampf um die Herrschaft über Wissen und Kommunikationsmittel hielt sogar noch an, als die Hardliners schon die Truppen herangezogen, viele Demonstranten getötet und den Streik zerschlagen hatten. Wieder unter Rückgriff auf die Massenmedien der zweiten Welle verbreitete jetzt die Regierung Bilder von Studenten- und Arbeiter-»Anführern« und gab Telefonnummern für Informanten bekannt, wo sie anrufen konnten, wenn sie einen Flüchtigen entdeckten.

Aber dieselben Bilder wurden auch außerhalb Chinas gesendet, und nun versuchten Fernsehzuschauer von Kanada bis Italien mit Hilfe der internationalen Direktwahl die betreffenden Telefonnummern zu blockieren, damit die Informanten nicht durchkommen konnten. Es war nicht das erste Mal, daß Bürger über die Grenzen hinweg Leitungen zu stören versuchten.

In China kam die Macht wieder aus den Gewehrläufen, wie Mao einst sagte. Aber es war klar (und die Ereignisse in Osteuropa und andernorts unterstrichen das noch), daß sich die Verfechter der harten Linie, die sich durchgesetzt hatten, nicht so ohne weiteres auf ihrem Sieg ausruhen konnten. China hat seinen Gang ins 21. Jahrhundert gerade erst angetreten.

Die China-Affäre offenbart jedoch auch sonnenklar die Medienstrategien von Revolution und Gegenrevolution. Heute üben die Massenmedien der zweiten Welle immer noch ungeheuren Einfluß aus. Aber je schneller die Welt sich der Ära des Machtbebens nähert, werden die einst so übermächtigen Herrschaftsinstrumente der zweiten Medienwelle durch die subversiven Medien von morgen überwältigt werden.

XXVIII

Die »videowilde« Generation

Fast genau zur Mitte des 20. Jahrhunderts veröffentlichte George Orwell mit *1984* seine brennende Anklage gegen den Totalitarismus. Das Buch stellt eine Regierung dar, die die Massenmedien vollständig in ihrer Gewalt hat. Orwells brillante Neologismen wie »Neusprache« und »Zwiegedanke« gingen in den Sprachgebrauch ein. Das Buch wurde zur machtvollen Angriffswaffe im Kampf gegen Zensur und Denkmanipulation, weshalb es auch jahrzehntelang in der Sowjetunion verboten war.

Nun gab das Buch zwar allen Munition in die Hand, die sich der geistigen Diktatur widersetzen, aber seine Darstellung der Zukunft erwies sich doch als recht fragwürdig.

Zutreffend sah Orwell Dinge wie Fernsehschirme voraus, die sowohl empfangen als auch senden konnten und über die nicht nur die Staatspropaganda die Zuschauer erreichte, sondern die gleichzeitig ihr ganzes Tun überwachten, und seine Warnungen vor dem möglichen Eindringen in die Privatsphäre sind eher noch untertrieben. Die wichtigste Revolution unserer Zeit sah er jedoch nicht voraus (noch auch sonst jemand in der damaligen Zeit): die Verlagerung der Wirtschaft von der Muskelkraft auf den Denkapparat.

Die erstaunliche Proliferation neuer Kommunikationswerkzeuge, wie wir sie heute erleben, entzog sich deshalb seiner Vorstellung. So groß sind Zahl und Vielfalt dieser Technologien, daß sich schon der Fachmann kaum noch zurechtfindet. Angesichts der Heerscharen technischer Abkürzungen, von HDTV und ISDN zu VAN, ESS, PABX, CPE, OCC und CD-I, geht einem wahrlich ein Mühlrad im Kopfe herum. Er brummt einem schon, wenn man die Anzeigen für Verbraucherelektronik überfliegt.

Erhebt man sich jedoch über diesen Wirrwarr, dann treten die Grundlinien der Medien der dritten Welle ganz deutlich hervor.

Die elektronische Infrastruktur der fortgeschrittenen Wirtschaften wird von sechs klar erkennbaren Wesensmerkmalen geprägt sein: Interaktivität, Mobilität, Konvertibilität, Connectivity, Ubiquität und Globalisierung.

Zusammengenommen deuten diese sechs Prinzipien auf eine völlig neue »Welt« hin, nicht nur in der Art und Weise, wie wir Mitteilungen austauschen, sondern in der Art unseres Denkens, unseres Selbstverständnisses im Verhältnis zur Umwelt, mithin also auch unseres Verhältnisses zur Regierung. Gemeinsam werden sie es den Regierungen (und ihren revolutionären Gegnern) unmöglich machen, so wie bisher mit Gedanken, Bildern, Daten, Information oder Wissen zu spielen.

Der golfspielende Sklave

In einem langgestreckten Flachbau auf dem Santa Monica Boulevard von Los Angeles haben Gordon Stulberg, Ex-Präsident der Twentieth Century Fox Filmstudios, und der Psychotherapeut Bernard Luskin einen Riesenspaß. Luskin war früher Präsident der Gemeindecolleges und Leiter des California Educational Computing Consortium. Die beiden stehen heute an der Spitze einer Gruppe von Pädagogen, Künstlern und Programmierern, die im Auftrag von American Interactive Media (AIM) die Welt mit dem nächsten Schritt der Compact-Disk-Technik beglücken wollen: CD-I (»I« wie »Interaktiv«).

Die auf dem heimischen Fernsehschirm einsetzbaren Disks von AIM sollen dem Zuschauer die Möglichkeit bieten, auf die ablaufenden Bilder einzuwirken. Der Besitzer des Disks namens *Golf Interaktiv* hält eine Fernsteuerung in der Hand, bewegt mit dem Daumen einen winzigen »Joystick« und kann gegen einen anderen Spieler Golf spielen, indem er einen Golfsklaven auf dem Bildschirm in Stellung bringt. Er kann den richtigen Schläger auswählen, Schlagkraft und Flugbahn bestimmen, den Sklaven nach rechts und links drehen und seinen Schlag verändern. Kurzum: Er hat alles in der Hand, was sich auf dem Bildschirm tut.

Mit der Platte *Grolier Enzyklopädie* kann er sich audiovisuell sämtliche Einträge herholen. Text, Bewegung und Bilddarstellung erklären beispielsweise einen Automotor oder ein DNS-Molekül, und alles läßt sich durch den Benutzer bewegen und anzeigen.

Weitere AIM-Platten enthalten Spiele, Bibelgeschichten, einen neuartigen Atlas, einen von *Time-Life* entwickelten Fotografierkurs oder auch einen Besuch im Smithsonian, wo man die Ausstellungsstücke beliebig hin und her drehen kann.

Das der N.V.-Philips-Tochter Polygram Records gehörige AIM ist nur eine von mehreren Firmen, die sich mit der interaktiven Videotechnik beschäftigen. Das Fernseherlebnis soll anstatt des bloß passiven Zusehens aktiv werden, womit der Kartoffelchip in die Rumpelkammer wandert.

Einen anderen Weg zum selben Ziel schlägt das in Nordkalifornien beheimatete Interactive Game Network ein, das teilweise von United Artists, Le Groupe Videotron Ltd. und General Electronics Ltd. finanziert wird. Es entwickelt ein Gerät, bei dem der Zuschauer zu Hause an populären Fernseh-Spielshows wie *Jeopardy* und *Wheel of Fortune* teilnehmen kann. Der Spieler gibt seine Antworten an einen zentralen Computer, der dann sämtliche Spielgewinne errechnet und den Sieger auswählt.

Der radikalste Sprung in Richtung Interaktivität befindet sich allerdings noch in einem frühen Entwicklungsstadium. Hier soll ein riesiges Netz von »Telecomputern« (wie der Schriftsteller George Gilder es nennt) aufgebaut werden: interaktive Fernsehapparate, die praktisch gleichzeitig Personal Computer sind.

Neben Platten oder Disketten wird dabei der Fernsehschirm selbst in der Hand des Benutzers lebendig; so jedenfalls Gilder, der sich die technischen Grenzen von Video- und Computertechnik sehr genau angesehen hat. »Die Grenze zwischen ›Fernsehen‹ - wo die Japaner die Nase vorn haben - und ›Computern‹ - in denen die amerikanische Industrie die besten Karten hat - verwischt sich täglich mehr«, weiß er zu berichten. Die bevorstehende Fusion der beiden Technologien werde die Macht der alten Fernsehgesellschaften zum Benutzer verlagern, der künftig »die Bilder nach Belieben umgestalten kann«. Diese neue Kreuzung könne auch Macht wieder von Japan nach Amerika zurückbringen, behauptet Gilder.

Ob das nun stimmt oder nicht - jedenfalls wirken zwei mächtige

Strömungen der technischen Entwicklung auf eine gewaltige Ausbreitung der Video-Interaktivität hin.

Ein dekadenter Luxus

Ein zweites Prinzip des neuen Systems ist die Mobilität. Das Telefon in der Flugzeugkabine, mehr noch das schnurlose Telefon und das bewegliche Autotelefon gewöhnen die Benutzer allmählich an die Vorstellung der freien Verbindung von überall her überall hin, während sie unterwegs sind.

Die zunächst als dekadenter Luxus (ähnlich erging es im 19. Jahrhundert den ersten Telefonapparaten) betrachteten Auto-Zellfunktelefone sind inzwischen weit verbreitet: Allein in Großbritannien gibt es eine halbe Million, und ihre Zahl schnellt in die Höhe.

Ein Konsortium namens Phonepoint, in dem die Deutsche Bundespost, France Telecom und die New Yorker Telefongesellschaft Nynex zusammengeschlossen sind, betreibt die beschleunigte Einführung kleinerer, noch ausgefeilterer »Taschentelefone« in England. Bewegliche Telefone sind auch ganz und gar keine bloß dekorativen Statussymbole. Für Verkäufer, Installateure, Ärzte und dergleichen Berufe sind sie ein produktivitätssteigerndes Arbeitsinstrument.

Wie nun die Menschen unterwegs arbeiten und spielen, steigt die Nachfrage nach noch billigeren, einfacheren, stets einsatzbereiten Kommunikationsmitteln ins Unermeßliche, und auf dieser Basis bereitet sich die Comic-Strip-Erfindung vom Dick-Tracy-Armbanduhr-Telefon zum großen Sprung vor.

Aber das Telefon ist nur eines von unzähligen neuen Geräten, die sich vom Stecker an der Wand lösen. Sony bietet einen 130,5 Gramm leichten Taschenkopierer an. Das Faxgerät im Auto, der Westentaschenbildschirm, der Laptop-Computer und tragbare Drucker – sie alle vermehren sich wie die Kaninchen. Mobilität ist also der zweite Wesenszug des neuen Systems.

Als nächstes kommt die Konvertierbarkeit: die Fähigkeit des Transfers von Information vom einen zum anderen Medium. So gehen wir auf sprachbasierte Technologien zu, die das gesprochene Wort zu Papier bringen können und umgekehrt. Maschinen, die gleichzeitig das Diktat mehrerer Diktanten aufnehmen und getippte Briefe ausspucken, sind auf dem Weg zur Verwirklichung.

Derartige Werkzeuge können vieles erschüttern, von der Beschäftigung und der Organisation der Büroarbeit bis zur Rolle des Lesen-und-Schreiben-Könnens im täglichen Leben. Aber sie sind noch gar nichts im Vergleich zu einer anderen Umsetzungsform: zur automatischen Übersetzung. Die automatische Übertragung kommerzieller Papiere von einer Sprache zur anderen ist, wie wir bereits in Kapitel X sahen, jedenfalls in Rohform im französischen Minitel-System integriert. Verbesserte Übersetzungsmöglichkeiten werden in Japan intensiv erforscht (das seine Sprache als Wirtschaftsbarriere empfindet). Desgleichen brennt die EG auf einen Durchbruch, denn dort müssen ja alle Texte in sämtliche Sprachen der 12 Mitgliedstaaten übersetzt werden.

Das vierte Prinzip der neuen Infrastruktur, »Connectivity«, ist für Computer- und Fernmeldebenutzer in der ganzen Welt zum Inbegriff geworden, wollen sie doch ihre Gerätschaften an eine schwindelerregende Vielzahl anderer anschließen können, und zwar unabhängig davon, wer sie wo hergestellt hat.

Trotz der heißumtobten Normenschlachten drängt alles zur Connectivity, damit ein und derselbe mobile, interaktive Bild- und Sprache-Telecomputer von morgen unmittelbar mit einem IBM-Großrechner in Chicago, einem gerade in Frankfurt befindlichen Laptop, einem Cray-Supercomputer in Silicon Valley oder dem Dick-Tracy-Telefon einer Hausfrau in Seoul verkehren kann.

Nicht bloß Mitleid

Ubiquität, der fünfte Schlüsselbegriff, ist wieder etwas anderes. Darunter verstehen wir die systematische Ausbreitung des neuen Mediensystems rund um die Erde und längs durch alle Wirtschaftsschichten der Gesellschaft.

Die eventuelle Spaltung der Bevölkerung in Informations-

Reiche und Informations-Arme bereitet den High-Tech-Regierungen ziemliche Kopfschmerzen. Jede Regierung, die nicht alles tut, um diese Spaltung zu vermeiden, geht schweren politischen Unruhen entgegen. Doch diese gefährliche Polarisierung ist keineswegs unvermeidlich.

So läßt sich durchaus ein beträchtliches Maß an Gleichheit des Zugangs in der Gesellschaft der Zukunft vorstellen, und zwar nicht aus bloßem Mitleid oder gesundem politischem Verstand der reichen Eliten, sondern wegen der Wirkung dessen, was man das Gesetz der Ubiquität nennen könnte.

Dieses Gesetz besagt, starke kommerzielle wie politische Anreize wirkten darauf hin, daß die neue elektronische Infrastruktur nicht exklusiv, sondern inklusiv angelegt wird.

Als das Telefon noch in den Kinderschuhen steckte, galt es als Luxus. Die Idee, eines Tages werde jedermann ein Telefon haben, schien reine Utopie. Wozu bloß, um Himmels willen?

Daß heute in den High-Tech-Staaten fast jedermann, arm oder reich, ein Telefon besitzt, ist nicht irgendeinem Altruismus zu verdanken, sondern einfach der Tatsache, daß es um so wertvoller für alle und zumal zu kommerziellen Zwecken ist, je mehr Leute angeschlossen sind.

Dasselbe galt, wie wir sahen, in der Frühzeit der Postdienste. Die industrielle Wirtschaft benötigte einen Weg, jedem (und nicht nur den Reichen) eine Rechnung, Werbung, Zeitung oder Zeitschrift zusenden oder verkaufen zu können. Wie nun die Faxgeräte nach und nach das Postamt der Industriezeit ersetzen, erleben wir wieder, daß ein ähnlicher Druck die Ausbreitung der neuen Technologie beschleunigt. 1989 gab es in den USA 2,5 Millionen Faxgeräte, die pro Jahr Milliarden Seiten ausspucken. Die Fax-Bevölkerung verdoppelt sich jedes Jahr, teils auch, weil erste Faxbenutzer ihren Freunden, Kunden, Klienten und Familienangehörigen in den Ohren lagen, sich doch schnellstens »verfaxen« zu lassen, damit sie ihnen schnell ihre Mitteilungen zukommen lassen könnten. Je mehr Faxe, desto wertvoller das System.

Mithin liegt es im ureigensten Interesse der Reichen, Mittel und Wege zu finden, damit das neue System die weniger Reichen nicht ausschließt, sondern einbeziehen kann.

Wie Telefone und Citicall werden Faxgeräte auch in den bescheidensten Haushalten Einzug halten, und die treibende Kraft ist das Gesetz der Ubiquität. Ähnlich wird es bei den Glasfaserkabeln und anderen Technologien ergehen, ob nun der einzelne, die Gesamtheit oder andere Benutzer dafür bezahlen, deren Gebühren die Bedienung derer finanzieren wird, die sich die Technik sonst nicht leisten können.

Größtmögliche Verbreitung und Streuung der Kommunikationsmöglichkeiten ist unlöslich mit dem neuen Wertschöpfungssystem verbunden. Die Richtung heißt fast unausweichlich Ubiquität (die alte Bell-Telefongesellschaft nannte das den »universellen Dienst«) in Verbindung mit Interaktivität, Mobilität, Konvertibilität und Connectivity.

Zu guter Letzt: Die neue Infrastruktur ist global. So wie Kapital elektronisch die Staatsgrenzen überwindet und in Millisekunden zwischen Zürich und Hongkong, Hongkong und Norwegen, Norwegen und Tokio, Tokio und Wall Street hin und her saust, wird auch die Information ebenso komplexe Strecken ziehen. Eine Veränderung der Tantiemen auf amerikanische Schatzanweisungen oder des Wechselkurses zwischen Yen und D-Mark ist sofort weltbekannt, und schon am Morgen nach der großen Feier in Los Angeles reden sich in Ho-Chi-Minh-Stadt die Jugendlichen über die Grammy-Preisträger die Köpfe heiß. Die gedanklichen Staatsgrenzen sind so durchlässig wie die finanziellen.

Ergebnis der Verknüpfung dieser sechs Prinzipien ist ein revolutionäres Nervensystem des Planeten, das ungeheuer viel größere Mengen von Daten, Information und Wissen unglaublich viel schneller übermittelt und verarbeitet. Dieses Nervensystem der Menschheit wird viel anpassungsfähiger, intelligenter und komplexer sein, als sich jemand je einfallen lassen konnte.

Elektronischer Aktivismus

Das nach den Bedürfnissen einer völlig neuartigen Wertschöpfung entstehende neue Mediensystem fordert die Machthaber heraus und hat neue politische Methoden, Gefolgschaften und Bündnisse zur Folge.

Wie sich etwa Anfang des 18. Jahrhunderts kein Mensch ausmalen konnte, welche politischen Veränderungen die Schlotwirtschaft nach sich ziehen würde, läßt sich heute, will man nicht gerade nach Science-fiction-Manier spekulieren, kaum absehen, welchen politischen Zwecken das erst skizzenhaft vorhandene Mediensystem dienstbar gemacht werden wird.

Greifen wir einmal die Interaktivität heraus. Kann der Zuschauer den Bildschirm nicht mehr bloß ansehen, sondern auch aktiv benutzen, so verändert das eines Tages möglicherweise die politischen Wahlkämpfe und das Kandidatenverhalten von Grund auf. Das interaktive Medium erlaubt viel ausgefeiltere Meinungsbefragungen; der Befragte braucht nicht mehr bloß mit Ja oder Nein zu antworten, sondern kann vielerlei Optionen gegeneinander abwägen.

Aber es geht noch weiter. Würde ein Kandidat nach der Wahl dem Umweltschutz Arbeitsplätze opfern und gegebenenfalls wie viele? Wie würde er sich unter sehr unterschiedlichen Voraussetzungen in einer Geiselkrise, einem Rassenaufruhr oder einer Atomkatastrophe verhalten? Anstatt die Wertvorstellungen und das Urteilsvermögen eines Präsidentschaftskandidaten anhand 30sekündiger Werbespots zu ermitteln, könnte sich der interaktive Zuschauer von morgen in ein Programm einwählen oder eine Diskette einlegen und nun den Kandidaten unter verschiedenen, vom Wähler programmierten Bedingungen diskutieren und entscheiden sehen. Politische Programme ließen sich in Spreadsheet-Form verbreiten, so daß die Wähler die zugrundeliegenden Haushaltsvorgaben verändern und »Falls«-Fragen stellen könnten.

Wenn heute schon große Zuschauerzahlen an einer Spielschau wie *Jeopardy* teilnehmen können, bei der ein Computer ihre Reaktionen auswertet, dann gehört nicht viel Fantasie dazu, sich den Einsatz ähnlicher Techniken bei der politischen Meinungsumfrage oder kollektiven Entscheidungsfindung vorzustellen – bis hin zu ganz neuartigen politischen Organisationsformen.

Zukunftsforscher, Simulationsexperten und andere machen sich seit langem Gedanken, wie man sehr viele Bürger an politischen

»Spielen« beteiligen könnte. Schon Ende der sechziger Jahre hat Professor José Villegas von der Cornell-Universität Modelle dafür entworfen, darunter auch Spiele, an denen sich Ghettobewohner und Squatter zur politischen Erziehung beteiligen können – oder zum Protest.

Es fehlte nur noch die entsprechende Technik. Mit der vernetzten Interaktivität gelangen jedoch die Werkzeuge für politische »Spiele« in Millionen Wohnzimmer. Damit könnten die Bürger, jedenfalls im Prinzip, ihre eigenen Umfragen abhalten, »elektronische Parteien« oder »elektronische Lobbys« und Pressure-groups zu verschiedenen Zwecken bilden.

Ohne weiteres vorstellbar ist auch die elektronische Sabotage, nun nicht mehr als Werk einzelner Hacker oder Verbrecher, sondern als politischer Protest oder politische Erpressung.

Am 15. Januar 1990 blinkten um 14.25 Uhr an den 75 Bildschirmen, die den Zustand des Telefon-Fernnetzes von AT&T anzeigen, plötzliche rote Lämpchen. Jedes Lämpchen bedeutete eine Störung. »Plötzlich ging's los. Peng!« sagte William Leach, Leiter des Netzbetriebszentrums von AT&T. Dieses »Peng« hatte einen neunstündigen Massenzusammenbruch des amerikanischen Fernsprechnetzes zur Folge, bei dem schätzungsweise 65 Millionen Anrufe blockiert wurden.

Nach eingehender Untersuchung gelangte AT&T zu dem Schluß, die Panne sei auf einen Fehler im Computerprogramm zurückzuführen. Aber die Verantwortlichen konnten »nicht kategorisch ausschließen«, daß es sich auch um Sabotage gehandelt haben könnte. Der 15. Januar war zufällig der nationale Feiertag aus Anlaß des Geburtstags von Martin Luther King. Und zufällig gibt es auch ein paar Rassisten, die King bis aufs Blut hassen und empört waren, daß zu Ehren Kings ein nationaler Feiertag ausgerufen wurde. Vielleicht war der »Blackout« bei AT&T nur ein beliebiger Vorfall. Aber man treibt die Leichtgläubigkeit wohl nicht zu weit, wenn man künftig auch elektronische politische Proteste und Sabotage für denkbar hält.

Man braucht auch keine Science-fiction, um sich einige der tiefreichenden sozialen Spannungen vorzustellen, die mit der Einführung einer neuen Wirtschaftsform einhergehen werden:

Probleme wegen der Art und Weise, wie Wissen in der Gesellschaft gestreut ist.

Die Informations-Wasserscheide

Da das Gesetz der Ubiquität seine Wirkung noch nicht voll entfaltet hat, leiden heute die High-Tech-Gesellschaften, zumal die USA, unter einer Fehlverteilung der Information – einer Informations-Wasserscheide in der Größenordnung des Grand Canyon.

Ein scheinbar unlösbares Problem vieler High-Tech-Staaten ist das Vorhandensein einer »Unterprivilegiertenklasse«. Das ist nicht nur ein moralischer Makel der Wohlstandsgesellschaften, sondern bedroht auch den sozialen Frieden und letztlich die Demokratie. Die Vorstellung, alle Angehörigen der »Unterprivilegiertenklasse« seien Opfer der Gesellschaft oder Arbeitslosigkeit, ist zu naiv. Viele, vielleicht die meisten, gehören ihr aus anderen Gründen an.

Immer deutlicher aber schält sich heraus, daß die Arbeit als solche immer höhere Informationsfertigkeiten voraussetzt; selbst wenn es freie Arbeitsplätze gibt, fehlen den meisten Mitgliedern dieser Gruppe die nötigen Wissensvoraussetzungen.

Überdies übersteigt das nötige Wissen die rein arbeitsplatzbezogenen Fertigkeiten. Ein wirklich einsetzbarer Arbeiter muß gewisse implizite kulturelle Vorgaben in Fragen wie Zeit, Kleidung, Höflichkeitsverhalten, Geld, Kausalität und Sprache mitbringen. Vor allem muß er Information beschaffen und austauschen können.

Diese allgemeinen kulturellen Vorgaben sind nicht in Schulbüchern oder Fortbildungskursen allein erlernbar. Sie setzen Vertrautheit mit der Funktionsweise der Welt jenseits der eigenen Straße voraus. Dieses Wissen wird immer mehr von der Medienumwelt vermittelt. Aus den Medien schließen die Leute auf soziale Normen und »Funktionsfakten«.

Die Art des Mediums, die Bilder, die es liefert, seine Adressatengruppen und die Rückkoppelungen, die es auslöst – all das hängt eng zusammen mit der Beschäftigung und dem Problem der

Unterprivilegiertenklasse. Überdies verschärft sich die Wirkung der Wasserscheide zwischen ihr und dem breiten Strom der Gesellschaft immer mehr, je weiter sich das neue Mediensystem ausbreitet.

Jeffrey Moritz ist Präsident des National College Television, das über Satellit jede Woche 42 Stunden lang Spezialprogramme für Studenten sendet. NCT schätzt seine Zuschauerzahl auf 700 000. Die zwischen 18 und 34 Jahre alten Zuschauer sind Staatsbürger von heute und potentielle Führungskräfte von morgen. Sie bilden gewissermaßen den Gegenpol zu den jungen Leuten in der Unterprivilegiertenklasse (nach Moritz schließt die heutige Studentenpopulation wahrscheinlich zwei künftige Präsidenten, Hunderte Senatoren und Tausende künftige Topmanager ein).

Moritz beschreibt sie so: »Der 20jährige Student von heute ist der ›videowildeste Klient‹ in der Geschichte. Vor 20 Jahren wurde erstmalig *Sesamstraße* gesendet, die Kleinstkinder und Kinder im Vorschulalter mit Hilfe ausgesuchter Fernsehtechnik einschließlich kurzer Segmente (90 Sekunden), atemberaubender Video-Effekte, interaktiver Beteiligung, neuer Helden, problemlosen täglichen Zugangs usw. auf das Leben vorbereiten sollte. Diese Zuschauerschar wanderte dann [als sie älter wurde] zu anderen Programmen wie *Electric Company*, *Zoom*, *Nickelodeon*, *MTV* weiter, und jeder Schritt war ein unaufhaltsamer Schritt nach vorn... Das von *Sesamstraße* geschaffene Publikum hat das ganze Fernsehen umgestülpt!«

Moritz benutzt den Begriff »videowild« zur Beschreibung dieser Generation, die zahllose Fernsehstunden verdaut und damit deren »Videologik« aufgesogen hat. Bei vielen kommen noch zahlreiche mit Videospielen und - wichtiger noch - am Personal Computer verbrachte Stunden hinzu. Nicht nur folgen sie einer anderen Logik, sondern sie sind es auch gewohnt, ihren Bildschirm etwas tun zu lassen, womit sie zu hervorragenden Anwärtern für die demnächst zu erwartenden interaktiven Dienste und Produkte werden. Vor allem sind sie gewohnt, Auswahlmöglichkeiten zu haben.

Die große Wasserscheide zwischen der Jugend der Unterprivilegiertenklasse und den Videowilden, die wir heute schon in

Amerika haben, wird sich auch durch Europa, Japan und andere High-Tech-Staaten ziehen, wenn sie nicht bewußt abgebaut wird.

Der neue Bund

In einer wissensbasierten Wirtschaft ist das wichtigste innenpolitische Problem nicht mehr die Verteilung (oder Umverteilung) des Reichtums, sondern der Information und der wertschöpfenden Medien.

Dieser Wandel ist so revolutionär, daß die hergebrachten politischen Vorstellungen zu seiner Bewältigung nicht mehr ausreichen. Das neue Wertschöpfungssystem wird die Politiker und politischen Vordenker – »linke« wie »rechte«, »radikale« wie »konservative«, »feministische« wie »traditionalistische« – zwingen, alle im Schornsteinzeitalter entwickelten politischen Ideen neu zu durchdenken. Die politischen Denkkategorien sind hinfällig geworden.

Soziale Gerechtigkeit und Freiheit hängen heute immer mehr davon ab, wie eine Gesellschaft mit drei Fragenkomplexen umgeht: Erziehung, Informationstechnologie und Medien, und Freiheit der Rede (im weitesten Sinne).

In Erziehung und Bildung ist das Umdenkerfordernis heute so groß, reicht so weit über Haushaltsüberlegungen, Klassengrößen, Lehrerbesoldung und den traditionellen Lehrplanstreit hinaus, daß seine Behandlung den Rahmen des Buches sprengen würde. Wie die Fernsehnetze der zweiten Welle (ja überhaupt die Schlotindustrie) ist auch unser Massen-Erziehungssystem heute weitgehend überholt. Wie die Medien verlangt auch die Erziehung die Proliferation von Kanälen und eine gewaltige Steigerung der Programmvielfalt. An die Stelle eines Systems mit geringer Wahlmöglichkeit wird eines mit hoher Auswahl treten müssen, wenn die Schulen ihre Kinder noch auf ein geordnetes Leben in der neuen Gesellschaft der dritten Welle vorbereiten wollen – von der wirtschaftlichen Produktivrolle ganz zu schweigen.

Die Verbindung zwischen der Erziehung und den sechs Prinzipien des neuen Mediensystems (Interaktivität, Mobilität, Konvertibilität, Connectivity, Ubiquität und Globalität) sind fast noch unerforscht. Wer aber das Bezugsgeflecht zwischen dem Erziehungswesen und dem Mediensystem der Zukunft beiseite läßt, der übt Betrug an den Lernenden, die von beiden geprägt sein werden.

Bezeichnenderweise ist Erziehung nicht mehr Sache der Eltern, Lehrer und einer Handvoll Reformpädagogen allein, sondern auch der fortschrittlichen Wirtschaftssektoren, denn deren Verantwortlichen wird der Zusammenhang von Erziehung und globaler Wettbewerbsfähigkeit immer bewußter.

Als zweite Priorität ist die schleunige Universalisierung des Zugangs zu Computern, Informationstechnik und hochmodernen Medien zu nennen. Ohne die elektronische Infrastruktur des 21. Jahrhunderts mit ihren Computern, ihrer Datenkommunikation und den anderen neuen Medien kann kein Land eine Wirtschaft des 21. Jahrhunderts betreiben. Voraussetzung dafür ist eine Bevölkerung, die mit der Informations-Infrastruktur ebenso vertraut ist, wie sie es im Schornsteinzeitalter mit Autos, Straßen, Autobahnen, Zügen und Transport war.

Natürlich braucht nun nicht jeder ein Fernmeldetechniker oder Computerexperte zu sein, ebensowenig wie jeder Automechaniker sein mußte. Aber der Zugang zum Mediensystem, Computer, Fax und moderne Fernmeldeeinrichtungen eingeschlossen, muß so frei und so einfach sein wie heute der Zugang zum Verkehrswesen. Oberstes Ziel aller, die eine fortgeschrittene Wirtschaft anstreben, muß daher die beschleunigte Wirkung des Gesetzes der Ubiquität sein; sie müssen dafür sorgen, daß alle Welt, arm oder reich, Zugang zur größtmöglichen Medienskala hat.

Und schließlich: Ist die neue Wirtschaft wesenhaft Wissen, dann wird das demokratische Ideal der Redefreiheit von einer Randerscheinung zur höchsten politischen Priorität.

Der Staat – jeder Staat – ist darauf angelegt, sich an der Macht zu halten. Ungeachtet der wirtschaftlichen Kosten für uns wird er immer versuchen, sich die neueste Kommunikationsrevolution dienstbar zu machen, und er wird dem freien Informationsfluß Grenzen setzen.

So wie der Staat, als die industrielle Revolution die Massenmedien gebar, neue Formen der Gedankenkontrolle erfand, wird er nach neuen Werkzeugen und Techniken suchen, um wenigstens etwas Gewalt über die Bilder, Ideen, Symbole und Ideologien zu behalten, die über die neue elektronische Infrastruktur zum Volk dringen.

Die Begeisterung darüber, wie vermittels der Medien die totalitären Regimes in Osteuropa gestürzt wurden, sollte uns nicht blind machen für die ausgekochteren Formen der Gedankenmanipulation, an denen sich künftig Regierungen und Politiker versuchen werden.

Keine Gesellschaft kann totale Informationsfreiheit aushalten. Alles gesellschaftliche Leben braucht einen gewissen Geheimraum. Totale Informationsfreiheit würde den völligen Verlust der Privatsphäre des einzelnen bedeuten. Es gibt äußerst kritische Augenblicke, Augenblicke »klarer und sofortiger Gefahr«, in denen absolute Freiheit Brandstifter geradezu einlädt, Öl ins Feuer zu gießen. Absolute Freiheit der Äußerung ist deshalb ebenso unmöglich wie das Absolute überhaupt.

Doch je mehr sich die Gesellschaft auf die Supersymbolwirtschaft zubewegt, desto wichtiger wird es, weitestgespannte Meinungsunterschiede und freie Meinungsäußerung zuzulassen. Je mehr eine Regierung diesen reichen, freien Fluß von Daten, Information und Wissen - einschließlich ausgefallenster Ideen, Innovation und auch des politischen Dissenses - zu unterbinden und einzufrieren versucht, desto mehr verlangsamt sich der Gang in die neue Wirtschaft.

Denn die riesige Ausdehnung des globalen Nervensystems fällt zusammen mit dem bedeutsamsten Wandel der Funktion der freien Meinungsäußerung zumindest seit der Französischen und der Amerikanischen Revolution.

In der Agrarvergangenheit waren neue Ideen oft lebensbedrohend. In einer Gemeinschaft, die kaum das Lebensnotwendigste besaß und mit seit Jahrhunderten bewährten und eingeschliffenen Methoden arbeitete, war jede Abweichung eine Gefahr für eine Wirtschaft, in der kaum Raum für Risiko war. Schon der bloße Begriff der Gedankenfreiheit war ein Fremdwort.

Mit der Naturwissenschaft und der industriellen Revolution

stellte sich ein neuer Begriff ein: daß für den »Fortschritt« Köpfe ohne staatliche oder religiöse Gängelung nötig waren. Doch das galt nur für einen kleinen Teil der Bevölkerung.

Mit der revolutionären Aufkunft des neuen Wertschöpfungssystems wird es aber nicht mehr nur ein Teil der arbeitenden Bevölkerung, sondern eine ganz erhebliche und sich stets vermehrende Zahl sein, deren Produktivität eben davon abhängt, daß sie schöpferische Freiheit entfaltet, vom Entwurf neuer Produkte bis hin zur neuen Computerlogik, zu neuen Metaphern, wissenschaftlichen Erkenntnissen, Epistemologien. Supersymbolwirtschaften erwachsen aus Kulturen, die unablässig von neuen, oft andersdenkenden, auch politischen Ideen herausgefordert werden.

Der einst den Intellektuellen vorbehaltene Kampf um freie Meinungsäußerung wird so zum Anliegen aller, die dem wirtschaftlichen Fortschritt das Wort reden. Wie angemessene Erziehung und Zugang zu den neuen Medien ist die Freiheit der Meinungsäußerung nicht mehr nur eine freundliche politische Zutat, sondern Voraussetzung für die wirtschaftliche Wettbewerbsfähigkeit.

Diese Entdeckung legt den Grundstein für eine ungewöhnliche politische Koalition der Zukunft, in der sich zwei Gruppen zusammentun, die seit den Frühzeiten der industriellen Revolution oft genug Gegner waren: Intellektuelle, Wissenschaftler, Künstler und Bürgerrechtler zum einen, fortschrittliche Manager und sogar Aktieninhaber und Kapitalisten zum andern; sie alle werden feststellen, daß jetzt ihre ureigensten Interessen davon abhängen, daß das Erziehungssystem revolutioniert, der Zugang der gesamten Bevölkerung zu Computern und den anderen neuen Medien erweitert und die Freiheit der Meinungsäußerung geschützt, ja vergrößert werden.

Eine solche Koalition ist der beste Garant des geistigen wie wirtschaftlichen Marsches ins 21. Jahrhundert.

Für Marx war Freiheit Erkenntnis der Notwendigkeit. Die Erbauer der Wirtschaft des 21. Jahrhunderts könnten feststellen, daß Notwendigkeit die Mutter der Freiheit ist.

Coda: Sehnsucht nach einem neuen finsteren Zeitalter

Wir stehen jetzt vor dem endgültigen politischen Machtbeben. Entweder entwerfen wir die Demokratie des 21. Jahrhunderts – oder wir steigen in ein neues finsteres Zeitalter ab. Auf dem einen Pfad bewegt sich die Macht vom Staat zum Individuum. Auf dem anderen droht das Individuum zur Null zu werden.

In der absehbaren Zukunft wird nichts dem Staat das Gewehr entreißen. Nichts wird ihn daran hindern, weiterhin Reichtum anzusaugen und zu seiner Machtvergrößerung zu benutzen. Eines aber dürfte, wie wir erahnen, anders werden: die Gewalt des Staates über das Wissen.

Die neue Wirtschaft gedeiht auf dem Boden freierer Meinungsäußerung, einer besseren Rückkoppelung zwischen Regierenden und Regierten, einer stärkeren Volksbeteiligung an der Entscheidungsfindung. Die Folge kann eine unbürokratischere, dezentralisiertere und bürgernähere Regierung und Verwaltung sein. Das kann mehr Unabhängigkeit des einzelnen bedeuten, eine Machtverlagerung vom Staate her, nicht etwa dessen »Verkümmern«, sondern seine Vermenschlichung.

Aber jedem neuen Bund der demokratischen Gruppen werden sich drei Riesenkräfte in den Weg stellen, die sich rasant aufeinander zu bewegen in einem weltweiten Kreuzzug, der uns, wenn wir nicht acht geben, in ein neues finsteres Zeitalter schwemmen könnte.

Heiliger Wahnsinn

In der Vor-Schornsteinzeit, der Zeit bis zur Aufklärung und bis zur Geburt der Demokratie, besaß die organisierte Religion, ungeachtet ihrer Form, praktisch das Monopol für die Erzeugung und Verteilung abstrakten Wissens. Heute sind Kräfte am Werk, die dieses Gedankenmonopol wiederzuerrichten trachten.

Der Wiederaufschwung politisch-religiöser Bewegungen in der Welt scheint auf den ersten Blick wenig mit dem Aufstieg der Computer und der neuen Wirtschaft zu tun zu haben. Aber das täuscht.

Das wissensbasierte Wertschöpfungssystem, dessen Inbegriff der Computer ist, läutet das Ende von drei Jahrhunderten Weltherrschaft der Industriestaaten ein. In den Schornsteinstaaten war diese Zeit geprägt vom Krieg um die Gedankenherrschaft zwischen den Kräften der Religion, die sich mit den Machteliten der Agrarzeit verbündet hatten, und den säkularen Kräften, die für den industriellen »Modernismus« und die Massendemokratie kämpften.

Etwa um die Mitte des Industriezeitalters war es diesen säkularen Kräften gelungen, die organisierte Religion in die Knie zu zwingen, ihren Griff um Schulen, Moral und Staat zu lockern.

In den sechziger Jahren trug eine *Time*-Ausgabe den Titel »Ist Gott tot?« und berief eine unsicher gewordene katholische Kirche das Zweite Vatikanische Konzil ein - eines der bedeutendsten Ereignisse seit Jahrhunderten. Die drei großen Religionen des Westens, in dem der Industrialismus triumphiert hatte, hatten mit ansehen müssen, wie ihre soziale, moralische und politische Macht dahinschwand.

Doch eben in dem Augenblick fing der Computer die Art der Wertschöpfung zu ändern an. Die Technik, die die Blaukittel-Fabrikwirtschaft am radikalsten unterlaufen sollte, trat immer schneller aus den Labors und wenigen Großeinrichtungen von Verwaltung und Wirtschaft heraus und wurde zum Gemeingut.

Parallel zu dieser revolutionären Entwicklung, die in den USA am weitesten gediehen war, entstand die Hippie-Bewegung mit ihrem wilden Angriff auf die kulturellen Prämissen des Industriezeitalters und dessen Säkularismus.

Mit den langen Haaren entspann sich eine erbitterte Technikfeindlichkeit und breitgestreutes Interesse an Mystik, Drogen, asiatischen Kulten, Astrologie und Sekten. Die Bewegung warf einen Blick auf die Industriegesellschaft, die ihr verhaßt wurde, und feierte die Rückkehr zu einer gloriolengeschmückten, mythischen Vergangenheit. Mit ihrem Zurück zur Natur, ihren Großmutterbrillen, Indianerketten und -kopfbändern trugen die Hippies ihre Ablehnung des ganzen Schlotzeitalters und ihre Sehnsucht nach einer Rückkehr zur vorindustriellen Kultur zur Schau. Aus dieser Saat erwuchs die schlaksige, sprießende New-Age-Bewegung mit ihren Myriaden von Mystizismen und ihrer Suche nach dem Sakralen.

In den siebziger und achtziger Jahren kriselte es überall in der alten Industriegesellschaft. Ihre umweltverschmutzenden Nebenprodukte bedrohten das Leben als solches. Siechtum befiel ihre Grundindustrien angesichts der neuen High-Tech-Waren und -Dienstleistungen. Ihre Stadtsysteme, Gesundheitswesen, Erziehungssysteme gerieten in die Krise. Ihre größten Konzerne sahen sich zur Umstrukturierung gezwungen. Ihre Gewerkschaften sahen sich vom Abstieg bedroht. Ihre Gemeinden wurden von moralischen Auseinandersetzungen zerrissen, von Drogen, Verbrechen, Familienzerfall und tausend anderen Qualen verheert.

Empört ob der heidnischen Verleugnung des traditionellen Christentums durch die Hippies, erschüttert vom Zerfall der vertrauten Welt, formierten sich auch christliche Fundamentalisten zum mächtigen Ansturm auf den Säkularismus, der bald in hochwirksame politische Aktion umschlug. Auch dies war eine heftige Abkehr von der konfusen, schmerzlichen Gegenwart und die Suche nach den absoluten Gewißheiten der Vergangenheit. Hippies und Hippiegegner, Heiden und Christen vereinigten sich trotz aller sonstigen Unterschiede zum Sturm auf die säkulare Gesellschaft.

Die diesen Angriff führten, empfanden sich keineswegs als Feinde der Demokratie. Zumeist hätten sie allein auf die Vorstellung beleidigt reagiert. Unter den Hippies gab es ausgesprochene Bürgerrechtler. Doch der Säkularismus, gegen den sie aufstanden, war ein Pfeiler der Demokratie in der Neuzeit.

Inzwischen gab es auch in vielen anderen Teilen der Welt Anzeichen für eine religiöse Erneuerung, die in extremen Fundamentalismus mündete.

Im Nahen und Mittleren Osten waren nach dem Zweiten Weltkrieg Männer wie Atatürk in der Türkei, Reza Schah und der Schah in Iran an die Macht gelangt. Sie hatten sich der »Modernisierung« ihrer Gesellschaft verschrieben. Sie begannen mit der Errichtung säkularer Gesellschaften, in denen die Mullahs und religiösen Feuerköpfe auf den Rücksitz gezwängt wurden.

Aber diese säkularen Regimes wurden als Fortsetzung des westlichen Kolonialismus empfunden. Ausbeutung und Korruption blühten, moralische Empörung folgte. Die herrschenden Eliten widmeten dem Skifahren in Gstaad und den Besprechungen mit ihren Privatbankiers in Zürich mehr Zeit als der breiten Verteilung von Einkommen. Während des Kalten Krieges befanden es die Geheimdienste mehrerer kapitalistischer wie kommunistischer Industriemächte gelegentlich für vorteilhaft, religiöse Extremisten in Nah- und Mittelost zu subventionieren.

All das fachte die Feuer des religiösen Fundamentalismus nur noch mehr an, zu dessen Inbegriff schließlich der Khomeiniismus mit seinem Frontalangriff auf die moderne Welt und deren Säkularismus aufstieg.

Dieser fanatische Ansturm wäre vielleicht weniger stoßkräftig gewesen, hätte sich die Industriekultur, Heimstatt des Säkularismus, nicht selbst in tiefer moralischer und sozialer Krise befunden und darum kein sehr attraktives Vorbild zur Nachahmung durch die übrige Welt mehr geboten. Ja, die im Innern zerrissenen Industriestaaten schienen nicht mehr so unbesiegbar wie einst. Geiselnehmer, Terroristen und Ölscheichs konnten sie jetzt fast beliebig, so schien es, zu Scharen treiben.

Wie nun die Schornsteinzeit endete, wurde ihre herrschende säkulare Philosophie mithin von innen und außen und von vielen Seiten gleichzeitig angegriffen, und dem Fundamentalismus und überhaupt der Religion wuchsen neue Flügel.

In der UdSSR, wo Michail Gorbatschow die Wirtschaft und das politische System zu reformieren ansetzte, leckten schon die Flammen des islamischen Fundamentalismus an der ganzen Südspitze des Sowjetstaats. Bald brachten sich im ganzen Kaukasus moslemische Aserbeidschaner und christliche Armenier gegenseitig um, und als zur Wiederherstellung der Ordnung sowjetische Truppen und Milizen hinbeordert wurden, warnte die iranische Regierung Moskau vor jeder Gewaltanwendung gegen die Moslems. Der Brand weitete sich aus. Da Gorbatschows Reformen mehr

Freiheit der Meinungsäußerung zuließen, tauchten auch schon Anzeichen eines erwachenden christlichen Fundamentalismus auf.

Ähnliches ereignete sich andernorts. In Israel wurden schon säkularisierte Juden zusammengeschlagen und ihre Autos zertrümmert von jüdischen Fundamentalisten, deren Vorstellungen und Gesellschaftsmodelle sich über die Jahrhunderte in den winzigen, vorindustriellen »Schtädel« Osteuropas und den nah- und mittelöstlichen Gemeinden herausgebildet hatten. In Indien tobte der moslemische Fundamentalismus quer durch Kaschmir und der hinduistische im ganzen übrigen Subkontinent.

In Japan mit seinem Nebeneinander von Buddhismus und Shintoismus läßt sich Religion nicht in westlichen Kategorien beschreiben, so daß dort der Begriff Fundamentalismus vielleicht überhaupt nichts besagt. Dennoch gibt es Zeichen erneuerten Interesses an den alten Shinto-Formen, die das militaristische Regime vor dem Zweiten Weltkrieg für seine Zwecke ausgenutzt hat. 1989 gab das Erziehungsministerium einen umstrittenen Erlaß heraus, wonach den Schülern Ehrfurcht vor dem Kaiser, dem Hohepriester des Shintokults, beizubringen sei.

So erleben wir denn einen himmelverfinsternden Angriff auf die Ideen der Aufklärung, die dem Industriezeitalter den Weg bahnen halfen.

Natürlich unterscheiden sich alle diese religiösen Bewegungen voneinander, prallen sogar oft zusammen, und die einen sind extrem, andere nicht; sie alle aber - christlich oder New Age, judaisch oder islamisch - sind sich in einem einig: in der Feindschaft gegen den Säkularismus, die philosophische Basis der Massendemokratie.

Darum befindet sich der Säkularismus heute in einem Land nach dem andern auf dem Rückzug. Was können die Befürworter der Demokratie an seine Stelle setzen? Bislang haben jedenfalls die neuen High-Tech-Demokratien weder ihre veralteten politischen Massenstrukturen noch ihre zugrundeliegenden philosophischen Vorstellungen erneuert.

Die Religion ist nicht der Feind der Demokratie. In einer säkularen, multireligiösen Gesellschaft mit klarer Trennung von Kirche und Staat trägt ja eben die Vielfalt der Glaubensbekenntnisse (einschließlich des Unglaubens) zur Lebendigkeit und Dynamik der Demokratie bei. In vielen Ländern sind religiöse Bewegungen die einzige Wehr gegen die staatliche Unterdrückung. Auch der Fundamentalismus ist nicht als solcher eine Bedrohung. Aber in dem mächtigen religiösen Wiederaufschwung gedeihen in allen Ländern, nicht nur in Iran, eben auch Fanatiker, die sich der theokratischen Herrschaft über die Gedanken und das Verhalten des einzelnen verschworen haben, und andere leisten ihnen ungewollt Vorschub.

Ertragen der Vielfalt heißt das erste Gebot der entmassten Gesellschaft, auch Toleranz für die Intoleranten - bis zu einem bestimmten Punkt.

Universalistisch angelegte Religionen, die also die ganze Welt umspannen und jeden Menschen erfassen wollen, können sich durchaus mit Demokratie vertragen. Sogar Religionen, die totale Beherrschung aller Aspekte des Lebens ihrer Mitglieder verlangen, sie aber wenigstens nicht auf Nichtmitglieder ausdehnen wollen, können demokratieverträglich sein.

Unverträglich sind jene Religionen (und politischen Ideologien), die den Universalanspruch mit Totalitarismus verbinden. Derartige Bewegungen stehen mit jeder denkbaren Definition der Demokratie auf Kriegsfuß.

Dennoch weisen einige der am schnellsten wachsenden und mächtigsten religiösen Bewegungen von heute genau diese tödliche Verquickung auf.

Sie sind fest entschlossen, die Macht über Leben und Denken ganzer Völker, Kontinente, ja des Erdballs an sich zu reißen. Entschlossen, allen Aspekten des Menschenlebens ihr Diktat aufzuzwingen. Entschlossen, sich wo immer möglich die Staatsmacht anzueignen und die Freiheiten zurückzudrängen, die Demokratie ermöglichen. Sie sind die Wirkkräfte für ein neues finsteres Zeitalter.

Öko-Theokratie

Überall in der Welt gewinnt mittlerwelle eine grüne Woge immer mehr Kraft. Diese Bewegung für eine gesunde Umwelt ist essentiell, ein positives Beispiel dafür, wie das gewöhnliche Volk in der ganzen Welt seiner Führung vorangeht. An die Spitze der Welt-Tagesordnung gelangte die Ökologie durch eine Reihe sensationeller Katastrophen, von Three Mile Island und Tschernobyl bis zu Bhopal und der Ölseuche in Alaska. Weitere stehen zu erwarten. Die Industriegesellschaft ist an ihrer Grenze angelangt; nicht länger können Giftmüll im Hinterhof verstaut, das Land seiner Wälder beraubt, Styroschaumabfall in die Ozeane gekippt, Löcher in die Ozonschicht gestoßen werden. Die weltweite Umweltschutzbewegung ist eine notwendige Überlebensreaktion auf eine wachsende, weltweite Krise.

Aber auch diese Bewegung hat ihre demokratiefeindlichen Ränder. Auch sie hat ihre Befürworter einer Rückkehr in die Finsternis. Schon schicken sich einige an, die Umweltbewegung vor den Wagen ihrer privaten politischen oder religiösen Interessen zu spannen.

Die Problematik ist so komplex und unüberschaubar, daß sich die Grüne Bewegung voraussichtlich in mindestens vier Teile aufspalten wird. Ein Teil wird sich weiterhin mustergültig im Rahmen des geltenden Rechts zur gewaltlosen demokratischen Tat bekennen. Aber wenn weiterhin Umweltkrisen und -tragödien eintreten, kann sehr leicht ein embryohaft schon vorhandener zweiter Flügel vom Öko-Vandalismus zum vollen Öko-Terrorismus übergehen, um seine Forderungen durchzusetzen.

Eine weitere Spaltung wird den ideologischen Schlüsselkrieg, der bereits die Umweltbewegung erfaßt hat, verschärfen. Auf der einen Seite stehen jene, die den technischen und wirtschaftlichen Fortschritt mit strengen Umweltvorschriften verbinden wollen. Sie sind nicht bereit, das Banner der Vorstellungskraft und Intelligenz einzurollen, sondern glauben an die Kraft des menschlichen Geistes, mithin an unsere Fähigkeit, technische Lösungen zu finden, die mit weniger Rohstoffen, weniger Verschmutzung auskommen und alle Abfälle zur Wiederbenutzung aufbereiten lassen. Ihr Argument lautet, die heutige Krise rufe gebieterisch nach revolutionären Veränderungen der Art und Weise, wie Wirtschaft und Technik organisiert sind. Ihr Blick ist auf morgen gerichtet; sie sind die Hauptströmung unter den Umweltschützern.

Sie werden jedoch im Kampf um die ideologische Herrschaft über die Bewegung bekriegt von selbsternannten »Fundamentalisten«, die die Gesellschaft ins prätechnische Mittelalter und die Askese zurückwerfen wollen. Dies sind die »Öko-Theologen«, und einiges an ihrem Denken steht dem der religiösen Extremisten recht nahe.

Die Öko-Theologen behaupten, es gebe keine technischen Lösungen und wir seien deshalb dazu verdammt, in die präindustrielle Armut zurückzusinken, worin sie eher eine Wohltat als einen Fluch erblicken.

In einer Seminarreihe von Artikeln in *New Perspectives Quarterly* wurden die wesentlichen Debattenpunkte recht klar dargestellt. Für diese Umkehrungs-Denker handelt es sich gar nicht in erster Linie um ökologische, sondern um religiöse Fragestellungen. Sie wollen eine religionsgetränkte Welt wiedererrichten, wie es sie seit dem Mittelalter im Westen nicht mehr gegeben hat. Die Umweltbewegung ist ihnen nichts als ein bequemes Werkzeug.

Diese Gruppe reduziert die Geschichte unseres Verhältnisses zur Natur auf ein biblisches Bild. Zuerst war ein ökologisches »goldenes Zeitalter«, als alle Menschen in Harmonie mit der Natur lebten und sie anbeteten. Aus diesem »Eden« wurde das Menschengeschlecht mit der Aufkunft des Industriezeitalters vertrieben, als der »Teufel« - die Technik - die Menschen regierte. Nun müßten wir einsteigen in ein neues »Paradies« perfekter Natürlichkeit und Harmonie. Sonst droht »Armageddon«.

Diese Überlagerung der so viel komplexeren Geschichte unseres Verhältnisses zur Natur mit einer westlichen, ja christlichen Parabel gilt für die »Öko-Theologen«, die das Leben im mittelalterlichen Dorf verherrlichen.

Der einflußreiche grüne Theoretiker Rudolf Bahro vertritt ausdrücklich die Meinung, was not tue, sei »Theologie, nicht Ökologie - die Geburt eines neuen goldenen Zeitalters, das ... das Edle im Menschen pflegt.«

Er greift aufs 13. Jahrhundert zurück und zitiert Meister Ekkehard, den Begründer des deutschen Mystizismus, »der im jetzt ausgeraubten Rheintal lebte« und uns lehrte, alle Menschen trügen Gott in sich. Dieselben Vorstellungen findet Bahro in den Gedichten der Mechthild von Magdeburg, auch sie eine christliche Denkerin des 13. Jahrhunderts, wonach alle Geschöpfe »ein fließendes Licht der Gottheit« sind.

Das ökologische Heil liegt für ihn also in der Religion, wie eine säkulare Welt sie niemals wird anbieten können. Bahro pflichtet sogar der Bemerkung des Ayatollah Khomeini an Gorbatschows Adresse bei, dieser solle sich zur Lösung der sowjetischen Probleme lieber auf Allah als auf Wirtschaftsreformen verlassen.

Ein anderer Theoretiker, Wolfgang Sachs von der Pennsylvania-Universität, greift das führende Umweltforschungszentrum Worldwatch Institute wegen seiner »ausgeprägt modernen Anschauungen« an und wischt das Drängen des großen Energiesparers Amory Lovins auf mehr Energiebewußtsein vom Tisch, will dafür lieber »gute Hausväterlichkeit« im Sinne der »Subsistenzhaushalte«.

Ivan Illich, einer unserer fantasiebegabtesten Sozialkritiker und Verfasser mehrerer brillanter Werke zu Umweltfragen, ist gegen den »Manager-Faschismus« und naiven Ludditismus. Vielmehr schlägt er »Haltbarkeit ohne Entwicklung« vor - kurzum: stocksteife Statik.

Für Illich ist Armut nun einmal der naturgegebene Zustand des Menschen und sollte als solcher hingenommen werden - wozu also Entwicklung? Das neue Wertschöpfungssystem habe lediglich »der andernfalls erschöpften Logik des Industrialismus neues Leben eingehaucht«. Daß das neue, wissensbasierte technologische System in vielen Punkten der alten Logik des Industrialismus geradezu widerspricht, nimmt er einfach nicht zur Kenntnis.

Auch für Illich geht es letztlich um einen theologischen Streit. »Gott war das Muster, das den Kosmos zusammenfügte« zu einer Zeit, als die schiere Subsistenz als normal und natürlich galt, und deshalb sollten wir dorthin zurückkehren. Solange Gott das mittelalterliche Denken beherrschte, seien Menschheit und Natur im Gleichgewicht geblieben. »Der Mensch, Agens des Ungleichgewichts«, habe nach der wissenschaftlichen Revolution das Gleichgewicht gestört. Für Illich ist ein »Ökosystem, das sich über vielfältige Rückkoppelungsmechanismen wissenschaftlich regulieren« lasse, ein Unding und ein Wahn. Dem allem weit vorzuziehen sei eine Rückkehr in eine auf Gott zentrierte, asketische Welt.

Die theo-ökologische Rhetorik enthält mehr als ein Gran des christlichen Begriffs vom Jüngsten Tag. Wie Linda Bilmes und Mark Byford feststellten, bestehen die theologischen Grünen darauf, »Verbrauch ist Sünde«, und die Umweltbelastungen sind für sie die »Strafe für übermäßige Konsumanbetung, Mangel an Geistigkeit, Verschwendungssucht«. Wie in der Sonntagspredigt wird hier gemeint, wir sollten »Buße tun und umkehren«. Oder, wie man hinzufügen möchte, Feuer und Schwefel gewärtigen.

Hier ist kaum der Ort, die tiefreichenden Fragestellungen der ökologischen Debatte lösen zu wollen, die ja als philosophische Debatte der der Aufklärungsdenker zu Anbruch des Industriezeitalters gleichkommt. Wichtig hingegen ist die Kongruenz der Auffassungen der Öko-Theologen mit der fundamentalistischen Erneuerung und ihrer eingefleischten Feindschaft gegen die säkulare Demokratie.

Das gemeinsame Beharren auf absoluten Forderungen und dem Glauben, scharfe Einschränkungen der Wahlfreiheit des einzelnen seien vonnöten (um Menschen »moralisch« zu machen oder um »die Umwelt zu schützen«), deutet letztlich auf einen gemeinsamen Angriff auf die Menschenrechte hin. Tatsächlich machen sich viele Umweltschützer schon ganz offen Sorgen wegen der grünen Ayatollahs oder »Öko-Faschisten«, die ihr ganz eigenes Heilsrezept aufzuzwingen suchen. So warnt Bahro, »in den schweren Krisen der Menschheit spielt immer auch Charisma mit. Je schwerer die Krise, desto dunkler die charismatische Gestalt, die dann auftritt... Ob wir einen grünen Adolf bekommen werden oder nicht, hängt ... davon ab, wie weit der Kulturwandel bis zum nächsten Tschernobyl vorankommen wird.«

Man mag die Integrität und das schöpferische Denken eines Mannes wie Illich, selbst sicherlich kein Faschist, bewundern und dennoch die tief antidemokratischen Auswirkungen seiner Suche nach dem Absoluten, dem Beständigen, dem Statischen, dem Heiligen erkennen. In seiner Kritik der Öko-Theologen warnt der französische Soziologe Alain Touraine: »Wenn wir namens der Errettung vom Ozonabbau die Vernunft über Bord werfen, dann gehen wir einem grünen Fundamentalismus entgegen, einer Öko-Theokratie nach Art des Ayatollah Khomeini.«

Klingt dies auch zu extrem, so mag man sich doch der *Wandervogel*-Jugendbewegung in den zwanziger Jahren in Deutschland erinnern, wo ja die Grünen heute am militantesten sind. Der *Wandervogel*, das waren die Hippie-Grünen der Weimarer Republik, die, mit Rucksack und Gitarre bewehrt, blumengeschmückt übers Land zogen und ihre an Woodstock erinnernden Feste feierten, ganz dem Geist und der Rückkehr an den Busen der Natur verpflichtet.

Ein Jahrzehnt später stand Hitler am Ruder. Auch er hob vorindustrielle Werte in den Himmel und zeichnete das Nazi-Utopia als ein Land, in dem »der Schmied am Amboß steht, der Bauer hinter dem Pfluge schreitet«. Nach den Worten von Professor J.P. Stern vom Londoner University College predigte Hitler »eine präindustrielle ländliche Idylle«. Seine Ideologen priesen konstant das »Organische«, drangen auf körperliche Ertüchtigung und rechtfertigten den niedrigsten Rassenhaß mit Hilfe biologischer Analogien. »Hunderttausende junge Menschen hatten die Jugendbewegung durchlaufen«, schreibt George L. Mosse in *Die Krise der deutschen Weltanschauung*, »und viele hatten kaum Schwierigkeiten, sich die ideologischen Vorstellungen der Nazis zu eigen zu machen.«

Ist es wirklich vorstellbar, daß eine Neo-Grünen-Partei mit Armbändern, Sam-Browne-Gürteln und Knobelbechern sich aufmacht, der übrigen Gesellschaft ihre Natursicht aufzuzwingen?

Unter normalen Bedingungen natürlich nicht. Was aber, wenn die Bedingungen nicht »normal« sind?

Man denke nur einmal, welche Folgen es hätte, wenn sich eine Katastrophe à la Bhopal in Stuttgart, Sheffield oder Seattle ereignete, an die sich weitere Krisen anschlössen, danach hoffnungslose Konfusion und monströse Korruption bei der Katastrophenhilfe bekannt würden, und das alles inmitten fundamentalistischer Kassandrarufe, die Katastrophe sei ein Strafgericht Gottes für die »Permissivität« und Unmoral. Und wenn das alles dann in Zeiten großer wirtschaftlicher Not geschähe. Man stelle sich einen attraktiven, zungengewandten »Öko-Adolf« vor, der nicht nur die Krise zu lösen, sondern die ganze Gesellschaft materiell, moralisch und politisch zu »reinigen« verspräche – wenn man ihn nur dazu »ermächtige«. Manches, was heute aus öko-theologischen Mündern quillt, grenzt nachgerade ans Absurde, ganz wie dereinst bei Adolf und seinen Ideologen. Die Nazi-Propagandaredner hoben das Mittelalter in den Himmel (schon gar die Zeit, als das Heilige Römische Reich Europa beherrschte) als ein Zeitalter, in dem »Kultur« im Zenit stand.

Heute schreibt ein englischer Ökologen-Fundi in einem Brief an *The Economist*, »die Ziele von ›Fundi‹-Grünen wie mir sind eine Rückkehr zu einem Europa, wie es in ferner Vergangenheit bestand, zwischen dem Fall Roms und dem Aufstieg Karls des Großen«, als die Grundeinheit der Gesellschaft »der kleine Landbesitz war, kaum größer als ein Weiler, denn in Harmonie mit der Natur kann der Mensch nur auf Subsistenzebene leben«.

Was die Öko-Mittelaltler uns normalerweise verschweigen, ist der politische Preis dafür. Höchst selten weisen sie darauf hin, daß in diesen verträumten Dörfchen, die sie zur Nachahmung empfehlen, die Demokratie sehr auffällig abwesend war, diese Dörfer beherrscht wurden von schlimmstem Patriarchat, religiöser Gedankengängelei, feudaler Unwissenheit und Gewalt. Das war die »Kultur«, die die Nazis vergötterten. Nicht umsonst ist die Zeit zwischen dem Fall Roms und dem Aufstieg Karls des Großen als das finstere Zeitalter bekannt.

Die Öko-Theologen als solche könnte man links liegen lassen. Sie sind nur eine kleine Randgruppe im äußersten Winkel der Umweltbewegung. Aber es wäre ein Fehler, in ihnen nur ein isoliertes oder nebensächliches Phänomen zu sehen. Die religiöse Erneuerung und die Grünen-Bewegungen nähren gleichermaßen Ultras, die nur allzugern der Demokratie den Garaus machen würden. Auf ihren äußersten Flügeln könnten sich diese beiden Bewegungen durchaus zusammentun, um im Namen Gottes oder der Grünheit dem persönlichen und politischen Verhalten Fesseln anzulegen. Gemeinsam tun sie alles, um eine Machtverlagerung nach rückwärts zu erwirken.

Die neuen Fremdenhasser

Ein weiteres Merkmal des Dorfes im finsteren Mittelalter war der extreme Fremdenhaß, der selbst den Bewohnern im nächsten Dorf galt. Mit der Schornsteinzeit verlagerte sich das Treuegefühl des einzelnen und der Masse allmählich vom Dorf auf die Nation. Aber Fremdenhaß, Chauvinismus, Haß oder Mißtrauen gegen den Außenseiter, den Fremden, den Ausländer blieben ein Werkzeug der Staatsmacht.

Die heutige wissensbasierte Wirtschaft verlangt erheblich mehr grenzüberschreitende Interdependenz als die Schlotwirtschaft, an deren Stelle sie tritt. Das schränkt zwangsläufig das eigenständige Handeln der Nationen ein. Das wiederum führt in allem, vom Handel bis zur Kultur, zu einem xenophoben Rückstoß.

Die Regierungen in ganz Europa wappnen sich heutzutage gegen den Ansturm des Kulturimports, vor allem in Film und Fernsehen, als Folge des europäischen Binnenmarkts. Ganz besonders allergisch reagieren sie auf Nachrichtensendungen aus dem Ausland.

Le Monde behauptet, der EG-Plan für ein »Fernsehen ohne Grenzen« bringe »die Gefahr mit sich, daß sich die angelsächsischen Produzenten und Verteiler, die bei der Schaffung gesamteuropäischer Netze einen entscheidenden Vorsprung haben, noch schneller einnisten«.

Europa kann es nicht ganz gleichgültig sein, wenn ein marokkanisches Privatnetz arabische Satellitensendungen an die elf Millionen oder mehr hauptsächlich islamischen Einwanderer aus Nordafrika zu richten beginnt.

Aber das ist noch ein Zuckerlecken im Vergleich zu dem, was bevorsteht. Die Satellitentechnik und andere neue Medieninstrumente zerren an den Volkskulturen. Nach Auffassung des Satellitenfachmans Dan Goldin von TRW kann es durchaus sein, daß eines Tages Satellitenempfänger nur noch einen Bruchteil ihres ohnehin schon niedrigen Preises kosten und Millionen in aller Welt Auslandssendungen empfangen können: ein brasilianisches Variété, eine nigerianische Nachrichtensendung, ein südkoreanisches Theaterstück, ein libysches Propagandaprogramm. Diese

Querbeet-Kommunikation bedroht die »nationale Identität«, die die Regierungen erhalten sehen möchten und zu ihrem Eigenvorteil propagieren.

Werden Befürchtungen einer kulturellen Entwurzelung noch durch große Zuwandererströme verstärkt, dann wird die Identität zum Pulverfaß.

Die Verfechter eines europäischen Binnenmarktes, die für die Öffnung der Grenzen für Kapital, Kultur und Menschen plädieren, versuchen denn auch, an die Stelle des hergebrachten Nationalempfindens ein supranationales zu setzen.

Aber eben weil die neue Wirtschaft immer mehr global integriert sein und neben Waren und Dienstleistungen auch Arbeitslosigkeit, Luftverschmutzung und Kultur exportieren wird, erleben wir einen deutlichen Rückschwung des Pendels und das Wiederaufleben des Nationalismus in der High-Tech-Welt.

Die Le-Pen-Bewegung in Frankreich mit ihrer wilden Araberfeindlichkeit unter Führung eines ehemaligen Fremdenlegionärs, der die Nazi-Gaskammern als »Nebensache« abtut, zielt auf niedrigen Fremdenhaß. Im Europaparlament hat seine Partei 10 Sitze.

Die Republikaner in Westdeutschland unter Führung des ehemaligen Unteroffiziers der Waffen-SS Franz Schönhuber greifen nicht nur die türkischen Gastarbeiter an, sondern sogar die Volksdeutschen aus Polen und der UdSSR, die den »echten Deutschen« die Arbeitsplätze, Wohnungen und Renten wegnähmen. Sie unterhalten Verbindungen zu den Le-Pen-Anhängern in Frankreich und weiteren Extremisten in Europa und haben 1989 bei den Berliner Senatswahlen 11 und im Europäischen Parlament 6 Sitze errungen.

Unter »Deutschland-über-alles«-Spruchbändern stellt Parteichef Schönhuber, wie schon Hitler nach dem Versailler Vertrag, Deutschland – inzwischen immerhin einer der reichsten Staaten der Welt – als »Opfer« dar.

Nach den Ausführungen des angesehenen Josef Joffe im *Wall Street Journal* ruft Schönhuber »gegen den Rest der Welt zu den Waffen, der Deutschland durch Fesselung an seine Vergangenheit zu unterdrücken versuche«, womit gemeint ist, die Welt lasse Deutschland die Untaten Hitlers nicht vergessen.

Wird ein Land unentwegt ob der Sünden einer viel früheren Generation gegeißelt, muß natürlich damit gerechnet werden, daß das Pendel schließlich ins Gegenteil ausschlägt und der Nationalstolz das Haupt erhebt. Aber Stolz worauf? Anstatt dafür zu sorgen, daß Deutschland bei der Entwicklung einer fortgeschritteneren Demokratie des 21. Jahrhunderts in Führung liegt, appellieren die Neonationalisten an viele antidemokratische Pathologien der deutschen Vergangenheit und geben damit den Nachbarländern allen Grund, darauf zu achten, daß Deutschland seine Verbrechen nicht vergißt.

Nachdem die Berliner Mauer gefallen und die Wiedervereinigung faktisch vollzogen ist, hat das, was in Bonn und Berlin (vermutlich demnächst wieder Hauptstadt) geschieht, Rückwirkungen auf ganz Europa, und so gilt den Republikanern das besondere Augenmerk vieler auf dem Kontinent.

Aber ähnlich nationalistische Bewegungen gibt es in ganz Westeuropa, von Belgien bis Italien und Spanien - überall dort, wo frei fließende Kultur und Kommunikation sowie grenzüberschreitende Einwanderer das alte, nationalistische Selbstgefühl bedrohen.

Der Wiederaufschwung fahnenschwingenden Fremdenhasses ist jedoch nicht auf Europa beschränkt. Auch in Amerika erleben wir wachsende nationalistische Rückstöße. Aus Furcht vor einem wirtschaftlichen und militärischen Niedergang Amerikas, des ewigen Geredes, sie seien imperialistisch, materialistisch, gewalttätig, unkultiviert usw. überdrüssig, reagieren selbst normalerweise unpolitische Amerikaner aufgeschlossen auf nationalistische Demagogie.

Die Auflehnung gegen den Einwandererstrom steigt und wird noch unterstützt von Öko-Extremisten, die behaupten, der Zustrom der Mexikaner wirke sich auf die Umwelt in den USA schädlich aus. Doch dieser neuerstandene Nativismus ist nur eine Erscheinungsform des neuen, fahnenschwenkenden Nationalismus.

Die Entscheidung des Obersten Gerichtshofs von 1989, das Verbrennen einer Flagge sei eine Form freier, von der Bill of Rights geschützter politischer Meinungsäußerung, hatte einen hochexplosiven Aufschrei zur Folge. Rundfunk-Call-Ins wurden von empörten Anrufern geradezu belagert. Das Weiße Haus war sofort mit dem Vorschlag zur Hand, man solle die Verfassung durch ein entsprechendes Verbot ergänzen.

Ein weiterer Hinweis für diese Stimmung ist die neuerliche Japandrescherei, heutzutage ein beliebter Volkssport der Protektionisten, aber auch bei ganz normalen Amerikanern, denen das Handelsungleichgewicht und die japanischen Aufkäufe amerikanischer Unternehmen und Grundstücke Sorge bereiten.

Inzwischen breitet sich in Japan ein Ultra-Nationalismus mit umgekehrten Vorzeichen aus. Wiedererstandene Nationalisten rufen nach Verfassungsänderungen zugunsten eines schärferen militärischen Aufbaus. Japan habe im Zweiten Weltkrieg nichts getan, »dessen es sich zu schämen« brauche – eine Meinung, die auf China und andere Staaten in der Nähe, in die die Japaner eingefallen waren, nicht gerade beruhigend wirkt. Weil er andeutete, Kaiser Hirohito trage vielleicht eine Mitverantwortung für den Zweiten Weltkrieg, wurde auf den Bürgermeister von Nagasaki, Hitoshi Motoshima, ein Mordanschlag verübt. Nachdem ein Reporter der führenden Tageszeitung *Asahi Shimbun* vermutlich von Nationalisten ermordet worden war, schrieb sie, solche Gewalt »wird schließlich in den Faschismus führen«.

Die Ultras behaupten jedoch, Japan besitze eine nationale »Seele« und Sprache, die hoch über allen andern Völkern stehe. Der »Yamatoismus«-Kult, der diese Idee der einmaligen Überlegenheit propagiert, soll als Ausgleich für den nationalen Identitätsverlust infolge der Verwestlichung nach dem Krieg dienen.

Da sie in der ganzen Nachkriegszeit von den USA herablassend behandelt worden waren und es satt hatten, sich unablässig ihrer doch so erfolgreichen Wirtschaftspolitik wegen von anderen kritisieren zu lassen, hören manche Japaner nicht ungern auf nationalistische Töne. Diese patriotische Hybris geht Hand in Hand mit einer unglaublichen finanziellen Stoßkraft auf der Weltbühne und einem schnellwachsenden Militärpotential und steht in engem Verbund mit den demokratiefeindlichsten Kräften der japanischen Gesellschaft.

Wahrhaft außergewöhnlich wird schließlich der verbreitete Nationalismusschub dadurch, daß er auch in der Sowjetunion und den Ländern Osteuropas wieder zur mächtigen politischen Kraft wird. Man könnte durchaus die Aufstände in Osteuropa auch eine nationalistische (anstatt demokratische) Erhebung von Staaten nennen, die ein halbes Jahrhundert unter sowjetischem Joch gestöhnt haben.

Eine Umgestaltung des Konzepts der »Nation« gehört zu den emotionalsten und wichtigsten Aufgaben der Welt in den bevorstehenden, entscheidenden Jahrzehnten, und es wird wesentlich darauf ankommen, gewisse Funktionen in nationaler Hand zu belassen und nicht auf die lokale oder globale Ebene zu tragen. Aber blindes Kirchturmdenken oder blinder Nationalismus sind gefährlich und rückschrittlich. Und wenn sie sich gar noch mit der Vorstellung einer rassischen oder gottgewollten Überlegenheit paaren, kann daraus nur Gewalt oder Unterdrückung entstehen.

Bezeichnenderweise stehen diese Vorstellungen in der UdSSR, wo ethnische Leidenschaften den Staat bis ins Mark erschütterten, oft in Verbindung zum Umwelt- oder Religionsfanatismus. Ökologische Themen werden zum ethnischen Haß auf Moskau umgemünzt. In Taschkent hat die Birlik-Bewegung, die zunächst den Bau einer Elektronikfabrik blockierte, inzwischen eine islamisch-fundamentalistische Färbung angenommen.

Noch bezeichnender als die wachsenden Autonomie- oder Selbständigkeitsansprüche ethnischer Minderheiten im Baltikum, in Armenien, Aserbeidschan, Georgien und anderen Teilen der UdSSR ist die Volksaufwallung in der beherrschenden großrussischen Bevölkerung. In seinem Tolstoibuch beschreibt der Historiker Paul Johnson den russischen Nationalismus mit Worten, die für die Gegenwart gelten könnten. Es handele sich, so Johnson, um eine »chauvinistische Geisteshaltung, um die Überzeugung, die Russen seien eine besondere Rasse mit einmaligen moralischen Qualitäten (die der Bauer versinnbildlicht) und einer gottgewollten Rolle in der Welt«.

Extremen Niederschlag findet diese Haltung heute in der antisemitischen und ausländerfeindlichen »Pamjat«-Organisation, die 30 Zweigorganisationen in der Sowjetunion, allein in Moskau 20 000 Anhänger vorgibt und enge Verbindungen zu den Militärs und zum KGB unterhält und gerade in der mittleren

Beamten- und Funktionärsschar starke Unterstützung genießt. Mehrere Bestseller-Autoren und angesehene Mitglieder des kulturellen Lebens sind Mitglied. »Pamjat«, jetzt wegen Volksverhetzung mit einem Verfahren bedroht, ähnelt den Schwarzen Hundertschaften, die zur Zarenzeit um die Jahrhundertwende Pogrome veranstalteten.

»Pamjat« und ähnliche Gruppen geben vor, es gehe ihnen lediglich um die Erhaltung alter Denkmäler oder die Wiederherstellung der Umwelt, aber ihr eigentliches Ziel ist genau dieselbe »dörfliche« Gesellschaft, die auch die Grünen Fundamentalisten preisen. Manche gar fordern die Wiedereinsetzung der zaristischen Monarchie in Verbindung mit der orthodoxen Religion.

Wie Schönhuber in Deutschland, der jede Judenfeindlichkeit weit von sich weist, zugleich aber Lügen der Hitlerzeit über die Juden verbreitet, gibt sich auch »Pamjat« als Unschuldslamm, verteilt aber wütende Streitschriften gegen »den internationalen Zionismus und die Freimaurerei«, und seine Mitglieder drohen mit Pogromen.

Ein »Pamjat«-Manifest verteilt Peitschenhiebe gegen alle, die »unsere Kirchen, Tempel, Klöster und die Gräber der Nationalhelden unseres Mutterlandes ... und die Umwelt des Landes katastrophal zugrunde gerichtet haben.« Es dringt auf massive Rückkehr aufs Land – »Nieder mit den Riesenstädten!« – und will die »jahrhundertealte Institution des pflügenden Ackermanns« wiederbeleben.

Hier also finden wir die fremdenhassende Volkstümelei in engem Verbund mit religiösem Fundamentalismus und dem Öko-Medievalismus – alle drei in ein und dasselbe Paket für ein finsteres Zeitalter verschnürt.

Dieses explosive Kräftepaket könnte unter den Augen der Demokratien in die Luft gehen. Im schlimmsten Falle beschwört es das Bild eines ökofaschistischen, theokratischen Rassen- oder Stammesstaates herauf, des todsicheren Rezepts für die Beseitigung der Menschenrechte, der Religionsfreiheit und des Privateigentums in einem.

Einen solchen Staat kann man sich nur schwerlich ausdenken, es sei denn, vielleicht, als Ergebnis irgendeiner ungeheuren Krise oder Tragödie, eines anfallartigen Öko-Krampfes, bei dem ein Öko-Aufstand mit uferloser Wirtschaftskrise, Terror oder Krieg einhergeht.

Doch auch ohne diesen Pessimalfall läuft uns ein Schauder durch die Knochen. Um eine ohnehin zerbrechliche, weil mehr und mehr mit der entstehenden Wirtschaft und Gesellschaft außer Tritt geratene Form der Demokratie zu ersticken oder zu zerstören, braucht eine solche Bewegung (oder eine Kombination mehrerer) gar nicht erst die Herrschaft im Staat zu ergreifen. Wird eine Regierung von Extremisten beherrscht oder stark beeinflußt, die ihre Marke von Religion, Ökologie oder Nationalismus über alle demokratischen Werte stellen, dann bleibt sie nicht lange demokratisch.

Das jetzt auf der Erde sich ausbreitende neue Wertschöpfungssystem bietet der Welt große Chancen für mehr Demokratie. Durch sie ist, wie wir sahen, zum ersten Mal die Freiheit der Meinungsäußerung nicht mehr nur ein politisches Gut, sondern zur wirtschaftlichen Notwendigkeit geworden. Doch mit dem Eintritt der alten Industriegesellschaft in ihre letzte Trudelschleife entstehen Gegenkräfte, die sowohl die Demokratie als auch die Chance für wirtschaftlichen Fortschritt zerstören könnten.

Um beide - Entwicklung und Demokratie - zu schützen, müssen die politischen Systeme genau wie die Wirtschaft den Sprung wagen in eine neue Phase. Die Frage, ob die Bewältigung dieser gewaltigen Herausforderung gelingt oder nicht, wird darüber entscheiden, ob das nahende endgültige Machtbeben das Individuum schützt oder versklavt.

In der vor uns liegenden Ära des Machtbebens wird der vorrangige ideologische Kampf nicht mehr zwischen Kapitalismus und kommunistischem Totalitarismus, sondern zwischen der Demokratie des 21. und der Finsternis des 11. Jahrhunderts geführt werden.

Sechster Teil

Machtbeben planetar

XXIX

Der globale »W-Faktor«

Nur wenige Machterschütterungen in Friedenszeiten wirkten so einschneidend wie das schnelle Auseinanderbrechen des einst monolithischen Sowjetblocks. Plötzlich wanderte die ungeheure, in fast einem halben Jahrhundert in Moskau aufgehäufte Macht nach Warschau, Prag, Leipzig, Budapest, Bukarest und Sofia zurück. Binnen weniger, umwühlender Monate ging der »Osten« zu Bruch.

Eine zweite Machtverschiebung ging mit der Spaltung auf der südlichen Halbkugel einher. Trotz aller Bemühungen, die man vielleicht bis zur Konferenz von Bandung im Jahre 1955 zurückdatieren kann, hatten die Entwicklungsländer* nie zu einer wirklichen »Einheitsfront« gegen die Industriewelt gefunden. In den siebziger Jahren hallten die Wandelgänge und Konferenzsäle der Vereinten Nationen wider von Reden über die gemeinsamen Bedürfnisse des »Südens«. Programme für den technologischen Süd-Süd-Austausch und andere Formen der Zusammenarbeit wurden lanciert, Kampagnen für eine Veränderung der Austauschrelationen zwischen Nord und Süd in Gang gesetzt. Und tatsächlich: Die Macht verlagerte sich. Aber ganz anders, als die Fürsprecher eines geeinten Südens erhofft hatten.

Die Entwicklungsländer zerbrachen nämlich in verschiedene Gruppierungen mit völlig unterschiedlichen Bedürfnissen. Da waren die ganz armen Länder, die weiterhin auf die Bauernarbeit der ersten Welle angewiesen waren. Eine weitere Gruppe besteht aus Ländern wie Brasilien, Indien und China, die sich zwar zu wichtigen Industriemächten der zweiten Welle gemausert hatten, aber doch noch riesige Bevölkerungsteile umfaßten, die sich ihren

* »Entwicklungsland«, seinerseits schon etwas besser als das früher übliche »unterentwickelte Land«, ist immer noch eine arrogante Fehlbezeichnung, denn viele E-Länder sind kulturell und auf andere Weise sehr hoch entwickelt. Besser wäre etwa »wirtschaftlich weniger entwickelt«, und in diesem Sinne benutzen wir den Terminus.

Lebensunterhalt mühsam mit traditioneller Landarbeit verdienten. Und schließlich gibt es Staaten wie Singapur, Taiwan und Südkorea, die die Industrialisierung praktisch abgeschlossen haben und sich nun rasant auf die Hochtechnologie der dritten Welle zubewegen. Splitterte die Macht im Ostblock, so gewiß auch im sogenannten Süden.

Drittes großes Machtereignis war der Aufstieg Japans und Europas zu Rivalen der USA mit der Folge eines Hyperwettbewerbs um die Oberhand im 21. Jahrhundert. Auch der sogenannte Westen bricht jetzt auseinander. Politiker, Diplomaten und Presse behandeln jede der drei Machtverlagerungen als getrenntes Phänomen. Aber zwischen ihnen besteht ein tiefer Zusammenhang. Die Weltstruktur, in der sich die Vorherrschaft der Industriemächte der zweiten Welle niederschlug, ist zerstoben wie eine Glaskugel unter der Gewalt eines Vorschlaghammers.

Natürlich haben derart gewaltige geschichtliche Entwicklungen viele Ursachen und lassen sich nicht mit nur einer einzigen erklären. Reduzierte man die Geschichte auf eine einzige Kraft oder nur einen Faktor, so blieben Komplexität, Zufall, Rolle von Einzelpersonen und viele andere Variablen außer Betracht. Nicht weniger reduktionistisch aber wäre es, den Gang der Geschichte nur als ziellose Abfolge zusammenhangloser Zufälle zu begreifen.

Von den zukünftigen Strukturmustern der globalen Macht können wir nur dann einen Blick erhaschen, wenn wir das Auge nicht auf jede Machtverschiebung als getrenntes Phänomen richten, sondern die allen gemeinsamen Kräfte aufzuspüren suchen. Und tatsächlich stellen wir fest, daß diese drei epochalen Machtverlagerungen in engem Zusammenhang mit dem Niedergang des Industrialismus und dem Aufstieg der neuen, wissensgetriebenen Wirtschaft stehen.

Pyramiden und Mondschüsse

Welche gewaltigen Fortschritte Wissenschaft und Technik seit dem Zweiten Weltkrieg gemacht haben, bedarf kaum der Erwähnung. Allein die Erfindung des Computers und die Entdeckung der DNS hätten genügt, um die Nachkriegszeit zur revolutionärsten Spanne der Wissenschaftsgeschichte zu stempeln. In Wirklichkeit aber geschah noch viel mehr.

Nicht nur unsere Technik haben wir verbessert, sondern auch in immer tieferen Schichten der Natur zu arbeiten begonnen, so daß wir es jetzt nicht mehr mit großen Materiebrocken zu tun haben, sondern Materialschichten herstellen können, die so dünn sind, daß nach den Worten von *Science* »die darin enthaltenen Elektronen sich tatsächlich nur noch zweidimensional bewegen«. Wir können Linien einätzen, die nur einen 20 Milliardstel-Meter breit sind. Bald werden wir Dinge aus Einzelatomen zusammensetzen können. Das kann man nicht mehr »Fortschritt« nennen, das ist Umwälzung.

1989 stellte die U.S. National Academy of Engineering eine Liste der zehn wichtigsten technischen Errungenschaften der letzten 25 Jahre auf. Obenan stand die Apollo-Mondlandung, die dem Bau der Pyramiden gleichgestellt wurde. Daran schlossen sich die Entwicklung von Satelliten, Mikroprozessoren, Lasern, des Jumbo-Düsenflugzeugs, genetisch konstruierter Produkte sowie weitere Durchbrüche an. Seit Anfang der fünfziger Jahre, als das neue Wertschöpfungssystem in Amerika zu keimen begann, hat der Mensch erstmals in der Geschichte nach den Sternen gegriffen, das biologische Programm des Lebens entdeckt und Werkzeuge erfunden, die den Vergleich mit der Erfindung der Schrift aushalten. Eine ansehnliche Leistung für die Spanne einer Generation.

Aber nicht nur das wissenschaftliche und technische Wissen schritt und schreitet mit Siebenmeilenstiefeln voran. Überall wird die Wissensbasis revolutioniert, von der Organisationstheorie bis zur Musik, vom Studium der Ökosysteme zum Verständnis des Gehirns, in Linguistik und Lerntheorie, in der Untersuchung ungleichgewichtiger, chaotischer und dissipativer Strukturen. Und noch während das alles geschieht, liefern uns um die Wette arbeitende Forscher in Bereichen wie den neuralen Netzwerken und der künstlichen Intelligenz neues Wissen über das Wissen als solches.

Diese umwälzenden Fortschritte liegen nur scheinbar jenseits der Welt von Diplomatie und Politik, sind aber in Wirklichkeit ganz eng verknüpft mit den geopolitischen Eruptionen von heute. Im globalen Machtringen ist Wissen zum »W-Faktor« geworden.

Hand-me-down-Wirtschaft

Nehmen wir als Beispiel die Rückwirkungen des Wissensfaktors auf die sowjetische Macht.

Wie wir sahen, sind durch das historische Machtbeben zwei Grundquellen der Macht - Gewalt und Reichtum - immer abhängiger von der dritten geworden: Wissen. Dank der Ausbreitung der wissensbasierten Technik und der relativen Freizügigkeit der Ideen ist es den USA, Europa und Japan gelungen, die sozialistischen Staaten wirtschaftlich in den Schatten zu stellen. Doch dieselbe Technologie hat auch militärisch einen gewaltigen Sprung nach vorn erlaubt.

Ein heutiges Jagdflugzeug ist praktisch ein Computer mit Flügeln. Seine Funktionstüchtigkeit hängt fast ausschließlich von dem in seine Flugtechnik und Bewaffnung - und ins Gehirn seines Piloten - gepackten Wissen ab. 1982 wurden die sowjetischen Militärplaner plötzlich kollektiv von Magengeschwüren befallen, als 80 von den Sowjets gebaute und von den Syrern geflogene MIGs von israelischen Piloten zerstört wurden, die selbst kein einziges Flugzeug verloren. Auch die sowjetischen Panzer kamen gegen die israelischen nicht an.

Obwohl in der UdSSR kein Mangel an brillanten Militärwissenschaftlern herrscht und ihre Atomraketen ausreichen, um die Welt in Schutt und Asche zu legen, konnte sie im Wettlauf um supertechnische konventionelle Waffen oder im Run auf strategische Abwehrsysteme nicht Schritt halten. Die immer noch weiter verfeinerte Entwicklung wissensbasierter konventioneller Waffen (die mittlerweile alles andere als konventionell sind) bedrohte die sowjetische Bodenüberlegenheit in Osteuropa.

Unterdessen drohte die höchst wissensintensive Strategische Verteidigungsinitiative SDI die sowjetischen Langstreckenraketen wie Schrott aussehen zu lassen. Kritiker behaupteten zwar, SDI werde nie funktionieren. Aber schon die bloße Möglichkeit schlug in Moskau Alarm. Wenn SDI tatsächlich alle sowjetischen Atomraketen abfangen konnte, ehe sie in die USA gelangten, dann waren die Raketen nichts mehr wert. Das bedeutete zugleich, daß die USA einen Erstschlag führen könnten, ohne den Gegenschlag befürchten zu müssen. War andererseits, wie vernünftigerweise zu vermuten ist, SDI nur teilweise wirksam, und fing es zwar einige, aber nicht alle Sprengköpfe ab, dann stellte sich den sowjetischen Kriegsplanern die Frage, welcher Teil der amerikanischen Raketen überleben würde. In beiden Fällen legte SDI die Latte höher und machte den theoretischen, ohnehin nie sehr wahrscheinlichen Atomwaffeneinsatz durch die Sowjets für Moskau noch riskanter.

Die Sowjets sahen sich also zu Lande und im Weltraum einer doppelten Bedrohung gegenüber.

Angesichts dieser ernüchternden Wirklichkeit, zu der noch der wirtschaftliche Niedergang trat, kam Moskau dank vernünftiger Einschätzung zu dem Schluß, daß es sein osteuropäisches Vorfeld nur noch zu unerträglich hohen und immer höheren Kosten militärisch schützen könne. Somit wurde aus wirtschaftlichen und militärischen Gründen zugleich eine Reduzierung seiner imperialen Ansprüche notwendig.

Was die Sowjets jedoch letztlich in die Knie zwang, waren weder Waffen noch Wirtschaft, sondern ganz einfach der W-Faktor: das neue Wissen, auf das militärische Stärke wie wirtschaftliche Macht mittlerweile mehr und mehr angewiesen sind.

Derselbe W-Faktor hilft auch, die Aufteilung der Entwicklungsländer in die drei unterschiedlichen Gruppen zu erklären. Als beispielsweise die fortgeschrittensten Wirtschaften anfingen, sich auf Computer und Informationstechnologien umzustellen und höhere Mehrwertprodukte auszuwerfen, verlagerten sie einen Großteil der alten, auf Muskelkraft beruhenden und weniger informationsintensiven Arbeiten in Länder wie Südkorea, Taiwan, Singapur, neuerdings Thailand und andere Orte. Mit anderen Worten: In dem Maße, als Europa, Japan und Amerika zu Wertschöpfungsformen der dritten Welle übergingen, gaben sie die alten Aufgaben der zweiten Welle an eine andere Staatengruppe ab. Damit beschleunigte sich deren Industrialisierung; sie legten noch weiteren Abstand zwischen sich und die anderen Entwicklungsländer.

(Viele dieser »Schwellenländer« laufen sich jetzt die Hacken ab, um Prozesse der zweiten Welle an noch ärmere, wirtschaftlich rückständigere Länder abzustoßen – samt der damit verbundenen Umwelt- und sonstigen Belastungen, während sie ihrerseits in die wissensintentivere Produktion einzusteigen trachten.) Das unterschiedliche Tempo der Wirtschaftsentwicklung hat die Entwicklungsländer voneinander abgehängt.

Was nun die interkapitalistische Rivalität zwischen Europa, Japan und den USA anbelangt, so verhalf die fabelhaft erfolgreiche amerikanische Nachkriegspolitik, die den Wiederaufbau der europäischen wie japanischen Volkswirtschaften betrieb, ihnen allen zum Neuaufbau ihrer zerschlagenen Industriestrukturen. Damit hatten sie die Chance zu einem völligen Neustart, konnten die alten Vorkriegsmaschinen durch hervorragende neue Technik ersetzen, während die USA, deren Fabriken ja nicht zerbombt waren, erst einmal die existierende industrielle Basis amortisieren mußten.

Aus vielerlei Gründen, zu der auch eine zukunftsorientierte Kultur und der durch den Vietnamkrieg bewirkte regionale Wirtschaftsaufschwung sowie, natürlich, der ungeheure Fleiß und die Kreativität der Nachkriegsgeneration gehören, tat Japan den großen Sprung. Stets blickte es wie gebannt ins 21. Jahrhundert, betonte seine Kultur unentwegt die Bedeutung von Erziehung und Bildung, geschäftlicher Intelligenz und überhaupt des Wissens, und so sprang Japan mit geradezu erotischer Leidenschaft auf den Computer und alle seine elektronischen und informationstechnischen Derivate.

Die wirtschaftlichen Erfolge Japans beim Übergang vom alten zum neuen Wertschöpfungssystem ließen einem die Augen übergehen, brachten aber Japan auch zwangsläufig in Konkurrenz zu den USA. Seinerseits betrieb ein zutiefst erschrecktes Europa nach anfänglichem Dahindämmern mit aller Macht seine wirtschaftliche und politische Integration.

Wir werden nachher noch einmal auf diese Entwicklungen

zurückkommen. An dieser Stelle möge die Erkenntnis genügen, daß das neue, wissensbasierte Wertschöpfungssystem mit jedem Schritt entweder entscheidend mitverantwortlich oder gar ursächlich das große Machtbeben voranbrachte, das unserer Erde heute ein anderes Antlitz zu geben sich anschickt. Was das weltweit mit sich bringt, ist gelinde gesagt erregend.

XXX

Die Schnellen und die Langsamen

Heute trennt eines der größten Machtungleichgewichte der Erde die armen von den reichen Ländern. Diese ungleiche Verteilung der Macht, die das Leben von Milliarden Menschen berührt, wird sich mit der Ausbreitung des neuen Wertschöpfungssystems bald verwandeln.

Seit Ende des Zweiten Weltkriegs war die Welt gespalten in Kapitalisten und Kommunisten, in Nord und Süd. Heute verblaßt die Bedeutung dieser alten Trennlinien und taucht eine neue auf.

Denn von nun an wird sich die Welt teilen in die Schnellen und die Langsamen.

Schnell oder langsam ist hier nicht nur eine Metapher. Ganze Volkswirtschaften sind entweder schnell oder langsam. Primitive Organismen haben langsame Nervensysteme. Das höher entwikkelte Nervensystem des Menschen verarbeitet Signale schneller. Dasselbe gilt in der Wirtschaft. Historisch hat sich die Macht immer von den Langsamen auf die Schnellen verlagert, gleichgültig, ob wir von Arten oder Völkern sprechen.

In schnellen Wirtschaften beschleunigt moderne Technik die Produktion. Aber das ist bei weitem nicht das Wichtigste. Ihr Tempo wird von der Schnelligkeit der Transaktionen, der zur Entscheidungsfindung benötigten Zeit (zumal bei Investitionen), der Geschwindigkeit, in der neue Ideen in den Labors entstehen, der bis zur Vermarktung benötigten Zeit, der Schnelligkeit von Kapitalströmen und vor allem von der Geschwindigkeit bestimmt, mit der Daten, Informationen und Wissen durch das Wirtschaftssystem pulsieren. Schnelle Volkswirtschaften generieren Reichtum - und Macht - schneller als langsame.

Demgegenüber bewegen sich die Wirtschaftsprozesse in bäuerlichen Gesellschaften im Schneckentempo. Tradition, Ritual und Unwissenheit setzen der sozial akzeptierten Wahlfreiheit enge Grenzen. Die Kommunikation ist primitiv, der Transport beschwerlich. Ehe der Markt zur Investitionssteuerung auf den Plan trat, gab in technischen Entscheidungen die Tradition den Ausschlag. Sie wiederum beruhte nach den Worten des Wirtschaftswissenschaftlers Don Lavoie auf »Regeln und Tabus zur Wahrung von Produktivtechniken, die sich im langsamen Gang der biologischen oder kulturellen Evolution als funktionsfähig erwiesen hatten«.

Solange die meisten Menschen am untersten Rand des Subsistenzminimums lebten, war jedes Experiment gefährlich, wurden Neuerer unterdrückt und stellten sich Fortschritte in den Methoden der Wertschöpfung so langsam ein, daß sie in der Lebensspanne des einzelnen kaum wahrnehmbar waren. Auf Augenblicke der Innovation folgten fast Jahrhunderte der Stagnation.

Die geschichtliche Explosion, die wir heute als industrielle Revolution bezeichnen, beschleunigte den wirtschaftlichen Grundumsatz. Straßen und Verbindungen wurden besser. Gewinnmotivierte Unternehmer suchten aktiv die Neuerung. Techniken der rohen Kraft wurden eingeführt. Die Gesellschaft hielt sich einen größeren Überschuß in Reserve und verringerte damit die sozialen Experimentalrisiken. Lavoie sagt dazu: »Da das technische Experiment jetzt so weniger kostspielig wurde, konnten sich die Produktivmethoden viel schneller ändern.«

Doch all das war reines Vorgeplänkel zur superschnellen Symbolwirtschaft von heute.

Der Strichcode auf der Marlboro-Packung, der Computer im Speditions-Lkw, der Scanner an der Supermarktkasse, der Geldautomat der Bank, die Verbreitung extra-intelligenter Netze über die Erde, ferngesteuerte Roboter, die Informationalisierung des Kapitals: All das sind erste Anfangsschritte zur Bildung einer Wirtschaft des 21. Jahrhunderts, die fast in Realtime ablaufen wird.

Zu gegebener Zeit wird der gesamte Wertschöpfungszyklus als lebendiger Vorgang überwacht werden.

Fortlaufende Rückmeldungen werden von Sensoren mit intelligenter Technik, aus optischen Lesegeräten in Geschäften und von Sendern in Lastwagen, Flugzeugen und Schiffen hereinströmen, die ihre Signale an Satelliten schicken, damit die Manager zu jeder

Zeit den jeweiligen Standort jedes einzelnen Gefährts kennen. Diese Information wird verknüpft werden mit ständiger Kundenbefragung und Informationen aus tausend anderen Quellen.

Der Beschleunigungseffekt wird jede ersparte Zeiteinheit noch wertvoller als die letzte werden lassen und damit eine positive Koppelungsschleife schaffen, die die Beschleunigung noch weiter beschleunigt.

Die Konsequenzen werden nicht mehr nur evolutionär, sondern revolutionär sein, denn Realtime-Arbeit, -Management und -Finanzen werden sich selbst von den heute modernsten Methoden noch radikal unterscheiden.

Doch schon jetzt, längst vor Erreichen des Realtime-Betriebs, wird der Faktor Zeit für die Produktion immer ausschlaggebender. Deswegen wird Wissen eingesetzt, um die Zeitabstände zu verkürzen.

In diesem Schnellerwerden der wirtschaftlichen Nervenreaktionen in den High-Tech-Staaten stecken bislang unentdeckte Konsequenzen für die Wirtschaften mit niedriger oder gar keiner Technik.

Denn je wertvoller die Zeit wird, desto mehr werden die traditionellen Produktionsfaktoren wie Rohstoffe und Muskelkraft werden. Und eben letzteres ist es, was diese Länder zumeist zu bieten haben.

Wir werden gleich sehen, daß der Beschleunigungseffekt sämtliche heute gängigen Strategien für wirtschaftliche Entwicklung völlig umstülpen wird.

Heimkehr

Das neue Wertschöpfungssystem besteht aus einem ständig sich verdichtenden, weltweiten Netz von Märkten, Banken, Produktionsstätten und Labors, die alle unmittelbar miteinander verbunden sind, unablässig riesige – und immer riesigere – Daten-, Informations- und Wissensströme austauschen.

Das ist die »schnelle« Wirtschaft von morgen. Diese immer weiter aufdrehende, dynamische neue Wertschöpfungsmaschine ist die Quelle wirtschaftlichen Fortschritts. Mithin auch die Quelle großer Macht. Wer den Anschluß an sie nicht hat, bleibt von der Zukunft ausgeschlossen.

Eben so aber nimmt sich das Schicksal vieler heutiger Entwicklungsländer aus.

Wie nun das Hauptwertschöpfungssystem der Welt auf Touren kommt, müssen Länder, die etwas verkaufen wollen, mit den kaufwilligen Schritt halten. Langsame Volkswirtschaften werden also entweder ihre Nervenreaktionen beschleunigen müssen, oder aber sie gehen vieler Aufträge und Investitionen verlustig oder werden gar ganz aus dem Rennen geworfen.

Erste Anzeichen dafür sind schon erkennbar.

In den achtziger Jahren wurden in den USA pro Jahr 125 Milliarden Dollar für Kleidung ausgegeben. Die Hälfte stammte aus Billigfabriken in aller Welt, von Haiti bis Hongkong. Morgen wird ein Großteil dieser Arbeit wieder in die USA zurückkehren. Der Grund? Tempo.

Natürlich beeinflussen Steuer-, Zoll-, Wechselkursänderungen und anderes immer noch das Geschäft, wenn es um Auslandsinvestitionen oder -kaufentscheidungen geht. Doch viel fundamentaler sind auf lange Sicht Veränderungen in der Kostenstruktur. Als Teil des Übergangs ins neue Wertschöpfungssystem bringen diese Veränderungen davongelaufene Fabriken und Lieferverträge schon wieder nach Amerika, Japan und Europa zurück.

Die Tandy Corporation, Großhersteller und Detailhändler elektronischer Erzeugnisse, verlegte vor kurzem die Produktion ihres »Tandy Farbcomputers« wieder von Südkorea nach Texas zurück. Zwar war die Fabrik in Asien automatisiert, aber die Fertigungsstätte in Texas wurde auf »absolut kontinuierlich« fließender Basis betrieben und verfügte über besseres Prüfgerät. In Virginia hat Tandy eine vollautomatische Fabrik ohne jede Handarbeit eingerichtet, die täglich 5000 Lautsprechergehäuse ausstößt. Diese gehen an japanische Hersteller, die sie früher in einem karibischen Billiglohnland produzierten.

Nun ist natürlich die Computerindustrie ganz besonders schnell. Aber selbst in einer langsameren Industrie hat Arrow Co., einer der größten amerikanischen Hemdenfabrikanten, 20 Prozent seiner Smokinghemd-Fertigung nach 15jährigem Auslandsaufenthalt wieder nach Amerika zurückgeholt. Frederick Atkins Inc., Großeinkäufer für amerikanische Kaufhäuser, hat die Inlandseinkäufe binnen drei Jahren von 5 auf 40 Prozent angehoben.

Diese Verlagerungen lassen sich mindestens teilweise auf die wachsende wirtschaftliche Bedeutung des Zeitfaktors zurückführen.

»Die neue Technologie«, weiß die Zeitschrift *Forbes* zu berichten, »verleiht den Inlands-Kleiderherstellern einen wichtigen Vorteil gegenüber ihren asiatischen Konkurrenten. Wegen der launischen Modetrends und der Tatsache, daß sich der Stil bis zu sechs Mal im Jahr ändert, wollen die Ladenbesitzer ihre Lager so klein wie möglich halten. Das verlangt schnelles Reaktionsvermögen seitens der Kleidermacher, die schnell mit kleinen Stückzahlen in jeder Stilart, Größe und Farbe bei der Hand sein müssen. Die immerhin eine Erdhälfte entfernten asiatischen Lieferanten brauchen gemeinhin drei oder mehr Monate Vorlauf.«

Demgegenüber liefert die italienische Benettongruppe Neubestellungen mitten in der Saison binnen zwei bis drei Wochen aus. Dank seines Elektroniknetzes kann Haggar Apparel in Dallas inzwischen seine 2500 Kunden alle drei Tage mit Freizeithosen bedienen, wofür es vor kurzem noch sieben Wochen brauchte.

Man vergleiche das einmal mit der Lage eines Herstellers in China, der Stahl braucht. 1988 erlebte China die schlimmste Stahlknappheit seit Menschengedenken. Aber obwohl die Fabrikanten lautstark um Nachschub riefen, blieben dennoch 40 Prozent des Gesamtjahresausstoßes des Landes in den Lagerhäusern der Storage and Transportation General Corporation (STGC) hängen. Warum? Weil dieses Unternehmen nun eben nur zweimal im Jahr ausliefert – für Bürger einer schnellen Volkswirtschaft einfach unglaublich.

Daß die Stahlpreise ins Uferlose schossen, wegen der Knappheit ein schwarzer Markt entstand und die auf Stahl wartenden Unternehmen in die Krise gerieten, ließ die Leitung von STGC völlig ungerührt. Die Organisation war einfach nicht auf häufigere Lieferungen eingestellt.

Ist das auch zweifellos ein extremes Beispiel, so steht es doch nicht alleine da. Eine »chinesische Mauer« steht zwischen den Schnellen und den Armen, und sie wird täglich höher. Diese kulturelle und technische große Mauer erklärt zum Teil die hohe Fehlschlagsrate bei Joint Ventures zwischen schnellen und langsamen Ländern.

Viele Abmachungen gehen zu Bruch, weil ein Langsamland-Lieferant die vereinbarten Liefertermine nicht einhält. Das unterschiedliche Tempo des Wirtschaftslebens in den beiden Welten wirkt als kulturüberschreitender Hemmschuh. Die Funktionäre der Langsamländer begreifen in aller Regel nicht, wie wichtig der Zeitfaktor für den Partner im Schnell-Land ist und warum dieser sich so aufregt. Wer Tempo verlangt, gilt oft als unvernünftig und anmaßend. Aber für den Partner im Schnell-Land gibt es nichts Wichtigeres. Verspätete Lieferung ist fast so schlimm wie unterlassene.

Die wachsenden Kosten der Unzuverlässigkeit, der endlos sich hinziehenden Verhandlungen, der unzureichenden Überwachung und der späten Reaktion auf Forderungen nach sofortiger Information engen den ohnehin schmalen Konkurrenzraum der Billig-Muskelarbeit in den langsamen Volkswirtschaften noch mehr ein.

Dasselbe gilt für effektive Kosten und Ausgaben aufgrund von Verzögerungen, Verspätungen, Unregelmäßigkeiten, bürokratischen Hemmnissen und langsamer Entscheidungsfähigkeit – von den oft zur Beschleunigung nötigen Bestechungsgeldern ganz zu schweigen.

In den fortgeschrittenen Wirtschaften wird das Entscheidungstempo zur kritischen Überlegung. Es gibt Manager, die die »Entscheidungsläufe« als wichtigen Kostenfaktor einrechnen, ähnlich wie die »Arbeitsläufe«. Sie versuchen, aus dem Nacheinander der Entscheidung einen »Parallelvorgang« zu machen, brechen also mit der Bürokratie. Ihre Schlagworte heißen »mit Tempo auf den Markt«, »Schnellreaktion«, »schnelle Zykluszeiten« und »zeitbasierte Konkurrenz«.

Die immer präzisere Zeitplanung, wie sie Systeme nach Art der »Just-in-Time«-Lieferung voraussetzen, bedeuten für den Verkäufer, daß er viel strengere und engere Planungsziele setzen muß, man sich also immer weniger einen Ausrutscher erlauben kann.

Auch die Käufer erwarten häufigere und zeitgerechtere Lieferungen aus dem Ausland, weshalb die Lieferanten in Langsamländern gezwungen sind, auf eigene Kosten viel größere Lagerbestände oder Puffer vorzuhalten, womit die Gefahr einhergeht, daß aus den Lagerbeständen Ladenhüter werden.

Das neue Wirtschaftsgebot ist klar: Entweder müssen die Auslandslieferanten in den Entwicklungsländern ihre Technik so ausbauen, daß sie mit dem Welttempo Schritt halten können, oder sie verlieren ganz brutal ihre Märkte, werden zu Verkehrsopfern des Beschleunigungseffekts.

Strategischer Grund und Boden

Die Wahrscheinlichkeit, daß viele der ärmsten Länder der Welt von der dynamischen Weltwirtschaft abgeschnitten und der Stagnation ausgeliefert sein werden, verstärkt sich noch durch drei weitere, mächtige Faktoren, die mittelbar oder unmittelbar aus dem neuen Wertschöpfungssystem herrühren.

Um sich über die wirtschaftliche Macht oder Ohnmacht der Entwicklungsländer Klarheit zu verschaffen, kann man die Frage stellen, was sie der übrigen Welt anzubieten haben. Als erstes können wir ein recht knappes Gut nennen, das nur wenige Länder haben: die strategische Lage.

Für Wirtschaftler gilt normalerweise militärstrategischer Grund und Boden nicht als verkäufliches Gut, aber für viele Entwicklungsländer war er genau das.

Länder, die nach militärischer und politischer Macht streben, sind oft bereit, dafür auch zu zahlen. Wie Kuba haben inzwischen viele Entwicklungsländer ihren Standort oder Einrichtungen an die Sowjetunion, die USA oder andere zu militärischen, politischen oder Geheimdienstzwecken verkauft, verpachtet oder vermietet. Kuba hat die Tatsache, daß es den Sowjets ein Standbein 150 Kilometer vor der amerikanischen Küste und erhöhten politischen Einfluß in ganz Mittelamerika einräumte, eine Subventionierung in Höhe von jährlich 5 Milliarden Dollar durch Moskau eingebracht.

Fast ein halbes Jahrhundert lang brachte der Kalte Krieg es mit sich, daß selbst das ärmste Land, soweit es strategisch günstig lag, dem Meistbietenden etwas zu verkaufen hatte. Einige, so Ägypten, haben es fertiggebracht, ihre Gunst zuerst der einen, dann der anderen Supermacht zu verkaufen.

Ist nun die Entspannung in den sowjetisch-amerikanischen Beziehungen eine gute Nachricht für die Welt, so bedeutet sie doch ganz entschieden eine schlechte Nachricht für Länder wie die Philippinen, Vietnam, Kuba oder Nicaragua unter den Sandinisten, die ja alle den Zugang zu ihrer strategischen Geographie recht erfolgreich verschachert haben. Von nun an dürften die beiden größten Kunden wohl kaum noch einander wie früher auszubieten versuchen.

Überdies geht mit steigender logistischer Kapazität, den längeren Reichweiten von Flugzeugen und Raketen, der Vermehrung der U-Boote und der Beschleunigung militärischer Airlift-Operationen die Notwendigkeit für Stützpunkte, Reparaturstätten und voreingelagerte Bestände in Übersee zurück.

Die Entwicklungsländer müssen sich also darauf gefaßt machen, daß die strategische Position bald kein Anbietermarkt mehr sein wird. Springen dafür nicht andere Formen internationaler Unterstützung ein, dann gehen ihnen »Außen-« und »Militärhilfe« milliardenweise verloren.

Das amerikanisch-sowjetische Tauwetter ist, wie wir sehen werden, die Reaktion der Sowjets auf das neue Wertschöpfungssystem in den High-Tech-Staaten. Mittelbare Folge davon ist der Zusammenbruch des Marktes für strategische Standorte.

Selbst wenn die Großmächte der Zukunft (egal welche) weiterhin auf fremdem Boden Stützpunkte errichten, Satelliten-Abhörstationen oder Flugplätze bauen und U-Boot-Versorgungseinrichtungen unterhalten, werden die »Pachtverträge« kurzfristiger werden. Der rasante Wandel unserer Tage macht alle Bündnisse immer prekärer und kurzlebiger und ermutigt die Großmächte nicht gerade zu langfristigen Investitionen in bestimmte Plätze.

Kriege, Gefahrenherde, Aufstände werden an unerwarteten Stellen ausbrechen. Folglich werden die Militärs der Großmächte mehr und mehr auf bewegliche, rapide dislozierbare Einsatzkräfte, die Projektion von See- und Weltraumpotential drängen und weniger auf ortsfeste Anlagen. Das verschlechtert die Verhandlungsposition von Ländern, die Grund und Boden anzubieten haben, noch mehr.

Schließlich kann es durchaus passieren, daß angesichts zunehmender Militärmacht Japans die Philippinen und andere südostasiatische Staaten amerikanische und andere Streitkräfte als Gegengewicht zu einer potentiellen japanischen Bedrohung *begrüßen* werden. Treibt man diesen Gedanken nur weit genug, so zeichnet sich sogar die Bereitschaft ab, solchen Schutz zu *bezahlen* anstatt in Rechnung zu stellen.

Neu ausbrechende Regionalkriege oder Gewalttätigkeit im Innern werden der Rüstungsindustrie weiterhin Hochkonjunktur verschaffen. Dennoch wird es in Zukunft schwerer fallen, die USA und die UdSSR zu melken. Das wird das prekäre Mächtegleichgewicht unter den Entwicklungsländern stören – beispielsweise zwischen Indien und Pakistan – und möglicherweise auch heftige Machtverschiebungen *innerhalb* der Entwicklungsländer verursachen, zumal bei den Eliten, die eng (und manchmal korrupt) mit Hilfeprogrammen, Militärbeschaffung und Geheimdienstoperationen zu tun haben.

Kurzum: Die Glanztage des Kalten Krieges sind vorüber. Erheblich komplexere Machtverlagerungen liegen vor uns. Und nie wird der Markt für strategische Positionen in den Entwicklungsländern wieder sein, was er mal war.

Jenseits der Rohstoffe

Schon droht den Ländern, die ihre Entwicklungspläne auf die massive Ausfuhr von Rohstoffen wie Kupfer oder Bauxit aufbauten, ein zweiter Schlag.

Auch hier stehen machtverlagernde Veränderungen vor der Tür.

Die Massenproduktion verlangte riesige Mengen von wenigen Naturschätzen. Mit Ausbreitung der entmassten Herstellungsmethoden werden sehr viel mehr Ressourcen in jeweils kleinerer Menge vonnöten.

Überdies hat der schnellere Grundumsatz im neuen, globalen Produktionssystem zur Folge, daß Ressourcen, die heute noch entscheidend sind, morgen wertlos sein können – und mit ihnen alle Förderindustrien, Verschiebebahnhöfe und Gleisanlagen, Bergwerke, Hafeneinrichtungen und was sonst noch gebaut wurde, um diese Ressourcen zu bewegen. Umgekehrt kann nutzloser Schund von heute plötzlich höchst wertvoll werden.

Sogar das Erdöl galt lange als nutzlos, bis neue Techniken, zumal der Verbrennungsmotor, es lebenswichtig werden ließen. Titan war ein weitgehend nutzloses weißes Pulver, bis es durch den Flugzeug- und U-Boot-Bau Wert erlangte. Aber das Tempo, in dem neue Technologien auftraten, war langsam. Ist es aber jetzt nicht mehr.

Die Superleitfähigkeit, um nur ein Beispiel zu nennen, wird irgendwann den Energiebedarf senken, weil weniger unterwegs verlorengeht; gleichzeitig wird ihre Anwendung neue Materialien erfordern. Neue Autokatalysatoren werden eventuell nicht mehr auf Platin angewiesen sein. In neuen Pharmazeutika wird man vielleicht organische Substanzen benötigen, die heute entweder unbekannt oder völlig wertlos sind. Das wiederum könnte zur Folge haben, daß heute mit schwerster Armut ringende Länder zu Großlieferanten aufsteigen und die heutigen Großexporteure mit leeren Händen dastehen.

Hinzu kommt, daß nach den Worten des Vorsitzenden des EG-Ausschusses für Wissenschaft und Technik, Umberto Colombo, »in den fortgeschrittenen und wohlhabenden Ländern von heute jeder weitere Zuwachs des Pro-Kopf-Einkommens mit einem immer kleineren Zuwachs an Rohstoff- unnd Energieverbrauch auskommt«. Colombo zeigt anhand von Zahlen des Internationalen Währungsfonds, daß »Japan ... 1984 mit 60 Prozent der Rohstoffe auskam, die es 1973 noch für denselben industriellen Ausstoß benötigte«. Mehr Wissen gibt uns die Möglichkeit, mit weniger mehr zu erreichen. Damit schwindet die Macht der Schwerlieferanten.

Überdies läßt sich dank schnell wachsenden wissenschaftlichen Wissens Ersatz für importierte Stoffe schaffen. Vielleicht sind die fortgeschrittenen Volkswirtschaften bald in der Lage, praktisch aus dem Nichts ganze Paletten neuer, personalisierter Materialen wie zum Beispiel »Nano-Gemische« zu zaubern. Je geschickter die High-Tech-Staaten in der Mikro-Handhabung von Material werden, desto weniger brauchen sie noch riesige Rohstofflieferungen aus dem Ausland.

Das neue Wertschöpfungssystem ist zu prometheisch, bewegt sich viel zu rasant, als daß es sich an ein paar »lebenswichtige« Stoffe fesseln ließe. Darum wird sich die Macht von den Rohstoff-Massenlieferanten ab- und denen zuwenden, die »Tröpfchenmengen« vorübergehend entscheidender Substanzen besitzen, und von dort aus wieder zu jenen verlagern, die das zur Schaffung neuer Ressourcen *de novo* erforderliche Wissen haben.

Teure Billigarbeitskräfte

Das alles wäre wahrlich schon schlimm genug. Aber ein dritter, noch schwererer Fausthieb droht den Entwicklungsländern und dürfte die Machtverhältnisse zwischen und in ihnen erschüttern.

Seit der verqualmten Morgenröte des Industriezeitalters waren die kapitalistischen Hersteller auf der Suche nach dem heiligen Gral der billigen Arbeitskraft. Nach dem Zweiten Weltkrieg wurde die Jagd nach Billigkräften im Ausland zum großen Kesseltreiben. Viele Entwicklungsländer setzten ihre gesamte wirtschaftliche Zukunft auf die Theorie, der Verkauf billiger Arbeitskräfte werde zur Modernisierung führen.

Einige, wie etwa die ostasiatischen »vier Tiger« Südkorea, Taiwan, Hongkong und Singapur, zogen sogar das Gewinnlos. Behilflich waren ihnen dabei eine starke Arbeitsmoral, kulturelle und sonstige einmalige Faktoren, zu denen auch gehörte, daß zwei erbittert geführte Kriege, in den fünfziger Jahren der Koreakrieg und in den sechziger und ersten siebziger Jahren der Vietnamkrieg, Milliarden Dollar in ihre Region pumpten. Einige Japaner nannten diesen Dollarstrom den »göttlichen Wind«.

Weil sie so erfolgreich waren, glaubt man heute fast überall, der Weg zur Entwicklung führe über die Abkehr vom Agrar- oder Rohstoffexport und die Zuwendung zur Ausfuhr von Fertigwaren, die von billigen Arbeitkräften hergestellt werden. Doch langfristig ist nichts weniger wahr. Gewiß wird auch heute noch das Billigkraft-Spiel in der ganzen Welt gespielt. Selbst jetzt noch verlagert Japan Fabriken und Aufträge von Taiwan und Hongkong, wo mittlerweile die Löhne gestiegen sind, nach Thailand, Malaysia und China, wo die Löhne ein Zehntel der in Japan bezahlten betragen. Sicher können die reichen Länder immer noch viele Billiglohn-Reservoire in den Entwicklungsländern ausmachen.

Aber wie bei der Verpachtung von Militärstützpunkten oder der Verschiffung von Eisenerz gelangt auch der Verkauf billiger Arbeitskräfte nachgerade an die äußerste Grenze.

Der Grund ist ganz einfach: Unter dem jetzt sich abzeichnenden neuen Wertschöpfungssystem werden billige Arbeitskräfte allmählich verflixt teuer.

Mit Ausbreitung des neuen Systems werden die Arbeitskosten als solche ein kleiner Bruchteil der Gesamtproduktionskosten. In einigen Industrien machen sie heute nur noch 10 Prozent aus. Eine einprozentige Ersparnis bei einem zehnprozentigen Kostenfaktor ist nur ein Zehntelprozent.

Demgegenüber lassen bessere Technologie, schnellerer und besserer Informationsfluß, verminderte Vorratshaltung oder straffere Organisation Einsparungen zu, die weit über das hinausgehen, was man aus Tagelöhnern herausquetschen kann.

Darum kann es durchaus rentabler sein, in Japan oder den USA eine hochmoderne Fertigungsstätte mit nur einer Handvoll gut ausgebildeter und gut bezahlter Angestellter zu betreiben, als eine rückständige Fabrik in China oder Brasilien, die sich auf Massen ungelernter Niedriglohnarbeiter stützt.

Billige Arbeitskräfte reichen nach Umberto Colombo »längst nicht mehr aus, um den Entwicklungsländern einen Marktvorteil einzuräumen«.

Hypertempo

Am Horizont dräut also eine gefährliche Abkoppelung der schnellen Wirtschaften von den langsamen, mit gewaltigen Machtverschiebungen im gesamten sogenannten Süden und starken Rückwirkungen auf dem ganzen Planeten.

Das neue Wertschöpfungssystem bietet den Riesenbevölkerungen, die jetzt zu den Armen der Erde zählen, eine viel bessere Zukunft. Erkennt aber die Führung der Entwicklungsländer diese Chance nicht, so verurteilt sie ihre Völker weiterhin zu Not und Elend - und sich selbst zur Machtlosigkeit.

Denn noch während chinesische Hersteller auf ihren Stahl warten und traditionelle Volkswirtschaften in aller Welt ihren Schneckengang fortsetzen, drängen schon Amerika, Japan, Europa und in diesem Fall auch die Sowjetunion mit Plänen für den Bau von Hyperschallflugzeugen nach vorne, die Lasten von 150 Tonnen, Menschen oder Güter, mit einer Geschwindigkeit von 5 Mach befördern, womit Städte wie New York, Sydney, London oder Los Angeles noch zweieinhalb Stunden von Tokio entfernt sein werden.

Der frühere Forschungsdirektor für Nomura Securities und jetzige Chefberater des Mitsui-Forschungsinstituts, Jiro Tokuyama, steht an der Spitze einer von 15 Staaten beschickten Untersuchung der sogenannten »drei T's«: Telekommunikation, Transport und Tourismus. Die von der Konferenz für Wirtschaftliche Zusammenarbeit im Pazifik finanzierte Studie konzentriert sich auf drei Schlüsselfaktoren, die das Tempo der Wirtschaftsprozesse in der Region noch weiter beschleunigen sollen.

Nach Tokuyama wird damit gerechnet, daß sich das pazifische Flugpassagieraufkommen bis zur Jahrhundertwende auf 134 Millionen erhöht. Die Society of Japanese Aerospace Companies schätze, daß dafür etwa 500 bis 1000 Hyperschalljets gebaut werden müßten. Viele werden auf pazifischen Routen fliegen, damit die Wirtschaftsentwicklung der Region beschleunigen und auch schnellere Fernmeldeverbindungen fördern. In einer Vorlage an die drei T's nennt Tokuyama die kommerziellen, sozialen und politischen Rückwirkungen dieser Entwicklung.

Desgleichen schreibt er über einen Vorschlag der japanischen Baufirma Taisei, eine fünf Kilometer lange künstliche Insel zu bauen, die als »VAA«, als »value added airport«, Mehrwertflughafen also, dienen und Hyperschallflugzeuge abfertigen, gleichzeitig aber auch ein internationales Konferenzzentrum, Ladenstraßen und andere Einrichtungen beherbergen und durch Hochgeschwindigkeits-Magnetschwebebahnen mit einem dichtbesiedelten Raum verbunden werden soll.

Unterdessen baut der Milliardär H. Ross Perot in Texas einen von hochmodernen Fertigungsstätten umgebenen Flughafen. Er stellt sich das so vor, daß Tag und Nacht Flugzeuge eindonnern mit Bauteilen an Bord, die über Nacht in den Anlagen gleich nebenan verarbeitet oder montiert werden. Das Ergebnis tragen die Flugzeuge dann am nächsten Morgen in die ganze Welt.

Auf der Fernmeldefront investieren zur gleichen Zeit die fortgeschrittenen Volkswirtschaften Milliarden in die zum Betrieb der superschnellen Wirtschaft lebenswichtige elektronische Infrastruktur.

Die extra-intelligenten Netze breiten sich schnell aus, und heute schon liegen Vorschläge für die Schaffung spezieller, noch schnellerer Glasfasernetze zur Verknüpfung von Supercomputern quer über die USA mit Tausenden Laboratorien und Forschungsgruppen vor. (Die vorhandenen Netzwerke, die pro Sekunde 1,5 Miobits übertragen, gelten als zu langsam. Die vorgeschlagenen neuen Netze sollen pro Sekunde 3 Milliarden Bits – 3 Gigabits also – durchs Land jagen.)

Nach Aussage seiner Verfechter wird das neue Netz benötigt, weil die vorhandenen langsamen Netze jetzt schon verstopft und überlastet seien. Ihrer Meinung nach sollte das Projekt von der Regierung unterstützt werden, weil damit die USA den derzeitigen Vorsprung vor Europa und Japan in diesem Bereich halten könnten.

Das ist aber nur ein Sonderfall in einem auch ansonsten gewaltigen Aufruhr. Nach den Worten des Mitbegründers des Software-Giganten Lotus Development Corp., Mitch Kapor, »müssen wir eine nationale Infrastruktur bauen, die im Informationssektor das Gegenstück zum Autobahnbau der fünfziger und sechziger Jahre ist«. Noch passender wäre vielleicht die Analogie zwischen den heutigen computerbasierten Fernmeldeinfrastrukturen und den zu Beginn des Industriezeitalters benötigten Eisenbahn- und Straßennetzen.

Vor unseren Augen entsteht also ein elektronisches Nervensystem für die Wirtschaft, ohne das jeder Staat, egal, wie viele Schornsteine er hat, hoffnungslos zur Rückständigkeit verurteilt ist.

Elektronische Lücken und dynamische Minderheiten

Für die Entwicklungsländer fließt Macht genauso wie für die übrige Welt aus dem Halfter, der Brieftasche und dem Buch – genauer: dem Computer. Wenn wir einer anarchischen Welt entgehen wollen, mit ihren Milliarden bettelarmer Menschen, mit labilen Regierungen in der Hand labiler Führer, von denen jeder den Finger am Raketenstartknopf oder chemischen oder biologischen Abzug hat, dann brauchen wir globale Strategien, mit denen wir die dräuende Abkoppelung verhindern können.

Die Untersuchung *Intelligence Requirements for the 1990s*, von amerikanischen Akademikern erarbeitet, stellt warnend fest, daß in den allernächsten Jahren die Entwicklungsländer hochmoderne neue Waffen erwerben, sich ihre ohnehin schon furchtgebietenden Arsenale also um gewaltige Feuerkraft erhöhen werden. Warum?

Mit dem Schwund der wirtschaftlichen Macht der Entwicklungsländer sehen sich ihre Machthaber wachsender politischer Opposition und Instabilität gegenüber. Unter diesen Umständen werden sie vermutlich das tun, was Herrscher getan haben, seitdem es den Staat gibt: Sie greifen nach der primitivsten Form der Macht – der militärischen.

Doch was den Entwicklungsländern am akutesten mangelt, ist wirtschaftlich relevantes Wissen. Der Weg des 21. Jahrhunderts zur wirtschaftlichen Entwicklung und zur Macht verläuft nicht mehr über die Ausbeutung von Rohstoffen und Menschenmuskeln, sondern über die Anwendung des menschlichen Denkvermögens.

Eine Entwicklungsstrategie ist deshalb nur dann sinnvoll, wenn sie die neue Rolle des Wissens in der Wertschöpfung und damit verbunden das Beschleunigungsgebot voll und ganz zur Kenntnis nimmt.

Da Wissen (und darunter fallen nach unserer Definition neben formalem technischem Können auch Vorstellungskraft, Werte, Bilder und Motivation) in der Wirtschaft immer zentralere Bedeutung erlangt, müssen sich die Brasiliens und Nigerias, die Bangladeschs und Haitis auf dieser Erde überlegen, wie sie diese Ressource am besten erwerben oder generieren können.

Jedes notleidende Kind in Nordostbrasilien oder sonstwo in der Welt, das durch Fehlernährung unwissend oder geistig unterentwickelt bleibt, ist und bleibt eine Last für die Zukunft. Revolutionär neue Formen der Erziehung tun not, die nicht nach dem alten Fabrikmodell fassoniert sind.

Es wird notwendig sein, auch Wissen von außen zu erwerben. Das kann auf recht unkonventionelle - manchmal gar unrechtmäßige - Art geschehen. Schon jetzt ist der technische Diebstahl ein blühendes Geschäft. Es ist nicht auszuschließen, daß schlaue Entwicklungsländer hier mit von der Partie sein werden.

Wertschöpfungs-Know-how läßt sich auch per Hirnabschöpfung erlangen. In kleinem Umfang geschieht das, indem man Forscher besticht oder anlockt. Aber schlaue Länder werden sich ausrechnen, daß es ein paar dynamische - oft verfolgte - Minderheiten in der Welt gibt, die, wenn man sie nur machen läßt, eine Wirtschaft in Gang setzen können. Die Auslandschinesen in Südostasien, Inder in Ostafrika, Syrer in Westafrika, Palästinenser in Teilen des Nahen und Mittleren Ostens, Juden in Amerika und Japaner in Brasilien: Sie alle haben zu Zeiten einmal diese Rolle gespielt.

Als Transplantat in einer anderen Kultur brachte eine jede nicht nur Energie, Tatkraft und kommerziellen oder technischen Scharfsinn ein, sondern eine positive Haltung zum Wissen, einen Bärenhunger auf neueste Informationen, Ideen, Fertigkeiten. Diese Gruppen sind gewissermaßen eine wirtschaftliche Kraftkreuzung. Sie sind fleißig, sie innovieren, sie bilden ihre Kinder ordentlich aus, und wenn sie dann nebenbei auch noch reich werden, dann stimulieren und beschleunigen sie die Reflexe der Wirtschaft des Gastlandes. Zweifellos werden wir erleben, wie verschiedene Entwicklungsländer nach solchen Gruppen Ausschau halten und sie zur Niederlassung bei sich einladen in der

Hoffnung auf einen dringend nötigen Adrenalinstoß in ihrer Wirtschaft.*

Desgleichen werden kluge Regierungen das Entstehen nichtamtlicher Vereinigungen und Organisationen fördern, weil solche Gruppen mit Hilfe von Broschüren, Zusammenkünften, Vorträgen und Auslandsreisen für eine schnelle Verbreitung wirtschaftlich nützlicher Informationen sorgen. Händler-, Kunststofftechniker-, Arbeitgeber-, Programmierer-, Gewerkschafter-, Bankiers- und Journalistenvereinigungen und dergleichen dienen als Kanäle für den schnellen Informationsaustausch über das, was im jeweiligen Bereich richtig und was nicht funktioniert. Diese Vereinigungen sind ein wichtiges, oft verkanntes Kommunikationsmedium.

Eine Regierung, die es mit der wirtschaftlichen Entwicklung ernst nimmt, wird auch die nunmehr wirtschaftliche Bedeutung der freien Meinungsäußerung zur Kenntnis nehmen. Läßt ein Staat keinen freizügigen Austausch neuer, wirtschaftlicher wie politischer, selbst für den Staat wenig schmeichelhafter Ideen zu, dann ist das mindestens ein Beweis des ersten Anscheins, daß er im Kern schwach ist und die an der Macht Befindlichen das An-der-Macht-Bleiben für wichtiger halten als die wirtschaftliche Verbesserung des Lebens ihrer Bevölkerung. Regierungen, die zur neuen Welt gehören wollen, werden die Ventile der öffentlichen Diskussion ganz systematisch aufdrehen.

Andere Regierungen werden sich »Wissenskonsortien« anschließen, Partnerschaften mit anderen Ländern oder mit weltweiten Unternehmen, um in die Tiefen der Technik und Wissenschaft und insbesondere der Schöpfung neuer Materialien einzudringen.

Anstatt sich an veraltete nationalistische Vorstellungen zu klammern, werden sie das Nationalinteresse mit tiefer Leidenschaft, aber nicht weniger intelligent verfolgen. Anstatt wie Brasilien ausländischen Pharmazeutik-Herstellern die Tantiemen zu verweigern mit der hehren Begründung, die Gesundheit stehe über solch schäbigen Anliegen, werden sie sie mit Freuden entrichten –

* Im Zweiten Weltkrieg arbeiteten die japanischen Militärs zu ebendiesem Zweck einen Plan für die Verbringung vieler verfolgter europäischer Juden in die Mandschurei aus. Der »Fugu-Plan« wurde allerdings nie ausgeführt.

vorausgesetzt nur, daß diese Mittel eine bestimmte Zahl von Jahren im Lande bleiben und mit ihnen Forschungsprojekte finanziert werden, die gemeinsam mit den vor Ort befindlichen Fachleuten der Firma durchgeführt werden sollen. Die mit Produkten aus dieser gemeinsamen Forschung erzielten Gewinne können dann zwischen dem Gastland und dem Multi geteilt werden. Auf diese Weise dienen Tantiemen zugleich dem Technologietransfer. Damit tritt ein wirkungsvoller Nationalismus an die Stelle eines überholten, selbstzerstörerischen.

Desgleichen werden intelligente Regierungen jederzeit gerne die neuesten Computer willkommen heißen, egal, wer sie gebaut hat, anstatt partout eine Computerindustrie aufzubauen hinter Zollmauern, die nicht nur von anderen Produkten, sondern vom Wissen abschirmen.

Die Computerindustrie verändert sich weltweit in einem Tempo, daß kein Land, nicht einmal die USA oder Japan, für sich allein und ohne Hilfe von außen noch Schritt halten kann.

Indem es gewisse Computer und Software von außen verbot, konnte Brasilien eine eigene Computerindustrie aufbauen, aber deren Produkte sind rückständig. Folglich mußten sich brasilianische Banken, Hersteller und andere Geschäftszweige mit einer Technologie zufriedengeben, die hinter der ihrer ausländischen Konkurrenten herhinkt. Sie konkurrieren mit einer auf den Rükken gebundenen Hand. Das Land gewinnt dabei nicht, sondern es verliert.

Brasilien verstieß gegen die erste Regel des neuen Wertschöpfungssystems: Mit den langsam sich ändernden Industrien magst du tun, was du willst, aber lasse die Finger von einer schnell voranschreitenden Industrie. Schon gar, wenn sie die wichtigste aller Ressourcen verarbeitet: Wissen.

Andere Entwicklungsländer werden nicht in diese Fehler verfallen. Einige, so dürfen wir spekulieren, werden sogar bescheiden in vorhandenes Venturekapital in Amerika, Europa und Japan investieren - mit der Maßgabe, daß ihre eigenen Techniker, Wissenschaftler und Studenten das Kapital begleiten und am Know-how der damit finanzierten Unternehmungsgründungen teilhaben. Auf diese Weise finden sich womöglich Brasilianer, Indonesier, Nigerianer oder Ägypter schon gleich ganz vorne in den Industrien von morgen. Gut geführt, kann sich das Programm sogar selbst bezahlt machen - oder gar noch Gewinn abwerfen.

Vor allem werden die Entwicklungsländer einen völlig neuen Blick auf die Landwirtschaft werfen, in ihr nicht notwendig einen »rückständigen« Sektor, sondern vielmehr einen Wirtschaftszweig erblicken, der mit Hilfe von Computern, Genetik, Satelliten und anderen neuen Technologien eines Tages fortschrittlicher sein kann als sämtliche Schornsteine, Stahlwerke und Bergwerke der Welt zusammengenommen. Eine wissensbasierte Landwirtschaft kann der Schlüssel zum wirtschaftlichen Fortschritt von morgen werden.

Sie wird sich auch nicht mit der bloßen Nahrungsmittelerzeugung begnügen, sondern wird zunehmend Energieernten und Grundmaterial für die Herstellung neuer Stoffe liefern. Das alles sind nur ein paar wenige Gedanken für Dinge, die vielleicht in den nächsten Jahren versucht werden.

Doch keine dieser Mühen kann Frucht bringen, wenn das Land von der Teilnahme an der rasant sich bewegenden globalen Wirtschaft und den sie stützenden Fernmelde- und Computernetzen ausgeschlossen bleibt.

Die Fehlverteilung der Fernmeldeeinrichtungen der Welt von heute ist noch dramatischer als die Fehlverteilung der Nahrung. Es gibt 600 Millionen Telefone in der Welt; davon stehen 450 Millionen in nur neun Ländern. Die völlig verkantete Verteilung von Computern, Datenbasen, Fachveröffentlichungen, Forschungsmitteln sagt uns mehr über das künftige Potential der Länder als sämtliche BSP-Zahlen, die die Wirtschaftler unentwegt ausspucken.

Um sich in die neue Weltwirtschaft einzuklinken, müssen Länder wie China, Brasilien, Mexiko, Indonesien, Indien, aber auch die Sowjetunion und die Staaten Osteuropas das Nötige tun, um ihre eigene elektronische Infrastruktur zu errichten. Das muß weit übers Telefon hinausgehen und moderne, schnellfunktionierende Datensysteme umfassen, die mit den neuesten Globalnetzwerken verknüpft werden können.

Positiv ist zu vermerken, daß die langsamen Länder von heute eventuell eine ganze Infrastrukturphase überspringen, geradewegs von der Kommunikation der ersten in die der dritten Welle eintreten und sich die für den Bau der Netze und Systeme der zweiten Welle nötigen Riesensummen sparen können.

Im Rahmen des Iridium-Systems beispielsweise will Motorola 77 winzige Satelliten in eine niedrige Umlaufbahn bringen, womit Millionen Menschen in dünnbesiedelten Regionen wie der sowjetischen Arktis, der chinesischen Wüste oder des Inneren Afrikas über Handtelefon Sprache, Daten und digitalisierte Bilder senden und empfangen können.

Man braucht also nicht Kupfer- oder gar Glasfaserkabel tausendmeilenweise durch Dschungel, Eis und Sand zu verlegen. Vielmehr stehen die tragbaren Telefone in Direktverbindung mit dem nächsten Satelliten, der die Nachricht weiterleitet. Andere Fortschritte werden die gewaltigen Fernmeldekosten ebenfalls drosseln, so daß sie für heute arme Länder erschwinglich werden. Auch Großserien und der Hyperwettbewerb zwischen amerikanischen, europäischen und japanischen Herstellern werden kostensenkend wirken.

Schon jetzt steht fest, wie der neue Schlüssel zur wirtschaftlichen Entwicklung aussieht.

Die »Lücke«, die es da zu schließen gilt, ist informational und elektronisch. Es ist nicht eine Lücke zwischen Nord und Süd, sondern zwischen langsam und schnell.

XXXI

Die Kollision des Sozialismus mit der Zukunft

Der dramatische Tod des Staatssozialismus in Osteuropa und sein blutrünstiges Röcheln von Bukarest bis Baku und Beijing kommen nicht von ungefähr. Der Sozialismus ist mit der Zukunft kollidiert.

Nicht an Komplotten des CIA, kapitalistischer Einkreisung oder wirtschaftlicher Strangulierung von außen zerbrachen die sozialistischen Regimes. Kaum hatte Moskau zu verstehen gegeben, künftig werde es keine Truppen mehr einsetzen, um sie vor ihrem eigenen Volk zu schützen, purzelten in Osteuropa auch schon die kommunistischen Regierungen wie Dominosteine. Die Krise des Sozialismus als System in der Sowjetunion, in China und anderswo reichte indessen viel tiefer.

Wie Gutenbergs Erfindung der beweglichen Lettern Mitte des 15. Jahrhunderts zur Ausbreitung des Wissens führte und den eisernen Griff der katholischen Kirche um Wissen und Kommunikation in Westeuropa lockerte, damit letztendlich die Reformation zündete, zerschlug auch Mitte des 20. Jahrhunderts das Auftauchen des Computers und der neuen Kommunikationsmedien die Herrschaft Moskaus über die Geister in den von ihm geknechteten und gefangengehaltenen Ländern.

Der Bruchpunkt

Noch 1956 träumte Nikita Chruschtschow davon, er werde »den Westen begraben«. Paradoxerweise ausgerechnet in dem Jahr, als in den USA erstmals die Zahl der Kopfarbeiter die der Arbeiter der Faust übertraf – Zeichen dafür, daß die Tage des Schornsteins gezählt waren und die Supersymbolwirtschaft vor der Tür stand.

Nicht weniger ironisch mutet es an, daß die marxistischen (wie übrigens auch viele klassische) Wirtschaftswissenschaftler den

Geistesarbeiter als »unproduktiv« zu bezeichnen pflegten. Sind es doch gerade diese angeblich »Unproduktiven«, die seit Mitte der fünfziger Jahre in der Wirtschaft des Westens für einen gewaltigen Adrenalinstoß sorgten.

Trotz aller vorgeblicher »Widersprüche« sind die kapitalistischen High-Tech-Staaten der übrigen Welt wirtschaftlich so weit davongezogen, daß Chruschtschows Prahlerei nur noch ein mitleidiges Lächeln erweckt. Nicht der Schlot-Sozialismus, sondern der computerbasierte Kapitalismus tat den »quantitativen Sprung nach vorn«, von dem die Marxisten reden. Als sich in den High-Tech-Staaten die wahre Revolution ausbreitete, wurden die sozialistischen Staaten in Wirklichkeit zum eingefleischt reaktionären Block mit Greisen an der Spitze, die ganz und gar von einer Theologie des 19. Jahrhunderts durchdrungen waren. In der Sowjetunion hat dies erstmals Michail Gorbatschow erkannt.

1989 – rund 30 Jahre, nachdem in Amerika das neue Wertschöpfungssystem aufzutauchen begann – erklärte Gorbatschow in einer Rede: »Fast als letzte haben wir gemerkt, daß im Zeitalter der Informationswissenschaft das teuerste Gut Wissen heißt.«

Er gelangte nicht bloß als bemerkenswerte Persönlichkeit zur Macht, sondern war der Vertreter einer neuen Schicht gebildeterer, zumeist den Geistesarbeitern zugehöriger Sowjetbürger, ebender Gruppe also, auf die die frühere Führung verächtlich heruntergeblickt hatte. Marx selbst hat die klassische Definition des revolutionären Augenblicks geliefert. Dieser trete dann ein, wenn die »gesellschaftlichen Produktionsverhältnisse« (nämlich das Wesen von Besitz und Herrschaft) eine Weiterentwicklung der »Produktionsmittel« (grob: der Technologie) verhinderten.

Diese Formel beschreibt die sozialistische Weltkrise nahezu vollkommen. Behinderten einst die feudalen »Gesellschaftsverhältnisse« die industrielle Entwicklung, so machten es jetzt die sozialistischen »Gesellschaftsverhältnisse« den sozialistischen Ländern fast unmöglich, sich das auf Computern, Kommunikation und vor allem auf offener Information beruhende neue Wertschöpfungssystem zunutze zu machen. Das zentrale Versagen des großen staatssozialistischen Experiments des 20. Jahrhunderts liegt letztlich in den überholten Vorstellungen vom Wissen.

Von unbedeutenden Ausnahmen abgesehen, hatte der Staatssozialismus nicht etwa Überfluß, Gleichheit und Freiheit zur Folge, sondern ein politisches Einparteiensystem, eine erdrückende Bürokratie, eine lastende Geheimpolizei, regierungsbeherrschte Medien und die Unterdrückung der geistigen und künstlerischen Freiheit.

Lassen wir die zur Errichtung dieses Systems notwendigen Ozeane vergossenen Bluts einmal beiseite, so stellt sich bei näherer Betrachtung heraus, daß alle diese Elemente nicht nur dazu dienten, Menschen zu organisieren, sondern viel tiefer noch, Wissen zu organisieren, zu kanalisieren und zu beherrschen.

Ein Einparteiensystem ist dazu da, die gesamte politische Kommunikation zu kontrollieren. Da es neben sich keine anderen Parteien duldet, setzt es der durch die Gesellschaft pulsierenden Informationsvielfalt enge Grenzen, erstickt jede Rückkoppelung und macht damit die Machthaber für die ganze Komplexität ihrer Probleme blind. Wenn durch den einzig zulässigen Kanal nur höchst magere Information nach oben und nur Befehle nach unten dringen, dann fällt es dem System sehr schwer, Fehler zu erkennen und zu beheben.

Tatsächlich beruhte die Topdown-Herrschaft in den sozialistischen Ländern immer mehr auf Lügen und Fehlinformationen, denn schlechte Nachrichten nach oben zu geben, war oft sehr riskant. Die Entscheidung zum Einparteiensystem ist in erster Linie eine Entscheidung über Wissen.

Die übermächtige Bürokratie, die der Sozialismus in allen Lebensbereichen schuf, schnürte zudem, wie wir in Kapitel XV sahen, das Wissen in vorgegebene Kästchen oder Sofaecken und die Kommunikation in »amtliche Kanäle« ein und unterband die informelle Kommunikation und Organisation.

Geheimpolizei, Staatsmedien, Einschüchterung der Intellektuellen und Unterdrückung der künstlerischen Freiheit sind allesamt weitere Mittel zur Einschränkung und Gängelung der Informationsströme.

Letztlich verbirgt sich hinter allen diesen Elementen eine einzige, überholte Wissenshypothese: der arrogante Glaube, die »da oben« (in Partei oder Staat) wüßten am besten, was die andern zu wissen bekommen sollten.

Diese Wesenszüge aller staatssozialistischen Länder waren geradezu eine Garantie für wirtschaftliche Dummheit und beruhten auf dem Konzept der präkybernetischen Maschine, das auf die Gesellschaft, ja überhaupt das Leben angewendet wurde. Die Maschinen der zweiten Welle, wie sie im 19. Jahrhundert Marx umstanden, funktionierten fast alle ohne jegliche Rückkoppelung. Man schaltete den Strom an und den Motor ein, und schon lief er und lief, egal, was um ihn herum geschah.

Maschinen der dritten Welle hingegen sind intelligent. Mit ihren Sensoren saugen sie Information aus der Umwelt an, entdecken Veränderungen und passen sich ihnen an. Sie sind selbstregulierend. Technisch ist dies ein revolutionärer Unterschied.

Marx, Engels und Lenin griffen erbittert die Philosophie vom »mechanischen Materialismus« an, aber auch ihr Denken war Kind ihrer Zeit und zutiefst befangen in Analogien und Hypothesen, die auf vorintelligenter Mechanik beruhten.

So war für marxistische Sozialisten der Klassenkampf die »Lokomotive der Geschichte«. Es kam entscheidend darauf an, sich der »Staatsmaschine« zu bemächtigen. Und die als Maschine begriffene Gesellschaft ließ sich so voreinstellen, daß sie Überfluß und Freiheit ausspuckte. Als Lenin 1917 die Macht in Rußland ergriff, wurde er zum Chefmaschinisten.

Als brillanter Kopf begriff Lenin, wie wichtig Ideen waren. Aber für ihn war auch die Symbolproduktion, der Geist als solcher, programmierbar. Marx schrieb von Freiheit, aber nach seiner Machtübernahme begab sich Lenin ans technische Konstruieren des Wissens. So bestand er darauf, daß alle Kunst, Kultur, Wissenschaft und überhaupt jede journalistische und symbolische Tätigkeit in den Dienst eines General-Gesellschaftsplans zu treten habe. Zu gegebener Zeit sollten dann die verschiedenen Lernzweige säuberlich in einer »Akademie« mit festen bürokratischen Abteilungen und Rängen zusammengeführt werden, das Ganze natürlich unter Kontrolle von Partei und Staat. »Kulturarbeiter« sollten Angestellte von Institutionen sein, die einem Kulturministerium unterstanden. Alle Veröffentlichungen und Sendungen sollten Staatsmonopol werden. Wissen sollte zum Teil der Staatsmaschine werden.

Diese vertrackte Betrachtungsweise des Wissens stand schon auf der niedrigen Ebene der Schornsteinwirtschaft jeder wirtschaftlichen Entwicklung im Wege; zu den im Computerzeitalter für wirtschaftlichen Fortschritt nötigen Prinzipien steht sie in diametralem Gegensatz.

Das Eigentumsparadox

Das jetzt in Ausbreitung befindliche Wertschöpfungssystem der dritten Welle stellt außerdem drei Säulen des sozialistischen Credos in Frage.

Zum Beispiel die Frage des Eigentums.

Seit jeher führen die Sozialisten Armut, Wirtschaftsdepressionen, Arbeitslosigkeit und die anderen Übel des Industrialismus auf den Privatbesitz der Produktionsmittel zurück. Zu beseitigen waren diese Übel, indem der Fabrikbesitz an die Arbeiter überging – über den Staat oder über Kollektive.

Danach würde alles anders aussehen. Keine Wettbewerbsvergeudung mehr. Vollkommen rationale Planung. Produktion zum Zwecke der Nutzung und nicht des Gewinns. Intelligentes Investieren, um die Wirtschaft voranzutreiben. Erstmalig in der Geschichte würde der Traum vom Überfluß für alle zur Wirklichkeit.

Im 19. Jahrhundert, als diese Gedanken formuliert wurden, erschienen sie als der letzte Schrei wissenschaftlichen Denkens. Tatsächlich rühmten sich die Marxisten ja auch, den wirrköpfigen Utopismus überwunden zu haben und zum wahrhaft »wissenschaftlichen Sozialismus« durchgestoßen zu sein. Mochten die Utopisten von selbstregierten Dörfern schwärmen. Der wissenschaftliche Sozialist wußte, daß derlei in der aufkommenden Schornsteingesellschaft nicht praktikabel war. Ein Utopist wie Fourier hatte den Blick nach hinten gerichtet, auf die landwirtschaftliche Vergangenheit. Der wissenschaftliche Sozialist blickte nach vorne in die damalige industrielle Zukunft.

So wurde später, auch wenn sozialistische Regimes mit Kooperativen, Arbeitermanagement, Kommunen und anderen Systemen experimentierten, der Staatssozialismus, mithin das Staatseigentum über alles und jedes, von der Bank bis zur Brauerei, vom Walzwerk bis zur Würstchenbude, zur herrschenden Eigentumsform in der ganzen sozialistischen Welt (so groß war die Staatsbesitz-Besessenheit, daß Nicaragua, dieser spätberufene Nachahmer der sozialistischen Welt, sogar die staatseigene Disco »Lobo Jack« erfand). Mit der Folge, daß nicht etwa der Arbeiter, sondern der Staat zum großen Gewinner der sozialistischen Revolution avancierte.

Sein Versprechen, er werde die materiellen Lebensumstände radikal verbessern, konnte der Sozialismus nicht halten. Als nach der Revolution der Lebensstandard in der Sowjetunion zurückging, wurde das mit gewisser Berechtigung den Folgen des Ersten Weltkrieges und der Gegenrevolution angekreidet. Später mußte die kapitalistische Einkreisung herhalten. Wiederum später der Zweite Weltkrieg. Aber selbst 30 Jahre nach Kriegsende waren Dinge wie Kaffee oder Orangen in Moskau immer noch Mangelware. Bis zu Gorbatschows Perestrojka ernährte sich ein mittlerer Forscher an einem Moskauer Staatsinstitut weitgehend von Kohl und Kartoffeln. 1989, vier Jahre nach Gorbatschows ersten Reformversuchen, mußte die UdSSR 600 Millionen Rasierklingen und 40 Millionen Rasierschaumtuben aus dem Ausland importieren.

Da ist schon bemerkenswert, daß immer noch orthodoxe Sozialisten in der ganzen Welt nach Verstaatlichung von Industrie und Finanz rufen, auch wenn ihre Zahl zurückgeht. Von Brasilien und Peru bis zum südlichen Afrika, ja sogar in den Industrienationen, gibt es immer noch ein paar Anhänger des wahren Glaubens, die unbeirrt von allen historischen Beweisen des Gegenteils das »öffentliche Eigentum« für das einzig »fortschrittliche« halten und sich jeder Entstaatlichung oder Privatisierung der Wirtschaft widersetzen.

Zweifellos ist die zunehmend liberale Weltwirtschaft, der die großen Multis unkritisch zuklatschen, als solche instabil und durchaus für eine Koronarthrombose anfällig. Der überblasene Schuldenballon könnte platzen. Kriege, plötzliche Energie- oder Lieferungsunterbrechungen und allerlei andere Kalamitäten könnten sie in den kommenden Jahrzehnten zu Fall bringen. Unter Katastrophenbedingungen wäre sogar die Notwendigkeit vorübergehender Not-Nationalisierungen denkbar.

Dennoch bezeugen unwiderlegliche Beweise, daß staatseigene Unternehmen ihre Mitarbeiter schlecht behandeln, die Luft verschmutzen und die Öffentlichkeit mindestens so an der Nase herumzuführen verstehen wie privateigene. Viele sind zu wahren Schwemmbecken der Ineffizienz, Korruption und Habgier geworden. Ihr Versagen führt oft zu blühendem Schwarzhandel, der so umfangreich ist, daß er sogar die Glaubwürdigkeit des Staates unterhöhlt.

Das Schlimmste und Paradoxeste jedoch ist, daß verstaatlichte Unternehmen, anstatt wie versprochen beim technischen Fortschritt in Führung zu gehen, fast einmütig reaktionär sind: das Bürokratischste, Anpassungsunfähigste, Informationsunwilligste, was man sich denken kann, und beim Einsatz moderner Technik immer das Schlußlicht.

Seit über einem Jahrhundert liegen Sozialisten und Anhänger des Kapitalismus in bitterer Fehde um öffentliches oder privates Eigentum. Zahllose Männer und Frauen haben buchstäblich ihr Leben dafür hingegeben. Was sich keiner der beiden Streithähne ausdenken konnte, war ein neues Wertschöpfungssystem, das alle ihre Argumente und Streitereien überholt.

Und dennoch ist genau das eingetreten. Entzieht sich doch die wichtigste Form des Eigentums heute jedem Zugriff. Es ist supersymbolisch. Es ist Wissen. Ein und dasselbe Wissen kann gleichzeitig von vielen Menschen benutzt werden, um Reichtum und wiederum weiteres Wissen zu schöpfen. Und im Gegensatz zu Fabriken und Feldern ist Wissen praktisch unerschöpflich. Mit dieser wahrhaft revolutionären Tatsache sind weder die sozialistischen Regimes noch überhaupt die Sozialisten fertig geworden.

Wie viele Linksschrauben?

Eine zweite Säule der Kathedrale der sozialistischen Theorie war die zentrale Planung. Anstatt zuzulassen, daß das »Chaos« des Marktes die Wirtschaft bestimmt, sollte intelligente Topdown-Planung die verfügbaren Hilfsquellen auf die Schlüsselsektoren leiten und die technische Entwicklung vorantreiben.

Zentrale Planung aber ist auf Wissen angewiesen, weshalb schon Anfang der zwanziger Jahre der österreichische Wirtschaftler Ludwig von Mises ihren Mangel an Wissen (er nannte das ihr »Kalkulationsproblem«) als ihre Achillesferse entdeckte.

Wie viele Schuhe welcher Größe soll eine Fabrik in Irkutsk herstellen? Wie viele linksdrehende Schrauben oder Papiersorten? Welches Preisverhältnis war zwischen Vergasern und Gurken anzusetzen? Wie viele Rubel, Zlotys oder Yüans sollten in jede der Zehntausende Produktionslinien und -ebenen investiert werden?

Die Antwort auf derlei Fragen verlangt selbst in der einfachsten Schlotwirtschaft mehr Wissen, als irgendein Zentralplaner einholen oder analysieren kann, schon gar, wenn er von angstgeplagten Betriebsleitungen in schöner Regelmäßigkeit verlogene Produktionszahlen erhält. So füllten sich denn die Lagerhäuser mit Unmengen unerwünschter Schuhe. Knappheit und ein riesiger Grau- und Schwarzmarkt wurden zum chronischen Übel der meisten sozialistischen Volkswirtschaften.

Generationen tieferntster sozialistischer Planer rangen verzweifelt mit diesem Wissensproblem. Sie wollten immer mehr Daten und bekamen immer mehr Lügen. Sie sorgten für noch mehr Bürokratie. Da ihnen die Angebots- und Nachfragesignale fehlten, wie ein Wettbewerbsmarkt sie abwirft, maßen sie die Wirtschaft in Arbeitsstunden oder zählten die Gegenstände in natura anstatt in Geld. Später versuchten sie es mit ökonometrischen Modellen und Input-Output-Analysen.

Nichts half. Je mehr Information sie besaßen, desto komplexer und desorganisierter wurde die Wirtschaft. Volle drei Vierteljahrhunderte nach der russischen Revolution war das wahre Emblem der UdSSR nicht Hammer und Sichel, sondern die Käuferschlange.

Heute hat quer durchs ganze sozialistische oder ex-sozialistische Spektrum der Wettlauf um die Einführung der Marktwirtschaft eingesetzt, entweder ganz und gar wie in Polen, oder in schüchternen Schritten innerhalb eines Planregiments wie in der UdSSR. Fast alle sozialistischen Reformer geben mittlerweile zu, wenn man Angebot und Nachfrage (mindestens in gewissen Bereichen) den Preis bestimmen lasse, dann bekomme man, was der zentrale Plan nicht geben konnte: Preissignale, die aufdeuten, was in der Wirtschaft gebraucht und gewollt wird und was nicht.

In der Diskussion der Wirtschaftler wird jedoch der fundamentale Wandel übersehen, den solche Signale in den Kommunikationswegen voraussetzen, und welche gewaltigen Machtverschiebungen mit Veränderungen des Kommunikationssystems einhergehen. Liegt doch der größte Unterschied zwischen zentralgeplanter und marktbestimmter Wirtschaft darin, daß in ersterer die Information vertikal, im Markt aber viel mehr Information horizontal und diagonal durchs System fließt, weil Käufer und Verkäufer auf allen Ebenen Informationen austauschen.

Dieser Wandel bedroht nicht nur die Spitzenbürokraten in den Planungsministerien und Betriebsleitungen, sondern Millionen und Abermillionen Minibürokraten, deren einzige Machtquelle darin besteht, daß sie zu entscheiden haben, welche Information über den Berichtskanal nach oben gespeist wird.

Die Unfähigkeit des Zentralplanungssystems, mit hoher Informationsdichte fertig zu werden, setzt der zum Wachstum benötigten wirtschaftlichen Komplexität enge Grenzen.

Die neuen Wertschöpfungsmethoden setzen soviel Wissen, Information und Kommunikation voraus, daß sie für zentral geplante Wirtschaften völlig außerhalb jeder Reichweite sind. So prallt die entstehende Supersymbolwirtschaft gegen einen zweiten Eckstein sozialistischer Rechtgläubigkeit.

Der Mülleimer der Geschichte

Die dritte berstende Säule des Sozialismus war seine aberwitzige Überbetonung der Hardware – seine totale Konzentration auf die

Schlotindustrie und Minderbewertung von Landwirtschaft wie Geistesarbeit.

In den Jahren nach der Revolution von 1917 fehlte den Sowjets das Kapital, um all die Stahlwerke, Dämme und Autofabriken zu bauen, die sie brauchten. Die sozialistische Führung sprang geradezu auf die Theorie des Wirtschaftswissenschaftlers E. A. Preobrashenski von der »sozialistischen Akkumulation«. Danach ließ sich das nötige Kapital aus den Bauern herausquetschen, indem man ihren Lebensstandard auf ein ausgemergeltes Minimum reduzierte und ihre Überschüsse absahnte. Damit sollten dann die Schwerindustrie kapitalisiert und die Arbeiter subventioniert werden.

Nikolai Bucharin, der seine Vorahnungen mit dem Leben bezahlte, hatte zu Recht vorausgesagt, daß diese Strategie lediglich den Zusammenbruch der Landwirtschaft bewirken werde. Schlimmer noch, sie führte zur mörderischen Unterdrückung der Kulaken durch Stalin, denn ein solches Programm war nur mit äußerster Gewalt durchzusetzen. Millionen Bauern starben an Hunger und Verfolgung.

Als Ergebnis dieses »Industrie-Vorurteils«, wie es die Chinesen heute nennen, war und ist die Landwirtschaft in praktisch allen sozialistischen Ländern eine Katastrophe. Anders ausgedrückt: Die sozialistischen Länder betrieben eine Strategie der zweiten Welle zu Lasten ihrer Bevölkerung der ersten Welle.

Die Sozialisten schätzten aber häufig auch die Dienstleistungen und Geistesarbeiter gering. Es war kein Zufall, daß sich gleich nach Verkündung des »sozialistischen Realismus« in der Kunst die Wände mit riesigen Schinken bedeckten, auf denen stiernakkige Arbeiter mit angespannten Muskeln bei der Arbeit in Walzwerken und Fabriken zu sehen waren. Da der Sozialismus überall die schnellstmögliche Industrialisierung anstrebte, wurde die Muskelarbeit glorifiziert. Geistige Arbeit war etwas für unproduktive Schwächlinge.

Diese allgemeine Haltung ging Hand in Hand mit einer ungeheuren Konzentration auf Produktion anstatt Konsum, auf Investitions- statt Verbrauchsgüter.

Traten auch einige Marxisten, vor allem Antonio Gramsci,

dieser Auffassung entgegen und betonte Mao Zedong hin und wieder, ideologische Reinheit könne materielle Schwierigkeiten beseitigen, so galt doch die Hauptstoßrichtung der marxistischen Regimes einer Überschätzung der materiellen Produktion und einer Unterbewertung aller geistigen Erzeugnisse.

Die im breiten Strom marxistischen Denkens schwimmenden Theoretiker waren gemeinhin der Auffassung, Ideen, Information, Kunst, Kultur, Recht, Theorien und alle anderen untastbaren Erzeugnisse des Geistes seien lediglich Teil eines »Überbaus«, der gewissermaßen über der wirtschaftlichen »Basis« der Gesellschaft schwebe. Gab es auch eine gewisse Rückkoppelung zwischen den beiden, so bestimmte doch immer die Basis den Überbau und nicht umgekehrt. Wer anders dachte, wurde zum »Idealisten« gestempelt, ein zu Zeiten recht gefährliches Etikett.

Als Marx den Primat der materiellen Basis verkündete, stellte er Hegel auf den Kopf. Die große Ironie der Geschichte liegt darin, daß das neue Wertschöpfungssystem nunmehr Marx auf den Kopf stellt. Genauer: Es legt stillschweigend Marx wie Hegel beiseite.

Für Marxisten war die Hardware immer mehr wert als die Software; jetzt lehrt uns die Computerrevolution, daß genau das Gegenteil stimmt. Wissen treibt die Wirtschaft, nicht die Wirtschaft das Wissen voran.

Gesellschaften aber sind weder Maschinen noch auch Computer. Sie lassen sich nicht so einfach in Hardware und Software, in Basis und Überbau teilen. Passender wäre da schon ein Modell, das sie als aus vielen, allesamt in unglaublich komplexen und unablässig sich wandelnden Koppelungsschleifen verknüpften Elementen bestehend beschriebe. Je komplexer sie werden, desto zentralere Bedeutung erlangt das Wissen für ihren ökonomischen wie ökologischen Fortbestand.

Kurzum: Auf die Ankunft einer neuen Wirtschaft, deren wichtigster Rohstoff in Wahrheit weich und ungreiflich ist, war der Weltsozialismus überhaupt nicht vorbereitet. Sein Zusammenstoß mit der Zukunft war tödlich.

Ist nun der orthodoxe Sozialismus reif für den »Mülleimer der Geschichte«, wie Lenin es nannte, dann heißt das natürlich nicht, daß auch die großartigen Träume, aus denen er entstand, tot wären. Das Sehnen nach einer Welt, in der Überfluß, Friede und soziale Gerechtigkeit herrschen, ist heute so hehr und heilig wie je. Doch auf alten Fundamenten läßt eine solche Welt sich nicht bauen.

Die bedeutsamste Revolution auf unserem Planeten ist heute das Auftauchen einer neuen Zivilisation der dritten Welle mit einem radikal neuen Wertschöpfungssystem. Jede Bewegung, die sich dieser Tatsache nicht besinnt, ist zum Verhängnis verurteilt. Jeder Staat, der Wissen einsperrt, friert seine Bürger in eine alptraumhafte Vergangenheit ein.

XXXII

Machtausgewogenheit und Ausgewogenheitsmacht

Die Ära des Machtbebens hat erst begonnen, und schon scheint die Zukunft zum Greifen nahe. Im »Osten« gärt es gewaltig, der »Süden« ist immer mehr gespalten, und die führenden Mächte des »Westens« (Europa, Japan und Amerika) liegen auf Kollisionskurs - was Wunder, daß uns hektische, endlose Runden aus Gipfelbegegnungen, Konferenzen, Verträgen und Missionen bevorstehen, in denen die Diplomaten eine neue Weltordnung zu entwerfen suchen.

Doch wieviel sie auch hämmern, sägen und wortschmieden: Die neue Weltarchitektur der Macht wird sich weniger an ihren Worten als daran kehren, wieviel Macht welcher Qualität mit jedem zu Tische sitzt.

Sind die Vereinigten Staaten und die Sowjetunion jetzt schon globale »Verflossene«? Und wenn ja, wie viele neue »Supermächte« wird es an ihrer Stelle geben?

Die einen reden von einer um Europa, Japan und die USA organisierten Welt. Andere sehen eine in sechs oder acht Regionalblöcke geteilte Welt. Wieder andere meinen, die bipolare Welt werde zum fünfzackigen Stern, dessen eine Zacke von China und dessen andere von Indien dargestellt werde. Wird das neue Europa vom Atlantik zur sowjetischen Grenze reichen - oder darüber hinaus? Niemand kann dieses Puzzle mit Gewißheit lösen. Doch das Prinzip des Machtbebens mag einen Anhaltspunkt bieten.

Es sagt uns, daß zwar viele Faktoren zählen, von der politischen Stabilität bis zum Bevölkerungswachstum, aber weiterhin Gewalt, Reichtum und Wissen die drei Hauptströme sind, aus denen die meisten übrigen Machtressourcen fließen, und daß jeder dieser drei sich in völliger Umwälzung befindet.

Da ist die Gewalt.

Die Demokratisierung des Todes

Vom »Ausbruch des Friedens« ist so viel geredet worden, daß die Welt darob ganz die bedrohliche Tatsache vergaß, wie sich gleichzeitig eine große Umverteilung des Gewaltpotentials vollzieht. Während die beiden ehemaligen Supermächte ihre atomaren und konventionellen Arsenale in etwa verkürzen, laufen schon andere Staaten um die Wette, um die Lücke zu füllen.

Trotz seines Images als rückständiges, friedliebendes Land ist Indien zum Beispiel seit 1986 der größte Waffenkäufer der Welt und hat 1987 mehr Waffen beschafft als die Kriegsgegner Iran und Irak. Diese Politik wurde von den Japanern heftig aufs Korn genommen, worauf New Delhi mit scharfem Gegenfeuer antwortete. Schon jetzt besitzt Indien Atomwaffen und sind seine Wissenschaftler emsig dabei, Raketen zu bauen, die sie über 2500 Kilometer ins Ziel tragen können. Pakistan, das sich ebenfalls einem atomaren Potential nähert, verfügt über eine mit chinesischer Hilfe gebaute Kurzstreckenrakete.

Nach CIA-Chef William Webster werden binnen eines Jahrzehnts nicht weniger als 15 Länder ballistische Raketen bauen. Viele davon befinden sich in der Spannungszone Nahost. Ägypten, Irak und Argentinien heißen die Partner eines Raketenprojekts.

Darüber hinaus gibt es eine Reihe schreckerregender Szenarien für die Umverteilung von Atomwaffen. Atomwaffen finden sich in Aserbeidschan und anderen moslemischen Republiken, wo erbitterte ethnische Auseinandersetzungen ausgebrochen sind. Atomfachleute haben schon die alptraumschwere Möglichkeit angedeutet, eine abtrünnige Republik könnte sich solcher Waffen bemächtigen. Fragte ein amerikanischer Fachmann besorgt: »Wird die viertgrößte Atommacht Kasachstan sein?«

Die Risiken sind so groß, daß Moskau bereits mit dem Abzug von Atomwaffen aus dem spannungsreichen Baltikum begonnen haben soll und ein hoher sowjetischer Funktionär dem Autor insgeheim anvertraute: »Früher war ich gegen SDI, aber jetzt bin ich dafür. Sollte sich die UdSSR spalten, dann könnte sich die Welt plötzlich zehn weiteren atomar bewaffneten Ländern gegenübersehen.«

Ein möglicher Bürgerkrieg in der UdSSR oder überhaupt einem Atomwaffenstaat zeichnet tatsächlich die Gefahr an die Wand, daß sich Rebellenkräfte oder auch beide, Rebellen wie Loyalisten, in den Besitz dieser Waffen bringen.

Noch unheilverkündender ist, daß einige »Entwicklungsländer« (keineswegs nur Irak und Libyen) Fabriken zum Bau chemischer und biologischer Waffen entwerfen. Kurzum: Die heutige Verteilung der Waffen, zumal der Atomwaffen, in der Welt ist weder von Dauer noch stabil.

Somit erfährt eine entscheidende Quelle der Staatsmacht, die Fähigkeit zur Hypergewalt, die einst auf wenige Staaten beschränkt war, jetzt eine demokratische, aber auch gefährliche Streuung.

Gleichzeitig durchläuft das Wesen der Gewalt einen tiefgreifenden Wandel und wird sie immer abhängiger von wissensintensiven Techniken wie Mikroelektronik, hochmodernen Materialien, Optik, künstlicher Intelligenz, Satelliten, Kommunikationsmitteln und hochentwickelter Simulation. Diese Veränderungen in den Militärsystemen der Welt verlagern nicht nur Macht von hier nach da, sondern sie revolutionieren das Wesen des Globalspiels überhaupt.

Das frühere japanische Kabinettsmitglied Shintaro Ishihara hat vor kurzem mit einem Büchlein namens *The Japan that Can Say No* in Washington einen Sturm der Entrüstung verursacht. Darin sind Reden abgedruckt, die er und Akio Morita, Mitbegründer von Sony, bei verschiedenen Anlässen gehalten haben. Ishihara wies darin darauf hin, um die Treffgenauigkeit ihrer Atomwaffen drastisch zu verbessern, seien die USA und die UdSSR gleichermaßen auf höchst fortgeschrittene Halbleitertechnik aus Japan angewiesen.

Über die USA sagte er: »Sie haben einen Punkt erreicht, an dem sie - wie sehr sie auch ihre militärische Expansion fortsetzen mögen - unbedingt die Chips aus Japan brauchen. Würde Japan nun beispielsweise Chips an die Sowjetunion verkaufen, aber nicht mehr an Amerika, dann wäre das militärische Gleichgewicht dahin. Manche Amerikaner sagen, wenn die Japaner das täten, würde Japan besetzt. Wir leben gewiß in einer Welt, in der derartiges passieren könnte.«

Ishiharas Bemerkungen machen unzweideutig klar, wie Gewalt immer mehr von Wissen abhängt, und darin spiegelt sich das historische Machtbeben von heute.

Das Kapital-Weltmeer

Auch das zweite Bein der Machttriade - Reichtum - durchläuft, wie wir aus früheren Kapiteln wissen, eine tiefe Verwandlung, nun, da sich das neue Wertschöpfungssystem auf dem Planeten ausbreitet.

Wenn Konzerne ihre Produktion und Verteilung über die Staatsgrenzen hinweg integrieren, fremde Firmen erwerben und sich Gehirnkapazitäten aus der ganzen Welt zu Diensten machen, dann brauchen sie zwangsläufig auch neue Kapitalquellen in vielen Ländern. Und zwar schnell. Also eilt alles auf eine »Liberalisierung« der Kapitalmärkte zu, damit die Investitionen mehr oder weniger ungehemmt über die Staatsgrenzen fließen können.

Ergebnis ist ein aufwallendes Weltmeer des Kapitals ohne jegliche Grenzmauern. Das aber verlagert die Macht von den Zentralbanken und Einzelstaaten weg, höhlt diese Bastionen der Souveränität aus und bringt neue Gefahren weltweiten Finanzflimmerns mit sich.

Wie wir kurz nach dem Einbruch von Wall Street im Oktober 1987 in *The New York Times* schrieben, »ist der Bau eines einzigen, völlig offenen, nur minimal regulierten Finanzsystems etwa so, wie wenn man einen Supertanker ohne Schotten baute. Bei angemessenen Unterteilungen oder Sicherheitszellen kann ein großes System den Zusammenbruch gewisser Teile durchstehen. Ohne sie kann ein beliebiges Loch im Schiffskörper den ganzen Tanker versenken.« Seither hat auch der Vorsitzende des Federal Reserve Board, Alan Greenspan, gewarnt, die Schaffung multinationaler Wertpapierfirmen, die in vielen Staaten kaufen, verkaufen, querschreiben oder investieren, steigere die Gefahr großer Zusammenbrüche. »Ein Verlust bei einer oder mehreren solcher Firmen«, sagte Greenspan, könnte dazu führen, daß sich »eine Störung von Land zu Land ausbreitet«.

Mit der Globalisierung der Finanzen laufen die Länder Gefahr, daß ihnen ein Schlüssel zu ihrer Macht entgleitet. So würde beispielsweise die vorgeschlagene gesamteuropäische Einheitswährung die Flexibilität der einzelnen Staaten bei der Bewältigung ihrer ureigensten Wirtschaftsprobleme mindern. Ein anderer Vorschlag möchte die EG-Kommissare mit viel mehr Vollmachten über die Etats der angeblich souveränen Staaten Europas ausstatten, als beispielsweise die US-Bundesregierung über ihre 50 Staaten ausübt - eine Machtzentralisierung gewaltigen Ausmaßes.

Während nun diese Machtumverteilung vor sich geht, wird zugleich das gesamte Wertschöpfungssystem supersymbolisch. Wie schon die Gewalt, verlagert sich auch der Reichtum und wandelt sich zur gleichen Zeit.

Die neue Wissensarchitektur

Womit wir beim dritten Bein der Machttriade anlangen: Wissen.

Man hat die buschfeuerhafte Ausbreitung des Computers in den letzten Jahrzehnten den wichtigsten Wandel im Wissenssystem seit Erfindung der beweglichen Lettern im 15. Jahrhundert, ja überhaupt seit Erfindung der Schrift genannt. Parallel zu diesem umwälzenden Wandel kam die nicht weniger erstaunliche Ausbreitung der neuen Netze und Medien zum Transport von Wissen und seiner Vorläufer, der Daten und Informationen.

Hätte sich auch sonst überhaupt nichts geändert, so würde schon diese Zwillingsentwicklung für sich genügen, um den Terminus »Wissensrevolution« zu rechtfertigen. Doch wie wir wissen, verändern weitere und einschlägige Wandlungserscheinungen das gesamte Wissenssystem oder die »Info-Sphäre« in der High-Tech-Welt.

Das Hypertempo des heutigen Wandels bedeutet, daß »Fakten« immer schneller veralten, darauf aufbauendes Wissen weniger dauerhaft wird. Um diesen »Vergänglichkeitsfaktor« zu bewältigen, werden neue technologische und organisatorische Werkzeuge entwickelt, die die wissenschaftliche Forschung und Entwicklung beschleunigen sollen. Andere haben eine Beschleunigung des Lernprozesses zum Ziel. Der Grundumsatz des Wissens verläuft schneller.

Nicht weniger bedeutsam ist, daß die High-Tech-Gesellschaften ihr Wissen umzuorganisieren anfangen. Wie schon oben erwähnt, wird das in Wirtschaft und Politik benötigte Alltags-Know-how Tag für Tag abstrakter. Konventionelle Disziplinen brechen ein. Mit Hilfe des Computers lassen sich heute dieselben Daten und Informationen ganz leicht auf verschiedenste Weise anders »clustern« oder zurechtschneiden, so daß der Benutzer dasselbe Problem unter verschiedensten Gesichtswinkeln betrachten kann und sich Meta-Wissen synthetisieren läßt.

Unterdessen öffnen die Fortschritte in künstlicher Intelligenz und Expertensystemen neue Wege zur Konzentration von Fachwissen. Wegen all dieser Veränderungen steigt das Interesse an der Erkenntnistheorie, der Lerntheorie, der »Wuschellogik« (»fuzzy logic«), der Neurobiologie und anderen Geistesentwicklungen, die auf die Wissensarchitektur als solche zurückwirken.

Kurzum: Wissen wird mindestens so tiefgreifend umstrukturiert wie Gewalt und Reichtum, und das heißt, daß alle Elemente der Machttriade gleichzeitig in Revolution sind. Und Tag um Tag werden die beiden anderen Machtquellen noch wissensabhängiger.

So also bietet sich uns der turbulente Hintergrund dar, vor dem wir den Aufstieg und Fall von Kulturen und Einzelstaaten betrachten müssen, und das erklärt, warum sich die meisten Machteinschätzungen von heute als irreführend herausstellen werden.

Der einbeinige Sowjet

Diplomaten sprechen gern von Machtausgewogenheit. Das Prinzip des Machtbebens verhilft uns zu einer Einschätzung nicht nur der »Machtausgewogenheit«, sondern auch der »Ausgewogenheitsmacht«.

Staaten (oder Bündnisse) lassen sich in drei Typen einteilen: Bei den einen beruht die Macht vorwiegend auf dem Einbeinschemel Gewalt-Reichtum-Wissen; bei anderen steht sie schon auf zwei Beinen, und bei dritten ist sie über die drei Machtquellen verteilt.

Wenn wir wissen wollen, wie gut sich Amerika, Japan oder Europa in den bevorstehenden Machtkämpfen werden halten können, müssen wir alle drei Machtquellen näher betrachten und uns besonders die dritte ansehen - die Wissensbasis -, denn sie wird zunehmend den Wert der beiden anderen bestimmen.

Zu dieser Wissensbasis gehören weit mehr als hergebrachte Posten wie Wissenschaft und Technik oder Erziehung und Bildung. Sie umfaßt die strategischen Konzepte einer Nation, ihre Auslands-Erkundungsfähigkeit, ihre Sprache, ihre allgemeine Kenntnis anderer Kulturen, ihre kulturellen und ideologischen Wirkmöglichkeiten in der Welt, die Diversität ihrer Kommunikationssysteme und die Breite des sie durchziehenden Stroms neuer Ideen, Informationen und Bilder. Sie alle nähren die Macht einer Nation oder zehren an ihr, und sie bestimmen, welche Machtqualität sie in irgendeinem Konflikt oder einer Krise zum Tragen bringen kann.

Über die Triade hinaus erbringt das Machtbeben-Prinzip eine weitere nützliche Einsicht, weil es nach dem *Verhältnis* zwischen Gewalt, Reichtum und Macht zu einem bestimmten Zeitpunkt fragt.

Sehen wir uns die »Ausgewogenheitsmacht« anstelle der Machtausgewogenheit an, dann entdecken wir, daß die Macht der Vereinigten Staaten während des ganzen Kalten Krieges ungemein breit basiert war. Amerika besaß nicht nur massive Militärmacht, sondern auch ausschlaggebende wirtschaftliche Hebelkraft und den besten Weltvorrat an Machtwissen, das von der feinsten Wissenschaft und Technik bis zur Volkskultur reichte, die ein Großteil der Welt nachzuahmen suchte.

Demgegenüber war und ist die sowjetische Macht völlig unausgewogen. Ihr Anspruch auf den Status einer Supermacht war ausschließlich militärisch basiert. Ihre Wirtschaft, ein jammervolles Wrack im Innern, zählte im Weltsystem kaum. War ihre F&E im militärischen Bereich ausgezeichnet, so war doch ihr allgemeines technisches Know-how rückständig und in paranoider

Geheimniskrämerei verkrampft. Ihr Fernmeldewesen war abscheulich. Ihr Erziehungssystem war schwaches Mittelmaß, die zentral gelenkten Medien unterlagen strenger Zensur und waren veraltet.

Während der langen Zeit des Kalten Krieges bestanden die machtausgewogenen Vereinigten Staaten den Wettkampf des Ausdauerns, nicht die einbeinige Sowjetunion.

Diese von den Hauptakteuren der Weltbühne nur halb begriffene Einsicht erklärt vieles, was Europa, die USA und Japan tun, während sie auf den Kollisionspunkt zurasen.

XXXIII

A propos Triaden: Tokio - Berlin - Washington

Japan war bis vor kurzem ein Einbein-Staat.

Entspringt der Globaleinfluß einer Nation weitgehend ihrem Militärpotential, Reichtum und Wissen, dann beruhte der Japans bis noch vor sehr kurzer Zeit ähnlich der Sowjetunion auf einem einzigen Bein der Machttriade. Anstelle der Atomwaffen und etwa vergleichbar mit der Roten Armee hatte Japan Geld. Und mehr Geld.

Aber einbeinige Schemel sind notorisch labil. Und sogar Reichtum hat seine Grenzen. Aus diesem Grunde betreibt Japan heute »Ausgewogenheitsmacht«.

Das japanische Gewehr

Anfänglich wurde Japan von Washington fast mit Schlägen zu Militärausgaben getrieben, aber in neuerer Zeit kam es fast ganz ohne Anstachelungen aus. Das seit Hiroschima Unvorstellbare - ein atomar bewaffnetes Japan - gilt gar nicht mehr als so undenkbar. Inzwischen ist es fast schon zu einem fernen Leuchten im Auge einiger japanischer Falken geworden.

Der japanische Verteidigungsetat hat sich mittlerweile hinter dem amerikanischen und sowjetischen zum drittgrößten gemausert. Japans Falken (so jedenfalls deren Kritiker) wollen jetzt die militärische Rolle Japans über die unmittelbaren Territorialgewässer hinaus erweitern; es soll mit einem Nachbarland einen gegenseitigen Sicherheitspakt schließen, der Japan eindeutig zum Regionalpolizisten machen würde, und die Marine mit einem Flugzeugträger ausrüsten, damit es seine Macht viel weiter projizieren könne.

Japans knospender militärindustrieller Komplex scharrt ungeduldig im Startloch und wartet auf den Startschuß zum Bau eigener Jäger, Raketen und anderer hochmoderner Rüstung. Firmen wie Fuji-Schwerindustrien, Kawasaki-Schwerindustrien, Nissan, Mitsubishi und Komatso stellen durchweg militärische Güter in amerikanischer Lizenz her. Nach langwierigen Verhandlungen mit den USA ist jetzt ein Gemeinschaftsprojekt zum Bau des hochmodernen FSX-Jägers unterwegs, der mit phasengesteuerten Radars, hochfeinen Legierungen und weiteren Hochtechnologien bestückt ist. Desgleichen betreibt Japan Forschung im Bereich der Raketenabwehr.

Japan ist weder aggressiv noch verantwortungslos. Seit Kriegsende befinden sich seine Militärs fest in der Hand der Zivilisten, und alle Umfragen zeigen, daß die japanische Öffentlichkeit viel friedliebender ist als die amerikanische. Trotzdem ist schwerlich abzusehen, wie lange dieses Gefühl noch vorherrschen wird, nun, da die Reibereien zwischen Washington und Tokio zunehmen. Noch steht keineswegs fest, welche Rolle die japanischen Militärs in Südostasien spielen würden, falls 1. die amerikanischen Truppen weiter verringert oder abgezogen würden oder 2. ein Krieg oder eine Revolution die riesigen japanischen Investitionen in der Region bedrohten.

Angesichts der von Beijing und Hongkong bis Manila reichenden politischen Unruhen halten Japans Nachbarn ein unruhiges Auge auf die japanische Aufrüstung und das andere auf Amerikas Einigelung in der Nachmahd von Vietnam geheftet, seine Truppenabzüge aus Südkorea und überhaupt seinen Verteidigungsabbau.

Japan nähert sich jetzt der militärischen Autarkie als Vorstufe eines sehr höflichen Winks an die Adresse der USA, ihre Truppen seien in Japan oder auch in der Region nicht länger vonnöten.

1988 zeichnete der frühere Ministerpräsident Noboro Takeshita ein sehr deutliches Bild vom militärischen Aufbauwillen Japans. Japan, so sagte er vor der japanischen Verteidigungsakademie, brauche militärische Macht im Maßstab seines neuen, gewaltigen wirtschaftlichen Durchsetzvermögens. Japan wuchtet eiligst seine Triade aus.

Der Wirtschaftsmoloch

Das zweite Bein der japanischen Macht - der Reichtum - ist so weltbekannt, daß es kaum weiterer Erläuterung bedarf. 1986 wurde Japan zum größten Gläubiger der Welt. 1987 schoß der Gesamtwertpapierbestand der Tokioter Börse an dem der New Yorker Börse vorbei. Die größten Banken und Wertpapierfirmen der Welt sind heute japanisch. Japanische Aufkäufe hochwertiger amerikanischer Immobilienwerte, darunter Marksteine wie Radio City Music Hall und Unternehmen wie Columbia Pictures, haben an japanfeindliche Leidenschaften in den USA die Lunte gehalten. Ähnlich sieht es in Europa und Australien aus. Unterdessen ist die amerikanische Regierung zu einem Drittel der zur Finanzierung ihres Defizits nötigen Mittel auf japanische Investoren angewiesen, womit sich Ängste Bahn brachen, bei einem plötzlichen Abzug dieser Mittel könne die amerikanische Wirtschaft zu Bruch gehen.

Die Häufung dieser Tatsachen rief Prophezeiungen hervor, in den nächsten 50 Jahren werde Japan als Wirtschaftsmoloch die Erde beherrschen.

Doch die japanische Wirtschaftsrakete kann ihren Umlauf nicht ewig fortsetzen. Der Waren- und insbesondere Kapitalexportdrang wird auf immer steiferen Widerstand und verschlechterte Handels- und Investitionsvoraussetzungen stoßen. Der Reibungswiderstand in den reicheren Ländern wird steigen und die japanischen Investitionen in weniger entwickelte Länder lenken, wo Risiko und Belohnung potentiell größer sind.

Kehren wie zu erwarten große Zahlen amerikanischer Truppen aus Europa heim, könnte das amerikanische Haushaltsdefizit zurückgehen, wodurch der Dollar weiter gestärkt und der Yen geschwächt würde, was wiederum eine Verlangsamung der Übersee-Expansion zur Folge hätte. Das würde u.a. für Japan die Kosten für das in Dollar gehandelte Öl in die Höhe treiben.

Die schon rückläufige japanische Sparrate wird in dem Maße weiter sinken, als die Verbraucher mehr Annehmlichkeiten und Muße suchen und die schnell wachsende alte Bevölkerung die während der Arbeitsjahre auf die hohe Kante gelegten Ersparnisse auffrißt. Auf lange Sicht deuten beide Entwicklungen ihrerseits auf höhere Zinsen und langsameres Wachstum hin.

Schlimmer noch: Wie jeder Japaner weiß, balanciert die japanische Wirtschaft auf einer riesigen Grundstücksblase, die der geringste Nadelstich platzen lassen kann. Tritt das ein, dann gehen Erdstoßwellen durch die ohnehin labile Tokioter Börse und strahlen sofort auch nach Wall Street, Zürich und London aus.

Überdies schlägt sich Japan mit einem lange vernachlässigten Rückstau sozialer und politischer Probleme herum. Sein in Verruf geratenes, korruptes und lastendes politisches System zeigt beide großen Parteien außer Tritt mit den neuen Realitäten. (Die liberaldemokratische Partei ist zu sehr auf Wählerstimmen auf dem Lande angewiesen und braucht eine stärkere Basis in der Stadt. Die Sozialisten sind auf die Stadt konzentriert, werden aber ihre überholten wirtschaftlichen und politischen Dogmen nicht los.)

Die vor uns liegenden Jahrzehnte werden Japan viel weniger stabil als heute antreffen, denn die Zeit des linearen Wachstums neigt sich dem Ende zu.

Der Juku-Wettlauf

Wichtiger als Rüstung oder Reichtum ist das Wissen, von dem beide immer stärker abhängen. Japanische Schüler besuchen oft nach der Schule noch ein »Juku«, eine Paukschule, um ihre Noten zu verbessern. Japan ist als Nation seit Jahrzehnten in ein riesiges Juku eingeschrieben und baut in Überstunden die eigentliche Machtquelle des Landes aus: seine Wissensbasis.

Seit 1970 hat sich Japan bewußt und begeistert ins Rennen um die Schaffung einer informationsbasierten Wirtschaft geworfen. Mit dem Ausbau seines technischen F&E-Potentials hatte es schon vorher begonnen. 1965 war der Anteil der Wissenschaftler und Ingenieure pro 10 000 Arbeitskräfte etwa eine Drittel des amerikanischen. 1986 hat Japan hier Amerika überholt. Die »Wissensdichte« seiner Beschäftigten ist pfeilschnell gestiegen.

Japan drängt in allen hochmodernen Bereichen nach vorn, von der Biotechnik bis zur Raumfahrt. Für Forschung und Entwicklung und für Investitionen zur Gründung von High-Tech-Firmen in der ganzen Welt hält es massenhaft Kapital bereit. In der Superleitfähigkeit, in der Material- und Roboterwissenschaft schiebt es die Grenzen unablässig weiter hinaus. 1990 hat es nach den USA und der UdSSR als drittes Land ein unbemanntes Raumschiff zum Mond geschickt. Seine Erfolge bei der Herstellung von Halbleiterchips sind atemberaubend.

Aber der wissenschaftlich-technische Weltmarathonlauf ist gerade erst gestartet, und Japans allgemeine Technikbasis hängt noch nach. Selbst jetzt noch gibt Japan für ausländische Tantiemen, Patente und Lizenzen 3,3mal so viel Geld aus, wie es aus Verkäufen einnimmt. 60 Prozent dieser Ausgaben entfallen auf die USA. Schwach ist Japan in Bereichen wie Parallelrechnern, Strömungsrechnungen, phasengesteuerten Radars und anderen Radartechnologien.

Überdies ist das in der Herstellung von Computerchips und Hardware so fortgeschrittene Japan immer noch in der zunehmend entscheidenden Software schwach. Der mit viel Getöse angekündigte große Sprung nach vorn – das »Vorhaben der fünften Generation« – hat sich bislang als Enttäuschung erwiesen.

Das vom MITI finanzierte Projekt galt als der japanische Sputnik. So groß war die Begeisterung, daß 1986 Dr. Akira Ishikawa von der Tokioter Aoyama Gakuin Universität sagte, die Japaner erblickten im Projekt der fünften Generation »nichts geringeres als ein Mandat für ihr Überleben, ein Mittel zur Autarkie«. 1988 war erkennbar, daß das Problem in großen Schwierigkeiten steckte und von unklarer Planung, technischen Problemen und der Unfähigkeit zur Erzeugung irgendwie bedeutsamer kommerzieller Spinoff-Produkte geplagt wurde. 1989 vermeldete es bescheidene Ergebnisse. Vielleicht wichtiger noch: Japan hängt bei der Entwicklung von softwareproduzierender »Meta«-Software nach.

Bei einer kürzlichen Umfrage gestanden 98 Prozent der japanischen Topmanager den USA die Suprematie in der Software zu, und 92 Prozent waren der Meinung, bei der künstlichen Intelligenz und den Supercomputern sei Amerika weiterhin führend. 76 Prozent teilten diese Meinung in bezug auf CAD und CAE.

In den ersten Runden des F&E-Rennens hat sich Amerika also

noch vom Peloton abgesetzt. Japan holt zwar schnell auf, aber es sind noch viele Runden zu laufen.

Nun ist Wissensmacht nicht nur eine Frage von Wissenschaft und Technik. Japan hat das viel besser begriffen als die USA. Wie beim Schach und Krieg ist auch in der Handels- und Wissenschaftsrivalität der Spruch »Erkenne deinen Gegner« lebenswichtig. Und hier ist Japan um Lichtjahre voraus.

Japan weiß unendlich viel mehr über Amerika als Amerika über Japan. Da Japan jahrzehntelang militärisch und politisch von den USA abhing, wirkten amerikanische Entscheidungen mächtig auf Japan zurück. Japan *mußte* Amerika in- und auswendig kennen.

Seit Jahrzehnten bereisen darum die Japaner Amerika nach allen Seiten, von Silicon Valley bis Washington und Wall Street, von Harvard und dem MIT bis nach Stanford, besuchen und besichtigen tausendweise Geschäfte, Unternehmen, Regierung und Verwaltung, Labors, Schulen und Wohnungen, und eignen sich ganz bewußt soviel wie nur möglich das Wissen an, was denn Amerikas Puls schlagen läßt, nicht nur kommerziell oder politisch, sondern auch kulturell, psychologisch, sozial. Dabei ging es nicht so sehr um Geschäftsspionage (obwohl es auch daran nicht fehlte), sondern es war vielmehr Ausdruck von Japans eingefleischter Neugier auf die Außenwelt und seiner Suche nach einem Rollenmodell.

Nach 300jähriger Isolierung von der übrigen Welt hat Japan nach der Meiji-Revolution alles darangesetzt, seine erzwungene Unwissenheit auszuwetzen und ist zum zeitungslesewütigsten, fremdkenntnisgierigsten und reisefreudigsten Volk der Welt geworden.

Diese brennende Neugier steht in scharfem Gegensatz zum amerikanischen Provinzialismus. Mit der Arroganz der beherrschenden Weltmacht, bei einem so riesigen Binnenmarkt, daß man sich leisten konnte, den Export als Nebensache zu behandeln, mit der Herablassung des Eroberers und dem unbewußten Rassismus der vorwiegend weißen Haut hielten es die Amerikaner kaum der Mühe wert, mehr über Japan zu erfahren als ein paar Exotika, in denen Geishas und gemischtgeschlechtliche Badevergnügen den größten Raum einnahmen. Später kam dann der rohe Fisch hinzu.

Während 24 000 Japaner zum Studium gen Amerika eilten, traten weniger als tausend Amerikaner die umgekehrte Reise an.

Japan arbeitet in der Tat härter als jedes andere Volk an der Erweiterung seines allgemeinen Wissensstandes, und das erklärt u.a., warum es seine Waren so gut in Amerika abzusetzen verstand und warum den amerikanischen Firmen ein Eindringen in den japanischen Markt doppelt schwerfallen würde, selbst wenn sämtliche Handelshemmnisse über Nacht verflögen.

Dennoch weist Japans Gesamtwissensbasis immer noch in mancher Beziehung Lücken auf. Wegen seiner eigenen rassistischen Wertvorstellungen steht es den ethnischen Phänomenen naiv und ihrer Bedeutung in einer Globalwirtschaft verständnislos gegenüber.

Japans vielgepriesenes Erziehungssystem, von vielen amerikanischen Pädagogen und Wirtschaftsbossen als Modell hochgehalten, wird im Lande selbst wegen seiner übertriebenen Gängelung und kreativitätseinschnürenden Methoden scharf kritisiert. Auf den unteren Ebenen ersticken Lehrergewerkschaften und die Erziehungsbürokratie jeden Neuerungsversuch schon im Keime. Das höhere Bildungswesen ermangelt der berühmten Qualität der Fertigwarenerzeugung. Auf den Bau von Hondas versteht sich Japan besser als auf Akademiker.

In der Verbreitung extra-intelligenter elektronischer Netzwerke und der Entwicklung des hochauflösenden Fernsehens ist Japan zwar führend, aber bei der Deregulierung der Medien und der vollen Entwicklung des Kabelfernsehens und Direkt-Satellitenempfangs, die die zur Belebung der Innovation in einer Kultur unerläßliche Diversifizierung der Bilder und Ideen mit sich bringen, hinkt es hinter den USA und Europa her.

Am schwächsten ist Japan indessen im Kulturexport. Es nennt heute große Schriftsteller, Künstler, Architekten, Choreographen und Filmemacher sein eigen. Aber kaum einer ist je außerhalb Japans bekannt, und auch die bekannten üben wenig Einfluß aus.

In Verfolg der Ausgewogenheitsmacht hat Japan eine große kulturelle Offensive gestartet, anfänglich in unmittelbar wirtschaftsbezogenen Bereichen wie Mode und industrielles Design. Jetzt steigt es auch in die Volkskunst einschließlich Fernsehen, Film, Musik und Tanz sowie in die Literatur und schönen Künste ein. Die jüngste Schaffung des Praemium-Imperiale-Preises, der als japanisches Gegenstück zum Nobelpreis gedacht ist und von der japanischen Kunstvereinigung finanziert wird, deutet auf die Entschlossenheit Japans hin, künftig auch in den Weltkulturangelegenheiten eine beachtliche Rolle zu spielen.

Doch steht der Verbreitung seiner Ideen und Kultur im Ausland ein gewaltiges Hindernis im Wege: die Sprache. Einige nationalistische japanische Gelehrte behaupten, Japanisch sei etwas Mystisches und Unübersetzbares, es habe eine einmalige »Seele«. In Wahrheit sind indessen, wie jeder Poet und Übersetzer bestätigen wird, alle Sprachen der Welt nur unvollkommen übersetzbar, weil sie von jeweils ureigenen Kategorien und Analogien ausgehen und getragen werden. Doch die Tatsache, daß es auf der ganzen Welt nur 125 Millionen Menschen gibt, die Japanisch können, ist für Japans Drang nach ausgewogener Weltmacht ein schweres Hemmnis. Deshalb treibt Japan hartnäckiger als irgendein anderes Volk die Erforschung der Computerübersetzung voran.

Eine noch größere Herausforderung stellt sich Japan mit der Frage, wie es die bevorstehende Entmassung einer Gesellschaft bewältigen soll, der seit jeher eingepaukt worden ist, Homogenität sei die große Tugend. Vor über einem Jahrzehnt wies der Anthropologe Kazuko Tsurumi von der Tokioter Sophia-Universität darauf hin, in Japan gebe es mehr Vielfalt, als seine Führung eingestehe. Aber diese Vielfalt bewegte sich innerhalb des Rahmens einer homogenisierend wirkenden Gesellschaft der zweiten Welle. Mit Eintritt in die Ära der dritten Welle sieht sich Japan potentiell explosiven Heterogenisierungsdrücken gegenüber.

Sein Widerwille gegen soziale, wirtschaftliche und kulturelle Vielfalt ist unmittelbarer Ausdruck seiner langfristig ausgeprägtesten Schwäche.

Der Japaner von heute ist nicht mehr das »ökonomische Tier«, wie man ihm einstmals vorwarf, und seine nationale Macht ruht nicht mehr nur auf einem Bein der Machttriade. Aber im wichtigsten aller Machtwettläufe - der Erzeugung und Verteilung von Ideen, Informationen, Bildersprache und Wissen - hinkt er immer noch hinter dem Amerikaner her.

Zum Einsatz dieser diversen Machtressourcen fehlt es der japanischen wirtschaftlichen und politischen Führung an einer klaren internationalen Strategie. An der Spitze gibt es zwar einen Konsens über bestimmte Schlüsselziele im Innern. Dazu gehören die Expansion der Binnenwirtschaft und die Reduzierung des Exportzwangs, die Verbesserung der Lebensqualität vermittels mehr Muße und die Wiederherstellung der schrecklich verschmutzten Umwelt.

Aber die japanischen Eliten sind völlig zerstritten in der Frage der Außenwirtschaftspolitik, wissen nicht, ob Japan in der Zukunft eine Weltrolle spielen soll, und wenn ja, welche. Die eine Strategie geht davon aus, daß sich die Welt in Regionen aufteilen werde und Japan dann die ostasiatisch-pazifische Region beherrschen solle. Das heißt Konzentration der Investitionen und Außenhilfe in diesem Gebiet. Es bedeutet, sich in aller Stille auf die Rolle einer regionalen Polizeimacht vorzubereiten. Damit würde Japan für amerikanischen und europäischen Protektionismus weniger anfällig.

Eine zweite Betrachtungsweise meint, Japan solle sich lieber auf die Entwicklungswirtschaften konzentrieren, ungeachtet ihrer geographischen Lage. Eine andere Spielart will den Schwerpunkt in die elektronischen Infrastrukturen legen, die diese Länder für den Anschluß an die Weltwirtschaft benötigen (diese Strategie erfüllt einen kritischen Bedarf der »langsamen« Länder der Welt, stützt sich auf technische Stärken der Japaner und trägt dazu bei, daß sich die Wirtschaften dieser Länder elektronisch an die Rockschöße der japanischen heften).

Eine dritte, vielleicht im Augenblick verbreitetste Strategie sieht Japan in einer weltweiten, nicht auf eine bestimmte Region beschränkten Rolle. Ihre Verfechter betreiben eine »Globalmission« nicht aus irgendwelchen messianischen Visionen einer Weltherrschaft, sondern weil sie glauben, die japanische Wirtschaft sei zu groß und vielfältig und wachse zu schnell, als daß sie in einer einzigen Region oder Ländergruppe unterzubringen wäre.

Diese »globalistische« Faktion war es, die darauf drängte, Japan solle den USA und ihren Verbündeten beim Schutz des Persischen Golfs während des Irak-Iran-Krieges mit der Entsendung von Kriegsschiffen helfen. Diese Gruppe auch tritt für Anleihen an Osteuropa, für eine zunehmend starke diplomatische Rolle auf der Weltbühne, für die Einnahme beherrschender Stellungen im Internationalen Währungsfonds, in der Weltbank und anderen globalen Institutionen ein.

Wenn sich Japan zwischen diesen drei Strategien entscheiden wird, wird die Entscheidung nicht eindeutig ausfallen. Oft ist es Art der Japaner, Differenzen weiter zu unterteilen. Aber scharfsichtige Beobachter werden schon beurteilen können, in welcher Richtung das Bambusstäbchen fällt. Dann erst wird die Welt die wirkliche Wucht des japanischen Drangs zum Morgen verspüren.

Die neue Oststrategie

Der Konflikt in der kapitalistischen Welt wird sich verschärfen, wenn Japans Ehrgeiz mit dem der anderen Hauptakteure, der USA und Europas, zusammenprallt, und ruft diese am 23. August 1915 geschriebenen Zeilen ins Gedächtnis:

> »Vereinigte Staaten von Europa sind möglich ... doch zu welchem Zweck? Nur zum Zweck der Unterdrückung des Sozialismus in Europa und zum gemeinsamen Schutz ... der Beute vor Japan und Amerika.«

Der diese Worte schrieb, war ein obskurer Revolutionär namens Wladimir Iljitsch Lenin, nicht erst der Herr und Meister der Sowjetunion. Was würde er zu den heutigen Ereignissen sagen?

Wie das Bersten des Kommunismus wurde auch der Run auf die europäische Integration durch die Aufkunft der dritten Welle mit ihrem neuen Wertschöpfungssystem ausgelöst. So meinte Gianni de Michelis als Vorsitzender des EG-Ministerrats: »Die Integration war die politische Reaktion auf die politische Notwendigkeit des Übergangs von einer industriellen zu einer nachindustriellen Gesellschaft.« De Michelis prophezeit einen riesigen Wirtschaftsboom als Folge der Ausdehnung der Marktwirtschaft auf Osteuropa. Aber ganz so rosig ist das Bild nun auch wieder nicht.

Der Zusammenbruch der marxistisch-leninistischen Regierungen in Osteuropa hat deren Völkern einen Geschmack von Freiheit und einen Hauch von Hoffnung gebracht. Aber zugleich verändert er die Bedingungen des Dreifrontenkampfes zwischen Europa, Amerika und Japan, schafft ein gefährliches Machtvakuum und drängt Westeuropa auf den Pfad einer neuen, unerwarteten Strategie.

Gehen wir davon aus, daß die Region trotz überkochender ethnischer Haßausbrüche in Jugoslawien, Bulgarien, Rumänien und anderswo Frieden halten wird. Nehmen wir ferner an, daß die baltischen Staaten keinen Bürgerkrieg anfangen, in den Polen hineingezogen wird. Vermuten wir, daß nicht Demagogen alte und blutige Grenzstreitigkeiten zwischen Deutschen, Polen, Ungarn oder Rumänen vom Zaun brechen und es weder militärische Unterdrückung noch Bürgerkriege oder andere Zuckungen geben wird. Glauben wir schließlich, daß die explosiven Ereignisse in der UdSSR nicht sämtliche gängigen Hypothesen über den Haufen werfen.

Sollte allen Widrigkeiten zum Trotz die Lage relativ stabil bleiben, dann dürfte es für Osteuropa am ehesten so aussehen, daß sich die Sowjets zurückziehen und die Westeuropäer hereinkommen. Und das bedeutet nach Lage der Dinge: die Deutschen.

Für die Osteuropäer kann das Leben unter westeuropäischer Vormundschaft wohl kaum so schlimm sein wie vorher unter den Sowjets oder Hitler. Der neue Samthandschuh-Kolonialismus könnte für sie sogar einen sehr viel höheren Lebensstandard bedeuten. Eines wird er freilich, jedenfalls für sehr lange Zeit, nicht tun: Er wird Osteuropa nicht gestatten, über die Schornsteinphase hinauszukommen.

Die Osteuropäer werden ihre schwer erkämpfte Unabhängigkeit genießen, und wenn sie sich auf die eine oder andere Weise zusammentun, könnten sie auch ihre Verhandlungsposition gegenüber dem Westen stärken. US-Außenminister James Baker hat einen polnisch-ungarisch-tschechisches Zusammenschluß vorgeschlagen. Aber nicht einmal ein wiederbelebtes Österreich-Ungarn oder ein wiedererstandener Kaiser Franz Josef (manche junge Tschechen möchten den Schriftsteller-Präsidenten der neuen

Tschechoslowakei, Vaclav Havel, zum »König« ernannt sehen), noch auch übrigens »Vereinigte Staaten von Osteuropa« können diese neue Form der Satellitenschaft verhindern.

Der Grund dafür wird sofort klar, wenn wir die Machttriade Mitteleuropas - seine militärischen, wirtschaftlichen und Wissensressourcen - mit der seiner Nachbarn im Westen vergleichen. Auch ohne Einbeziehung weiterer Staaten bringt die Europäische Gemeinschaft überwältigende Triadenmacht an den Festlandstisch mit.

Will man ihr gewaltiges Militärpotential einschätzen, so muß man NATO und Warschauer Pakt vergessen und sich vorstellen, die amerikanischen und sowjetischen Truppen würden bis auf wenige Reste aus Europa abgezogen. Den Westeuropäern verbleibt ein höchst ansehnliches militärisches Muskelpaket.

Schon im Oktober 1988 schlug Bundeskanzler Helmut Kohl die Schaffung einer gesamteuropäischen Armee vor. Zwar sang er auch von Partnerschaft mit Amerika, aber die Anklänge von »Yankee Go Home« waren nicht zu überhören. Bei vermutlich verminderter sowjetischer Bedrohung halten die Deutschen den amerikanischen Schutz nicht mehr für nötig. Sicher würde ein völliger Abzug der Amerikaner die Kosten der militärischen Lasten Westeuropas verdoppeln. Aber dieser Kostenzuwachs ließe sich senken, auf mehr Länder verteilen und ganz erträglich machen. Ergebnis wäre ein muskelstarkes und schwer gepanzertes Neues Europa.

Sollte jemand noch Zweifel haben, wer die Euro-Armee von morgen befehligen wird, der braucht sich nur ein paar Zahlen anzusehen. Bislang hielten sich die französischen und die westdeutschen Streitkräfte konventionell in etwa die Waage. Die Franzosen hatten 466 000, die Bundeswehr 494 000 Mann. Die Franzosen hatten 21 U-Boote, die Westdeutschen 24. Die Franzosen hatten neun Mirage- und Jaguar-Kampfflugzeuggeschwader, die deutschen 21 Tornado-, F4-F- und Alpha-Geschwader.

Aber die deutsche Wiedervereinigung wird dieses Bild total verkanten. Fügt man die ost- und westdeutschen Streitkräfte zusammen, so steigen die deutschen Militärausgaben um 40 Prozent, während sich die Streitkräfte um fast 50 Prozent vergrößern und das Potential an Kampfflugzeugen fast auf das Dreifache des französischen anwächst. Die Wiedervereinigung bringt die französische Politik ganz schön in Verdrückung, die der frühere Staatspräsident Giscard D'Estaing einmal so formuliert hat: »Die französischen Streitkräfte sollten gleich groß sein wie die anderen Streitkräfte auf unserem Kontinent, d.h. wie die deutsche Armee.«

Natürlich hat Frankreich Atomwaffen, seine berühmte *Force de frappe*, und auch England besitzt ein unabhängiges atomares Potential. Aber es ist ziemlich sicher, daß Deutschland sich über Nacht ein Atompotential zulegen könnte, wenn es dies wollte, und Frankreich, England und die übrige Welt wissen dies ganz genau.

Noch destabilisierender auf einen binneneuropäischen militärischen Ausgleich wirkt, daß die Sowjets 24 SS-23–Mittelstreckenraketen, kurz bevor sie vertraglich zu deren Zerstörung gezwungen gewesen wären, insgeheim nach Ostdeutschland verlegten. Bei kompletter Wiedervereinigung gehen sie vermutlich in den Besitz der fusionierten deutschen Streitkräfte über.

In ihren Reden schwärmen die europäischen Politiker von Einheit und verbreiten nichts als lichte Sanftmut, aber derweil rechnen auf allen Seiten die Generäle sorgfältig diese Zahlen durch. Gewiß läßt sich das Kampfpotential nicht durch Erbsenzählen errechnen, und kein Mensch denkt an eine Wiederholung von 1870, 1914 oder 1939. Dennoch macht schon dieser grobe Vergleich klar, daß es - vielleicht abgesehen vom schlimmsten Notfall, bei dem die Atomkarte ins Spiel käme - Deutschland sein wird, das unter den Euro-Militärs das Heft in der Hand hat.

Nun sind die Deutschen von heute kein Nazi-Futter mehr. Sie sind von demokratischen Wertvorstellungen der reichen Mittelschicht erfüllt und alles andere als militaristisch. Dennoch: Sollten die westlichen Streitkräfte je Unruhen in Osteuropa niederschlagen müssen, dann werden die Entscheidungen letztlich weder in Paris noch in Brüssel, sondern in Berlin gefällt werden.

Bei allem Washingtoner Gemecker, Europa sträube sich, »die Verteidigungslasten zu teilen«: Das Neue Europa steht jetzt als ansehnliche Militärmacht auf eigenen Füßen.

Die Euro-Armee von morgen wird auf einer gigantischen Wirtschaft, dem zweiten Bein der Triade, ruhen. Auch ohne Erweiterung über die 12 hinaus sind die Bruttozahlen der EG höchst eindrucksvoll. Mit ihrer Bevölkerung von 320 Millionen wartet sie mit einem Bruttosozialprodukt auf, das dem der USA fast gleichkommt und das Eineinhalbfache des japanischen ausmacht. Auf die EG-Staaten zusammengenommen entfallen 20 Prozent des Welthandels, mehr als Amerika oder Japan aufzuweisen haben.

Wie im militärischen Bereich werden in einfacher Widerspiegelung der wirtschaftlichen Fakten auch die europäischen Schlüsselentscheidungen in Finanzfragen wiederum in Berlin, dem deutschen Finanzministerium und der Bundesbank fallen. Die gesamtdeutsche Wirtschaftskraft von 1,4 Billionen Dollar ist eineinhalbmal so groß wie die des nächstgrößten europäischen Landes Frankreich.

Vor dieser Machtungleichgewichtigkeit resignierend und sie zugleich befürchtend, drängen die Westeuropäer unter Führung Frankreichs auf eine kräftigere und engere EG-Bindung in der Annahme, damit die Bewegungsfreiheit Deutschlands einengen zu können. Doch je stärker und zentralisierter die EG als solche wird, wenn sie zu einer gemeinsamen Währung und Zentralbank durchstößt und sich zum Umweltschutzpolizisten mausert, desto mehr wird sich der gesamtdeutsche Einfluß auf den europäischen Apparat verstärken.

Das Entstehen dieses germanozentrischen Systems ist aber nur ein Teil der sich abzeichnenden »Oststrategie« schwindelerregenden Ausmaßes.

Die Wirtschaftsstrategie, die die Regierungen und Unternehmen in der EG jetzt entwickeln, zielt nämlich darauf ab, sich die billigen Arbeitskräfte in der Tschechoslowakei, Ungarn, Polen und anderen osteuropäischen Ländern zunutze zu machen für eine Massenproduktion mit niedrigem Mehrwert. Die dabei erzeugten Waren sind nicht in erster Linie für die Osteuropäer, sondern für die Ausfuhr nach Westeuropa bestimmt.

Auf ein kurzes Bild gebracht, bedeutet das: Schornsteine im

Osten, Computer und Verbrauchswaren im Westen, das Ganze mit einem vereinigten Deutschland, das nun nicht mehr nur als Kern der westlichen Gemeinschaft wirkt, sondern als Manager dieses gesamten Kontinentalsystems auftritt.

Die Ausführung dieser Wirtschafts-Gesamtstrategie, die die Hegemonialmacht über Osteuropa von den Sowjets auf die Westeuropäer und Deutschen verlagert, wird die nächsten Jahrzehnte ausfüllen, und sie steckt voller Erschütterungen und Schwierigkeiten.

Diese rasant kristallisierende »Oststrategie« setzt voraus, daß die Sowjetunion weiterhin mit ihren inneren Angelegenheiten alle Hände voll zu tun hat und ihre militärische Aufmerksamkeit anstatt Europa den moslemischen Regionen in ihrem Süden, China und dem Pazifik zuwenden muß. Oder daß sich mit ihr wirtschaftliche Händel schließen lassen, die ihren Widerstand gegen eine Germanisierung des Ostens aufweichen. Dabei wird es auf die Innenpolitik der UdSSR sowie auf unvorhersehbare Ereignisse in China und generell in Asien ankommen.

Die Oststrategie setzt auch voraus, daß die EG ihre glänzenden Versprechungen für Westeuropa wird einlösen können: 4,5- bis 7prozentiges Wachstum, zwei bis fünf Millionen neue Arbeitsplätze in den 12 Mitgliedstaaten; effizientere Produktion; bessere Wettbewerbsfähigkeit im Welthandel; höhere Gewinne.

Doch die EG-Planung geht immer noch sehr stark von den überholten Vorstellungen der »economy of scale« aus, die weit besser für die Schlotproduktion als für die sich um Information und Dienstleistung rankende, fortschrittliche Wirtschaft passen.

Hinzu kommt, daß das neue Wertschöpfungssystem nur auf Heterogenität gedeiht (und sie hervorruft), die Personalisierung und Lokalisierung der Produktion, die Segmentierung der Märkte und Entmassung der Finanzen betont, die EG-Dampfwalze aber trotz aller gegenteiliger Beteuerungen eher dazu angetan ist, Unterschiede gleichzuwalzen.

Auch am östlichen Ende geht die Strategie nicht ohne größere Probleme ab. Zunächst einmal geht sie selbstverständlich davon aus, daß in den Quasi-Kolonien politische Stabilität herrscht. Aber der Run auf die Massendemokratie mit ihren Parlamenten und vielen Parteien allein bringt noch keine Wurst oder Butter aufs Brot.

Wenn sich die verzweifelte Wirtschaftslage nicht schnell und deutlich verbessert, dann könnte die Verliebtheit in Parlamente, Parteien und Wahlen in Chaos, Korruptionsbezichtigungen, außerparlamentarischen Terrorismus und eine Rückkehr zu faschistischen oder militärischen Regimes (vielleicht gar mit Unterstützung ausländischer Investoren, die ja unbedingt Stabilität und Ordnung brauchen) der Art umschlagen, wie sie vor dem Zweiten Weltkrieg in der Region an der Tagesordnung waren.

Nach der anfänglichen Euphorie über Kapitalströme aus dem Westen wird den Osteuropäern beim Erwachen am nächsten Morgen ihr neuer Kolonialstatus immer schwerer im Magen liegen. Aus Verärgerung und Empörung wird Bockbeinigkeit werden. Die wirtschaftliche Knappheit wird den ausländischen Investoren, »Imperialisten« und irgendwelchen lokalen Sündenböcken angekreidet werden. Ersten Notanleihen werden weitere Notanleihen folgen müssen, um das Wirtschaftsschiff flott zu halten. Auf der ganzen Linie wird der Ruf nach Moratorien und Streichung der Rückzahlungsverpflichtungen erschallen.

Aber selbst wenn nichts von alledem eintritt, muß doch hinter die Grundüberlegung der Oststrategie, die zentrale Bedeutung der Billigarbeit, ein kräftiges Fragezeichen gesetzt werden. Wie wir oben sahen, wird Billigarbeit immer kostspieliger. In dem Maße, in dem der Anteil der Arbeitskosten an den Gesamtkosten schmilzt, werden die dadurch erzielbaren Einsparungen, außer in den rückständigsten Industrien, nur noch minimal sein.

Desgleichen lassen sich, wie wir sahen, langsame Wirtschaften nicht ohne weiteres an schnelle ankoppeln. Bis vor kurzem konnte es in Polen noch vier bis sechs Wochen dauern, bis ein Betrag von einer Bank einer anderen überschrieben war. Im Osten verläuft der gesamte Metabolismus langsamer als im Westen erforderlich, und eine elektronische Infrastruktur gibt es praktisch nicht. Das alles macht die Oststrategie erheblich teurer, als es zunächst den Anschein hat.

Schließlich: Wird ein erheblicher Teil der Schornsteinaktivität tatsächlich nach Osten verlagert, dann müssen sich die westeuropäischen Regierungen im eigenen Lande auf verstärkten Druck ihrer Gewerkschaften und höhere Forderungen nach Sozialleistungen und Protektionismus gefaßt machen.

Gerade in Deutschland bedeutet dies Zulauf zur politischen Opposition. In ihren Angriffen auf die Übertragung von Aufgaben an »Nichtdeutsche«, die unter Gewerkschaftstarif arbeiten, werden die Sozialdemokraten wie die neonazistischen Rechten nationalistische Themen anschlagen. Unterdessen werden sich die Grünen gegen den Transfer der Umweltverschmutzung in eine ohnehin höchst verschmutzte Region zur Wehr setzen.

Sollte es in Deutschland tatsächlich zu einer Koalition aus SPD und Grünen kommen, was ja nicht ohne starke Rückwirkung auf das übrige Europa bliebe, dann deutete dies auf eine Verlangsamung der technologischen Entwicklung auf dem Kontinent hin, weil die Sozialdemokraten deren Auswirkung auf die Beschäftigungslage befürchten und es bei den Grünen ohnehin von Ludditen und Technophoben nur so wimmelt.

Es besteht die Wahrscheinlichkeit, daß die Politik im Herzen des Neuen Europa, in Deutschland also, in den kommenden Jahrzehnten immer labiler wird, in denen sich das Land abstrampeln wird, um die wirtschaftlichen und sozialen Verrenkungen der Wiedervereinigung zu verkraften, und in denen die Sonderhilfen für die Ostdeutschen den Westdeutschen zunehmend ein Dorn im Auge sein werden.

Folglich wird sich die kommerzielle und politische Inbrunst der Oststrategie im kommenden Jahrzehnt merklich in dem Maße abkühlen, als die tiefreichenden Probleme Europas ans Tageslicht gelangen. Europa besitzt ungeheuren Reichtum, aber seine Strategien für dessen Einsatz sind fragwürdig.

Von der Linkslastigkeit zur Semiotik

Die Zukunft der europäischen Macht wird, mehr noch als in Amerika oder Japan, vom »dritten Bein« abhängen: von der Wissensbasis.

Nach Nobelpreisträgern und hervorragenden Forschungslabors

und -instituten gerechnet, hat Westeuropa keinen Anlaß zur Sorge. Es ist stark in der Atomenergie, Raumfahrt und Robotertechnik und hat schon zögerlich einen Zeh auch in die Erforschung der Superleitfähigkeit gesteckt. Die EG, die Wissenschaft und Technik lange Zeit als Stiefkind behandelte, hat bei der Finanzierung von Forschungsprojekten, zumal grenzüberschreitenden, kräftig zugelegt. Wissenschaft und Technik sind »in«.

Auch hier liegt Deutschland in Führung. Die westdeutschen Wissenschaftler genießen die höchsten F&E-Etats in Europa und halten, verglichen mit England oder Frankreich, das Zweieinhalbfache an amerikanischen Patenten. Seit 1984 steht Jahr für Jahr mindestens ein Westdeutscher auf der Liste der Nobelpreisträger, darunter für Dinge wie das Raster-Elektronenmikroskop oder den Quanten-Hall-Effekt.

Dennoch hinkt Europa, Deutschland inbegriffen, in den ausschlaggebenden Bereichen der Computer- und Informationstechnologie, zumal bei der Chipherstellung und den Supercomputern, hinter Japan und Amerika her. Das kürzliche Debakel von Nixdorf und dessen Aufkauf durch Siemens verdeutlicht im Verein mit den Schwierigkeiten von Norsk Data in Norwegen und Philips in Holland die lästige Schwäche Europas in diesen Bereichen.

Im eng damit verzahnten Bereich des Fernmeldewesens wird der Fortschritt dadurch erstickt, daß sich die verschiedenen nationalen Postverwaltungen hartnäckig weigern, ihr Monopol aufzugeben.

Im Bildungsbereich hat Europa ebenfalls ernste Probleme, so schlecht die amerikanischen Schulen auch sein mögen. Die Schulsysteme sind überzentralisiert, formalistisch und starr. Und so groß und viel angesehener, verglichen mit Japan, der Kulturexport sein mag, liegt Europa doch als Ursprung nachgeahmten Lebensstils, nachgelebter Kunst und Volkskultur weit abgeschlagen hinter Amerika. Natürlich könnte man einwenden, die europäische Kultur sei, je nachdem, welche Maßstäbe man anlegt, der Amerikas ästhetisch und moralisch weit überlegen. Aber nach den Kategorien nationaler Macht in der sich rasant wandelnden, videogetränkten Welt von heute macht immer noch die amerikanische Kunst und Volkskunst das Rennen.

Ideologisch und geistig waren Europas Hauptausfuhrartikel nach dem Kriege eine quasi-marxistische Linkslastigkeit und eine Zeitlang der Existentialismus, dem dann der Strukturalismus und später die Semiotik folgten. Diese verblassen jetzt auf dem Welt-Geistesmarkt.

Statt dessen liegt Europa jetzt in einem neuen politischen Produkt ganz vorn. Sein ideologischer Hauptexport in den nächsten Jahren wird eine grüne Version der Sozialdemokratie sein. Das ist äußerst bedeutsam und könnte in den USA, Japan, Osteuropa und der Sowjetunion bereitwillige Märkte finden, wenn es nicht von den ökologischen Irren bis zur Unkenntlichkeit verzerrt und beherrscht wird. Und zu guter Letzt: Ist Japan vor allem zukunfts- und Amerika hauptsächlich gegenwartsbewußt, so ist Europa noch sehr stark vergangenheitsorientiert. Nach einem bekannten Witz braucht man fünf Engländer, um eine kaputte Glühbirne zu ersetzen: Einer schraubt die neue ein, die andern vier jammern der alten nach.

Aus all diesen Gründen dürfte Westeuropa kaum zu einer wirklich ausgewogenen Großmacht werden, solange es nicht ebensoviel Energie auf die Entwicklung seiner Wissenbasis verwendet wie auf die Umgestaltung seiner militärischen und Integration seiner wirtschaftlichen Macht.

Europa besitzt eine große, ausladende Strategie, mit der es die Regional- und Weltmachtverhältnisse ändern will. Diese eher neuerstandene als neuerfundene Strategie gilt der Herrschaft über das, was die früheren Geopolitiker das »Herzland« des Planeten nannten.

Der blessierte Riese

Womit wir bei dem blessierten Riesen, den USA, angelangt wären.

Natürlich ist für die USA das militärische Bein der Triade noch ausschlaggebender als für ihre Weltkonkurrenten. Die Streitkräfte Europas wie Japans sind immer noch in erster Linie Regionalstreitkräfte mit nur begrenzter Operationsfähigkeit auf große Entfernungen. Demgegenüber besitzen die USA und die Sowjetunion trotz aller Kürzungen beide globale Reichweite.

Aber angesichts der internen Probleme der UdSSR, die ihre Rote Armee vor allem braucht, um mit drohenden Sezessionen, ethnischen Störungen und potentiell labilen Grenzen von Iran bis hin nach China fertigzuwerden, stehen den amerikanischen Militärs am meisten Ressourcen für eine Machtprojektion auf große Entfernung zur Verfügung (so z.B. 14 Flugzeugträger mit entsprechenden Hilfsschiffen, denen die Sowjets nur 4 und die Europäer 6 gegenüberstellen können). Eben dieses globale Projektionspotential unterscheidet die amerikanischen Streitkräfte von allen anderen.

Amerikas furchterregende bewaffnete Macht, die fest in der Hand der Zivilisten ist und von fähigen, gebildeten Offizieren befehligt wird, ist jedoch an eine überholte strategische Weltsicht gefesselt und hält ihr Augenmerk viel zu sehr auf die sowjetische Bedrohung Westeuropas gerichtet. Mit dem Ergebnis gründlicher Verwirrung hinsichtlich der lebenswichtigen Nationalinteressen und der Prioritäten, vergleichbar dem Aussetzen des Gehirns an der Spitze.

Das ist der Grund, warum das weitgehend lokalpolitisch und durch reinen Zufall bestimmte Verlangen des Kongresses nach Reduzierung der Verteidigungsausgaben nicht auf irgendeiner kohärenten Weltsicht beruht.

Der Zusammenbruch der amerikanischen Großstrategie hat auch zur Folge, daß ein nicht gerade kleiner Teil der Verteidigungsausgaben dazu verwendet wird, die falschen Waffensysteme zu bauen und sie zur falschen Zeit am falschen Ort aufzustellen, und neben dieser Verschwendung nehmen sich die überzogenen Auftragskosten und die sprichwörtlichen »vergoldeten Siebenhundert-Dollarhämmer« wie kleine Fische aus. Es bedeutet auch, daß die USA, von Kleinunternehmen wie dem Sturz Manuel Noriegas in Panama einmal abgesehen, auf die großen Weltereignisse unserer Zeit nur noch reagieren, anstatt sie wie einst in Gang zu setzen.

Der Abzug fast aller amerikanischen Streitkräfte aus Europa ist wahrscheinlich. Weniger wird schon von einer möglichen Umdislozierung in den pazifischen Raum im Lichte der veränderten strategischen Bedingungen geredet: der großen Ungewißheit in China, der Aufrüstung Japans, des Bürgerkriegs auf den Philippinen und des anhaltenden sowjetischen Interesses an der Region. Diese Verlagerung von Europa auf eine »pazifische Strategie« käme insbesondere der Marine und Luftwaffe und weniger dem Heer zugute, dessen Hauptanliegen bislang in Westeuropa lag. Mancher nervöse Nachbar Japans würde insgeheim eine solche Umverlagerung begrüßen.

Die USA können nicht für die ganze tumultuöse und hochgefährliche Welt den Polizisten spielen, weder im eigenen noch in sonstwessen Namen, aber ihr einmaliges Potential läßt den Schluß zu, daß sie im Verbund mit anderen Staaten oder internationalen Organisationen schwelende regionale Konflikte austreten könnten, die den Weltfrieden bedrohen. In den vor uns liegenden, gefährlichen Jahrzehnten mögen viele andere Völker einen solchen Feuerwehrmann auf Posten sehen wollen.

Fallende Zwillinge

Die Formulierung einer neuen Militärstrategie wird auch das andere Bein der Machttriade mitgestalten: die amerikanische Wirtschaft. Schlackt man die amerikanische Militärmacht von Streitkräften der zweiten Welle, die auf Masse beruhen, auf eine Streitmacht der dritten Welle ab, die auf Beweglichkeit, Schnelligkeit und Reichweite setzt (militärisches Gegenstück zur Miniaturisierung), dann könnte das in die amerikanische Wirtschaft neue Kraft pumpen.

Ad-hoc-Verminderungen der Militärausgaben auf Druck irgendwelcher Kirchturmpolitiker im Kongreß könnten Forschungs- und Entwicklungsvorhaben den Garaus machen und den technologischen Fortschritt in der amerikanischen Wirtschaft bremsen, der bislang Aufträge des Pentagon zugute kamen.

Aber derselbe Truppenabzug, aufgrund dessen sich der europäische Verteidigungsetat verdoppeln würde, könnte auch das amerikanische Haushaltsdefizit senken, so daß der Staat weniger auf japanische Finanzierung angewiesen wäre. Vorübergehend gäbe es Arbeitslosigkeit. Aber auch die Zinsen würden fallen und die Investitionen steigen.

Es gibt keine Gewähr dafür, daß freiwerdende Bundesmittel zwangsläufig in die überfällige soziale Erneuerung einflössen, aber ein Teil wenigstens würde den Weg in die Bildung, Krankenversorgung, Berufsausbildung und andere Verwendungen finden, die bei intelligenter Planung als Zündfunke für wirtschaftliche Zugewinne der nächsten Generation wirken könnten.

An Heulen und Zähneknirschen wegen Amerikas relativen wirtschaftlichen Niedergangs hat es nicht gefehlt, der ja im Grunde als Maßstab für den Erfolg seiner Nachkriegsstrategie gelten kann, die Japan und Europa wieder auf die Beine zu stellen trachtete. Tatsächlich aber hält Amerika trotz mancher Mißhelligkeiten immer noch denselben Anteil an der Weltbruttoerzeugung wie vor 15 Jahren. (Der große Niedergang bei diesem Indikator fand unmittelbar nach dem Kriege statt, als die zerstörten europäischen und japanischen Volkswirtschaften gerade wieder flott wurden. Seit Mitte der siebziger Jahre hat sich Amerika in etwa behauptet.)

Aber die Fertigung ist nicht mehr die wichtigste Meßlatte für die Bedeutung einer Wirtschaft. Im Dienstleistungs- und Informationssektor, die ja die Speerspitze der Supersymbolwirtschaft ausmachen, schlägt Amerika nicht nur Europa, sondern auch Japan nach Punkten. Infolgedessen hat sich die Arbeitslosigkeit in den USA als weniger anhaltend als in Europa erwiesen.

Auch das Handelsungleichgewicht, das eine Zeitlang in Washington fast Panik verursachte, muß im Lichte der neuen Wirtschaft neu betrachtet werden. Zunächst einmal ist der gängige Eindruck, die amerikanischen Ausfuhren seien gefallen, nicht richtig. In den achtziger Jahren stieg der amerikanische Weltexport um 61 Prozent. Das Problem lag lediglich darin, daß die Einfuhren eineinhalbmal schneller stiegen. Nahmen die Exporte allein nach Japan um 114 Prozent zu, so schnellten die Importe um 200 Prozent nach oben. Diese Disparität verengt sich jetzt wieder. Viel wichtiger aber ist, daß eine Wirtschaft, die sich auf Dienstleistungen im Innern verlagert, durchaus gesund sein kann, auch wenn viele der neuen Produkte überhaupt nicht ausfuhrfähig sind: ärztliche Versorgung zum Beispiel, oder Erziehung.

Ernstlicher als die vielbeklagten »Zwillingsdefizite« Amerikas, die beide zurückgehen dürften, sind die veralteten Institutionen und soziale Labilität, die an der amerikanischen Gesellschaft nagen, Familien, Gemeinschaften und Volksgruppen zu zerreißen drohen, und die Zunahme der Drogensucht in einem dem Staat und sich gegenseitig entfremdeten Gemeinwesen.

Der Woody-Allen-Effekt

Auf die Dauer viel entscheidender für die Macht der Vereinigten Staaten als ihre Massenproduktionsbasis ist ihr Wissenssystem, ihre Info-Sphäre.

Ein Blick auf dieses dritte Bein der Machttriade widerlegt alle, die die unermeßliche Restmacht der USA eiligst abschreiben wollen. Vor lauter Starren auf Waffen und Geld übersehen oder unterschätzen sie die Rolle des Wissens in der Macht eines Volkes.

So ist der erste Riesenvorteil, den die USA derzeit genießen, ganz einfach die Sprache. In der internationalen Wissenschaft, im Handel, in der Luftfahrt und zahllosen anderen Bereichen ist Englisch die Verkehrssprache der Welt. Bis eines Tages die Computerübersetzung die Sprachen füreinander transparent macht, verschafft die Tatsache, daß Hunderte Millionen Menschen wenigstens etwas Englisch verstehen, den amerikanischen Ideen, Stilrichtungen, Erfindungen und Produkten eine gewaltige Stoßkraft.

Eine weitere Stärke bildet Amerikas immer noch kräftige wissenschaftliche und technische Basis. Über den sinkenden prozentualen Anteil Amerikas an den Patenten und andere Zeichen wissenschaftlich-technischen Dahinsiechens ist viel Tinte verspritzt worden.

Nach dem Zweiten Weltkrieg war Amerika praktisch das einzige größere Industrieland, das wissenschaftliche oder technische Forschung größeren Stils betreiben konnte. Unter solchen Umständen war kaum zu erwarten, daß die USA denselben prozentualen Anteil der Patente halten könnten.

Gewiß haben die USA ihr faktisches Monopol verloren. Aber ihre wissenschaftlich-technische Basis steht immer noch turmhoch über der ihrer Rivalen. Nach der National Science Foundation belaufen sich die privaten und öffentlichen F&E-Ausgaben der USA pro Jahr auf rund 120 Milliarden Dollar, mehr als Japan, Deutschland, Frankreich und England zusammengenommen und etwa das Dreifache Japans.

Allein die von den amerikanischen Unternehmen aufgewendeten F&E-Mittel liegen bei knapp 70 Milliarden; ein Großteil der verbleibenden Mittel kommt vom Pentagon, dessen Forschung entgegen landläufiger Meinung zum Großteil der zivilen Wirtschaft zugutekommt (nach dem Forschungschef von Digital Equipment, Samuel Fuller, entstanden viele Produktlinien, von PCs bis zu Bildschirmarbeitsplätzen, dank der Grundlagenforschung, die die Defense Advanced Projects Research Agency finanzierte).

Die USA weisen weiterhin mindestens so viele Forscher und Forschungsingenieure auf wie Japan, obwohl die japanische Zahl gewaltig in die Höhe schoß und dort die nichtakademischen Forscher in der Regel jünger sind.

Allerdings ist der schiere Umfang der amerikanischen Bemühungen noch keine Gewähr für Qualität. Überdies bläst angesichts wahrscheinlicher Einsparungen und der Verlagerung der Ressourcen von der Grundlagen- zur Produktforschung in der Industrie der Wind des Wandels nicht gerade in günstiger Richtung. Dennoch behaupten die USA in der Hochtechnologie und zumal in der Informationstechnologie weiterhin eine sicher nicht unangefochtene Führungsposition.

Die japanischen Fortschritte bei der Computertechnik und den Speicherchips sind phänomenal, und drei Firmen - Fujitsu, NEC und Hitachi - sind atemberaubend vorangekommen. Heute sitzt Fujitsu schon dem zweitgrößten Computerhersteller der Welt, Digital Equipment, auf den Fersen, und NEC und Hitachi hängen nicht viel zurück. Die Japaner besitzen bei den Computerbauteilen einen 50prozentigen und bei den Speicherchips einen erstaunlichen 85prozentigen Marktanteil.

Rechnet man jedoch mit Computern als solchen, dann kann

Amerika 69 Prozent des Weltmarktes aufweisen, während sich die übrigen 31 Prozent ziemlich gleichmäßig auf europäische und japanische Firmen verteilen. Volle 62 Prozent aller PCs der Welt stammen aus den USA.

1988 waren von den 20 größten Computerfirmen der Welt zehn Amerikaner, sechs Europäer und nur vier Japaner. IBM war mehr als doppelt so groß wie die Großen Drei Japans zusammen. Digital Equipment war fast so groß wie die europäischen Großen Drei. Im zunehmend wichtigen Bereich der Computerdienstleistungen im Unterschied zu Computern als solchen waren unter den zehn größten Weltfirmen neun Amerikaner, ein Europäer und überhaupt kein Japaner (der japanische Anteil am Dienstleistungsmarkt lag 1988 bei nur 10,6 Prozent, und er dürfte in dem Maße weiter schrumpfen, als der amerikanische wächst).

Umgekehrt hat Japan bei den Supercomputern bemerkenswerte Fortschritte erzielt, während die amerikanischen Supercomputerhersteller in Schwierigkeiten stecken. Aber auch hier führt Japan in der Hardware, Amerika bei den Systemen und der Anwendungssoftware. Noch ist das Rennen nicht gelaufen.

Bei der Speicherchip-Herstellung hat die amerikanische Massenproduktion die amerikanische Konkurrenz dezimiert. Aber IBM hat als erste einen 16-MB-Chip angekündigt, der viermal so groß ist wie der modernste und einen großen Vorsprung vor der japanischen Konkurrenz hat. Überdies geht die Entwicklung nicht so sehr in Richtung auf die Massenproduktion, als vielmehr in die der Chip-Personalisierung und Spezialisierung, und da spielen Design und hochfeine Software eine größere Rolle - eben die japanischen Schwachbereiche also. In der Software als solcher, einem jetzt exponentiell anwachsenden 50-Milliarden-Dollar-Geschäft, halten die USA 70 Prozent des Weltmarktes fest in der Hand.

Über weitere Gebiete wie Superleitfähigkeit, Fernmeldetechnik, Materialien und Biotechnik können wir uns hier nicht verbreiten; jedenfalls läßt sich noch längst nicht sagen, wie das Weltrennen in Wissenschaft und Technik ausgehen wird.

Hinzu kommt, daß es bei der Einschätzung der wissenschaftlich-technischen Basis eines Landes im Laufe der Zeit nicht mehr so sehr darauf ankommen wird, wieviel Information sich in einem bestimmten Augenblick in ihr befindet, sondern in welchem Tempo sie sich fortlaufend erneuert und mit welcher Kommunikationsdichte Spezialwissen denen zugeleitet wird, die es benötigen, sowie auf den schnellen Wissenserwerb aus der ganzen Welt. Nicht die Bestände, sondern die Ströme geben den Ausschlag.

Als Katastrophengebiet bekannt ist Amerikas fabrikähnliches, von Drogen, Gewalt, und Entfremdung verheertes Schulsystem. Unglücklicherweise steht es auch außerhalb der USA um die Schulen kaum besser, schon gar in den Großstädten. Gibt es überhaupt in der Welt noch eine intakte Stadtschule? In Brixton? Bijlmermeer? Berlin? Die Bildungskrise ist kein amerikanisches Monopol.

Einen kleinen Vorsprung haben die amerikanischen Schulen immerhin noch insoweit, als sie weniger zentralisiert sind als in Europa oder Japan und nicht dem Diktat von nationalen Erziehungsministerien unterstehen. Das macht sie zumindest potentiell experimentier- und innovationsfähiger. Unseligerweise reagiert die amerikanische Wirtschafts- und Akademiewelt darauf mit dem kurzsichtigen Ruf nach mehr Mathematik und Naturwissenschaften, mehr strammem Teilwissen, mehr naturwissenschaftlichen Promotionen. Sie verkennt völlig die wirklichen Bildungsbedingungen in Japan und wäre erstaunt zu erfahren, daß Japans großer Sprung bis an die High-Tech-Grenze in den Jahren zwischen 1975 und 1988 bei einer ganz mageren Zunahme von Technik- und Naturwissenschaftsabschlüssen zustandekam.

Ein Gegengewicht gegen den Bildungsnotstand Amerikas und die Schlüsselquelle seiner Globalmacht ist jedoch sein nicht quantifizierbarer, aber doch gewaltiger Kultureinfluß in der Welt. Das ist nicht eine Frage der Qualität, über die sich natürlich trefflich streiten ließe. Es ist einfach die Tatsache, daß sich Kultur in verschiedenster Form von den USA nach draußen ergießt. So werden mehr amerikanische Bücher in fremde Sprachen übersetzt als umgekehrt. In gewisser Beziehung ist das bedauerlich, weil den Amerikanern wertvolle Ideen und Einsichten vorenthalten bleiben. Aber es ist auch ein Zeichen des riesigen Kulturhandelsüberschusses Amerikas.

Ob zum Besseren oder Schlechteren: Eine Unzahl Menschen rund um die Erde verzehren sich nach westlicher, aber auch ganz konkret amerikanischer Lebensart, Haltung, Einstellung, Mode, nach Ideen und Neuerungen. Diese globale Anziehungskraft der amerikanischen Volkskultur ist schon mit ihrem Vielvölkerursprung begründet worden: mit dem typisch Jüdischen eines Woody Allen, der typischen Schwarzheit Bill Cosbys, dem typisch Italienischen von Darstellern wie Colombo oder Regisseuren wie Scorsese, dem typisch Japanischen von »Pat« Morita in *Karate-Kid*, dem Kubanertum Desi Arnaz' und der WASP-Typie von Clint Eastwood.

Der wogende Einfluß solcher Bilder, vereint mit dem reichen Strom von Wissenschaft und Technik, und nicht bloß wirtschaftliche oder militärische Macht ist es, was die USA in den Augen der chinesischen Hardliners oder der iranischen Ayatollahs so bedrohlich macht. Nicht japanische, sowjetische oder europäische, sondern amerikanische Filme und Fernsehprogramme sind die meistgesehenen der Welt. Die anderen Großmächte liegen da einfach nicht im Rennen.

Grob gesprochen sind die USA auch weiterhin ein sprudelnder Innovationsquell in Wissenschaft, Technik, Kunst, Wirtschaft, im Bild- und Wissenswesen im weitesten Sinne. Mag sich dieser Vorsprung auch in den kommenden Jahrzehnten verkürzen, so wird es doch anderen Nationen und Regionen noch schwerer fallen, diesen kulturellen Vorsprung einzuholen, als ein neues Waffensystem zu bauen oder ihre Volkswirtschaften zu integrieren.

Ein kurzer Blick auf die Machttriade deutet also darauf hin, daß die Vereinigten Staaten zwar mit ernsten Problemen ringen, sie aber längst kein Papiertiger sind. In den herannahenden Jahrzehnten werden sie von sozialen, rassischen und sexuellen Protesten erschüttert werden, während sich das Machtbeben drinnen und draußen verstärkt. Aber Amerikas innere Probleme werden aller Wahrscheinlichkeit nach nicht mit den Erschütterungen zu vergleichen sein, die in Europa, dem labilsten unter den drei Hauptmatadoren um die Weltmacht, zu gewärtigen sind. Auch Japan werden politische und soziale Tumulte nicht erspart bleiben, wenn die Welt ringsumher bis ins Mark erschüttert wird.

Sicherlich sind derartige Einschätzungs-Schnellschüsse recht impressionistisch und durchweg ganz legitim anfechtbar. Alles in allem aber deuten sie an, daß die USA von allen drei großen kapitalistischen Zentren der Welt die ausgewogenste Macht in Händen halten und gerade in dem Teil der Machttriade, der zum wichtigsten wird, immer noch vorne liegen: im Wissen.

Partnerwahl

Die meisten Globalmacht-Vorhersagen beruhen nicht nur auf übervereinfachten Hypothesen, sondern sie definieren auch die Macht als solche falsch.

Die einflußreiche Theorie von Paul Kennedy beispielsweise, Verfasser von *The Rise and Fall of the Great Powers*, in dem er die Idee vom amerikanischen Niedergang unters Volk brachte, bemißt nationale Macht ausschließlich nach den Kategorien von Reichtum und Militärpotential. Zwar spricht Kennedy auch mal von den Auswirkungen von Ideologie, Religion und Kultur, aber er unterschätzt sie, ausgerechnet sie, die doch wichtiger werden als je zuvor. Die Rolle des Wissens, das ja mittlerweile zur vorherrschenden Quelle sowohl des wirtschaftlichen Reichtums als auch der militärischen Stärke geworden ist, unterschätzt er hoffnungslos. In ihm aber tut sich das Machtbeben unserer Zeit zentral kund.

Außerdem ist Macht, wie wir mittlerweile wissen, nicht nur eine Frage des Wieviel, sondern des Wie gut? Machtqualität kann genauso wichtig sein wie Machtquantität, und die Macht einer Nation muß immer in Bezug gesetzt werden zu ihren Zielsetzungen, nicht bloß zur Macht anderer Nationen. Was für den einen Zweck, das eine Wertvorstellungssystem, gut genug ist, ist es für einen anderen vielleicht überhaupt nicht.

Im Gegensatz zum regionalorientierten Europa und zu Japan, das noch zwischen einer regionalen und einer globalen Rolle hin und her schwankt, sind die Vereinigten Staaten entschlossen global. Nachdem es seit einem halben Jahrhundert eine globale Koalition angeführt hat, kann sich Amerika kaum die Beschneidung seines Strebens auf eine einzige Region vorstellen. Aber hier geht es um mehr als bloße Psychologie. Die amerikanische Wirtschaft ist mit so vielen Teilen der Welt verzahnt und hängt jetzt von einem so ungeheuer vielfältigen Beziehungsgeflecht ab, daß jedes Abgeschnittenwerden von irgendeinem auch nur entfernt relevanten Teil der Weltwirtschaft verheerend wirken würde. Kein amerikanischer Politiker könnte das hinnehmen.

Dasselbe mag sich für Japan als zutreffend erweisen - vielleicht auch für Europa. Jede ernstliche Protektionismusdrohung, etwa in Reaktion auf eine Wirtschaftskrise, würde das Verhältnis zwischen den drei großen kapitalistischen Schwerpunkten total destabilisieren. Mehr noch: Drei ist eine labile Zahl. Dreiergruppen zerbrechen häufig in Zwei und Eins.

Natürlich kämpfen viele andere Staaten und Regionen schon jetzt um einen Platz im Machtsystem des 21. Jahrhunderts. Seltsame neue Bündnisse und Strategien werden auf den Plan treten. Lange auf die Hinterseiten der Geschichte verbannte Länder werden plötzlich dräuend in unser Blickfeld treten. Doch schon jetzt treten europäische Staatsmänner an Washington mit Plänen heran, die praktisch auf ein neues, nun nicht mehr gegen Moskau zielendes Bündnis hinauslaufen.

Manche Vorschläge sind auf konkrete Bereiche begrenzt, wie etwa das hochauflösende Fernsehen oder überhaupt die Technik. Die *Stuttgarter Zeitung* äußerte die gängige Auffassung so: »Engere Bande zwischen Europäern und Amerikanern können nur beiderseits Vorteile bringen, ... bei der Koordinierung der Politik ... gegenüber dem gemeinsamen Konkurrenten Japan.«

Wenn nun aber die amerikanischen Langzeit-Strategen blind wären und es zuließen, daß sich die Geschichte andersherum wendet, hin zu einem stillschweigenden Bündnis (und der wirtschaftlichen Spaltung des Erdballs) zwischen Japan und einem germanisierten Europa? Schon verlegen japanische Firmen wie JVC eilends ihre europäischen Hauptquartiere nach Berlin. Mitsubishi hat bereits Bande zu Messerschmidt geknüpft.

Selbst in einen gesamt-nordamerikanischen gemeinsamen Markt integriert, könnten sich die Vereinigten Staaten in einem derartigen, globalen Schwitzkasten nicht lange halten, und die

Folge könnte durchaus etwas so Katastrophales wie der dritte Weltkrieg sein.

Ein neugestärktes amerikanisch-japanisches Bündnis hingegen könnte völlig andere Konsequenzen haben.

Noch nie seit dem Zweiten Weltkrieg lagen die amerikanisch-japanischen Beziehungen so sehr im argen wie jetzt. Tatsächlich kann sich die Schlucht zwischen den USA und Japan nur noch ein Stückchen verbreitern, dann beginnen gefährliche Spannungsfunken hin und her zu fliegen. Verantwortungslose Hurrapatrioten auf beiden Seiten peitschen bewußt um des Wählerfangs und schnellen Dollars willen die Emotionen gefährlich hoch.

Wenn das frühere Kabinettsmitglied Shintaro Ishihara auf eine Zukunft spekulieren kann, in der die USA wiederum Japan besetzen, um den Verkauf hochmoderner Chips an die Sowjetunion zu verhindern, dann gilt seine Spekulation im Grunde geradewegs einem Krieg und äußert er einen unglaublichen Gedanken, der in beiden Ländern gleich unter der Bewußtseinsoberfläche lauert. Er und seine amerikanischen Kontrahenten, die schon japanische und amerikanische Raketen aufeinandergerichtet sehen, sollten sich der alten Weisheit erinnern, daß, wer einmal auf dem Tiger sitzt, nie mehr absteigen kann.

In einer Welt plötzlicher Wendungen und Überraschungen ist kein Aberwitz ausgeschlossen. Aber schon die leiseste Vorahnung einer solchen Konfrontation sollte auch denen Schreckensschauer durch die Glieder jagen, die das amerikanische Supermachtgetöse und die japanische Konkurrenz gleichermaßen satt haben. Ein solches Ringen könnte die Erde in einen Alptraum sinken lassen, von dem sie sich in Jahrhunderten nicht erholen würde.

Die wachsende Feindseligkeit zwischen diesen beiden pazifischen Mächten würde nur noch verschärft, wendete sich Europa dem Protektionismus zu und zwänge sie damit zu noch wilderer Konkurrenz in der übrigen Welt. Darum würde die Idee einer der Außenkonkurrenz verbarrikadierten »Festung Europa« das Todesläuten für den Weltfrieden bedeuten.

In dieser höchst flüchtigen Situation kann Amerika den Part der Koketten übernehmen und sich von Europa oder Japan als »Karte« in ihrem globalen Wettbewerb einsetzen lassen. Es kann auch die

Rolle des Mittlers übernehmen. Oder es kann ein Bündnis für die Lenkung der ersten Jahrzehnte des 21. Jahrhunderts schmieden. Aber mit wem?

Genau hier erweist sich die Machttriaden-Analyse als besonders aufschlußreich. Denn wenn wir noch einmal einen Blick werfen auf Gewalt, Reichtum und Wissen, dann können wir ein Bild von der Machtkonsequenz in jeder Konstellation erhaschen.

So erfahren wir beispielsweise, daß eine De-facto-Allianz zwischen Amerika und Europa große militärische Macht zusammenbrächte (die alte NATO plus...). Riesige Märkte und großer Reichtum kämen zusammen (zu erheblichem Teil freilich auf Industrieproduktion und Hypothesen des Rostzeitalters beruhend). Amerikas und Europas Wissenschaft und Technik verschmölzen, und riesige Kulturmacht sammelte sich an. Lange kulturelle und ethnische Verbundenheit würde diese Konvergenz recht natürlich zustandekommen lassen.

Ein solches, auf Japan gezieltes Bündnis würde Erinnerungen an die dreißiger Jahre anklingen lassen, die japanische Aufrüstung beschleunigen, Falken an die Macht bringen und Japan noch tiefer in die Entwicklungsländer als weniger günstige Märkte für seine Waren und sein Kapital treiben. Militärisch könnte es ein sowjetisch-japanisches Techtelmechtel und sogar eine neue Form eines Chinaabenteuers auslösen. Ein Ausgrenzen Japans aus Europa oder gar, wenn das überhaupt noch vorstellbar ist, aus Amerika, wäre gleichbedeutend mit dem Aufziehen einer globalen Zeitbombe.

Umgekehrt zeigt eine eiskalte Berechnung, daß auch eine Defacto-Allianz USA-Japan, trotz der derzeitigen Spannungen, wiederum völlig andere Konsequenzen für den Planeten nach sich zöge. Man soll eine solche Wende nicht als unmöglich abtun in einer Welt, in der sich über Nacht die öffentliche Meinung wenden kann und in der beispielsweise die USA plötzlich entdecken, daß sie Michail Gorbatschow den Rücken stärken.

So seltsam es klingt: Eine amerikanisch-japanische Allianz als Gegengewicht der Macht im »Herzland« Europa würde in sich vereinigen: die derzeit erst- und drittgrößten Militärhaushalte der Welt, die beiden größten Volkswirtschaften und die beiden am schnellsten wachsenden wissenschaftlich-technischen Basen. Eine solche Kombination könnte eine Zweierherrschaft oder ein Kondominium erzeugen, das die schnellstwachsenden Volkswirtschaften der Welt umspannt: die pazifische Region, das »Herzmeer« als Gegenstück zum »Herzland«.

Schließlich bleibt noch ein letzter, furchterregender Faktor als Unterscheidungsmerkmal der beiden Bündnisse, zwischen denen die USA hin und her gerissen sein könnten. Dieser Unterschied wird in Washington, Tokio und den europäischen Hauptstädten so selten erwähnt, daß ihn die Strategen in den reichsten und mächtigsten Staaten allzuleicht übersehen. Auf lange Sicht kommt ihm indes im großen Nationenspiel ungeheure Bedeutung bei.

Jedes euro-amerikanische Bündnis ohne Japan ist wesenhaft eine einrassige, weiße Machtkoalition in einer Welt, in der die Weißen deutlich eine Minderheit bilden. Hingegen wäre ein amerikanisch-japanisches Bündnis, wieviel Rassismus es auch in beiden Ländern geben mag, eine gemischtrassige Machtkoalition. Diesen Unterschied würde die übrige Weltbevölkerung gewißlich bemerken.

Die Geschichte fährt nicht auf Eisenbahnschienen in eine vorgegebene Zukunft. Im Zeitalter des Machtbebens, einer Zeit revolutionären Umbruchs des Planeten, sind viele andere Machtpermutationen möglich. Gewiß wird die Welt nicht müßig zuschauen, während sich Europa, Japan und die USA die Beute teilen. Dennoch gehören diese Fragestellungen zu den Makrofragen, denen sich die Strategen von Washington und Tokio bis Brüssel und Berlin bald werden stellen müssen.

Die Entscheidung, die Washington fällt (bewußt oder durch Unterlassung), wird die Zukunft der ganzen übrigen Erde bestimmen, von China und der UdSSR bis nach Nahost, Afrika und Lateinamerika.

Welchen Schluß also ziehen für dieses interkapitalistische Ringen um die Weltmacht? Welcher der drei Schwergewichtler wird im nächsten großen Machtbeben der Geschichte siegen?

Die Frage ist falsch gestellt.

XXXIV
Die globalen Gladiatoren

Die Frage, welche Staaten oder Völker das 21. Jahrhundert beherrschen werden, ist ganz aufregend. Im Grunde aber ist das die falsche Frage (oder zumindest die falsche Fragestellung), denn sie übersieht die vielleicht größte Veränderung seit der Entstehung des Nationalstaats: den Auftritt der globalen Gladiatoren auf der Weltbühne.

Ein ganz neuer Trupp machthungriger Mitspieler tritt jetzt aus den Kulissen und reißt gehörige Stücke der einst den Staaten vorbehaltenen Macht an sich. Einige sind brav, andere eindeutig böse.

Die Auferstehung der Religion

Als der bluttriefende Ayatollah Khomeini einen Märtyrer zum Mord an Salman Rushdie aufrief, dessen *Satanische Verse* er der Gotteslästerung zieh, sandte er allen Regierungen der Welt eine historische Botschaft, die sofort über Satellit, Fernsehen und Druck um die Welt ging. Diese Botschaft aber wurde total mißverstanden.

Man mag zugeben, daß Rushdies Buch geschmacklos war, bewußt viele Moslems beleidigte, eine ganze Religion lächerlich machte, gegen den Koran verstieß. Das alles sagte auch Khomeini. Aber nicht das war der eigentliche Inhalt seiner Botschaft.

Khomeinis Botschaft lautete, der Nationalstaat sei nicht mehr der einzige noch auch der wichtigste Akteur auf der Weltbühne.

Oberflächlich betrachtet schien Khomeini zu behaupten, Iran, selbst ein souveräner Staat, habe das »Recht«, den Bürgern anderer, ebenso souveräner Staaten zu diktieren, was sie lesen dürften und was nicht. Mit dem Anspruch auf dieses Recht und der Drohung, ihm durch Terrorismus Geltung zu verschaffen, katapultierte Khomeini die Zensur von der innenpolitischen auf die globale Ebene.

In einer Welt, in der sich die Wirtschaft und die Medien globalisieren, forderte Khomeini die Globalisierung der Gedankenkontrolle.

Gewiß haben in vergangenen Zeiten andere Religionen ähnliche Rechte beansprucht und Häretiker auf dem Scheiterhaufen verbrannt. Mit der grenzüberschreitenden Morddrohung jedoch griff Khomeini nicht nur den britischen Staatsbürger Salman Rushdie an, sondern stellte zugleich das fundamentalste Recht jedes Nationalstaats in Frage: das Recht, seine Staatsbürger im eigenen Lande zu beschützen.

Khomeini sagte damit, souveräne Staaten seien ganz und gar nicht souverän, sondern unterstünden einer höheren, schiitischen Souveränität, die zu definieren ihm allein zustehe; eine Religion oder Kirche besitze Rechte, die über die der Nationalstaaten hinausreichten.

Damit warf er der ganzen Struktur des »neuzeitlichen« Völkerrechts und -gewohnheitsrechts den Handschuh hin, die bis dahin auf der Hypothese beruhten, die Grundeinheiten oder Schlüsselakteure auf der Weltbühne seien die Nationen. Daraus ergab sich das Bild eines fein säuberlich in Staaten aufgeteilten Planeten, dessen jeder seine Flagge und Armee, sein klar umgrenztes Hoheitsgebiet, seinen Sitz in der UNO und gewisse vernünftig definierte Rechte hatte.

Nicht zufällig erschien Khomeini in den Augen eines Großteils der Welt als grausamer Rückfall in die Vorindustriezeit. Er war genau das. Seine Behauptung, die Religion stehe über den Staaten, entsprach der Doktrin der mittelalterlichen Päpste in Jahrhunderten blutrünstiger Auseinandersetzungen zwischen Kirche und Staat.

Bedeutsam ist das, weil es durchaus sein kann, daß wir zu einem Weltsystem der Art zurückkehren, wie es vor dem Industrialismus bestand, als die politische Macht noch nicht in klar definierte nationale Einheiten verpackt war.

Vor dem Schornsteinzeitalter war die Welt ein buntes Gemisch aus Stadtstaaten, Piratenhäfen, Feudalfürstentümern, religiösen Bewegungen und anderen Grundeinheiten, die allesamt nach Macht strebten und Rechte für sich in Anspruch nahmen, die wir heute allein den Regierungen zusprechen. Nur hier und da gab es Nationen in unserem heutigen Sinne. Es war ein heterogenes System.

Demgegenüber war das System aus Nationalstaaten, wie es sich während des Schornsteinzeitalters herausbildete, viel standardisierter und einförmiger.

Nunmehr befinden wir uns wieder auf dem Weg in ein heterogenes Weltsystem, diesmal aber in der sich rasant wandelnden Welt der Hochtechnologie, Sofortkommunikation, Atomraketen und chemischen Waffen. Das ist ein gewaltiger Sprung vorwärts und rückwärts zugleich, und er bringt die Religion wieder auf die Hauptbühne der Welt. Nicht etwa nur den islamischen Fundamentalismus.

Ein völlig anderes Beispiel ist die wachsende Globalmacht der katholischen Kirche. In den großen politischen Veränderungen von den Philippinen bis Panama hat neuerdings die vatikanische Diplomatie mitgespielt. In Polen, wo die Kirche wegen ihres mutigen Widerstandes gegen das kommunistische Regime Bewunderung erntete, trat sie als beherrschende Kraft hinter der ersten nichtkommunistischen Regierung in Erscheinung. Vatikanische Diplomaten behaupten, die neueren Veränderungen in ganz Osteuropa seien nicht zuletzt von Papst Johannes Paul II. in Gang gesetzt worden.

Der Papst ist alles andere als ein Fanatiker und hat anderen Religionen die Hand gereicht. Er hat sich gegen die Gewalt zwischen ethnischen Gruppen ausgesprochen. Aber in seinem Ruf nach einem »christlichen Europa« (und seiner wiederholten Kritik an den westeuropäischen Demokratien wegen mangelnder »transzendent-sittlicher Bezogenheit« - und diesen Bezug würde der Vatikan liebend gern liefern) findet sich doch auch das Echo aus ferner präsäkularer Zeit.

Angesichts der Politik des Papstes fällt uns ein längst vergessenes Dokument wieder ein, das 1918 in den europäischen Hauptstädten die Runde machte und in dem die Schaffung eines katholischen Superstaates aus Bayern, Ungarn, Österreich, Kroatien, Böhmen, Slowakei und Polen gefordert wurde. Das vom Papst vorgeschlagene christliche (wenngleich wohl nicht durchgehend katholische) Europa umfaßt das ganze Europa vom Atlantik bis zum Ural mitsamt seinen fast 700 Millionen Menschen.

Derartige religiöse Regungen sind Teil eines sich zusammenbrauenden Angriffs auf die säkularen Grundhypothesen der Demokratien in der Industriezeit, die für einen gesunden Abstand zwischen Kirche und Staat sorgten. (Wenn Europa nicht säkular, sondern christlich sein soll, wo haben dann Ungläubige oder Hindus oder Juden oder die elf Millionen Moslems ihren Platz, die man in jüngster Zeit als billige Arbeitskräfte nach Europa gelockt hat?) Einige Moslem-Fundamentalisten träumen denn auch von einer Islamisierung Europas. So sagt der Leiter des Instituts für Islamische Kultur in Paris: »In ein paar Jahren wird Paris die Hauptstadt des Islam sein, so wie es in anderen Epochen Bagdad und Kairo waren.«

Das globale Machtspiel der kommenden Jahrzehnte läßt sich nicht begreifen, wenn man nicht auch die wachsende Macht des Islam, des Katholizismus und anderer Religionen einbezieht - oder auch globale Konflikte und heilige Kriege zwischen ihnen.

Das Kokain-Imperium

Nicht nur Religionen stellen die Macht des Nationalstaats in Frage. In seiner Großuntersuchung des weltweiten Drogenhandels schreibt James Mills: »...das Untergrund-Imperium besitzt heute mehr Macht, Reichtum und Ansehen als viele Nationen. Hat es auch auf dem Platz der Vereinten Nationen keine Flagge gehißt, so besitzt es doch größere Heerscharen, leistungsfähigere Geheimdienste, einflußreichere diplomatische Dienste als viele Länder.«

Daß ein Drogenkartell jahrelang die kolumbianische Regierung korrumpieren, terrorisieren und paralysieren konnte, ihre Handelsbilanz veränderte, das Bankwesen destabilisierte, zeigt, was andere ungesetzliche Gruppen, nicht notwendigerweise nur Drogenhändler, vielleicht bald ebenfalls anstellen können.

Welche Bedrohung das Kartell darstellt, ließ sich am Beispiel der unerhörten Sicherheitsmaßnahmen für Präsident Bush und die Regierungschefs von Peru, Bolivien und Kolumbien anläßlich des »Drogengipfels« in Cartagena ermessen. Neben den normalerweise einen amerikanischen Präsidenten begleitenden Geheimdienstleuten stellten die Kolumbianer ein Geschwader Jagdbomber, eine Marineflotte, Froschmänner, Einheiten der Terrorabwehr »SWAT« und Tausende Soldaten bereit. Diese ganze Streitmacht war nicht etwa gegen eine feindselige Nation, sondern gegen einen Familienclan aufmarschiert.

Den Regierungen fällt es immer schwerer, mit diesen neuen Akteuren auf der Weltbühne fertig zu werden. Regierungen sind viel zu bürokratisch. Ihre Reaktionszeiten sind langsam. Sie sind in so viele Auslandsbeziehungen verwoben, die eine Konsultation und Abstimmung mit Verbündeten verlangen, und müssen es so vielen politischen Interessengruppen recht machen, daß sie viel zu lange brauchen, bis sie auf Initiativen von Drogenbossen oder religiösen Fanatikern und Terroristen reagieren können.

Demgegenüber sind viele der globalen Gladiatoren, schon Guerillas und Drogenkartelle, un- bis vorbürokratisch. Ein einziger charismatischer Führer kann ganze Lawinen lostreten, mit atem-(lebens-) beraubender Wirkung. In anderen Fällen wiederum weiß niemand so recht, wer eigentlich der oder die Anführer ist oder sind. Regierungen scheuen die Auseinandersetzung mit ihnen. Mit wem verhandeln? Und wenn man verhandelt: Kann man sicher sein, daß die Verhandlungspartner auch wirklich den Handel einhalten, die Geiseln tatsächlich freilassen, die Drogenströme effektiv verengen, die Bombenanschläge auf Botschaften verhindern oder die Piraterie eindämmen können?

Die paar international verabschiedeten Gesetze, die die globale Anarchie verringert haben, sind zur Bewältigung der neuen globalen Realitäten hoffnungslos unangemessen.

In einer Welt der Satelliten, Laser, Computer, Westentaschenwaffen, Präzisionstreffsicherheit und einer ganzen Palette von Viren, mit denen sich Computer oder Völker außer Gefecht setzen lassen, können wir uns leicht potenten Gegnern gegenübersehen, die oft nur mikroskopisch klein sind.

Erweisen sich die Staaten nun als unfähig, mit Terroristen oder religiösem Wahn fertig zu werden, so fällt ihnen auch die Regulierung globaler Großunternehmen immer schwerer, die Geschäftsvorgänge, Mittel, Umweltverschmutzung und Menschen beliebig über die Grenzen schieben.

Die Finanzliberalisierung hat das Entstehen von rund 600 Megafirmen, einst »Multis« genannt, begünstigt, die heute etwa ein Fünftel des Mehrwerts der Agrar- und Industrieproduktion der Welt in der Hand halten. Der Ausdruck »multinational« ist schon wieder anachronistisch. Megafirmen sind wesenhaft »nicht-national«.

Früher »gehörten« erdumspannende Unternehmen in aller Regel dem einen oder anderen Staat an, selbst wenn sie weltweit operierten. IBM war fraglos eine amerikanische Firma. Nach dem neuen Wertschöpfungssystem, bei dem sich Firmen aus verschiedenen Ländern zu globalen »Allianzen« oder »Konstellationen« zusammentun, fällt die Feststellung der Unternehmens-Nationalität schon viel schwerer. IBM Deutschland ist in vielerlei Hinsicht eine deutsche Firma. Ford hält 25 Prozent von Mazda. Honda baut Autos in den Vereinigten Staaten und verschifft sie nach Japan. General Motors ist der größte Aktionär von Isuzu. Hören wir dazu den Managementberater Kenichi Ohmae: »Die Nationalität ... globaler Konzerne läßt sich nur schwer feststellen. Sie führen nicht die Flagge ihres Landes, sondern die ihrer Kunden.«

Welche »Nationalität« hat Visa International? Mag der Hauptsitz in den USA liegen, so gehört es doch 21 000 Finanzinstituten in 187 Ländern. Die Verteilung seiner Aufsichtsräte sorgt dafür, daß kein Land 51 Prozent der Stimmen haben kann.

Angesichts der zunehmend grenzüberschreitenden Übernahmen, Fusionen und Aufkäufe könnte ein Firmenbesitz im Prinzip über Nacht vom einen ins andere Land wechseln. Damit werden die Unternehmen wahrhaft nichtnational oder transnational, holen sich ihr Kapital und ihre Management-Eliten aus vielen Staaten, schaffen Arbeitsplätze und verteilen ihre Gewinnströme in vielen Ländern.

Ein derartiger Wandel zwingt uns, emotionsgeladene Begriffe wie Wirtschaftsnationalismus, Neokolonialismus und Imperialismus völlig neu zu durchdenken. So gilt es beispielsweise den Lateinamerikanern geradezu als Glaubenssatz, die Yankee-Imperialisten sahnten in ihren Ländern »Superprofite« ab. Wenn aber nun morgen »Superprofite« aus Mexiko an Investoren gingen, die über Japan, Westeuropa und, sagen wir, Brasilien (oder eines Tages vielleicht gar China) verstreut sind, wer ist dann der Neokolonialist?

Wie steht es mit dem nominell in Macao oder, warum nicht? Curaçao ansässigen Transnationalen, dessen Aktienkapital sich in der Hand von 100 000 Besitzern befindet, die unablässig wechseln, und das an einem halben Dutzend verschiedener Börsen von Bombay und Sydney bis Paris und Hongkong gehandelt wird? Und wie, wenn die institutionellen Investoren selbst wiederum transnational sind? Wie, wenn das Leitungspersonal aus aller Herren Länder stammt? Welches Land ist dann der »imperialistische Tyrann«?

Mit dem Verlust der strikt nationalen Identität verwandelt sich das gesamte Verhältnis zwischen Globalfirmen und Nationalregierungen. In der Vergangenheit vertrat die »Heimatregierung« solcher Unternehmen deren Interessen in der Weltwirtschaft, machte für sie diplomatischen Druck, drohte im Notfall oft (oder machte gar Ernst) mit militärischem Einsatz zum Schutz ihrer Investitionen und Mitarbeiter.

Anfang der siebziger Jahre arbeitete der CIA, angestachelt von ITT und anderen amerikanischen Konzernen, aktiv auf die Destabilisierung der Allende-Regierung in Chile hin. Künftig dürften die Regierungen viel weniger willig auf Hilferufe von Firmen reagieren, die nicht mehr national oder multinational, sondern wahrhaft transnational sind.

Wenn dies eintritt, was passiert dann, wenn Terroristen, Guerillas oder ein Feindstaat die Mitarbeiter und Anlagen eines großen Transnationalen bedrohen? An wen wendet er sich um Hilfe? Läßt er seine Investitionen einfach lammfromm im Stich?

Unternehmens-Kondottieri

Bislang war militärische Macht das typische Unterscheidungsmerkmal des Nationalstaates gegenüber den anderen Machtspielern. Wenn aber nun staatliche oder mehrstaatliche Streitkräfte nicht für Ordnung sorgen können, dann mag eines Tages die Aufstellung eigener Brigaden durch Transnationale zur Selbstverständlichkeit werden.

So fanstastisch das klingen mag, gibt es doch historische Vorbilder dafür. Sir Francis Drake führte nicht nur gegen silberbeladene spanische Schiffe, sondern auch gegen Städte entlang der pazifischen Küste Süd- und Mittelamerikas und Mexikos Krieg. Er wurde von Privatinvestoren finanziert.

Ist die Vorstellung von Unternehmens-Versionen der italienischen Kondottieri im 21. Jahrhundert so völlig abwegig?

In seinem Roman *The Apocalypse Brigade* hat Alfred Coppel genau diese Situation beschrieben: Eine Öl-Megafirma organisiert ihre eigene Armee zum Schutz ihrer Ölfelder vor einem erwarteten Terroranschlag. Die Firma macht sich selbständig, weil sie ihre Heimatregierung nicht zum Schutz ihrer Interessen zu bewegen vermag.

So extrem dieses Romanszenarium erscheinen mag – unlogisch ist es nicht. Schon hat die Unfähigkeit der Staaten, dem Terrorismus Einhalt zu gebieten, obwohl den Staaten ganze Armeen zur Verfügung stehen, einige größere Unternehmen dazu veranlaßt, die Dinge selbst in die Hand zu nehmen, besonders ausgebildete Fahrer, bewaffnete Leibwächter, High-Tech-Sicherheitsexperten und dergleichen anzuheuern. Und als Iran einige seiner Mitarbeiter zu Geiseln nahm, engagierte der Milliardär Ross Perot frühere Green Berets, die in den Iran eindringen und die Geiseln befreien sollten. Von da zu Söldnertruppen ist es nur noch ein kleiner Schritt.

Wir gehen eindeutig auf ein Chaos zu, wenn nicht neue internationale Gesetze verfaßt und neue Instanzen zu ihrer Durchsetzung geschaffen werden – oder wenn ausschlaggebenden »Gladiatoren« wie transnationalen Unternehmungen, Religionen und ähnlichen Kräften die Vertretung in ihnen versagt wird.

An Vorschlägen für allerlei neuartige Globalinstitutionen zur Bewältigung der Probleme des Umweltschutzes, der Rüstungskontrolle, der Währungsfragen, des Tourismus, des Fernmeldewesens sowie regionaler Wirtschaftsanliegen fehlt es nicht. Aber wer soll in diesen Instanzen das Sagen haben? Nur die Nationalstaaten?

Je weniger sich Regierungen und Regierungsorganisationen der Nöte der Transnationalen annehmen, desto wahrscheinlicher wird es, daß letztere unter Umgehung der Regierungen eine unmittelbare Beteiligung an Globalinstitutionen verlangen.

Man braucht nicht viel Fantasie dazu, sich einen Globalrat der Globalfirmen vorzustellen, der als Sprecher dieser neuartigen Firmen auftritt und ein kollektives Gegengewicht zur nationalstaatlichen Macht bildet. Andererseits könnten Großfirmen vermittels einer neuen Sorte von Mitgliedschaft in Organisationen wie den Vereinten Nationen, der Weltbank oder des GATT eine selbständige Vertretung im eigenen Namen verlangen.

Angesichts der wachsenden Vielfalt und Macht der globalen Gladiatoren mag sich eines Tages die UNO, die bislang kaum mehr als eine Handelsvereinigung von Nationalstaaten war, gezwungen sehen, auch die Vertretung von Nichtstaaten (über die jetzt gewissen Nichtregierungsgruppen oder -organisationen eingeräumte symbolische, beratende Rolle hinaus) zuzulassen.

Anstatt des Prinzips »One-Nation-one-vote« müssen dann vielleicht weitere stimmberechtigte Mitgliedschaftsarten für transnationale Unternehmen, Religionen und andere Gebilde erfunden werden, die die Unterstützung der UNO in der Welt auf eine sehr viel breitere Basis stellen würden. Verweigern andererseits die Nationalstaaten, denen ja bislang die UNO gehört und die sie betreiben, eine solche erweiterte Vertretung, dann könnten mit zunehmender Zahl und Stärke globaler Unternehmen durchaus Gegenorganisationen entstehen.

Doch ob sich derlei Spekulationen in Zukunft nun als wahr oder falsch erweisen: De facto teilen sich heute schon die Nationalstaaten in erheblichem Maße mit den neuen globalen Gladiatoren (Unternehmungen, kriminelle, religiöse und andere Gruppierungen) in die Macht.

Globalorganisationen neuen Stils

Die Frage, ob einige nichtstaatliche »Gladiatoren« in Weltgremien vertreten sein sollen, steht in engem Zusammenhang mit der Gestaltung neuer Organisationen auf der Weltszene. Eine entscheidende Frage für die Erbauer einer neuen Globalordnung lautet, ob Macht vertikal oder horizontal fließen soll.

Typisches Beispiel vertikaler Organisation ist die Europäische Gemeinschaft, die eine Supra-Regierung aufbauen will, von der ihre Kritiker sagen, sie würde die souveränen Staaten Europas auf den Status von Provinzen reduzieren, indem sie Währungen, Zentralbanken, Bildungsnormen, Umwelt, Landwirtschaft, ja sogar die nationalen Haushalte einer supranationalen Verfügungsgewalt unterstellte.

Dieses traditionelle Vertikalmodell versucht Probleme dadurch zu lösen, daß der Machthierarchie eine weitere Ebene aufgepropft wird: »institutionelle Hochbau-Architektur«.

Das mit den neueren Organisationsformen in der Geschäftswelt und den fortgeschrittenen Wirtschaften kongruente Alternativmodell hingegen verflacht die Hierarchie eher, als daß sie sie nach oben erweitert. Es beruht auf einem Geflecht von Allianzen, Konsortien, spezialisierten Regelungsinstanzen; mit ihm sollen Aufgaben gelöst werden, die die Kraft und Reichweite des Einzelstaats übersteigen. In diesem System gibt es weniger Topdown-Kontrolle und werden Fachorgane nicht hierarchisch einem zentralen Nichtfachgremium unterstellt. Es entspricht der »Flachbau-Architektur«, ist eine Parallele zur »Flex-Firma«.

Aller Augen sind heute auf die EG gerichtet, oft gilt sie als das einzige Modell der regionalen Organisation. Laut schallen deshalb die Rufe nach einem EG-Klon, vom Maghreb und dem Nahen und Mittleren Osten bis in die Karibik und den Pazifik. Revolutionärer wäre ein Vorgehen, das in jeder Region die bestehenden Organisationen miteinander verflicht, ohne eine zusätzliche Kommandoebene darüberzustülpen. Dasselbe könnte zwischen den Staaten geschehen.

Japan und die Vereinigten Staaten sind beispielsweise wirtschaftlich, politisch und militärisch so ineinander verflochten, daß Entscheidungen im einen Land sofort große Folgen für das andere haben. Unter diesen Umständen kann der Tag kommen, an dem Japan im amerikanischen Kongreß stimmberechtigte Sitze verlangt. Umgekehrt würden die USA zweifellos eine entsprechende Vertretung im japanischen Parlament fordern. Damit wäre erstmalig eine »grenzüberschreitende« gesetzgebende Körperschaft als Vorbild für viele mögliche weitere geboren.

Demokratie setzt voraus, daß die von einer Entscheidung Betroffenen das Recht zur Mitwirkung an ihr haben. Wenn dem so ist, dann sollten im Grunde viele Staaten im Kongreß vertreten sein, dessen Entscheidungen mehr auf ihr Dasein zurückwirken als die ihrer eigenen Politiker.

Da die Welt global wird und sich das neue Wertschöpfungssystem ausbreitet, werden Rufe nach grenzüberschreitender politischer Mitwirkung - sogar transnationale Wahlen - aus den riesigen Bevölkerungen hervorbrechen, die sich heute von Entscheidungen ausgeschlossen fühlen, die ihr Dasein bestimmen.

Welche Form die globalen Organisationen von morgen auch annehmen mögen, sie werden allemal den - positiven wie negativen - globalen Gladiatoren mehr Aufmerksamkeit widmen müssen.

In welchem Maße sollten Gruppierungen wie Religionen und Globalunternehmen ebenso wie transnationale Gewerkschaften, Parteien, Umweltbewegungen, Menschenrechtsorganisationen und dergleichen in den jetzt für die Welt von morgen geplanten Institutionen formal vertreten sein?

Wie läßt sich auf globaler Ebene die ausschlaggebende Trennung von Kirche und Staat beibehalten, um das schreckliche

Blutvergießen und die schlimme Unterdrückung zu verhindern, die so oft aus ihrer Vermengung hervorgingen? Wie lassen sich Terroristen und Kriminelle, Kriegslüsterne und Narko-Killer in Quarantäne setzen? Welche legitime Globalstimme läßt sich zu Hause unterdrückten nationalen Minderheiten einräumen? Welche Raketen- oder Chemiewaffenabwehrmaßnahmen sollten regional oder global sein, anstatt der rein nationalen Verantwortung überlassen zu bleiben?

Niemand darf diese gefahrvollen Fragen einer gar nicht fernen Zukunft dogmatisch beantworten. Gewiß klingen die Fragestellungen als solche schon seltsam in einer Welt, die sich immer noch als nationalstaatlich organisiert begreift. Aber auch bei Anbruch des Schornsteinzeitalters klang nichts seltsamer, radikaler, gefährlicher als die Ideen der französischen, englischen und amerikanischen Revolutionäre, die meinten, Volk und Parlament sollten den Königen auf die Finger sehen, und nicht umgekehrt, und mangelnde Volksvertretung sei Grund für Auflehnung.

In vielen Ländern mögen derartige Gedanken aus patriotischen Gründen auf leidenschaftlichen Widerstand stoßen. Der protofaschistische Schriftsteller Charles Maurras äußerte im 19. Jahrhundert die traditionelle Auffassung, »von allen menschlichen Freiheiten ist die Unabhängigkeit des eigenen Landes die wertvollste«. Aber absolute Souveränität und Unabhängigkeit sind seit jeher ein Mythos.

Nur Länder, die bereit sind, für immer auf das neue Wertschöpfungssystem zu verzichten, können davon absehen, sich in die neue Globalwirtschaft einzukoppeln. Wer aber mit der Welt verbunden sein will, wird zwangsläufig in ein interdependentes Globalsystem hineingezogen werden, das nicht mehr nur von Nationalstaaten allein, sondern auch von mächtigen globalen Gladiatoren bevölkert sein wird.

Wir erleben eine erhebliche Machtverlagerung vom einzelnen Nationalstaat oder von Gruppen von Nationalstaaten auf die globalen Gladiatoren. Das bedeutet nicht mehr und nicht weniger als die nächste Globalrevolution der politischen Formen und Foren.

Die Heterogenisierung des künftigen Weltsystems wird sich noch weiter verschärfen, wenn Riesenstaaten zerbrechen – eine mittlerweile sehr wohl denkbare Möglichkeit. So splittert die Sowjetunion mit Windeseile, und Gorbatschow versucht krampfhaft, die Teile in sehr viel loserer Form zusammenzuhalten. Ein paar Teilstücke werden sich in den nächsten Jahrzehnten jedoch fast mit Sicherheit verselbständigen und höchst seltsame neue Formen annehmen. Und egal, ob sie dann noch einer Nach-Sowjetunion angehören, werden gewisse Regionen unausweichlich in den wirtschaftlichen Sog eines deutsch beherrschten Europas geraten, andere in die allmählich entstehende japanische Einflußsphäre in Asien hineingezogen werden.

Die auf Landwirtschaft und Förderung von Rohstoffen angewiesenen rückständigen Republiken suchen vielleicht in einer losen Föderation Zuflucht. Jedoch kann es leicht geschehen, daß eine Grundwelle religiösen und ethnischen Eifers sämtliche rationalen Wirtschaftserwägungen hinwegfegt und sich die Ukraine, die Russische und die Weißrussische Republik zu einer gigantischen Masse sammeln, die sich der slawischen Kultur und einer neubelebten orthodoxen Kirche verbunden fühlt. Für einige zentralasiatischen Republiken könnte der Islam das Bindemittel abgeben.

Auch China könnte sich durchaus spalten, wenn die am stärksten industrialisierten Regionen im Süden und Osten ihre Verbindungen mit dem großen bäuerlichen China lösten und mit Hongkong, Taiwan, Singapur und vielleicht einem wiedervereinigten Korea neue Einheiten bildeten.

Wer meint, das alles könne ohne Bürgerkrieg oder andere Auseinandersetzungen abgehen oder ließe sich im überholten Rahmen einer nationalstaatlich geordneten Welt auffangen, ist kurzsichtig und fantasielos. Mit Sicherheit wissen wir nur eines: Die Zukunft steckt voller Überraschungen.

Glasklar erkennen wir also, daß mit seiner Ausbreitung rund um den Erdball das neue Wertschöpfungssystem alle unsere Vorstellungen von der Wirtschaftsentwicklung im »Süden« über den Haufen wirft, den Sozialismus im »Osten« platzen läßt, Verbündete zum Wettbewerb bis auf Blut treibt und eine neue, dramatisch andere Globalordnung gebiert - vielfältig und risikobeladen, hoffnungsvoll und schreckerregend zugleich.

Neues Wissen hat die uns bekannte Welt umgekippt und die Säulen der Macht erschüttert, die sie zusammenhielten. Vor diesem Scherbenhaufen, wieder einmal im Begriff, eine neue Zivilisation zu schaffen, stehen wir alle zusammen heute am Scheideweg.

Coda: Freiheit, Ordnung und Zufall

Dieses Buch erzählt die Geschichte einer der bedeutendsten Revolutionen der Macht, eines umwälzenden Wandels, der das Antlitz unseres Planeten verändert. Seit einer Generation gelten Millionen Worte den Umbrüchen in Technik, Gesellschaft, Umwelt und Kultur. Aber nur wenige haben die Verwandlung des Wesens der Macht als solcher zu analysieren versucht, und doch ist gerade das die Triebfeder der anderen Verwandlungen.

Wir sahen, wie auf allen Ebenen des Lebens, von der Wirtschaft bis zu Regierung und Verwaltung und hinein in die Globalangelegenheiten, die Macht bebt und sich verschiebt.

Macht ist eines der grundlegendsten Gesellschaftsphänomene und ist mit dem Wesen des Universums als solchem verknüpft.

Dreihundert Jahre lang malte die westliche Wissenschaft das Bild der Erde als einer Riesenuhr oder -maschine, in der erkenntnisfähige Ursachen vorhersehbare Wirkungen zeitigen. Ein deterministisches, total geordnetes Universum, in dem, einmal in Gang gesetzt, alle weiteren Aktionen vorprogrammiert sind.

Träfe diese Beschreibung auf die reale Welt zu, dann wären wir allesamt machtlos. Denn wenn die Anfangsvoraussetzungen eines Prozesses dessen Ergebnis bestimmen, dann kann der Mensch nichts daran tun. In einem von einem ersten Anstoßgeber – ob Gott oder sonstwas – in Gang gesetzten Universum hat nichts und niemand über irgend etwas Gewalt. Höchstens eine Illusion von Gewalt.

Aber auch in einem voll und ganz zufallsregierten Universum kann sich Macht nicht entfalten. Sind alle Ereignisse und Verhaltensweisen rein zufallsbedingt, dann ist unser Wille ebenfalls total ohnmächtig. Ohne irgendeine Routine, Regularität oder Berechenbarkeit würde uns das Leben eine endlose Reihe Zufälligkeiten, jede wiederum mit Zufallsfolgen, aufoktroyieren und uns zu hoffnungslos Gefangenen der Zukunft machen.

Macht impliziert also eine Welt, in der es Zufall und Notwendigkeit, Chaos und Ordnung gibt.

Macht steht aber auch im Zusammenhang mit der Biologie des

einzelnen und der Rolle der Regierung oder allgemeiner des Staates.

Das ist so, weil wir alle eine ununterdrückbare, biologisch verwurzelte Sehnsucht nach wenigstens einem Mindestmaß an Ordnung in unserem Alltag besitzen und zugleich nach Neuem hungern. Das Ordnungsbedürfnis ist die Hauptberechtigung des Vorhandenseins einer Regierung.

Mindestens seit Rousseaus *Gesellschaftsvertrag* und dem Ende des Gottesgnadentums der Könige gilt der Staat als Partei in einem Vertrag mit dem Volke, ein Vertrag, der in der Gesellschaft für die nötige Ordnung zu sorgen hat. Ohne die Soldaten, Polizei und den Kontrollapparat des Staates, so sagt man uns, würden Banden und Briganten alle unsere Straßen beherrschen. Nötigung, Vergewaltigung, Raub und Mord würden die letzten Fetzen der »dünnen Zivilisationshaut« fortreißen.

Dem läßt sich kaum widersprechen. Vielmehr spricht alles dafür, daß ohne das, was wir oben die vertikale, die von oben auferlegte Macht genannt haben, das Leben schnellstens zum Schreckensdasein würde. Man braucht nur einmal die Bewohner des einst blühenden Beirut zu fragen, was es bedeutet, irgendwo zu leben, wo die Regierung keine Macht zum Regieren hat.

Ist es nun oberste Aufgabe des Staates, für Ordnung zu sorgen, wieviel reicht dann aus? Und verändert sich dieses Maß des Genug, wenn Gesellschaften zu einem anderen Wertschöpfungssystem greifen?

Regiert der Staat mit eiserner Hand den Alltag, macht er auch die leiseste Kritik mundtot, treibt er seine Bürger angstzitternd ins Eckchen, zensiert er die Nachrichten, schließt die Theater, nimmt Pässe ab, klopft morgens um vier an die Tür und reißt Eltern aus den Armen ihrer schreienden Kinder - wem nützt er da noch? Dem eines Mindestmaßes von Ordnung bedürftigen Bürger - oder aber dem Staat um des Staates willen?

Wann verschafft Ordnung der Wirtschaft die nötige Stabilität, und wann erstickt sie die nötige Entwicklung?

Sagen wir in Analogie zu Marx, daß es zwei Arten von Ordnung gibt. Die eine könnte man die »sozial nötige Ordnung«, die andere die »Über-Ordnung« nennen.

»Über-Ordnung« ist jenes Übermaß an Ordnung, das nicht zugunsten der Gesellschaft, sondern ausschließlich zugunsten derer aufgepfropft wird, die den Staat in der Hand haben. »Über-Ordnung« ist die Antithese zur wohltätigen oder »sozial nötigen Ordnung«. Ein Regime, das seinen gequälten Bürgern Über-Ordnung aufdrängt, begibt sich selbst der Rousseauschen Existenzberechtigung.

Staaten, die Über-Ordnung verordnen, gehen des konfuzianischen »Mandats des Himmels« verlustig. In der interdependenten Welt von heute gehen sie auch ihrer moralischen Legitimität verlustig. In dem jetzt auftauchenden neuen System lenken sie nicht nur die Aufmerksamkeit der Weltöffentlichkeit, sondern auch die Bestrafung durch moralisch legitimierte Staaten auf sich.

Die weltweiten Schandrufe auf die Verfechter der harten Linie in China nach dem Massaker von Beijing von 1989 – eine Welle der Kritik in den Vereinigten Staaten, der Europäischen Gemeinschaft, in Japan und fast allen Staaten der Erde – waren recht schüchtern. Jedes Land wog kühl rechnend seine China-Interessen ab, ehe es Stellung bezog. Der amerikanische Präsident entsandte fast stehenden Fußes eine Geheimmission mit dem Auftrag, die gestörten Beziehungen zwischen den beiden Regierungen wieder zu glätten.

Doch trotz allen Opportunismus und aller Realpolitik gab die ganze Welt ihre Stimme ab über die moralische Legitimität des Regimes der harten Linie. Die Welt sagte immerhin so laut, daß Beijing es hören konnte, das mörderische Verhalten des Regimes sei eine überzogene Reaktion und der Versuch, »Über-Ordnung« durchzusetzen.

Beijing reagierte darauf mit der wütenden Feststellung, der übrigen Welt stehe eine Einmischung in seine inneren Angelegenheiten nicht zu, und auch die Moral der Kritiker sei fragwürdig. Aber die Tatsache, daß sich so viele Länder – wenn auch behutsam – sich zu äußern gezwungen sahen (auch wenn ihre diskrete Politik zu den öffentlichen Feststellungen im Gegensatz stand), zeigt uns, daß sich die Globalmeinung schärfer artikuliert und »Über-Ordnung« nicht länger hinzunehmen gewillt ist.

Wenn dem so ist, so gibt es dafür einen tieferen Grund.

Das revolutionär neue Element, der durch ein neuartiges Wertschöpfungssystem bewirkte Wandel, gilt einem anderen Maßstab für die »sozial nötige Ordnung«. Denn bei ihrem Übergang zur fortgeschrittenen Supersymbolwirtschaft brauchen die Völker nun mal mehr horizontale Selbstregulierung und weniger Topdown-Verfügungsgewalt. Einfacher gesagt: Totalitäre Gewalt erdrosselt den wirtschaftlichen Fortschritt.

Flugschüler umklammern ihr Steuer oft so fest, daß die Fingerknöchel weiß hervortreten. Der Fluglehrer sagt ihnen, sie sollten entspannen. Überkontrolle ist genauso gefährlich wie Unterkontrolle. Wie die Krisen in der Sowjetunion und anderen Staaten beweisen, tendiert der Staat heute zur Überkontrolle der Bevölkerung und Wirtschaft und zerstört damit letztlich eben die Ordnung, die er doch anstrebt. Der Staat mit der leichtesten Hand kann am meisten erreichen und dabei gar noch seine Macht vergrößern.

Das sind vielleicht, vielleicht nur, schlechte Nachrichten für Totalitaristen. Aber drohende Wolken am Horizont verjagen jeden leichtfertigen Optimismus.

Wer bis hierher gelesen hat, weiß, daß dieses Buch keine utopischen Zukunftsversprechungen anbietet. Gewalt wird als Machtquelle den Platz nicht so bald räumen. Weiterhin werden auf Straßen und Plätzen in aller Welt Studenten und Protestmarschierer niedergeschossen werden. Immer noch werden Heere über Grenzen rollen. Regierungen werden Gewalt anwenden, wenn sie meinen, es diene ihrer Sache. Nie wird der Staat das Gewehr aus der Hand legen.

Desgleichen wird die Herrschaft von Privatleuten oder Amtsträgern über ungeheuren Reichtum ihnen gewaltige Macht verleihen. Auch Reichtum wird ein furchtgebietendes Machtinstrument bleiben.

Doch bei allen Ausnahmen und Unebenheiten, Widersprüchen und Wirrheiten erleben wir eine tektonische Verschiebung in der Geschichte der Macht.

Denn niemand kann mehr bestreiten, daß heute Wissen, Machtquelle höchster Güte, mit jeder Nanosekunde an Gewicht zunimmt.

Die bedeutsamste aller Machtverschiebungen verläuft darum nicht von einer Person, Partei, Institution oder Nation zu einer anderen. Wie nun die Gesellschaften auf den Zusammenprall mit dem Morgen zurasen, geschieht die Verschiebung im verborgenen Erbeben des Beziehungsgeflechts zwischen Gewalt, Reichtum und Wissen.

Das ist das gefahrvolle und zugleich erhebende Geheimnis dieser Ära des Machtbebens.

Thesen

Macht ist ein persönlich und politisch vielumstrittenes Thema. Deshalb sollte jedes Buch darüber seine wichtigsten Thesen darlegen und möglichst das ihm zugrundeliegende Machtmodell verdeutlichen. Vollständig kann das natürlich niemals sein, kann doch kein Mensch je alle seine Denkvoraussetzungen definieren – sie sind ihm nicht einmal alle bewußt. Dennoch mag auch ein Teilversuch für Autor wie Leser nützlich sein.

Nachstehend daher einige Grundüberlegungen zu *Machtbeben.*

1. Allen Gesellschaftssystemen und zwischenmenschlichen Beziehungen ist Macht inhärent. Sie ist nicht ein Ding, sondern sie ist ein Aspekt jeglicher Beziehungen zwischen Menschen. Somit ist sie unentrinnbar und neutral, an sich weder gut noch schlecht.
2. Das »Machtsystem« läßt niemanden aus, kein Mensch ist von ihm frei. Aber ein Machtverlust des einen ist keineswegs immer gleichbedeutend mit Machtgewinn eines andern.
3. In jeder Gesellschaft unterteilt sich das Machtsystem in immer kleinere, aufs engste ineinander verflochtene Macht-Subsysteme. Die Subsysteme sind durch Rückkoppelungen miteinander sowie mit den größeren Systemen verbunden, denen sie zugehören. Der einzelne ist in viele verschiedene, jedoch aufeinanderbezogene Machtsubsysteme eingebettet.
4. Ein und dieselbe Person kann zu Hause reich und am Arbeitsplatz arm an Macht sein und umgekehrt.
5. Da sich die zwischenmenschlichen Beziehungen unablässig verändern, befinden sich auch die Machtverhältnisse unablässig in Bewegung.
6. Weil Menschen Bedürfnisse und Sehnsüchte haben, besitzt derjenige potentiell Macht, der sie befriedigen oder erfüllen kann. Soziale Macht wird dadurch ausgeübt, daß die ersehnten oder benötigten Dinge und Erfahrungen gewährt oder verweigert werden.
7. Da die Bedürfnisse und Sehnsüchte höchst vielfältig sind, werden sie auch auf höchst vielfältige Weise befriedigt oder verweigert. Deshalb gibt es die verschiedensten Macht-»Instrumente« oder -»Hebel«. Dennoch sind Gewalt, Reichtum und Wissen die bedeutsamsten. Die meisten anderen Machtressourcen rühren von ihnen her.
8. Gewalt, vorrangig zur Bestrafung angewandt, ist die Machtquelle geringster Schmiegsamkeit. Reichtum, der sowohl zur Belohnung als auch zur Bestrafung eingesetzt werden kann und sich in viele andere

Ressourcen konvertieren läßt, ist als Machtinstrument weitaus flexibler. Wissen jedoch ist das schmiegsamste und fundamentalste Machtmittel, weil es auch dazu benutzt werden kann, daß Herausforderungen, deren Bewältigung Gewalt oder Reichtum voraussetzen würde, erst gar nicht eintreten, und weil sich mit ihm häufig Dritte dazu bewegen lassen, sich aus Eigeninteresse auf eine gewünschte Weise zu verhalten. Wissen vermittelt Macht höchster Güte.

9. Die Verhältnisse zwischen Klassen, Rassen, Clans, Berufssparten, Staaten und anderen Gesellschaftsgruppen verändern sich unablässig aufgrund von Umschichtungen in Bevölkerung, Ökologie, Technik, Kultur und anderen Faktoren. Diese Veränderungen haben Konflikte zur Folge und schlagen sich in Umverteilungen der Machtressourcen nieder.
10. Der Konflikt ist eine unentrinnbare soziale Tatsache.
11. Machtkämpfe sind nichts zwangsläufig Schlechtes.
12. Fluktuationen aufgrund gleichzeitiger Machtverschiebungen in verschiedenen Subsystemen können so miteinander zusammentreffen, daß sie auf der Ebene der größeren Systeme, zu denen sie gehören, radikale Machtverlagerungen auslösen. Dieses Prinzip gilt für alle Ebenen. Ein intrapsychischer Konflikt innerhalb einer Einzelperson kann eine ganze Familie auseinanderreißen, Machtkonflikte zwischen Abteilungen können eine Firma, Machtkämpfe zwischen Regionen einen Staat zerschlagen.
13. In jedem Augenblick befinden sich einige der zahllosen Macht-Subsysteme des größeren Systems im Zustand relativen Gleichgewichts, andere sind jedoch alles andere als ausgewogen. Gleichgewicht ist nicht zwangsläufig etwas Gutes.
14. Sind Machtsysteme stark unausgewogen, können unvermittelt scheinbar bizarre Verschiebungen eintreten. Das liegt daran, daß sich bei hoher Labilität eines Systems oder Subsystems die nichtlinearen Effekte vervielfachen. Große Macht-Inputs können durchaus nur winzige Ergebnisse zeitigen. Andererseits können kleine Ereignisse ein ganzes Regime zu Fall bringen. Eine verbrannte Toastschnitte kann Anlaß für eine Scheidung werden.
15. Der Zufall spielt mit, und zwar um so mehr, je labiler ein System ist.
16. Machtgleichheit ist als Zustand wenig wahrscheinlich. Selbst dort, wo sie erreicht wird, verursacht der Zufall sofort neue Ungleichheiten. Dasselbe gilt für Versuche zur Berichtigung alter Ungleichheiten.
17. Ungleichheiten auf der einen Ebene können auf einer anderen Ebene ausgeglichen werden. Darum kann zwischen zwei oder mehr Gebilden auch dann Gleichgewicht herrschen, wenn zwischen ihren verschiedenen Subsystemen Ungleichheit herrscht.
18. Daß sämtliche sozialen Systeme und Subsysteme zur gleichen Zeit vollkommen ausgeglichen sind und die Macht gleichmäßig auf alle

Gruppen verteilt ist, ist praktisch unmöglich. Zum Sturz eines Unterdrückungsregimes bedarf es eventuell eines radikalen Vorgehens, doch ist ein gewisses Maß an Ungleichheit Voraussetzung zum Wandel überhaupt.

19. Perfekte Gleichheit impliziert Stillstand und ist nicht nur unmöglich, sondern auch nicht wünschenswert. In einer Welt, in der Millionen hungern, ist es nicht nur vergeblich, sondern auch unmoralisch, dem Wandel Einhalt gebieten zu wollen.
    Darum ist das Vorhandensein eines gewissen Grades von Ungleichheit nicht unmoralisch an sich; wirklich unmoralisch ist vielmehr ein System, das die Fehlverteilung der machtvermittelnden Ressourcen zementiert. Und es ist doppelt unmoralisch, wenn diese Fehlverteilung auf Rasse, Clanzugehörigkeit oder anderen angeborenen Wesenszügen beruht.
20. Wissen ist noch mehr fehlverteilt als Waffen oder Reichtum. Folglich ist eine Umverteilung des Wissens (und schon gar des Wissens vom Wissen) noch wichtiger als die Umverteilung der anderen Hauptressourcen der Macht und kann sogar zu letzterer führen.
21. Überkonzentration von Macht ist gefährlich (Beispiele hierfür: Stalin, Hitler etc.; die Nennung weiterer Beispiele würde den Rahmen sprengen).
22. Ebenso gefährlich ist Unterkonzentration von Macht. Das Fehlen einer starken Regierung in Libanon hat dieses arme Land in anarchische Gewalt gestürzt. Unzählige Gruppen gieren nach Macht ohne jegliche Gemeinsamkeit in den Grundbegriffen von Recht oder Gerechtigkeit und ohne daß verfassungsmäßige oder andere Beschränkungen durchsetzbar wären.
23. Wenn sowohl die Über- als auch die Unterkonzentration von Macht in sozialem Horror enden, wo liegt dann die richtige Gewichtung? Gibt es eine moralische Basis zu deren Beurteilung?
    Die moralische Basis für die Beurteilung, ob Macht über- oder unterkonzentriert ist, steht unmittelbar in Verbindung mit dem Unterschied zwischen »sozial notwendiger Ordnung« und »Über-Ordnung«.
24. Die einem Regime eingeräumte Macht sollte gerade hinreichen, einen Grad der Sicherheit vor realer (nicht eingebildeter) äußerer Bedrohung sowie ein Mindestmaß von innerer Ordnung und vernünftigem Miteinander zu gewährleisten. Dieser Ordnungsgrad ist sozial notwendig und mithin moralisch zu rechtfertigen.
    Eine über diese für die Funktionsfähigkeit der zivilen Gesellschaft hinausgehende Ordnung, eine nur zur Machterhaltung eines Regimes auferlegte Ordnung, ist unmoralisch.
25. Für den Widerstand gegen einen Staat, der »Über-Ordnung« aufzwingt, ja sogar für seinen Sturz, gibt es eine moralische Grundlage.

Dank

Ein Werk dieses Anspruchs läßt sich nicht ohne vielfältige Unterstützung schreiben - Freunde, Quellen und zahllose Fachleute, die Einblick, Verständnis und Klärungen vermitteln. An erster Stelle zu danken haben wir Alberto Vitale, dem früheren Präsidenten von Bantam Books, sowie Linda Grey, deren jetziger Präsidentin und Verlegerin, für ihre unendliche und stets wohlgesonnene Geduld und ihre Begeisterung für das Vorhaben. In den langen Jahren der Ausarbeitung haben uns Alberto und Linda nicht ein einziges Mal gedrängt, sondern waren stets darauf bedacht, daß wir uns alle Zeit lassen, um das bestmögliche Buch zu machen.

Diese Geduld schätzten wir hoch und hoffen, daß sie nunmehr belohnt wird. Besonderen Dank schulden wir auch dem Verlagsleiter von Bantam, Toni Burbank, dessen tiefes Verständnis dieses Buches und detaillierte redaktionelle Anregungen *Machtbeben* soviel zusammenhängender und lesbarer werden ließen, als sonst wohl der Fall gewesen wäre.

Kräftig unterstützt wurden wir auch über ein Jahrzehnt lang durch Perry Knowlton von unserer Literaturagentur Curtis Brown, Ltd. Seit dem ersten Tag konnten wir jederzeit des sanften, hilfreichen Rats von Perry im Verlagsgeschäft sicher sein.

Desgleichen gilt unser Dank einem unserer ältesten und kenntnisreichsten Freunde, Dr. Donald F. Klein, Forschungsdirektor am Psychiatrischen Institut des Staates New York, für seine sehr konkrete, vor allem aber rückhaltlose und anspornende Kritik während der gesamten Entstehungszeit.

Robert I. Weingarten und Pam Weingarten verhalfen uns zu einem besseren Verständnis der finanziellen Aspekte, die sich im Verlauf der Arbeit ergaben, und Al und Sally Burton hielten uns über Neuentwicklungen im Bereich Fernsehen und Medien auf dem laufenden. Bessere Bergführer gibt es nicht.

Der Soziologe Benjamin D. Singer von der Universität von Western Ontario war uns hingebungsvoll mit Fachartikeln und Ratschlägen behilflich.

Die beiden hervorragenden Unternehmensberater Tom Johnson von Nolan, Norton, Inc., und James P. Ware von der Index Group verschafften uns Einblick in einige organisatorische Veränderungen und »Infokriege«, die heute die Arbeitsweise der Wirtschaft neu gestalten.

Von Anfang bis Ende war Juan Gomez ein überaus mustergültiger Helfer, hielt unsere umfangreiche Forschungskollektion in Schuß (und besaß die seltene Gabe, den Finger auf den ausgefallensten Artikel oder Zeitungsausschnitt in unseren Unterlagen zu legen), wehrte während der Schreibarbeit alle Eindringlinge ab, organisierte unsere komplexen Reisepläne und stand uns bei jedem Schritt mit viel Umsicht, Verantwortungsgefühl und stets frohem Mut zur Seite. *Para Juan, muchas gracias.*

Worte können nicht sagen, was wir für unsere Tochter Karen empfinden, die in den Schlußwochen der Manuskriptredaktion unter Hochdruck die Daten in verschiedenen Schlüsselkapiteln gegeneinander abglich und auf den neuesten Stand brachte, bei der Ausarbeitung der Anmerkungen und der Bibliographie mithalf und das Register durchsah - in unserem Fall eine alles andere als mechanische Aufgabe, sollen seine Einträge doch konzeptionell mit den Registern in *Zukunftsschock* und *Zukunftschance* sowie unseren anderen Schriften übereinstimmen.

Schließlich wäre diese Liste nicht vollständig, enthielte sie nicht ein besonderes Wort des Dankes an Deborah E. Brown, die sich uns in den Schlußmonaten zugesellte und das Manuskript aufs genaueste durchkämmte, damit wir sicher sein konnten, die Fakten so korrekt und auf dem neuesten Stand zu haben, wie nur irgend möglich.

In einem Werk dieses Ausmaßes sind einige Irrtümer und Fehlverständnisse unvermeidlich. Zudem bringt es das immer rasantere Tempo des Wandels mit sich, daß viele Detailangaben schon zwischen Niederschrift und Veröffentlichung veralten. Es bedarf keiner weiteren Erwähnung, daß selbstverständlich die letzte Verantwortung für irgendwelche Fehler bei den Autoren liegt und keinesfalls den vielen Menschen aufgebürdet werden darf, deren überaus großzügige Hilfe uns zuteil wurde.

Ergänzende Erläuterungen

Hinweis: Im Unterschied zur englischen Originalausgabe, die im Abschnitt »Notes« eine Vielzahl von Verweisen auf englischsprachige Zeitungs- und Zeitschriftenartikel enthält, wurden in die deutsche Ausgabe nur die wirklich ergänzenden Erläuterungen aufgenommen.

Kapitel II - Gewalt, Geld und Geist

Zur Definition der Macht: Definitionen der Macht gibt es wie Sand am Meer; eine jede ist problematisch. Zu den bekanntesten zählt der Satz Bertrand Russells: »Macht läßt sich definieren als ein Erzeugen beabsichtigter Wirkungen.« Prägnant, klar und präzise. Doch selbst dieser Satz steckt voller Tücken.

Was ist »beabsichtigt«? Das zu erklären fällt sogar demjenigen schwer, um dessen Absichten es sich handelt. Sodann sind die »Wirkungen« näher zu bestimmen, um sie mit den Absichten vergleichen zu können. Nun hat aber jegliche Handlung zahllose Konsequenzen zweiter, dritter oder *n*ter Ordnung, die teils beabsichtigt, teils unbeabsichtigt sind. Was gilt dann als »Wirkung« und was nicht?

Des weiteren ist herauszufinden, ob die Folgegeschehnisse tatsächlich durch die vorausgegangene Handlung »erzeugt« worden sind. Dazu bedarf es eines Kausalitätswissens, das oft alle Erkenntnismöglichkeit übersteigt.

Und schließlich erhebt eine schwere Ironie hämisch ihr Haupt: Mit Zahl und Vielfalt der Absichten wächst die Wahrscheinlichkeit, daß sich nur ein Bruchteil überhaupt verwirklicht, und um so schwerer fällt die Feststellung, was sie denn eigentlich »erzeugt« hat. Insoweit liefe also Russells höchst plausibel klingende Definition auf die Feststellung hinaus, je begrenzter die Absichten eines Menschen seien, desto größer sei sein Einfluß.

Definiert man also Macht als das Erzeugen erwünschter Effekte mit geringstmöglichen (feststellbaren) Nebeneffekten, dann wäre der Mensch am mächtigsten, dessen Zielsetzung denkbar eng und dessen Fähigkeit zur Erkenntnis von Nebeneffekten höchst rudimentär sind.

Doch obwohl dieses Beispiel zur Vorsicht mahnt (und wir uns der konzeptuellen Problematik unserer eigenen Definition sehr wohl bewußt sind), brauchen wir zumindest den Anfang einer Definition. Sprechen wir in diesem Buch also von *Macht*, so meinen wir die Fähigkeit, andere mit Gewalt, Reichtum bzw. Wissen oder ihren zahllosen Derivaten zu Verhaltens- und Vorgehensweisen zu bewegen, die den eigenen Bedürfnissen und Wünschen entgegenkommen.

Zu den japanischen Machtsymbolen: Die drei legendären Machtsymbole spielen im japanischen Ritual auch heute noch eine Rolle. Als Kaiser Hirohito 1989 starb, gingen das kaiserliche Schwert, der kaiserliche Juwel und Spiegel, seit jeher von Kaiser zu Kaiser vererbt, an seinen Sohn, Kaiser Akihito, über.

Aber nicht nur in der Legende, auch in der japanischen Sprache ist Macht unterschwellig präsent. Wie viele andere Sprachen enthält auch das Japanische Höflichkeitssilben, so daß mit jeder Lippenbewegung der Platz in der Hackordnung erkennbar wird. Man kann fast nicht den Mund aufmachen, ohne gleichzeitig merken zu lassen, ob man mit einem Höher- oder Niedrigergestellten spricht. Somit geht die Sprache ganz natürlich von einer Machthierarchie aus. Dasselbe gilt für die Schrift: Das Schriftzeichen für den Mann symbolisiert ein Reisfeld und kräftige Beine, das für die Frau eine unterwürfige, kniende Gestalt. In solchen Symbolen wird Patriarchalgewalt deutlich und verfestigt. Das gilt aber nicht nur fürs Japanische. So gibt es beispielsweise im Javanischen zwei »Sprachebenen«: *ngoko* und *krama*; erstere wird Untergebenen, letztere Höhergestellten gegenüber benutzt. Innerhalb jeder Sprachebene gibt es wiederum viele subtile Zwischentöne.

Zu Geld und Wunscherfüllung: Geld gilt gewöhnlich als Mittel zur Bedürfnisstillung oder Wunscherfüllung. Zugleich setzt Geld aber auch seit jeher in hohem Maße neue Wünsche frei.

In geldlosen Kulturen mußte derjenige, der ein Huhn übrig hatte und eine Decke haben wollte, zunächst jemanden finden, der überhaupt eine Decke besaß, und dann unter allen Deckenbesitzern denjenigen ausmachen, der bereit war, die Decke gegen ein Huhn einzutauschen. Die Wunschvorstellungen mußten sich unmittelbar entsprechen.

Das alles hat sich mit der Erfindung des Geldes völlig verändert. Da es sich als Gattungsware praktisch unbegrenzt ummünzen läßt, hat Geld einen wahren Erwerbsrausch ausgelöst. Wer es besaß, entdeckte bei sich plötzlich Wünsche, von deren Existenz er vorher keine Ahnung hatte. Unvermittelt standen ihm zuvor unbekannte, ja unvorstellbare Möglichkeiten vor Augen. Geld hat der Vorstellungskraft der Gattung Mensch gewaltig die Sporen gegeben.

Es veranlaßte auch kluge Männer und Frauen, die (gröbsten oder ausgefeiltesten) Sehnsüchte anderer Männer und Frauen herauszufinden und nun die Dinge, Dienstleistungen und Erlebnisse feilzubieten, mit denen sie sich erfüllen ließen. Damit wurde Geld in eine noch breitere Wunschskala konvertierbar und mithin noch nützlicher als zuvor. (Ist dieser Prozeß erst einmal in Gang gekommen, so wird er zur Kettenreaktion, woraus sich erklärt, warum Geld in der Gesellschaftsentwicklung eine so große Rolle spielt.)

Durch die erste Erfindung des Geldes ließ sich auch der Reichtum viel wirksamer als Machtinstrument einsetzen. Da es die Verhaltenssteuerung radikal vereinfachte, hatten die Reichen nunmehr viel leichteres Spiel. Mit Geld konnte man Menschen belohnen (oder bestrafen), ohne deren Wünsche erst mühsam erkunden zu müssen. Ein Fabrikbesitzer braucht nicht erst zu wissen, ob der Arbeiter eine Decke, ein Huhn oder einen Cadillac haben will: Mit genügend Geld läßt sich das eine wie das andere oder auch alles kaufen.

In Agrargesellschaften beschränkten sich, von den Reichen abgesehen (deren Wünsche vom exquisit Ästhetischen bis zur sinnlichen Perversität und vom Metaphysischen bis zur militärischen Gewalt reichten), die kollektiven Wunschvorstellungen auf einen so schmalen Bereich, daß zur Beschreibung zwei Worte reichten: Brot (oder Reis) und Land.

Demgegenüber hat sich in den Schornsteingesellschaften, als die Grundbedürfnisse der Bevölkerung erst erfüllt waren, die kollektive Wunschentfaltung vervielfacht. Die Wunschvorstellungen brachen aus dem Ghetto aus und eroberten völlig neue Gefilde; in gnadenloser Progression wurden aus den Luxusgegenständen der einen Generation »Lebensnotwendigkeiten« der nächsten.

Dieses Fortschreiten des Verlangens war in den angeblich erwerbsfeindlichen sozialistischen Gesellschaften nicht weniger anzutreffen als in den bedenkenlos erwerbsbedachten kapitalistischen. Es ist und bleibt die Basis der Massenverbrauchsgesellschaften. Und es erklärt, warum in der Industriewelt die Lohntüte zum vornehmsten Werkzeug sozialer Steuerung avancierte.

Inzwischen geht in den Wunschvorstellungen ein Strukturwandel vor sich. Am Ausgang aus der Schlotkultur erkennen wir nicht etwa eine Einschränkung, sondern eine neuartige Ausweitung der Wunschwelt in neue, raffiniertere, zunehmend immaterielle und individualisierte Bereiche hinein.

Kapitel XX - Jahrzehnte der Entscheidung

Regierungen machen sich seit jeher Information und Wissen zunutze. Mit allerlei Taktiken versuchen sie, sich bei der Bevölkerung einzuschmeicheln oder deren Zustimmung zu erzwingen. Mit der jetzigen Proliferation von Computern und Medien vervielfachen und verfeinern sich unablässig die Mittel zur Meinungsbeeinflussung, ebenso wie die Mittel des Volkswiderstandes. Ein Blick auf die Staatsgeschichte ergibt eine perspektivischere Sicht dieser politischen Entwicklung.

Mochten Stammesgruppen wie die altmalaiischen Ifugao oder

die afrikanischen Nuen- und Kung-Buschmänner auch noch ohne staatliches Gebilde auskommen, so ist heute praktisch jedermann in der Welt Bürger (oder Untertan) des einen oder anderen Staates. Und der Staat gilt gemeinhin als mächtigste aller gesellschaftlichen Institutionen.

An Staatstheorien herrscht kein Mangel. Der deutsche Nationalökonom und Soziologe Alexander Rüstow behauptet, der Staat sei aus den »höheren Jagdkulturen mit ihrer Häuptlingsschaft und strikten Organisation von Jagd und Krieg« entstanden. Der Historiker Karl August Wittfogel vertritt die Meinung, die Notwendigkeit großer Bewässerungsvorhaben, die die Mobilisierung und Steuerung großer Arbeitermassen voraussetzten, habe zum hochorganisierten Staat geführt. Nach der Theorie Engels', die Lenin in *Staat und Revolution* weiterführte, entstand der Staat mit der ersten Teilung der Menschen in Klassen. Der Staat gilt ihm als Werkzeug der einen Klasse zur Unterdrückung der anderen. Für Marxisten ist deshalb der Staat der »ausführende Arm« einer herrschenden Klasse.

Welche Theorie man sich auch zu eigen macht: In jedem Fall dürfte ein entscheidender Wendepunkt erreicht worden sein, sobald Stammes- oder Dorfgruppen aus der bloßen Subsistenzwirtschaft heraustraten. Konnte eine Gemeinschaft Nahrungsmittelüberschüsse erzeugen und lagern, dann war auch schon eine wie immer geartete Verteidigung dieser Schätze gegen Übergriffe von außen wie innen erforderlich.

Das erste große Machtbeben der Geschichte trat ein, als eine Gemeinschaft unter ihren stärksten Mitgliedern einen (meist männlichen) »Schutzherrn« kürte. Es bedarf keiner besonderen Fantasie, sich vorzustellen, daß dieser »starke Mann« einen Teil der Gemeinschaftsüberschüsse als Gegenleistung für seine Schutzdienste forderte.

Der nächste Schritt der Staatwerdung wurde getan, als der Schutzherr einen Teil des Reichtums, den er der Bevölkerung entzogen hat, zum Anheuern von Kriegern benutzte, die nunmehr nicht der Gemeinschaft, sondern ihm unmittelbar ergeben waren. Jetzt wurde der Schutzherr seinerseits geschützt.

Das zweite große Machtbeben war dann die Systematisierung

der Tribut- oder Steuerentrichtung mit Hilfe von »Steuereintreibern«. Damit entstand eine fortlaufende Rückkoppelung und Beschleunigung, die die Macht der Herrschenden und ihrer Anhänger gewaltig vergrößerte. Je mehr Reichtum sie aus der Bevölkerung herausholen konnten, desto mehr Soldaten konnten sie sich leisten und damit die Gemeinschaft noch mehr in die Zange nehmen.

Der bislang nur als Embryo vorhandene Staat hob sich damit auf eine neue Ebene. Jetzt hielt der Machthaber zwei der drei wesentlichen Machtinstrumente in der Hand: Gewalt und Reichtum, anstatt wie vorher nur Gewalt.

Das bedeutete, daß die Mächtigen jetzt nicht mehr nur mit Gewalt einschüchterten und herrschten. Vielmehr konnten sie einen Teil des der Gemeinschaft Abverlangten dazu nutzen, treue Gefolgsleute zu belohnen und sich politische Unterstützung zu erkaufen. Zu der auf schierer Gewaltausübung beruhenden Macht geringer Güte fügte der Herrscher oder die herrschende Clique jetzt die viel geschmeidiger nutzbare Form der auf Reichtum beruhenden Macht hinzu.

Das nächste Machtbeben trat ein, als ein geschickter Herrscher erkannte, daß er seine Macht vergrößern (und sogar die Kosten für soldatischen Schutz senken) konnte, wenn er sein Volk einer Gehirnwäsche zu unterziehen vermochte. Indem er die Bevölkerung durch Verführung oder Terror zum Glauben an eine passende Mythologie, Religion oder Ideologie bewegte, konnte er seine Untertanen davon überzeugen, daß das herrschende Machtsystem nicht nur unvermeidlich und dauerhaft, sondern auch moralisch recht und gut oder gar göttlich war. Das auf diese Weise eingesetzte Wissen (in Form eines – wahren wie falschen – Mythos, einer Religion oder Ideologie) wird zur entscheidenden politischen Waffe.

Vielleicht könnte man sogar sagen, erst in diesem Augenblick sei der Staat geboren worden, und alles Vorherige sei bestenfalls ein embryohafter, unfertiger Vorläufer. Kurzum: Der Staat sei erst dann Staat im Wortsinne, wenn ihm alle drei Grundwerkzeuge der gesellschaftlichen Verfügungsgewalt gehörten: neben Reichtum und Gewalt eben auch Wissen.

Ist diese Schematisierung auch eingestandenermaßen spekulativ und kräftig überzeichnet, so erhellt sie doch den Ursprung des Staates und integriert das Ganze in die neue Staatstheorie.

Kapitel XXVII - Subversive Medien

Zu Ceauşescu und Kojak: Ceauşescu lud den Verfasser einmal ein, »machen Sie Urlaub mit mir, dann sehen wir uns zusammen *Kojak* an«. Diese überraschende Einladung wurde am Ende einer langen Unterredung des einstigen rumänischen Staatspräsidenten mit den Tofflers ausgesprochen, bei der auch der damalige amerikanische Botschafter in Bukarest, Harry Barnes, zugegen war. Das war 1976.

Coda: Sehnsucht nach einem neuen finsteren Zeitalter

Zu Aserbeidschan: Welche Rolle die örtliche Führung der kommunistischen Partei beim Aufstand von 1989 in Aserbeidschan und dem Armenier-Massaker in Baku spielte, was Moskau zögern ließ, zur Wiederherstellung der Ordnung Truppen zu entsenden, und welcher Art die Aseri-Bewegung war, wird in der Literatur sehr unterschiedlich dargestellt.

Kapitel XXXI: Die Kollision des Sozialismus mit der Zukunft

Zum sozialistischen Traum: Ist dieser Traum ausgeträumt? In später Erkenntnis der Realität des neuen Wertschöpfungssystems der dritten Welle und seiner gesellschaftlichen Korrelate versuchen einige Sozialisten und Kommunisten im Westen, mit Hilfe neuer Themen wieder Tritt zu fassen. So betont der Herausgeber von *Marxismus heute*, Martin Jacques, nunmehr das Umweltbewußtsein, die Gleichberechtigung der Geschlechter und das Ende der zentralen Planung, wendet sich aber zugleich gegen den Individualismus und meint: »Sozialismus handelt von Interdependenz, Solidarität und Gleichheit und von einer Neugeburt des Kollektivismus.«

Kapitel XXXIII - A propos Triaden: Tokio - Berlin - Washington

Zu den japanischen Militärausgaben: Unter dem Druck Washingtons, Japan solle »die Verteidigungslasten mittragen«, ist der japanische Verteidigungshaushalt ständig gestiegen, hat den Frankreichs und der Bundesrepublik überholt und liegt jetzt (je nachdem, welchen Wechselkurs und welche Faktoren man zugrunde legt) entweder knapp unter oder knapp über dem Englands. Nur noch die USA und die UdSSR liegen (allerdings weit) höher als Japan.

Bibliographie

Für *Machtbeben* wurden nachstehende Bücher zu Rate gezogen. Der besseren Übersicht halber sind sie thematisch gegliedert, wobei es allerdings in vielen Fällen Überschneidungen gibt.

Die Philosophie der Macht

Aron, Raymond: *Les Etapes de la pensée sociologique*, (ms. 1960–1962) Paris 1967; *Hauptströmungen des soziologischen Denkens. Montesquieu, Comte, Marx, de Toqueville, Durkheim, Pareto, Weber*, Köln 1965

--: *Politics and History*, New Brunswick, N.J., 1984

Bentham, Jeremy, und Mill, John Stuart: *The Utilitarians*, New York 1973

Berger, Peter L., und Neuhaus, Richard John: *To Empower People*, Washington, D.C., n.d.

Bodenheimer, Edgar: *Power, Law and Society*, New York n.d.

Bogart, Ernest L., und Kemmerer, Donald L.: *Economic History of the American People*, New York 1946

Bottomore, T. B.: *Elites and Society*, New York 1964

Burnham, James: *The Machiavellians*, New York 1943

Calvert, Peter: *Politics, Power and Revolution*, Brighton 1983

Canetti, Elias: *Crowds and Power*, New York 1978; *Masse und Macht*, Düsseldorf 1984

Crozier, Brian: *A Theory of Conflict*, London 1974

Duyvendak, J. J. (Hrsg.): *The Book of Lord Shang*, London 1963

Field, Lowell, G., und Higley, John: *Elitism*, London 1980; *Eliten und Liberalismus. Ein neueres Modell zur geschichtlichen Entwicklung von Eliten und Nicht-Eliten*, Wiesbaden 1983

First, Ruth: *Power in Africa*, New York 1970

Galbraith, John Kenneth: *The Anatomy of Power*, Boston 1983; *Anatomie der Macht*, München 1989

Hutschnecker, A.: *The Drive for Power*, New York 1974

Janeway, Elizabeth: *Man's World, Woman's Place*, New York 1972

--: *Powers of the Weak*, New York 1980

Jouvenel, Bertrand de: *Du pouvoir*, Genf 1945

Keohane, Robert O., und Nye, Joseph S.: *Power and Interdependence*, Boston 1977

Kontos, Alkis (Hrsg.): *Domination*, Toronto 1975

Kropotkin, Peter: *Kropotkin's Revolutionary Writings*, New York 1927

Machiavelli, Niccoló: *Il Principe*, Rom 1532; dt. (1580):*Der Fürst*, Frankfurt 1989

May, Rollo: *Power and Innocence*, New York 1972

Milgram, Stanley: *Obedience to Authority*, New York 1974; *Das Milgram-Experiment. Zur Gehorsamkeitsbereitschaft gegenüber Autorität*, Reinbek 1982
Mills, C. Wright: *The Power Elite*, New York 1956
Morus, Thomas: *De optimo statu republicae deque nova insula Utopia*, 1551; dt. (1612): *Utopia*, Frankfurt 1989
Mudjanto, G.: *The Concept of Power in Javanese Culture*, Jakarta 1986
Nagel, Jack H.: *The Descriptive Analysis of Power*, New Haven 1975
Nietzsche, Friedrich: *Der Wille zur Macht. Versuch einer Umwertung aller Werte* (1901/1906), Stuttgart 1980
Osgood, Robert E., und Tucker, Robert W.: *Force, Order, and Justice*, Baltimore und London 1967
Pye, Lucian W., mit Pye, Mary W.: *Asian Power and Politics*, Cambridge, Mass., 1985
Rueschemeyer, Dietrich: *Power and the Division of Labour*, Cambridge, 1986
Russell, Bertrand: *A History of Western Philosophy*, New York 1972; *Philosophie des Abendlandes*, Wien 1975
--: *Power*, London 1983; *Macht*, Wien 1973
Rüstow, Alexander: *Ortsbestimmung der Gegenwart*, 1950–1957
Siu, R. G. H.: *The Craft of Power*, New York 1979
Tzu, Sun: *The Art of War*, Oxford 1963
Waal, Frans de: *Chimpanzee Politics*, New York 1982; *Unsere haarigen Vettern. Neueste Erfahrungen mit Schimpansen*, München 1983
Wing, R. L.: *The Tao of Power*, Garden City, N.Y., 1986; *Der Weg und die Kraft. Laotses Tao-te-King als Orakel und Weisheitsbuch*, München 1987

Bürokratie und gesellschaftliche Organisation

Becker, Gary S.: *A Treatise on the Family*, Cambridge, Mass., 1981
Chackerian, Richard, und Abcarian, Gilbert: *Bureaucratic Power in Society*, Chicago 1984
Crozier, Michel: *L'entreprise à l'écoute*, Paris 1989
Dale, Ernest: *The Great Organizers*, New York 1960
Davis, Stanley M.: *Future Perfect*, Reading, Mass., 1987; *Vorgriff auf die Zukunft*, Freiburg 1988
Denhart, Robert B.: *In the Shadow of Organization*, Lawrence 1981
Donzelot, Jacques: *The Policing of Families*, New York 1979
Dror, Yehezkel: *Public Policymaking Reexamined*, New Brunswick, N.J., 1983
Galbraith, John Kenneth: *The New Industrial State*, New York 1985
Goldwin, Robert A. (Hrsg.): *Bureaucrats, Policy Analysis, Statesmen: Who leads?*, Washington, D.C., 1980

Gross, Ronald, und Osterman, Paul, (Hrsg.): *Individualism*, New York 1971
Heald, Tim: *Networks*, London 1983
Heilman, Madeline E., und Hornstein, Harvey A.: *Managing Human Forces in Organizations*, Homewood, Ill., 1982
Hyneman, Charles S.: *Bureaucracy in a Democracy*, New York 1950
Kahn, Robert L., und Boulding, Elise, (Hrsg.): *Power and Conflict in Organizations*, New York 1964
Kennedy, Marilyn Moats: *Office Politics*, New York 1980
--: *Powerbase*, New York 1984
Knight, Stephen: *The Brotherhood*, London 1985
Le Play, Frederic: *On Family, Work, and Social Change*, Chicago 1982
Mant, Alistair: *Leaders We Deserve*, Oxford 1983
Mills, C. Wright: *White Collar*, New York 1956
Mintzberg, Henry: *Power In and Around Organizations*, Englewood Cliffs, N.J., 1983
Nachmias, David, und Rosenbloom, David H.: *Bureaucratic Government USA*, New York 1980
Palazzoli, Mara Selvini, et al.: *The Hidden Games of Organizations*, New York 1986
Quinney, Richard: *The Social Reality of Crime*, Boston 1970
Rosenberg, Hans: *Bureaucracy, Aristocracy and Autocracy*, Boston 1958
Toffler, Alvin: *Future Shock*, New York 1970; *Der Zukunftsschock*, Bern/München/Wien 1970
--: *Previews and Premises*, New York 1983
--: *The Third Wave*, London 1980; *Die Zukunftschance*, München 1980
Weber, Max: *Wirtschaft und Gesellschaft. Grundriß der verstehenden Soziologie*, 1922, 3 Bde., Tübingen 1980
Welch, Mary-Scott: *Networking*, New York 1980
Yoshino, M. Y., und Lifson, Thomas B.: *The Invisible Link*, Cambridge, Mass., 1986

Wirtschaft und Finanzen

Adams, Walter, und Brock, James W.: *Dangerous Pursuits*, New York 1989
Aguren, Stefan, et al.: *Volvo Kalmar Revisited: Ten Years of Experience*, Stockholm 1984
Aliber, Robert Z.: *The International Money Game*, New York 1973
Applebaum, Herbert: *Work in Non-Market and Transitional Societies*, Albany 1984
Attali, Jacques: *Les trois mondes*, Paris 1981
Batra, Raveendra N.: *The Downfall of Capitalism and Communism*, London 1978

Baudrillard, Jean: *The Mirror of Production*, St. Louis 1975
Belshaw, Cyril S.: *Traditional Exchange and Modern Markets*, London 1965
Bhagwati, Jagdish: *Protectionism*, Cambridge, Mass., 1988
Brenner, Y. S.: *Theories of Economic Development and Growth*, London 1966
Bruck, Connie: *The Predators' Ball*, New York 1988
Canfield, Cass: *The Incredible Pierpont Morgan*, New York 1974
Casson, Mark: *Alternatives to the Multinational Enterprise*, London 1979
Clough, Shepard B., Moodie, Thomas, und Moodie, Carol, (Hrsg.): *Economic History of Europe: Twentieth Century*, New York 1968
Cornwell, Rupert: *God's Banker*, New York 1983
Crowther, Samuel: *America Self-Contained*, Garden City, N.Y., 1933
Denman, D.R.: *Origins of Ownership*, London 1958
Diwan, Romesh, und Lutz, Mark, (Hrsg.): *Essays in Gandhian Economics*, New Delhi 1985
Dressler, Fritz R. S., und Seybold, John W.: *The Entrepreneurial Age*, Media, Pa., 1985
Ehrlich, Judith Ramsey, und Rehfeld, Barry J.: *The New Crowd*, Boston 1989
Evans, Thomas G.: *The Currency Carousel*, Princeton, N.J., 1977
Frank, Charles R., Jr.: *Production Theory and Indivisible Commodities*, Princeton, N.J., 1969
Friedman, Alan: *Agnelli*, New York 1989; *Agnelli. Das Gesicht der Macht*, München 1989
Galbraith, John Kenneth: *Money: Whence It Came, Where It Went*, Boston 1975
Giarini, Orio (Hrsg.): *Value and Employment*, Oxford 1984
--: *The Emerging Service Economy*, Oxford 1987
--: und Roulet, Jean Rémy, (Hrsg.): *L'Europe face à la nouvelle économie de service*, Paris 1988
--, und Stahel, Walter R.: *The Limits to Certainty: Facing Risks in the New Service Economy*, Genf n.d.
Gibb, George Sweet, und Knowlton, Evelyn: *The Resurgent Years: 1911 to 1927*, New York 1956
Gregerman, Ira B.: *Knowledge Worker Productivity*, New York 1981
Gurwin, Larry: *The Calvi Affair*, London 1983
Gwynne, S. C.: *Selling Money*, New York 1986
Herman, Edward S.: *Corporate Control, Corporate Power*, New York 1981
Jackson, Stanley: *J. P. Morgan*, New York 1983
Jones, J. P.: *The Money Story*, New York 1973
Josephson, Matthew: *The Robber Barons*, New York 1962
Kahn, Joel S., und Llobera, J. R.: *The Anthropology of Pre-Capitalist Societies*, London 1981

Kamioka, Kazuyoshi: *Japanese Business Pioneers*, Singapur 1986
Kanter, Rosabeth Moss: *Men and Women of the Corporation*, New York 1977
Keen, Peter G.W.: *Competing in Time*, Cambridge, Mass., 1986
Kenwood, A. G., und Lougheed, A. L.: *The Growth of the International Economy 1820–1960*, London 1973
Keynes, John Maynard: *The General Theory of Employment, Interest, and Money*, New York 1964; *Allgemeine Theorie der Beschäftigung, des Zinses und des Geldes*, Berlin 1983
Kindleberger, Charles P.: *Maniacs, Panics, and Crashes*, New York 1978
Knowles, L. C. A.: *The Industrial and Commercial Revolutions in Great Britain During the Nineteenth Century*, New York 1922
Kornai, Janos: *Anti-Equilibrium*, Amsterdam 1971; *Anti-Äquilibrium. Über die Theorien der Wirtschaftssysteme und die damit verbundenen Forschungsaufgaben*, Berlin 1976
Kotz, David M.: *Bank Control of Large Corporations in the United States*, Berkeley, 1978
Lamarter, Richard Thomas de: *Big Blue*, New York 1986
Lavoie, Don: *National Economic Planning: What Is Left?*, Cambridge, Mass., 1985
LeClair, Edward E., Jr., und Schneider, Harold K.: *Economic Anthropology*, New York 1968
Lens, Sidney: *The Labor Wars*, Garden City, N.Y., 1973
Levin, Doron P.: *Irreconcilable Differences*, Boston 1989
Levinson, Harry, und Rosenthal, Stuart: *CEO*, New York 1984
Löbl, Eugen: *Wirtschaft am Wendepunkt. Wegweiser in eine soziale Zukunft ohne Inflation und Arbeitslosigkeit*, Achberg 1975
Maccoby, Michael: *Why Work*, New York 1988; *Warum wir arbeiten. Motivation als Führungsaufgabe*, Frankfurt 1989
Madrick, Jeff: *Taking America*, New York 1987
Mattelart, Armand: *Multinational Corporations and the Control of Culture*, Atlantic Highlands, N.J., 1982
Mayer, Martin: *The Bankers*, New York 1974
McCartney, Laton: *Friends in High Places: The Bechtel Story*, New York 1988
McQuaid, Kim: *Big Business and Presidential Power*, New York 1982
Meyers, Gerald C., und Holusha, John: *When It Hits the Fan*, London 1986; *Bevor die Fetzen fliegen. Die typischen Unternehmenskrisen erkennen, meistern und nutzen*, Frankfurt 1989
Mises, Ludwig Edler von: *Nationalökonomie. Theorie des Handelns und des Wirtschaftens*, München 1980
Mohn, Reinhard: *Erfolg durch Partnerschaft. Eine Unternehmensstrategie für den Menschen*, Berlin 1989
Monden, Yasuhiro, et al.: *Innovations in Management*, Atlanta 1985

Moskowitz, Milton: *The Global Marketplace*, New York 1988
Mueller, Robert K.: *Corporate Networking*, New York 1986; *Betriebliche Netzwerke. Kontra Hierarchie und Bürokratie*, Freiburg 1988
Naniwada, Haruo: *The Crisis*, Tokio 1974
Naylor, R. T.: *Hot Money*, New York 1987
Noonan, John T., Jr.: *Bribes*, New York 1984
Nussbaum, Arthur: *A History of the Dollar*, New York 1957
O'Driscoll, Gerald P., Jr., und Rizzo, Mario J.: *The Economics of Time and Ignorance*, Oxford 1985
O'Toole, Patricia: *Corporate Messiah*, New York 1984
Peacock, William P.: *Corporate Combat*, New York 1984
Polanyi, Karl: *The Great Transformation*, Boston 1957; *The Great Transformation. Politische und ökonomische Ursprünge von Gesellschaften und Wirtschaftssystemen*, Frankfurt 1978
Pye, Michael: *Moguls*, New York 1980
Raymond, H. Alan: *Management in the Third Wave*, Glenview, Ill., 1986
Robertson, James: *Power, Money and Sex*, London 1976
--: *Profit or People?*, London 1974
Röpke, Wilhelm: *Die Lehre von der Wirtschaft*, Wien 1937, 9. Aufl. Zürich 1961
Saeed, Syed Mumtaz: *The Managerial Challenge in the Third World*, Karatschi 1984
Sampson, Anthony: *The Money Lenders*, New York 1981; *Die Geldverleiher. Von der Macht der Banken und der Ohnmacht der Politik*, Reinbek 1987
Schumpeter, Joseph A.: *Ten Great Economists*, New York 1965
Sculley, John, mit Byrne, John A.: *Odyssey: Pepsi to Apple*, New York 1987; *Meine Karriere bei PepsiCo und Apple*, Düsseldorf 1988
Singer, Benjamin D.: *Advertising and Society*, Don Mills, Ontario, 1986
Smith, Adam: *An inquiry into the nature and causes of the wealth of nations*, 2 Bde., 1776; *Untersuchung über die Natur und die Ursachen des Nationalreichthums*, 3 Bde., 1794–96, neuere Ausgabe u. d. T. *Der Wohlstand der Nationen*, München 1974
Sobel, Robert: *IBM, Colossus in Transition*, New York 1981
--: *The Money Manias*, New York 1973
Soule, George: *Ideas of the Great Economists*, New York 1955
Staaf, Robert, und Tannian, Francis: *Externalities*, New York n.d.
Stadnichenko, A.: *Monetary Crisis of Capitalism*, Moskau 1975
Stevens, Mark: *The Accounting Wars*, New York 1985
Stewart, Alex: *Automating Distribution: Revolution in Distribution, Retailing and Financial Services*, London 1987
Toffler, Alvin: *The Adaptive Corporation*, New York 1985
Tosches, Nick: *Power on Earth*, New York 1986
Toyoda, Eiji: *Toyota: Fifty Years in Motion*, Tokio 1987
Woo, Henry K.H.: *The Unseen Dimensions of Wealth*, Fremont, Cal., 1984

Zaleznik, Abraham, und Kets de Vries, Manfred F. R.: *Power and the Corporate Mind*, Boston 1975
Zuboff, Shoshana: *In the Age of the Smart Machine – The Future of Work and Power*, New York 1988

Medien

Bailey, George: *Armageddon in Prime Time*, New York 1984
Barnouw, Erik: *Mass Communication*, New York 1956
Biryukov, N. S.: *Television in the West and Its Doctrines*, Moskau 1981
Enzensberger, Hans Magnus: *Einzelheiten*, 2 Bde. (Bd. 1: *Bewußtseins-Industrie*; Bd. 2: *Politik und Poesie*), Frankfurt/Zürich 1971
Freches, José: *La guerre des images*, Paris 1986
Gourevitch, Jean Paul: *La politique et ses images*, Paris 1986
Grachev, Andrei, und Yermoshkin, N.: *A New Information Order or Psychological Warfare?*, Moskau 1984
Orwell, George: *1984*, New York 1961; *1984*, Gütersloh n.d.
Ranney, Austin: *Channels of Power*, New York 1983
Stephens, Mitchell: *A History of the News*, New York 1988
Whittemore, Hank: *CNN: The Inside Story*, Boston 1990

Politik, Regierung und Staat

Allison, Graham T.: *Essence of Decision*, Boston 1971
Bennett, James T., und DiLorenzo, Thomas J.: *Underground Government*, Washington, D.C., 1983
Bergman, Edward F.: *Modern Political Geography*, Dubuque, Ind., 1975
Boaz, David (Hrsg.): *Left, Right and Babyboom*, Washington, D.C., 1986
Bruce-Briggs, B. (Hrsg.): *The New Class?*, New York 1979
Cao-Garcia, Ramon J.: *Explorations Toward an Economic Theory of Political Systems*, New York 1983
Capra, Fritjof, und Sprentnak, Charlene: *Green Politics*, New York 1984
Carter, April: *Authority and Democracy*, London 1979
Chesneaux, Jean: *Les Sociétés secrètes en Chine*, Paris 1965
Coker, F. W.: *Organismic Theories of the State*, New York 1967
Commager, Henry Steele (Hrsg.): *Documents of American History*, New York 1943
Crozier, Michel: *The Trouble With America*, Berkeley 1984
Ford, Franklin L.: *Political Murder*, Cambridge, Mass., 1985
Franck, Thomas M., und Weisband, Edward, (Hrsg.): *Secrecy and Foreign Policy*, New York 1974
Gingrich, Newt: *Window of Opportunity*, New York 1984

Greenberger, Martin, Crenson, Matthew A., und Crissey, Brian L.: *Models in the Policy Process*, New York 1976
Greenstein, Fred I. (Hrsg.): *Leadership in the Modern Presidency*, Cambridge, Mass., 1988
Henderson, Nicholas: *The Private Office*, London 1984
Hess, Stephen: *The Government/Press Connection*, Washington, D.C., 1984
Johnson, Chalmers: *Revolutionary Change*, Boston 1966
Kernell, Samuel, und Popkin, Samuel L.: *Chief of Staff*, Los Angeles 1986
King, Anthony (Hrsg.): *The New American Political System*, Washington, D.C., 1979
King, Dennis: *Lyndon LaRouche and the New American Fascism*, New York 1989
Krader, Lawrence: *Formation of the State*, Englewood Cliffs, N.J., 1968
Kyemba, Henry: *State of Blood*, London 1977
Laski, Harold J.: *The American Democracy*, New York 1948
--: *Authority in the Modern State*, Hamden, Conn., 1968
Lebedoff, David: *The New Elite*, New York 1981
Lindblom, Charles E.: *Politics and Markets*, New York 1977; *Jenseits von Markt und Staat. Zur Kritik der politischen und ökonomischen Systeme*, Stuttgart 1980
Mafud, Julio: *Sociología del peronismo*, Buenos Aires 1972
Matthews, Christopher: *Hardball*, New York 1988
Morgan, Robin: *The Anatomy of Freedom*, Garden City, N.Y., 1984; *Anatomie der Freiheit. Feminismus, Physik und Weltpolitik*, München 1985
Navarro, Peter: *The Policy Game*, New York 1984
Nelson, Joan M.: *Access to Power*, Princeton 1979
Neustadt, Richard E.: *Presidential Power*, New York 1960
Oppenheimer, Franz: *Der Staat*, Frankfurt 1907
Perlmutter, Amos: *Modern Authoritarianism*, New Haven 1981
Perry, Roland: *Hidden Power*, New York 1984
Ponting, Clive: *The Right to Know*, London 1985
Reed, Steven R.: *Japanese Prefectures and Policymaking*, Pittsburgh 1986
Regan, Donald T.: *For the Record*, San Diego 1988
Reszler, André: *Mythes politiques modernes*, Paris 1981
Rubin, Barry: *Secrets of State*, New York 1985
Sagan, Eli: *At the Dawn of Tyranny*, New York 1985
Savas, E. S.: *Privatizing the Public Sector*, Chatham, N.J., 1982
Spencer, Herbert: *The Man vs. the State*, London 1940
Stockman, David A.: *The Triumph of Politics*, New York 1986
Straussman, Jeffrey D.: *The Limits of Technocratic Politics*, New York 1978
Tower, John, et al.: *The Tower Commission Report: President's Special Review Board*, New York 1987
Wolferen, Karel van: *The Enigma of Japanese Power*, New York 1989; *Vom*

Mythos des Unbesiegbaren. Anmerkungen zur Weltmacht Japan, München 1989
Woronoff, Jon: *Politics the Japanese Way*, Tokio 1986

Religion

Appel, Willa: *Cults in America*, New York 1983
Bakunin, Michael: *God and the State*, New York, 1970; *Gott und der Staat*, Wien 1989
Barthel, Manfred: *Die Jesuiten. Hoffnung oder Gefahr. Legende und Wahrheit der Gesellschaft Jesu. Gestern-Heute-Morgen*, Düsseldorf 1982
Breton, Thierry: *Vatican III*, Paris 1985
Chai, Ch'u, und Chai, Winberg: *Confucianism*, New York 1973
Gardner, Martin: *The New Age: Notes of a Fringe Watcher*, New York 1988
Hoffer, Eric: *The True Believer*, New York 1966
Holtom, D. C.: *The National Faith of Japan*, London 1938
Illich, Ivan: *Celebration of Awareness*, New York 1970; *Schulen helfen nicht*, Reinbek 1972
Levi, Peter: *The Frontiers of Paradise*, New York 1987
Lo Bello, Nino: *The Vatican Papers*, London 1982
Martin, Malachi: *The Jesuits*, New York 1987
Mortimer, Edward: *Faith and Power*, New York 1982
Murakami, Shigeyoshi: *Japanese Religion in the Modern Century*, Tokio 1983
Murphy, Thomas Patrick (Hrsg.): *The Holy War*, Columbus, Ohio, 1976
Pipes, Daniel: *In the Path of God*, New York 1983
Rodinson, Maxime: *Islam et capitalisme*; *Islam und Kapitalismus*, Frankfurt/Zürich 1971
Sardar, Ziauddin: *Islamic Futures*, London 1985
Schultz, Ted (Hrsg.): *The Fringes of Reason*, New York 1989
Swidler, Leonard (Hrsg.): *Religious Liberty and Human Rights in Nations and in Religions*, Philadelphia 1986
Thomas, Gordon, und Morgan-Witts, Max: *Pontiff*, New York 1983
Tsurumi, Kazuko: *Aspects of Endogenous Development in Modern Japan*, Teil II: *Religious Beliefs: State Shintoism vs. Folk Belief*, Tokio 1979
Wright, Robin: *Sacred Rage*, New York 1985
Yallop, David A.: *In God's Name*, New York 1984; *Im Namen Gottes? Der mysteriöse Tod des 33–Tage-Papstes Johannes Paul I. Tatsachen und Hintergründe*, München 1984

Militär und Krieg

Aron, Raymond: *Paix et guerre entre les nations*, Paris 1962; *Frieden und Krieg. Eine Theorie der Staatenwelt*, Frankfurt 1963
Baynes, J. C. M.: *The Soldier in Modern Society*, London 1972

Best, Geoffrey: *War and Society in Revolutionary Europe, 1770–1870*, Bungay 1982
Blight, James G., und Welch, David A.: *On the Brink*, New York 1989
Creveld, Martin Van: *Command in War*, Cambridge, Mass., 1985
Cross, James Eliot: *Conflict in the Shadows*, Garden City, N.Y., 1963
de Gaulle, Charles: *Le fil de l'épée*, Paris 1944; *Die Schneide des Schwertes*, Übs. Carlo Schmid, Frankfurt 1981
Dixon, Norman: *On the Psychology of Military Incompetence*, London 1976
Fletcher, Raymond: *£60 a Second on Defence*, London 1963
Ford, Daniel: *The Button*, New York 1985
Gabriel, Richard A.: *Military Incompetence*, New York 1985
Geraghty, Tony: *Inside the S.A.S.*, New York 1980
Kaplan, Fred: *The Wizards of Armageddon*, New York 1983
Levy, Jack S.: *War in the Modern Great Power System 1495–1975*, Louisville, Ky., 1983
Liddell Hart, Sir Basil Henry: *Europe in Arms*, London 1957
Mackenzie, W. J. M.: *Power, Violence, Decision*, Middlesex 1975
Millis, Walter: *The Martial Spirit*, Cambridge, Mass., 1931
Morison, Samuel Eliot: *American Contributions to the Strategy of World War II*, London 1958
Moro, Comodoro R. Rubén: *Historia del conflicto del Atlántico Sur*, Buenos Aires 1985
Organski, A. F. K., und Kugler, Jacek: *The War Ledger*, Chicago 1980
Pfannes, Charles E., und Salamona, Victor A.: *The Great Commanders of World War II*, Bd. III: *The Americans*, Don Mills, Ontario, 1981
Portela, Adolfo, et al.: *Malvinas, su advertencia termonuclear*, Buenos Aires 1985
Price, Alfred: *Air Battle Central Europe*, New York 1987
Rivers, Gayle: *The Specialist*, New York 1985; *Der Spezialist. Geheimaktionen gegen den Terrorismus*, München 1989
Sadler, A. L. (Übs.): *The Code of the Samurai*, Rutland, Vt., und Tokio 1988
Sharp, Gene: *The Politics of Nonviolent Action*, Boston 1973
Starr, Chester G.: *The Influence of Sea Power on Ancient History*, New York 1989
Defense of Japan, Weißbuch des japanischen Verteidigungsamtes, ins Englische übertragen von *Japan Times*, Tokio 1988
Discriminate Deterrence, The Commission On Integrated Long-Term Strategy, Washington, D.C., 1988
The Military Balance, 1989–1990, International Institute for Strategic Studies, London 1989
A Quest for Excellence, Abschlußbericht der »Blue Ribbon Commission on Defense Management« an den Präsidenten, Washington, D.C., 1986
Strategic Survey, 1988–1989, International Institute for Strategic Studies, London 1989

Adams, James: *The Financing of Terror*, London 1986
Amin, Samir: *Accumulation on a World Scale*, New York 1974
Bibo, Istvan: *The Paralysis of International Institutions and the Remedies*, New York 1976
Blazy, Jean-Claude: *Le petit livre rouge du nationalisme*, Paris n.d.
Booth, Ken: *Strategy and Ethnocentrism*, London 1979
Brown, Lester R., et al.: *State of the World, 1990*, New York 1990
Burnham, James: *The War We Are In*, New Rochelle, N.Y., 1967
Burstein, Daniel: *Yen!*, New York 1988
Buruma, Ian: *God's Dust*, New York 1989
Chafetz, Ze'ev: *Members of the Tribe*, New York 1988
Close, Upton: *Behind the Face of Japan*, New York 1934
Colby, Charles C. (Hrsg.): *Geographic Aspects of International Relations*, Port Washington, N.Y., 1970
Crenshaw, Martha (Hrsg.): *Terrorism, Legitimacy, and Power*, Middletown, Conn., 1983
Davidson, William H.: *The Amazing Race*, New York 1984
Dorpalen, Andreas: *The World of General Haushofer*, Port Washington, N.Y., 1942
Elon, Amos: *The Israelis – Founders and Sons*, New York 1971
Emmott, Bill: *The Sun Also Sets*, New York 1989
Gilpin, Robert: *U.S. Power and the Multinational Corporation*, New York 1975
--: *War and Change in World Politics*, Cambridge, Mass., 1981
Glenn, Edmund S., und Glenn, Christine: *Man and Mankind*, Norwood, N.J., 1981
Hall, Edward T., und Hall, Mildred Reed: *Hidden Differences*, New York 1987
Harris, Marvin: *Culture, People, Nature*, 2. Aufl., New York 1975
Hofheinz, Roy, Jr., und Calder, Kent E.: *The Eastasia Edge*, New York 1982
Hoyt, Edwin P.: *Japan's War*, New York 1986
Huppes, Tjerk: *The Western Edge*, Dordrecht 1987
Kaplan, David E., und Dubro, Alec: *Yakuza*, Menlo Park, Cal., 1986
Margiotta, Franklin D., und Sanders, Ralph, (Hrsg.): *Technology, Strategy and National Security*, Washington, D.C., 1985
Mende, Tibor: *De l'aide à la récolonisation*, Paris 1975; *Überfluß und Armut*, Köln 1972
Miller, Abraham H.: *Terrorism and Hostage Negotiations*, Boulder, Col., 1980
Miller, Roy Andrew: *Japan's Modern Myth*, New York 1982
Morita, Akio, und Ishihara, Shintaro: *The Japan That Can Say »No«*,

(englische Übersetzung und Herausgabe dem Pentagon zugeschrieben), Washington, D.C., 1989
Morita, Akio, Reingold, Edwin M., und Shimomura, Mitsuko: *Made in Japan*, New York 1986; *Made in Japan. Eine Weltkarriere*, München 1988
Nakdimon, Shlomo: *First Strike*, New York 1987
Nixon, Richard M.: *No More Vietnams*, New York 1985
Ohmae, Kenichi: *Beyond National Borders*, Homewood, Ill., 1987
--: *Triad Power*, New York 1985; *Macht der Triade. Die neue Form weltweiten Wettbewerbs*, Wiesbaden 1985
Palmer, John: *Europe Without America?*, Oxford 1987
Park, Jae Kyu, und Wanandi, Jusuf, (Hrsg.): *Korea and Indonesia in the Year 2000*, Seoul 1985
Pepper, David, und Jenkins, Alan, (Hrsg.): *The Geography of Peace and War*, New York 1985
Priestland, Gerald: *The Future of Violence*, London 1974
Pujol-Dvila, José: *Sistema y poder geopolítico*, Buenos Aires 1985
Rangel, Carlos: *The Latin Americans: Their Love-Hate Relationship with the United States*, New York 1979
--: *Third World Ideology and Western Reality*, New Brunswick, N.J., 1986; *Der Westen und die Dritte Welt*, München 1986
Rosecrance, Richard: *The Rising of the Trading State*, New York 1986; *Der neue Handelsstaat. Herausforderungen für Politik und Wirtschaft*, Frankfurt 1987
Said, Abdul A., und Simmons, Luiz R., (Hrsg.): *The New Sovereigns*, Englewood Cliffs, N.J., 1975
Sampson, Geoffrey: *An End to Allegiance*, London 1984
Soto, Hernando de: *The Other Path*, New York 1989
Sterling, Claire: *The Terror Network*, New York 1981
Strausz-Hupe, Robert: *Geopolitics*, New York 1942
Suter, Keith: *Reshaping the Global Agenda*, Sydney 1986
Talbott, Strobe: *Deadly Gambits*, New York 1984
Tsurumi, Shunsuke: *A Cultural History of Postwar Japan*, London 1987
Walter, Ingo: *Secret Money*, London 1985
Wanandi, Jusuf: *Security Dimensions of the Asia-Pacific Region in the 80's*, Jakarta 1979
Wiarda, Howard J.: *Ethnocentrism in Foreign Policy*, Washington, D.C., 1985
Wyden, Peter: *Wall*, New York 1989
Young, George K.: *Finance and World Power*, London 1968

Sozialismus und Marxismus

Aganbegyan, Abel (Hrsg.): *Perestroika 1989*, New York 1988

Althusser, Louis, und Balibar, Etienne: *Lire le capital*, Paris 1970; *Das Kapital lesen*, Reinbek 1972

Amalrik, Andrei: *Will the Soviet Union Survive Until 1984?*, New York 1970; *Kann die Sowjetunion das Jahr 1984 erleben?*, Zürich 1970

Baldwin, Roger N. (Hrsg.): *Kropotkin's Revolutionary Pamphlets: A Collection of the Writings by Peter Kropotkin*, New York 1970

Brzezinski, Zbigniew: *The Grand Failure: The Birth and Death of Communism in the 20th Century*, New York 1989; *Das gescheiterte Experiment. Der Untergang des kommunistischen Systems*, München 1989

--, und Huntington, Samuel P.: *Political Power: USA/USSR*, New York 1963

Carrère d'Encausse, Hélène: *Le pouvoir confisqué*, Paris 1980

Cohen, Stephen F.: *Bukharin and the Bolshevik Revolution*, New York 1973

--, und Van den Heuvel, Katrina: *Voices of Glasnost*, New York 1989

Daniels, Robert V.: *Russia: The Roots of Confrontation*, Cambridge, Mass., 1985

De Brunhoff, Suzanne: *La monnaie chez Marx*, Paris 1967

Fine, Ben, und Harris, Laurence: *Rereading Capital*, London 1979

Fletcher, Raymond: *Stalinism*, Heanor n.d.

Frankel, Boris: *Beyond the State? Dominant Theories and Socialist Strategies*, London 1983

Friedgut, Theodore H.: *Political Participation in the USSR*, Princeton 1979

Frolov, I.: *Global Problems and the Future of Mankind*, Moskau 1982

Gorbachev, Mikhail: *Selected Speeches and Articles*, Moskau 1987

Grachev, Andrei: *In the Grip of Terror*, Moskau 1982

Hamrin, Carol Lee: *China and the Challenge of the Future*, San Francisco 1990

James, Donald: *The Fall of the Russian Empire*, New York 1982

Kraus, Richard Curt: *Class Conflict in Chinese Socialism*, New York 1969

Lichtheim, George: *The Origins of Socialism*, New York 1969

Löbl, Eugen: *Stalinism in Prague*, New York 1969

Marx, Karl: *Das Kapital*, Bd. I, 1867, Stuttgart 1969

--, und Engels, Friedrich: *Über historischen Materialismus*, Frankfurt 1972

McMurtry, John: *The Structure of Marx's World-View*, Princeton 1978

Muqiao, Xue: *China's Socialist Economy*, Beijing 1981

Pan, Lynn: *The New Chinese Revolution*, Chicago 1988

Possony, Stefan T. (Hrsg.): *The Lenin Reader*, Chicago 1966

Poster, Mark: *Foucault, Marxism and History*, Oxford 1984

Rigby, T. H., Brown, Archie, und Reddaway, Peter, (Hrsg.): *Authority, Power and Policy in the USSR*, London 1980

Sassoon, Anne Showstack: *Approaches to Gramsci*, London 1982

Sherman, Howard: *Radical Political Economy*, New York 1972
Šik, Ota: *Das kommunistische Machtsystem*, Hamburg 1976
Starr, John Bryan: *Continuing the Revolution: The Political Thought of Mao*, Princeton 1979
Wilson, Dick: *The Sun at Noon*, London 1986
Zamoshkin, Yu. A.: *Problems of Power and Management Under the Scientific Technological Revolution*, Moskau 1974

Faschismus

Beradt, Charlotte: *Das dritte Reich des Traums*, München 1966
Friedlander, Saul: *Reflections on Nazism*, New York 1984
Glaser, Hermann: *Spießer-Ideologie. Von der Zerstörung des deutschen Geistes im 19. und 20. Jahrhundert und dem Aufstieg des Nationalsozialismus*, Köln 1974
Gregor, A. James: *The Fascist Persuasion in Radical Politics*, Princeton 1974
--: *The Ideology of Fascism*, New York 1969
Hitler, Adolf: *Mein Kampf*, 2 Bde., München 1925–1927
Laqueur, Walter: *Fascism: A Reader's Guide*, Berkeley, Cal., 1976
Lewin, Ronald: *Hitler's Mistakes*, New York 1984
Mosse, George L.: *The Crisis of German Ideology*, London 1964
Reveille, Thomas: *The Spoil of Europe*, New York 1941

Geheimdienste und Spionage

Aburish, Said K.: *Pay-Off: Wheeling and Dealing in the Arab World*, London 1986
Andrew, Christopher: *Secret Service*, London 1985
--, und Dilks, David, (Hrsg.): *The Missing Dimension*, Chicago 1984
Ball, Desmond: *Pine Gap*, Sydney 1988
--, Langtry, J. O., und Stevenson, J. D.: *Defend the North*, Sydney 1985
Brown, Anthony Cave: *Bodyguard of Lies*, New York 1976
--: *»C«*, New York 1987
Burrows, William E.: *Deep Black*, New York 1986
Caroz, Yaacov: *The Arab Secret Services*, London 1978
Costello, John: *Mask of Treachery*, New York 1988
Coxsedge, Joan, Coldicutt, Ken und Harant, Gerry: *Rooted in Secrecy*, Capp 1982
Deacon, Richard: *»C«: A Biography of Sir Maurice Oldfield*, London 1985
--: *A History of the Russian Secret Service*, London 1972
Donner, Frank J.: *The Age of Surveillance*, New York 1980

Felix, Christopher: *A Shourt Course in the Secret War*, New York 1988
Garwood, Darrell: *Undercover: Thirty-five Years of CIA Deception*, New York 1985
Godson, Roy: *Intelligence Requirements for the 1980's*, Lexington, Mass., 1986
Halamka, John D.: *Espionage in the Silicon Valley*, Berkeley, Cal., 1984
Henderson, Bernard R.: *Pollard: The Spy's Story*, New York 1988
Knightley, Phillip: *The Second Oldest Profession*, New York 1986; *Die Geschichte der Spionage im 20. Jahrhundert. Aufbau und Organisation, Erfolge und Niederlagen der großen Geheimdienste*, München 1989
Laqueur, Walter: *A World of Secrets*, New York 1985
Levchenko, Stanislav: *On the Wrong Side*, Washington, D.C., 1988
Levite, Ariel: *Intelligence and Strategic Surprises*, New York 1987
Marenches, Conte de, und Ockrent, Christine: *Dans le secret des princes*, Paris 1986
Pacepa, Ion: *Red Horizons*, London 1989
Perrault, Gilles: *L'orchestre rouge*, Paris 1967; *Auf den Spuren der Roten Kapelle*, Reinbek 1969
Phillips, David Attlee: *Careers in Secret Operations*, Bethesda, Md., 1984
Pincher, Chapman: *Too Secret Too Long*, New York 1984
Plate, Thomas, und Darvi, Andrea: *Secret Police*, London 1981
Prouty, Fletcher L.: *The Secret Team*, Englewood Cliffs, N.J., 1973
Richelson, Jeffrey: *American Espionage and the Soviet Target*, New York 1987
--: *Foreign Intelligence Organizations*, Cambridge, Mass., 1988
--: *The U.S. Intelligence Community*, Cambridge, Mass., 1985
Rositzke, Harry: *The KGB*, New York 1981
Seth, Ronald: *Secret Servants*, New York 1957
Shevchenko, Arkady N.: *Breaking with Moscow*, New York 1985
Shultz, Richard H., und Godson, Roy: *Dezinformatsia*, New York 1986
Suvorov, Viktor: *Inside Soviet Military Intelligence*, New York 1984
--: *Inside the Aquarium: The Making of a Top Spy*, New York 1987
Toohey, Brian, und Pinwill, William: *Oyster*, Port Melbourne, 1989
Turner, Stansfield: *Secrecy and Democracy*, Boston 1985
West, Nigel: *The Circus*, New York 1983
--: *Games of Intelligence*, London 1989
Woodward, Bob: *Veil*, New York 1987; *Geheimcode VEIL. Reagan und die geheimen Kriege des CIA*, München 1987
Wright, Peter, und Greengrass, Paul: *Spycatcher*, New York 1987; *Spycatcher. Enthüllungen aus dem Secret Service*, Berlin 1989

Wissen und Gesellschaft

Afanasyev, W.: *Social Information and the Regulation of Social Development*, Moskau 1978

Alisjahbana, S. Takdir: *Values As Integrating Forces in Personality, Society and Culture*, Kuala Lumpur 1966

Attali, Jacques: *Bruits*, Paris 1977

Bacon, Francis: *A Selection of His Works*, Indianapolis 1965

Bok, Sissela: *Secrets*, New York 1984

Cherry, Kittredge: *Womansword*, Tokio 1989

Cirlot, J. E.: *A Dictionary of Symbols*, New York 1962

Coser, Lewis A.: *Men of Ideas*, New York 1970

Curtis, James, E., und Petras, John W., (Hrsg.): *The Sociology of Knowledge*, New York 1970

De Huszar, George B. (Hrsg.): *The Intellectuals*, Glencoe, Ill., 1960

Doi, Takeo: *The Anatomy of Dependence*, Tokio 1985

Duke, Benjamin: *The Japanese School*, New York 1986

Ekman, Paul: *Telling Lies*, New York 1985

Everhart, Robert B. (Hrsg.): *The Public School Monopoly*, Cambridge, Mass., 1982

Feigenbaum, Edward, McCorduck, Pamela, und Nii, H. Penny: *The Rise of the Expert Company*, New York 1988

Foster, Hal: *Postmodern Culture*, London 1985

Gardner, Howard: *The Mind's New Science*, New York 1985

Gouldner, Alvin W.: *The Future of Intellectuals and the Rise of the New Class*, New York 1979; *Die Intelligenz als neue Klasse. 16 Thesen zur Zukunft der Intellektuellen und der technischen Intelligenz*, Frankfurt 1980

Habermas, Jürgen: *Erkenntnis und Interesse*, Frankfurt/Zürich 1975

Hansen, Robert H.: *The Why, What and How of Decision Support*, New York 1984

Hoffman, Lily M.: *The Politics of Knowledge*, Albany, N.Y., 1989

Keren, Michael: *Ben Gurion and the Intellectuals*, Dekalb, Ill., 1983

Kindaichi, Haruhiko: *The Japanese Language*, Rutland, Vt., 1978

Konrad, George: *Antipolitics*, New York 1984

--, und Szelenyi, Ivan: *The Intellectuals on the Road to Class Power*, New York 1976

Kraemer, Kenneth L., et al.: *Datawars*, New York 1987

Lakatos, Imre, und Musgrave, Alan, (Hrsg.): *Criticism and the Growth of Knowledge*, London 1979; *Kritik und Erkenntnisfortschritt*, Wiesbaden 1974

Lamberton, D. M. (Hrsg.): *Economics of Information and Knowledge*, Middlesex 1971

Lyotard, Jean-François: *La condition postmoderne*, Paris 1979

Machlup, Fritz: *Knowledge: Its Creation, Distribution, and Economic Significance*, Bd. I, Princeton 1980
--: *The Production and Distribution of Knowledge in the United States*, Princeton 1962
Meaghan, Morris, und Patton, Paul, (Hrsg.): *Michel Foucault: Power, Truth, Strategy*, Sydney 1979
Noer, Deliar: *Culture, Philosophy and the Future*, Jakarta 1988
Ohmae, Kenichi: *The Mind of the Strategist*, New York 1983
Ong, Walter J.: *Orality and Literacy*, London 1982; *Oralität und Literalität. Die Technologisierung des Wortes*, Wiesbaden 1987
-- (Hrsg.): *Knowledge and the Future of Man*, New York 1968
Paulos, John Allen: *Innumeracy*, New York 1988
Popper, Karl: *The Open Society and Its Ennemies*, Bd. I, London 1962; *Die offene Gesellschaft und ihre Feinde*, 2 Bde., Berlin 1980
Powers, Richard Gid: *Secrecy and Power: The Life of J. Edgar Hoover*, New York 1987; *Die Macht im Hintergrund. J. Edgar Hoover und das FBI*, München 1988
Scott, D. R.: *The Cultural Significance of Accounting*, Columbia, Mo., n.d.
Singer, Kurt: *Mirror, Sword and Jewel*, Tokio 1973; *Spiegel, Schwert und Edelstein*, Frankfurt/Zürich 1987
Sowell, Thomas: *Knowledge and Decisions*, New York 1980
Strehlow, T. G. H.: *Songs of Central Australia*, Sydney 1971
Swetz, Frank J.: *Capitalism and Arithmetic*, La Salle, Ill., 1987
Taylor, Stanley: *Conceptions of Institutions and the Theory of Knowledge*, New Brunswick, N.J., 1989
Tefft, Stanton K.: *Secrecy: A Cross-Cultural Perspective*, New York 1980
Van den Berg, Jan Hendrik: *Medical Power and Medical Ethics*, New York 1978
Whitehead, Alfred North: *The Function of Reason*, Boston 1958; *Die Funktion der Vernunft*, Ditzingen n.d.

Computer und Kommunikation

Acco, Alain, und Zuchelli, Edmond: *La peste informatique*, Paris 1989
Arnold, Erik, und Guy, Ken: *Parallel Convergence: National Strategies in Information Technology*, London 1986
Ashby, W. Ross: *Design for a Brain*, London 1978
Berlin, Isaiah: *Against the Current*, New York 1955
Berlo, David K.: *The Process of Communication*, New York 1960
Cherry, Colin: *World Communication: Threat or Promise?*, London 1971
Civikly, Jean M.: *Messages*, New York 1974
Duncan, Hugh Dalziel: *Communication and Social Order*, London 1962
Goodman, Danny: *The Complete HyperCard Handbook*, New York 1987

Goulden, Joseph C.: *Monopoly*, New York 1970
Hemphill, Charles F., Jr., und Hemphill, Robert D.: *Security Safeguards for the Computer*, New York 1979
Johnson, Douglas W.: *Computer Ethics*, Elgin, Ill., 1984
Kaligo, Al, Baumbach, Lou und Garzinsky, Joe: *Telecommunications Management: A Practical Approach*, New York 1984
Kitahara, Yasusada: *Information Network System*, London 1983
Landau, Robert M.: *Information Resources Management*, New York 1980
Levy, Steven: *Hackers*, New York 1984
Marchand, Marie: *The Minitel Saga*, Paris 1988
McLuhan, Marshall, und Powers, Bruce R.: *The Global Village*, New York 1989
Mortensen, C. David: *Communication*, New York 1972
Pool, Ithiel de Sola: *Technologies of Freedom*, Cambridge, Mass., 1983
Poppel, Harvey L., und Goldstein, Bernard: *Information Technology*, New York 1987
Shannon, Claude, und Weaver, Warren: *The Mathematical Theory of Communication*, Urbana, Ill., 1949
Smith, Alfred G. (Hrsg.): *Communication and Culture*, New York 1966
Spacks, Patricia Meyer: *Gossip*, Chikago 1985
Strassman, Paul A.: *Information Payoff*, New York 1985
Tarde, Gabriel: *On Communication and Social Influence*, Chicago 1969
Wilcox, A.M., Slade, M. G., und Ramsdale, P. A.: *Command Control and Communications*, New York 1983
Wilmot, William W., und Wenburg, John R.: *Communicational Involvement: Personal Perspectives*, New York 1974
Winograd, Terry, und Flores, Fernando: *Understanding Computers and Cognition*, Reading, Mass., 1986; *Erkenntnis - Maschinen - Verstehen. Zur Neugestaltung von Computersystemen*, Berlin 1989

Wissenschaft und Technik

Colombo, Umberto, et al.: *Science and Technology Towards the XXI Century and Their Impact Upon Society*, Mailand n.d.
Drexler, K. Eric: *Engines of Creation*, New York 1986
Dryakhlov, Nikolai: *The Scientific and Technological Revolution: Its Rss. Design for a Brain*, London 1978
Illich, Ivan: *Tools for Conviviality*, New York 1973; *Selbstbegrenzung »Tools for Conviviality«. Eine politische Kritik der Technik*, Reinbek 1980
Langone, John: *Superconductivity: The New Alchemy*, Chicago 1989
Melvern, Linda, Hebditch, David, und Anning, Nick: *Techno-Bandits*, Boston 1984
Mendelssohn, Kurt: *The Secret of Western Domination*, New York 1976

Muroyama, Janet H., und Stever, H. Guyford, (Hrsg.): *Globalization of Technology*, Washington, D.C., 1988
Nicolis, G., und Prigogine, I.: *Self-Organization in Nonequilibrium Systems*, New York 1977
Prigogine, Ilya: *From Being to Becoming*, San Francisco 1980; *Vom Sein zum Werden. Zeit und Komplexität in den Naturwissenschaften*, München 1988
--, und Isabelle Stengers: *La nouvelle alliance*, Paris 1979
--: *Order out of Chaos*, New York 1984
Tuck, Jay: *High-Tech Espionage*, London 1986
The Scientific-Technological Revolution and the Contradictions of Capitalism, International Theoretical Conference, 21.-23. Mai 1979 in Moskau, Moskau 1982

Geschichte und Biografie

Allen, Frederick Lewis: *The Lords of Creation*, New York 1935
Attali, Jacques: *Un homme d'influence. Sir Siegmund G. Warburg 1902 -1982*, Paris 1985; *Siegmund G. Warburg. Das Leben eines großen Bankiers*, Düsseldorf 1986
Ayling, S.E.: *Portraits of Power*, New York 1963
Braudel, Fernand: *Afterthoughts on Material Civilization and Capitalism*, Baltimore 1977
Braudel, Fernand: *Civilisation matérielle et capitalisme, XVe–XVIIIe siècle*, Paris 1967
Braudel, Fernand: *La Méditerranée et le monde méditerranéen à l'époque de Philippe II*, 2 Bde., Paris 1977–1978; *Die Welt des Mittelmeeres. Zur Geschichte und Geographie kultureller Lebensformen*, Frankfurt 1990
Braudel, Fernand: *Ecrits sur l'histoire*, Paris 1969
Braudel, Fernand: *Civilisation matérielle, économie et capitalisme, XVe–XVIIIe siècle*, 3 Bde., Paris 1979; Bd.1: *Les structures du quotidien*, Paris 1967; *Der Alltag*, München 1985
Burke, John: *Duet in Diamonds*, New York 1972
Bury, J. P. T. (Hrsg.): *The New Yambridge Modern History*, Cambridge 1971
Cashman, Sean Dennis: *America in the Gilded Age*, New York 1984
Center for Medieval and Renaissance Studies, UCLA: *The Dawn of Modern Banking*, New Haven 1979
Chernow, Ron: *The House of Morgan*, New York 1990
Cook, Don: *Charles De Gaulle*, New York 1983
Cooper, A. Duff: *Talleyrand*, London 1932; *Talleyrand*, (1935): Frankfurt 1979
Corey, Lewis: *The House of Morgan*, New York 1930
Crankshaw, Edward: *The Fall of the House of Habsburg*, New York 1983

Crozier, Brian: *The Masters of Power*, Boston 1969
Curtin, Philip D.: *Cross-Cultural Trade in World History*, Cambridge 1984
Custine, Marquis de: *La Russie en 1839*, Paris 1843
Dodd, Alfred: *Francis Bacon's Personal Life-Story*, Bd. I, London 1949
--: *Francis Bacon's Personal Life-Story*, Bd. II, London 1986
Elias, Norbert: *Zivilisation und Gewalt*, Frankfurt 1981
Eyck, Erich: *Bismarck und das Deutsche Reich*, München 1975
Febvre, Lucien, und Martin, Henri-Jean: *L'apparition du livre*, Paris 1958
Green, A. Wigfall: *Sir Francis Bacon*, Denver 1952
Hammer, Armand, mit Lyndon, Neil: *Hammer*, New York 1987; *Mein Leben. Arzt, Unternehmer, Philanthrop, Kunstsammler. Mittler zwischen Capitol und Kreml von Lenin bis Gorbatschow. Die unerhörte Geschichte eines Mannes, der wie kein anderer Zeuge unseres Jahrhunderts war*, München 1988
Hook, Sidney: *Out of Step*, New York 1987
Isaacson, Walter, und Thomas, Evan: *The Wise Men*, New York 1986
Johnson, Paul: *Intellectuals*, New York 1988
Kapuscinski, Ryszard: *The Emperor*, New York 1983; *König der Könige. Eine Parabel der Macht*, Frankfurt 1986
--: *Shah of Shahs*, New York 1985; *Schah-in-Schah*, Köln 1986
Kennedy, Paul: *The Rise and Fall of the Great Powers*, New York 1987
Kerr, Clark, et al.: *Industrialism and Industrial Man*, Harmondsworth 1973
Kula, Witold: *An Economic Theory of the Feudal System*, London 1976
Lacouture, Jean: *Quatre hommes et leurs peuples*, Paris 1969
Markham, Felix: *Napoleon*, New York 1963
Mazlish, Bruce: *James and John Stuart Mill*, New York 1975
McNeill, William H.: *The Pursuit of Power*, Chikago 1982
Mee, Charles L., Jr.: *The End of Order*, New York 1980
Metcalfe, Philip: *1933*, Sag Harbor, N.Y., 1988; *Hitlers Machtergreifung in zeitgenössischen Berichten aus Berlin*, München 1989
Millar, Fergus: *The Emperor in the Roman World*, Ithaca, N.Y., 1977
Myers, Gustavus: *History of the Great American Fortunes*, New York 1937; *Das große Geld. Die Geschichte der amerikanischen Vermögen*, Nördlingen 1987
Nicholls, A. J.: *Weimar and the Rise of Hitler*, London 1979
Nixon, Richard: *Leaders*, New York 1982; *Staatsmänner unserer Zeit*, Stuttgart 1987
--: *The Memoirs of Richard Nixon*, New York 1978; *Memoiren*, Köln 1979
Norwich, John Julius: *Venice: The Rise to Empire*, London 1977
Nystrom, Anton: *Before, During, and After 1914*, London 1915
Schevill, Ferdinand: *A History of Europe*, New York 1938
Schlereth, Thomas J.: *The Cosmopolitan Ideal in the Enlightenment Thought*, Notre Dame, Ind., 1977
Schmidt-Häuer, Christian: *Michail Gorbatschow*, München/Zürich 1985

Seward, Desmond: *Napoleon and Hitler*, New York 1988
Stephenson, Carl: *Mediaeval Feudalism*, Ithaca, N.Y., 1967
Stern, J. P.: *Hitler*, London 1975; *Hitler. Der Führer und das Volk*, München 1978
Tapsell, R. F.: *Monarchs, Rulers, Dynasties and Kingdoms of the World*, London 1983
Thompson, E. P.: *The Making of the English Working Class*, New York 1963; *Die Entstehung der englischen Arbeiterklasse*, Frankfurt/Zürich 1987
Walker, James Blaine: *The Epic of American Industry*, New York 1949
Ward, J. T.: *The Factory System*, Bd. I, Newton Abbot 1970
Weatherford, Jack: *Indian Givers*, New York 1988
Wendt, Lloyd, und Kogan, Herman: *Bet A Million!*, Indianapolis 1948
Wheeler, George: *Pierpont Morgan and Friends*, Englewood Cliffs, N.J., 1973
Wilson, Derek: *Rothschild: The Wealth and Power of a Dynasty*, New York 1988; *Die Rothschild Dynastie. Eine Geschichte von Ruhm und Macht*, Darmstadt 1989
Wilson, George M.: *Radical Nationalist on Japan: Kita Ikki 1883–1937*, Cambridge, Mass., 1969
Wittfogel, Karl A.: *Oriental Despotism*, 1. Ausg. 1957, New Haven 1964; *Die orientalische Despotie. Eine vergleichende Untersuchung totaler Macht*, Köln 1962

Personen- und Sachregister